经济学原理 第5版

曼昆 著

Study Guide for Principles of Economics

学习指南

〔美〕大卫·R. 哈克斯 著

梁小民 陈宇峰 译

北京大学出版社
PEKING UNIVERSITY PRESS

北京市版权局著作权合同登记　图字:01-2009-1880
图书在版编目(CIP)数据

经济学原理(第5版)学习指南/(美)哈克斯著;梁小民,陈宇峰译.—北京:北京大学出版社,2009.4
ISBN 978-7-301-15088-7

Ⅰ.经…　Ⅱ.①哈…　②梁…　③陈…　Ⅲ.经济学-教学参考资料　Ⅳ.F0

中国版本图书馆CIP数据核字(2009)第043969号

David R. Hakes
Study Guide for Principles of Economics, fifth edition
ISBN: 978-0-324-59123-1

书　　　名:《经济学原理》(第5版)学习指南
著作责任者:〔美〕大卫·R.哈克斯　著　梁小民　陈宇峰　译
责 任 编 辑:郝小楠
标 准 书 号:ISBN 978-7-301-15088-7/F·2160
出 版 发 行:北京大学出版社
地　　　址:北京市海淀区成府路205号　100871
网　　　址:http://www.pup.cn
电　　　话:邮购部62752015　发行部62750672　编辑部62752926　出版部62754962
电 子 邮 箱:em@pup..cn
印　刷　者:北京飞达印刷有限责任公司
经　销　者:新华书店
787毫米×1092毫米　16开本　34.25印张　852千字
2009年4月第1版　2012年10月第8次印刷
印　　　数:48001—53000册
定　　　价:48.00元

一个人必须边做边学，因为即使你认为你了解了它，你也并不确定，除非你真正尝试过了。

——《特拉奇尼埃》，索福克勒斯(Sophocles)，约公元前496—406年，古希腊著名剧作家

前　言

本书是与N.格里高利·曼昆的《经济学原理》(第5版)相配套的学习指南。本书写作的初衷就是为了服务于作为读者的你。

你的时间是稀缺的。为了帮助你有效地利用时间，这本学习指南严格地集中于曼昆《经济学原理》(第5版)中介绍的内容，而不涉及其他无关的知识。

学习指南的目的

这本《学习指南》有三个广义的目的：第一，帮助你巩固教科书的内容，并增进对教科书的进一步理解。第二，向你提供运用经济理论和工具的经验，以解决实际经济问题。换句话说，本书是理论与实践之间的桥梁，这也许是学习指南最重要的目的，因为那些生搬硬套经济学概念的学生往往认为，他们只需通过阅读教科书或听听讲座就足以应付考试。而且，观察一个经济学家在教室解一道题是一回事，而独立解决一个问题则完全是另一回事。没有什么能亲手实践的经历。第三，本书中每一章都有练习题，这些练习题可以检验出你掌握较好的领域和需要巩固的薄弱环节。

如果你没有理解内容或者在考试时对所考内容缺乏信心，那么你要真正享受任何一个学习领域都是不可能的。我的希望是，这本学习指南能增进你对经济学的理解，并提高你的考试成绩，以便你也能像我这样享受经济学所带来的乐趣。

学习指南的结构

这本《学习指南》的每个章节都与曼昆的《经济学原理》的内容一一对应。每一章分为以下几部分：

- 每一章均从“本章概述”开始，首先是“内容与目的”，介绍本章的学习目的，及其在整本教科书的大框架中的作用。其次是“本章复习”，逐节复习本章内容和学习目标，同时提供一些有助于理解内容的提示。“本章复习”以“术语与定义”结束，这部分特别重要，因为没有共同的经济学词汇，教科书与你的信息沟通或者你与你的老师在考试时的信息沟通都是不可能

的。

- “问题与简答题”将提供一些基于教科书内容的亲手实践性问题。其中“应用题”是多个步骤的问题，而“简答题”是基于一个问题而提出的。
- “自我测试题”包括15道“判断正误题”和20道“单项选择题”，是学生用于进行自我测试的。
- “进阶思考题”部分是把该章介绍的经济学原理和工具运用于现实世界中的问题。这是一种应用型案例问题。
- 学习指南对所有问题都给出了答案。对判断正误题还给出了解释。

学习指南的使用

我对于是否提供使用这本《学习指南》的方法很犹豫，因为如何最好地使用这本《学习指南》主要是个人的事。它取决于你的偏好与能力，以及你的老师对内容的讲述方法。但是，我仍将讨论几种可能的方法，试错法会有助于你找出最适合自己的方法。

一些学生喜欢在阅读《学习指南》之前先学习教科书的一整章；另一些学生喜欢先学习教科书中的一节，然后阅读《学习指南》中“本章概述”部分相应的一节。第二种方法有助于你集中学习教科书中每节最重要的内容。一些在学习教科书之后感到特别有信心的学生会选择直接做“自我测试题”，但通常我并不支持这种方法。我建议，在你试图进行自我测试之前，先做完所有应用题和简答题。如果你在自我测试之前有充分的准备，你将从中得到更准确的反馈。

《学习指南》不是教科书的替代品，正如简写本不能代替经典小说一样。要与曼昆的《经济学原理》结合来使用这本《学习指南》，而不是完全代替它。

最后的思考

这本《学习指南》中的所有习题和问题都经过许多评审的精心核对。但是，如果你发现了错误，或者你对未来的版本有任何想法和建议，请随时通过电子邮件与我联系（邮箱是 hakes @ uni. edu）。

致谢

最后，我要感谢曼昆写了一本各方面都考虑周到的教科书，这使我写这本《学习指南》成了一种真正享受性的任务。感谢策划编辑 Jennifer Thomas 使整个项目按计划进行。感谢 Sheryl Nelson 设计了版式并准备了书稿。我的朋友和同事 Ken McCormick 在整个项目进行过程中向我提供了各种建设性的意见。

最后，我要感谢我的家人在我写这本《学习指南》的这段时间里给予我的耐心和理解。

大卫 · R. 哈克斯（David R. Hakes）

北依阿华大学

目　录

第1篇 导　言

第 1 章 经济学十大原理

第 2 章 像经济学家一样思考

第 3 章 相互依存性与贸易的好处

第2篇 市场如何运行

第 4 章 供给与需求的市场力量

第 5 章 弹性及其应用

第 6 章
供给、需求与政府政策

第 3 篇
市场和福利

第 7 章
消费者、生产者与市场效率

第 8 章
应用:赋税的代价

第 9 章
应用:国际贸易

第 4 篇
公共部门经济学

第 10 章
外 部 性

第 11 章
公共物品和公共资源

第 12 章
税制的设计

第5篇 企业行为与产业组织

第13章 生产成本

第14章 竞争市场上的企业

第15章 垄断

第16章 垄断竞争

第17章 寡头

第6篇 劳动市场经济学

第18章 生产要素市场

第19章 收入与歧视

第 26 章
储蓄、投资和金融体系

第 27 章
基本金融工具

第 28 章
失 业

第 10 篇
长期中的货币与物价

第 29 章
货 币 制 度

第 30 章
货币增长与通货膨胀

第 11 篇
开放经济的宏观经济学

第 31 章
开放经济的宏观经济学：基本概念

第 32 章
开放经济的宏观经济理论

第 12 篇 短期经济波动

第 33 章 总需求与总供给

第 34 章 货币政策和财政政策对总需求的影响

第 35 章 通货膨胀与失业之间的短期权衡取舍

第 13 篇 最后的思考

第 36 章 宏观经济政策的五个争论问题

第 *1* 篇 导 言

第1章 经济学十大原理

目 的

在本章中你将

- 知道经济学是研究稀缺资源配置的科学
- 考虑人们面临的一些权衡取舍
- 知道机会成本的含义
- 懂得在做出决策时如何运用边际推理
- 讨论激励如何影响人们的行为
- 考虑为什么人们或国家之间的交易可以使各方受益
- 讨论为什么市场是一种良好但并不完善的资源配置方式
- 了解什么因素决定着整体经济中的某些趋势

效 果

在实现这些目的之后,你应该能

- 定义稀缺性
- 解释“大炮和黄油”之间的经典权衡取舍
- 加总你上大学的特定机会成本
- 比较继续上学的边际成本与边际利益
- 考虑你的学费上涨4倍会如何影响你受教育的决策
- 解释为什么专业化和贸易改善了人们的选择
- 举出一个外部性的例子
- 解释严重而持久的通货膨胀的根源

1.1 本章概述

1.1.1 内容与目的

第 1 章是导言部分三章中的第一章。第 1 章介绍了经济学研究所依据的十个基本原理。从广义上说,教科书的其他部分都是这十大原理的扩展。第 2 章将提出经济学家研究问题的方法,而第 3 章将解释个人和国家如何从贸易中获益。

第 1 章的目的是奠定作为教科书其他部分基础的经济学十大原理。经济学十大原理可以分为三类:人们如何做出决策,人们如何相互交易,以及整体经济如何运行。整本教科书中将反复提到这十大原理。

1.1.2 本章复习

导　言

家庭和社会面临着如何配置稀缺资源的决策。从我们拥有的资源少于我们所希望的这个意义上来说,资源是**稀缺性**的。**经济学**是研究社会如何管理其稀缺资源的。经济学家研究人们如何做出买与卖,以及储蓄和投资的决策。我们还研究人们在决定价格和交易量的市场上如何相互交易。当我们关注总收入、就业和通货膨胀时,我们还需要研究整体经济。

本章强调经济学十大原理。在整本教科书中都要提到这些原理。十大原理分为三类:人们如何做出决策,人们如何相互交易,以及整体经济如何运行。

1. 人们如何做出决策

(1) **原理一:人们面临权衡取舍**。经济学家经常说:"天下没有免费的午餐。"这是指,生活中总存在着权衡取舍——要多得到我们所喜爱的东西,就不得不放弃另一些我们喜爱的东西。例如,如果你把钱用于吃饭和看电影,你就不能将这些钱用于买新衣服。从社会来看,我们作为一个整体面临权衡取舍。例如,存在"大炮和黄油"之间的经典权衡取舍,也就是说,如果我们决定把更多的钱用于国防(大炮),那么,我们用于社会项目(黄油)的钱就少了。另外还存在**效率**(从稀缺资源中得到最多东西)和**平等**(在社会上平等地分配利益)之间的社会权衡取舍。税收和福利这类政策使收入更为平等,但这种政策减少了辛勤劳动的收益,从而使经济的产出降低。结果,当政府想把蛋糕切得更平等时,蛋糕就变小了。

(2) **原理二:某种东西的成本是为了得到它所放弃的东西**。一种东西的**机会成本**是为了得到这种东西所放弃的东西。这是某种东西的真实成本。上大学的机会成本显然包括你的学费。它还包括你可以用于工作的时间的价值,这种价值按你的潜在工资估计。它不包括你的食宿费,因为无论你上不上学,都要吃饭睡觉。

(3) **原理三:理性人考虑边际量**。**理性**人为了达到他们的目标会尽可能系统性地做到最好。**边际变动**是现行计划的增量变动。理性决策者只有在边际利益大于边际成本时才采取行动。例如,只有在从上一年学中得到的利益大于上这一年学的成本时,你才会再上一年学;只有在生产一蒲式耳谷物的利益(得到的价格)大于生产的成本时,农民才会生产这一蒲式耳谷物。

(4) **原理四:人们会对激励做出反应**。**激励**是一种引起人行动的东西。由于理性人评价活动的边际成本与边际利益,因此,当这些成本或利益变动时,他们就做出反应。例如,当汽车的价格上升时，买者有少买汽车的激励，而汽车制造商有雇用更多工人并生产更多汽车的激励。公共政策可以改变活动的成本或利益。例如，对昂贵游艇的奢侈品征税提高了其售价，并不鼓励人们购买。一些政策会有意外的结果，因为这些政策以一种未预见到的方式改变了人们的行为。

2. 人们如何相互交易

(1) **原理五：贸易能使每个人的状况都变得更好。** 贸易并不是一方赢、一方输的比赛。贸易可以使每个贸易者的状况变好。贸易可以使每个贸易者专门从事自己最擅长的事（无论这种活动是农业、建筑业，还是制造业），并用自己的产出交换其他有效率生产者的产出。这对国家与个人都是正确的。

(2) **原理六：市场通常是组织经济活动的一种好方法。** 在一个**市场经济**中，生产什么物品与劳务、生产多少，以及谁来消费这些物品与劳务的决策是由千百万企业和家庭做出的。由利己指引的企业和家庭在市场上相互交易，价格和交易量正是在市场上决定的。这看来似乎是混乱的，但亚当·斯密在他1776年出版的著作《国民财富的性质和原因的研究》中提出了著名的观察结果：利己的家庭和企业在市场上相互交易，它们仿佛被一只**"看不见的手"**所指引，并导致了合意的社会结果。这些最优的社会结果并不是他们原来的打算。他们的竞争性活动所导致的价格是生产者和消费者成本与利益的信号，他们的活动不知不觉地使社会福利最大化。另一方面，中央计划者制定的价格不包含成本和利益的信息，因而这些价格不能有效地指引经济活动。当政府用税收扭曲价格或者用价格控制限制价格变动时，价格也不能有效地指引经济活动。

(3) **原理七：政府有时可以改善市场结果。** 政府首先必须保护**产权**，以便市场运行。此外，政府有时也可以为了改善效率或平等而干预市场。当市场不能有效地配置资源时，就存在**市场失灵**。市场失灵有许多不同根源。**外部性**是一个人的活动对旁观者福利的影响。污染就是外部性的典型例子。**市场势力**是一个人或一群人不适当地影响市场价格的能力。在这些情况下，政府可以干预并改善经济效率。政府还可以用所得税和福利为改善平等状况而进行干预。但有时动机良好的政策干预会产生意料之外的结果。

3. 整体经济如何运行

(1) **原理八：一国的生活水平取决于它生产物品与劳务的能力。** 各国在某一个时点以及同一个国家在不同时期内的平均收入有巨大差别。收入和生活水平的差别主要是由生产率的差别引起的。**生产率**是一个工人一小时所生产的物品与劳务量。因此，旨在提高生活水平的公共政策应该改善教育，生产更多更好的工具，并改进所获得的现有技术。

(2) **原理九：当政府发行了过多货币时，物价上升。** **通货膨胀**是经济中物价总水平的上升。高通货膨胀给经济带来的代价是高昂的。严重而持久的通货膨胀是由货币量的迅速增长引起的。希望保持低通货膨胀的决策者应该维持货币量的缓慢增长。

(3) **原理十：社会面临通货膨胀与失业之间的短期权衡取舍。** 在短期内，货币量增加会刺激消费，使得价格和产量增加。产量的增加要求雇用更多的工人，从而会减少失业。因此，短期内，通货膨胀上升会使得失业减少，从而在通货膨胀与失业之间产生权衡取舍。这种权衡取舍是暂时的，但可以持续数年。理解这种权衡取舍对理解被称为**经济周期**的经济活动波动是重要的。在短期中，政府可以通过改变政府支出、税收和货币量来影响通货膨胀和失业的组合。

1.1.3 有益的提示

（1）要身临其境地进行思考。在整本教科书中，大多数经济状况将由经济活动者——买者与卖者、债务人与债权人、企业与工人等——所组成。当你被要求描述任何一个经济活动者将如何对经济激励做出反应时，你应该把自己作为买者或卖者、债务人或债权人、生产者或消费者，置身其中。不要总将自己作为买者（一种自然而然的倾向）或总作为卖者。你将发现，一旦你学会了像经济学家那样思考——这是下一章的主题——你的角色扮演通常会产生正确的反应。

（2）贸易不是零和博弈。一些人按照赢家与输家来看待交换。他们对贸易的反应是，在商品被出售之后，如果卖者感到幸福，买者则一定会感到沮丧，因为卖者必定从买者那里得到了点什么。这就是说，他们把贸易视为一方获益则另一方必定受损的零和博弈。他们没有认识到，双方都是自愿交易而获益，因为允许各方专门从事其最有效率的生产，然后交换另一方更有效率地生产的东西。双方都没有遭受损失，因为贸易是自愿的。因此，限制贸易的政府政策减少了贸易的潜在利益。

（3）外部性可以是正的。由于外部性的经典例子是污染，所以很容易认为外部性是加给旁观者的成本。但是，从外部性可以给旁观者带来利益的意义上说，外部性也可以是正的。例如，教育就往往被视为引起正外部性的物品，因为当你的邻居受到教育时，她就变得更富理性、更负责任、更有效率，而且，政治上更敏感。简言之，她是一个更好的邻居。正外部性与负外部性一样，可以作为政府为了促进效率而干预的理由。

1.1.4 术语与定义

为每个关键术语选择一个定义。

关键术语	定　义
_______稀缺性	1. 在社会成员中平等地分配利益的特征。
_______经济学	2. 市场不能有效地配置资源的状况。
_______效率	3. 有限的资源和无限的欲望。
_______平等	4. 一个工人一小时所生产的物品与劳务量。
_______理性	5. 市场上只有一个卖者的情况。
_______机会成本	6. 利己的市场参与者可以不知不觉地使整个社会福利最大化的原理。
_______边际变动	7. 社会从其稀缺资源中得到最多东西的特性。
_______激励	8. 家庭和企业在市场上的相互交易决定资源配置的经济。
_______市场经济	9. 经济活动的波动。
_______产权	10. 当一个人的行为对旁观者有影响时的情况。
_______“看不见的手”	11. 物价总水平的上升。
_______市场失灵	12. 对现行计划的增量调整。
_______外部性	13. 研究社会如何管理其稀缺资源。
_______市场势力	14. 得到某种东西所放弃的东西。
_______垄断	15. 一个人或一群人不适当地影响市场价格的能力。
_______生产率	16. 某种引起人行动的东西。

______通货膨胀　　　17. 一个人拥有并使用稀缺资源的能力。

______经济周期　　　18. 为了达到目标而尽可能系统性地做到最好。

1.2 问题与简答题

1.2.1 应用题

1. 人们会对激励做出反应。政府可以用公共政策改变激励，从而改变行为。但是，有时公共政策也会产生未预期到的结果而引起意外后果。对于以下的每种公共政策，试着指出哪些是有意的结果，而哪些是意外的结果。

   a. 政府把最低工资提高到每小时 10 美元。一些工人在更高的工资水平上找到了工作，他们的境况变得更好；一些工人无法找到任何工作，因为很少有企业想在这种工资水平上雇用生产率低的工人。

   ______

   ______

   b. 政府把公寓的租金限制为每月 300 美元。很少有房东愿意在这个使很多人无家可归的价格水平上建造新的公寓。一些低收入的房客可能租到更便宜的公寓。

   ______

   ______

   c. 政府对每加仑汽油增加 2 美元的税收。赤字会减少，而且人们会节约地使用汽油。自行车销售火暴。

   ______

   ______

   d. 政府宣布大麻和可卡因非法，毒品的价格上升，产生更多的犯罪团伙以及这些团伙之间的争斗。由于毒品的高价格，街头毒品的消费量会减少。

   ______

   ______

   e. 政府禁止捕杀狼。狼的数量增加，羊群和牛群的数量减少。

   ______

   ______

   f. 政府禁止从南美进口糖。南美糖用甜菜种植者无法偿还美国银行的贷款，转而会种植利润较高的作物如古柯叶和大麻，这些种植者从而避免一场金融危机。

   ______

   ______

2. 机会成本是你为了得到一种东西所放弃的东西。由于天下没有免费的午餐，为了得到下列每种东西，可能要放弃什么？

   a. Susan 可以全职工作或上大学。她选择了上大学。

   ______

   ______

b. Susan 可以全职工作或上大学。她选择了工作。

c. 农民 Jones 有 100 英亩土地。他可以用来种玉米，每英亩收获 100 蒲式耳；他也可以用来种大豆，每英亩收获 40 蒲式耳。他选择了种玉米。

d. 农民 Jones 有 100 英亩土地。他可以用来种玉米，每英亩收获 100 蒲式耳；他也可以用来种大豆，每英亩收获 40 蒲式耳。他选择了种大豆。

e. 在以上各题中，上大学代替工作或工作代替上大学的机会成本是什么？玉米代替大豆或大豆代替玉米的机会成本是什么？

1.2.2 简答题

1. 空气是稀缺的吗？清新的空气是稀缺的吗？

2. 把你工资的一部分储蓄起来的机会成本是什么？

3. 为什么平等和效率之间存在权衡取舍？

4. 水是生命所必需的。钻石并不是。增加一杯水的边际利益大于还是小于增加一克拉钻石的边际利益？为什么？

5. 你的汽车需要修理。你已经为修理变速器花了 500 美元，但它仍然不能正常运行。你能以 2 000 美元的价格按现状出售你的汽车。如果你的汽车可以修理好，你可以卖 2 500 美元。再花 300 美元保证可以修好你的汽车。你应该修理你的汽车吗？为什么？

6. 你认为为什么安全气囊所减少的死于车祸的概率小于我们所希望的？

7. 假设一个国家生产农产品较具优势（有更肥沃的土地），而另一个国家生产制成品较具优势（有更好的教育体制和更多工程师）。如果每个国家都生产它较具优势的东西并进行贸易，总产量比每个国家都生产所需要的农产品和制成品增加了还是减少了？为什么？

8. 在《国富论》中，亚当·斯密说："我们每天所需的食物和饮料，不是出自屠户、酿酒师或面包师的恩惠，而是由于他们自利的打算。"你认为他的意思是什么？

9. 如果我们更多地储蓄，并用储蓄构建更多的物质资本，生产率就会提高，而且，将提高我们未来的生活水平。未来增长的机会成本是什么？

10. 如果政府发行了两倍于现在的货币，而且经济已经在最高能力时生产，你认为物价和产量会发生什么变动？

11. 一个社会的目标之一是平等或公正地分配资源。如果每个人都有相等的能力并同样辛勤地工作，你将如何分配资源？如果人们的能力不同，而且，一些人工作勤奋，另一些人工作懒惰，你将如何分配资源？

12. 是买者更利己，还是卖者更利己？

1.3 自我测试题

1.3.1 判断正误题

______1. 当政府用税收和福利再分配收入时，经济变得更有效率。

______2. 当经济学家说"天下没有免费的午餐"时，他们是指所有经济决策都涉及权衡取舍。

______3. 亚当·斯密的"看不见的手"的概念描述了公司经营如何像一只"看不见的手"伸到消费者的钱包中。

______4. 只有当一种行为的边际利益大于边际成本时，理性人才行动。

______5. 如果我们取消了与亚洲国家的贸易，美国在经济上就会获益，因为我们将被迫生产更多的、我们自己的汽车和衣服。

______6. 当一架喷气式飞机从头上飞过时，噪音引起了外部性。

______7. 酒类的税收提高了酒的价格，并提供了消费者多喝酒的激励。

_______8. 公共财政支持高等教育的意外结果是降低了学费，为许多原本不想再学习的人提供了上州立大学的激励。

_______9. Sue 更擅长打扫卫生，Bob 更擅长做饭。如果 Bob 专门做饭而 Sue 专门打扫卫生，这将比他们平等地分摊家务所需要的时间少。

_______10. 高而持久的通货膨胀是由经济中货币量的过度增长引起的。

_______11. 在短期中，降低通货膨胀往往会引起失业的减少。

_______12. 即使增加的汽车产量的成本大于所得到的价格，只要有利可图，汽车制造商就应该继续生产额外的汽车。

_______13. 单个农民在小麦市场上可能拥有市场势力。

_______14. 对一个学生来说，看一场篮球赛的机会成本应该包括门票的价格和可以用于学习的时间价值。

_______15. 美国工人有较高的生活水平是因为美国有较高的最低工资。

1.3.2 单项选择题

1. 下列哪一种情况涉及权衡取舍？
   a. 买一辆新汽车。
   b. 上大学。
   c. 星期天下午看一场足球比赛。
   d. 睡午觉。
   e. 以上各项都涉及。
2. 之所以要权衡取舍，是因为欲望是无限的，而资源是
   a. 有效的。
   b. 经济的。
   c. 稀缺的。
   d. 无限的。
   e. 边际的。
3. 经济学研究
   a. 如何完全满足我们无限的欲望。
   b. 社会如何管理其稀缺资源。
   c. 如何把我们的欲望减少到我们得到满足时为止。
   d. 如何避免进行权衡取舍。
   e. 社会如何管理其无限的资源。
4. 除非一种行为满足下列条件，否则理性人就不会行事
   a. 可以为某人赚钱。
   b. 符合伦理道德。
   c. 产生了大于边际利益的边际成本。
   d. 产生了大于边际成本的边际利益。
   e. 以上每一种情况都不是。
5. 提高税收并增加福利支付
   a. 证明了存在免费午餐。
   b. 减少了市场势力。
   c. 以损害平等为代价提高了效率。
   d. 以损害效率为代价改善了平等。
   e. 以上每一种情况都不是。
6. 假设你捡到了 20 美元。如果你选择把这 20 美元用于看足球比赛，你看这场比赛的机会成本是
   a. 没有，因为你捡到了钱。
   b. 20 美元（因为你可以用这 20 美元买其他东西）。
   c. 20 美元（因为你可以用这 20 美元买其他东西）加你用于看比赛的时间的价值。
   d. 20 美元（因为你可以用这 20 美元买其他东西）加你用于看比赛的时间的价值，再加你在看比赛中买饭的成本。
   e. 以上每一项都不是。
7. 对外贸易
   a. 使一国能以低于自己在国内生产一切东西时的成本拥有种类更多

的物品。

b. 使一国可以避免权衡取舍。

c. 使一国可以更平等。

d. 提高了资源的稀缺性。

e. 以上每一项都不是。

8. 由于人们会对激励做出反应,如果会计师的平均薪水增加 50%,而教师的平均薪水增加 20%,我们可以预期

a. 学生将从教育专业转向会计专业。

b. 学生将从会计专业转向教育专业。

c. 上大学的学生少了。

d. 以上每一项都不是。

9. 以下哪一项活动最可能产生外部性?

a. 学生坐在家里看电视。

b. 学生在宿舍里聚会。

c. 学生为了娱乐而读小说。

d. 学生在学生会吃一个汉堡包。

10. 以下哪一种东西产生外部性的能力最小?

a. 香烟。

b. 音响设备。

c. 防止疾病的疫苗。

d. 教育。

e. 食物。

11. 以下哪一种情况描述了最大的市场势力?

a. 一个农民对谷物价格的影响。

b. 沃尔沃对汽车价格的影响。

c. 微软对台式电脑操作系统价格的影响。

d. 一个学生对大学学费的影响。

12. 下列哪一种关于市场经济的表述是正确的?

a. 市场参与者仿佛由一只"看不见的手"指引行事,产生了使社会福利最大化的结果。

b. 税收有助于沟通生产者与消费者的成本与利益。

c. 在有足够大的电脑时,中央计划者可以比市场更有效地指导生产。

d. 市场体制的力量倾向于在消费者中平等地分配资源。

13. 美国工人享有高生活水平是因为

a. 美国的工会维护了高工资。

b. 我们保护自己的工业免受国外竞争。

c. 美国有高的最低工资。

d. 美国工人的生产率高。

e. 以上每一项都不是。

14. 高而持久的通货膨胀的原因是

a. 工会使工资增加得太多了。

b. 石油输出国组织使石油价格上升得太多了。

c. 政府增加的货币量太多了。

d. 管制使生产成本增加得太多了。

15. 在短期内

a. 通货膨胀提高会暂时增加失业。

b. 通货膨胀下降会暂时增加失业。

c. 在短期中,通货膨胀和失业是无关的。

d. 经济周期被消除了。

e. 以上每一项都不是。

16. 牛肉价格上升提供的信息是

a. 告诉消费者多买牛肉。

b. 告诉消费者少买猪肉。

c. 告诉生产者多生产牛肉。

d. 没有提供信息,因为市场体制中的价格是由计划委员会管理的。

17. 你根据销售额为 2 000 美元的估算花 1 000 美元盖了一个热狗店。热狗店快建完了,但现在估计总销售额只有 800 美元。你可以再花 300 美元盖完热狗店。你应该盖完热狗店吗?(假设你没有热狗的成本。)

a. 是的。

b. 不。

c. 没有足够的信息回答这个问题。

18. 根据第 17 题,你应该盖完热狗店的决策规则是盖完热狗店的成本小于

a. 100 美元。

b. 300 美元。

c. 500 美元。

d. 800 美元。

e. 以上每一项都不是。

19. 下列哪一项不是去度假的机会成本的一部分?

a. 如果你留下来工作可以赚到的钱。

b. 你用于食物的钱。

c. 你用于飞机票的钱。

d. 你看百老汇表演所花的钱。

20. 可以提高生产率的方法是

a. 提高最低工资。

b. 提高工会会员的工资。

c. 改善工人的教育。

d. 限制与外国的贸易。

1.4 进阶思考题

假设你所在的大学通过把停车许可证的价格从每学期 200 美元降低到每学期 5 美元来减少在校园停车的成本。

1. 你认为想在校园停车的学生数量会有什么变动?

____

____

2. 你认为找到一个停车位的时间会有什么变动?

____

____

3. 根据机会成本来考虑,降低停车许可证价格一定能降低停车的真实成本吗?

____

____

4. 没有在校外工作的学生的停车机会成本与有一份每小时 15 美元工作的学生相同吗?

____

____

1.5 答案

1.5.1 术语与定义

__3__ 稀缺性

__13__ 经济学

__7__ 效率

__1__ 平等

__18__ 理性

__14__ 机会成本

__12__ 边际变动

__16__ 激励

__8__ 市场经济

__17__ 产权

__6__ “看不见的手”

__2__ 市场失灵

__10__ 外部性

__15__ 市场势力

__5__ 垄断

__4__ 生产率

___11___ 通货膨胀　　　　___9___ 经济周期

1.5.2 应用题

1. a. 有意的:增加了低生产率工人的工资。意外的:一些工人在更高的工资水平上无法找到工作。
   b. 有意的:低收入房客租到一个便宜的公寓。意外的:一些房客无法找到任何公寓,从而产生更多的无家可归者。
   c. 有意的:赤字减少,使用更少的汽油。意外的:自行车销售量增加。
   d. 有意的:街头毒品消费量减少。意外的:更多的犯罪团伙以及这些团伙之间的争斗。
   e. 有意的:狼的数量增加。意外的:羊群和牛群数量减少。
   f. 有意的:改善美国糖用甜菜种植者的经济状况。意外的:使得南美农民转而种植大麻和古柯叶。
2. a. Susan 放弃了工作的收入(以及必须支付的学费)。
   b. Susan 放弃了大学学位,以及一生中大学学位可以给她带来的收入增加(但不必支付学费了)。
   c. 农民 Jones 放弃了 4 000 蒲式耳大豆。
   d. 农民 Jones 放弃了 10 000 蒲式耳玉米。
   e. 每一种东西都是其他东西的机会成本,因为每种决策都必须放弃某种东西。

1.5.3 简答题

1. 空气不是稀缺的,因为为了得到空气,你不必放弃任何东西。清新的空气是稀缺的,在得到它而不放弃任何东西(汽车排污设备等)的情况下,你无法想要多少新鲜空气就得到多少。
2. 如果将这部分工资用于消费,你可以享受到的东西(现期消费)。
3. 税收和福利可以使我们更平等,但削弱了辛勤工作的激励,减少了总产量。
4. 一杯水的边际利益通常很低,因为我们所拥有的水是如此之多,以至于增加一杯水的价值很少。钻石的情况正好相反。
5. 应该修理。因为修理汽车的边际利益是 2 500 美元 - 2 000 美元 = 500 美元,而边际成本是 300 美元。与原来修理付的钱是无关的。
6. 因为安全气囊使发生一次车祸的成本降低了。这改变了激励,使人们开车更快,而且车祸更多。
7. 如果两国专业化生产并进行贸易,总产量就更多,因为各方都在做自己效率最高的事。
8. 屠户、酿酒师和面包师尽可能生产最好的食物不是出于仁慈,而是由于这样做符合他们的最大利益。利己可以使社会福利最大化。
9. 我们所放弃的今天的消费。
10. 支出翻了一番,但由于产量仍保持不变,物价也翻了一番。
11. 每个人有相等能力的情况:平等要求每个人得到相同的份额,因为他们能力相当并且工作同样努力。人们能力不同的情况:平等要求人们得不到相同的份额,因为他们能力并不相同,工作努力程度也不同。

12. 他们都是利己的。卖者将以最高出价出售,而买者将以最低报价购买。

1.5.4 判断正误题

1. 错误;经济会由于削弱了对辛勤工作的激励而变得效率低下。
2. 正确。
3. 错误;"看不见的手"指市场如何指导利己的人去创造合意的社会结果。
4. 正确。
5. 错误;所有国家都从自愿贸易中获益。
6. 正确。
7. 错误;高价格减少了需求量。
8. 正确。
9. 正确。
10. 正确。
11. 错误;通货膨胀下降倾向于增加失业。
12. 错误;只有边际利益大于边际成本,制造商才应该生产。
13. 错误;一个农民的力量太小了,不能影响市场。
14. 正确。
15. 错误;美国工人生活水平高是因为他们的生产率高。

1.5.5 单项选择题

1. e	2. c	3. b	4. d	5. d	6. c	7. a	8. a	9. b	10. e
11. c	12. a	13. d	14. c	15. b	16. c	17. a	18. d	19. b	20. c

1.5.6 进阶思考题

1. 更多的学生希望在校园停车。

2. 寻找车位需要的时间更长。

3. 不是。因为有找车位所花费时间的价值这个因素。

4. 不相同。那些可以工作赚钱的学生在找车位时放弃的更多。因此,他们的机会成本更高。

第2章 像经济学家一样思考

目　的

在本章中你将

- 知道经济学家如何运用科学的方法
- 思考假设和模型可以如何阐明这个世界
- 学习两个简单的模型——循环流向图和生产可能性边界
- 区分微观经济学和宏观经济学
- 了解实证表述和规范表述之间的差别
- 考察经济学家在制定政策中的作用
- 思考经济学家为什么有时会产生分歧

效　果

在实现这些目的之后,你应该能

- 描述科学的方法
- 理解做出有用假设的艺术
- 解释生产可能性边界的斜率
- 把经济问题归入微观经济学或宏观经济学的范畴中
- 把经济表述归入规范或实证的范畴中
- 说明政策制定与规范表述之间的联系
- 列出经济学家产生分歧的两个原因

2.1 本章概述

2.1.1 内容与目的

第2章是导言部分三章中的第二章。第1章介绍了将在整本教科书中反复出现的经济学十大原理。第2章提出了经济学家如何研究这些问题,而第3章将解释个人和国家如何从贸易中受益。

第2章的目的是让你熟悉经济学家如何研究经济问题。通过实践,你将学会如何用这种无偏见的系统方式来研究类似问题。从本章中,你将知道经济学家如何运用科学方法、假设在模型建立中的作用,以及两个具体经济模型的应用。你还将知道经济学家所能扮演的两种角色的重要区别:当他们努力解释世界时作为科学家,以及当他们努力改善世界时作为决策者。

2.1.2 本章复习

导 言

与其他研究领域一样,经济学也有自己的行话和思维方式。学会经济学的特殊语言是十分必要的,因为有关经济学术语的知识将有助于你准确地就经济学问题与其他人交流。这一章还将提供经济学家如何看世界的概述。

1. 作为科学家的经济学家

尽管经济学家不用试管或望远镜,但他们之所以是科学家是因为他们运用科学方法——无偏见而客观地建立并检验理论的方法。

(1) **科学方法:观察、理论和进一步观察**。正如其他科学一样,经济学家观察一个事件,建立一种理论,并收集数据来检验这种理论。经济学家观察通货膨胀,建立了过度货币增长引起通货膨胀的理论,然后收集有关货币增长与通货膨胀的数据,以证明是否存在这种关系。但是,收集数据来检验经济理论是困难的,因为经济学家通常不能从实验中创造数据。这就是说,经济学家不能仅仅为了检验一种理论而控制经济。因此,经济学家通常使用从历史经济事件中收集到的数据。

(2) **假设的作用**。做出假设是为了使解释世界更为容易。当测量重力引起的加速度时,物理学家假设一个物体在真空中落下。这个假设对大理石是相对正确的,但对气球并不正确。经济学家可以假设价格是固定的(不能变动),也可以假设价格是有弹性的(可以由于市场压力上升或下降)。由于价格通常不能迅速变动(例如,餐馆菜单变动代价很高),但随着时间推移很容易变动,因此经济学家假设价格在短期中固定而在长期中有弹性就是合理的。科学思维的艺术就是决定做出什么假设。

(3) **经济模型**。生物学教师使用人体塑料模型。这些模型比真人要简单,但正是这种简单使模型具有价值。经济学家使用由图形和方程式组成的**经济模型**。经济模型建立在假设基础之上,而且是经济现实的简单化。

(4) **我们的第一个模型:循环流向图**。**循环流向图**表明了物品和劳务、**生产要素**,以及货币支付在家庭和企业之间的流动。家庭在生产要素市场上把劳动、土地和资本这些生产要素出售给企业。作为交换，家庭得到了工资、租金和利润。家庭用这些美元在物品与劳务市场上向企业购买物品与劳务，企业用这种收益对生产要素进行支付，等等。这是整体经济的一个简化模型。这种循环流向图的形式是简化的，因为它不包括国际贸易和政府。

(5) **我们的第二个模型：生产可能性边界。生产可能性边界**是一个表明在可获得的生产要素和生产技术既定时经济所能生产的产量组合的图形。假设前提是经济只生产两种物品。这个模型说明了以下的经济学原理：

- 如果经济在生产可能性边界上运行，它就是在有效运行，因为它从可获得的资源中生产出了最大可能的产量组合。
- 该曲线内的各点是无效率的。该曲线外的各点是现在达不到的。
- 如果经济在生产可能性边界上运行，我们可以看出社会面临的权衡取舍。为了多生产一种物品，就必须少生产另一种物品。当多生产另一种物品时所放弃的一种物品量是增加的生产的机会成本。
- 生产可能性边界向外凸出是因为：随着一种物品的产量接近最大，多生产该物品的机会成本递增。这是因为我们为了扩大第一种物品的生产而使用了更适于另一种物品生产的资源。
- 生产中的技术进步使生产可能性边界向外移动。这是经济增长的证明。

(6) **微观经济学与宏观经济学。**经济学在各种不同层次上进行研究。**微观经济学**研究家庭和企业如何做出决策，以及它们如何在特定市场上相互交易。**宏观经济学**研究整体经济现象，例如，政府赤字、失业率和提高生活水平的政策。微观经济学和宏观经济学是相关的，因为整体经济的变动产生于数百万的个人的决策。虽然它们相关，但微观经济学和宏观经济学使用的方法是如此不同，以至于通常在不同的课程中进行讲授。

2. 作为政策顾问的经济学家

当经济学家力图解释现在的世界时，他们是作为科学家；当经济学家力图改善世界时，他们是作为政策顾问。相应的，**实证表述**描述世界是什么样，而**规范表述**规定世界应该是什么样。实证表述可以用证据证实或否定，而规范表述涉及价值观（伦理、宗教、政治哲学）以及事实。例如，"货币增长引起通货膨胀"是（科学家的）实证表述。"政府应该降低通货膨胀"是（政策顾问的）规范表述。这两种表述之所以相关是因为：如果政府选择降低通货膨胀，则有关货币是否引起通货膨胀的证据将会帮助政府决定应该采用何种工具。

经济学家在许多不同领域中作为政府的政策顾问。在美国，经济顾问委员会、财政部、劳动部和司法部的经济学家向总统提出建议，国会预算办公室和联邦储备委员会的经济学家向国会提出建议。

3. 经济学家意见分歧的原因

经济学家向决策者提出的建议有时会相互冲突，原因有两个：

- 经济学家会有不同的科学判断。这就是说，经济学家对有关世界如何运行的不同实证理论的正确性看法并不一致。例如，经济学家对家庭储蓄对储蓄税后收益变动的敏感程度看法不同。
- 经济学家会有不同的价值观。这就是说，经济学家对政策应该努力实现的目标具有不同的规范观点。例如，经济学家对于是否应该用税收来进行收入再分配看法不同。

在现实中，虽然经济学家对许多问题有正常的分歧，但在许多经济学基本原理上其意见是极为一致的。

4. 出发吧

在下一章中，我们将开始运用经济学的思想和方法。当你开始像经济学家一样思考时，你就将以科学家的客观性来运用各种技巧——数学、历史、政治学及哲学。

2.1.3 有益的提示

(1) 沿着一条生产可能性边界上的机会成本通常并不是一成不变的。注意图 2-1 所示的生产可能性边界向外凸出。它表明一个只生产纸张和铅笔的经济对于生产的权衡取舍。

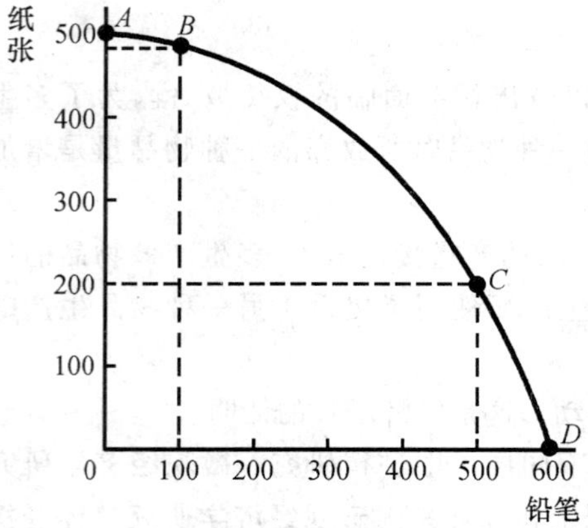

图 2-1

如果我们从经济把其所有资源用于生产纸张的一点上开始，生产 100 支铅笔只要求 25 单位纸张的权衡取舍或机会成本（从 *A* 点到 *B* 点）。这是因为当我们把资源从生产纸张变为生产铅笔时，我们首先是利用那些最适于生产铅笔而最不适于生产纸张的资源。因此，在纸张生产只有很少的减少时，铅笔的生产增加了。但是，如果经济在 *C* 点运行，增加 100 支铅笔（从 *C* 点到 *D* 点）的机会成本是 200 单位纸张。这是因为我们现在要把极为适于生产纸张而不适于生产铅笔的资源用于生产铅笔。因此，当我们生产越来越多的任何一种物品时，每单位的机会成本往往会由于资源的专业性而增加。这就是说，资源并不是同等地适用于生产每种物品。

当在生产可能性边界上任何一个方向变动时，以上观点都适用。例如，如果我们从 *D* 点开始（最大的铅笔产量），铅笔生产的少量减少（100 支）就可以让出大量增加纸张生产（200 单位）的足够资源。然而，从 *B* 点到 *A* 点只能增加 25 单位的纸张生产。

(2) 生产可能性边界只表示可以有的选择——并不表示哪一点生产最好。学生在运用生产可能性边界时所犯的一个共同错误是：观察一条生产可能性边界，并认为接近于中间的某一点“似乎是最好的”。学生做出这种主观判断是因为中点似乎提供了两种物品的最大生产总量。然而，试问你自己：如果每张纸值 10 美元，每打铅笔值 1 美分，那么图 2-1 中的生产可能性边界上哪一个点最好？我们应该把所有资源都用于纸张生产。如果每张纸值 1 美分而每支铅笔值 50 美元，又是哪一点最好呢？我们应该把所有资源用于铅笔生产。显然，实际上我们选择生产什么取决于每种物品的价格。因此，生产可能性边界只提供可以有的选择，而不能单独决定哪一种选择最好。

(3) 经济学家的分歧是有趣的，但经济学共识更重要。经济学家有意见分歧的名声，因为我们倾向于强调我们各自的差别。虽然我们之间的分歧对我们而言是有趣的，但我们达成一致意见的事情对你而言却是更重要的。在经济学界，有许多经济学原理几乎毫无异议地得到支持。教科书的目的集中在经济学界意见一致的领域，而不是存在意见分歧的领域。

2.1.4 术语与定义

为每个关键术语选择一个定义。

关键术语	定 义
______科学方法	1. 土地、劳动和资本这类投入。
______经济模型	2. 研究整体经济现象。
______循环流向图	3. 客观地建立并检验理论。
______生产要素	4. 为了得到某种东西所放弃的东西。
______生产可能性边界	5. 世界应该是什么样的表述。
______机会成本	6. 从可获得的资源中得到最大产量。
______效率	7. 世界是什么样的表述。
______微观经济学	8. 基于假设对现实的简化。
______宏观经济学	9. 一个图形,表示在可获得的生产要素与生产技术既定时经济可以生产的产量组合。
______实证表述	10. 研究家庭和企业如何做出决策,以及它们在市场上如何相互交易。
______规范表述	11. 表示物品和劳务、生产要素及货币支付在家庭和企业之间如何流动的经济图形。

2.2 问题与简答题

2.2.1 应用题

1. 确定以下交易中循环流向图直接涉及的部分。

   a. Mary 用 20 000 美元从通用汽车公司购买了一辆汽车。

   ____

   ____

   b. 通用汽车公司向在装配线上工作的 Joe 每月支付 5 000 美元。

   ____

   ____

   c. Joe 用 15 美元理发。

   ____

   ____

   d. Mary 从她持有的通用汽车公司的股票中得到了 10 000 美元红利。

   ____

   ____

2. 下表提供了 Athletic 国生产可能性边界的信息。

硬板球拍	软网球拍
0	420
100	400
200	360
300	300
400	200
500	0

a. 在图 2-2 中，画出并连接以上各点，做出 Athletic 国的生产可能性边界。

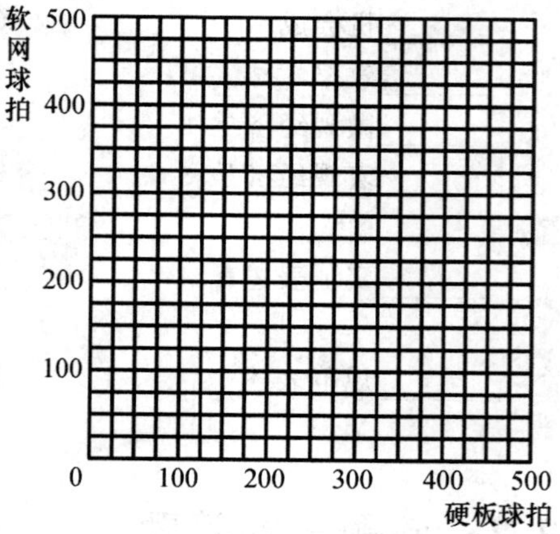

图 2-2

b. 如果 Athletic 国现在生产 100 个硬板球拍和 400 个软网球拍，那么多生产 100 个硬板球拍的机会成本是什么？

c. 如果 Athletic 国现在生产 300 个硬板球拍和 300 个软网球拍，那么多生产 100 个硬板球拍的机会成本是什么？

d. 为什么在 c 中多生产 100 个硬板球拍所引起的权衡取舍大于在 b 中多生产 100 个硬板球拍所引起的权衡取舍？

e. 假设 Athletic 国现在生产 200 个硬板球拍和 200 个软网球拍。在不放弃任何软网球拍的情况下，他们可以多生产多少个硬板球拍？在不放弃任何硬板球拍的情况下，可以生产多少个软网球拍？

f. 生产 200 个硬板球拍和 200 个软网球拍有效率吗？解释之。

3. 图 2-3 中的生产可能性边界表示消费品和资本品之间现有的权衡取舍。假定两国面临这个相同的生产可能性边界。

a. 假设 Party 国选择在 *A* 点生产，而 Parsimonious 国选择在 *B* 点生产。未来哪一个国家会经历更大的增长？为什么？

b. 在这个模型中,未来增长的机会成本是什么?

c. 在图 2-4 中画图说明在图 2-3 中增长对生产可能性边界的影响。Parsimonious 国生产可能性边界的移动比 Party 国大还是小?为什么?

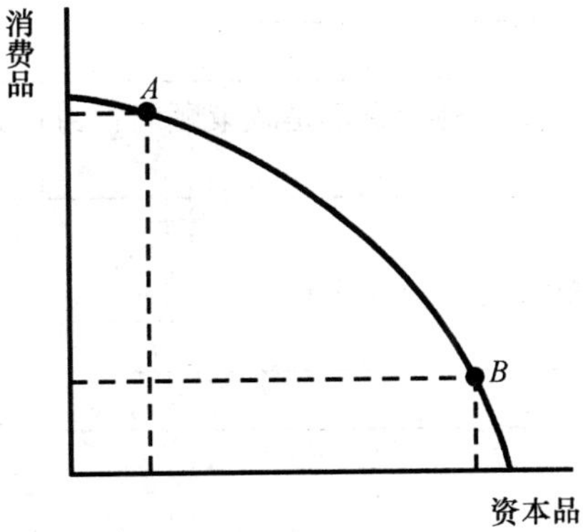

图 2-3

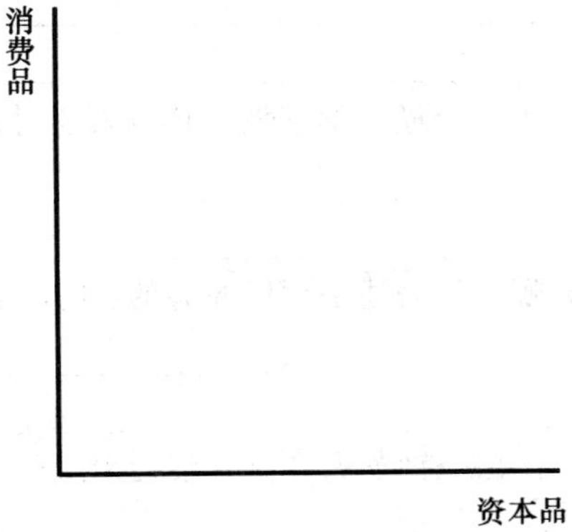

图 2-4

d. 在图 2-5 中画出图形,说明如果发生只影响资本品生产的技术进步,生产可能性边界将会如何移动。

e. d 中的移动意味着所有增加的生产都必定表现为资本品的形式吗?为什么?

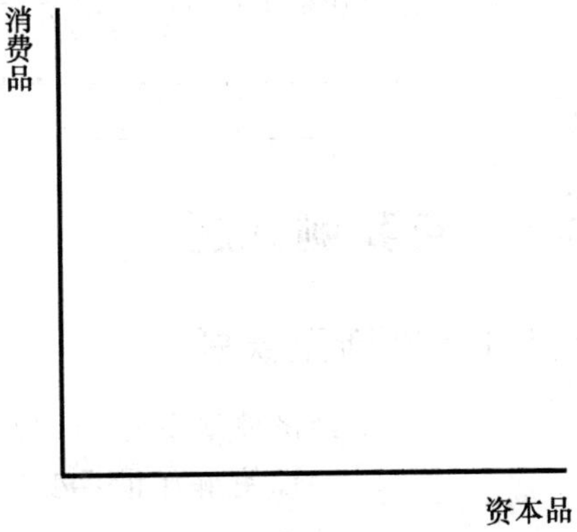

图 2-5

2.2.2 简答题

1. 描述科学方法。

2. 在任何一门科学中,假设的作用是什么?

3. 越现实的模型总是越好吗?

4. 为什么生产可能性边界的斜率是负的(向右下方倾斜)?

5. 为什么生产可能性边界向外凸出?

6. 经济学的两个分领域是什么?哪一个分领域更可能是另一个分领域的基础?为什么?

7. 当一个经济学家做出规范表述时,她更可能是作为科学家还是政策顾问?为什么?

8. 哪一种表述是可以检验的:实证表述还是规范表述?为什么?

9. 说出经济学家意见分歧的两个原因。

10. 说出90%以上的经济学家看法一致的两个经济观点。

2.3 自我测试题

2.3.1 判断正误题

_______1. 经济模型要么反映现实,要么没有价值。

_______2. 假设使解释世界变得相对容易,因为它们简化了现实,并集中了我们的注意力。

_______3. 当建立国际贸易的模型时,假设世界只由一个人组成是合理的。

_______4. 当人们作为科学家时,他们必须努力做到客观。

_______5. 如果一种经济在其生产可能性边界上运行,它肯定有效地使用了自己的资源。

_______6. 如果一种经济在其生产可能性边界上运行,它要多生产一种物品就必须少生产另一种物品。

_______7. 生产可能性边界之外的点是可以达到的,但是无效率的。

_______8. 如果一种经济中有相当多的失业,这种经济就在生产可能性边界之内生产。

_______9. 生产可能性边界向外凸出是因为任何两种物品生产之间的权衡取舍都是不变的。

_______10. 生产技术进步引起生产可能性边界向外移动。

_______11. 宏观经济学涉及研究家庭和企业如何做出决策,以及它们如何在特定市场上相互交易。

_______12. “通货膨胀上升往往引起短期中失业减少”的表述是规范的。

_______13. 当经济学家做出实证表述时,他们更可能是以科学家的身份出现。

_______14. 可以用证据否定规范表述。

_______15. 大多数经济学家认为,关税和进口限额通常减少了一般经济福利。

2.3.2 单项选择题

1. 科学方法要求
   a. 科学家使用试管,并有一间清洁的实验室。
   b. 科学家是客观的。
   c. 科学家使用精密仪器。
   d. 只有不正确的理论得到检验。
   e. 只有正确的理论得到检验。
2. 以下哪一项最有可能产生一种理论的科学证据?
   a. 一个受雇于劳联-产联(AFL/CIO)的经济学家研究贸易限制对工人工资的影响。
   b. 一个广播电台访谈节目主持人在收集有关资本市场如何对赋税做出反应的数据。
   c. 一个名牌大学雇用的终身经济学家分析银行管制对农村贷款的影响。
   d. 通用汽车公司雇用的律师分析安全气囊对乘客安全的影响。
3. 以下哪一个关于循环流向图的表述是正确的?
   a. 生产要素归家庭所有。
   b. 如果 Susan 为 IBM 工作并得到一张工资支票,这个交易发生在物品和劳务市场上。
   c. 如果 IBM 出售一台电脑,这个交易发生在生产要素市场上。
   d. 生产要素归企业所有。
   e. 以上各项都不正确。
4. 在下列哪一种情况下,假设最合理?
   a. 在估算气球下落的速度时,物理学家假设它在真空中下落。
   b. 为了分析货币增长对通货膨胀的影响,经济学家假设货币是严格的铸币。
   c. 为了分析税收对收入分配的影响,经济学家假设每个人的收入相同。
   d. 为了分析贸易的利益,经济学家假设只有两个人和两种物品。
5. 经济模型是
   a. 为了复制现实而创造的。
   b. 以假设为基础建立的。
   c. 通常由木头和塑料组成。
   d. 如果它们是简单的,就没有用。
6. 以下哪一种不是生产要素?
   a. 土地。
   b. 劳动。
   c. 资本。
   d. 货币。
   e. 以上都是。
7. 生产可能性边界上的点是
   a. 有效率的。
   b. 无效率的。
   c. 不能达到的。
   d. 规范的。
   e. 以上各项都不是。
8. 以下哪一项不会使一国的生产可能性边界向外移动?
   a. 资本存量增加。
   b. 技术进步。

c. 失业减少。

d. 劳动增加。

9. 以下哪一项描述了经济增长?

a. 沿着生产可能性边界向资本品移动。

b. 生产可能性边界向外移动。

c. 生产可能性边界向内移动。

d. 从该曲线内向曲线移动。

用图 2-6 回答 10—13 题。

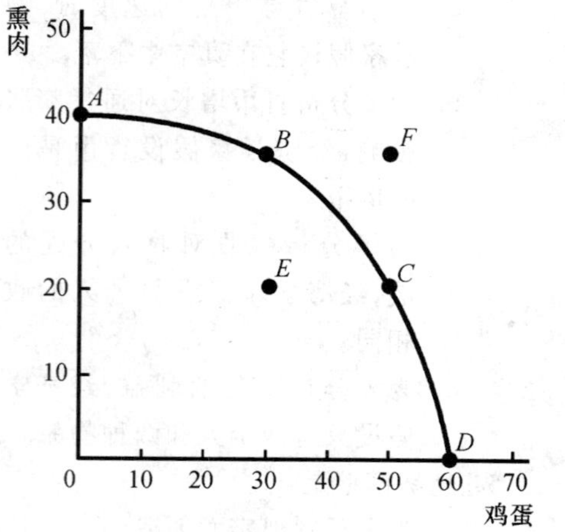

图 2-6

10. 如果一个经济在 C 点运行,多生产 15 单位熏肉的机会成本是

a. 10 单位鸡蛋。

b. 20 单位鸡蛋。

c. 30 单位鸡蛋。

d. 40 单位鸡蛋。

e. 50 单位鸡蛋。

11. 如果经济在 E 点运行

a. 增加 20 单位鸡蛋的机会成本是 10 单位熏肉。

b. 增加 20 单位鸡蛋的机会成本是 20 单位熏肉。

c. 增加 20 单位鸡蛋的机会成本是 30 单位熏肉。

d. 可以在对熏肉生产没有影响的情况下多生产 20 单位鸡蛋。

12. F 点代表

a. 如果我们减少 20 单位的鸡蛋生产可以实现的生产组合。

b. 由于有未得到利用的资源,所以是无效率的生产组合。

c. 如果有相当大的技术进步可以实现的生产组合。

d. 以上各项都不是。

13. 当我们从 A 点移动到 D 点时

a. 根据熏肉计算的鸡蛋的机会成本不变。

b. 根据熏肉计算的鸡蛋的机会成本减少。

c. 根据熏肉计算的鸡蛋的机会成本增加。

d. 经济变得更有效率。

e. 经济变得更无效率。

14. 以下哪一项与微观经济学相关?

a. 货币对通货膨胀的影响。

b. 技术对经济增长的影响。

c. 赤字对储蓄的影响。

d. 石油价格对汽车生产的影响。

15. 以下关于微观经济学和宏观经济学的表述哪一项是不正确的?

a. 对极其大的行业的研究是宏观经济学范围内的问题。

b. 宏观经济学关注整体经济现象。

c. 微观经济学是宏观经济学的基础。

d. 不能把微观经济学和宏观经济学完全分开。

16. 以下哪一项表述是规范的?

a. 发行的货币过多就引起通货膨胀。

b. 如果工资更高,人们就会更努力工作。

c. 失业率应该降低。

d. 大量政府赤字使经济增长更慢。

17. 在做出下列哪一项表述时,经济学家更像一个科学家?

a. 减少失业救济金将降低失业率。

b. 失业率应该降低,因为失业剥夺

了个人的尊严。
c. 通货膨胀率应该降低，因为通货膨胀剥夺了老年人的储蓄。
d. 国家应该增加对大学的补贴，因为经济的未来取决于教育。

18. 实证表述是
a. 微观经济学的。
b. 宏观经济学的。
c. 涉及价值判断的论断性表述。
d. 可以检验的描述性表述。

19. 假设两个经济学家争论对待失业的政策。一个经济学家说："政府应该向失业宣战，因为它是最大的社会不幸。"另一位经济学家反驳说："胡说。通货膨胀才是最大的社会不幸。"这两位经济学家
a. 意见分歧是因为他们有不同的科学判断。
b. 意见分歧是因为他们有不同的价值观。
c. 实际上根本没有分歧。只是看起来有分歧。
d. 以上各项都不是。

20. 假设两位经济学家争论对待失业的政策。一位经济学家说："如果政府可以增加 500 亿美元的政府支出，就可以使失业率下降一个百分点。"另一位经济学家反驳说："胡说。如果政府增加 500 亿美元的支出，只能减少千分之一的失业，而且，效果只是暂时的！"这两位经济学家
a. 意见分歧是因为他们有不同的科学判断。
b. 意见分歧是因为他们有不同的价值观。
c. 实际上根本没有分歧。只是看起来有分歧。
d. 以上各项都不是。

2.4 进阶思考题

你正在看公共频道的《吉姆·莱赫新闻时间》(*NewsHour with Jim Lehrer*)。第一个焦点节目是一场反对与支持自由贸易(无障碍的国际贸易)的讨论。为了平衡，该节目请了两位经济学家出场——一位支持自由贸易，一位反对自由贸易。你的室友说："这两位经济学家不知道发生了什么。他们在任何一件事上都无法达成一致。一个人说自由贸易使我们富裕；另一个却说自由贸易将使我们贫穷。如果专家都不知道，普通人如何能知道自由贸易是不是最好的呢？"

1. 你能向你的室友说明经济学家为什么会对这个问题产生分歧吗？

____

____

2. 假设你发现 93% 的经济学家相信，自由贸易通常是最好的(这是在任何一个问题中最大的一致)。现在你能更准确地回答为什么经济学家对这个问题意见不一致吗？

____

____

3. 假设你后来发现为工会工作的经济学家反对自由贸易。这有助于你解释为什么经济学家在这个问题上有不同观点吗？

____

____

2.5 答案

2.5.1 术语与定义

3	科学方法	6	效率
8	经济模型	10	微观经济学
11	循环流向图	2	宏观经济学
1	生产要素	7	实证表述
9	生产可能性边界	5	规范表述
4	机会成本		

2.5.2 应用题

1. a. 家庭向物品与劳务市场支出 20 000 美元，而汽车从物品与劳务市场流向家庭。企业从物品与劳务市场得到 20 000 美元收益，而汽车从企业流向物品与劳务市场。
   b. 5 000 美元工资从企业流向生产要素市场。投入从生产要素市场流向企业。劳动从家庭流向生产要素市场，而 5 000 美元收入从生产要素市场流向家庭。
   c. 15 美元支出从家庭流向物品与劳务市场。劳务从物品与劳务市场流向家庭。作为 15 美元收入的回报，劳务从企业流向物品与劳务市场。
   d. 10 000 美元利润从企业流向生产要素市场。投入从生产要素市场流向企业。作为 10 000 美元收入的回报，资本劳务从家庭流向生产要素市场。
2. a. 参看图 2-7。
   b. 40 个软网球拍。
   c. 100 个软网球拍。
   d. 因为随着我们生产更多的硬板球拍，最适于生产硬板球拍的资源得到使用。因此，生产 100 个硬板球拍需要更多的资源和软网球拍生产的更大减少。
   e. 200 个硬板球拍；160 个软网球拍。
   f. 没有效率。如果没有机会成本可以增加生产，资源就没有得到有效使用。

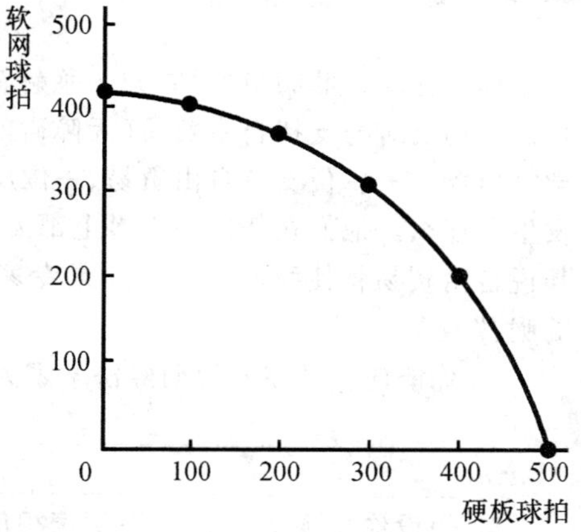

图 2-7

3. a. Parsimonious 国。资本（工厂与设备）是生产要素，而且，现在生产更多资本将增加未来的生产。
   b. 现在生产的消费品少了。
   c. 参看图 2-8。Parsimonious 国的生产可能性曲线向外移动得更多，因为它们的生产要素（资本）增加得更多。
   d. 参看图 2-9。
   e. 不一定，向外移动改善了可行的消费品和资本品的选择。

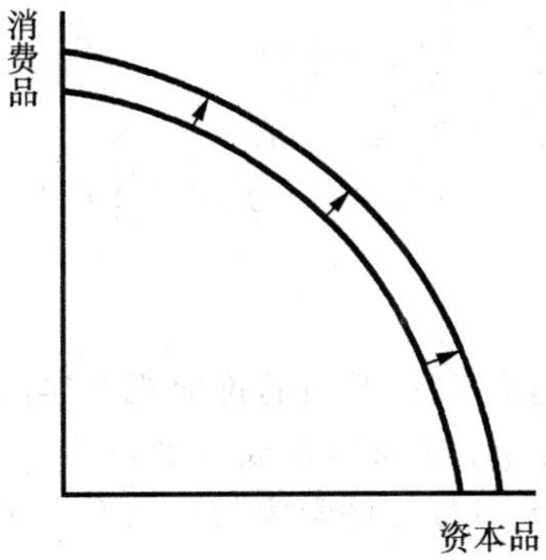

图 2-8

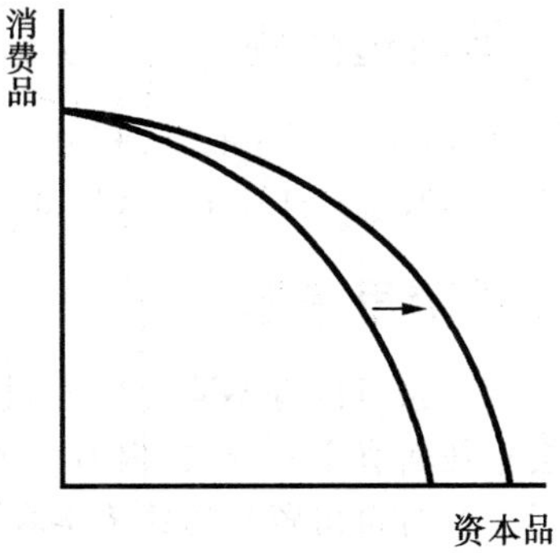

图 2-9

2.5.3 简答题

1. 通过观察、检验和再观察,无偏见地建立并检验理论。
2. 简化现实,以使我们可以把思考集中在实际重要的事情上。
3. 不一定。现实模型是较为复杂的。它们会引起混乱,而且不能使我们的注意力集中在重要的事情上。
4. 因为如果一个经济有效地运行,生产选择就有机会成本。如果我们想多要一种东西,就必须少要另一种东西。
5. 由于资源是专业化的,因此不能同等地适用于生产不同物品。
6. 微观经济学和宏观经济学。微观经济学更可能是宏观经济学的基础,因为我们在解决宏观问题(比如说失业)时,必须考虑个人对工资和福利这类工作激励会做出什么反应。
7. 更可能是政策顾问。因为规范表述是关于应该是什么样的论断,而且在某种程序上基于价值判断。
8. 实证表述是对事实的表述,而且可以通过考察证据来否定。
9. 经济学家会有不同的科学判断。经济学家也会有不同的价值观。
10. 租金上限降低了可获得的住房数量和质量。关税和进口限额通常减少了一般经济福利。

2.5.4 判断正误题

1. 错误;经济模型是现实的简化。
2. 正确。
3. 错误;贸易至少要有两个人。
4. 正确。
5. 正确。
6. 正确。
7. 错误;生产可能性边界外的点不能实现。
8. 正确。
9. 错误;它向外凸出,因为权衡取舍并不是一成不变的。
10. 正确。
11. 错误;宏观经济学研究整体经济现象。
12. 错误;这个表述是实证的。
13. 正确。
14. 错误;规范表述不能被否定。
15. 正确。

2.5.5 单项选择题

1. b	2. c	3. a	4. d	5. b	6. d	7. a	8. c	9. b	10. b
11. d	12. c	13. c	14. d	15. a	16. c	17. a	18. d	19. b	20. a

2.5.6 进阶思考题

1. 经济学家可以有不同的科学判断,经济学家也可以有不同的价值观。实际上可能不会有任何真正的分歧,因为大多数经济学家实际上是可以达成一致的。
2. 那些反对自由贸易的经济学家可能有不同于大多数经济学家的价值观。主流经济学界中对这个问题并没有多少分歧。
3. 是的。主张限制国际贸易会有利于某些集团(有组织的劳工),但这些限制不可能会有利于一般公众利益。这些政策的支持者是在维护他们自己的利益。

附录 2A

2A.1 应用题

1. 下面的关于价格和需求量的有序数对描述了 Joe 对美味咖啡的需求。

每杯咖啡的价格(美元)	咖啡的需求量(杯)
5	2
4	4
3	6
2	8
1	10

a. 在图 2-10 中画出并连接有序数对。

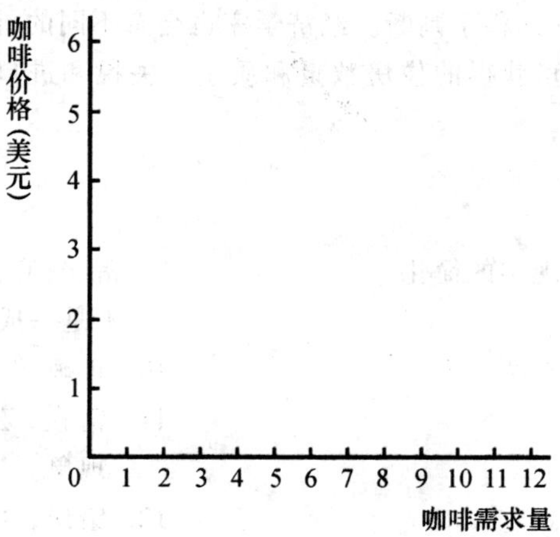

图 2-10

b. 在价格为 4—5 美元的区间内，Joe 的咖啡需求曲线的斜率是多少？

c. 在价格为 1—2 美元的区间内，Joe 的咖啡需求曲线的斜率是多少？

d. 咖啡的价格与 Joe 的咖啡需求量是正相关还是负相关？你是怎样判断出来的？

e. 如果咖啡价格从每杯 2 美元上升到每杯 4 美元，需求量会发生什么变动？这是沿着一条曲线的变动，还是曲线的移动？

f. 假设 Joe 的收入从每年 20 000 美元增加到每年 40 000 美元，翻了一番。以下有序数对描述了 Joe 对美味咖啡的需求。在图 2-10 上画出这些有序数对。

每杯咖啡的价格（美元）	咖啡的需求量（杯）
5	4
4	6
3	8
2	10
1	12

g. Joe 的收入翻了一番引起了沿着他的需求曲线的变动，还是需求曲线的移动？为什么？

2. 一个外星人来到地球，并观察到以下现象：早上当人们带伞时，这一天就往往会下雨。外星人得出结论：雨伞引起下雨。

a. 外星人犯了什么错误？

b. 在外星人的错误中，预期起了什么作用？

c. 如果实际上是由温度、湿度和风向等引起了下雨，那么，当外星人确定雨伞引起下雨时，他还犯了什么错误？

2A.2 判断正误题

_______1. 在直角坐标系中作图时,x 轴告诉我们水平位置,而 y 轴告诉我们垂直位置。

_______2. 当 x、y 坐标系中一条直线向右上方倾斜时,用这两个轴衡量的两个变量是正相关的。

_______3. 大多数物品的价格和需求量是正相关的。

_______4. 如果三个变量是相关的,那么,在 x、y 坐标系中做出另外两个变量的图形时,必须使其中一个变量保持不变。

_______5. 如果三个变量是相关的,没有在 x、y 坐标系中表示的变量的变动将引起沿着在 x、y 坐标系中画出的那条曲线的变动。

_______6. 一条直线的斜率等于沿着这条线的 y 的变动除以 x 的变动。

_______7. 如果一条直线的斜率是负的,那么用两个轴表示的两个变量是正相关的。

_______8. 躺下和死亡之间是正相关的。如果我们从这个证据中得出结论,认为躺下是不安全的,我们就有一个忽略变量的问题,因为得重病的人往往会躺下。

_______9. 反向因果关系意味着,当我们认为 A 引起 B 时,也许实际上是 B 引起了 A。

_______10. 由于人们早晨带雨伞上班下午会下雨,因此,带雨伞必定引起下雨。

2A.3 附录 2A 的答案

2A.3.1 应用题

1. a. 参看图 2-11。

   b. −1/2

   c. −1/2

   d. 负相关,因为价格上升与需求量减少相关。这就是说,需求曲线向右下方倾斜。

   e. 减少 4 杯。沿曲线变动。

   f. 参看图 2-12。

   g. 曲线移动,因为一个未由任何一个轴表示的变量(收入)发生了变动。

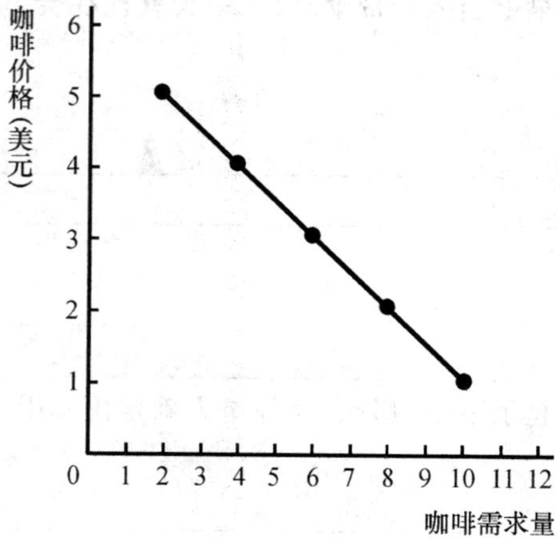

图 2-11

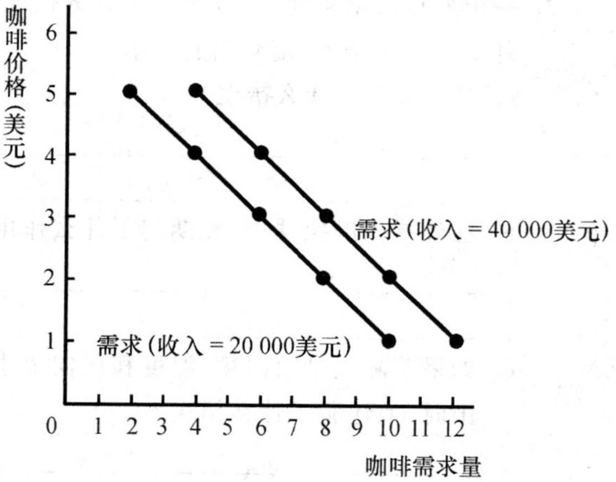

图 2-12

2. a. 反向因果关系。

b. 下雨是可预期的,人们预期有雨引起他们在下雨之前带伞,这看来仿佛是带伞引起下雨。

c. 忽略的变量。

2A. 3. 2 判断正误题

1. 正确。
2. 正确。
3. 错误;它们是负相关的。
4. 正确。
5. 错误;不在图形上表示的变量变动将引起曲线移动。
6. 正确。
7. 错误;负斜率意味着负相关。
8. 正确。
9. 正确。
10. 错误;这是一个反向因果关系的例子。

第3章 相互依存性与贸易的好处

目　的

在本章中你将

- 考虑当人们相互交易时如何使每个人都获益
- 了解绝对优势与比较优势的含义
- 知道比较优势如何解释贸易的好处
- 把比较优势理论运用于日常生活和国家政策

效　果

在实现这些目的之后,你应该能

- 说明当人们专门生产自己有比较优势的物品时,总产量如何增加
- 解释为什么即使没有绝对优势,所有的人也都有比较优势
- 说明比较优势和机会成本之间的联系
- 解释为什么在各方面都优秀的人仍然倾向于专业化

3.1 本章概述

3.1.1 内容与目的

第 3 章是导言部分三章中的最后一章。第 1 章介绍经济学十大原理。第 2 章说明经济学家如何研究问题。这一章说明人们和国家如何从贸易中获益(这是第 1 章讨论的十大原理之一)。

第 3 章的目的是证明每个人如何从贸易中获益。贸易使人们可以专门生产自己有比较优势的物品,然后交易其他人生产的物品。由于实现了专业化,总产量增加,而且,通过贸易我们都可以分享好处。这对国家和个人而言都是正确的。由于每个人都可以从贸易中受益,因此对贸易的限制会减少福利。

3.1.2 本章复习

导 言

我们每个人每天都要消费许多不同国家生产的物品。这些复杂多样的物品中又包含许多不同国家生产的组成部分,以至于这些物品没有单一的原产国。生产这些东西的人既不是出于仁慈,也不是按政府的命令生产。人们进行生产是因为他们希望相互交易,并得到一些东西作为回报。因此,贸易使我们相互依存。

1. 一个现代经济寓言

设想一个简单经济。假设世界上只有两个人——牧牛人和种土豆的农民;只有两种物品——牛肉和土豆。

- 如果每个人只生产一种物品(牧牛人可以只生产牛肉,而农民只生产土豆),他们就会进行贸易,以增加他们消费的物品的品种。每个人都由于品种的增加而获益。
- 如果每个人都可以生产两种物品,但每个人在生产一种物品上比另一个人更有效率,那么,每个人将专门生产他最擅长的(又是牧牛人生产牛肉,而农民生产土豆),总产量将增加,而且,他们将进行贸易。贸易使每个人都可以获益,因为贸易使专业化成为可能,而专业化增加了可以分享的总产量。
- 如果一个生产者在生产牛肉和土豆上都比另一个更有效率,贸易仍有好处,但就不那么明显了。此时,贸易同样使每个人获益,因为贸易使专业化成为可能,而专业化增加了可以分享的总产量。为了理解当一个生产者在生产两种物品上都具有优势时贸易好处的源泉,我们应该了解比较优势的概念。

2. 比较优势:专业化的动力

为了理解**比较优势**,我们从**绝对优势**的概念开始。绝对优势比较的是生产一种物品所需要的投入量。生产一种物品需要较少资源(比如说劳动时间较少)的生产者被称为在生产那种物品上有绝对优势。这就是说,效率最高的生产者(有最高生产率的生产者)有绝对优势。

绝对优势比较每个生产者生产的实际成本,而比较优势比较每个生产者生产的**机会成本**。生产的机会成本较低的生产者可以说有比较优势。无论绝对优势如何,如果生产者生产每种物品的机会成本不同,每个生产者就应该专门生产其机会成本较低的物品。也就是说,每个生产者都应该生产他们有比较优势的东西。然后他们可以用自己生产的物品交换其他物品。贸易使每个生产者状况变得更好,因为贸易使专业化成为可能,而专业化增加了可以分享的总产量。当他们以介于两者自己机会成本之间的价格交易时,他们都能获利。

专业化决策和贸易产生的好处是基于比较优势,而不是绝对优势。尽管一个生产者可以在生产两种物品上都有绝对优势,但他不可能在生产两种物品上都有比较优势,因为生产一种物品的机会成本较低意味着生产另一种物品的机会成本较高。

总而言之,贸易使生产者可以利用他们生产的机会成本的差别。每个生产者专门生产其机会成本较低、从而有比较优势的物品。这就增加了经济的总产量,并使经济蛋糕变大了。每个人都可以从中获益。专业化带来的产量的增加是**贸易的好处**。

亚当・斯密在其1776年的著作《国民财富的性质和原因的研究》以及大卫・李嘉图在其1817年的著作《政治经济学与赋税原理》中都认识到了通过专业化的贸易带来的好处以及比较优势原理。现在对于自由贸易的研究仍然是以他们的著作为基础的。

3. 比较优势的应用

比较优势原理既适用于个人又适用于国家。回想一下,绝对优势并没有决定生产的专业化。例如,泰格尔・伍兹在打高尔夫球和修剪草坪上都有绝对优势。但是,由于他打高尔夫球每小时可以赚10 000美元,因此,他只要能以低于每小时10 000美元的价格雇到一个人修剪草坪,他的状况就会更好(即使这个人剪草坪的速度比他慢得多)。这是因为泰格尔・伍兹修剪1小时草坪的机会成本是10 000美元。泰格尔・伍兹应该专门打高尔夫球,并与别人的劳务进行交易。他之所以这样做是因为,尽管他在这两项活动中都有绝对优势,但他在打高尔夫球上有比较优势,而在修剪草坪上有比较劣势(他修剪草坪的机会成本非常高)。

各国之间的贸易也遵循同样的比较优势原理。在国外生产并在国内销售的物品称为**进口品**,在国内生产并在国外销售的物品称为**出口品**。即使美国在生产汽车和粮食上都有绝对优势,它也应该专门生产自己有比较优势的东西。由于美国生产粮食的机会成本较低(更肥沃的土地)而日本较高,因此,美国应该生产更多粮食并出口到日本,以交换从日本进口的汽车。尽管美国从贸易中受益,但是贸易对美国汽车工人和农民的影响则不同。

自由贸易壁垒的降低改善了进口国整体的福利,但并没有改善进口国国内生产者的福利。由于这个原因,国内生产者游说他们的政府保持(或提高)自由贸易壁垒。

3.1.3 有益的提示

(1) 以下关于比较优势的循序渐进的例子将说明第3章中所讨论的大多数概念。该例子对于你做教科书中本章末的习题以及本书后的习题具有参考价值。

假设我们拥有以下关于日本和韩国工业生产率的信息。这些数据是工作每小时的产量。

	钢铁	电视机
日本	6	3
韩国	8	2

一个日本工人每小时可以生产6吨钢铁或3台电视机,一个韩国工人每小时可以生产8吨钢铁或2台电视机。

我们假设这两个国家都只有一个工人,而且每个工人都只工作一小时,于是可以画出每个国家的生产可能性边界。为了画出生产可能性边界,就要画出两个端点,并用一条直线把它们连接起来。例如,日本的工人可以生产 6 吨钢铁或 3 台电视机,或者各用半个小时生产每种物品,并得到 3 吨钢铁和 1.5 台电视机。可以把一小时的任何一种其他比例配置于两种生产活动中。在这些情况下,生产可能性边界是线性的,因为劳动资源可以按不变的比率从一种物品的生产转向另一种物品的生产。对韩国我们也可以这样做。在没有贸易时,生产可能性边界也是消费可能性边界。

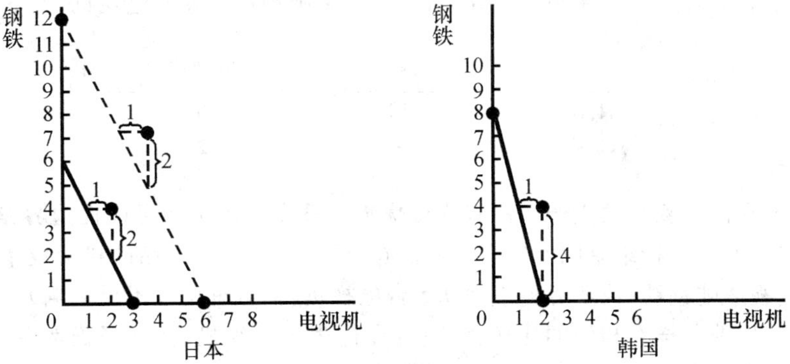

图 3-1

比较优势决定了专业化与贸易。日本每台电视机的机会成本是 2 吨钢铁,图 3-1 中的生产可能性边界的斜率说明了这一点。换个说法,日本每吨钢铁的机会成本是 0.5 台电视机。在韩国,每台电视机的机会成本是 4 吨钢铁,而每吨钢铁的机会成本是 0.25 台电视机。由于日本电视机的机会成本较低,日本在电视机生产中有比较优势,应该专门生产电视机;由于韩国钢铁的机会成本较低,韩国在钢铁生产中有比较优势,应该专门生产钢铁。

每个国家愿意交换的价格范围是多少呢?如果日本专门生产电视机,数量是 3 台,只要每吨钢铁的价格低于 0.5 台电视机,它就愿意用电视机交换钢铁,因为这是贸易之前日本每吨钢铁的价格。而对韩国而言,只要每台电视机的价格低于 4 吨钢铁,韩国就愿意专门生产钢铁,并交换电视机,因为这是贸易前韩国的电视机价格。简言之,最终的价格应该在没有贸易之前每个国家面临的最初权衡取舍之间。每台电视机将值 2—4 吨钢铁,每吨钢铁将值 0.25—0.5 台电视机。

(2) 贸易使各国的消费可以超出原来的生产可能性边界。假设日本和韩国确定的贸易价格为 3 吨钢铁交换 1 台电视机(或者 1/3 台电视机交换 1 吨钢铁)。(这个价格是我们给定的。这个问题中并没有资料能让你计算出最终的贸易价格。你只能算出一个价格范围。)这个价格处于没有贸易时每个国家面临的两种价格之间。贸易价格的范围是 4 吨钢铁交换 1 台电视机到 2 吨钢铁交换 1 台电视机。

如果日本专门生产电视机,数量为 3 台,并出口 1 台电视机交换 3 吨钢铁,日本就能消费 2 台电视机和 3 吨钢铁。如果我们在日本的图形上画出这一点(2 台电视机和 3 吨钢铁),我们就看到,它在生产可能性边界之外。如果韩国专门生产钢铁,生产 8 吨钢铁,并出口 3 吨钢铁交换 1 台电视机,韩国就能消费 5 吨钢铁和 1 台电视机。如果我们在韩国的图形上画出这一点(5 吨钢铁和 1 台电视机),我们同样看到,它也在生产可能性边界之外。

这就是贸易的好处。贸易使各国(和人们)可以从事专业化生产。专业化增加了世界的总产量。贸易之后,各国的消费在其各自的生产可能性边界之外。在这方面,贸易与技术进步一样，它使各国可以变动到超出其现在的生产可能性边界。

（3）只有比较优势起作用——绝对优势是无关的。在前一个例子中，日本在电视机生产中有绝对优势，因为它每小时能生产 3 台电视机，而韩国只能生产 2 台电视机。韩国在钢铁生产中有绝对优势，因为它每小时可以生产 8 吨，相比之下日本是 6 吨。

为了证明是比较优势而不是绝对优势决定了专业化和贸易，我们将上例作一些变动，以使日本在两种物品的生产中都有绝对优势。出于这个目的，假设日本的生产率是上例中的两倍。这就是说，日本每个工人每小时现在可以生产 12 吨钢铁或 6 台电视机，如下表所示。

	钢铁	电视机
日本	12	6
韩国	8	2

现在，日本在两种物品的生产中都有绝对优势。日本新的生产可能性边界是图 3-1 中的虚线。这一点改变了分析结果吗？完全没有。在日本国内，每种物品的机会成本仍然是相同的——每台电视 2 吨钢铁，或者每吨钢铁 0.5 台电视机（而且韩国也不受影响）。由于这个原因，日本仍然和以前一样有相同的比较优势，并专门生产电视机，而韩国仍然专门生产钢铁。但是，由于日本生产率翻了一番，它的所有可供选择的组合都改善了，从而物质福利增加了。

3.1.4 术语与定义

为每个关键术语选择一个定义。

关键术语	定义
______绝对优势	1. 为了得到某种东西所放弃的东西。
______比较优势	2. 以比另一生产者更低的机会成本生产物品的能力。
______贸易的好处	3. 在国内生产并在国外销售的物品。
______机会成本	4. 在国外生产并在国内销售的物品。
______进口品	5. 利用比另一生产者更少的投入进行生产的能力。
______出口品	6. 由于贸易允许的专业化引起的总产量增加。

3.2 问题与简答题

3.2.1 应用题

1. Angela 是一个大学生。她的课程排得很满，每周只有 5 小时用于她的爱好。Angela 是一个艺术家，她每小时可以做 2 个陶罐或 4 个咖啡杯。

   a. 在图 3-2 中画出 Angela 制作陶罐和咖啡杯的生产可能性边界。

   b. Angela 制作 1 个陶罐的机会成本是什么？10 个陶罐呢？

   ____

   ____

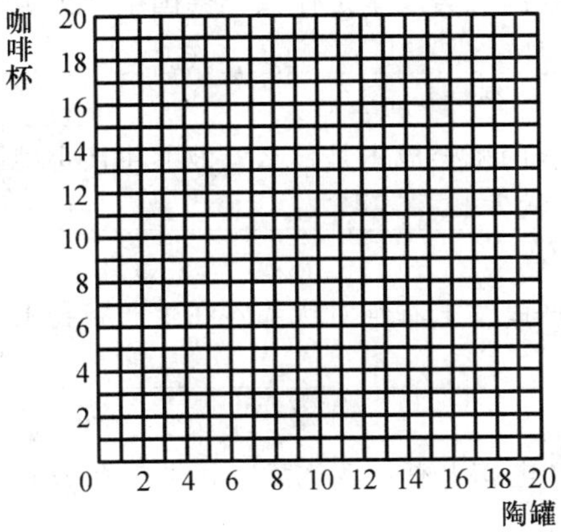

图 3-2

c. Angela 制作 1 个咖啡杯的机会成本是什么？10 个咖啡杯呢？

______

______

d. 为什么她的生产可能性边界是一条直线，而不像第 2 章中所述的那样是一条向外凸出的曲线？

______

______

2. 假设一个德国工人每月可以生产 15 台电脑或 5 吨谷物。假设一个波兰工人每月可以生产 4 台电脑或 4 吨谷物。为了简单起见，假设每个国家只有一个工人。

a. 填写下表：

	电脑	谷物
德国	______	______
波兰	______	______

b. 在图 3-3 中画出每个国家的生产可能性边界。

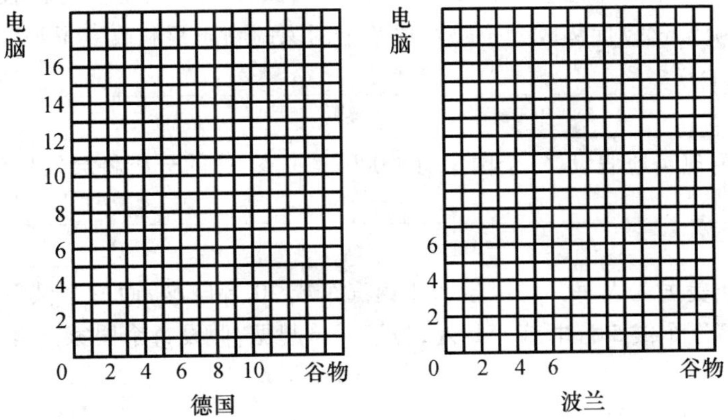

图 3-3

c. 德国生产 1 台电脑的机会成本是什么？德国生产 1 吨谷物的机会成本是什么？

d. 波兰生产 1 台电脑的机会成本是什么？波兰生产 1 吨谷物的机会成本是什么？

e. 哪一个国家在生产电脑上有绝对优势？在生产谷物上呢？

f. 哪一个国家在生产电脑上有比较优势？在生产谷物上呢？

g. 每个国家应该专门生产哪一种物品？为什么？

h. 使两个国家都获利的电脑和谷物的价格范围是什么？

i. 假定德国和波兰确定的贸易价格为 2 台电脑交换 1 吨谷物或者 0.5 吨谷物交换 1 台电脑。假定每个国家都专业化生产，而且它们用 4 台电脑交换 2 吨谷物。在图 3-3 上画出最终的消费点。这些国家的消费在生产可能性边界之内还是之外？

j. 假设波兰工人的生产率翻了一番，每个工人每月可以生产 8 台电脑或 8 吨谷物。哪一个国家在生产电脑中有绝对优势？在生产谷物上呢？

k. 在波兰的生产率翻了一番以后，哪一个国家在生产电脑上有比较优势？在生产谷物上呢？比较优势改变了吗？这两个国家的物质福利改变了吗？

l. 如果更现实地假设，每个国家有 1 000 万工人，你的分析将会发生什么样的改变？

3. 假设一个美国工人每月可以生产 4 辆汽车或 20 台电脑，而一个俄罗斯工人每月可以生产 1 辆汽车或 5 台电脑。此外，为了简单起见，假设每个国家只有一个工人。

a. 填写下表：

	汽车	电脑
美国	______	______
俄罗斯	______	______

b. 哪个国家在生产汽车上有绝对优势？在生产电脑上呢？

c. 哪个国家在生产汽车上有比较优势？在生产电脑上呢？

d. 两个国家从贸易中能得到好处吗？为什么？

e. 你对 d 的回答有助于你指出贸易好处的源泉吗？

f. 两个国家生产的机会成本不同的原因可能是什么？（发挥你的想象。第 3 章中并没有直接讨论这个问题。）

3.2.2 简答题

1. 为什么人们选择相互依赖，而不是自给自足？

2. 为什么在贸易的决定中重要的是比较优势，而不是绝对优势？

3. 贸易的好处是什么？

4. 为什么对贸易的限制会减少物质福利？

5. 假定一个律师每小时可以赚 200 美元，也可以每分钟打 200 个字。律师应该雇用一个每分钟只能打 50 个字的秘书吗？为什么？

6. 评价这句话：在生产每一种东西上都比其邻国强的技术先进国家，如果关闭贸易边界，状况会更好，因为生产率低的国家对先进国家是一个负担。

____

____

3.3 自我测试题

3.3.1 判断正误题

_______1. 如果日本在生产一种东西上有绝对优势，它在这种东西的生产中也必定有比较优势。

_______2. 是比较优势而不是绝对优势决定了生产中的专业化决策。

_______3. 绝对优势是生产者之间基于生产率的比较。

_______4. 自给自足是增加自己物质福利的最好方法。

_______5. 比较优势是生产者之间基于机会成本的比较。

_______6. 如果一个生产者是自给自足的，生产可能性边界也是消费可能性边界。

_______7. 如果一个国家的工人每小时可以生产 5 个汉堡包或 10 包炸薯条，那么没有贸易时，1 包炸薯条的价格是 2 个汉堡包。

_______8. 如果生产者生产的机会成本有差别，贸易就可以使他们的消费在其生产可能性边界之外。

_______9. 如果贸易有利于一个国家，它的贸易伙伴的状况必定会由于贸易而变坏。

_______10. 在每一件事情上都可以做到最好的有能力的人在每一种东西的生产中都有比较优势。

_______11. 贸易的好处可以用专业化带来的总产量的增加来衡量。

_______12. 当一个国家取消某种进口限制时，这个国家的每个工人都能获益。

_______13. 如果德国生产每一种东西的生产率都翻了一番，这并不会改变它原来专业化的形式，因为其比较优势并没有改变。

_______14. 如果一个先进国家在每一种东西的生产上都有绝对优势，那么若它取消与不发达国家的贸易并完全自给自足，它将获益。

_______15. 如果贸易的好处仅仅是根据比较优势，而且，如果所有的国家都有生产的相同机会成本，那么，就没有贸易的好处。

3.3.2 单项选择题

1. 如果一个国家在生产一种物品上有绝对优势，那么
   a. 它可以以低于其贸易伙伴的机会成本生产该物品。
   b. 它可以用少于其贸易伙伴的资源来生产该物品。
   c. 它可以通过限制该物品的进口而获益。
   d. 它可以专门生产该物品并出口。
   e. 以上各项都不是。

2. 如果一个国家在生产一种物品上有比较优势，那么

a. 它可以以低于其贸易伙伴的机会成本生产该物品。

b. 它可以用少于其贸易伙伴的资源来生产该物品。

c. 它可以通过限制该物品的进口而获益。

d. 它一定是唯一有能力生产该物品的国家。

e. 以上各项都不是。

3. 下列哪一种关于贸易的表述是正确的?

a. 无限制的国际贸易对于一个国家的每一个人都是同等有利的。

b. 那些在所有活动中其技能都高的人不能从贸易中获益。

c. 贸易有利于社会上的每一个人,因为它使人们可以专门从事他们有绝对优势的活动。

d. 贸易有利于社会上的每一个人,因为它使人们可以专门从事他们有比较优势的活动。

4. 根据比较优势原理

a. 在生产每一种物品上都有比较优势的国家不需要专业化。

b. 各国应该专门生产其消费的物品。

c. 各国应该专门生产其在生产中使用的资源小于其贸易伙伴的物品。

d. 各国应该专门生产其生产的机会成本低于其贸易伙伴的物品。

5. 以下哪一种表述是正确的?

a. 自给自足是大多数国家的繁荣之路。

b. 自给自足国家的消费在其生产可能性边界之外。

c. 自给自足的国家充其量只能在其生产可能性边界上消费。

d. 只有在每种物品生产中都有绝对优势的国家才应该努力实现自给自足。

6. 假设一个国家的工人每小时可以生产 4 只手表或 12 个戒指。如果没有贸易

a. 1 个戒指的国内价格是 3 只手表。

b. 1 个戒指的国内价格是 1/3 只手表。

c. 1 个戒指的国内价格是 4 只手表。

d. 1 个戒指的国内价格是 1/4 只手表。

e. 1 个戒指的国内价格是 12 只手表。

7. 假设一个国家的工人每小时可以生产 4 只手表或 12 个戒指。如果没有贸易

a. 1 只手表的机会成本是 3 个戒指。

b. 1 只手表的机会成本是 1/3 个戒指。

c. 1 只手表的机会成本是 4 个戒指。

d. 1 只手表的机会成本是 1/4 个戒指。

e. 1 只手表的机会成本是 12 个戒指。

下表表示澳大利亚和韩国一个工人每月可以生产的产量。根据该表回答第 8—15 题。

	粮食	电器
澳大利亚	20	5
韩　国	8	4

8. 下列哪一种关于绝对优势的表述是正确的?

a. 澳大利亚在粮食的生产上有绝对优势,而韩国在电器的生产上有绝对优势。

b. 韩国在粮食的生产上有绝对优势,而澳大利亚在电器的生产上有绝对优势。

c. 澳大利亚在粮食和电器的生产上都有绝对优势。

d. 韩国在粮食和电器的生产上都有绝对优势。

9. 澳大利亚生产 1 单位电器的机会成本是
   a. 5 单位粮食。
   b. 1/5 单位粮食。
   c. 4 单位粮食。
   d. 1/4 单位粮食。

10. 韩国生产 1 单位电器的机会成本是
   a. 2 单位粮食。
   b. 1/2 单位粮食。
   c. 4 单位粮食。
   d. 1/4 单位粮食。

11. 澳大利亚生产 1 单位粮食的机会成本是
   a. 5 单位电器。
   b. 1/5 单位电器。
   c. 4 单位电器。
   d. 1/4 单位电器。

12. 韩国生产 1 单位粮食的机会成本是
   a. 2 单位电器。
   b. 1/2 单位电器。
   c. 4 单位电器。
   d. 1/4 单位电器。

13. 下列哪一种关于比较优势的表述是正确的?
   a. 澳大利亚在粮食的生产上有比较优势,而韩国在电器的生产上有比较优势。
   b. 韩国在粮食的生产上有比较优势,而澳大利亚在电器的生产上有比较优势。
   c. 澳大利亚在粮食和电器的生产上都有比较优势。
   d. 韩国在粮食和电器的生产上都有比较优势。
   e. 没有一个国家有比较优势。

14. 韩国应该
   a. 专门从事粮食生产,出口粮食,并进口电器。
   b. 专门从事电器生产,出口电器,并进口粮食。
   c. 生产这两种物品,因为没有一个国家有比较优势。
   d. 两种物品都不生产,因为在这两种物品的生产中它都有比较劣势。

15. 电器的价格可以用粮食单位来表示。使两国可以从贸易中获益的电器价格范围是什么?
   a. 价格应该是大于 1/5 单位粮食,但小于 1/4 单位粮食。
   b. 价格应该是大于 4 单位粮食,但小于 5 单位粮食。
   c. 价格应该是大于 1/4 单位粮食,但小于 1/2 单位粮食。
   d. 价格应该是大于 2 单位粮食,但小于 4 单位粮食。

16. 假设世界由两个国家——美国和墨西哥——组成。再假设只有两种物品——粮食和衣服。下列哪一种表述是正确的?
   a. 如果美国在粮食的生产上有绝对优势,那么,墨西哥在衣服的生产上就应该有绝对优势。
   b. 如果美国在粮食的生产上有比较优势,那么,墨西哥在衣服的生产上就应该有比较优势。
   c. 如果美国在粮食的生产上有比较优势,那么,它在衣服的生产上也应该有比较优势。
   d. 如果美国在粮食的生产上有比较优势,那么,墨西哥在粮食的生产上也许也会有比较优势。
   e. 以上各项都不是。

根据图 3-4 中的生产可能性边界回答第 17—19 题。假设每个国家有相同的工人量,比如说 2 000 万工人,而且,横轴和纵轴都用每月的吨量来衡量。

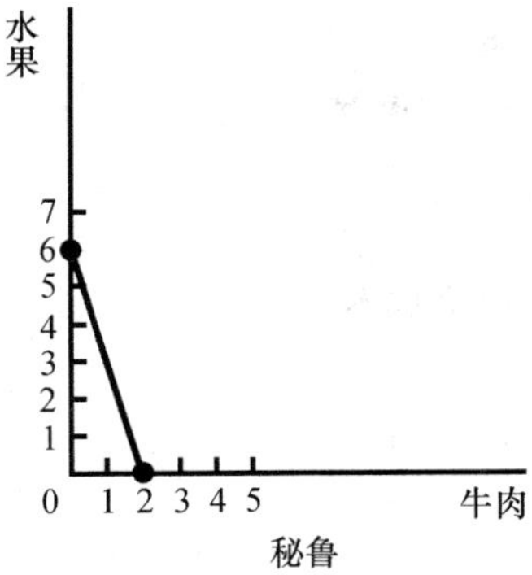

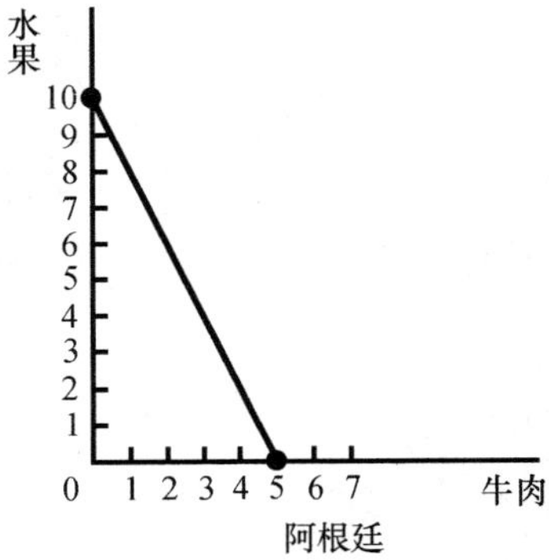

图 3-4

17. 阿根廷在生产哪种物品上具有比较优势？
   a. 水果和牛肉。
   b. 水果。
   c. 牛肉。
   d. 水果和牛肉都不是。

18. 秘鲁将出口
   a. 水果和牛肉。
   b. 水果。
   c. 牛肉。
   d. 水果和牛肉都不是。

19. 秘鲁生产 1 吨牛肉的机会成本是
   a. 1/3 吨水果。
   b. 1 吨水果。
   c. 2 吨水果。
   d. 3 吨水果。
   e. 6 吨水果。

20. Joe 是一名税务会计师。他从事税务工作每小时收入 100 美元。他每小时可以把 10 000 个字母打入表中。他可以雇一个每小时能把 2 500 个字母打入表中的助手。下列哪一种表述是正确的？
   a. Joe 不应该雇用助手，因为助手打字没有他那么快。
   b. 只要 Joe 支付给助手的工资小于每小时 100 美元，他就应该雇用助手。
   c. 只要 Joe 支付给助手的工资小于每小时 25 美元，他就应该雇用助手。
   d. 以上各项都不是。

3.4 进阶思考题

你正在电视上看一场竞选辩论。一位候选人说："我们需要制止外国汽车进入我们国家。如果我们限制汽车进口，我们国内的汽车生产就会增加，而且，美国的状况将变好。"

1. 如果我们限制汽车进口，美国的状况会变好吗？解释之。

2. 如果我们限制汽车进口，美国有什么人的状况会变好吗？解释之。

3. 在现实世界中，当降低对进口的限制时，一国的每一个人都受益吗？解释之。

3.5 答案

3.5.1 术语与定义

5	绝对优势	1	机会成本
2	比较优势	4	进口品
6	贸易的好处	3	出口品

3.5.2 应用题

1. a. 参看图 3-5。

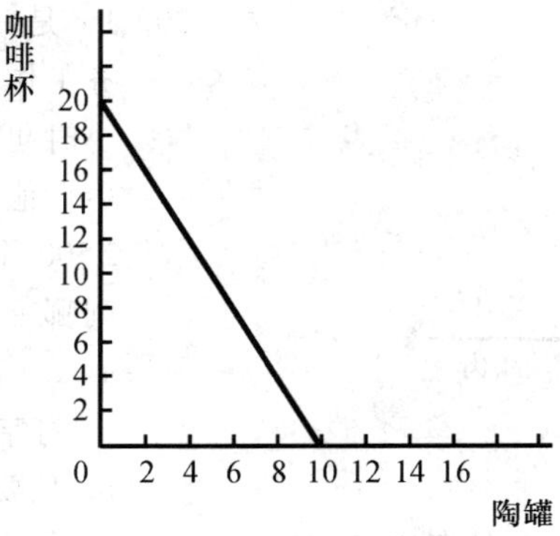

图 3-5

b. 2 个咖啡杯。20 个咖啡杯。

c. 1/2 个陶罐。5 个陶罐。

d. 因为资源可以以不变的比率从一种物品的生产转向另一种物品的生产。

2. a.

	电脑	谷物
德国	15	5
波兰	4	4

b. 参看图 3-6。

c. 1/3 吨谷物。3 台电脑。

d. 1 吨谷物。1 台电脑。

e. 德国,因为一个工人可以生产 15 台电脑,相比之下波兰是 4 台电脑。德国,因为一个工人可以生产 5 吨谷物,相比之下波兰是 4 吨谷物。

f. 德国,因为 1 台电脑的机会成本只是 1/3 吨谷物,相比之下波兰是 1 吨谷物。波兰,因为 1 吨谷物的机会成本只是 1 台电脑,相比之下德国是 3 台电脑。

g. 德国应该生产电脑,而波兰应该生产谷物,因为德国生产电脑的机会成本低,而波兰生产谷物的机会成本低。这就是说,两国在生产这些物品上有各自的比较优势。

h. 对德国,谷物的价格应该低于 3 台电脑。对波兰,电脑的价格应该低于 1 吨谷物。

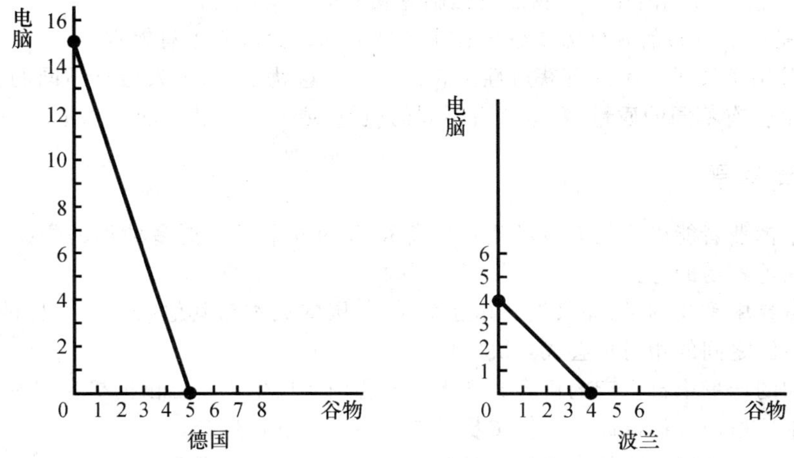

图 3-6

i. 参看图 3-7。他们的消费在生产可能性边界之外。

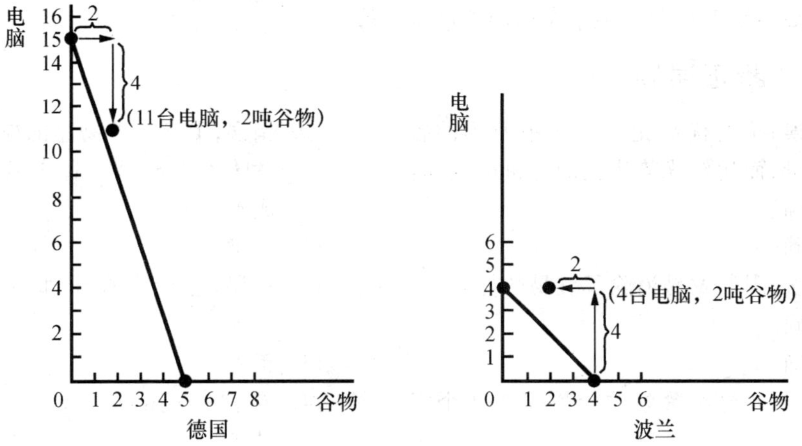

图 3-7

j. 德国,因为一个工人可以生产 15 台电脑,相比之下波兰是 8 台。波兰,因为一个工人可以生产 8 吨谷物,相比之下德国是 5 吨。

k. 德国在电脑上有比较优势。波兰在谷物上有比较优势。比较优势没有变。但是,由于波兰现在可以有更优的选择,因此它的状况变好了。

l. 它没有改变绝对优势或比较优势。它只使图 3-7 中的规模扩大了 1 000 万倍。

3. a.

	汽车	电脑
美国	4	20
俄罗斯	1	5

b. 美国,因为一个工人可以生产 4 辆汽车,相比之下俄罗斯是 1 辆汽车。美国,因为一个工人可以生产 20 台电脑,相比之下俄罗斯是 5 台电脑。

c. 在这两个国家,1 辆汽车的机会成本都是 5 台电脑,1 台电脑的机会成本都是 1/5 辆汽车。因此,在这两种物品上谁也没有比较优势。

d. 不能。每一国在生产物品时面临着相同的权衡取舍。

e. 是的。贸易的好处需要各国在生产物品的机会成本上有差别。

f. 各国资源或技术的可获得性是有差别的。这就是说,工人会有不同的教育水平,土地会有不同的质量,资本会有不同的质量,或者可以获得的技术也会不同。

3.5.3 简答题

1. 由于消费者能以比他们自己生产时低得多的成本得到更多种类的物品。这就是说,存在着贸易的好处。
2. 在贸易中重要的是,如果没有相互贸易,一国的成本与其他国家有怎样的差别。这是由各国之间的相对机会成本决定的。
3. 增加的产量来自生产的机会成本不同的各国专门生产自己国内机会成本低的东西。
4. 由于这迫使人们以高于他们贸易时支付的成本进行生产。
5. 是的。只要秘书赚的小于每小时50美元,律师就有利可图。
6. 这并不正确。如果各国生产的机会成本不同,所有国家都可以从贸易中获益。即使生产率最低的国家也在生产某种东西上有比较优势,而且,它可以在该物品上以低于发达国家的机会成本与发达国家进行贸易。

3.5.4 判断正误题

1. 错误;绝对优势比较生产中所用的投入量,而比较优势比较的是机会成本。
2. 正确。
3. 正确。
4. 错误;限制贸易消除了贸易的好处。
5. 正确。
6. 正确。
7. 错误;1包炸薯条的价格是1/2个汉堡包。
8. 正确。
9. 错误;自愿的贸易有利于贸易双方。
10. 错误;生产一种物品的较低机会成本意味着生产另一种东西的较高机会成本。
11. 正确。
12. 错误;它会有损于那些该行业中的工人。
13. 正确。
14. 错误;自愿的贸易有利于所有贸易者。
15. 正确。

3.5.5 单项选择题

1. b　2. a　3. d　4. d　5. c　6. b　7. a　8. c　9. c　10. a
11. d　12. b　13. a　14. b　15. d　16. b　17. c　18. b　19. d　20. c

3.5.6 进阶思考题

1. 不会。如果我们进口汽车,这是因为在其他地方生产汽车的机会成本低于在美国生产的机会成本。
2. 是的。那些与国内汽车行业相关的人——国内汽车生产者的股东和汽车工人的状况会变好。
3. 不是。当我们降低对进口的限制时,国家从增加的贸易中获益,但与受影响的国内行业相关的个人会蒙受损失。

第 2 篇　市场如何运行

第4章
供给与需求的市场力量

目　的

在本章中你将

- 知道什么是竞争市场
- 考察在一个竞争市场中是什么决定一种物品的需求
- 考察在一个竞争市场中是什么决定一种物品的供给
- 了解供给和需求是如何共同决定一种物品的价格和销售量
- 考虑在市场经济中价格在稀缺资源配置过程中的关键性作用

效　果

在实现这些目的之后,你应该能

- 列出竞争市场的两个特征
- 列出影响消费者在市场上希望购买数量的因素
- 列出影响生产者在市场上希望出售数量的因素
- 画出市场上的供求图,并找出均衡价格和均衡数量
- 根据一个经济事件移动市场供给和需求,并找出新的均衡价格和数量

4.1 本章概述

4.1.1 内容与目的

第4章是论述供给与需求以及市场如何运行的三章中的第一章。第4章说明一种物品的供给和需求如何决定该物品的生产量和销售价格。第5章通过介绍弹性——供给量和需求量对经济变量变动的敏感性——的概念来加强我们对供给和需求讨论的精确性。第6章将分析政府政策对市场上价格和数量的影响。

第4章的目的是建立供求模型。供求模型是我们在经济学教科书中其他部分讨论的基础。由于这个原因,花在学习这一章中概念上的时间将为你整个经济学的学习带来收益。许多教师都认为,这一章是教科书中最重要的一章。

4.1.2 本章复习

导 言

在市场经济中,供给和需求决定了每种物品的产量和销售价格。在这一章中,我们确定供求的决定因素。我们还要研究供求的变动如何改变价格,以及如何改变经济中资源的配置。

1. 市场与竞争

市场是由某种物品或劳务的买者与卖者组成的一个群体。它可以是像股票市场那样高度有组织的,也可以像组织程度不高的冰激凌市场。**竞争市场**是有许多买者与卖者、以至于每一个人对市场价格的影响都微乎其微的市场。

完全竞争市场有两个主要特征:

- 用于销售的物品是完全相同的。
- 买者与卖者数量如此之多,以至于没有一个买者或卖者可以影响市场价格。

如果一个市场是完全竞争的,可以说买者与卖者都是价格接受者,因为他们不能影响价格。完全竞争的假设适用于农产品市场,因为物品是相同的,而且,没有一个买者或卖者可以影响市场价格。

如果一个市场只有一个卖者,这个市场称为垄断市场。其他类型的市场都介于完全竞争和垄断这两种极端市场之间。

2. 需求

买者的行为用需求的概念来概括。**需求量**是买者愿意并且能够购买的一种物品的数量。尽管一种物品的需求量由很多因素共同决定,但该物品的价格起到了中心作用。在其他条件相同的情况下,一种物品价格上升便会减少需求量。一种物品的价格和需求量之间的这种负相关关系被称为**需求定理**。

需求表是表示一种物品价格和需求量之间关系的表格。**需求曲线**是表示一种物品价格(纵轴上)和需求量(横轴上)之间关系的图形。由于需求定理,需求曲线向右下方倾斜。

市场需求是在每种价格下每个买者对物品和劳务的需求的总和。这就是说,市场需求曲线是个人需求曲线的水平相加。市场需求曲线表明在每种价格下一种物品的总需求量,这时所有影响消费者想购买的数量的其他因素都保持不变。

需求曲线的移动 当人们改变他们在每种价格上希望购买的量时，需求曲线移动。如果买者增加每种价格下的需求量，需求曲线向右移动，这被称为需求增加；或者，如果买者减少每种价格下的需求量，需求曲线就向左移动，这被称为需求减少。使需求曲线移动的最重要因素是：

- 收入 **正常物品**是收入增加引起需求增加的物品。**低档物品**是收入增加引起需求减少的物品。
- 相关物品的价格 如果两种物品可以相互替代使用，它们称为**替代品**。当两种物品是替代品时，一种物品价格上升引起另一种物品需求增加。如果两种物品同时使用，它们称为**互补品**。当两种物品是互补品时，一种物品价格上升引起另一种物品需求减少。
- 嗜好 如果你的嗜好转向某种物品，这就引起该物品的需求增加。
- 预期 对未来收入或价格的预期将影响今天某种物品的需求。
- 买者数量 买者数量增加将引起一种物品市场需求的增加，因为有更多的个人需求曲线水平相加。

需求曲线是在其他所有决定需求的变量保持不变的情况下，以纵轴代表价格、以横轴代表需求量做出的。因此，一种物品的价格变动表现为沿着需求曲线的变动，而收入、相关物品的价格、嗜好、预期和买者数量的变动引起需求曲线移动。

3. 供给

卖者的行为用供给的概念来概括。**供给量**是卖者愿意并且能够出售的一种物品的数量。一种物品的供给量由很多因素共同决定，但该物品的价格起着中心作用。在其他条件相同的情况下，一种物品价格上升使生产更为有利，并使供给量增加。一种物品的价格和供给量之间的这种正相关关系被称为**供给定理**。

供给表是表示一种物品价格和供给量之间关系的表格。**供给曲线**是表示一种物品价格（纵轴上）和需求量（横轴上）之间关系的图形。由于供给定理，供给曲线向右上方倾斜。

市场供给是在每种价格下每个卖者对物品和劳务的需求的总和。这就是说，市场供给曲线是个人供给曲线的水平相加。市场供给曲线表明在每种价格下一种物品的总供给量，这时所有影响生产者想出售的数量的其他因素都保持不变。

供给曲线的移动 当生产者改变他们在每种价格上希望卖出的量时，供给曲线移动。如果生产者增加每种价格下的供给量，供给曲线向右移动，这被称为供给增加；或者，如果生产者减少每种价格下的供给量，供给曲线就向左移动，这被称为供给减少。使供给曲线移动的最重要因素是：

- 投入品价格 一种投入品的价格下降使生产更有利，从而增加供给。
- 技术 技术进步降低了成本，使生产更有利，从而增加供给。
- 预期 对未来的预期将影响今天某种物品的供给。
- 卖者数量 卖者数量增加将引起某种物品的市场供给增加，因为有更多的个人供给曲线水平相加。

供给曲线是在其他所有决定供给的变量保持不变的情况下以纵轴代表价格、以横轴代表供给量做出的。因此，一种物品的价格变动表现为沿着供给曲线的变动，而投入价格、技术、预期和卖者数量的变动将引起供给曲线移动。

4. 供给与需求的结合

将供给曲线和需求曲线放在同一个图上时，两者相交被称为市场的**均衡**。均衡是指市场价格达到了使供给量等于需求量时的状况。**均衡价格**，或者市场出清价格，是使需求量与供给量平衡时的价格。当供给量在均衡价格等于需求量时，我们就决定了**均衡数量**。

市场自然而然地向其均衡变动。如果价格高于均衡价格，供给量大于需求量，存在**过剩**，或者物品的超额供给。过剩引起价格一直下降，直到实现均衡时为止。如果价格低于均衡价格，需求量大于供给量，存在**短缺**，或者物品的超额需求。短缺引起价格一直上升，直到实现均衡时为止。这种使供给量和需求量平衡的自发价格调整被称为**供求定理**。

当一个经济事件使供给或需求曲线移动时，市场均衡改变了，从而产生一个价格与数量的新均衡。当分析某个事件对市场均衡的影响时，运用以下三个步骤：

- 确定该事件使供给曲线移动、需求曲线移动，还是两者都移动。
- 确定曲线移动的方向。
- 运用供求图说明这种移动如何改变均衡价格和均衡数量。

需求曲线的移动称为"需求变动"。它是由除物品价格外影响人们希望购买的一种物品量的变量变动所引起的。一种物品价格变动引起沿着一条既定需求曲线的变动，被称为"需求量的变动"。同样，供给曲线的移动称为"供给变动"。它是由除物品价格外影响生产者希望出售的一种物品量的变量变动所引起的。一种物品价格变动引起沿着一条供给曲线的变动，被称为"供给量的变动"。

例如，一场霜冻摧毁了橘子收成，从而引起橘子的供给减少（橘子的供给曲线向左移动）。这就使橘子的价格上升，从而也减少了橘子的需求量。换言之，橘子供给减少提高了橘子的价格，并减少了橘子的购买量。

如果供给和需求同时移动，那么均衡价格和数量的变动可能产生不止一种结果。例如，如果需求增加（向右移动）而供给减少（向左移动），价格肯定上升，但对均衡数量的影响是不确定的。在这种情况下，均衡数量的变动取决于供给和需求移动的大小。

5. 结论：价格如何配置资源

市场引致均衡价格。这些价格是指导稀缺资源配置的信号。物品价格要上升到把物品配置给那些愿意为之支付的人所需要的水平。投入品（比如说劳动）的价格要上升到引起人们从事需要这种投入品的工作的水平。价格协调着分散的决策，以便使所有的工作都有人做，而且，对那些愿意并能够为之支付的人来说，不存在物品与劳务的短缺。

4.1.3 有益的提示

（1）显然，在学习供给与需求时，大部分学生最大的困难是辨别"需求变动"和"需求量变动"，以及"供给变动"和"供给量变动"之间的区别。记住以下这一点是有帮助的："需求"是价格和需求量之间的全部关系。这就是说，需求是整个需求曲线，而不是需求曲线上的一点。因此，需求变动是整个需求曲线移动，它只能由除物品价格外需求的其他决定因素的变动所引起。需求量的变动是沿着需求曲线的变动，是由物品价格的变动所引起。同样，"供给”指整个供给曲线,而不是供给曲线上的一点。因此,供给变动是整个供给曲线移动,它只能由除物品价格外供给的其他决定因素的变动所引起。供给量的变动是沿着供给曲线的变动,是由物品价格的变动所引起。

(2) 如果供给和需求同时移动,而且,我们并不知道各自移动的大小,那么价格和数量的变动就必定有一个是无法确定的。例如,如果供给增加(供给曲线向右移动),需求增加(需求曲线向右移动),则均衡数量肯定会增加,但均衡价格的变动是无法确定的。供给和需求变动的四种可能组合都是如此。你将发现,如果你确切地知道对均衡价格的影响,那么对均衡数量的影响就必定是无法确定的;如果你确切地知道对均衡数量的影响,那么对均衡价格的影响就必定是无法确定的。

4.1.4 术语与定义

为每个关键术语选择一个定义。

关键术语	定义
______市场	1. 均衡价格时的供给量和需求量。
______竞争市场	2. 表示一种物品价格与需求量之间关系的表格。
______垄断	3. 表示一种物品价格与供给量之间关系的表格。
______需求量	4. 一种物品价格上升引起另一种物品需求量增加的两种物品。
______需求定理	5. 某种物品或劳务的买者与卖者组成的一个群体。
______需求表	6. 只有一个卖者的市场。
______需求曲线	7. 在其他情况不变时,收入增加引起需求减少的物品。
______正常物品	8. 需求量大于供给量的状况。
______低档物品	9. 供给量大于需求量的状况。
______替代品	10. 买者愿意并且能够购买的一种物品的数量。
______互补品	11. 价格达到使供给量等于需求量水平的状况。
______供给量	12. 有许多买者和卖者、以至于每一个人对市场价格的影响都微乎其微的市场。
______供给定理	13. 一种观点,认为在其他情况相同时,当一种物品价格上升时,这种物品的需求量减少。
______供给表	14. 表示一种物品价格与需求量之间关系的图形。
______供给曲线	15. 使供给量和需求量平衡的价格。
______均衡	16. 卖者愿意并且能够出售的一种物品的数量。
______均衡价格	17. 一种观点,认为在其他情况相同时,当一种物品价格上升时,这种物品的供给量增加。
______均衡数量	18. 一种观点,认为任何一种物品价格的调整都会使那种物品的供给量与需求量达到平衡。

_______过剩

_______短缺

_______供求定理

19. 一种物品价格上升引起另一种物品需求量减少的两种物品。
20. 在其他情况相同时，收入增加引起需求增加的物品。
21. 一种物品价格与供给量之间关系的图形。

4.2 问题与简答题

4.2.1 应用题

1. 假设我们有以下自行车市场的供给表与需求表：

价格(美元)	需求量	供给量
100	70	30
200	60	40
300	50	50
400	40	60
500	30	70
600	20	80

a. 在图 4-1 中画出自行车的供给曲线和需求曲线。

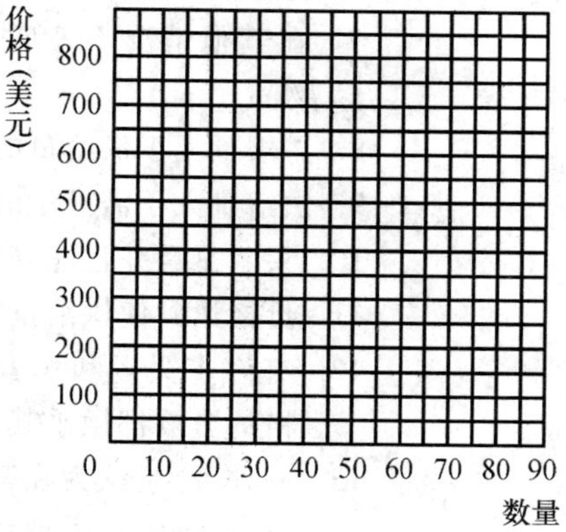

图 4-1

b. 自行车的均衡价格是多少？

c. 自行车的均衡数量是多少？

d. 如果自行车的价格是 100 美元，存在过剩还是短缺？有多少单位过剩或短缺？这将引起价格上升还是下降？

e. 如果自行车的价格是 400 美元，存在过剩还是短缺？有多少单位过剩或短缺？这将引起价格上升还是下降？

f. 假设自行车市场的工会为增加工人工资而谈判。此外，再假设这个事件增加了生产成本，使自行车制造利润减少，而且，在每种价格水平上使自行车供给量减少了 20 辆。在图 4-2 中画出新的供给曲线以及原来的供给和需求曲线。自行车市场新的均衡价格和均衡数量是多少？

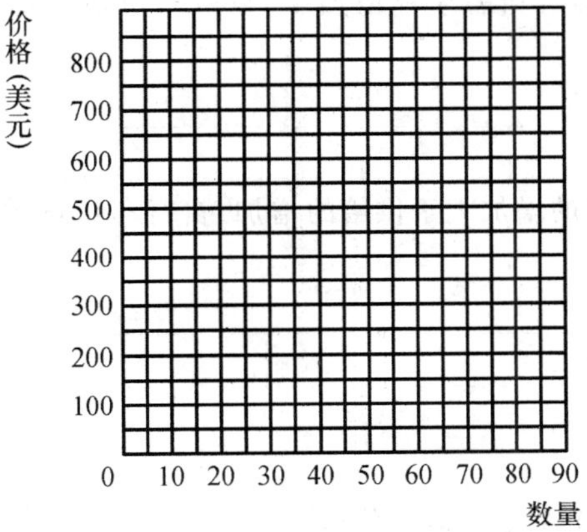

图 4-2

2. 下列每个事件都会对自行车市场产生影响。对每一个事件，哪一条曲线受影响（自行车的供给还是需求曲线）？向哪个方向移动？对自行车均衡价格和均衡数量带来的影响是什么？

a. 汽车价格上升

b. 消费者的收入减少，而且，自行车是正常物品

c. 用于制造自行车车架的钢铁价格上升

d. 环保运动使消费者的嗜好向自行车变动

e. 消费者预期未来自行车价格下降

f. 发生了制造自行车的技术进步

g. 自行车防护帽和鞋的价格下降

h. 消费者的收入减少了，而且，自行车是一种低档物品

3. 以下问题分析了一个供给和需求都移动的市场。

a. 如果自行车的供给和需求都增加了，自行车市场的均衡价格和数量会发生什么变动？

b. 如果自行车需求的增加大于供给的增加，自行车市场的均衡价格和数量会发生什么变动？

4.2.2 简答题

1. 完全竞争市场的两个主要特征是什么？

2. 解释需求定理。

3. 除了价格之外，影响消费者希望购买的一种物品量的变量是什么？

4. 正常物品和低档物品之间的差别是什么？

5. 解释供给定理。

6. 除了价格以外，影响生产者希望出售的一种物品量的变量是什么？

7. 假设玉米的供给者预期未来的玉米价格上升。这会如何影响玉米的供给与需求，以

及均衡价格和均衡数量?

8. 如果存在一种物品的过剩,其价格高于还是低于该物品的均衡价格?

9. 假设消费者的收入增加。在汽车(正常物品)市场上,这个事件引起需求增加还是需求量增加?这个事件引起供给增加还是供给量增加?解释之。

10. 假设发生了汽车制造方面的技术进步。在汽车市场上,这个事件引起供给增加还是供给量增加?这个事件引起需求增加还是需求量增加?解释之。

4.3 自我测试题

4.3.1 判断正误题

______1. 完全竞争市场由相互都略有差别的物品组成。

______2. 垄断市场只有一个卖者。

______3. 需求定理说明,一种物品价格上升使该物品需求减少。

______4. 如果苹果和橘子是替代品,苹果价格上升将使橘子的需求减少。

______5. 如果高尔夫俱乐部和高尔夫球是互补品,高尔夫俱乐部价格上升将使高尔夫球的需求减少。

______6. 如果消费者预期鞋的价格上升,今天鞋的需求量将会增加。

______7. 供给定理说明,一种物品价格上升使该物品供给量增加。

______8. 钢铁的价格上升将使汽车的供给曲线向右移动。

______9. 当一种物品的价格低于均衡价格时,就会引起过剩。

______10. 市场供给曲线是个别供给曲线的水平相加。

______11. 如果存在一种物品的短缺,该物品的价格倾向于下降。

______12. 如果铅笔和纸是互补品,铅笔价格上升引起纸的需求减少,或需求曲线向左移动。

______13. 如果可口可乐和百事可乐是替代品,可口可乐价格上升将引起百事可乐市场均衡价格和均衡数量上升。

______14. 用于制造直排轮鞋的技术进步将引起直排轮鞋市场均衡价格下降和均衡数量增加。

______15. 如果咖啡需求减少,而供给增加了,那么,咖啡市场上均衡价格和数量都将下降。

4.3.2 单项选择题

1. 完全竞争的市场
   a. 只有一个卖者。
   b. 至少有几个卖者。
   c. 有许多买者和卖者。
   d. 有能确定自己价格的企业。
   e. 以上各项都不是。
2. 如果蓝牛仔裤价格上升引起网球鞋需求增加，那么，蓝牛仔裤和网球鞋是
   a. 替代品。
   b. 互补品。
   c. 正常物品。
   d. 低档物品。
   e. 以上各项都不是。
3. 需求定理说明，一种物品价格上升引起
   a. 该物品需求减少。
   b. 该物品需求量减少。
   c. 该物品供给增加。
   d. 该物品供给量增加。
   e. 以上各项都不是。
4. 供给定理说明，一种物品价格上升引起
   a. 该物品需求减少。
   b. 该物品需求量减少。
   c. 该物品供给增加。
   d. 该物品供给量增加。
   e. 以上各项都不是。
5. 如果消费者收入增加引起野营设备需求减少，那么，野营设备是
   a. 互补品。
   b. 替代品。
   c. 正常物品。
   d. 低档物品。
   e. 以上各项都不是。
6. 垄断市场
   a. 只有一个卖者。
   b. 至少有几个卖者。
   c. 有许多买者与卖者。
   d. 有作为价格接受者的企业。
   e. 以上各项都不是。
7. 下列哪一件事使手表需求曲线向右移动？
   a. 手表的价格下降。
   b. 如果手表是正常物品，消费者收入减少。
   c. 如果手表电池与手表是互补品，手表电池价格下降。
   d. 手表的价格上升。
   e. 以上各项都不是。
8. 以下各项都使手表供给曲线向右移动，除了
   a. 手表价格上升。
   b. 用于制造手表的技术进步。
   c. 用于制造手表的工人工资下降。
   d. 制造者预期未来手表价格下降。
   e. 以上各项都引起手表供给增加。
9. 如果一种物品价格高于均衡价格
   a. 存在过剩，而且，价格将上升。
   b. 存在过剩，而且，价格将下降。
   c. 存在短缺，而且，价格将上升。
   d. 存在短缺，而且，价格将下降。
   e. 需求量等于供给量，而且，价格保持不变。
10. 如果一种物品价格低于均衡价格
    a. 存在过剩，而且，价格将上升。
    b. 存在过剩，而且，价格将下降。
    c. 存在短缺，而且，价格将上升。
    d. 存在短缺，而且，价格将下降。
    e. 需求量等于供给量，而且，价格保持不变。
11. 如果一种物品的价格等于均衡价格
    a. 存在过剩，而且，价格将上升。
    b. 存在过剩，而且，价格将下降。
    c. 存在短缺，而且，价格将上升。
    d. 存在短缺，而且，价格将下降。

e. 需求量等于供给量，而且，价格保持不变。

12. 一种物品需求增加（向右移动）将会引起
   a. 均衡价格和数量增加。
   b. 均衡价格和数量减少。
   c. 均衡价格上升，而均衡数量减少。
   d. 均衡价格下降，而均衡数量增加。
   e. 以上各项都不是。
13. 一种物品供给减少（向左移动）将会引起
   a. 均衡价格和数量增加。
   b. 均衡价格和数量减少。
   c. 均衡价格上升，而均衡数量减少。
   d. 均衡价格下降，而均衡数量增加。
   e. 以上各项都不是。
14. 假设个人电脑的供给和需求都增加。在个人电脑市场上，我们可以预期
   a. 均衡数量增加，而均衡价格上升。
   b. 均衡数量增加，而均衡价格下降。
   c. 均衡数量增加，而均衡价格保持不变。
   d. 均衡数量增加，而均衡价格的变动是无法确定的。
   e. 均衡数量的变动是无法确定的，而均衡价格上升。
15. 假设个人电脑的供给和需求都增加。再假设个人电脑供给的增加大于个人电脑需求的增加。在个人电脑市场上，我们可以预期
   a. 均衡数量增加，而均衡价格上升。
   b. 均衡数量增加，而均衡价格下降。
   c. 均衡数量增加，而均衡价格保持不变。
   d. 均衡数量增加，而均衡价格的变动是无法确定的。
   e. 均衡数量的变动是无法确定的，而均衡价格下降。
16. 下面哪一种关于莴苣价格上升影响的表述是正确的？
   a. 莴苣的需求将减少。
   b. 莴苣的供给将减少。
   c. 沙拉调味品的均衡价格和数量将增加。
   d. 沙拉调味品的均衡价格和数量将减少。
   e. a 和 b 都对。
17. 假设一场霜冻摧毁了佛罗里达的橘子收成。同时，假设消费者的嗜好转向橘子汁。我们预期在橘子汁市场上均衡价格和数量会发生什么变动？
   a. 价格将上升，数量是无法确定的。
   b. 价格将上升，数量将增加。
   c. 价格将上升，数量将减少。
   d. 价格将下降，数量是无法确定的。
   e. 对价格和数量的影响都是不确定的。
18. 假设消费者的嗜好转向苹果消费。以下哪一种说法是对苹果市场上这个事件影响的正确描述？
   a. 苹果的需求增加，苹果的供给量增加。
   b. 苹果的需求和供给都增加。
   c. 苹果的需求量增加，苹果的供给增加。
   d. 苹果的需求增加，苹果的供给减少。
   e. 苹果的需求量减少，苹果的供给增加。
19. 假设小麦的买者和卖者都预期近期内小麦价格将上升。我们预期今天的小麦市场上均衡价格和数量会发生什么变动？
   a. 对价格和数量的影响是无法确定的。
   b. 价格将上升，数量是不确定的。
   c. 价格将上升，数量将增加。
   d. 价格将上升，数量将减少。

e. 价格将下降，数量是不确定的。

20. 低档物品是收入增加引起哪一种变动的物品？

a. 供给增加。

b. 供给减少。

c. 需求增加。

d. 需求减少。

4.4 进阶思考题

你正在看国内新闻。据报道，台风在华盛顿海岸登陆，并且很可能摧毁今年的苹果收成。你的室友说："如果能得到的苹果少了，我相信苹果价格将上升。我们应该购买大量苹果并贮藏起来。以后我们出售这些苹果就会赚一大笔钱。"

1. 如果这种有关风暴的信息是可以公开获得的，以至于苹果市场上的所有买者和卖者都预期未来苹果价格上升，那么，苹果的需求与供给，以及苹果的均衡价格和数量马上会发生什么变动呢？

____

____

2. 你能以公开信息"战胜市场"吗？这就是说，你能利用公开获得的信息去帮助你廉价地购买某种东西，并迅速以高价格卖出吗？为什么？

____

____

3. 假设你的朋友在美国气象局工作。他打电话给你，并向你提供关于风暴来临的内部信息——公众得不到的信息。你能以内部信息"战胜市场"吗？为什么？

____

____

4.5 答案

4.5.1 术语与定义

5 市场

12 竞争市场

6 垄断

10 需求量

13 需求定理

2 需求表

14 需求曲线

20 正常物品

7 低档物品

4 替代品

19 互补品

16 供给量

17 供给定理

3 供给表

21 供给曲线

11 均衡

15 均衡价格

1 均衡数量

9 过剩

8 短缺

18 供求定理

4.5.2 应用题

1. a. 参看图 4-3。
   b. 300 美元。
   c. 50 辆自行车。
   d. 短缺,70 - 30 = 40 单位,价格将上升。
   e. 过剩,60 - 40 = 20 单位,价格将下降。
   f. 参看图 4-4,均衡价格为 400 美元,均衡数量为 40 辆自行车。

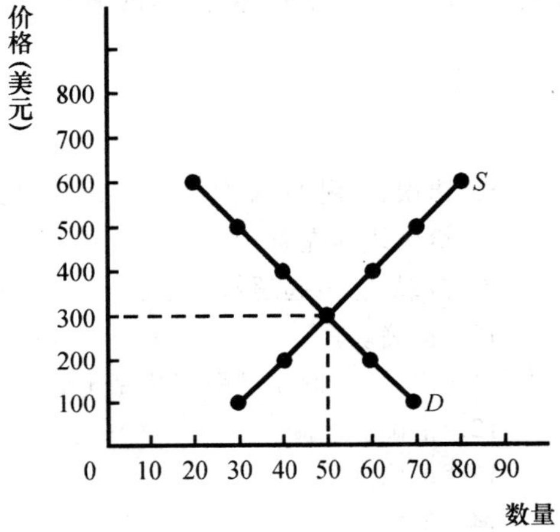

图 4-3

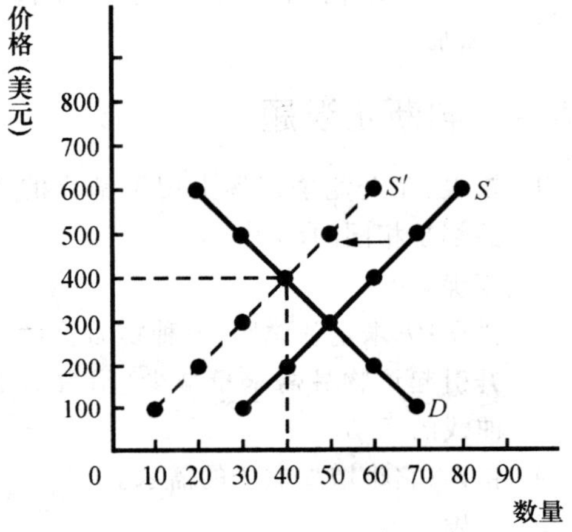

图 4-4

2. a. 需求,向右移动,均衡价格和数量上升。
   b. 需求,向左移动,均衡价格和数量下降。
   c. 供给,向左移动,均衡价格上升,均衡数量减少。
   d. 需求,向右移动,均衡价格和数量上升。
   e. 需求,向左移动,均衡价格和数量下降。
   f. 供给,向右移动,均衡价格下降,均衡数量增加。
   g. 需求,向右移动,均衡价格和数量上升。
   h. 需求,向右移动。均衡价格和数量上升。
3. a. 均衡数量将增加,均衡价格是不确定的。
   b. 均衡价格和数量都将上升。

4.5.3 简答题

1. (1) 用于销售的物品都是相同的;(2) 有如此多的买者和卖者,以至于没有一个买者或卖者可以影响市场价格。
2. 在其他条件不变时,一种物品的价格与需求量负相关。
3. 这些变量是收入、相关物品的价格、嗜好、预期与市场上的买者数量。
4. 当收入增加时,正常物品的需求增加或向右移动。当收入增加时,低档物品的需求减少或向左移动。
5. 在其他条件不变时,一种物品的价格与供给量正相关。

6. 这些变量是投入价格、技术、预期和市场上的卖者数量。
7. 由于卖者在预期未来价格上升时利润增加而保留提供的东西,现在市场上玉米的供给减少(向左移动)。如果只有卖者预期价格上升,需求就不受影响。均衡价格将上升,而均衡数量将减少。
8. 价格应该高于均衡价格。
9. 汽车的需求增加,这是指整个需求曲线向右移动。这意味着随着价格上升沿着一条固定供给曲线的变动。价格上升引起汽车的供给量增加,但汽车的供给并没有增加。
10. 汽车的供给增加,这是指整个供给曲线向右移动。这意味着随着价格下降沿着一条固定需求曲线的变动。价格下降引起汽车的需求量增加,但汽车的需求并没有增加。

4.5.4 判断正误题

1. 错误;完全竞争市场上用于销售的物品都是相同的。
2. 正确。
3. 错误;需求定理说明,一种物品价格上升引起该物品需求量减少(沿着需求曲线的变动)。
4. 错误;它将增加橘子的需求。
5. 正确。
6. 正确。
7. 正确。
8. 错误;一种投入价格上升使产量的供给曲线向左移动。
9. 错误;它引起超额需求。
10. 正确。
11. 错误;超额需求引起价格上升。
12. 正确。
13. 正确。
14. 正确。
15. 错误;均衡价格下降,但对均衡数量的影响是无法确定的。

4.5.5 单项选择题

1. c　2. a　3. b　4. d　5. d　6. a　7. c　8. a　9. b　10. c
11. e　12. a　13. c　14. d　15. b　16. d　17. a　18. a　19. b　20. d

4.5.6 进阶思考题

1. 在价格上升之前,由于卖者希望以后以高价出售苹果,卖者现在减少供给(供给向左移动)。而由于买者希望现在购买苹果,买者的需求增加(需求向右移动)。价格马上上升,而交易量是无法确定的。
2. 不能。通常市场会迅速调整,以至于精明的投机者能进行购买之前,价格已经变动到其新的均衡值。
3. 能。在这种情况下,你可以在市场对风暴的信息做出反应之前进行你的购买。

第 5 章
弹性及其应用

目　的

在本章中你将

- 了解需求弹性的含义
- 考察决定需求弹性的因素是什么
- 了解供给弹性的含义
- 考察决定供给弹性的因素是什么
- 在三种非常不同的市场上运用弹性的概念

效　果

在实现这些目的之后，你应该能

- 计算需求的价格和收入弹性
- 区分必需品和奢侈品的需求价格弹性
- 计算供给的价格弹性
- 区分缺乏弹性和富有弹性的供给曲线
- 说明需求价格弹性对总收益的影响

5.1 本章概述

5.1.1 内容与目的

第5章是论述供给与需求以及市场如何运行的三章中的第二章。第4章介绍了供给和需求。第5章说明买者和卖者对市场状况变动会做出多大反应。第6章分析政府政策对竞争市场的影响。

第5章的目的是提高供求模型的准确性。本章我们引入弹性的概念,它衡量买者和卖者对价格和收入这类经济变量变动的反应程度。弹性的概念使我们可以对供给和需求变动对均衡价格和数量的影响进行定量观察。

5.1.2 本章复习

导　言

在第4章中,我们知道了,在市场上,价格上升会减少需求量并增加供给量。在本章中,我们将提出弹性的概念,以便分析需求量和供给量对价格这类市场条件变动的反应程度会有多大。

1. 需求弹性

为了衡量需求对其决定因素的反应,我们提出**弹性**的概念。**需求价格弹性**衡量一种物品需求量对该物品价格变动的反应程度,用需求量变动百分比除以价格变动百分比来计算。

如果价格变动引起需求量相当大的变动,那么需求是富有弹性的。如果价格变动引起需求量微小的变动,那么需求是缺乏弹性的。需求曲线是价格富有弹性还是缺乏弹性取决于以下因素:

- 相近替代品的可获得性　有相近替代品的物品对价格变动更敏感,从而富有价格弹性。
- 必需品与奢侈品　必需品的需求是缺乏弹性的,而奢侈品的需求是富有弹性的。由于一个人生活中不能没有必需品,因此,价格上升对需求量的影响微不足道。但是,价格上升会大大减少奢侈品的需求量。
- 市场的定义　我们定义的市场范围越狭窄,相近的替代品就可能越多,从而需求曲线就更加富有价格弹性。
- 时间范围　我们研究的时间段越长,相近的替代品可能越多,从而需求曲线更加富有价格弹性。

计算需求价格弹性的公式是:

$$需求价格弹性=\frac{需求量变动百分比}{价格变动百分比}$$

由于需求价格弹性总是负的,习惯上是把负号去掉,表示为正数。

当我们计算一条需求曲线上任意两点间的价格弹性时,得出的答案会因为计算百分比变动的基础的不同而不同,即我们选择哪一点作为开始,以及我们选择哪一点作为结束会影响弹性的大小。为了避免这个问题,经济学家通常用中点法来计算弹性。用这种方法时,需求量和价格变动百分比的计算，我们是用变量的变动除以曲线上两点间的均值或中值，而不是除以曲线的起点值。因此，用中点法的需求价格弹性公式是：

$$需求价格弹性 = \frac{(Q_2 - Q_1)/[(Q_2 + Q_1)/2]}{(P_2 - P_1)/[(P_2 + P_1)/2]}$$

如果需求价格弹性大于1，需求就富有弹性；如果弹性小于1，需求就缺乏弹性；如果弹性等于1，我们就说需求有单位弹性；如果弹性是零，需求完全无弹性（垂直）；如果弹性无穷大，需求完全有弹性（水平）。一般来说，需求曲线越平坦，越富有弹性；需求曲线越陡峭，越缺乏弹性。

总收益是买者支付的量或卖者得到的量，用价格乘以销售量来计算。需求弹性决定了价格变动对总收益的影响：

- 如果需求缺乏价格弹性（价格弹性小于1），价格上升将使总收益增加，因为价格上升的比例大于需求量减少的比例。
- 如果需求富有价格弹性（价格弹性大于1），价格上升将使总收益减少，因为需求量减少的比例大于价格上升的比例。
- 如果需求有单位弹性（价格弹性正好等于1），价格变动并不影响总收益，因为价格上升的比例等于需求量减少的比例。

沿着一条线性需求曲线，价格弹性并不是不变的。当价格高而数量少时，价格弹性大，因为价格变动引起需求量变动的百分比大；当价格低而数量多时，价格弹性小，因为价格变动引起需求量变动的百分比小。

还有其他需求弹性。**需求收入弹性**衡量一种物品需求量对消费者收入变动的反应程度，用需求量变动百分比除以收入变动百分比来计算，或者：

$$需求收入弹性 = \frac{需求量变动百分比}{收入变动百分比}$$

对于正常物品，收入弹性是正的。对于低档物品，收入弹性是负的。在正常物品范围之内，食物这类必需品收入弹性较小，因为当收入变动时，需求量变动很小。奢侈品的收入弹性较大。

需求交叉价格弹性衡量一种物品需求量变动对另一种物品价格变动的反应程度，用一种物品需求量变动百分比除以另一种物品价格变动百分比来计算，或者：

$$需求交叉价格弹性 = \frac{物品1需求量变动百分比}{物品2价格变动百分比}$$

替代品的需求交叉价格弹性是正的，而互补品的需求交叉价格弹性是负的。

2. 供给弹性

供给价格弹性衡量一种物品供给量对该物品价格变动的反应程度，用供给量变动百分比除以价格变动百分比来计算。

如果价格变动引起的供给量变动大，供给是富有弹性的。如果价格变动引起的供给量变动小，供给是缺乏弹性的。当卖者对价格变动的反应是可以更灵活地改变他们生产的一种物品的数量时，供给更富有弹性。一般来说，所考察的时间越短，卖者选择生产多少的灵活性越小，供给曲线也就越缺乏弹性。

计算供给价格弹性的公式是：

$$供给价格弹性 = \frac{供给量变动百分比}{价格变动百分比}$$

如果供给价格弹性大于1,供给是富有弹性的;如果弹性小于1,供给是缺乏弹性的;如果弹性等于1,供给有单位弹性;如果弹性是零,供给完全无弹性(垂直);如果弹性无穷大,供给完全有弹性(水平)。一般来说,供给曲线越平坦,越富有弹性;供给曲线越陡峭,越缺乏弹性。

沿着一条既定供给曲线,供给价格弹性并不是不变的。在数量少时,价格的轻微上升会刺激供给量大量增加,因为生产设备有过剩的生产能力。因此,价格弹性大。在数量多时,价格大幅度上升可能只引起供给量少量增加,因为生产设备处于充分利用状态。因此,价格弹性小。

3. 供给、需求和弹性的三种应用

- 农产品市场　技术进步使农产品供给曲线向右移动。但是,食物的需求通常是缺乏弹性的(陡峭),因为食物并不昂贵,而且是必需品。结果,供给曲线向右上方移动引起均衡价格大幅度下降,以及均衡量少量增加。因此,不得不承认的是,农业技术进步减少了农民这个群体的总收益。
- 石油市场　在20世纪70年代和80年代初期,石油输出国组织(OPEC)为了提高价格而减少石油产量。在短期中,石油的需求是缺乏弹性的(陡峭),因为消费者不容易找到替代品。因此,供给减少大大提高了石油价格,并增加了生产者的总收益。但是,在长期中,消费者找到了替代品,并开更省油的汽车,这使石油需求变得富有弹性,而且,生产者开发出更多石油,这使供给变得富有弹性。结果,短期中石油价格大幅度上升,长期中则上升幅度并不大。
- 毒品市场　在短期中,毒品的需求是较为缺乏弹性的。结果,减少毒品供给的禁毒政策往往使毒品价格大幅度上升,而消费量下降得很少,因此,吸毒者支付的总收益增加了。吸毒者所需资金增加,就会引起与毒品相关的犯罪增加。在长期中,这种总收益和犯罪的增加是较少的,因为随着时间推移,这种非法毒品的需求会变得更富有弹性。换个说法,在长期中,旨在减少毒品需求的政策减少了毒品市场上的总收益,并减少了与毒品相关的犯罪。

4. 结论

供求工具使你可以分析影响经济的最重要的事件和政策。

5.1.3　有益的提示

(1) 记住富有弹性和缺乏弹性这两个术语之间差别的一种简单易行的方法是用敏感性这个词代替弹性。例如,需求价格弹性变为需求价格敏感性。如果需求量对价格变动敏感(需求曲线较为平坦),需求就富有弹性。如果需求量对价格变动不敏感(需求曲线较为陡峭),需求就缺乏弹性。同样的情况对于供给弹性也是适用的。如果供给量对价格变动敏感,供给就富有弹性。如果供给量对价格变动不敏感,供给就缺乏弹性。

(2) 虽然弹性和斜率是有相似之处的,但它们并不一样。沿着一条直线,斜率是不变的。在一条直线上,斜率(向上量对向前量)在任何地方都是相同的,而且,可以用因变量的变动除以自变量的变动来衡量。但是,弹性是用因变量变动的百分比除以自变量变动的百分比来衡量的。沿着一条线上的弹性值是变动的,因为与最初值大的情况相反,当最初的值小时,变量的一单位变动会产生较大的百分比变动。但是,实际上,认为较平坦的曲线倾向于更富有弹性,而较陡峭的曲线倾向于更缺乏弹性是合理的。

(3) “弹性”这个术语用于描述数量的伸缩(或变动)对价格或收入变动这类经济事件的

反应程度。如果当价格或收入变动时,数量的伸缩大,就认为它是富有弹性的。把它铭记于心有助于你计算弹性——分子总是数量变动的百分比,分母总是数量变动源泉的变量变动的百分比。

5.1.4 术语与定义

为每个关键术语选择一个定义。

关键术语	定义
______弹性	1. 衡量一种物品需求量对消费者收入反应程度的指标。
______需求价格弹性	2. 当需求量或供给量对其决定因素之一的变动做出相当大的反应时。
______富有弹性	3. 以负收入弹性为特征的物品。
______缺乏弹性	4. 衡量需求量或供给量对其决定因素之一的反应程度的指标。
______总收益	5. 以正收入弹性为特征的物品。
______需求收入弹性	6. 衡量一种物品的供给量对该物品价格变动反应程度的指标。
______需求交叉价格弹性	7. 当需求量或供给量对其决定因素之一的变动做出微小的反应时。
______供给价格弹性	8. 买者支付的量或者卖者得到的量,用价格乘以销售量来计算。
______正常物品	9. 衡量一种物品的需求量对该物品价格变动反应程度的指标。
______低档物品	10. 衡量一种物品的需求量对另一种物品价格变动反应程度的指标。

5.2 问题与简答题

5.2.1 应用题

1. 对于下列每一对物品,你预期哪一种物品的需求更富有弹性?为什么?

   a. 香烟;初春到佛罗里达旅游

   ____

   ____

   b. 下个月的艾滋病疫苗;以后5年的艾滋病疫苗

   ____

   ____

   c. 啤酒;百威啤酒

   ____

   ____

d. 胰岛素;阿司匹林

2. 假设《每日新闻》估计,如果它把自己报纸的价格从 1 美元提高到 1.5 美元,那么订户数就从 5 万下降到 4 万。

a. 当用中点法计算弹性时,《每日新闻》的需求价格弹性是多少?

b. 使用中点法的好处是什么?

c. 如果《每日新闻》只关心总收益最大化,它应该把报纸的价格从 1 美元提高到 1.5 美元吗?为什么?

3. 下表提供了小镇汽车旅馆房间的需求表。用所提供的信息填充此表。根据你对这个表的反应回答以下问题。用中点法计算用来得出弹性的百分比变动。

价格（美元）	需求量	总收益（美元）	价格变动（%）	数量变动（%）	弹性
20	24	______			
40	20	______	______	______	______
60	16	______	______	______	______
80	12	______	______	______	______
100	8	______	______	______	______
120	4	______	______	______	______

a. 在哪个价格范围内汽车旅馆房间的需求富有弹性?为了使总收益最大化,小镇汽车旅馆应该在这个范围内提价还是降价?

b. 在哪个价格范围内汽车旅馆房间的需求缺乏弹性?为了使总收益最大化,小镇汽车旅馆应该在这个范围内提价还是降价?

c. 在哪个价格范围内汽车旅馆房间的需求有单位弹性?为了使总收益最大化,小镇汽车旅馆应该在这个范围内提价还是降价?

4. 根据第 3 题的需求量再作一个需求表，这时消费者的收入从 5 万美元增加到了 6 万美元。用这些信息回答以下问题。用中点法计算用于得出弹性的百分比变动。

价格(美元)	收入为 5 万美元时的需求量	收入为 6 万美元时的需求量
20	24	34
40	20	30
60	16	26
80	12	22
100	8	18
120	4	14

a. 当旅馆以 40 美元出租房间时，需求收入弹性是多少？

b. 当旅馆以 100 美元出租房间时，需求收入弹性是多少？

c. 汽车旅馆房间是正常物品还是低档物品？为什么？

d. 汽车旅馆房间可能是必需品还是奢侈品？为什么？

5. 对下列每一对物品，你预期哪一种物品更富有供给弹性？为什么？

a. 电视机；海滩的地产

b. 下一周的原油；明年的原油

c. 凡·高的油画；凡·高同一张油画的印刷品

5.2.2 简答题

1. 需求价格弹性的四个主要决定因素是什么？

2. 如果需求是缺乏弹性的，价格上升增加还是减少了总收益？为什么？

3. 如果汽水的价格翻了一番,从每罐 1 美元上升到每罐 2 美元,而你仍购买相同的量,你的汽水需求价格弹性是多少?需求富有弹性还是缺乏弹性?

____

____

4. 如果百事可乐的价格上升了 1 美分,而且,这使你完全不买百事可乐而转向可口可乐,你对百事可乐的需求价格弹性是多少?需求富有弹性还是缺乏弹性?

____

____

5. 假设你的收入增加了 20%,而你对鸡蛋的需求量减少了 10%。你对鸡蛋的需求收入弹性是多少?对你来说,鸡蛋是正常物品还是低档物品?

____

____

6. 假设一个企业用一半的生产能力经营。其产量的供给曲线是较为富有弹性还是缺乏弹性?为什么?

____

____

7. 当在一天的范围内来衡量鲜鱼的供给价格弹性时,它可能是富有弹性还是缺乏弹性?为什么?

____

____

8. 如果需求曲线是线性的,沿着需求曲线的弹性不变吗?哪一部分会富有弹性?哪一部分会缺乏弹性?为什么?

____

____

9. 假设价格为每蒲式耳 2 美元时,玉米的供给量是 2 500 万吨。价格为每蒲式耳 3 美元时,供给量是 3 000 万吨。玉米的供给弹性是多少?供给是富有弹性还是缺乏弹性?

____

____

10. 假设当苹果的价格上升 20% 时,橘子的需求量增加了 6%。苹果和橘子之间的需求交叉价格弹性是多少?这两种物品是替代品还是互补品?

____

____

5.3 自我测试题

5.3.1 判断正误题

______1. 如果一种物品的需求量对该物品价格的变动敏感,可以说需求缺乏价格弹性。

_______2. 用中点法计算弹性，如果铅笔的价格由 10 美分上升到 20 美分，需求量从 1 000 支铅笔减少到 500 支，那么，铅笔的需求是单位价格弹性。

_______3. 对轮胎的需求应该比对固特异牌轮胎的需求更缺乏弹性。

_______4. 这个月阿司匹林的需求应该比今年阿司匹林的需求更富有弹性。

_______5. 需求价格弹性的定义为某种物品价格变动的百分比除以该物品需求量变动的百分比。

_______6. 如果两种物品之间的需求交叉价格弹性是正的，这两种物品可能是互补品。

_______7. 如果一种物品的需求缺乏价格弹性，那么，其价格上升将增加那个市场上的总收益。

_______8. 胰岛素这类必需品的需求往往是富有弹性的。

_______9. 如果需求曲线是线性的，沿着这条曲线的需求价格弹性是不变的。

_______10. 如果乘公共汽车的需求收入弹性是负的，那么，乘公共汽车就是低档物品。

_______11. 本周的汽车供给很可能比今年的汽车供给更为缺乏价格弹性。

_______12. 如果蓝牛仔裤的供给价格弹性是 1.3，那么，蓝牛仔裤的价格上升 10%，它的供给量就会增加 13%。

_______13. 随着企业的生产设备达到其最大生产能力，供给倾向于更缺乏价格弹性。

_______14. 使市场供给曲线向右移动的技术进步总会使生产者得到的总收益增加。

_______15. 像钻石这类奢侈品的需求收入弹性往往很大（大于 1）。

5.3.2 单项选择题

1. 如果一种物品价格的微小百分比变动大大减少了该物品的需求量，那么，该物品的需求是
   a. 缺乏价格弹性。
   b. 富有价格弹性。
   c. 单位价格弹性。
   d. 缺乏收入弹性。
   e. 富有收入弹性。
2. 需求价格弹性的定义为
   a. 一种物品价格变动的百分比除以该物品需求量变动的百分比。
   b. 收入变动的百分比除以需求量变动的百分比。
   c. 一种物品需求量变动的百分比除以该物品价格变动的百分比。
   d. 需求量变动的百分比除以收入变动的百分比。
   e. 以上各项都不是。
3. 一般说来，需求曲线越平坦，越可能的情况是
   a. 富有价格弹性。
   b. 缺乏价格弹性。
   c. 单位价格弹性。
   d. 以上各项都不对。
4. 一般来说，供给曲线越陡峭，越可能的情况是
   a. 富有价格弹性。
   b. 缺乏价格弹性。
   c. 单位价格弹性。
   d. 以上各项都不对。
5. 下列哪一种情况会引起一种物品的需求曲线缺乏价格弹性？
   a. 该物品有大量替代品。
   b. 该物品是低档物品。
   c. 该物品是奢侈品。
   d. 该物品是必需品。
6. 下列哪一种物品的需求可能是最缺乏价格弹性的？
   a. 飞机票。
   b. 公共汽车票。

c. 乘出租汽车。

d. 交通。

7. 如果两种物品之间的交叉价格弹性是负的,那么,这两种物品很可能是

a. 奢侈品。

b. 必需品。

c. 互补品。

d. 替代品。

8. 如果一种物品的供给曲线是富有价格弹性的,那么

a. 供给量对该物品的价格变动是敏感的。

b. 供给量对该物品的价格变动是不敏感的。

c. 需求量对该物品的价格变动是敏感的。

d. 需求量对该物品的价格变动是不敏感的。

e. 以上各项都不对。

9. 如果一个渔民在鱼腐烂之前要以他能得到的任何一种价格把他当天捕到的鱼卖出去,一旦捕到了鱼,渔民的鲜鱼的供给价格弹性就是

a. 0

b. 1

c. 无限大。

d. 不能根据这个信息来判断。

10. 在某个市场上供给减少(向左移动)会带来总收益增加的条件是

a. 供给是富有价格弹性的。

b. 供给是缺乏价格弹性的。

c. 需求是富有价格弹性的。

d. 需求是缺乏价格弹性的。

11. 如果一种物品价格上升对那个市场的总收益没有影响,需求必须是

a. 缺乏价格弹性。

b. 富有价格弹性。

c. 单位价格弹性。

d. 以上各项都是。

12. 如果消费者总是把他们收入的15%用于食物,那么,食物的需求收入弹性是

a. 0.15

b. 1.00

c. 1.15

d. 1.50

e. 以上各项都不对。

13. 使农产品供给向右移动的农业技术进步倾向于

a. 减少农民整体的总收益,因为食物的需求缺乏弹性。

b. 减少农民整体的总收益,因为食物的需求富有弹性。

c. 增加农民整体的总收益,因为食物的需求缺乏弹性。

d. 增加农民整体的总收益,因为食物的需求富有弹性。

14. 如果供给是缺乏价格弹性的,供给价格弹性的值必定是

a. 0

b. 小于1。

c. 大于1。

d. 无限大。

e. 以上各项都不对。

15. 如果存在生产设备的能力过剩,很可能的情况是企业的供给曲线

a. 缺乏价格弹性。

b. 富有价格弹性。

c. 单位价格弹性。

d. 以上各项都不对。

根据以下信息回答第16—17题。假设在每月价格为30美元时,小镇有线电视的订户为3万户。如果小镇有线电视把每月的价格提高到40美元,订户将减少为2万户。

16. 用中点法计算弹性,小镇有线电视的需求价格弹性是多少?

a. 0.66

b. 0.75

c. 1.0

d. 1.4

e. 2.0

17. 在以下哪一种价格时,小镇有线电视赚到的总收益最大?
    a. 每月 30 或 40 美元,因为需求价格弹性是 1.0。
    b. 每月 30 美元。
    c. 每月 40 美元。
    d. 每月 0 美元。
18. 如果需求是线性的(一条直线),那么,需求价格弹性是
    a. 沿着需求曲线不变。
    b. 上半部分缺乏弹性,而下半部分富有弹性。
    c. 上半部分富有弹性,而下半部分缺乏弹性。
    d. 全都富有弹性。
    e. 全都缺乏弹性。
19. 如果一种物品的需求收入弹性是负的,它必定是
    a. 一种奢侈品。
    b. 一种正常物品。
    c. 一种低档物品。
    d. 一种富有弹性的物品。
20. 如果消费者认为一种物品很少有替代品,那么
    a. 供给将是富有价格弹性的。
    b. 供给将是缺乏价格弹性的。
    c. 需求将是富有价格弹性的。
    d. 需求将是缺乏价格弹性的。
    e. 以上各项都不对。

5.4 进阶思考题

为了减少青少年吸烟,政府对每盒烟征收 2 美元的税收。一个月以后,对消费者来说,价格大大上升,但香烟的需求量只有微不足道的减少。

1. 在一个月内香烟的需求富有弹性还是缺乏弹性?

____

____

2. 假设你负责烟草企业的定价。企业总裁建议,上个月的证据表明,香烟行业应该团结起来,并进一步提高香烟价格,因为香烟行业的总收益肯定会增加。你们企业总裁的建议正确吗?为什么?

____

____

3. 另一种情况,假设你们烟草企业的总裁建议,你们烟草企业应该不管其他烟草企业,提高自己香烟的价格,因为证据显然表明吸烟者对香烟价格的变动并不敏感。如果你们企业总裁想使总收益最大化,他这样做正确吗?为什么?

____

____

5.5 答案

5.5.1 术语与定义

__4__ 弹性
__9__ 需求价格弹性
__1__ 需求收入弹性
__10__ 需求交叉价格弹性

___2___富有弹性

___7___缺乏弹性

___8___总收益

___6___供给价格弹性

___5___正常物品

___3___低档物品

5.5.2 应用题

1. a. 到佛罗里达旅游,因为这是奢侈品,而香烟是必需品(对吸烟者而言)。
   b. 以后5年的艾滋病疫苗,因为在这个时期内更有可能开发出替代品(另一种药品),而且,在更长的时期内,消费者的行为也会改变。
   c. 百威啤酒,因为它的市场定义比啤酒更狭窄,从而百威啤酒比啤酒对价格更敏感。
   d. 阿司匹林,因为阿司匹林有许多替代品,而胰岛素没什么替代品。
2. a. (10 000/45 000)/(0.50 美元/1.25 美元)=0.56。
   b. 用中点法,因为无论你从价格为1美元开始上升到1.5美元,还是从1.5美元开始下降到1美元,弹性的值是相同的。
   c. 是的。因为需求价格弹性小于1(缺乏弹性),价格上升将增加总收益。
3.

价格(美元)	需求量	总收益(美元)	价格变动(%)	数量变动(%)	弹性
20	24	480			
40	20	800	0.67	0.18	0.27
60	16	960	0.40	0.22	0.55
80	12	960	0.29	0.29	1.00
100	8	800	0.22	0.40	1.82
120	4	480	0.18	0.67	3.72

   a. 80—120 美元;降低其价格。
   b. 20—60 美元;提高其价格。
   c. 60—80 美元;降价或提价都没有关系。因为在这些价格时,价格变动与需求量的变动是同比例的,以至于总收益不变。
4. a. (10/25)/(10 000 美元/55 000 美元)=2.2
   b. (10/13)/(10 000 美元/55 000 美元)=4.2
   c. 正常物品,因为需求收入弹性是正的。
   d. 奢侈品,因为需求收入弹性大(大于1)。在这种情况下,收入增加18%引起需求量大幅增加。
5. a. 电视机,因为电视机价格上升可以引起电视机生产增加,而海滩地产是固定的。
   b. 明年的原油,因为在明年增加石油生产会比在下周增加石油生产更容易。
   c. 凡·高的油画的印刷品,因为价格上升就可以更多地印刷,而原作的数量是固定的。

5.5.3 简答题

1. 物品是必需品还是奢侈品,能否得到相近替代品,市场的定义如何,以及衡量需求的时间范围。
2. 将增加总收益;如果需求缺乏弹性,与价格大幅度上升相伴的是需求量少量减少。

3. 零;因此可以作为完全无弹性。
4. 无限大,因此可以作为完全有弹性。
5. $-0.10/0.20 = -1/2$。鸡蛋是低档物品。
6. 富有弹性,因为价格的微小上升引起企业生产的大量增加。
7. 缺乏弹性(接近垂直);因为一旦捕到了鱼,销售量就是固定的,而且,无论价格如何,在腐烂之前都必须卖出去。
8. 不是。上半部分倾向于富有弹性,而下半部分倾向于缺乏弹性。这是因为在上半部分,例如,价格变动 1 单位,变动的百分比小;而数量变动 1 单位,变动的百分比大。在需求曲线下半部分,这种效应正好相反。
9. $\dfrac{(30-25)/[(25+30)/2]}{(3-2)/[(2+3)/2]}=0.45$,因此,供给缺乏弹性。
10. $0.06/0.20=0.30$,苹果和橘子是替代品,因为交叉价格弹性是正的(苹果价格上升,橘子的需求量增加)。

5.5.4 判断正误题

1. 错误;需求富有价格弹性。
2. 正确。
3. 正确。
4. 错误;考虑的时间越长,需求曲线就越富有价格弹性,因为消费者有机会替代或改变自己的行为。
5. 错误;需求价格弹性的定义为一种物品需求量变动的百分比除以该物品价格变动的百分比。
6. 错误;两种物品可能是替代品。
7. 正确。
8. 错误;必需品的需求是缺乏弹性的。
9. 错误;在其上半部分富有价格弹性,而在其下半部分缺乏价格弹性。
10. 正确。
11. 正确。
12. 正确。
13. 正确。
14. 错误;只有在需求富有价格弹性时,它才能增加总收益。
15. 正确。

5.5.5 单项选择题

1. b	2. c	3. a	4. b	5. d	6. d	7. c	8. a	9. a	10. d
11. c	12. b	13. a	14. b	15. b	16. d	17. b	18. c	19. c	20. d

5.5.6 进阶思考题

1. 缺乏弹性。
2. 不一定。在长期中需求总是更富有弹性。就香烟的情况而言,一些消费者用烟草与烟斗替代;另一些也许会放弃或不再吸烟。
3. 不正确。香烟的需求(广义的市场定义)可能是缺乏弹性的,但任何一种品牌(狭义的市场定义)的需求其弹性可能大得多,因为消费者可以用另一种价格低的品牌替代。

第6章
供给、需求与政府政策

目　的

在本章中你将

- 考察政府实行价格上限政策的影响
- 考察政府实行价格下限政策的影响
- 考虑对一种物品征税如何影响它的价格和销售量
- 知道对买者征税和对卖者征税结果是相同的
- 了解税收负担如何在买者与卖者之间分摊

效　果

在实现这些目的之后，你应该能

- 说明价格上限成为限制性约束的必要条件
- 解释为什么限制性价格下限引起过剩
- 说明为什么对一种物品征税通常减少了该物品的销售量
- 说明为什么对一种物品的买者和卖者征税时结果是相同的
- 说明当需求缺乏弹性而供给富有弹性时是一种物品的买者还是卖者承担税收负担

6.1 本章概述

6.1.1 内容与目的

第6章是论述供给与需求以及市场如何运行的三章中的第三章。第4章提出了供求模型。第5章通过提出弹性——供给量和需求量对经济状况变动的敏感程度——的概念来提高供求模型的准确性。第6章用第4章和第5章学过的供求工具说明政府政策对竞争市场的影响。

第6章的目的是考察两种类型的政府政策——价格控制和税收。价格控制确定了一种物品可以销售的最高或最低价格,而税收在买者支付的和卖者得到的收入之间打入了一个楔子。可以在供求模型的范围内分析这些政策。我们将发现,政府政策有时会产生意外结果。

6.1.2 本章复习

导 言

在第4章和第5章中,我们是作为科学家来研究问题,因为我们建立供求模型来描述世界是什么。在第6章中,我们将作为政策顾问来分析问题,因为我们分析如何运用政府政策去努力改善世界。我们分析两种政策——价格控制和税收。有时这些政策会产生意外结果。

1. 价格控制

有两种类型的价格控制:价格上限和价格下限。**价格上限**确定了一种物品可以销售的法定最高价格。**价格下限**确定了一种物品可以销售的法定最低价格。

(1) **价格上限**。假定政府被买者说服,确定了一个价格上限。如果确定的价格上限高于均衡价格,它就没有限制性。这就是说,它对市场没有影响,因为价格可以不受限制地变动到均衡位置。如果确定的价格上限低于均衡价格,它就是一种限制性约束,因为它不允许市场达到均衡。限制性价格上限引起需求量大于供给量,或者短缺。由于存在短缺,就要想办法在大量买者中配给少量供给。愿意为得到物品而排队等待的买者可能会得到该物品,或者卖者可以只卖给其朋友、家人或者同一种族的人。排队是无效率的,歧视既无效率又不公平。自由市场是非人格化的,并以价格配给物品。

在汽油和公寓市场上价格上限普遍存在。当1973年石油输出国组织限制石油量时,石油的供给量减少,而且,均衡价格高于价格上限,价格上限就变得没有限制性。这引起汽油短缺和加油站外的长队。应对措施是价格上限被取消。公寓的价格上限以租金控制而闻名。限制性租金控制引起住房短缺。短期中住房的需求和供给都是缺乏弹性的,因此最初的短缺并不大。但是,长期中,住房的供给和需求变得更富有弹性,于是,短缺更显而易见了。这引起排队等待公寓、贿赂房东、建筑物不清洁而且不安全,以及住房质量降低。租金控制一旦实施,它将很难被消除。

(2) **价格下限**。假定政府被卖者说服,确定了一个价格下限。如果确定的价格下限低于均衡价格,它就没有限制性。这就是说,它对市场没有影响,因为价格可以没有限制地变动到均衡位置。如果确定的价格下限高于均衡价格,它就是限制性约束,因为它不允许市场达到均衡。限制性价格下限引起供给量大于需求量,或者过剩。为了消除过剩,卖者会要求买者关照,并卖给家人或朋友。自由市场是非人格化的,并以价格配给物品。

价格下限的一个重要例子是最低工资。最低工资是年轻和不熟练工人市场上的一种限制性约束。当确定的工资高于市场均衡工资时,劳动的供给量大于需求量。后果是失业。研究表明,最低工资上升10%使青少年工人的就业减少1%—3%。最低工资还引起青少年找工作并退学。

价格控制往往伤害了那些政策本想给予帮助的人——通常是穷人。最低工资可以帮助那些在最低工资时找到了工作的人,但伤害了那些由于最低工资而失业的人。租金控制降低了住房质量和住房的可获得性。

2. 税收

政府用税收筹集收入。一种物品的税收将影响销售量以及买者支付的价格与卖者得到的价格。如果向买者征税,需求向下移动每单位税收的大小。由于需求量减少,销售量减少,买者支付的价格上升,而卖者得到的价格下降。如果向卖者征税,供给向上移动每单位税收的大小。由于供给减少,销售量减少,买者支付的价格上升,而卖者得到的价格下降。因此,向买者征税和向卖者征税都有同样的影响。在对一种物品征税之后,买者所支付的和卖者所得到的之间的差额是每单位的税收,被称为**税收楔子**。总之:

- 税收阻碍市场活动。这就是说,销售量减少了。
- 买者和卖者共同分摊税收负担,因为买者支付的价格上升了,而卖者得到的价格下降了。
- 向买者征税的影响与向卖者征税的影响一样。
- 政府不能规定买者和卖者之间的相对税收负担。相对税收负担由那个市场上的供给和需求弹性决定。

税收归宿是在市场参与者之间分摊税收负担的方式。当在买者和卖者之间打入税收这个楔子时,税收负担更多地落在缺乏弹性的市场一方。这就是说,税收负担更多地落在当价格变得不利时不愿意离开市场的一方身上。例如,在香烟市场上,由于吸烟者有瘾,需求可能比供给更缺乏弹性。因此,香烟的税收往往使买者支付的价格上升得比卖者得到的价格高,结果,香烟的税收负担更多地落在香烟买者的身上。就工薪税(社会保障和医疗税)而言,由于劳动供给的弹性小于劳动需求,大部分税收负担由工人承担,而不是像立法者规定的那样五五平分。

6.1.3 有益的提示

(1) 价格上限和价格下限只在它们是限制性约束时才重要。价格上限并没有自发地引起短缺。只有确定的价格上限低于均衡价格时才会引起短缺。同样,只有确定的价格下限高于均衡价格才会引起过剩。

(2) 认为税收会引起需求与供给垂直移动是有益的。由于需求是买者愿意为每种数量支付的最大量,因此,向市场上的买者征税使卖者所面临的需求减少或向下移动每单位税收的大小。这就是说,现在买者向卖者支付的数量正好减少了每单位税收的大小。另一方面,由于供给是卖者对每种数量愿意接受的最小量,因此,向市场上的卖者征税使买者所面临的供给减少或向上移动每单位税收的大小。这是因为卖者现在向买者索取的增加量正好是每单位税收的大小。

6.1.4 术语与定义

为每个关键术语选择一个定义。

关键术语	定 义
______价格上限	1. 税收负担在市场参与者中分摊的方式。
______价格下限	2. 一种物品可以销售的法定最高价格。
______税收归宿	3. 在征税之后买者支付的和卖者得到的之间的差额。
______税收楔子	4. 一种物品可以销售的法定最低价格。

6.2 问题与简答题

6.2.1 应用题

1. 根据以下自行车的供求表回答问题。

价格(美元)	需求量	供给量
300	60	30
400	55	40
500	50	50
600	45	60
700	40	70
800	35	80

a. 由于自行车骑车者协会的游说,国会确定了自行车的价格上限为 700 美元。这对自行车市场有什么影响?为什么?

____

____

b. 由于自行车骑车者协会的游说,国会确定了自行车的价格上限为 400 美元。用以上提供的信息在图 6-1 中画出自行车的供给和需求曲线。实行价格上限。实行 400 美元的价格上限会产生什么结果?

____

____

c. 自行车价格上限为 400 美元使所有自行车买者的状况变好了吗?为什么?

____

____

d. 假设相反,由于自行车制造商协会的游说,国会规定自行车的价格下限为 700 美元。用以上提供的信息在图 6-2 中画出自行车的供给和需求曲线。实行 700 美元的价格下限会产生什么结果?

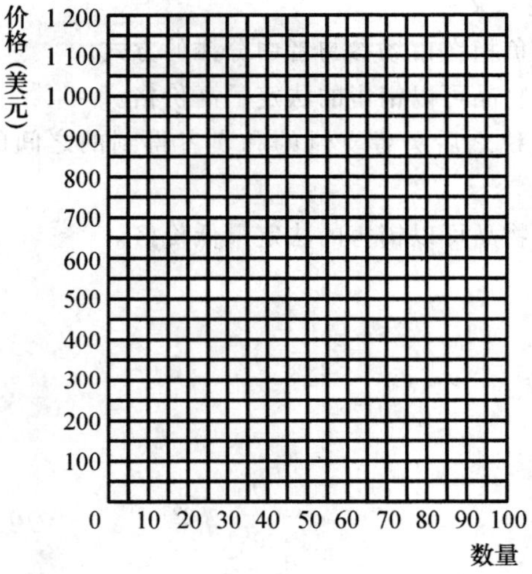

图 6-1

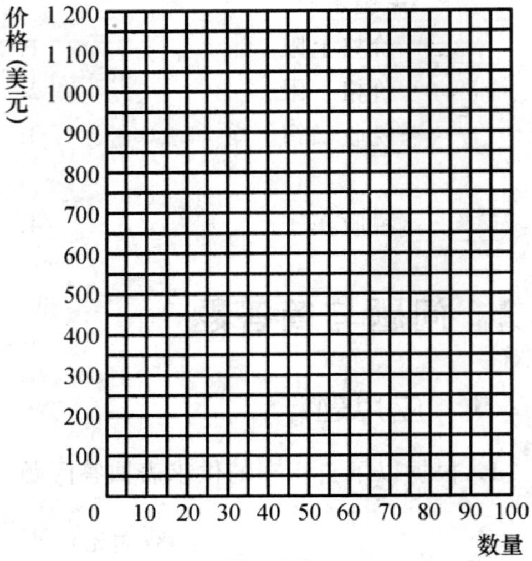

图 6-2

2. 根据以下自行车的供求表回答问题。

价格(美元)	需求量	供给量
300	60	30
400	55	40
500	50	50
600	45	60
700	40	70
800	35	80

a. 在图 6-3 中画出自行车的供给与需求曲线。在图上,每辆自行车向卖者征收 300 美元税收。在征税之后,与自由市场均衡时相比,买者支付的价格、卖者得到的价格以及销售量各发生了什么变动?

b. 再在图 6-4 中画出自行车的供给与需求曲线。在这个图中,对每辆自行车向买者征收 300 美元的税收。在征税之后,与自由市场均衡相比,买者支付的价格、卖者得到的价格以及销售量各发生了什么变动?

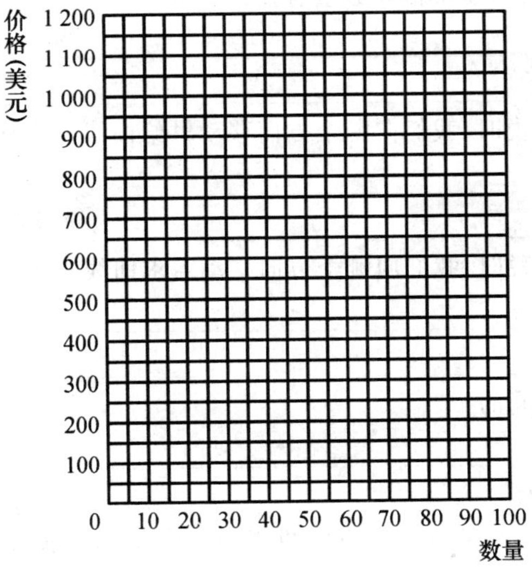

图 6-3

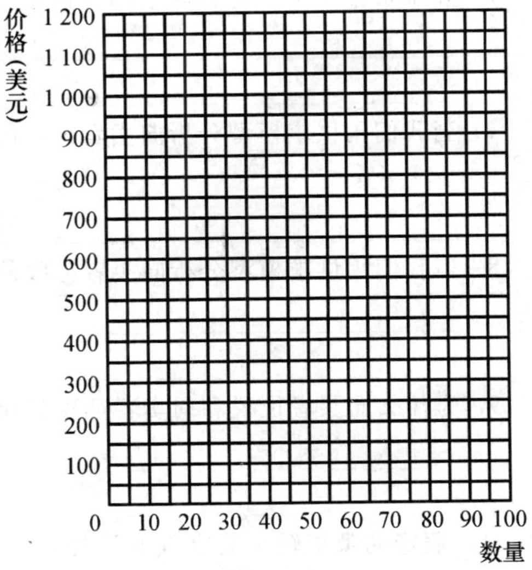

图 6-4

c. 比较你对以上 a 题和 b 题的答案。从这个比较中你得出了什么结论？

d. 谁承担了这种税收的较大负担？是买者还是卖者？为什么？

6.2.2 简答题

1. 如果价格上限确定为高于均衡价格，对市场价格和数量有什么影响？为什么？

2. 如果价格上限确定为低于均衡价格，对市场价格和数量有什么影响？

3. 限制性价格上限引起一些什么问题？

4. 限制性价格上限的影响是在短期中大还是在长期中大？为什么？

5. 如果价格下限确定为低于均衡价格，对市场价格和数量有什么影响？为什么？

6. 如果价格下限确定为高于均衡价格,对市场价格和数量有什么影响?

____

____

7. 当我们用供求模型分析向卖者征收的税时,我们向哪个方向移动供给曲线?为什么?

____

____

8. 当我们用供求模型分析向买者征收的税时,我们向哪个方向移动需求曲线?为什么?

____

____

9. 为什么向买者征税和向卖者征税是相同的?

____

____

10. 假定向豪华轿车征收汽油消耗税。谁的税收负担可能更大?是豪华车的买者还是卖者?为什么?

____

____

6.3 自我测试题

6.3.1 判断正误题

_______1. 如果每加仑汽油的均衡价格是 1 美元,而且,政府把每加仑汽油的价格上限定为 1.5 美元,结果将是汽油短缺。

_______2. 低于均衡价格的价格上限将引起过剩。

_______3. 高于均衡价格的价格下限是一种限制性约束。

_______4. 与短期相比,限制性租金控制引起的住房短缺在长期中可能更为严重。

_______5. 最低工资有助于所有青少年,因为他们得到的工资高于没有最低工资时得到的工资。

_______6. 最低工资增加 10%,引起青少年的就业减少 10%。

_______7. 现在没有限制性的价格上限,当未来需求增加,均衡价格上升到高于固定的价格上限时,就会引起短缺。

_______8. 一个市场的价格下限总会引起该市场上的过剩。

_______9. 对棒球手套征税 10 美元总会使棒球手套的买者支付的价格高 10 美元。

_______10. 最终的税收负担会主要落在缺乏弹性的市场一方。

_______11. 如果药品是必需品,对药品征税的负担可能更多地落在药品买者的身上。

_______12. 当我们用供求模型分析向买者征的税时,我们把需求曲线向上移动税收的大小。

_______13. 向买者征税和向卖者征同样的税,影响是相同的。

_______14. 税收在买者和卖者之间打入了一个楔子。这就引起买者支付的价格上升,而卖者得到的价格下降，以及销售量减少。

_______15. 政府可以通过向买者征税而不向卖者征税，选择把税收负担加在市场上的买者身上。

6.3.2 单项选择题

1. 为了使价格上限成为一种对市场的限制性约束，政府应该使它
   a. 高于均衡价格。
   b. 低于均衡价格。
   c. 正好在均衡价格上。
   d. 在任何一种价格上，因为所有价格上限都是限制性约束。
2. 限制性价格上限引起
   a. 短缺。
   b. 过剩。
   c. 均衡。
   d. 短缺或过剩取决于确定的价格上限在均衡价格之上还是之下。
3. 假设公寓的均衡价格是每月 500 美元，而政府规定租金控制在 250 美元。由于租金控制，下列哪一种情况是**不可能**发生的？
   a. 住房短缺。
   b. 房东可以对公寓租赁者实行歧视。
   c. 为了租到公寓要贿赂房东。
   d. 公寓的质量将提高。
   e. 等待租房的买者会排长队。
4. 价格下限
   a. 确定了一种物品可以出售的法定最高价格。
   b. 确定了一种物品可以出售的法定最低价格。
   c. 总是决定一种物品必须售出的价格。
   d. 如果确定的价格下限高于均衡价格，就不是一种限制性约束。
5. 下面哪一种关于限制性价格上限的表述是正确的？
   a. 价格上限引起的过剩在短期中大于在长期中。
   b. 价格上限引起的过剩在长期中大于在短期中。
   c. 价格上限引起的短缺在短期中大于在长期中。
   d. 价格上限引起的短缺在长期中大于在短期中。
6. 市场的哪一方更可能为价格下限而游说政府？
   a. 买者和卖者都不想要价格下限。
   b. 买者与卖者都想要价格下限。
   c. 卖者。
   d. 买者。
7. 在以下哪种情况下，约束性价格上限引起的过剩最大？
   a. 供给和需求都富有弹性。
   b. 供给和需求都缺乏弹性。
   c. 供给缺乏弹性，而需求富有弹性。
   d. 需求缺乏弹性，而供给富有弹性。
8. 下列哪一种情况是价格下限的例子？
   a. 租金控制。
   b. 当汽油的均衡价格是每加仑 1.5 美元时，把汽油的价格限制为每加仑 1 美元。
   c. 最低工资。
   d. 以上各项都是价格下限。
9. 如果政府规定汽油的价格上限是每加仑 1.5 美元，而均衡价格是每加仑 1 美元，下列哪一种说法是正确的？
   a. 存在汽油短缺。
   b. 存在汽油过剩。
   c. 汽油供给的大量增加会使价格上限成为一种限制性约束。

d. 汽油需求的大量增加会使价格上限成为一种限制性约束。

10. 研究表明,最低工资增加10%

a. 青少年的就业减少10%—15%。

b. 青少年的就业增加10%—15%。

c. 青少年的就业减少1%—3%。

d. 青少年的就业增加1%—3%。

11. 在供求模型的范围内,向一种物品的买者征税会使

a. 需求曲线向上移动每单位税收。

b. 需求曲线向下移动每单位税收。

c. 供给曲线向上移动每单位税收。

d. 供给曲线向下移动每单位税收。

12. 在供求模型的范围内,向一种物品的卖者征税会使

a. 需求曲线向上移动每单位税收。

b. 需求曲线向下移动每单位税收。

c. 供给曲线向上移动每单位税收。

d. 供给曲线向下移动每单位税收。

13. 当对一种物品征税时,会发生以下哪一种情况?

a. 买者支付的价格上升,卖者得到的价格下降,以及销售量减少。

b. 买者支付的价格上升,卖者得到的价格下降,以及销售量增加。

c. 买者支付的价格下降,卖者得到的价格上升,以及销售量减少。

d. 买者支付的价格下降,卖者得到的价格上升,以及销售量增加。

14. 当向市场上的买者征税时

a. 买者承担税收负担。

b. 卖者承担税收负担。

c. 买者与卖者的税收负担与向卖者征税时相同。

d. 税收负担主要落在买者身上。

15. 对每加仑汽油征收1美元的税

a. 将使买者支付的价格每加仑上升1美元。

b. 将使卖者得到的价格每加仑下降1美元。

c. 将使买者支付的价格正好上升0.5美元,卖者得到的价格正好下降0.5美元。

d. 将在买者支付的价格和卖者得到的价格之间打入一个1美元的税收楔子。

16. 在下列哪种情况下,税收负担会更多地落在市场上的卖者身上?

a. 需求缺乏弹性,而供给富有弹性。

b. 需求富有弹性,而供给缺乏弹性。

c. 供给和需求都缺乏弹性。

17. 对一种消费者必需的物品征税,很可能使税收负担

a. 更多地落在买者身上。

b. 更多地落在卖者身上。

c. 在买者与卖者之间平等地分摊。

d. 完全落在卖者身上。

18. 在下列哪种情况下,税收负担会更多地落在市场的买者身上?

a. 需求缺乏弹性,而供给富有弹性。

b. 需求富有弹性,而供给缺乏弹性。

c. 供给和需求都富有弹性。

d. 供给和需求都缺乏弹性。

19. 以下哪一种关于税收负担的表述是正确的?

a. 对一种消费者感到必需的物品征税所引起的税收负担主要落在这种物品的卖者身上。

b. 税收负担主要落在当价格变得不利于自己时最愿意离开市场的一方(买者或卖者)身上。

c. 税收负担落在纳税的市场一方(买者或卖者)身上。

d. 税收负担的分摊由供给和需求

的相对弹性而不由立法决定。

20. 以下哪一种物品的税收负担更可能主要落在卖者身上？

a. 食品。

b. 娱乐业。

c. 服装。

d. 住房。

6.4 进阶思考题

假设政府需要筹集税收收入。一个政治家建议，政府对食物征税，因为每个人都必须吃饭，从而通过食物税可以筹集到大量税收收入。但是，由于穷人把其大部分收入用于食物，应该只向食物的卖者（商店）征收，而不向食物的买者征收。这个政治家认为，这种类型的税收将把税收负担加在连锁商店身上，而不是在贫穷的消费者身上。

1. 政府能立法规定，食物税的负担只落在食物的卖者身上吗？为什么？

____

____

2. 你认为食物税的负担会落在食物的卖者身上，还是食物的买者身上？为什么？

____

____

6.5 答案

6.5.1 术语与定义

__2__ 价格上限

__4__ 价格下限

__1__ 税收归宿

__3__ 税收楔子

6.5.2 应用题

1. a. 它将不起作用。价格上限不是限制性的，因为均衡价格是 500 美元，而价格上限确定为 700 美元。

   b. 参看图 6-5。需求量增加到 55 单位，供给量减少为 40 单位，存在 15 单位短缺。

   c. 不是。它很可能使实际上买到自行车的那些自行车买者变好。但是，一些买者买不到自行车，必定要排队，或进行贿赂，或接受低质量自行车。

   d. 参看图 6-6。供给量上升到 70 单位，需求量减少为 40 单位，存在 30 单位过剩。

2. a. 参看图 6-7。买者支付的价格上升到 700 美元，卖者得到的价格下降到 400 美元，销售量减少到 40 辆。

   b. 参看图 6-8。买者支付的价格上升到 700 美元，卖者得到的价格下降到 400 美元，销售量减少到 40 辆。

   c. 向买者征税的影响与向卖者征税的影响一样。

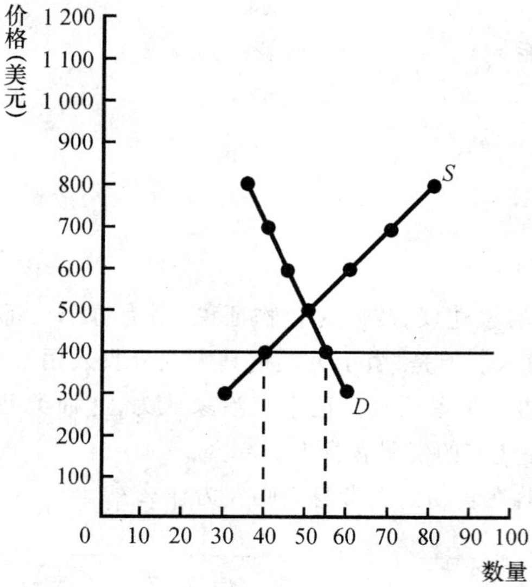

图 6-5

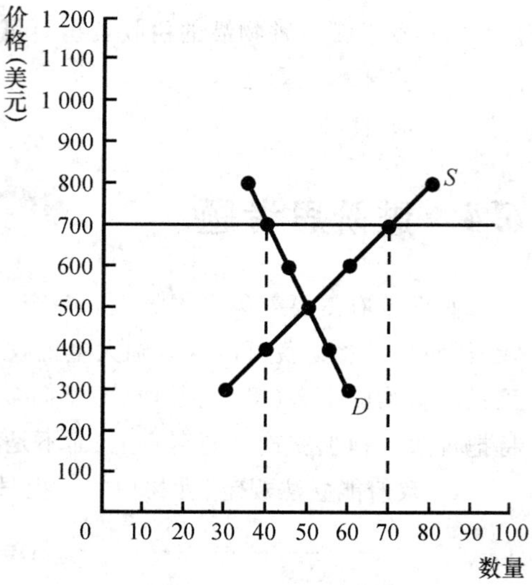

图 6-6

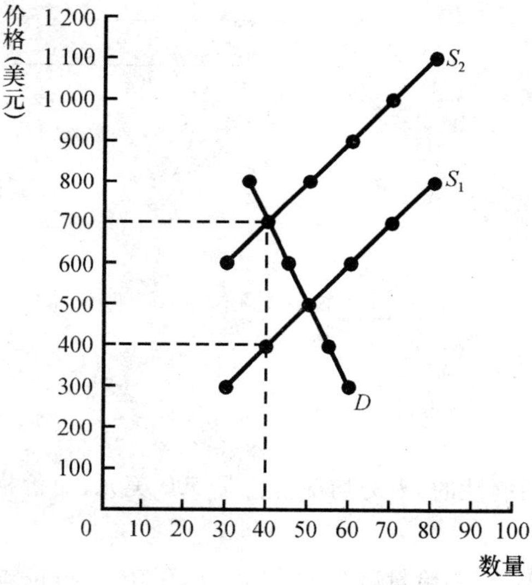

图 6-7

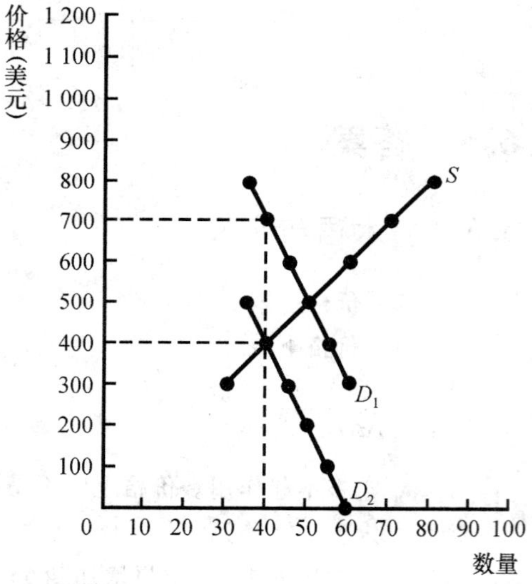

图 6-8

d. 更大的税收负担落在买者身上。自由市场均衡价格是 500 美元。在征税以后，买者支付的价格增加了 200 美元，而卖者得到的价格减少了 100 美元。这是因为需求比供给缺乏弹性。

6.5.3 简答题

1. 没有影响，因为价格可以无限制地变动到均衡位置。这就是说，价格上限不是一种限制性约束。
2. 供给量减少，需求量增加，引起短缺。
3. 将存在短缺。买者可能排队等待，卖者可能对买者实行歧视，物品质量会下降，也许还要贿赂卖者。

4. 在长期中影响大,因为供给和需求在长期中会更富有弹性。结果,在长期中短缺变得更严重。
5. 没有影响,因为价格可以无限制地变动到均衡位置。这就是说,价格下限不是一种限制性约束。
6. 供给量增加,需求量减少,引起过剩。
7. 供给曲线向上移动税收的大小,因为卖者向买者索要的量的增加正好是税收的大小。
8. 需求曲线向下移动税收的大小,因为买者愿意向卖者支付的量的减少正好是税收的大小。
9. 税收是打入买者所支付的和卖者所得到的之间的楔子。无论是买者还是卖者,实际上都把税交给政府,并不会有什么差别。
10. 卖者将承担更多税收负担,因为奢侈品的需求是极富有弹性的。这就是说,当买者支付的价格由于税收而上升时,富有的买者可以轻而易举地把他的购买转向其他东西,而生产者在他们得到的价格下降时不能很快地减少生产。负担落在市场上较为缺乏弹性的一方身上。

6.5.4 判断正误题

1. 错误;高于均衡价格的价格上限是没有限制性的。
2. 错误;它引起短缺。
3. 正确。
4. 正确。
5. 错误;一些人会得到帮助,但其他人成为失业者,还有一些人退学去赚取在青少年看来不菲的工资。
6. 错误;它引起就业减少 1%—3%。
7. 正确。
8. 错误;只要价格下限确定为高于均衡价格,就会引起过剩。
9. 错误;卖者得到的和买者支付的之间的差额是 10 美元,但卖者得到的价格通常会低一些,因此,买者支付的价格的上升小于 10 美元。
10. 正确。
11. 正确。
12. 错误;我们把需求曲线向下移动税收的大小。
13. 正确。
14. 正确。
15. 错误;税收负担由供给与需求的相对弹性决定。

6.5.5 单项选择题

1. b	2. a	3. d	4. b	5. d	6. c	7. a	8. c	9. d	10. c
11. b	12. c	13. a	14. c	15. d	16. b	17. a	18. a	19. d	20. b

6.5.6 进阶思考题

1. 不能。税收负担由供给与需求的相对弹性决定。税收负担主要落在缺乏弹性的市场一方。这就是说,税收负担落在当价格发生不利变动时,最不愿意离开市场的一方。

2. 无论向买者还是向卖者征税，负担主要落在食物购买者身上。食物是必需品，从而食物需求较为缺乏弹性。当价格由于税收上升时，人们仍然必须吃饭。当商店得到的价格由于税收而下降时，他们可以出售其他物品系列。

第 3 篇　市场和福利

第7章 消费者、生产者与市场效率

目　的

在本章中你将

- 考察买者对一种物品的支付意愿与需求曲线之间的联系
- 了解如何定义并衡量消费者剩余
- 考察卖者生产一种物品的成本与供给曲线之间的联系
- 了解如何定义并衡量生产者剩余
- 说明供给与需求均衡使市场上总剩余最大化

效　果

在实现这些目的之后，你应该能

- 从一组单个买者的支付意愿表中推导出需求曲线
- 在供求图上确定消费者剩余的位置
- 从一组单个卖者的生产成本表中推导出供给曲线
- 在供求图上确定生产者剩余的位置
- 说明为什么除了均衡数量以外的所有其他数量都不能使市场的总剩余最大化

7.1 本章概述

7.1.1 内容与目的

第7章是福利经济学与市场效率三章中的第一章。第7章用供求模型提出作为福利和市场效率衡量标准的消费者剩余和生产者剩余。第8章和第9章将用这些概念来确定税收和对国际贸易限制的赢家和输家。

第7章的目的是提出福利经济学——研究资源配置如何影响经济福利。第4—6章中,当我们提出"什么是市场上的均衡价格和数量"时,我们是在实证的框架内运用供给与需求。现在我们要解决规范问题:"市场的均衡价格和数量是资源配置问题最好的可能解,还是使供给与需求平衡的价格和数量?"我们将发现,在大多数情况下,均衡价格和数量也是使福利最大化的价格和数量。

7.1.2 本章复习

导　言

在本章中我们分析**福利经济学**——研究资源配置如何影响经济福利。我们衡量买者和卖者从参与市场中得到的利益,并发现,市场的均衡价格和数量使买者和卖者得到的利益最大化。

1. 消费者剩余

消费者剩余衡量买者从参与市场中得到的利益。市场上每个潜在买者对一种物品都有某种**支付意愿**。这种支付意愿是买者愿意为某种物品支付的最高价格。如果我们(在价格和数量图上)画出为第一单位支付的最大意愿值,再画出为第二单位支付的次大意愿值,以此类推,我们就得到了一种物品的市场需求曲线。这就是说,需求曲线的高度衡量边际买者的支付意愿。由于一些买者对一种物品的评价高于另一些买者,所以,需求曲线向右下方倾斜。

消费者剩余是买者的支付意愿减去其实际支付的量。例如,如果你愿意为你所喜爱的音乐家的一张新CD支付20美元,而你仅用15美元就买到了它,那么你在那张CD上就获得了5美元的消费者剩余。一般来说,由于需求曲线的高度用买者对此物品的支付意愿衡量了他们对物品的评价,因此,市场上的消费者剩余是需求曲线以下和价格以上的面积。

当一种物品价格下降时,消费者剩余由于两个原因而增加:第一,现有的买者由于他们可以减少的支付量而得到了更多剩余;第二,新的买者由于现在的价格低于他们的支付意愿而进入市场。

要注意,由于需求曲线的高度是用支付意愿衡量的买者对一种物品的评价,因此,消费者剩余衡量作为买者自己感觉到的利益。因此,如果决策者尊重买者的偏好,消费者剩余就是买者利益的一种恰当衡量。经济学家普遍认为,除非吸毒等例外情况,买者是理性的,而且,买者的偏好应该受到尊重。

2. 生产者剩余

生产者剩余衡量卖者从参与市场中得到的利益。市场上每个潜在卖者都有某种生产成本。这种**成本**是生产者为了生产一种物品所必须放弃的一切东西的价值，并应该解释为生产者生产的机会成本——钱包里的实际支出加生产者时间的价值。生产成本是卖者为了生产物品所愿意接受的最低价格。如果我们（在价格和数量图上）画出第一单位的最低成本生产者的成本，再画出第二单位的次低成本生产者的成本，以此类推，我们就得到了物品的市场供给曲线。这就是说，供给曲线的高度衡量边际卖者的生产成本。由于一些卖者的成本比另一些卖者低，供给曲线向右上方倾斜。

生产者剩余是卖者出售一种物品得到的量减去其生产成本。例如，一个音乐家可以以10美元的成本生产一张CD，并以15美元出售，音乐家就从那张CD上得到了5美元的生产者剩余。一般来说，由于供给曲线的高度衡量卖者的成本，因此，市场上的生产者剩余是价格以下和供给曲线以上的面积。

当一种物品价格上升时，生产者剩余由于两个原因而增加：第一，现有的卖者由于他们可以将现有量卖到更高价格而得到了更多剩余；第二，新的卖者由于现在的价格高于他们的成本而进入市场。

3. 市场效率

我们用总剩余——消费者剩余和生产者剩余之和——来衡量经济福利。

总剩余 =（买者的评价 - 买者支付的量）+（卖者得到的量 - 卖者的成本）

总剩余 = 买者的评价 - 卖者的成本

从图形上看，总剩余是需求曲线以上和供给曲线以下的面积。如果资源配置使所有社会成员得到的总剩余最大化，就可以说这种资源配置表现出**效率**。自由市场均衡有效率就是因为它使总剩余最大。可以用以下的发现来证明这种效率：

- 自由市场把物品的供给配置给对之评价最高的买者——那些支付意愿大于或等于均衡价格的买者。因此，通过把消费从现在的买者转给任何一个其他非买者并不能增加消费者剩余。

- 自由市场把物品的需求配置给能以最低成本生产的卖者——那些以低于或等于均衡价格的成本生产的卖者。因此，通过把生产从现在的卖者转给任何一个其他非卖者并不能增加生产者剩余。

- 自由市场生产出使消费者剩余和生产者剩余之和或总剩余最大化的物品量。如果我们生产的数量小于均衡数量，我们就不能生产出边际买者评价大于边际卖者成本的所有单位；如果我们生产的数量大于均衡数量，我们就生产了一些边际卖者成本大于边际买者评价的单位。

经济学家普遍支持自由市场是因为它是有效率的。由于市场是有效率的，许多人认为，政府的政策应该是自由放任，其含义是“让他们去干吧”。市场中亚当·斯密的“看不见的手”指引买者与卖者达到使总剩余最大化的资源配置。有效率的结果无法通过一个仁慈的社会计划者得到改善。许多经济学家认为，倒票的自由市场（甚至是人体器官移植市场）都能使总剩余最大化。除了效率之外，决策者也许还关心**平等**——福利在社会成员中分配的公平性。平等问题涉及超出经济学范围之外的规范判断。

4. 结论：市场效率与市场失灵

自由市场可能无效率的主要原因有两个：

- 市场可能是不完全竞争的。如果个别买者或卖者（或者他们中的一小群人）可以影响价格，他们就有市场势力，而且，他们也许可以使价格和数量背离均衡位置。

• 市场会引起副作用，或外部性，这会影响那些根本没有参与市场的人。市场上的买者和卖者没有考虑污染之类的副作用，所以，从整个社会的角度来看，市场均衡可能是无效率的。

市场势力和外部性是市场失灵——某些无管制的市场不能有效地配置资源——的两个主要类型。

7.1.3 有益的提示

（1）为了更好地理解买者的“支付意愿”和卖者的“成本”，可以“回头”看看需求和供给。这就是说，从数量轴到价格轴来理解需求和供给。当我们从数量到价格看需求时，我们发现，第一单位的潜在买者有极高的支付意愿，因为买者对该物品评价极高。当我们一直沿着数量轴移动时，这些数量的买者的支付意愿低了一些，从而需求曲线向右下方倾斜。当我们从数量到价格看供给时，我们发现，第一单位的潜在卖者极有效率，从而生产成本极低。当我们一直沿着数量轴移动时，这些数量的卖者成本高了一些，从而供给曲线向右上方倾斜。在供给与需求达到均衡时，只有引起买者评价高于生产者成本的数量被生产出来。

（2）存在消费者剩余的部分原因是在竞争市场上只有一种价格，而且，所有参与者都是价格接受者。与许多买者和卖者相互作用决定唯一的市场价格时，个别买者的支付意愿会高于价格，结果一些买者就得到了消费者剩余。但是，如果卖者认识到买者的支付意愿，而且卖者实行价格歧视，这就是说，向每个买者收取其愿意支付的价格，那么就没有消费者剩余。每个买者都被迫支付他们的个人支付意愿。这个问题将在本书之后的章节中详细论述。

7.1.4 术语与定义

为每个关键术语选择一个定义。

关键术语	定 义
______福利经济学	1. 买者的支付意愿减去其实际支付的量。
______支付意愿	2. 使所有社会成员得到的总剩余最大化的资源配置特征。
______消费者剩余	3. 研究资源配置如何影响经济福利。
______成本	4. 一些无管制的市场不能有效地配置资源。
______生产者剩余	5. 福利在社会成员中分配的公平性。
______效率	6. 向一种物品卖者支付的量减去其生产成本。
______平等	7. 买者愿意为一种物品支付的最大量。
______市场失灵	8. 为了生产一种物品，卖者必须放弃的一切东西的价值。

7.2 问题与简答题

7.2.1 应用题

1. 下面的信息反映了房东 Lori 对粉刷她的五套公寓房的评价。她对粉刷每套公寓房评价的不同取决于需要粉刷的房子状况差到什么程度。

对新粉刷第一套公寓房的评价	5 000 美元
对新粉刷第二套公寓房的评价	4 000 美元
对新粉刷第三套公寓房的评价	3 000 美元
对新粉刷第四套公寓房的评价	2 000 美元
对新粉刷第五套公寓房的评价	1 000 美元

a. 在图 7-1 中画出房东 Lori 的支付意愿。

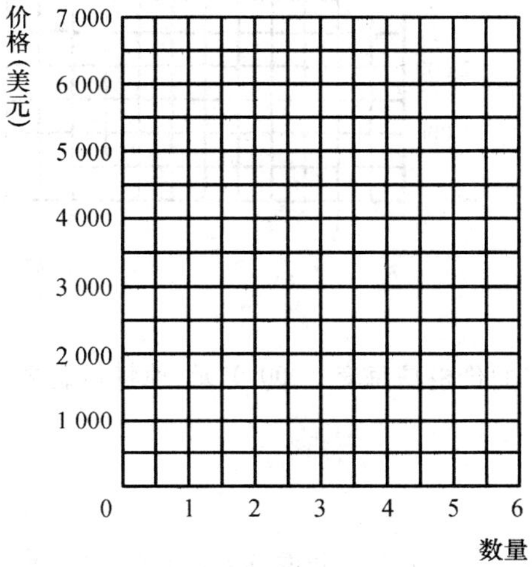

图 7-1

b. 如果粉刷她公寓房的价格是每套 5 000 美元，她将粉刷多少套？她的消费者剩余值是多少呢？

____

____

c. 假设粉刷她公寓房的价格下降到每套 2 000 美元。Lori 将选择粉刷多少套房？她的消费者剩余值是多少？

____

____

d. 当粉刷她的公寓房的价格下降时，房东 Lori 的消费者剩余值会发生什么变动？为什么？

____

____

2. 以下信息表示粉刷工 Peter 在粉刷公寓房时发生的成本。由于粉刷是一件费力的活，他粉刷得越多，他在油漆和按摩账单上产生的成本就越高。

粉刷第一套公寓房的成本	1 000 美元
粉刷第二套公寓房的成本	2 000 美元
粉刷第三套公寓房的成本	3 000 美元
粉刷第四套公寓房的成本	4 000 美元
粉刷第五套公寓房的成本	5 000 美元

a. 在图 7-2 中画出粉刷工 Peter 的成本。

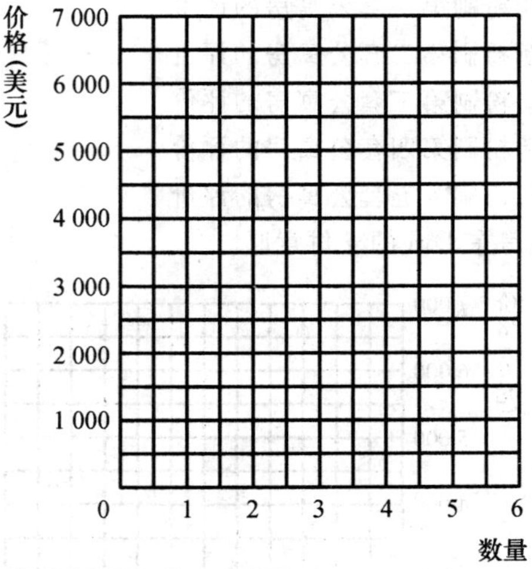

图 7-2

b. 如果粉刷公寓房的价格是每套 2 000 美元,他将粉刷多少套? 他的生产者剩余值是多少?

c. 假设粉刷公寓房的价格上升到每套 4 000 美元。Peter 将选择粉刷多少套? 他的生产者剩余值是多少?

d. 当粉刷公寓房的价格上升时,Peter 的生产者剩余值会发生什么变动? 为什么?

3. 用以上两题关于支付意愿和成本的信息回答以下问题。

a. 如果仁慈的社会计划者把粉刷公寓房的价格确定为 5 000 美元,消费者剩余值是多少? 生产者剩余值是多少? 总剩余值是多少?

b. 如果仁慈的社会计划者把粉刷公寓房的价格确定为 1 000 美元,消费者剩余值是多少? 生产者剩余值是多少? 总剩余值是多少?

c. 如果允许粉刷公寓房的价格变动到其自由市场的均衡价格 3 000 美元,那么,消费者剩余、生产者剩余和总剩余的值各是多少? 与社会计划者制造的总剩余值相比,自由市场的总剩余值如何?

4. 在图 7-3 中,画出第 1 题和第 2 题中隐含的粉刷公寓房的线性供给和需求曲线(画出这两条线,使之与纵轴接触)。说明自由市场均衡价格与数量下的消费者剩余和生产者剩余。这种资源配置有效率吗?为什么?

5. 假设房东 Lori 难以把她破损的公寓租出去,以至于她的支付意愿增加了 2 000 美元。在图 7-4 中同时画出 Peter 的成本和 Lori 的新支付意愿。如果均衡价格上升到 4 000 美元,消费者剩余、生产者剩余和总剩余的值各是多少?在图中说明消费者剩余和生产者剩余。比较你的这个答案与第 3 题中 c 的答案。

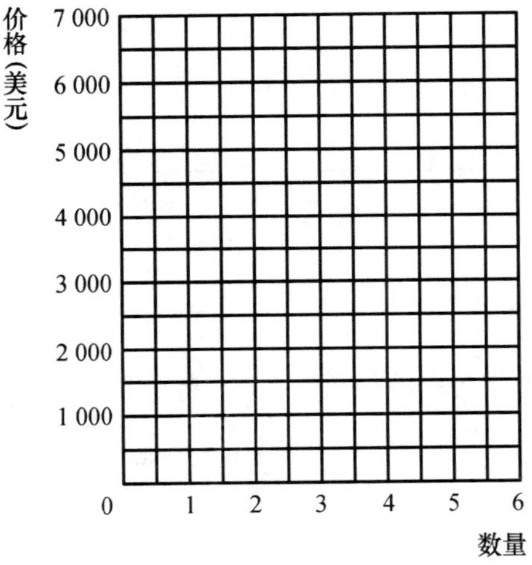

图 7-3

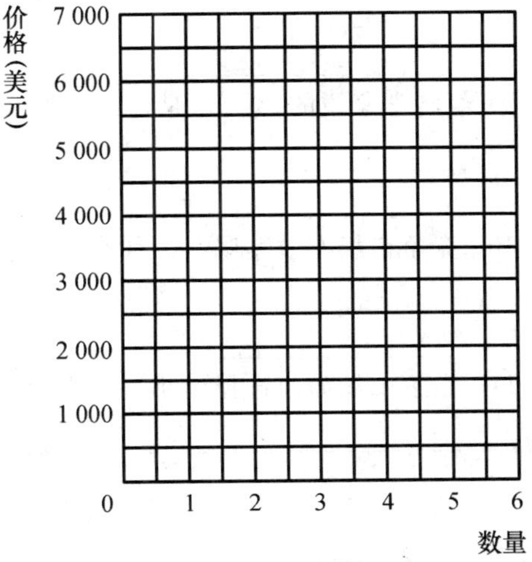

图 7-4

7.2.2 简答题

1. 买者对一种物品的支付意愿与该物品的需求曲线有什么关系?

2. 什么是消费者剩余?如何衡量?

3. 边际买者的消费者剩余值是多少?为什么?

4. Moe 修剪草坪的成本是 5 美元,Larry 修剪草坪的成本是 7 美元,而 Curly 修剪草坪的成本是 9 美元。如果每个人都修剪草坪,而且修剪草坪的价格是 10 美元,他们生产者剩余的值总共是多少?

5. 卖者生产一种物品的成本与该物品的供给曲线有什么关系？

6. 什么是生产者剩余？如何衡量？

7. 当一种物品价格上升时，生产者剩余会发生什么变动？为什么？

8. 仁慈的社会计划者提供的经济福利能比竞争市场所带来的量更大吗？为什么？

9. 经济学家说的“效率”是什么意思？

10. 竞争市场有效率吗？为什么？

11. 竞争市场如何选择由哪一个生产者生产并销售一种物品？

7.3 自我测试题

7.3.1 判断正误题

_______1. 消费者剩余是买者的支付意愿减去其生产成本。

_______2. 如果一个市场上的需求曲线是不变的，当该市场价格上升时，消费者剩余减少。

_______3. 如果你对一个汉堡包的支付意愿是 3 美元，而汉堡包的价格是 2 美元，你的消费者剩余是 5 美元。

_______4. 生产者剩余衡量市场上供给者未销出的存货。

_______5. 如果买者是理性的，消费者剩余就是对买者利益的一种良好衡量。

_______6. 卖者的成本包括卖者时间的机会成本。

_______7. 供给曲线的高度是边际卖者的成本。

_______8. 总剩余是卖者的成本减去买者的评价。

_______9. 自由市场是有效率的，因为它把物品配置给支付意愿低于价格的买者。

_______10. 生产者剩余是供给曲线以上和价格以下的面积。

_______11. 允许自由市场配置资源的主要优点是配置的结果有效率。

_______12. 竞争市场上的均衡使总剩余最大化。

________13. 市场失灵的两个主要类型是市场势力和外部性。
________14. 外部性是市场上买者和卖者没有考虑到的副作用，如污染。
________15. 生产更多的某种物品总会增加总剩余。

7.3.2 单项选择题

1. 消费者剩余是
   a. 在供给曲线以上和价格以下的面积。
   b. 在供给曲线以下和价格以上的面积。
   c. 在需求曲线以上和价格以下的面积。
   d. 在需求曲线以下和价格以上的面积。
   e. 在需求曲线以下和供给曲线以上的面积。
2. 买者的支付意愿是
   a. 买者的消费者剩余。
   b. 买者的生产者剩余。
   c. 买者愿意为一种物品支付的最大量。
   d. 买者愿意为一种物品支付的最小量。
   e. 以上各项都不是。
3. 如果一个买者对一辆新本田车的支付意愿是 20 000 美元，而她实际以 18 000 美元买到了这辆车，她的消费者剩余是
   a. 0 美元。
   b. 2 000 美元。
   c. 18 000 美元。
   d. 20 000 美元。
   e. 38 000 美元。
4. 一种物品的价格沿着一条不变的需求曲线上升将
   a. 增加消费者剩余。
   b. 减少消费者剩余。
   c. 增加买者的物质福利。
   d. 提高市场效率。
5. 假设可以购买三个相同的花瓶。买者 1 愿意为一个花瓶支付 30 美元，买者 2 愿意为一个花瓶支付 25 美元，买者 3 愿意为一个花瓶支付 20 美元。如果价格是 25 美元，将卖出多少花瓶？这个市场上的消费者剩余值是多少？
   a. 将卖出一个花瓶，消费者剩余值为 30 美元。
   b. 将卖出一个花瓶，消费者剩余值为 5 美元。
   c. 将卖出两个花瓶，消费者剩余值为 5 美元。
   d. 将卖出三个花瓶，消费者剩余值为 0 美元。
   e. 将卖出三个花瓶，消费者剩余值为 80 美元。
6. 生产者剩余是
   a. 在供给曲线以上和价格以下的面积。
   b. 在供给曲线以下和价格以上的面积。
   c. 在需求曲线以上和价格以下的面积。
   d. 在需求曲线以下和价格以上的面积。
   e. 在需求曲线以下和供给曲线以上的面积。
7. 如果仁慈的社会计划者选择的生产量低于一种物品的均衡数量，那么
   a. 生产者剩余最大化。
   b. 消费者剩余最大化。
   c. 总剩余最大化。
   d. 买者对生产的最后一单位的评价大于生产的成本。
   e. 生产最后一单位的成本大于买者对它的评价。

8. 如果仁慈的社会计划者选择的生产量高于一种物品的均衡数量,那么
a. 生产者剩余最大化。
b. 消费者剩余最大化。
c. 总剩余最大化。
d. 买者对生产的最后一单位的评价大于生产的成本。
e. 生产最后一单位的成本大于买者对它的评价。
9. 卖者的生产成本是
a. 卖者的消费者剩余。
b. 卖者的生产者剩余。
c. 卖者愿意为一种物品接受的最高价格。
d. 卖者愿意为一种物品接受的最低价格。
e. 以上各项都不是。
10. 总剩余是
a. 在供给曲线以上和价格以下的面积。
b. 在供给曲线以下和价格以上的面积。
c. 在需求曲线以上和价格以下的面积。
d. 在需求曲线以下和价格以上的面积。
e. 在需求曲线以下和供给曲线以上的面积。
11. 一种物品的价格沿着一条不变的供给曲线上升将
a. 增加生产者剩余。
b. 减少生产者剩余。
c. 提高市场平等。
d. 以上各项都是。
12. 亚当·斯密"看不见的手"的概念表明,竞争市场的结果
a. 使总剩余最小化。
b. 使总剩余最大化。
c. 引起社会成员的平等。
d. b 和 c 都对。
13. 一般来说,仁慈的社会计划者若想使市场上买者和卖者得到的总利益最大化,计划者就应该
a. 选择高于市场均衡价格的价格。
b. 选择低于市场均衡价格的价格。
c. 允许市场自己寻找均衡。
d. 选择任何一种计划者想要的价格,因为卖者(买者)从价格的任何变动中产生的亏损都正好由买者(卖者)得到的收益抵消了。
14. 如果买者是理性的,而且没有市场失灵
a. 自由市场解是有效率的。
b. 自由市场解是平等的。
c. 自由市场解使总剩余最大化。
d. 以上各项都是。
e. a 和 c 是正确的。
15. 如果一个生产者有市场势力(可以影响市场上物品的价格),那么,自由市场解
a. 是平等的。
b. 是有效率的。
c. 是无效率的。
d. 使消费者剩余最大化。
16. 如果一个市场是有效率的,那么
a. 市场把产量配置给了对它评价最高的买者。
b. 市场把买者配置给了能以最低成本生产物品的生产者。
c. 市场生产的量使消费者和生产者剩余之和最大。
d. 以上各项都对。
e. 以上各项都不对。
17. 如果市场引起了一种副作用或外部性,那么,自由市场解
a. 是平等的。
b. 是有效率的。
c. 是无效率的。
d. 使生产者剩余最大化。
18. 医疗显然延长了人的寿命。因此,

我们的医疗消费应该一直到

a. 每个人想要多少就有多少。

b. 买者从医疗中得到的利益等于生产它的成本。

c. 买者从再增加一单位医疗中没有得到利益。

d. 我们必须减少其他物品的消费。

19. Joe 有 10 副棒球手套，而 Sue 没有。生产棒球手套的成本为 50 美元。如果 Joe 对增加一副棒球手套的评价是 100 美元，而 Sue 对一副棒球手套的评价是 40 美元，那么，为了

a. 使效率最大化，Joe 应该得到手套。

b. 使效率最大化，Sue 应该得到手套。

c. 使消费者剩余最大化，双方都应该得到一副手套。

d. 使平等最大化，Joe 应该得到手套。

20. 假设一辆新自行车的价格是 300 美元。Sue 对一辆新自行车的评价是 400 美元。卖者生产一辆新自行车的成本是 200 美元。如果 Sue 购买一辆新自行车，总剩余值是

a. 100 美元。

b. 200 美元。

c. 300 美元。

d. 400 美元。

e. 500 美元。

7.4 进阶思考题

假设你与你的同屋争论联邦政府是否应该补贴食物生产。你的同屋认为，由于食物肯定是一种好东西（与酒、枪支和毒品这些会被一些社会成员本能地认为是犯罪的东西不同），我们不能简单地说拥有的太多了。这就是说，由于食物显然是好的，拥有更多总会增加我们的经济福利。

1. 认为你"对一种好东西不能拥有太多"这种观点正确吗？相反，过多地生产食物、服装、住房这类确定无疑的好东西可能吗？为什么？

____

____

2. 在图 7-5 中，用食物的供求图说明你对第 1 题的答案，说明生产量超过均衡数量对经济福利的影响。

____

____

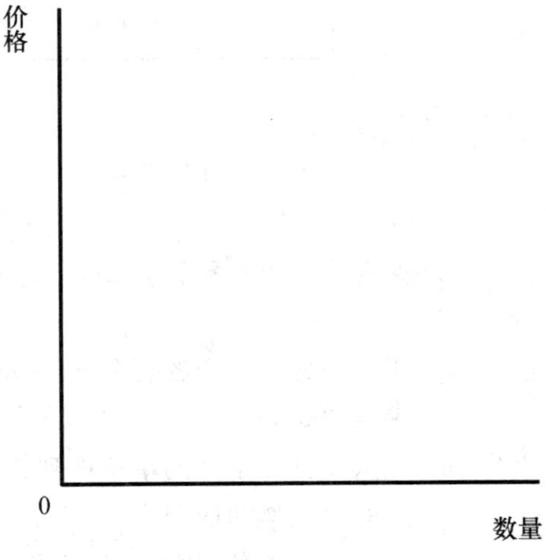

图 7-5

7.5 答案

7.5.1 术语与定义

__3__ 福利经济学

__7__ 支付意愿

__1__ 消费者剩余

__6__ 生产者剩余

__2__ 效率

__5__ 平等

____8___成本　　　　　　____4___市场失灵

7.5.2 应用题

1. a. 参看图 7-6。

   b. 粉刷一套公寓房。5 000 美元 - 5 000 美元 = 0，因此，她没有消费者剩余。

   c. 粉刷四套公寓房。消费者剩余 = (5 000 美元 - 2 000 美元) + (4 000 美元 - 2 000 美元) + (3 000 美元 - 2 000 美元) + (2 000 美元 - 2 000 美元) = 6 000 美元。

   d. 她的消费者剩余增加，因为她从按原来价格已经购买的单位中获得一部分剩余，还从她由于价格下降而购买的新单位中获得另一部分剩余。

2. a. 参看图 7-7。

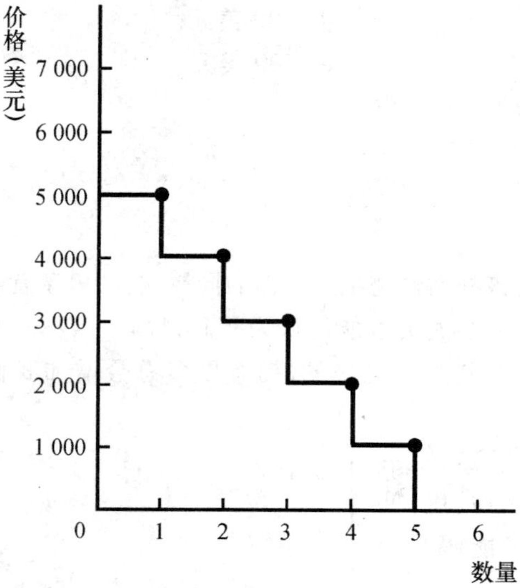

图 7-6

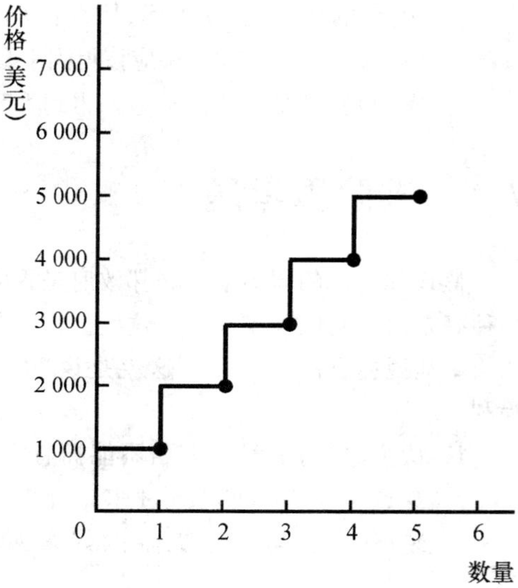

图 7-7

   b. 两套。生产者剩余 = (2 000 美元 - 1 000 美元) + (2 000 美元 - 2 000 美元) = 1 000 美元。

   c. 四套公寓。生产者剩余 = (4 000 美元 - 1 000 美元) + (4 000 美元 - 2 000 美元) + (4 000 美元 - 3 000 美元) + (4 000 美元 - 4 000 美元) = 6 000 美元。

   d. 他从他已经生产的单位得到的更多生产者剩余再加上现在由于价格上升他选择生产的单位增加的剩余。

3. a. 只购买一单位，因此，消费者剩余 = 5 000 美元 - 5 000 美元 = 0，生产者剩余 = 5 000 美元 - 1 000 美元 = 4 000 美元，总剩余 = 0 + 4 000 美元 = 4 000 美元。

   b. 只生产一单位，因此，消费者剩余 = 5 000 美元 - 1 000 美元 = 4 000 美元，生产者剩余 = 1 000 美元 - 1 000 美元 = 0，总剩余 = 0 + 4 000 美元 = 4 000 美元。

   c. 消费者剩余 = (5 000 美元 - 3 000 美元) + (4 000 美元 - 3 000 美元) + (3 000 美元 - 3 000 美元) = 3 000 美元。生产者剩余 = (3 000 美元 - 1 000 美元) + (3 000 美元 - 2 000 美元) + (3 000 美元 - 3 000 美元) = 3 000 美元。总剩余 = 3 000 美元

+3 000 美元 =6 000 美元。自由市场的总剩余大于社会计划者的总剩余。

4. 参看图 7-8。是的，它有效率是因为在小于均衡数量的数量时，我们不能生产出买者评价高于成本的所有单位。在高于均衡数量的数量时，我们生产了一些成本大于买者对物品评价的单位。在均衡时，我们生产了买者评价大于成本的所有可能单位，这使总剩余最大化。
5. 参看图 7-9。消费者剩余 =3 000 美元 +2 000 美元 +1 000 美元 +0 =6 000 美元。
生产者剩余 =3 000 美元 +2 000 美元 +1 000 美元 +0 =6 000 美元。
总剩余 =6 000 美元 +6 000 美元 =12 000 美元。
消费者剩余、生产者剩余和总剩余都增加了。

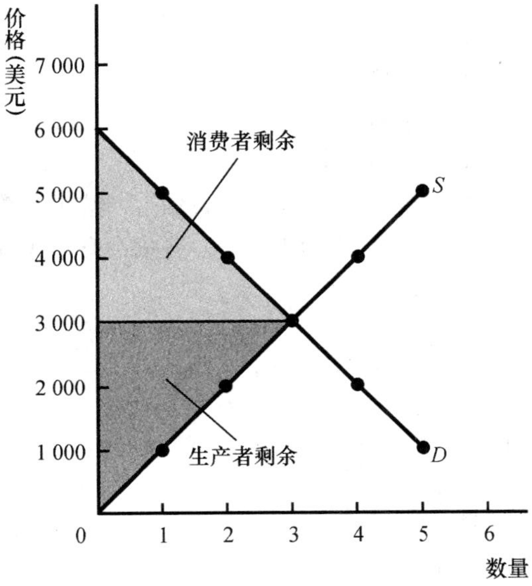

图 7-8

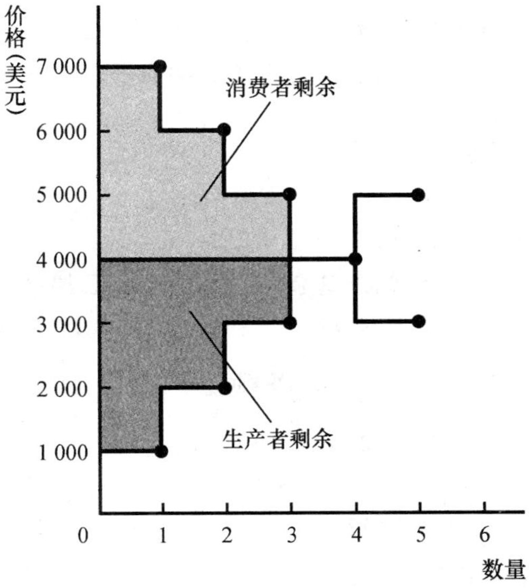

图 7-9

7.5.3 简答题

1. 在任何一种数量时，需求曲线的高度是边际买者的支付意愿。因此，画出买者对每种数量的支付意愿就得到了一条需求曲线。
2. 消费者剩余是买者的支付意愿减去买者实际支付的量。它用需求曲线以下和价格以上的面积来衡量。
3. 0，因为边际买者是价格稍有提高就会离开市场的买者。因此，他们支付的是其支付意愿，并没有得到剩余。
4. （10 美元 −5 美元）+（10 美元 −7 美元）+（10 美元 −9 美元）=9 美元。
5. 在任何一种数量时，供给曲线的高度是边际卖者的成本。因此，画出卖者每种数量的成本就得到了一条供给曲线。
6. 生产者剩余是卖者从一种物品中得到的量减去卖者的成本。它用价格以下和供给曲线以上的面积来衡量。
7. 生产者剩余增加，因为现有的卖者从要出售的单位中得到的剩余增加了，而且，由于现在的价格高于成本，新的卖者进入市场。

8. 一般来说不能。在任何一种低于均衡数量的数量时,市场不能生产出买者评价大于成本的数量。在任何一种高于均衡数量的数量时,市场生产了成本大于买者评价的数量。
9. 是指使所有社会成员总剩余最大化的资源配置。
10. 是的,因为它使需求曲线以下和供给曲线以上的面积,或总剩余,最大化。
11. 只有那些能以等于或低于市场价格的成本生产的生产者能生产并出售那种物品。

7.5.4 判断正误题

1. 错误;消费者剩余是买者的支付意愿减去买者实际支付的量。
2. 正确。
3. 错误;3 美元 - 2 美元 = 1 美元。
4. 错误;它衡量市场上卖者参与市场的利益。
5. 正确。
6. 正确。
7. 正确。
8. 错误;总剩余是买者的支付意愿减去卖者的成本。
9. 错误;自由市场把物品配置给那些支付意愿高于价格的买者。
10. 正确。
11. 正确。
12. 正确。
13. 正确。
14. 正确。
15. 错误;高于均衡数量的生产减少了总剩余,因为生产了一些成本高于买者评价的单位。

7.5.5 单项选择题

1. d　2. c　3. b　4. b　5. c　6. a　7. d　8. e　9. d　10. e
11. a　12. b　13. c　14. e　15. c
16. d　17. c　18. b　19. a　20. b

7.5.6 进阶思考题

1. 你可以有过多的好东西。的确,任何有正的成本和消费者支付意愿递减的东西都会过度生产。这是因为在某个生产点上,每单位的成本将大于买者的评价,而且,将会发生与过度生产相关的总剩余的损失。
2. 参看图 7-10。

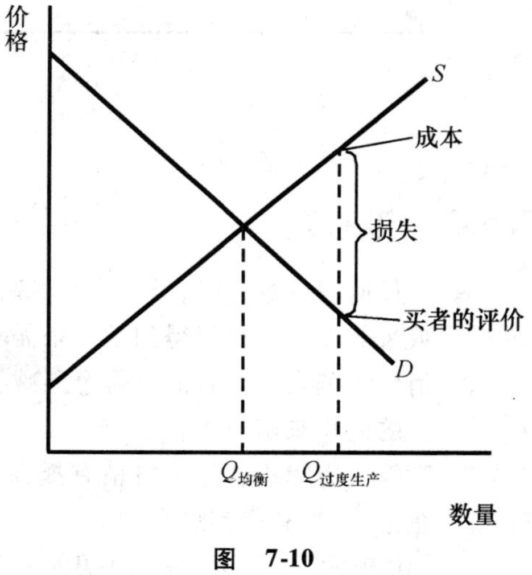

图 7-10

第8章
应用:赋税的代价

目　的

在本章中你将

- 考察税收如何减少消费者剩余和生产者剩余
- 了解税收无谓损失的含义和原因
- 考虑为什么一些税收的无谓损失大于另一些税收的无谓损失
- 考察税收收入和无谓损失如何随税收的规模而变动

效　果

在实现这些目的之后,你应该能

- 把税收楔子表示在供求图中,并确定税收收入、消费者剩余与生产者剩余
- 把税收楔子表示到供求图中,并确定无谓损失的值
- 说明为什么供给和需求富有弹性比缺乏弹性时一种既定的税收将引起更大的无谓损失
- 说明为什么某些极大的税收引起很少的税收收入增加,却引起极大的无谓损失

8.1 本章概述

8.1.1 内容与目的

第8章是论述福利经济学的三章中的第二章。在关于供给与需求的上一篇中,第6章介绍了税收,并说明了税收如何影响市场上的价格和销售量。第6章还讨论了决定税收负担如何在市场上买者和卖者之间分摊的因素。第7章提出了福利经济学资源配置如何影响经济福利。第8章把前两章学过的内容结合起来,并分析赋税对福利的影响。第9章将分析贸易限制对福利的影响。

第8章的目的是运用第7章所学到的福利经济学内容来分析在第6章中已经涉及的赋税问题。我们将知道,税收对市场上买者和卖者的成本大于政府筹集到的收入。我们还将知道,决定税收的成本大于政府筹集到的收入程度的因素。

8.1.2 本章复习

导 言

税收提高了买者支付的价格,降低了卖者得到的价格,并减少了交易量。显然,买者和卖者的福利减少了,而政府的福利增加了。但是,整体福利减少了,因为税收对买者和卖者的成本大于政府筹集到的收入。

1. 赋税的无谓损失

回想一下第6章,税收是嵌入买者所支付的量和卖者所得到的量之间的一个楔子,而且,无论是向买者收税还是向卖者收税,都会减少销售量。就福利而言,回想一下第7章,消费者剩余是买者的支付意愿减去他们实际支付的价格,而生产者剩余是卖者实际得到的价格减去他们的成本。政府从税收中得到的福利或利益是从税收中得到的收入,是对一种物品征税后的销售量乘以每单位物品的税收,这种利益实际上归于那些花费税收收入的人。

根据图8-1,没有税收时,价格是P_0,而数量是Q_0。因此,消费者剩余是$A+B+C$,生产者剩余是$D+E+F$。税收收入是零。总剩余是$A+B+C+D+E+F$。

有税收时,买者的价格上升到P_B,卖者的价格下降到P_S,数量减少到Q_1。消费者剩余现在是A,生产者剩余现在是F,税收收入是$B+D$。总剩余现在是$A+B+D+F$。消费者剩余和生产者剩余减少了,税收收入增加了。但是,消费者剩余和生产者剩余一共减少了$B+C+D+E$,而政府收入只增加了$B+D$。因此,买者和卖者的税收损失大于政府筹集到的税收收入。由税收引起的总剩余的减少称为**无谓损失**,在本例中等于$C+E$。

税收引起无谓损失是因为税收使买者和卖者不能实现某些贸易的好处。这就是说,税收扭曲了激励,因为税收提高了买者支付的价格,减少了需求量;而且,税收降低了卖者得到的价格,减少了供给量。市场规模缩减到其最优水平之下,而且,卖者不能生产并销售对买者的利益大于生产者成本的所有物品量。无谓损失是潜在贸易好处的损失。

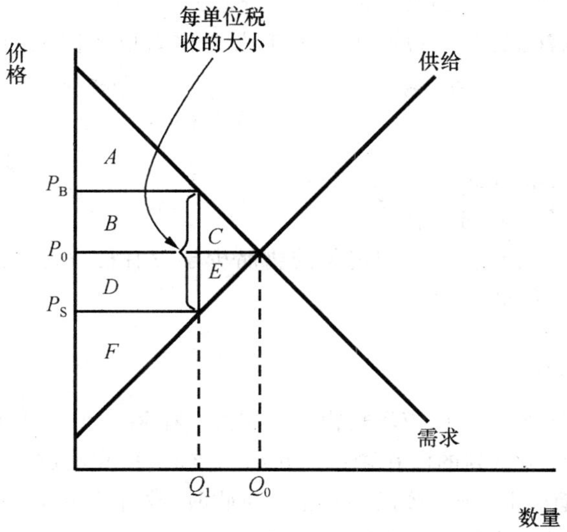

图 8-1

2. 决定无谓损失的因素

税收的无谓损失的大小取决于供给和需求的价格弹性。税收的无谓损失是由买者和卖者所面临的价格扭曲引起的。

当对一种物品征税时,买者对物品价格的上升越敏感(富有弹性的需求),需求量减少得越多;卖者对一种物品价格的下降越敏感(富有弹性的供给),供给量减少得越多。市场上交易量减少得越多,所引起的无谓损失就越大。而结果是,供给和需求的弹性越大,税收的无谓损失就越大。

在美国经济中,最重要的税收是劳动税——联邦和各州的所得税以及社会保障税。劳动税鼓励工人减少工作时间,第二个赚钱者留在家里,老年人早退休,以及一些不法分子从事地下经济活动。劳动的供给越富有弹性,赋税的无谓损失越大,从而,任何一项依靠所得税收入提供资金的政府计划成本越大。经济学家和政治家在劳动的供给弹性有多大,以及这些影响有多大等问题上存在争议。

3. 税收变动时的无谓损失和税收收入

随着税收的增加,无谓损失也在随之增加。实际上,无谓损失增加的比例高于税收增加的比例。无谓损失的增加是税收增加倍数的平方。例如,如果税收增加 2 倍,无谓损失增加 4 倍;如果税收增加 3 倍,无谓损失增加 9 倍;等等。

随着税收的增加,税收收入会先增加,然后再减少。这是因为开始阶段,税收增加从每单位中得到的税收收入大于它减少的销售额。但是,在某一点时,由于一直增加的税收使市场规模(销售与征税的数量)收缩到政府开始对少量物品征收高税收的水平,税收收入开始减少。

高税率使市场收缩得如此之大,以至于 1974 年阿瑟·拉弗(Arthur Laffer)提出了减少税收的思想。拉弗曲线是一个表示随着一种物品税收规模的增加,收入先增加后减少的图形。其含义是,如果税率已经极高,降低税率就可以增加税收。这属于供给学派经济学的一部分。证据表明,这对税率极高的个人可能是正确的,但对整个经济几乎不可能是正确的。可能的例外是20世纪80年代的瑞典,因为它的税率为普通工人收入的80%左右。作为对供给学派观点的支持,我们可以注意到,低税率国家的工人会比高税率国家的工人每周工作更长的时间。

4. 结论

税收以两种方式给市场参与者带来成本:

- 资源从买者和卖者转向政府。
- 税收扭曲了激励,因此,生产和销售的物品少于没有税收时。这就是说,税收使社会失去了有效市场的一些利益。

8.1.3 有益的提示

(1) 随着税收增加,它减少的市场规模越来越大。在某一点上,税收如此之高,以至于它大于或等于从第一单位中得到的潜在剩余。在那一点时,税收就成为禁止性税收,因为它同时消灭了市场。要注意,当一种税收成为禁止性税收时,政府从税收中根本得不到收入,因为没有销售物品。市场达到了拉弗曲线不利的一面。

(2) 随着税收增加,无谓损失以递增的比率增加,因为无谓损失有两个来源,而且,这两个来源都引起无谓损失随税收增加而增加。第一,税收增加减少了交易量,并增加了无谓损失。第二,随着交易量由于税收而减少,以后每一个未被生产并出售的单位都有与之相关的更高的总剩余。这进一步增加了税收的无谓损失。

8.1.4 术语与定义

为每个关键术语选择一个定义。

关键术语	定 义
______税收楔子	1. 税收引起的总剩余减少。
______无谓损失	2. 一个表示税收规模与所得到的税收收入之间关系的图形。
______拉弗曲线	3. 当在市场上征税时,买者支付的和卖者得到的之间的差额。

8.2 问题与简答题

8.2.1 应用题

1. 图8-2表示轮胎市场。假设对出售的每个轮胎征收12美元的道路使用税。

   a. 在图中标出消费者剩余、生产者剩余、税收收入和无谓损失。

   b. 为什么在征税之后,轮胎市场上有无谓损失?

   ____

   ____

   c. 政府得到的税收收入是多少?为什么政府不能对所销售的60个轮胎(原来的均衡量)中的每一个征收12美元的税?

   ____

   ____

d. 从买者得到的税收收入是多少？从卖者得到的税收收入是多少？税收负担更多地落到了买者身上还是卖者身上？为什么？

____

____

e. 假设随着时间推移，轮胎的买者可以找到汽车轮胎的替代品（他们步行或骑自行车）。由于这个原因，他们对轮胎的需求变得富有弹性。轮胎市场上无谓损失的大小会发生什么变动？为什么？

____

____

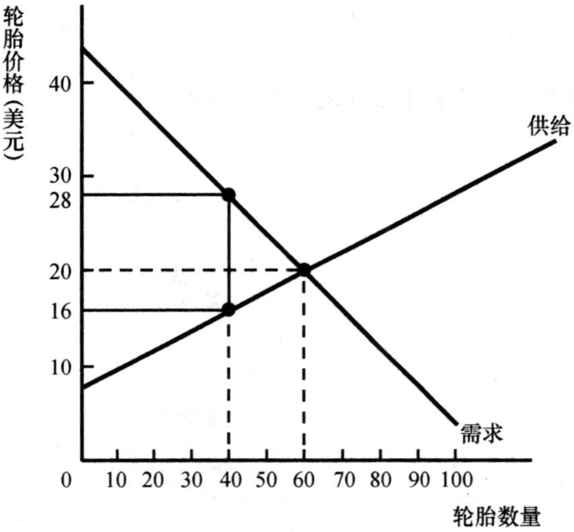

图 8-2

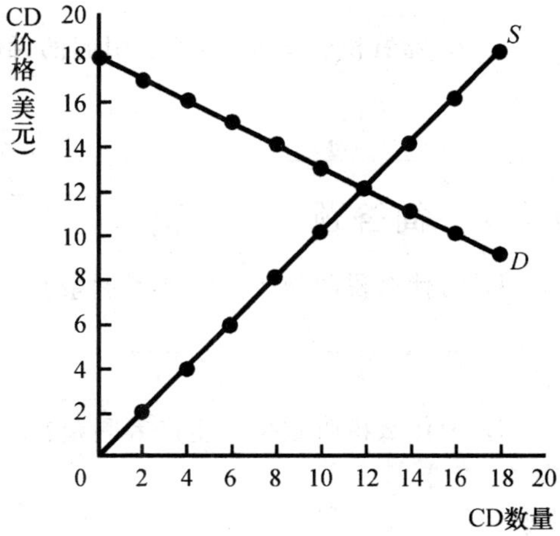

图 8-3

2. 图 8-3 展示了音乐 CD 的市场，回答下列问题。

a. 填完下表（计算无谓损失时，注意三角形面积是 1/2 × 底 × 高）。

每单位的税收（美元）	筹集的税收收入（美元）	无谓损失（美元）
0	____	____
3	____	____
6	____	____
9	____	____
12	____	____
15	____	____
18	____	____

b. 随着税收增加，筹集的税收收入量发生了什么变动？为什么？

c. 在每张 CD 的税为 18 美元时，政府得到的税收收入是多少？为什么？

d. 如果政府想使税收收入最大化，每单位应该征收多少税？

e. 如果政府想使效率（总剩余）最大化，每单位应该征收多少税？

f. 随着税收增加，由税收引起的无谓损失会发生什么变动？为什么？

8.2.2 简答题

1. 为什么税收减少了消费者剩余？

2. 为什么税收减少了生产者剩余？

3. 为什么税收通常都产生了无谓损失？

4. 在什么条件下，税收不会产生无谓损失？

5. 当对一种物品征税时，政府得到的收入等于税收引起的总剩余损失吗？为什么？

6. 假设 Rachel 对粉刷她的住房评价为 1 000 美元。Paul 粉刷她的住房的成本是 700 美元。在这种交易中，总剩余或从贸易中得到的好处是多少？取消这种贸易的税收规模是多少？这种税收的无谓损失是多少？你可以从这个练习题中得出什么一般性结论？

7. 你预期汽油税的无谓损失是在短期中大，还是在长期中大？为什么？

8. 对处女地征税会引起大的无谓损失吗？为什么？谁将承担这种税的负担？是租赁者还是土地所有者？为什么？

9. 当一种物品的税收增加时，税收收入会发生什么变动？为什么？

10. 当一种物品的税收增加时，税收的无谓损失会发生什么变动？为什么？

8.3 自我测试题

8.3.1 判断正误题

______1. 一般来说，税收提高了买者支付的价格，降低了卖者得到的价格，并减少了销售量。

______2. 如果对一种物品征税，并减少了销售量，税收就必定有无谓损失。

______3. 无谓损失是由税收引起的消费者剩余减少。

______4. 当对一种物品征税时，政府得到的收入正好等于税收引起的消费者剩余和生产者剩余的损失。

______5. 如果 John 对他理发的评价为 20 美元，Mary 提供理发劳务的成本是 10 美元，任何一种大于 10 美元的理发税都会消除贸易的好处，并引起总剩余 20 美元的损失。

______6. 如果对供给完全无弹性的市场上的一种物品征税，就没有无谓损失，而且，卖者承担全部税收负担。

______7. 香烟税引起的无谓损失可能大于豪华游艇税引起的无谓损失。

______8. 如果供给和需求都缺乏弹性，税收引起的无谓损失就大。

______9. 税收引起无谓损失是因为它消除了一些潜在的贸易好处。

______10. 较多的税收总引起更多的税收收入。

______11. 较多的税收总引起较大的无谓损失。

______12. 如果所得税率相当高，降低税率可以增加税收收入。

______13. 向买者征税引起的无谓损失小于向卖者征税。

______14. 如果税收增加两倍，税收的无谓损失大于两倍。

______15. 当税收引起市场参与者不能生产并销售对买者的利益大于卖者的成本的单位时，就产生了无谓损失。

8.3.2 单项选择题

用图 8-4 回答 1—10 题。

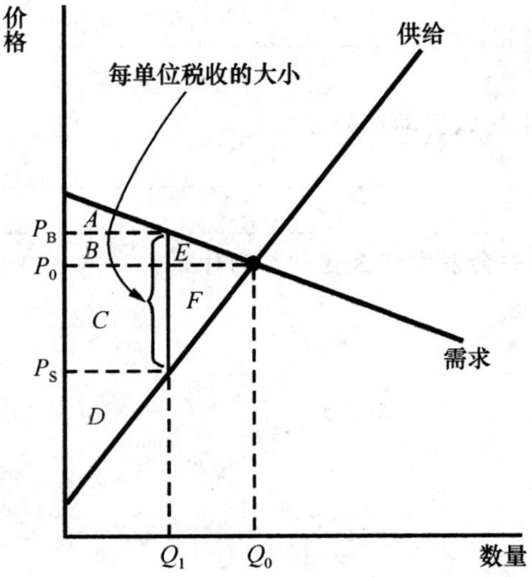

图 8-4

1. 如果不对这个市场上的物品征税,消费者剩余的面积是
   a. $A+B+C$
   b. $D+C+B$
   c. $A+B+E$
   d. $C+D+F$
   e. A
2. 如果不对这个市场上的物品征税,生产者剩余的面积是
   a. $A+B+C+D$
   b. $C+D+F$
   c. D
   d. $C+F$
   e. $A+B+E$
3. 如果对这个市场上的物品征税,消费者剩余的面积是
   a. A
   b. $A+B$
   c. $A+B+E$
   d. $A+B+C+D$
   e. D
4. 如果对这个市场上的物品征税,生产者剩余的面积是
   a. A
   b. $A+B+E$
   c. $C+D+F$
   d. D
   e. $A+B+C+D$
5. 如果对这个市场上的物品征税,买者支付的税收收入的面积是
   a. A
   b. B
   c. C
   d. $B+C$
   e. $B+C+E+F$
6. 如果对这个市场上的物品征税,卖者支付的税收收入的面积是
   a. A
   b. B
   c. C
   d. $C+F$
   e. $B+C+E+F$
7. 如果不对这个市场上的物品征税,总剩余的面积是
   a. $A+B+C+D$
   b. $A+B+C+D+E+F$
   c. $B+C+E+F$
   d. $E+F$
   e. $A+D+E+F$
8. 如果对这个市场上的物品征税,总剩余的面积是
   a. $A+B+C+D$
   b. $A+B+C+D+E+F$
   c. $B+C+E+F$
   d. $E+F$
   e. $A+D$
9. 如果对这个市场上的物品征税,无谓损失的面积是
   a. $B+C$
   b. $B+C+E+F$

c. $A+B+C+D$

d. $E+F$

e. $A+D$

10. 关于图 8-4 中的税收负担,以下哪一种说法是正确的?
    a. 买者支付了大部分税收,因为需求比供给缺乏弹性。
    b. 买者支付了大部分税收,因为需求比供给富有弹性。
    c. 卖者支付了大部分税收,因为供给比需求富有弹性。
    d. 卖者支付了大部分税收,因为供给比需求缺乏弹性。
11. 下列哪一种税会引起最大的无谓损失?
    a. 香烟税。
    b. 盐税。
    c. 旅游门票税。
    d. 汽油税。
12. 汽油税很可能
    a. 与短期比较,在长期中引起更大的无谓损失。
    b. 与长期比较,在短期中引起更大的无谓损失。
    c. 引起的无谓损失不受所考虑的时间长短的影响。
    d. 以上各项都不是。
13. 在下列哪种情况下,无谓损失最大?
    a. 供给和需求都较为缺乏弹性时。
    b. 供给和需求都较为富有弹性时。
    c. 供给富有弹性,而需求完全无弹性时。
    d. 需求富有弹性,而供给完全无弹性时。
14. 由于处女地的供给较为缺乏弹性,对处女地征税将引起
    a. 很大的无谓损失,而且,税收负担将落在租赁者身上。
    b. 很小的无谓损失,而且,税收负担将落在租赁者身上。
    c. 很大的无谓损失,而且,税收负担将落在土地所有者身上。
    d. 很小的无谓损失,而且,税收负担将落在土地所有者身上。
15. 劳动所得税往往会鼓励
    a. 工人工作时间更短。
    b. 第二个赚钱者留在家里。
    c. 老年人提前退休。
    d. 不法分子从事地下经济活动。
    e. 以上各项全对。
16. 当一种物品税开始较低并逐渐增加时,税收收入
    a. 将增加。
    b. 将减少。
    c. 先增加后减少。
    d. 先减少后增加。
    e. 以上各项都不是。
17. 表示税收规模和政府得到的税收收入之间关系的图形被称为
    a. 凯恩斯曲线。
    b. 亨利·乔治曲线。
    c. 拉弗曲线。
    d. 里根曲线。
    e. 以上各项都不是。
18. 如果一种物品的税收增加 2 倍,税收的无谓损失
    a. 仍然不变。
    b. 增加 2 倍。
    c. 增加 4 倍。
    d. 可能增加或减少。
19. 税收减少
    a. 如果之前税收极高,可以增加税收收入。
    b. 无论以前税收规模如何,总会减少税收收入。
    c. 对税收收入没有影响。
    d. 使市场变得更无效率。
20. 当税收扭曲了买者和卖者的激励,以致生产和销售的物品少于没有税收时的数量,税收就会
    a. 提高效率。

b. 降低平等。　　　　　　　　　　　　　　d. 引起无谓损失。

c. 导致没有税收收入。

8.4 进阶思考题

你与你的同屋正在看地方台的新闻报道。新闻主持人报道说，本州预算有1亿美元的赤字。由于该州现在从其5%的销售税中正好得到1亿美元，因此，你的同屋就说："我可以告诉他们如何消除这个赤字。他们应该简单地把销售税翻一番，提高到10%。这就使税收收入翻一番，从1亿美元增加到2亿美元，并提供所需要的1亿美元。"

1. 税收翻一番，税收收入也翻一番正确吗？为什么？

____

____

2. 销售税翻一番对所有市场上的税收收入和无谓损失的影响程度都相同吗？解释之。

____

____

8.5 答案

8.5.1 术语与定义

__3__ 税收楔子　　　　　　　　__2__ 拉弗曲线

__1__ 无谓损失

8.5.2 应用题

1. a. 参看图8-5。

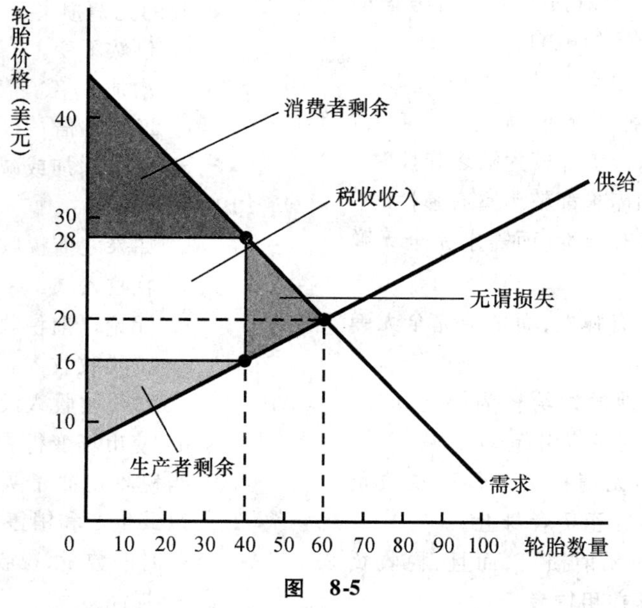

图 8-5

b. 税收提高了买者支付的价格，并降低了卖者得到的价格，这就使他们减少了需求量和供给量。因此，他们不能生产并交易买者评价大于卖者成本的单位。

c. 12 美元 × 40 = 480 美元。税收扭曲了买者和卖者的价格，因此，有税收时的供给量和需求量从 60 单位减少为 40 单位。

d. 从买者得到的税收收入 = 8 美元 × 40 = 320 美元。从卖者得到的税收收入 = 4 美元 × 40 = 160 美元。负担更多地落到买者身上，因为轮胎的需求比轮胎的供给缺乏弹性。

e. 无谓损失将增加，因为当买者对（由于税收引起的）价格上升更敏感时，他们减少的需求量更大，而且，市场的收缩也更大。这样，更少的买者的评价大于成本的单位将被售出。

2. a.

每单位的税收（美元）	筹集的税收收入（美元）	无谓损失（美元）
0	0	0
3	30	(3 × 2)/2 = 3
6	48	(6 × 4)/2 = 12
9	54	(9 × 6)/2 = 27
12	48	(12 × 8)/2 = 48
15	30	(15 × 10)/2 = 75
18	0	(18 × 12)/2 = 108

b. 它先增加，然后减少。在开始时，随着税收增加，税收收入增加。在某一点时，税收使市场规模缩小到政府只能对少量物品征收高税收的水平，这使税收收入开始减少。

c. 得不到税收收入，因为税收与第一单位的总剩余相等。因此，生产与消费一单位物品的激励都不存在，整个市场被取消了。

d. 每单位 9 美元。

e. 每单位 0 美元，这使市场回到自由市场均衡。

f. 无谓损失将增加。实际上，它以递增的比率增加。这是因为，随着税收增加，它使交易量减少到有更大潜在剩余的数量。

8.5.3 简答题

1. 消费者剩余是买者购买一种物品愿意支付的价格减去买者的实际支付价格，而税收提高了买者实际支付的价格。
2. 生产者剩余是卖者出售一种物品愿意接受的价格减去卖者的成本，而税收减少了卖者从一种物品上得到的量。
3. 税收提高了买者支付的价格，并降低了卖者得到的价格。这种价格扭曲减少了需求量和供给量，因此，我们不能生产并消费买者的利益大于卖者的成本的单位。
4. 如果供给和需求都是完全无弹性的（对价格变动不敏感），那么，税收就不会减少交易量，而且，市场不会收缩。
5. 不等于。税收扭曲了买者和卖者的价格，并减少了他们的需求量与供给量。只能对征税后所销售的物品数量收税。这些不再生产并销售的单位没有税收收入，但这些单位本可以增加总剩余，因为买者对它们的评价大于卖者的成本。总剩余的减少是无谓损失。

6. 总剩余 = 300 美元。取消这种贸易的税收规模是任何一种大于 300 美元的税。无谓损失将是 300 美元。大于潜在贸易好处的税收将取消这种贸易，并引起了与失去的贸易好处相等的无谓损失。
7. 长期中的无谓损失大。这是因为长期中由于消费者和生产者在价格向不利方向变动时能以替代品替代而离开该市场，因此需求和供给更富有弹性。税收引起的市场收缩更大，无谓损失也更大。
8. 不会，因为处女地的供给是极其缺乏弹性的，所以供给量不会对卖者得到的价格下降做出反应。由于同样的原因——处女地的供给极为缺乏弹性，土地所有者将承担税收负担。
9. 税收先增加。在某一点时，由于买者和卖者的价格扭曲引起市场收缩，以及从少量的交易物品中征收高税收，税收收入减少。
10. 由于随着税收增加，税收引起的价格扭曲引起市场一直收缩，因此无谓损失一直增加。所以，我们不能生产越来越多的买者利益大于卖者成本的东西。

8.5.4 判断正误题

1. 正确。
2. 正确。
3. 错误；无谓损失是税收引起的总剩余的减少。
4. 错误；生产者和消费者剩余的损失大于税收的收入。差额是无谓损失。
5. 错误；总剩余的损失是买者的评价减卖者的成本，或者 20 美元 - 10 美元 = 10 美元。
6. 正确。
7. 错误；需求曲线越有弹性，无谓损失越大，而香烟（必需品）的需求应该比豪华游艇（奢侈品）更为缺乏弹性。
8. 错误；当供给和需求更富有弹性时，税收引起更大的无谓损失。
9. 正确。
10. 错误；随着税收增加，税收收入先增加，而后，随着税收使市场收缩到所有贸易都被取消和税收收入为零的一点，税收收入开始下降。
11. 正确。
12. 正确。
13. 错误；向买者或卖者征税是相同的。这就是经济学家为什么在分析税收时简单地使用税收楔子而完全回避了这个问题。
14. 正确。
15. 正确。

8.5.5 单项选择题

1. c　2. b　3. a　4. d　5. b　6. c　7. b　8. a　9. d　10. d
11. c　12. a　13. b　14. d　15. e　16. c　17. c　18. c　19. a　20. d

8.5.6 进阶思考题

1. 不正确。通常，税收增加将减少市场规模，因为税收提高了买者付出的价格，这使他们减少了需求量；而且，税收降低了卖者得到的价格，这使他们减少了供给量。因此，当税收翻一番时,政府从少得多的单位中得到了每单位双倍的税收。因此,税收收入的增加少于两倍,在某些极端情况下,税收收入甚至减少。

2. 不相同。一些市场的供给曲线和需求曲线极其富有弹性。在这些市场上,税收增加引起市场参与者离开市场,税收增加得不到什么收入,但无谓损失有很大增加。其他市场的供给曲线和需求曲线可能缺乏弹性。在这些市场上,税收增加不会引起市场参与者离开市场,而且会有大量增加的税收收入,而无谓损失却没有什么增加。

第 9 章
应用:国际贸易

目　的

在本章中你将

- 考虑一国是进口还是出口一种物品由什么决定
- 考察在国际贸易中谁获利谁受损
- 了解国际贸易赢家的好处大于输家的损失
- 分析关税的福利影响
- 考察人们用来支持贸易限制的各种观点

效　果

在实现这些目的之后,你应该能

- 决定如果世界价格高于贸易前的国内价格,一国进口还是出口一种物品
- 说明当一国进口一种物品时消费者获益而生产者受损
- 用消费者剩余与生产者剩余说明当一国进口一种物品时消费者的好处大于生产者的损失
- 说明与关税相关的无谓损失
- 驳斥支持贸易限制的观点

9.1 本章概述

9.1.1 内容与目的

第9章是论述福利经济学3章中的第三章。第7章介绍了福利经济学——研究资源配置如何影响经济福利。第8章把福利经济学的内容运用于赋税。第9章把从第7章中得到的福利经济学的工具运用于国际贸易的研究,我们在第3章中第一次介绍了这个主题。

第9章的目的是运用有关福利经济学的知识更准确地研究贸易的好处,在第3章中我们只研究了比较优势和贸易的好处。我们将提出决定一国进口还是出口一种物品的条件,并找出当一国进口或出口一种物品时,谁获益,谁受损。我们将发现,当允许自由贸易时,赢家的利益大于输家的损失。由于贸易有好处,我们将说明对自由贸易的限制减少了贸易的好处,并引起与税收引起的类似的无谓损失。

9.1.2 本章复习

导　言

本章运用福利经济学来分析以下问题:

- 国际贸易如何影响经济福利?
- 谁从自由国际贸易中获益?谁受损?
- 如何比较贸易的好处与贸易的损失?

1. 决定贸易的因素

在没有国际贸易时,市场产生了使其国内供给量与国内需求量相等的国内价格。**世界价格**是一种物品在世界市场上所通行的价格。价格代表机会成本。因此,比较贸易前一种物品的世界价格和国内价格可以表明,是否一国有较低的机会成本,即生产这一物品有比较优势,还是其他国家在该物品的生产上有比较优势。

- 如果一种物品的世界价格高于国内价格,该国生产该物品有比较优势,而且,如果允许贸易,则应该出口该物品。
- 如果一种物品的世界价格低于国内价格,外国生产这种物品有比较优势,而且,如果允许贸易,则应该进口该物品。

2. 贸易的赢家和输家

假定所分析的国家是一个小国,从而在世界市场上是一个价格接受者。这意味着,该国只能接受即定的世界价格,并不能影响世界价格。

图9-1描述了贸易前世界价格高于国内价格的状况。这个国家在这种物品的生产上有比较优势。如果允许自由贸易,国内价格将上升到世界价格,并出口国内供给量与国内需求量之间的差额。

就贸易对出口国的好处与损失而言,贸易前消费者剩余是 $A+B$,生产者剩余是 C,因此,总剩余是 $A+B+C$。在贸易之后,消费者剩余是 A,生产者剩余是 $B+C+D$(价格以下和供给曲线以上的面积)。由于贸易好处的面积是 D,总剩余现在是 $A+B+C+D$。这种分析得出了两个结论：

- 当一国允许贸易并成为一种物品的出口国时，国内该物品生产者状况变好，而国内该物品消费者状况变坏。
- 从赢家收益超过了输家损失的意义上说，贸易使一国的经济福利增加了。

图 9-2 描述了贸易前世界价格低于国内价格时的状况。其他国家在这种物品的生产上有比较优势。如果允许自由贸易，国内价格将下降到世界价格，并进口国内供给量与国内需求量之间的差额。

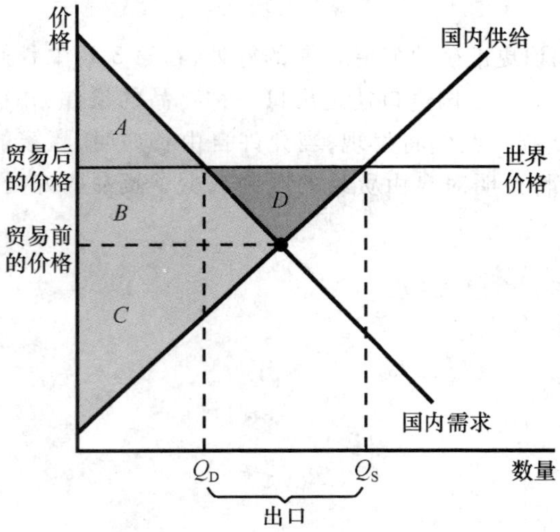

图 9-1

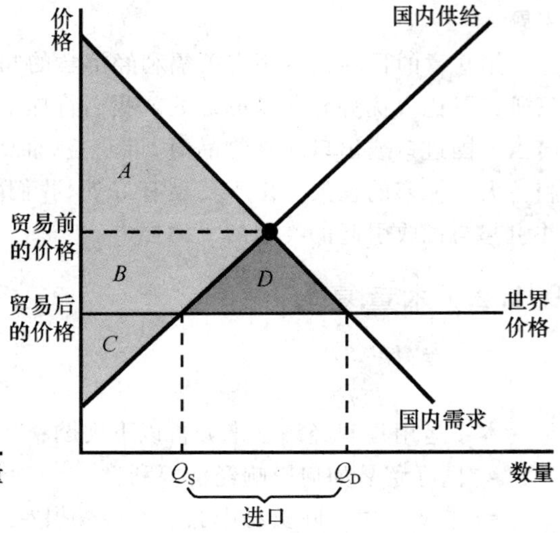

图 9-2

就贸易对进口国的好处与损失而言，贸易前消费者剩余是 A，生产者剩余是 $B+C$，因此，总剩余是 $A+B+C$。在贸易之后，消费者剩余是 $A+B+D$（需求曲线以下和价格以上的面积），生产者剩余是 C。由于贸易好处的面积是 D，总剩余现在是 $A+B+C+D$。这种分析得出了两个结论：

- 当一国允许贸易并成为一种物品的进口国时，国内该物品消费者状况变好，而国内该物品生产者状况变坏。
- 从赢家收益超过了输家损失的意义上说，贸易使一国的经济福利增加了。

如果赢家补偿输家，贸易可以使每一个人的状况变好。但赢家很少支付补偿，因此，输家为实行贸易限制，比如关税，而进行游说。

关税限制了国际贸易。**关税**是对在国外生产并在国内销售的物品征收的税。因此，只有当一国是某物品的进口国时才对该物品征收关税。关税提高了物品的价格，减少了国内需求量，增加了国内供给量，从而减少了进口量。关税使市场接近于无贸易时的均衡。

关税增加了生产者剩余，增加了政府收入，但所减少的消费者剩余量大于生产者剩余和政府收入的增加。因此，关税由于减少了总剩余而引起了无谓损失。无谓损失产生于两个来源：关税引起的价格上升从而引起生产者生产其成本高于世界价格的单位（过度生产），以及使消费者不能消费其评价高于世界价格的单位（消费不足）。

进口配额确定了在国外生产并在国内销售的一种物品数量的限额。为了实现这一点，一个政府可以分配数量有限的进口许可证。与关税一样,进口配额减少了进口量,提高了该物品的国内价格,减少了国内消费者的福利,增加了国内生产者的福利,产生了无谓损失。它使市场变动到接近于没有贸易时的均衡。

要注意,关税与进口配额的结果是极为相似的,唯一的区别是政府能从关税中获益。如果进口许可证被免费发放,那么许可证持有者将从低于国内价格的世界价格中获得剩余。如果政府出售最大可能量的进口许可证,那么它得到的收入将等于关税收入,从而关税和配额的作用就完全相同。如果在由出口国实行的意义上说,配额是"自愿的",那么,配额的收入就归外国企业或政府所有。

关税引起无谓损失。因此,如果经济效率是政策的目标,国家就应该允许自由贸易,并避免使用关税。

自由贸易还提供了除了效率之外的好处。对消费者而言,自由贸易增加了物品的多样性,使企业可以利用规模经济,使市场更具竞争性,而且,有利于技术扩散。

3. 各种限制贸易的观点

自由贸易的反对者(往往是受到自由贸易损害的生产者)提出以下支持贸易限制的观点:

(1) **工作岗位论。**自由贸易的反对者认为,贸易摧毁了国内的工作岗位。但是,在自由贸易摧毁了进口部门无效率的工作岗位时,它也在一国有比较优势的出口部门和行业创造了更有效率的工作岗位。这个理由总是正确的,因为每个国家总在某些东西的生产上有比较优势。

(2) **国家安全论。**一些行业认为,它们的物品对国家安全至关重要,因此,应该受到避免国际竞争的保护。这种观点的危险是,它陷入了被过度使用的风险,尤其是当这种观点是出自行业代表,而非国防机构时。

(3) **幼稚产业论。**新产业认为,它们需要避开国际竞争的暂时保护,直至成熟得足以进行竞争。但是,选择哪一个新产业来进行保护是一个问题,而且,一旦受到保护,这种暂时保护往往成为持久的。此外,真正预期到能在未来有竞争力的产业并不需要保护,因为所有者能承受短期亏损。

(4) **不公平竞争论。**自由贸易的反对者认为,其他国家为自己的行业提供一些不公平的优势,例如补贴、税收减免,以及较松的环境限制。但是,进口国消费者的好处将大于该国生产者的损失,而且,当进口有补贴的物品时,一国将获益。

(5) **作为讨价还价筹码的保护论。**自由贸易的反对者认为,贸易限制的威胁会使其他国家降低其贸易限制。但是,如果这种方法不起作用,做出威胁的国家就必须让步或减少贸易——这对谁都是不合意的。

当各国选择降低贸易限制时,可以采用单边的方法,自己取消贸易限制。此外,它们也可以采用多边的方法,与其他国家共同减少贸易限制。多边方法的例子是北美自由贸易协定(NAFTA)和关贸总协定(GATT)。关贸总协定的规则由世贸组织(WTO)实施。多边方法的优点在于,许多国家同时这样做时,会带来总体上更自由的贸易,并且有时在政治上更容易实现。但是,如果各国的谈判破裂,它也会失败。许多经济学家建议使用单边方法,因为这样可以使国内经济获益,而且,也将使其他国家仿效它。

4. 结论

绝大多数经济学家支持自由贸易。美国各州之间的自由贸易通过允许不同地区专门从事自己有比较优势的物品生产而增加了福利。同样，各国之间的自由贸易也使各国可以享受比较优势的利益，并从贸易中获益。

9.1.3 有益的提示

(1) 限制自由贸易的国家通常限制进口，而不限制出口。这是因为生产者从进口中受损，而从出口中获益，而且，生产者更容易组织起来游说政府保护自己的行业。例如，当一国进口一种物品时，消费者获益，而生产者受损。消费者不太可能像受影响的生产者那样组织起来并游说政府，因此，进口可能会受到限制。当一国出口一种物品时，生产者获益，而消费者受损。但是，消费者又不大可能组织起来游说政府去限制出口，因此，出口很少受到限制。

(2) 绝大多数经济学家发现，没有可靠的经济学观点反对自由贸易。唯一无法用经济学反驳的反对自由贸易的观点是“国家安全论”。这是因为它是唯一不基于经济学而基于其他战略目标的反对自由贸易的观点。

(3) 禁止性关税或进口配额是如此具有限制性，以至于使市场回到原来没有贸易时的均衡。如果关税大于或等于世界价格和无贸易时国内价格之间的差额，或者进口配额确定为零，就会出现这种情况。

9.1.4 术语与定义

为每个关键术语选择一个定义。

关键术语	定义
______世界价格	1. 不能影响价格，因此把价格作为既定的市场参与者。
______价格接受者	2. 世界市场上一种物品流行的价格。
______关税	3. 对在国外生产并在国内销售的物品征收的税。

9.2 问题与简答题

9.2.1 应用题

1. 用图 9-3 回答以下问题。

   a. 如果不允许贸易，这个市场的均衡价格和数量是多少？

   ____

   ____

   b. 如果允许贸易，这个国家是出口还是进口这种商品？为什么？

   ____

   ____

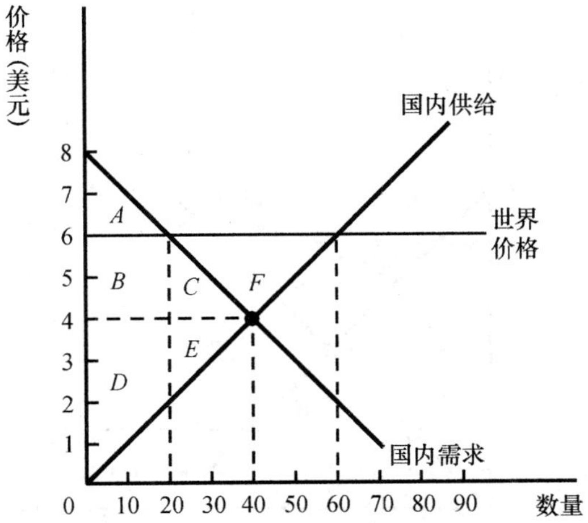

图 9-3

c. 如果允许贸易，物品的销售价格、国内供给与需求量，以及进口或出口量各是多少？

d. 如果不允许贸易，与消费者剩余相对应的面积是什么？

e. 如果允许贸易，与消费者剩余相对应的面积是什么？

f. 如果不允许贸易，与生产者剩余相对应的面积是什么？

g. 如果允许贸易，与生产者剩余相对应的面积是什么？

h. 如果允许自由贸易，消费者和生产者谁获益？谁受损？对应于他们获益或受损的面积是什么？

i. 对应于贸易好处的面积是什么？

2. 用图 9-4 回答下列问题。

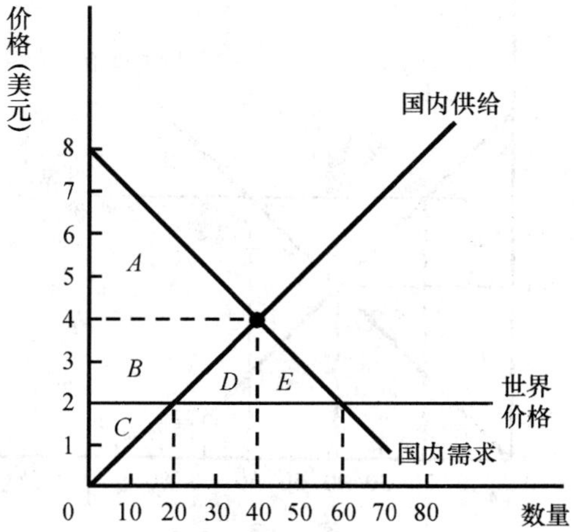

图 9-4

a. 如果不允许贸易,这个市场的均衡价格和数量是多少?

b. 如果允许贸易,这个国家是进口还是出口这种商品?为什么?

c. 如果允许贸易,物品的销售价格、国内供给和需求量,以及进口或出口量各是多少?

d. 如果不允许贸易,与消费者剩余相对应的面积是什么?

e. 如果允许贸易,与消费者剩余相对应的面积是什么?

f. 如果不允许贸易,与生产者剩余相对应的面积是什么?

g. 如果允许贸易,与生产者剩余相对应的面积是什么?

h. 如果允许贸易,消费者和生产者谁获益?谁受损?对应于他们受益或受损的面积是什么?

i. 与贸易好处相对应的面积是什么？

3. 用图 9-5 回答下列问题。

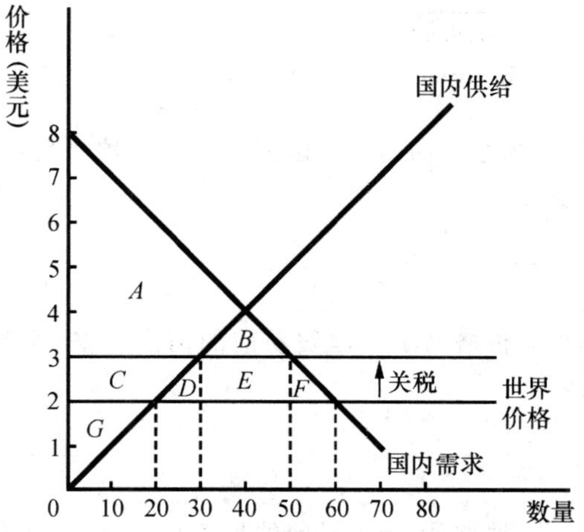

图 9-5

a. 如果允许自由贸易，国内供给量、国内需求量和进口量各是多少？

b. 如果对这种物品征收 1 美元关税，国内供给量、国内需求量和进口量各是多少？

c. 在实施关税之前，与消费者剩余和生产者剩余相对应的面积是什么？

d. 在实施关税之后，与消费者剩余、生产者剩余以及政府收入相对应的面积是什么？

e. 与关税带来的无谓损失相对应的面积是什么？

f. 用文字描述关税带来的无谓损失的来源。

g. 完全取消贸易（即使市场回到没有贸易时的国内解）的关税是多少？

9.2.2 简答题

下表表明了 Partyland 和 Laborland 每个工人每小时可以生产的产量。

	啤酒	比萨饼
Partyland	2	4
Laborland	4	12

1. 如果允许贸易,每个国家将向另一个国家出口哪一种物品?为什么?(根据每个国家生产的机会成本解释。)

2. 如果一种物品的世界价格高于一国贸易前的国内价格,这个国家将进口还是出口这种物品?为什么?

3. 如果允许一国进口一种物品,与贸易前的均衡相比,生产者和消费者谁将获益?谁将受损?为什么?

4. 用文字描述一个出口国从贸易中获得的好处(增加的剩余)的来源。

5. 用文字描述一个进口国从贸易中获得的好处(增加的剩余)的来源。

6. 用文字描述限制贸易的无谓损失的来源。

7. 对于每一种关税,都存在一个可以引起类似结果的进口配额。与关税相比,使用进口配额限制贸易的缺点是什么?

8. 有哪些支持贸易限制的观点?

9. 从自由贸易的立场,对应该限制一国国家安全需要的物品进口的观点做出回应。

10. 如果关税减少了总剩余，从而减少了经济福利，为什么政府还要这样做？

____

____

11. 列出除了我们用标准分析提出的自由贸易好处之外的其他好处。

____

____

9.3 自我测试题

9.3.1 判断正误题

______ 1. 如果一种物品的世界价格高于一国贸易前该物品的国内价格，该国应该进口该物品。

______ 2. 各国应该进口它们在生产中有比较优势的物品。

______ 3. 如果巴西每个工人每小时可以生产 6 个橘子或 2 个苹果，而墨西哥每个工人每小时可以生产 2 个橘子或 1 个苹果，那么，巴西就应该出口橘子，而墨西哥应该出口苹果。

______ 4. 如果允许自由贸易，而且一国进口小麦，与贸易前的国内均衡相比，国内面包买者的状况会变好，而国内农民的状况会变坏。

______ 5. 如果允许自由贸易，而且一国出口一种物品，与贸易前的国内均衡相比，国内该物品生产者的状况会变坏，而国内该物品消费者的状况会变好。

______ 6. 如果允许自由贸易，而且一国出口一种物品，那么，国内生产者的好处大于国内消费者的损失，总剩余增加。

______ 7. 贸易使每一个人的状况都变好。

______ 8. 如果贸易的赢家补偿贸易的输家，贸易可以使每一个人状况都变好。

______ 9. 贸易增加了一国的经济福利，因为赢家的好处大于输家的损失。

______ 10. 关税往往会有利于消费者。

______ 11. 关税提高了一种物品的价格，减少了国内需求量，增加了国内供给量，并增加了进口量。

______ 12. 即使政府出售进口许可证，对进口有同样程度限制的进口配额所增加的政府收入也与等量的关税一样。

______ 13. 自由贸易的反对者往往认为，自由贸易摧毁了国内的工作岗位。

______ 14. 如果外国补贴出口行业，它的纳税人就出钱增进了进口国消费者的福利。

______ 15. 关税引起无谓损失是因为进口物品价格上升，并引起进口国该物品的过度生产和消费不足。

9.3.2 单项选择题

1. 如果允许自由贸易，一国将在一种物品的世界价格为何种情况时出口该物品？
   a. 低于贸易前该物品的国内价格。
   b. 高于贸易前该物品的国内价格。
   c. 等于贸易前该物品的国内价格。
   d. 以上各项都不是。
2. 假定世界价格低于贸易前一种物品的国内价格。如果一国允许这种物品的自由贸易
   a. 消费者将受益，而生产者将受损。
   b. 生产者将受益，而消费者将受损。
   c. 生产者和消费者都受益。
   d. 生产者和消费者都受损。

下表表示美国和加拿大一个工人每小时可以生产的产量。

	钢笔	铅笔
美国	8	4
加拿大	8	2

3. 下列哪一个关于美国和加拿大之间自由贸易的表述是正确的？
   a. 美国将出口铅笔，但在钢笔上没有贸易，因为没有一个国家在钢笔的生产上有比较优势。
   b. 美国将出口钢笔，而加拿大将出口铅笔。
   c. 美国将出口铅笔，而加拿大将出口钢笔。
   d. 美国既出口钢笔，又出口铅笔。
4. 如果一种物品的世界价格高于贸易前该物品的国内价格，那么，该国就应该
   a. 在生产该物品中具有绝对优势。
   b. 在生产该物品中具有绝对劣势。
   c. 在生产该物品中具有比较优势。
   d. 在生产该物品中具有比较劣势。

参看图 9-6，回答第 5—9 题。

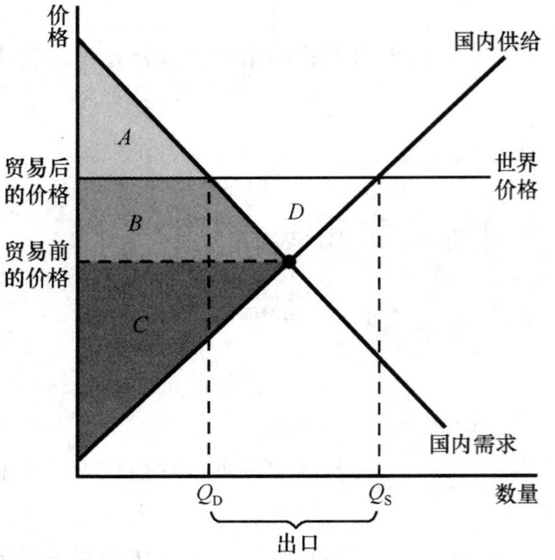

图 9-6

5. 如果不允许贸易，消费者剩余的面积是
   a. A
   b. $A+B$
   c. $A+B+C$
   d. $A+B+D$
   e. $A+B+C+D$
6. 如果允许自由贸易，消费者剩余的面积是
   a. A
   b. $A+B$
   c. $A+B+C$
   d. $A+B+D$
   e. $A+B+C+D$
7. 如果不允许贸易，生产者剩余的面积是
   a. C
   b. $B+C$
   c. $B+C+D$
   d. $A+B+C$
   e. $A+B+C+D$
8. 如果允许自由贸易，生产者剩余的面积是
   a. C

b. $B+C$

c. $B+C+D$

d. $A+B+C$

e. $A+B+C+D$

9. 与贸易利益相对应的面积是

a. A

b. B

c. C

d. D

e. $B+D$

10. 当一国允许贸易并出口一种物品时

a. 国内消费者状况变好，国内生产者状况变坏，而且，一国由于输家的损失大于赢家的好处而变坏了。

b. 国内消费者状况变好，国内生产者状况变坏，而且，一国由于赢家的好处大于输家的损失而变好了。

c. 国内生产者状况变好，国内消费者状况变坏，而且，一国由于输家的损失大于赢家的好处而变坏了。

d. 国内生产者的状况变好，国内消费者的状况变坏，而且，一国由于赢家的好处大于输家的损失而变好了。

参看图 9-7，回答第 11—16 题。

11. 如果允许贸易，消费者剩余的面积是

a. A

b. $A+B$

c. $A+B+C$

d. $A+B+C+D+E+F$

e. $A+B+C+D+E+F+G$

12. 如果对这种物品征收关税，消费者剩余的面积是

a. A

b. $A+B$

c. $A+B+C$

d. $A+B+C+D+E+F$

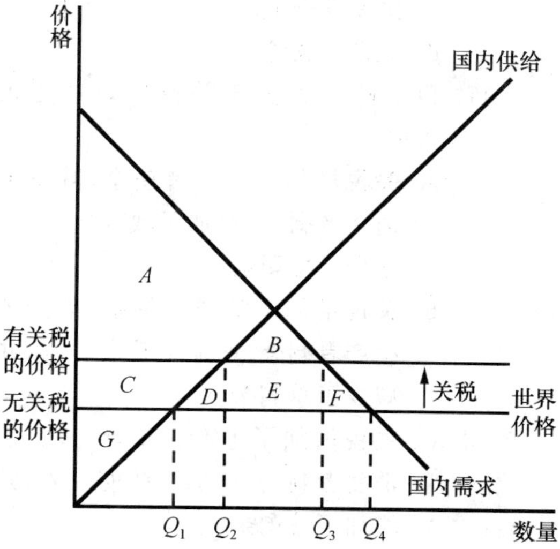

图 9-7

e. $A+B+C+D+E+F+G$

13. 政府关税收入的面积是

a. $C+D+E+F$

b. $D+E+F$

c. $D+F$

d. G

e. E

14. 如果对这种物品征收关税，生产者剩余的面积是

a. G

b. $G+C$

c. $G+C+D+E+F$

d. $G+C+D+E+F+B$

e. $G+C+E$

15. 关税的无谓损失的面积是

a. $B+D+E+F$

b. B

c. $D+E+F$

d. $D+F$

e. E

16. 当政治家认为戴尔电脑公司向印度外包技术支持会有损美国经济时，他们运用了以下哪种限制贸易的观点？

a. 幼稚产业论。

b. 工作岗位论。

c. 国家安全论。

d. 无谓损失论。

17. 以下哪一种关于关税的表述是正确的?

a. 关税增加了生产者剩余,减少了消费者剩余,增加了政府收入,并减少了总剩余。

b. 关税增加了消费者剩余,减少了生产者剩余,增加了政府收入,并减少了总剩余。

c. 关税增加了生产者剩余,减少了消费者剩余,增加了政府收入,并增加了总剩余。

d. 关税增加了消费者剩余,减少了生产者剩余,增加了政府收入,并增加了总剩余。

18. 以下哪一种关于进口配额的表述是正确的?

a. 进口配额优于关税,因为它们使政府收入增加得更多。

b. 出口国确定的自愿配额没有产生进口国的无谓损失。

c. 对每一种关税,都有一种可以引起相似结果的进口配额。

d. 进口配额降低了对国内消费者的价格。

19. 以下哪一种观点没有用来支持贸易限制?

a. 自由贸易摧毁了国内工作岗位。

b. 如果至关重要的物品是进口的,自由贸易就有损于国家安全。

c. 如果外国补贴它们的出口行业,自由贸易就不利于进口国。

d. 自由贸易既损害了国内生产者,又损害了国内消费者,并减少了总剩余。

e. 自由贸易损害了进口国的幼稚产业。

20. 由于生产者能比消费者更好地组织起来,因此,我们将预期政治压力引起

a. 自由贸易。

b. 进口限制。

c. 出口限制。

d. 以上各项都不对。

9.4 进阶思考题

你正在看晚间新闻。一位政治候选人在接受采访时解释说:“我支持自由贸易,但必须是公平的贸易。如果我们的国外竞争对手不提高环境管制,不减少对其出口行业的补贴,不降低他们进口我们物品的关税,我们就应该用对他们的物品征收关税和实施进口限额进行报复,以告诉他们,我们不是傻瓜!”

1. 如果外国人为地以放松环境管制和直接补贴降低了其生产者的生产成本,然后向我们出口物品,那么在我们国家,生产者和消费者谁获益? 谁受损?

2. 接着上题回答,我们国家获益还是受损? 为什么?

3. 如果外国补贴向美国出口的一种物品的生产,谁承担它们错误政策的负担?

4. 如果我们限制与补贴其出口行业的国家的贸易，我们的整体经济福利会发生什么变动？解释之。

____

____

5. 我们是以生产成本还是以补贴的价格进口一种物品有区别吗？为什么？

____

____

6. 为了希望外国政府减少其贸易限制而以贸易限制相威胁是一种好政策吗？解释之。

____

____

9.5 答案

9.5.1 术语与定义

____2____ 世界价格　　　　____3____ 关税

____1____ 价格接受者

9.5.2 应用题

1. a. 价格 = 4 美元，数量 = 40 单位。
   b. 出口，因为世界价格高于国内价格，意味着这个国家在这种物品的生产上有比较优势。
   c. 价格 = 6 美元，供给量 = 60 单位，需求量 = 20 单位，出口量 = 40 单位。
   d. $A + B + C$
   e. A
   f. $D + E$
   g. $B + C + D + E + F$
   h. 消费者损失 $B + C$，生产者获益 $B + C + F$。
   i. F
2. a. 价格 = 4 美元，数量 = 40 单位。
   b. 进口，因为世界价格低于国内价格，这表明其他国家在这种物品的生产上有比较优势。
   c. 价格 = 2 美元，供给量 = 20 单位，需求量 = 60 单位，进口量 = 40 单位。
   d. A
   e. $A + B + D + E$
   f. $B + C$
   g. C
   h. 消费者获益 $B + D + E$，生产者受损 B。
   i. $D + E$
3. a. 供给量 = 20 单位，需求量 = 60 单位，进口量 = 40 单位。

b. 供给量 = 30 单位，需求量 = 50 单位，进口量 = 20 单位。
c. 消费者剩余 = $A+B+C+D+E+F$，生产者剩余 = G。
d. 消费者剩余 = $A+B$，生产者剩余 = $C+G$，政府收入 = E。
e. $D+F$
f. 第一，关税引起的价格上升引起过度生产，因为生产出来的单位的成本高于世界价格。第二，价格上升引起消费不足，因为消费者不能消费其消费者评价高于世界价格的单位。
g. 2 美元关税将使价格上升到 4 美元（无贸易时的国内价格），并取消贸易。

9.5.3 简答题

1. 在 Partyland，一瓶啤酒的机会成本是 2 个比萨饼。在 Laborland，1 瓶啤酒的机会成本是 3 个比萨饼。Partyland 啤酒的机会成本较低，从而在啤酒生产中有比较优势，并出口啤酒。在 Laborland，1 个比萨饼的机会成本是 1/3 瓶啤酒。在 Partyland，1 个比萨饼的机会成本是 1/2 瓶啤酒。Laborland 比萨饼的机会成本较低，从而在比萨饼生产中有比较优势，并出口比萨饼。Laborland 在两种物品上都更有效率的事实是无关紧要的。
2. 出口，因为国内生产的机会成本低于其他国家生产的机会成本。
3. 消费者获益而生产者受损，因为如果允许贸易，国内价格下降到世界价格。
4. 好处是世界其他国家买者对出口物品的评价大于国内生产成本的部分。
5. 好处是国内买者对进口物品的评价大于世界其他国家生产成本的部分。
6. 限制贸易引起的价格上升引起物品过度生产（生产这些物品的成本大于世界价格），以及该物品消费不足（消费者没有得到其评价高于世界价格的单位）。
7. 除非国内政府以最大的可能量出售进口许可证，否则进口配额的收益将归于进口许可证持有者，或者外国企业与政府。
8. 自由贸易将摧毁国内工作岗位，降低国家安全，损害幼稚产业，迫使国内生产者与有不公平优势的外国公司竞争，而且，在本国不进行贸易限制时使其他国家可以进行贸易限制。
9. 危险是，几乎任何一种物品（远远超过了标准的军事物品）都可以被行业代表认为是国家安全所必需的。
10. 关税损害了国内消费者，而帮助了国内生产者。生产者可以比消费者更好地组织起来，从而他们可以更好地代表自己游说政府。
11. 自由贸易增加了可消费物品的品种，使企业可以利用规模经济，使市场更具竞争性，并有利于技术扩散。

9.5.4 判断正误题

1. 错误；该国应该出口那种物品。
2. 错误；各国应该出口自己在生产中有比较优势的物品。
3. 正确。
4. 正确。
5. 错误；生产者获益，消费者受损。
6. 正确。
7. 错误；有人获益，有人受损，但赢家的好处大于输家的损失。
8. 正确。
9. 正确。
10. 错误；关税有利于生产者。

11. 错误;关税减少了进口。

12. 错误;如果政府以最大可能量(世界价格与国内价格之间的差额)出售进口许可证,配额最多可以筹集同样的收入。

13. 正确。

14. 正确。

15. 正确。

9.5.5 单项选择题

1. b	2. a	3. c	4. c	5. b	6. a	7. a	8. c	9. d	10. d
11. d	12. b	13. e	14. b	15. d	16. b	17. a	18. c	19. d	20. b

9.5.6 进阶思考题

1. 消费者获益,生产者受损。
2. 本国获益,因为消费者的好处大于生产者的损失。
3. 外国纳税人。
4. 生产者获益,消费者受损,但消费者的损失大于生产者的好处。因此,总剩余减少,并产生无谓损失。其结果与当外国生产者没有不公平优势时我们限制贸易的结果没有什么不同。
5. 没有区别。在这两种情况下,世界价格都低于贸易前的国内价格,这使消费者从贸易中获益,而生产者受损。此外,无论物品的生产有没有补贴,对贸易的限制所引起的消费者的损失都大于生产者的好处。
6. 通常不是一种好政策。如果其他国家没有把威胁当回事,威胁国就不得不在让步和减少贸易之间选择——这两种情况都不合意。

第 *4* 篇 公共部门经济学

第 10 章
外 部 性

目　的

在本章中你将

- 了解什么是外部性
- 说明为什么外部性会使市场结果无效率
- 考察旨在解决外部性问题的各种政府政策
- 考察人们有时如何自己解决外部性问题
- 考虑为什么外部性的私人解决方法有时不起作用

效　果

在实现这些目的之后,你应该能

- 区分正负外部性
- 说明为什么当存在外部性时最优数量往往会不同于市场数量
- 说明矫正税和污染许可证的潜在相等性
- 定义科斯定理
- 解释交易成本会如何阻碍外部性的私人解决

10.1 本章概述

10.1.1 内容与目的

第10章是教科书微观经济学部分的第一章，也是公共部门经济学三章中的第一章。第10章分析外部性——一个人的行为对一个旁观者福利的无补偿的影响。第11章将分析公共物品和公共资源(将在第11章中给出定义)，第12章将讨论税收体系。

在第10章中，我们将说明外部性的各种来源，以及针对外部性的各种潜在对策。市场使市场上买者和卖者的总剩余最大化。但是，如果市场引起了外部性(对市场之外的某人的成本或利益)，市场均衡就不会使社会的总利益最大化。因此，在第10章中，我们将说明，市场通常是组织活动的一种好方法，而政府有时可以改善市场结果。

10.1.2 本章复习

导　言

外部性是一个人的行为对旁观者福利的无补偿的影响。如果影响是有利的，就称为正外部性。如果影响是不利的，就称为负外部性。市场使市场上买者与卖者的总剩余最大化，而且，市场通常是有效率的。但是，如果市场引起了外部性，市场均衡就可能无法使整个社会的总利益最大化，从而市场是无效率的。也许需要用政府政策来提高效率。负外部性的例子是能耗和噪音的污染。正外部性的例子是对历史建筑的修复与对新技术的研究。

1. 外部性和市场无效率

需求曲线的高度衡量边际消费者对物品的评价。供给曲线的高度衡量边际生产者的成本。如果没有政府干预，价格会自发调整，使供求达到平衡。生产的数量使消费者和生产者剩余最大化。如果没有外部性，市场解是有效率的，因为它使市场上买者和卖者的福利最大化。然而，如果有外部性，而且，旁观者受这个市场的影响，市场就不能使整个社会的总利益最大化，因为除了市场上的买者与卖者之外，市场之外的人也受到了影响。

外部性有两种类型：

- 负外部性：当生产一种物品产生了污染时，它给社会带来的成本超过了生产企业的成本。因此，社会成本大于私人生产成本。从图形上看，社会成本曲线在供给曲线(私人成本曲线)之上。总剩余是消费者的评价减去生产的真实社会成本。因此，使总剩余最大化的最优数量小于市场产生的均衡数量。
- 正外部性：教育这类物品给人们带来的利益大于给教育买者带来的那些利益。因此，教育的社会价值大于私人价值。从图形上看，社会价值曲线在需求曲线(私人价值曲线)之上。总剩余是消费者的评价减去生产的真实社会成本。因此，使总剩余最大化的最优数量大于市场产生的均衡数量。

外部性内在化是改变激励，以使人们考虑到自己行为的外部效应。为了使外部性内在化，政府可以使用税收和补贴，以使供给曲线和需求曲线分别一直移动到真实社会成本曲线与社会评价曲线的位置。这将使均衡数量与最优数量相同，并使市场变得有效率。负外部性可以用税收内在化，而正外部性可以用补贴内在化。

高技术生产(机器人等)对其他生产者引起的正外部性称为技术溢出效应。一些经济学家认为,这种溢出效应如此普遍,以至于他们相信,政府应该制定产业政策以促进技术行业进步。另一些经济学家持怀疑态度。目前,美国政府以专利保护的形式为新发明提供产权保护,为用于研究和开发的支出提供特殊的税收减免。

2. 针对外部性的公共政策

政府有时可以用以下两种方式之一来改善结果:命令与控制政策或以市场为基础的政策。

- 命令与控制政策是规定或禁止(或限制)某种行为的管制。这里的问题是,管制者为了建立有效的规则,必须了解一个行业的所有细节以及可供选择的技术。如果某种污染的成本特别高,那么最好的方法是完全禁止这种行为。

- 以市场为基础的政策是使个人激励与社会效率一致。有两种以市场为基础的政策:**矫正税**和补贴、可交易的污染许可证。

用于纠正负外部性效应的税称为**矫正税**或庇古税。一种理想的矫正税或补贴应该等于有外部性的活动所引起的外部成本或外部利益。矫正税可以以低于管制的成本减少负外部性,因为税收在本质上是为一种负外部性,比如说污染,制定了一个价格。那些可以以最低成本减少自己污染的企业会大量减少污染,而另一些减少污染成本较高的企业减少的污染很少。用税收和管制两种手段所减少的污染总量应该是相等的,但前者成本要低。此外,税收还使企业有开发更清洁技术的激励,从而减少的污染还会多于管制所规定的。与其他的税不同,矫正税提高了效率,而不是降低了效率。例如,汽油税是一种矫正税,因为它不会引起无谓损失,而是使交通不太拥挤,道路更安全,以及环境更清洁。但是,汽油税在政治上并不受欢迎。

可交易的污染许可证允许许可证的持有者有某种污染量。那些减少污染成本较高的企业愿意为许可证支付高价格,而那些可以低成本减少污染的企业将出售它们的许可证,并减少自己的污染。行业间最初许可证的配置并不影响有效率的结果。这种方法类似于矫正税。矫正税确定污染的价格(税收),可交易的许可证确定允许污染的量。在污染市场上,哪一种方法都可以实现有效率的结果。可交易的污染许可证可能更好,因为管制者不需要为了把污染限制在某个数量上而了解污染的需求。美国环境保护署(EPA)正越来越多地用污染许可证来减少污染。

一些人反对污染的经济学分析。他们感到,任何一种污染都太多了,而且,给污染定价是不道德的。由于所有经济活动都会引起某种程度的污染,而且,所有活动都涉及权衡取舍,因此,经济学家对这种观点不敢苟同。生产率高的富国需要清洁的环境,而且,以市场为基础的政策以低于其他方式的成本减少了污染,这就进一步增加了对清洁环境的需求。

3. 外部性的私人解决方法

解决外部性问题并不总需要政府行为。一些外部性的私人解决方法是:

- 道德规范和社会约束:人们"做正确的事",并不扔垃圾。
- 慈善事业:人们把免税的捐款捐给环保组织,以及私人学院与大学。
- 利用利己并引起有效合并的私人市场:养蜂人与苹果园合并,并使企业生产更多苹果和更多蜂蜜。
- 利用利己并创造受影响各方合同的私人市场:苹果园和养蜂人可以就共同生产的最优苹果量和蜂蜜量达成协议。

科斯定理是认为如果私人各方可以无成本地就资源配置进行谈判,他们就可以自己解决外部性问题的一个命题。换句话说,无论最初的权利如何分配,利益各方总可以达成一个使每个人状况都变好而且结果有效率的协议。例如,如果和平与安静的价值高于拥有一只爱叫的狗的价值,希望安静的一方就会向狗的主人购买安静的权利,并使狗的主人放弃狗,或者狗的主人就无法向安静空间的所有者购买拥有一只爱叫的狗的权利。无论是一方有安静的产权还是另一方有制造噪音的权利,都没有爱叫的狗了,在这种情况下,这是有效率的。反之,如果拥有狗的价值大于安静的价值,结果就正好相反,而且,也是有效率的。

但是,私人各方往往由于**交易成本**的存在而不能达成有效的协议。交易成本是各方在达成与遵守协议的过程中所发生的成本。如果交易成本大于协议潜在的利益,就不会有私人解决方法。高交易成本的一些来源是:

- 起草协议的律师费。
- 实施协议的费用。
- 当存在一个引起效率的价格范围时,谈判破裂。
- 利益各方人数众多。

4. 结论

市场使市场上买者与卖者的总剩余最大化,而且,这通常是有效率的。但是,如果市场引起了外部性,市场均衡就不能使整个社会的总利益最大化,从而市场是无效率的。科斯定理认为,人们可以自己谈判,并达到有效的解决方法。但是,如果交易成本很高,就需要政府政策来提高效率。矫正税和污染许可证优于命令与控制政策,因为它们以较低的成本减少污染,从而增加了清洁环境的需求量。

10.1.3 有益的提示

(1) 为什么我们用"外部性"这个词来指一个人的行为对旁观者福利的无补偿影响?一种简单的方法是,回忆一下就可以知道,外部性这个词指一种市场交易的"外部效应",或者加在处于"市场之外"的旁观者身上的成本与利益。

(2) 负外部性使一种物品的社会最优数量小于市场生产的数量。正外部性使一种物品的社会最优数量大于市场生产的数量。为了解决这个问题,政府可以对有负外部性的物品征收等于外部成本的税,并对有正外部性的物品给予等于外部利益的补贴。

10.1.4 术语与定义

为每个关键术语选择一个定义。

关键术语	定 义
______外部性	1. 认为如果私人各方可以无成本地就资源配置达成协议,他们就可以自己解决外部性问题的一个命题。
______正外部性	2. 在谈判和实施过程中产生的成本。
______负外部性	3. 当一个人的行为对旁观者有不利影响时的情况。
______社会成本	4. 为引导私人决策者考虑由负外部性造成的社会成本而征收的一种税。
______外部性内在化	5. 一个人的行为对旁观者福利无补偿的影响。

________矫正税　　6. 改变激励，以使人们考虑到自己行为的外部效应。

________科斯定理　　7. 私人成本和外部成本之和。

________交易成本　　8. 当一个人的行为对旁观者有有利影响时的情况。

10.2 问题与简答题

10.2.1 应用题

1. 以下信息提供了一个假设的汽车防冻液市场上的价格和数量。

价格(美元/加仑)	需求量(加仑)	供给量(加仑)
1	700	300
2	600	400
3	500	500
4	400	600
5	300	700
6	200	800
7	100	900
8	0	1 000

a. 在图 10-1 中画出防冻液的供给和需求曲线。

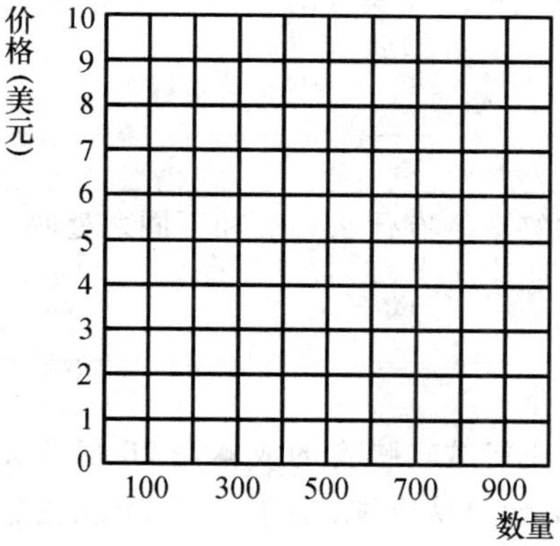

图　10-1

b. 市场上由买者和卖者产生的均衡价格和数量是多少？

____

____

c. 假设防冻液的生产引起以化学成分溢出为形式的污染，而且，污染使所生产的每加仑防冻液增加了 2 美元社会成本。在图 10-1 中画出社会成本曲线。

____

____

d. 防冻液最优的生产量是多少？防冻液市场是过度生产，还是消费不足？

____

e. 如果政府为了使这个市场有效率而进行干预，应该征收矫正税还是给予补贴？适当的税收或补贴值是多少？

2. 假设生活在首都机场的公民对安静的评价是 30 亿美元。

a. 如果民航公司使飞机减轻噪音的成本是 40 亿美元（民航公司对噪音的评价为 40 亿美元），政府规定飞机必须消除噪音是有效率的吗？为什么？

b. 如果民航公司使飞机减轻噪音的成本是 20 亿美元，政府规定飞机必须消除噪音是有效率的吗？为什么？

c. 假设没有交易成本，再假设人们有权要求安静。如果民航公司使其飞机减轻噪音的成本是 20 亿美元，私人解决这个问题的方法是什么？

d. 假设没有交易成本，再假设民航公司有权想制造多少噪音就可以制造多少噪音。如果民航公司使其飞机减轻噪音的成本是 20 亿美元，私人解决这个问题的方法是什么？

e. 比较你对 c 和 d 的答案。有什么相似和不同之处吗？你能从这种比较中得出什么一般性规律？

f. 假设民航公司使其飞机减轻噪音的成本是 20 亿美元。如果用私人方法解决噪音问题要增加 20 亿美元交易成本（由于法律费用、受影响各方人数多以及实施成本等所产生），可以用私人方法解决这个问题吗？为什么？

3. 假设有 4 个企业，每个企业都希望把 1 桶化学废物倒入河中。企业 1 生产的物品的社会评价高，并以高价格出售，它愿意为倒 1 桶废物支付 800 万美元。企业 2 生产的物品价值略低一些，只愿意为倒 1 桶废物支付 600 万美元。以类似的方式，假设企业 3 愿意为倒 1 桶废物支付 400 万美元，企业 4 只愿意支付 200 万美元。

a. 在图 10-2 中画出污染权的需求。

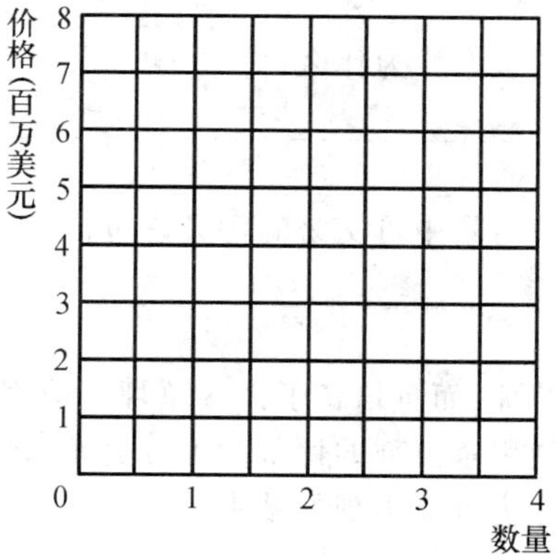

图 10-2

b. 假设美国环境保护署(EPA)估算出河流中安全的污染水平是 3 桶废物。它应该把矫正税定为多少？

c. 假设美国环境保护署(EPA)估算出河流中安全的污染水平是 3 桶废物。它应该配置多少可交易的污染许可证？许可证将以多高的价格被交易？

d. 比较你对 b 和 c 的答案。在每种情况下倾倒多少桶废物？在每种情况下为污染支付的价格是多少？在外部性内在化的问题上，其中一种方法比另外一种方法更有利吗？

10.2.2 简答题

用下列信息回答第 1—3 题。

假设一个商业性苹果园在苹果生产中使用防虫剂。在这个过程中，有害的气味飘向附近的居民区。

1. 这是正外部性还是负外部性的例子？解释之。

2. 如果这种外部性没有内在化，市场是过度生产苹果，还是苹果生产不足？一种物品的过度生产或生产不足是什么意思？

3. 为了把这种外部性内在化，政府应该对苹果征税还是补贴？为什么？

4. 对外部性的两种公共政策是什么？描述这些政策。经济学家偏爱哪一种？为什么？

5. 矫正税降低还是提高了效率？为什么？

6. 为什么可以认为在减少污染中可交易的污染许可证优于矫正税？

7. 假设一个人喜欢培育草坪，而且培育了许多草坪。他用杀虫剂控制病虫害，有害的残留物殃及邻居。他对使用杀虫剂的评价为 1 万美元，邻居对清洁空气的评价为 1.5 万美元。利用科斯定理分析可能出现的结果。

8. 在第 7 题中，为了保证找不到这个问题的私人解决方法，需要多大的交易成本？

9. 当受影响各方努力消除外部性时，交易成本的来源是什么？

10. 解决外部性的私人方法有哪些类型？

10.3 自测题

10.3.1 判断正误题

_______1. 正外部性是一种归市场上买者的外部利益，而负外部性是一种归市场上卖者的外部成本。

_______2. 如果一个市场引起负外部性，社会成本曲线在供给曲线（私人成本曲线）之上。

_______3. 如果一个市场引起正外部性，社会价值曲线在需求曲线（私人价值曲线）之上。

_______4. 带来未被内在化的负外部性的市场产生的均衡数量小于最优数量。

_______5. 如果市场引起负外部性，那么，矫正税就将使市场向更有效率的结果变动。

_______6. 根据科斯定理，外部性总是要求政府为了使外部性内在化而进行干预。

_______7. 为了使污染减少到某个目标量，如果每个污染企业都等量地减少其污染，这就是最有效率的。

_______8. 当斯莫基熊说"只有你能防止森林火灾"时，社会是在努力用道德规范与社会惩罚把与野营时用火相关的外部性内在化。

_______9. 税收总使市场更无效率。

_______10. 如果 Bob 对在餐馆吸烟的评价是 10 美元，而 Sue 对她吃饭时清洁空气的评价是 15 美元，根据科斯定理，只有 Sue 拥有清洁空气的权利，Bob 才会不在餐馆吸烟。

______11. 如果交易成本大于受影响各方对外部性达成协议的潜在利益，就没有解决外部性的私人方法。

______12. 矫正税确定了污染的价格，而可交易的污染许可证确定了污染量。

______13. 用可交易的污染许可证减少污染的好处是管制者不需要了解污染权的需求。

______14. 大多数经济学家不喜欢给污染环境定价这个想法。

______15. 在任何一种既定的污染需求曲线下，管制者可以用矫正税或发放可交易的污染许可证达到同样的污染水平。

10.3.2 单项选择题

1. 外部性是
   a. 归市场上买者的利益。
   b. 归市场上卖者的成本。
   c. 一个人的行为对旁观者福利无补偿的影响。
   d. 对企业外部顾问支付的报酬。
   e. 以上各项都不是。

2. 负外部性引起
   a. 一种物品的社会成本曲线高于供给曲线（私人成本曲线）。
   b. 一种物品的社会成本曲线低于供给曲线（私人成本曲线）。
   c. 一种物品的社会价值曲线高于需求曲线（私人价值曲线）。
   d. 以上各项都不是。

3. 正外部性引起
   a. 一种物品的社会成本曲线高于供给曲线（私人成本曲线）。
   b. 一种物品的社会价值曲线高于需求曲线（私人价值曲线）。
   c. 一种物品的社会价值曲线低于需求曲线（私人价值曲线）。
   d. 以上各项都不是。

4. （没有内在化的）负外部性引起
   a. 最优数量大于均衡数量。
   b. 均衡数量大于最优数量。
   c. 均衡数量等于最优数量。
   d. 均衡数量大于或小于最优数量。

5. （没有内在化的）正外部性引起
   a. 最优数量大于均衡数量。
   b. 均衡数量大于最优数量。
   c. 均衡数量等于最优数量。
   d. 均衡数量大于或小于最优数量。

6. 为了使负外部性内在化，适当的公共政策的反应将是
   a. 禁止所有引起负外部性的物品的生产。
   b. 政府控制引起外部性的物品的生产。
   c. 补贴这种物品。
   d. 对这种物品征税。

7. 政府实行产业政策是
   a. 为了使与工业污染相关的负外部性内在化。
   b. 为了使与技术进步行业相关的正外部性内在化。
   c. 为了有助于刺激解决技术外部性的私人方法。
   d. 通过向高技术行业发放可交易的技术许可证。

8. 当一个人在一个拥挤的城区买了一辆汽车时，这就引起了
   a. 有效率的市场结果。
   b. 技术溢出效应。
   c. 正外部性。
   d. 负外部性。

9. 最有效率的污染控制应该确保
   a. 每个污染者等量地减少其污染。
   b. 减少污染成本最低的污染者减少的污染量最多。
   c. 对环境的任何污染都不能被容忍。
   d. 管制者决定每个污染者应该减少多少污染。
10. 根据科斯定理,在以下哪种情况下私人双方可以自己解决外部性问题?
   a. 受影响的各方在谈判中有相等的权利。
   b. 受外部性影响的一方有不受影响的初始产权。
   c. 没有交易成本。
   d. 政府要求他们相互谈判。
   e. 有大量受影响的各方。
11. 为了使正外部性内在化,适当的公共政策的反应应该是
   a. 禁止生产引起外部性的物品。
   b. 政府生产物品直至增加一单位的价值为零。
   c. 补贴这些物品。
   d. 对物品征税。
12. 以下哪一种情况不是在为消除污染外部性的谈判过程中各方引起的交易成本?
   a. 减少污染引起的成本。
   b. 由律师费引起的成本。
   c. 实施协议引起的成本。
   d. 由受外部性影响的各方人数太多引起的成本。
   e. 以上各项都可以作为交易成本。
13. Bob 和 Tom 住在同一间大学宿舍里。Bob 对大声放音乐的评价为 100 美元。Tom 对安静的评价为 150 美元。以下哪一种表述是正确的?
   a. Bob 继续大声放音乐是有效率的。
   b. 只要 Tom 有安静的产权,Bob 停止大声放音乐就是有效率的。
   c. 只要 Bob 有大声放音乐的产权,Bob 停止大声放音乐就是有效率的。
   d. 无论谁有声音大小的产权,Bob 停止大声放音乐都是有效率的。
14. Bob 和 Tom 住在同一间大学宿舍里。Bob 对大声放音乐的评价为 100 美元。Tom 对安静的评价是 150 美元。如果 Bob 有大声放音乐的权利,而且,如果没有交易成本,下列哪一种关于这个外部性问题有效解决的表述是正确的?
   a. Bob 将支付 Tom 100 美元,而且,Bob 将停止大声放音乐。
   b. Tom 对 Bob 的支付在 100—150 美元之间,Bob 将停止大声放音乐。
   c. Bob 将支付 Tom 150 美元,Bob 继续大声放音乐。
   d. Tom 对 Bob 的支付在 100—150 美元之间,Bob 将继续大声放音乐。
15. 以下哪一个关于可交易的污染许可证和矫正税的表述是正确的?
   a. 矫正税比可交易的污染许可证更能使污染减少到目标量。
   b. 只要把可交易的污染许可证分配给能以最低成本减少污染的企业,它们就可以有效地减少污染。
   c. 为了用可交易的污染许可证确定污染量,管制者必须了解污染权需求的方方面面。
   d. 矫正税和可交易的污染许可证都创造了一个有效的污染市场。
   e. 以上各项都正确。
16. 对耗油极大的新车征收汽油消耗税是以下哪一项的例子?
   a. 可交易的污染许可证。
   b. 科斯定理的应用。
   c. 把正外部性内在化的努力。
   d. 把负外部性内在化的努力。
17. 污染的矫正税

a. 确定了污染的价格。

b. 确定了污染量。

c. 决定了污染权的需求。

d. 削弱了进一步减少污染的技术创新的激励。

18. 可交易的排污许可证

a. 确定了污染价格。

b. 确定了污染量。

c. 决定了污染权的需求。

d. 削弱了进一步减少污染的技术创新的激励。

19. 富有的校友向母校提供了慈善捐助，以减少现在学生支付的学费。这是以下哪一项的例子？

a. 把正外部性内在化的努力。

b. 把负外部性内在化的努力。

c. 矫正税。

d. 命令与控制政策。

20. 假设一个行业产生了污染这类负外部性，而且，可能把外部性内在化的方法是命令与控制政策、矫正税和可交易的污染许可证。如果要经济学家根据效率、实施的容易程度以及对该行业在未来进一步减少污染的激励对这些负外部效应内在化的方法排序，他们很可能按以下顺序给这些方法排序(从最有利到最不利)：

a. 矫正税，命令与控制政策，可交易的污染许可证。

b. 命令与控制政策，可交易的污染许可证，矫正税。

c. 可交易的污染许可证，矫正税，命令与控制政策。

d. 可交易的污染许可证，命令与控制政策，矫正税。

e. 所有方法排序相同，因为任何一种政策都可以达到同样的结果。

10.4 进阶思考题

你期中放假在家。你父亲打开邮件。一封信是你父母的财产税单。在财产税单上，如果房产所有者对自己的房产做了任何美化工作，就会有一定的扣除。房产所有者所做的类似美化景观的任何一种支出的50%都可以在计算财产税时扣除。例如，如果你父母在美化景观上花了2 000美元，他们的税单就可以减少0.5 × 2 000美元 = 1 000美元。这样，景观的真实成本只是1 000美元。你的父亲说：“这真令人气愤。如果哪个人想改善自己的住房，那也不是别人的事，而是他自己的事。我想起了在大学学到的一些经济学内容，而且，我知道，税收和补贴总是无效率的。”

1. 市政府想用这种税收减免去补贴什么？

2. 这种补贴想把什么外部性内在化？

3. 税收和补贴通常都引起无效率，但税收和补贴总是无效率的吗？为什么？

10.5 答案

10.5.1 术语与定义

__5__外部性

__8__正外部性

__3__负外部性

__7__社会成本

__6__外部性内在化

__4__矫正税

__1__科斯定理

__2__交易成本

10.5.2 应用题

1. a. 参看图 10-3。

   b. 价格 =3 美元,数量 =500 单位。

   c. 参看图 10-4。

   d. 400 单位。市场过度生产,因为市场数量是 500 单位,而最优数量是 400 单位。

   e. 政府应该征收每单位 2 美元的矫正税。

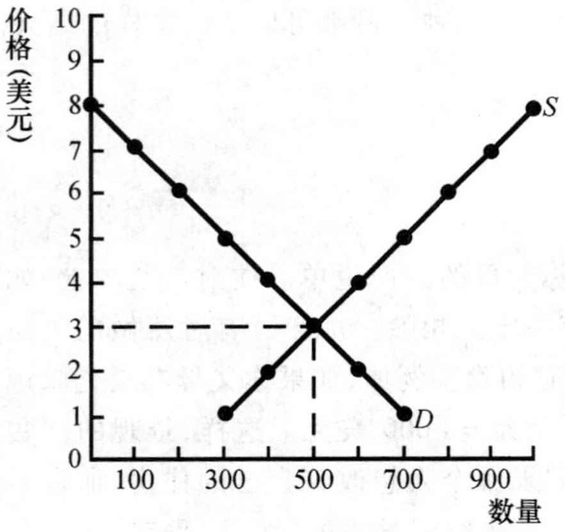

图 10-3

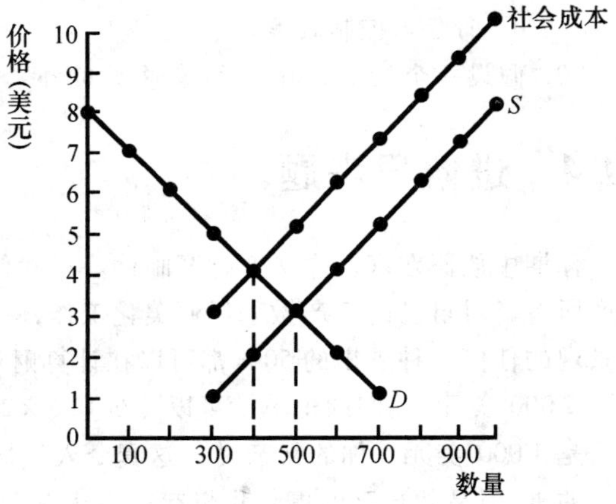

图 10-4

2. a. 不是,因为纠正外部性的成本大于受影响各方对它的评价。

   b. 是的,因为对安静的评价大于消除飞机噪音的成本。

   c. 民航公司可以花 20 亿美元并使飞机噪音减弱,或者用 30 亿美元购买制造噪音的权利,因此,民航公司将选择用 20 亿美元消除飞机噪音。

   d. 受影响的公民必须至少支付 20 亿美元,而且,最高愿意支付 30 亿美元,以使民航公司消除飞机的噪音。

   e. 相似之处:无论原来的产权是什么,飞机必须消除噪音,因为这是有效率的。差别:如果公民有安静权,公民受益,而民航公司受损。如果民航公司有制造噪音权,民航公司受益,而公民受损。

   f. 不可以,因为交易成本大于潜在的贸易好处。(潜在的好处是安静的价值 30 亿美元减去消除飞机噪音的成本 20 亿美元,即 10 亿美元。)

3. a. 参看图 10-5。

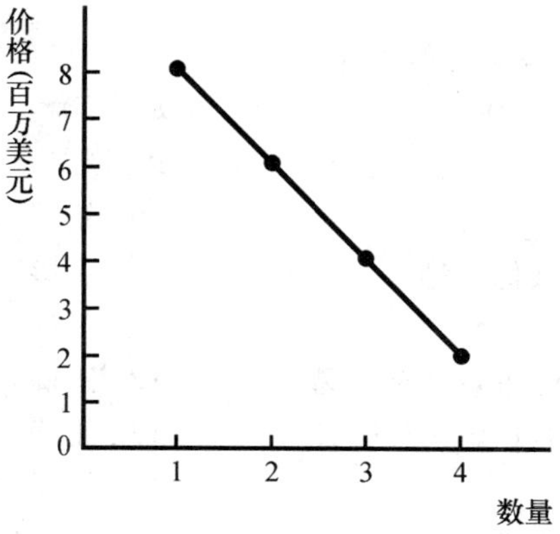

图 10-5

b. 每桶 400 万美元。

c. 应该出售三张许可证。许可证将以每张 400 万美元的价格被交易。

d. 3 桶。每桶 400 万美元。是的,使用可交易的污染许可证,管制者不需要为了把污染目标定在 3 桶上而了解这个市场上污染需求的方方面面,而且,污染许可证的最初配置状况对有效的解决并没有影响。

10.5.3 简答题

1. 负外部性,因为生产苹果的社会成本大于生产苹果的私人成本。
2. 过度生产。过度生产是生产了真实成本大于真实价值的单位。生产不足是没有生产出真实价值大于真实成本的单位。
3. 对苹果征税,因为要使这种外部性内在化,就要使苹果的供给曲线一直向上移动到等于真实社会成本曲线时为止。
4. 命令与控制政策是禁止某种行为的管制。以市场为基础的政策使私人激励与社会效率一致。经济学家偏爱以市场为基础的政策,因为这些政策更有效率,而且为进一步减少外部性,比如通过技术进步减少污染,提供了激励。
5. 它通过把供给曲线或需求曲线移动到真实社会成本曲线或价值曲线,使市场解等于最优或有效率的解,提高了效率。
6. 管制者并不需要为了设置污染目标而去了解有关污染需求的方方面面。
7. 无论个人拥有使用杀虫剂的权利,还是邻居有清洁空气的权利,结果都是不用杀虫剂,而且空气将是清洁的。或者是个人将不能购买污染的权利,或者是邻居将对个人进行支付,使其不再污染空气。
8. 潜在利益是 15 000 美元 − 10 000 美元 = 5 000 美元。如果交易成本大于这个量,就没有私人解决方法。
9. 律师费,实施成本,当存在引起效率的价格区间时谈判破裂,以及利益方人数众多。
10. 道德规范和社会约束,慈善事业,受影响企业的合并,以及受影响企业之间的合同。

10.5.4 判断正误题

1. 错误；正外部性是归旁观者的利益，负外部性是归旁观者的成本。
2. 正确。
3. 正确。
4. 错误；均衡数量大于最优数量。
5. 正确。
6. 错误；科斯定理表明，如果没有交易费用，私人各方可以自己解决外部性问题。
7. 错误；可以以最低成本减少污染的企业减少污染的量应该多于要以更高成本减少污染的企业。
8. 正确。
9. 错误；庇古税可以使市场更有效率。
10. 错误；对空气的产权的初始分配并不影响有效率的解决方案。
11. 正确。
12. 正确。
13. 正确。
14. 错误；经济学家普遍认为，一个针对污染的市场将最有效地减少污染。
15. 正确。

10.5.5 单项选择题

1. c	2. a	3. b	4. b	5. a	6. d	7. b	8. d	9. b	10. c
11. c	12. a	13. d	14. b	15. d	16. d	17. a	18. b	19. a	20. c

10.5.6 进阶思考题

1. 在改善住房方面的支出。
2. 当一个房屋得到很好的维护时，它提高了附近房产的价值（或者不使其价值减少）。房屋维护市场上的个别买者与卖者在选择修复住房的数量时，并不考虑这一点，从而最优数量大于均衡数量。
3. 不是。适当的庇古税和补贴使市场接近于有效率，因为开始时的市场均衡是无效率的。

第 11 章
公共物品和公共资源

目　的

在本章中你将

- 知道公共物品和公共资源的特征
- 考察为什么私人市场不能提供公共物品
- 考虑我们经济中一些重要的公共物品
- 说明为什么公共物品的成本—利益分析既是必要的又是困难的
- 考察为什么人们往往会过多地使用公共资源
- 考虑我们经济中的一些重要公共资源

效　果

在实现这些目的之后，你应该能

- 把物品归入公共物品、私人物品、公共资源，或者由自然垄断生产的物品范畴之内
- 解释为什么公共物品的生产对私人行业是无利可图的
- 解释国防的公共物品性质
- 解释为什么通过调查来确定公共物品利益的评价方式不如私人物品价格准确
- 讲述“公地悲剧”的故事
- 解释为什么鱼和野生动物是公共资源

11.1 本章概述

11.1.1 内容与目的

第 11 章是公共部门经济学三章中的第二章。第 10 章分析外部性。第 11 章分析公共物品和公共资源——难以对其进行定价的物品。第 12 章将讨论税收体制。

第 11 章的目的是论述对消费者免费的一组物品。当物品免费时,正常地配置资源的市场力量就不存在了。因此,像球场和公园这类免费物品的生产和消费的数量可能并不是最优的。政府有可能解决这种市场失灵,并增进经济福利。

11.1.2 本章复习

导 言

一些物品——海滩、湖泊、球场——对消费者是免费的。当物品免费时,正常配置资源的市场力量就不存在了。因此,像球场和公园这类免费物品的生产和消费的数量可能并不是最优的。政府有可能解决这种市场失灵,并增进经济福利。

1. 不同类型的物品

当确定物品的类型时,物品的两个特征是有用的:

- **排他性** 可以阻止一个人使用一种物品的物品特征。如果卖者可以阻止不花钱的人使用一种物品,那么该物品就是排他性的(杂货店中的食物)。如果卖者不能阻止不花钱的人使用一种物品,那么该物品就是非排他性的(广播电视或无线电信号)。
- **竞争性** 一个人使用一种物品将减少其他人对该物品使用的特征。如果只有一个人可以消费某种物品(食物),那么这种物品就是竞争性的。如果一种物品可以同时由一个以上的人消费(路灯),那么这种物品就没有竞争性。

根据这些特征,物品可以分为四类:

(1) **私人物品** 既有排他性又有竞争性的物品。像面包和牛仔裤这样的大多数物品都是私人物品,并由市场上的供求有效地进行配置。

(2) **公共物品** 既没有排他性又没有竞争性的物品。例如,国防和路灯。

(3) **公共资源** 有竞争性但无排他性的物品。例如,海洋中的鱼。

(4) **由自然垄断生产的物品** 有排他性但无竞争性的物品。例如,消防和有线电视。我们将在第 15 章中分析自然垄断。

本章考察没有排他性且免费的两类物品:公共物品与公共资源。

2. 公共物品

公共物品是私人市场难以提供的物品,因为存在搭便车者问题。搭便车者是得到了一种物品的利益但避开为此付费的人。由于公共物品没有排他性,企业不能阻止不付费的人消费这种物品,因而企业没有生产公共物品的激励。公共物品的结果类似于正的外部性,由于一种物品的消费者不把给他人带来的利益考虑在内而导致其不能消费有效率的数量。

例如,一个路灯附近的 10 个房主每个人对路灯的评价都为 1 000 美元。如果成本是 5 000 美元,那么没有一个人会买路灯,因为没有一个人可以以每人 1 000 美元的价格把使用路灯的权利卖给邻居。这是因为在安装路灯之后,其邻居无论是否付费都可以消费。尽管邻居对路灯的总评价为10 000美元,而路灯的成本只是5 000美元,但私人市场无法提供路灯。公共物品与正外部性相关,因为每个邻居在决定是否购买路灯时忽视了向其他人提供的外部利益。政府通常介入并提供路灯这类物品,这时利益大于成本,并用税收收入为之支付。在这种情况下,政府可以提供路灯,并向每个居民收取500美元的税收,而且,每个人的状况都变好了。

最重要的三种公共物品是国防、基础知识研究和反贫困计划。

一些物品可以在公共物品与私人物品之间转换,这取决于环境。如果灯塔的所有者无法向通过灯塔的每只船收费,灯塔就是公共物品。如果灯塔的所有者可以向船只经过的港口收费,灯塔就成了私人物品。

当一个私人市场不能生产一种公共物品时,政府必须决定是否生产这种物品。它的决策工具通常是**成本—利益分析**:比较提供一种公共物品的社会成本与社会利益的研究。成本—利益分析有两个问题:

- 使用问卷调查的结果来把利益定量化是非常困难的。
- 回答者没有如实回答的激励。

当政府决定是否把钱用于增加道路信号灯这类安全手段的时候,它们必须考虑一个人生命的价值,因为这种支出的利益是挽救生命的概率乘以生命的价值。研究表明,一个人生命的价值约为1 000万美元。

3. 公共资源

公共资源没有排他性但有竞争性(海洋中的鱼)。因此,公共资源是免费的,但当一个人使用它时,就减少了其他人对它的使用。这与负外部性类似,因为一种物品的消费者不考虑自己的消费对其他人的负面影响。结果是公共资源被过度使用。

公地悲剧是一个寓言,说明了从整个社会的角度看,为什么公共资源的使用大于合意的水平。城镇的公地(对放牧开放)会因被过度放牧而变得贫瘠是因为,既然它免费,私人激励表明每个人就应该尽可能多地放羊,但从社会的角度看,这是过度放牧。可能的解决方法是规定可放牧的羊的数量、对羊征税、拍卖放羊许可证,或者把土地分开并向每个养羊者出售,以使牧场成为私人物品。

一些重要的公共资源包括清洁的空气和水,拥挤的不收费道路,鱼、鲸和其他野生动物。私人决策者过多地使用公共资源,因此,政府应该管制这种行为或进行收费,以减少过度使用问题。

4. 结论:产权的重要性

在公共物品和公共资源的情况下,市场不能有效地配置资源,因为没有明确地界定产权。在私人市场上,没有人拥有清洁的空气,因此没有一个人能对污染空气的人收费。结果导致人们过度地污染或过度地使用清洁的空气(公共资源的例子)。此外,没有一个人可以向那些受到国防保护的人收费,以至于人们提供的国防太少(公共物品的例子)。

政府可以潜在地通过出售污染许可证、管制私人行为,或提供公共物品来解决这些问题。

11.1.3 有益的提示

(1) 一般来说,公共物品生产不足,而公共资源消费过度,这是因为它们是免费的。由于公共物品是免费的,生产它们(路灯和国防)就无利可图。由于公共资源是免费的,人们就过度消费它们（清洁的空气和海洋中的鱼）。

（2）公共物品根据其特征定义，而不是根据谁提供它们来定义。路上的信号灯是一种公共物品，因为它既没有排他性，又没有竞争性。即使作为个人我选择买一个信号灯并放在前院，这也是正确的。一旦我的前院安了灯，我并不能由于你站在这个灯附近而向你收费。而且，当你站在附近时，并不会减少我使用它的利益。因此，一个道路信号灯，无论是我买还是市政府买，都是一种公共物品。此外，如果市政府建了一个食品店并出售热狗，即使热狗是由政府提供的，它也仍然是私人物品，因为热狗既有排他性又有竞争性。

（3）当政府把成本—利益分析作为帮助其决定是否生产一种公共物品的工具时，我们要注意，收集人们从一种公共物品中得到的真实利益数据是困难的。这是因为，如果他们使用公共物品，就有夸大其利益的激励；如果他们并不打算充分使用这种公共物品，就有低估其利益的激励。这有时称为**说谎者问题**。

11.1.4 术语与定义

为每个关键术语选择一个定义。

关键术语	定　义
______排他性	1. 既有排他性又有竞争性的物品。
______竞争性	2. 一个人使用一种物品将减少其他人对该物品的使用的特征。
______私人物品	3. 得到一种物品的利益但避开为此付费的人。
______公共物品	4. 比较提供一种公共物品的社会成本与社会利益的研究。
______公共资源	5. 有竞争性但无排他性的物品。
______自然垄断	6. 一种物品具有的可以阻止一个人使用的特征。
______搭便车者	7. 一个寓言，说明从整个社会角度看，为什么公共资源的使用超过了其合意水平。
______成本—利益分析	8. 既无排他性又无竞争性的物品。
______公地悲剧	9. 生产有排他性但无竞争性的物品的企业。

11.2 问题与简答题

11.2.1 应用题

1. 考虑以下每一种物品的竞争性和排他性。用这种信息确定这些物品是公共物品、私人物品、公共资源，还是由自然垄断生产的物品。解释之。

   a. 私人鱼塘中的鱼

   b. 海洋中的鱼

c. 广播电视信号

d. 有线电视信号

e. 有关生活方式和胆固醇水平的基础研究

f. 可以获得专利的降低胆固醇药物的特殊研究

g. 一条不拥挤的高速公路(不收费)

h. 一条拥挤的高速公路(不收费)

i. 一条不拥挤的收费道路

j. 一个私人聚会上提供的热狗

k. 在由市政府拥有的店中出售的热狗

2. 假设 Roadville 市正在争论是否修建一条从机场到市区的新高速公路。市政府对公民进行了民意调查并发现,平均而言,100 万居民中的每个人对新高速公路的评价为 50 美元,而修建高速公路的成本是 4 000 万美元。

a. 假设调查是准确的,修建这条新高速公路有效率吗?为什么?

b. 在什么条件之下,私人企业会修建这条路?

c. 私人企业有可能修建这条路吗?为什么?

d. 市政府应该修建这条路吗？平均而言，每个居民的税会因这条公路增加多少？

e. 可以肯定修建这条高速公路是有效率的吗？这就是说，与把成本—利益分析作为决定是否提供一种公共物品的工具相关的问题是什么？

11.2.2 简答题

1. 说一种物品具有排他性是什么意思？

2. 为什么私人企业提供公共物品是困难的？

3. 路灯（一种公共物品）如何与正外部性相关？

4. 假设一个人生命的价值是 1 000 万美元，而安全气囊使人在车祸时死亡的概率从 0.2% 下降到 0.1%。再假设一生中使用安全气囊一般要耗费消费者 12 000 美元。如果这些数字是准确的，政府要求汽车要有安全气囊有效率吗？为什么？

5. 打猎与钓鱼许可证的目的是要减少哪一类问题？解释之。

6. 海洋中的鱼（一种公共资源）如何与负外部性相关？

7. 建立个人产权如何消除与公共资源相关的问题？

8. 对公众来说，食物比道路更重要，但政府向公众提供道路而很少提供食物。为什么？

9. 为什么野牛几乎绝种了，而黄牛（一种类似的动物）永远不可能绝种？

10. 猎杀野牛的人几乎使野牛绝种，这种行为是理性的吗？解释之。

____

____

11.3 自我测试题

11.3.1 判断正误题

_______1. 公共物品既有竞争性又有排他性。
_______2. 公共资源既无竞争性也无排他性。
_______3. 在杂货店出售的苹果是一种私人物品。
_______4. 由自然垄断生产的物品对该物品的消费者是免费的。
_______5. 私人市场难以提供公共物品是由于搭便车者问题。
_______6. 如果市政府在路边店中出售苹果，苹果就是公共物品，因为是由政府提供的。
_______7. 公共物品与正外部性相关是因为，公共物品的潜在买者在做出是否购买公共物品的决策时忽视了这些物品向其他消费者提供的外部利益。
_______8. 公共资源被过度使用是因为公共资源对消费者是免费的。
_______9. 钓鱼许可证的社会最优价格是零。
_______10. 政府应该不断通过支出提高高速公路的安全性，直至没有因车祸引起的死亡为止。
_______11. 公共资源与负外部性相关是因为公共资源的消费者没有考虑到他们的消费对其他公共资源消费者的负面影响。
_______12. 如果某人拥有了清新空气的产权，那么这个人就可以在清新空气市场上对使用清新空气收费，从而可以使空气的污染减少到最优水平。
_______13. 在私人娱乐公园表演的烟火是一种由自然垄断提供的物品。
_______14. 当政府用成本—利益分析决定是否提供一种公共物品时，很容易通过调查该公共物品的潜在消费者而确定该公共物品的潜在利益。
_______15. 国防是公共资源的一个经典例子。

11.3.2 单项选择题

1. 如果一个人消费一种物品减少了其他人对该物品的使用，可以说这种物品是
   a. 公共资源。
   b. 由自然垄断生产的。
   c. 竞争性的。
   d. 排他性的。
2. 公共物品
   a. 既有竞争性又有排他性。
   b. 既无竞争性又无排他性。
   c. 有竞争性但无排他性。
   d. 无竞争性但有排他性。
3. 私人物品
   a. 既有竞争性又有排他性。
   b. 既无竞争性又无排他性。
   c. 有竞争性但无排他性。
   d. 无竞争性但有排他性。
4. 由自然垄断生产的物品

a. 既有竞争性又有排他性。

b. 既无竞争性又无排他性。

c. 有竞争性但无排他性。

d. 无竞争性但有排他性。

5. 公共资源

a. 既有竞争性又有排他性。

b. 既无竞争性又无排他性。

c. 有竞争性但无排他性。

d. 无竞争性但有排他性。

6. 私人市场难以提供公共物品是由于

a. 公共物品问题。

b. 竞争性问题。

c. 公地悲剧。

d. 搭便车者问题。

7. 假设一条路边的20家居民每家对修复道路的评价都是3 000美元。修复道路的成本是40 000美元。下列哪一种表述是正确的?

a. 修复道路无效率。

b. 每户居民花3 000美元修复自己家门前的那一段路是有效率的。

c. 政府向每户居民征收2 000美元税并修复这条路是有效率的。

d. 以上各项都不对。

8. 搭便车者是

a. 得到了一种物品的利益,但避开为此付费的人。

b. 生产一种物品,但没有得到对这种物品的支付的人。

c. 为一种物品付费,但没有从这种物品中得到任何利益的人。

d. 不生产物品但被允许消费物品的人。

9. 以下哪一种情况是公共物品的例子?

a. 海洋中的鲸鱼。

b. 公园树上的苹果。

c. 一次野餐时的热狗。

d. 国防。

10. 正外部性以类似于下列哪一种情况的方式影响市场效率?

a. 私人物品。

b. 公共物品。

c. 公共资源。

d. 竞争性物品。

11. 假设摩托车驾驶员要戴头盔的规定使摩托车驾驶员的死亡概率在他们的一生中从0.3%下降到0.2%,而一生中头盔供给的成本是500美元。人的生命价值为多少时,政府规定驾驶时戴头盔才是有效率的?

a. 100美元以上。

b. 150美元以上。

c. 500美元以上。

d. 50 000美元以上。

e. 500 000美元以上。

12. 负外部性以类似于下列哪一种情况的方式影响市场效率?

a. 私人物品。

b. 公共物品。

c. 公共资源。

d. 排他性物品。

13. 当政府用成本—利益分析帮助决定是否提供一种公共物品时,衡量利益是困难的,因为

a. 人不能评价人的生存或环境的价值。

b. 回答者没有如实回答的激励。

c. 对公众没有利益,因为公共物品并不是排他性的。

d. 利益无限大,因为公共物品没有竞争性,而且,人们可以同时无限量地消费它。

14. 以下哪一种情况是公共资源的例子?

a. 国家公园。

b. 烟火表演。

c. 国防。

d. 铁矿。

15. 公地悲剧是一个寓言,说明为什么

a. 公共物品生产不足。

b. 私人物品生产不足。
c. 公共资源被过度消费。
d. 自然垄断过度生产物品。

16. 以下哪一种情况是解决空气污染问题的潜在方法?
a. 拍卖污染许可证。
b. 赋予公民清新空气的权利,以使企业必须购买污染权。
c. 规定企业可以排向空气中的污染量。
d. 以上各项都对。

17. 当市场不能有效地配置资源时,问题的最终来源通常是
a. 价格没有高到使人们不过度消费。
b. 价格没有低到使企业不过度生产。
c. 没有很好地界定产权。
d. 政府管制。

18. 如果可以阻止一个人使用一种物品,可以说这种物品是
a. 公共资源。
b. 公共物品。
c. 竞争性的。
d. 排他性的。

19. 一条拥挤的收费道路是
a. 私人物品。
b. 公共物品。
c. 公共资源。
d. 由自然垄断生产的物品。

20. 一个经常看公共频道,但没有为公共频道筹资做出贡献的人称为
a. 公共资源。
b. 浪费的搭车者。
c. 搭便车者。
d. 一个不受欢迎的搭车者。
e. 行李超重。

11.4 进阶思考题

电视和广播的信号可以被无数收听者接收而不会降低其他信号消费者的接收质量,但向任何一个信号的消费者收费是不可能的。

1. 电视或广播信号是哪一种物品(私人物品、公共物品、公共资源、由自然垄断生产的物品)? 解释之。

2. 私人行业提供的通常是这种类型的物品吗? 为什么?

3. 自从媒体发明以来,私人公司提供电视和广播。如果它们不向信号接收者收费,它们如何使自己有利可图?

4. 与传统商业电视和商业广播"最接近"的替代选择是什么?

5. 这种较新类型的电视和音乐节目属于哪种类型的物品(私人物品、公共物品、公共资源、由自然垄断生产的物品)?

____

____

11.5 答案

11.5.1 术语与定义

__6__ 排他性

__2__ 竞争性

__1__ 私人物品

__8__ 公共物品

__5__ 公共资源

__9__ 自然垄断

__3__ 搭便车者

__4__ 成本—利益分析

__7__ 公地悲剧

11.5.2 应用题

1. a. 有竞争性和排他性,私人物品。只有一个人可以吃一条鱼。由于它是私人物品,不付费者就可以被排除在外。

   b. 有竞争性,但没有排他性,公共资源。只有一个人可以吃一条鱼,但海洋并不归私人所有,因此,无法排除不付费者。

   c. 没有竞争性,也没有排他性,公共物品。增加一个观众看电视并不减少其他消费者的利益,而且,无法排除不付费者。

   d. 没有竞争性,但有排他性,由自然垄断生产的物品。把更多的房子接上电缆并不减少其他消费者的利益,但有线电视公司可以排除不付费者。

   e. 没有竞争性,也没有排他性,公共物品。一旦有新知识发现,更多的人可以从知识中获益,并不减少其他知识消费者的利益。而且,一旦公开内容,也无法排除不付费者。

   f. 没有竞争性,但有排他性,由自然垄断生产的物品。该知识的使用者增加并不减少其他消费者的利益,因此没有竞争性。如果可以获得专利,别人就不能生产降低胆固醇的药物,因此,它是有排他性的。

   g. 没有竞争性,也没有排他性,公共物品。路上增加一辆汽车并不减少其他消费者的利益,而且,也并不能强制增加的汽车交费。

   h. 有竞争性,但没有排他性,公共资源。增加一辆汽车减少了现有使用者的利益,但无法迫使人们为使用高速公路交费。

   i. 没有竞争性,但有排他性,由自然垄断生产的物品。增加一辆汽车并不减少现有使用者的利益,但如果他们不交费,就可以把他们排除在外。

   j. 有竞争性,但没有排他性,公共资源。如果一个人吃了一个热狗,另一个人就吃不到。但是,一旦提供了,聚会的参加者就不用为吃热狗而付费。

   k. 有竞争性和排他性,私人物品。如果一个人吃了一个热狗,另一个人就吃不到。尽管是由政府提供的,但它仍在出售,因此,可以排除不付费者。

2. a. 有效率，因为总利益是 50 美元 ×1 000 000 = 5 000 万美元，而成本是 4 000 万美元。

b. 如果这条路可以作为收费道路来修建，那么，私人行业就可以使道路有排他性，并且是一个有利可图的项目。

c. 不可能。收费道路通常在农村地区，并且可以作为限制进入的道路，从而有排他性。要使城区道路限制进入或具有排他性极为困难。

d. 应该修建。40 美元。

e. 不能肯定。用问卷调查的结果来定量地分析利益是困难的，而且回答问卷的人没有如实回答的激励。因此，那些使用道路的人高估了他们的利益，而那些很少使用道路的人低估了他们的利益。

11.5.3 简答题

1. 这意味着可以排除那些不为物品付费的人消费该物品。
2. 因为公共物品没有排他性，搭便车者问题使私人行业生产公共物品无利可图。
3. 当人们考虑购买路灯时，他们没有考虑到路灯向其他人提供的外部利益，他们只考虑自己的个人利益。因此，公共物品和引起正外部性的物品都存在生产与消费不足。
4. 没有效率，因为安全气囊预期的利益是(0.002 − 0.001) ×10 000 000 美元 = 10 000 美元，而成本是 12 000 美元。
5. 公共资源的过度消费。因为公共资源是免费的，人们就会过度使用。出售有限量的打猎或钓鱼许可证就限制了使用者的数量。
6. 公共资源是免费的，因此被过度消费。每一个鱼的消费者都没有考虑他们的消费对其他人造成的负面效应，即从社会的角度看引起了过度使用资源。
7. 人们过度使用公共资源，因为他们的利益是正的，而成本是零。如果存在资源的所有权，就实现了有成本地使用资源，并产生社会的最优价格。
8. 食物既有竞争性又有排他性，因此可以由私人市场有效率地提供。道路往往既无竞争性又无排他性，因此不能由私人市场提供，而是由政府提供可能最有效率。
9. 野牛是公共资源，并被过度消费。黄牛是私人物品，并以社会有效率的价格和数量生产并销售。
10. 不是，因为野牛是一种公共产权资源，是免费的。每个打猎者追求自己的最大利益，但没有考虑他的行为对其他人的影响。

11.5.4 判断正误题

1. 错误；既无竞争性又无排他性。
2. 错误；有竞争性，但无排他性。
3. 正确。
4. 错误；它们有排他性，因此得到它们必须支付价格，但它们没有竞争性，因此可以有许多人同时享用它们。
5. 正确。
6. 错误；物品是根据其特征，而不是根据由谁提供来分类的。因此，无论由谁提供，卖给一个消费者的苹果都是私人物品。
7. 正确。
8. 正确。
9. 错误；正的价格是最优的，因为这种价格使鱼的需求量减少到社会最优水平。

10. 错误;在某一点时,提高安全性(减少高速公路上的死亡率)的成本大于生命的价值。
11. 正确。
12. 正确。
13. 正确。
14. 错误;定量分析利益是困难的,而且,回答者没有讲真话的激励。
15. 错误;国防是公共物品的一个例子。

11.5.5 单项选择题

1. c	2. b	3. a	4. d	5. c	6. d	7. c	8. a	9. d	10. b
11. e	12. c	13. b	14. a	15. c	16. d	17. c	18. d	19. a	20. c

11.5.6 进阶思考题

1. 公共物品。因为广播信号既无竞争性又无排他性。
2. 不是,因为提供无法排除不付费者使用的物品是无利可图的。
3. 电台对在广播节目时插播的商业广告收费。这就是为什么称之为商业电视或商业广播的原因。
4. 有线电视、付费电视,以及包括有线音乐在内的有线电视。
5. 由自然垄断生产的物品,因为它没有竞争性,但有排他性。

第 12 章
税制的设计

目　的

在本章中你将

- 大致了解美国政府如何筹资和支出
- 考察税收的效率成本
- 了解评价税制平等的不同方法
- 知道为什么研究税收归宿对评价税收平等是至关重要的
- 考虑在设计税制时效率与平等之间的权衡取舍

效　果

在实现这些目的之后，你应该能

- 从最大到最小列出美国政府税收收入的四种最大来源
- 描述税收的管理负担
- 比较配置税收负担的受益原则与支付能力原则
- 解释为什么税收负担往往会落在纳税人之外的某个人身上
- 讨论统一税的效率与平等

12.1 本章概述

12.1.1 内容与目的

第 12 章是公共部门经济学三章中的第三章。第 10 章论述外部性。第 11 章论述公共物品和公共资源。第 12 章论述税制。税收是不可避免的,因为当政府弥补外部性、提供公共物品,或管制公共资源的使用时,它需要税收收入来完成这些职能。

第 12 章的目的建立在以前各章学过的税收内容的基础之上。我们已经说明了税收减少了市场销售量,税收负担的分配取决于供给和需求的相对弹性,以及税收引起无谓损失。在第 12 章中,我们通过论述美国政府如何筹资和支出来加深我们关于税收的研究。然后,我们论述制定既有效率又平等的税制的困难。

12.1.2 本章复习

导 言

税收是不可避免的,因为当政府弥补外部性、提供公共物品,或管制公共资源的使用时,需要税收收入来完成这些职能。在论述赋税的前几章中,我们知道了,税收减少了市场上的销售量,税收负担的分配取决于供给和需求的相对弹性,以及税收引起无谓损失。现在我们论述美国政府如何筹资和支出,以及制定一个既有效率又平等的税制有多困难。

1. 美国政府的财政概况

美国政府由联邦、州和地方政府组成。随着时间推移,政府的税收收入占总收入的比例越来越大——从 1902 年的 7% 到近些年的 30% 左右。美国的税收负担(用中央政府税收收入占 GDP 的百分比来衡量)是 19% 。当与其他各国比较时,美国的税收负担处于一般水平。欧洲国家的税收负担高于美国,而不发达国家的税收负担低于美国。随着国家越来越富裕,税收负担倾向于增加。

美国联邦政府收取了我们经济中 2/3 的税收。在 2007 年,平均每个美国人向联邦政府支付了 8 503 美元的税收。联邦政府最大的税收收入来源是个人所得税(45%),接下来是社会保障税或工薪税(34%)、公司所得税(14%),以及所有其他税(7%)。家庭税收负担是扣除免税收入(住房抵押贷款利息支付和慈善捐助)之后收入的百分比,而且以抚养人口数量为基础计算。公司利润要交两次税——一次是公司的收入,还有一次是当以红利形式支付利润时的个人收入。“其他税”的范畴包括销售税(特种物品的税)、不动产税以及关税。

在 2007 年,联邦政府最大的支出是社会保障(21%),接下来是国防(20%)、收入保障或福利(14%)、医疗保障(13%)、保健(主要是医疗援助,10%)、净利息(9%),以及包括联邦法院系统、空间计划、农业支持计划和议员薪水的所有其他支出(13%)。社会保障和收入保障是转移支付——政府不以换取物品或劳务为目的的支出。

预算盈余是政府收入大于政府支出。**预算赤字**是政府支出大于政府收入。在现有的法律下,由于社会保障和医疗支出上升,预算赤字仍将继续扩大。

州与地方政府筹集的税收占全部税收的 40% 左右,它们最大的收入来源是销售税(19%),接下来是财产税(17%)、个人所得税(12%)、公司所得税(2%)、联邦政府转移支付

(22%),以及包括许可证收费、公路收费及公共交通收费在内的其他各项(28%)。

州与地方政府支出分别用于教育(34%)、公共福利(18%)、高速公路(6%),以及包括图书馆、警察、清除垃圾、扫雪、消防及公园维护在内的其他各项(42%)。

2. 税收与效率

税收系统应该既有效率,而且又能体现平等。在这里我们论述效率。如果一种税制比另一种税制以更小的纳税人成本筹集了等量收入,这种税制就比另一种税制更有效率。税收的成本包括实际税收支付本身再加上:

- 当税收扭曲了私人决策时产生的无谓损失。
- 当纳税人遵照税法纳税时承担的管理负担。

回想一下第8章中,税收的无谓损失是纳税人经济福利的减少超过了政府筹集到的收入的部分。当买者和卖者根据他们面临的税后价格而不是物品的真实成本和利益配置资源时,就产生了这种损失。由于税收,我们不能生产并消费利益大于生产成本的物品。许多欧洲国家采用征收增值税(value-added tax, VAT)的方式,这是在不同生产阶段征收的一种消费税。

所得税对利息收入征税,从而不鼓励储蓄。而消费税则不会扭曲人们的储蓄决策。

税收的管理负担包括填写税表花费的时间、一年中为税收目的保留记录所花费的时间,以及政府用以实施税法的资源。简化税法能降低管理负担,但这要求消除许多有利于纳税人的漏洞。

平均税率是支付的总税收除以总收入。**边际税率**是增加的一美元收入所支付的额外税收。平均税率对于了解纳税人所做出的牺牲是最合适的。而边际税率对于了解税制在多大程度上扭曲了激励从而导致了无效率是最合适的。由于人们考虑边际量,高边际税率不鼓励人们勤奋工作,从而引起严重的无谓损失。

定额税是无论收入高低对每个人都必须征收的等量税。定额税是最有效率的税收,因为定额税:

- 使边际税率为零,因此不存在扭曲性决策,从而不会引起无谓损失。
- 引起最低的管理负担。

但定额税比较少见。因为它向富人和穷人征收等量的税额,而很多人认为这是不公正的。

3. 税收与平等

对于税收如何产生公平或平等,有不同的原则。**受益原则**认为,应该根据人们从政府劳务中得到的利益来纳税。这个原则可以用来支持为使用公路而支付的汽油税,也可以用来支持富人纳的税应该比穷人多,因为富人从消防、警察保护、国防和法院体系中获益都较多。也可以用这个原则来支持富人为反贫困计划提供资金,因为富人从无贫穷社会的生活中得到的利益大于中产阶级。

支付能力原则认为,应该根据一个人可以承受的负担来对这个人征税。这个原则提出,所有纳税人应该为支持政府做出"平等的牺牲"。"平等的牺牲"的概念引出两种平等概念:纵向平等和横向平等。**纵向平等**认为,支付能力更强的纳税人应该缴纳更多的税收;**横向平等**认为,有相似支付能力的纳税人应该缴纳等量税收。

比例税是高收入和低收入纳税人缴纳收入中同样比例的税收。**累退税**是高收入纳税人缴纳的税收在收入中的比例小于低收入纳税人的税收。**累进税**是高收入纳税人缴纳的税收在收入中的比例大于低收入纳税人的税收。如果税收根据支付能力原则,那么,纵向平等要求,富人支付的税收多于穷人,从而税收应该是累进的。美国的税制是累进的,因为收入最高的20%的美国家庭把收入中的25.5%缴纳了税收,而收入最低的20%的家庭只把收入的4.3%缴纳了税收。在考虑到政府的转移支付之后,最穷的20%的家庭缴纳的税收是-30%(他们得到的大于他们支付的)。

为了评价税收平等性,必须论述税收归宿。这是因为纳税的人往往并不是承担税收负担的人。税收负担的粘蝇纸理论忽视了税收的真实负担,并错误地假定,纳税的人也就是承担税收负担的人。例如,公司所得税向公司征收,但它实际上由公司的所有者、顾客和工人共同承担。

4. 结论:平等与效率之间的权衡取舍

税制的平等与效率的目标往往是冲突的,而且,人们对这两个目标有不同的评价。里根总统关注税制的效率,因此,他主张降低边际税率。克林顿总统更关心税制的平等,因此,他主张提高边际税率。乔治·W.布什则计划把最高税率减少到35%。

12.1.3 有益的提示

(1) 赋税的受益原则表明,人们应该根据他们从政府劳务中得到的利益来纳税。这类似于政府在提供公共物品时利用了使用者交费(政府对使用公共物品收取一个价格)。例如,当使用政府所有的收费公路时,政府可以向直接使用者收费。另一种方法是,政府可以把汽油税作为支付整个道路体系的间接使用费。无论哪一种方法,都是从道路中获益的人为道路支付。

(2) 要记住,只有人在纳税。当我们对一个公司征税时,公司是交税人,但不是纳税人。税收负担将根据公司相关劳动、资本和物品市场的供给和需求弹性而转移给公司的所有者、顾客和工人。

12.1.4 术语与定义

为每个关键术语选择一个定义。

关键术语	定义
_______预算赤字	1. 高收入和低收入纳税人支付收入中相同比例的税收。
_______预算盈余	2. 一种思想,认为应该根据个人可以承受的负担来征税。
_______平均税率	3. 对增加的一美元收入支付的额外税收。
_______边际税率	4. 对每个人都等量的税收。
_______定额税	5. 政府收入大于政府支出。
_______受益原则	6. 一种思想,认为能力更大的纳税人应该缴纳更多税收。
_______支付能力原则	7. 高收入纳税人缴纳的税收占总收入的比例大于低收入纳税人的税收。

______纵向平等　　8. 政府支出大于政府收入。

______横向平等　　9. 一种思想，认为有类似能力的纳税人应该缴纳等量税收。

______比例税　　10. 一种思想，认为应该根据人们从政府劳务中得到的利益来缴纳税收。

______累退税　　11. 支付的总税收除以总收入。

______累进税　　12. 高收入纳税人缴纳的税收占总收入的比例低于低收入纳税人的税收。

12.2 问题与简答题

12.2.1 应用题

1. a. 假设政府对第一个3万美元征收20%的税，对3万美元以上的所有收入征收50%的税。填写下表。

收入(美元)	缴纳的税收(美元)	平均税率(%)	边际税率(%)
10 000	______	______	______
20 000	______	______	______
30 000	______	______	______
40 000	______	______	______
50 000	______	______	______

b. 在a中比较赚了1万美元的人和赚了5万美元的人的税收。这种税制是累进的、累退的，还是比例的？解释之。

____

____

2. a. 假设政府对每个人征收6 000美元的定额税，填写下表。

收入(美元)	缴纳的税收(美元)	平均税率(%)	边际税率(%)
10 000	______	______	______
20 000	______	______	______
30 000	______	______	______
40 000	______	______	______
50 000	______	______	______

b. 比较a中赚了1万美元的人和赚了5万美元的人的税收。这种税制是累进的、累退的，还是比例的？解释之。

____

____

3. a. 假设政府对所有收入征收 20% 的税。填写下表。

收入(美元)	缴纳的税收(美元)	平均税率(%)	边际税率(%)
10 000	______	______	______
20 000	______	______	______
30 000	______	______	______
40 000	______	______	______
50 000	______	______	______

b. 在 a 中比较一个赚了 1 万美元的人和一个赚了 5 万美元的人的税收。这种税制是累进的、累退的,还是比例的？解释之。

4. a. 假设政府对第一个 1 万美元收入征收 40% 的税,而且,对 1 万美元以上的所有收入征收 10% 的税。填写下表。

收入(美元)	缴纳的税收(美元)	平均税率(%)	边际税率(%)
10 000	______	______	______
20 000	______	______	______
30 000	______	______	______
40 000	______	______	______
50 000	______	______	______

b. 在 a 中比较赚了 1 万美元的人和 5 万美元的人的税收。这种税制是累进的、累退的,还是比例的？解释之。

5. a. 假设税制的唯一目标是从赚到 3 万美元的人那里得到 6 000 美元。第 1—4 题中描述的哪一种税制是最好的？为什么？

b. 假设税制的唯一目标是效率。第 1—4 题中描述的哪一种税制是最好的？为什么？

c. 假设税制的唯一目标是基于支付能力原则的纵向平等。第 1—4 题中描述的哪一种税制是最好的？为什么？

12.2.2 简答题

1. 按从大到小的顺序列出联邦政府的收入来源。

2. 按从大到小的顺序列出联邦政府支出的项目。

3. 按从大到小的顺序列出州与地方政府收入的来源。

4. 按从大到小的顺序列出州与地方政府支出的项目。

5. 说一种税收是有效率的是什么意思？如何使税收有效率？

6. 消费税有效率吗？解释之。

7. 定额税有效率吗？解释之。为什么我们在现实世界中很少看到定额税？

8. 解释赋税的受益原则与支付能力原则之间的差别。哪一种赋税原则强调了纵向平等？解释之。

9. 公司所得税真的是由公司支付吗？这就是说，税收负担是落在公司身上吗？解释之。

10. 在美国，所得税对于收入最低的1/5人口是多少，对于收入最高的1/5人口又是多少？美国的所得税是累进的吗？

12.3 自我测试题

12.3.1 判断正误题

______ 1. 美国联邦政府的最大收入来源是个人所得税。
______ 2. 销售税是对收入征收的税。
______ 3. 国防支出是政府转移支付的一个例子。
______ 4. 为了判断税制的纵向平等，应该观察不同收入水平的纳税人的平均税率。
______ 5. 边际税率是判断某种税制在多大程度上扭曲了经济决策的一种合适的税率。
______ 6. 定额税是一种累进税。
______ 7. 定额税是平等的，但没有效率。

________8. 州和地方政府征得的税收多于联邦政府。

________9. 一种有效率的税收是引起无谓损失最小和管理负担最小的税收。

________10. 美国的联邦所得税是累退的。

________11. 如果支付能力相似的纳税人实际上支付的税额也相等,那么这个税制就是横向平等的。

________12. 公司承担了公司所得税的负担。

________13. 边际税率低的税制引起的无谓损失小于边际税率高的税制,并更有效率。

________14. 如果政府有预算赤字,这就意味着政府支出大于政府收入。

________15. 边际税率是支付的总税收除以总收入。

12.3.2 单项选择题

1. 下面哪一项按从大到小的顺序列出了联邦政府的税收收入来源?
   a. 个人所得税、公司所得税、社会保障税。
   b. 公司所得税、个人所得税、社会保障税。
   c. 个人所得税、社会保障税、公司所得税。
   d. 社会保障税、个人所得税、公司所得税。
   e. 以上各项都不是。
2. 在美国,税制是
   a. 累进的。
   b. 累退的。
   c. 比例的。
   d. 定额的。
3. 在 2007 年,平均每个美国人支付的联邦税收约为
   a. 4 500 美元。
   b. 5 500 美元。
   c. 6 500 美元。
   d. 7 500 美元。
   e. 8 500 美元。
4. 以下哪一项按从大到小的顺序列出了联邦政府的支出项目?
   a. 社会保障、国防、收入保障、医疗保障、保健、净利息。
   b. 国防、净利息、社会保障、收入保障、保健、医疗保障。
   c. 保健、国防、净利息、社会保障、收入保障、医疗保障。
   d. 净利息、社会保障、国防、保健、医疗保障、收入保障。
   e. 以上各项都不是。
5. 以下哪一项关于州和地方政府税收和支出的表述是正确的?
   a. 州和地方政府得到的税收收入大于联邦政府。
   b. 州和地方政府最大的支出是教育。
   c. 公司所得税作为州和地方政府税收收入来源大于个人所得税。
   d. 州和地方政府最大的税收收入来源是财产税。
6. 如果联邦政府有预算赤字,那么
   a. 政府支出大于政府收入。
   b. 政府收入大于政府支出。
   c. 政府收入与政府支出相等。
   d. 政府工作人员过剩。
7. Susan 对一条牛仔裤的评价为 40 美元。如果价格是 35 美元,Susan 买一条牛仔裤并产生 5 美元的消费者剩余。假设对牛仔裤征税引起价格上升到 45 美元 Susan 就不买牛仔裤。这个例子证明了
   a. 税收的管理负担。
   b. 横向平等。
   c. 支付能力原则。
   d. 受益原则。
   e. 税收的无谓损失。
8. 高收入纳税人收入中的税收比例低于

低收入纳税人的税收称为

a. 比例税。

b. 累进税。

c. 累退税。

d. 平等税。

9. 一种有效率的税收应该

a. 以纳税人可能的最低成本筹集收入。

b. 使税收的无谓损失最小化。

c. 使税收的管理负担最小化。

d. 以上各项都对。

10. 边际税率是

a. 缴纳的税收除以总收入。

b. 边际工人缴纳的税收。

c. 增加一美元收入缴纳的额外税收。

d. 总收入除以缴纳的总税收。

11. 用来判断税制纵向平等的适当税率是

a. 边际税率。

b. 平均税率。

c. 比例税率。

d. 横向税率。

12. 平均税率是

a. 支付的总税收除以总收入。

b. 边际工人缴纳的税收。

c. 增加一美元收入支付的额外税收。

d. 总收入除以支付的总税收。

13. 以下哪一种税是最有效率的税收?

a. 比例所得税。

b. 累进所得税。

c. 消费税。

d. 定额税。

14. 累进税制是

a. 边际税率低的税制。

b. 边际税率高的税制。

c. 高收入纳税人纳的税多于低收入纳税人。

d. 高收入纳税人收入中纳税的百分比高于低收入纳税人。

用以下关于税制的信息回答第 15—17 题。

收入(美元)	税收额(美元)
10 000	1 000
20 000	2 000
30 000	5 000
40 000	15 000

15. 收入为 2 万美元的纳税人的平均税率是

a. 0

b. 5%

c. 10%

d. 20%

e. 以上各项都不对。

16. 这种税制是

a. 累进的。

b. 定额的。

c. 累退的。

d. 比例的。

17. 收入从 3 万美元增加到 4 万美元的纳税人的边际税率是

a. 0

b. 16.7%

c. 37.5%

d. 100%

e. 以上各项都不是。

18. 税收的支付能力原则提出,如果要使税制纵向平等,税收就应该是

a. 累退的。

b. 比例的。

c. 累进的。

d. 有效率的。

e. 定额的。

19. 下面哪一种税会得到税收的受益原则的支持?

a. 用于为道路支付的汽油税。

b. 用于为国防支付的累进所得税。

c. 用于为警察和法院体系支付的财产税。

d. 用于为反贫困计划支付的累进所得税。

e. 以上各项都会得到税收受益原则的支持。

20. 用于判断税制在多大程度上扭曲了激励和决策的适当税率是

a. 边际税率。

b. 平均税率。

c. 比例税率。

d. 横向税率。

e. 纵向税率。

12.4 进阶思考题

你与朋友争论政治问题。讨论的中心是赋税。你让你的朋友看一些你的经济学教科书中的数据。这些数据表明，在2007年，美国人均缴纳了约8 500美元的联邦所得税。你的朋友说："如果为了维持这个国家的运转需要每个人缴纳8 500美元，那么，我认为，如果我们只给每个美国人开一张8 500美元的账单，并取消复杂的税规，事情就会变得简单得多。"

1. 你的朋友建议的是哪一种类型的税？它的吸引力是什么？

____

____

2. 税收平等的"受益原则"支持这种类型的税吗？解释之。

____

____

3. 税收平等的"支付能力原则"支持这种类型的税吗？它是纵向平等的吗？它是横向平等的吗？

____

____

4. 由于你的朋友承认，她建议的税收是不平等的，现在她建议，我们简单地向富有的公司收税，因为它们显然可以承担得起，然后人们就不用缴纳任何税了。她的观点正确吗？实际上谁将纳税呢？解释她如何错误地运用了赋税的**粘蝇纸理论**。

____

____

12.5 答案

12.5.1 术语与定义

__8__ 预算赤字

__5__ 预算盈余

__11__ 平均税率

__3__ 边际税率

__4__ 定额税

__10__ 受益原则

__2__ 支付能力原则

__6__ 纵向平等

__9__ 横向平等

__1__ 比例税

__12__ 累退税

__7__ 累进税

12.5.2 应用题

1. a.

收入(美元)	缴纳的税收(美元)	平均税率(%)	边际税率(%)
10 000	2 000	20	20
20 000	4 000	20	20
30 000	6 000	20	20
40 000	11 000	27.5	50
50 000	16 000	32	50

b. 累进税,因为一个赚 5 万美元的人的平均税率高于一个赚 1 万美元的人的平均税率。这就是说,富人收入中缴纳税收的比例大于穷人。

2. a.

收入(美元)	缴纳的税收(美元)	平均税率(%)	边际税率(%)
10 000	6 000	60	0
20 000	6 000	30	0
30 000	6 000	20	0
40 000	6 000	15	0
50 000	6 000	12	0

b. 累退税,因为一个赚 1 万美元的人的平均税率高于一个赚 5 万美元的人的平均税率。这就是说,穷人收入中缴纳税收的比例大于富人。

3. a.

收入(美元)	缴纳的税收(美元)	平均税率(%)	边际税率(%)
10 000	2 000	20	20
20 000	4 000	20	20
30 000	6 000	20	20
40 000	8 000	20	20
50 000	10 000	20	20

b. 比例税,因为一个赚 1 万美元的人的平均税率等于一个赚 5 万美元的人的平均税率。

4. a.

收入(美元)	缴纳的税收(美元)	平均税率(%)	边际税率(%)
10 000	4 000	40	10
20 000	5 000	25	10
30 000	6 000	20	10
40 000	7 000	17.5	10
50 000	8 000	16	10

b. 累退税,因为一个赚1万美元的人的平均税率高于一个赚5万美元的人的平均税率。

5. a. 它们都同样适用,因为每种税制都从赚3万美元的人那里得到了6 000美元的税收收入。

   b. 如果引起的无谓损失小,而且管理负担小,这些税就更有效率。第2题中的定额税是零边际税率,因此不扭曲经济决策(没有无谓损失),而且,它简单易行(管理负担小),因此,它最有效率。但是,这种税是累退的。

   c. 第1题中的税制,因为它是唯一的累进税。

12.5.3 简答题

1. 个人所得税、社会保障税、公司所得税以及其他税。
2. 社会保障、国防、收入保障、医疗保障、保健、净利息及其他支出。
3. 销售税、财产税、个人所得税、公司所得税。它们还来自联邦政府和其他收费(许可证收费、道路收费、运费等)。
4. 教育、公共福利、高速公路以及其他支出(图书馆、警察、清除垃圾、扫雪、消防、公园维修)。
5. 如果一种税对纳税人来说以较少的成本筹集了等量收入,这种税就是有效率的。它引起的无谓损失和管理负担较小。
6. 有效率。它比所得税更有效率,因为消费税不对储蓄征税,所以它没有扭曲储蓄决策。所得税对储蓄征税,因此它扭曲了储蓄决策,并引起无谓损失。
7. 有效率。与定额税相关的边际税率是零,因此定额税并不扭曲根据边际量做出的决策,从而没有引起无谓损失。它很少使用是因为它是累退的。
8. 受益原则认为,人们应该根据他们所得到的利益纳税;而支付能力原则认为,应该根据一个人能承担的负担征税。支付能力原则强调纵向平等,因为纵向平等要求纳税能力更强的人缴纳更多的税。
9. 不是。公司所得税向公司征收,但只有人在纳税。税收负担实际上在公司的股东、工人和顾客之间分摊。
10. 4.3%。25.5%。是的。

12.5.4 判断正误题

1. 正确。
2. 错误;销售税是对汽油或酒这类特殊物品征收的税。
3. 错误;转移支付是不以换取物品或劳务为目的的支出。
4. 正确。
5. 正确。
6. 错误;定额税是累退的。
7. 错误;定额税有效率,但不平等。
8. 错误;州与地方政府征得税收的40%左右。
9. 正确。
10. 错误;它是累进的,因为收入高的人收入中用于纳税的百分比更大。
11. 正确。
12. 错误;公司股东、工人和公司物品的购买者共同承担公司所得税的负担。
13. 正确。
14. 正确。
15. 错误;边际税率是增加一美元收入所支付的额外税收。

12.5.5 单项选择题

1. c　2. a　3. c　4. a　5. b　6. b　7. e　8. c　9. d　10. c
11. b　12. a　13. d　14. d　15. c　16. a　17. d　18. c　19. e　20. a

12.5.6 进阶思考题

1. 定额税。这是最有效率的税收——它的边际税率是零,因此,它不扭曲激励,而且,它带来的管理负担最小。
2. 不支持。如果富人从警察和国防这类公共劳务中得到的利益更多,那么,他们缴纳的税收也应该更多。
3. 不支持。富人有更强的支付能力。因此,它不是纵向平等的。然而,从有同样支付能力的人支付等量税收的意义上说,它是横向平等的,因为所有人支付的税收量都相同。
4. 不正确。只有人在纳税——公司只是被征税,公司的所有者、工人和顾客支付税收。赋税的粘蝇纸理论错误地认为,税收负担落在被征税的人或公司身上。

第 5 篇 企业行为与产业组织

第13章 生产成本

目　的

在本章中你将

- 考察企业的生产成本中包括哪些项目
- 分析企业生产过程及其总成本之间的关系
- 了解平均总成本和边际成本的含义，以及它们如何相关
- 考虑一个典型企业的成本曲线的形状
- 考察短期成本和长期成本之间的关系

效　果

在实现这些目的之后，你应该能

- 解释经济利润和会计利润之间的差别
- 利用生产函数推导出总成本曲线
- 解释为什么边际成本曲线必定在平均总成本曲线的最低点与平均总成本曲线相交
- 解释为什么生产函数会在产量水平低时表现出边际产量递增，而在产量水平高时表现出边际产量递减
- 解释为什么随着企业扩大其生产规模，它倾向于首先表现出规模经济，然后是规模收益不变，然后是规模不经济

13.1 本章概述

13.1.1 内容与目的

第 13 章是论述企业行为和产业组织的五章中的第一章。第 13 章的内容非常重要,因为第 14—17 章都是基于第 13 章中提出的概念进行讨论。更加具体地说,第 13 章提出了企业行为所基于的成本曲线。这一篇中的其余各章(第 14—17 章)利用这些成本曲线去提出各种不同市场结构——竞争、垄断、垄断竞争和寡头——中企业的行为。

第 13 章的目的是论述生产成本,并找出企业的成本曲线。这些成本曲线构成了企业的供给曲线。在前几章中,我们从供给曲线开始总结了企业的生产决策。尽管这可以解决许多问题,但现在为了论述经济学中称为产业组织——研究企业的价格和数量决策如何取决于它们面临的市场状况——的这一部分内容,我们必须论述构成供给曲线基础的成本。

13.1.2 本章复习

导　言

在前几章中,我们从供给曲线开始总结了企业的生产决策。这可以解决许多问题。现在为了论述经济学中称为产业组织——研究企业关于价格和数量的决策如何取决于它们所面临的市场状况——的这一部分,我们必须论述构成供给曲线基础的成本。

1. 什么是成本

经济学家通常假设,企业的目的是**利润**最大化。

利润 = 总收益 - 总成本

总收益是企业生产的产量乘以其出售价格。**总成本**较为复杂。经济学家认为企业的生产成本包括生产其产出的所有机会成本。生产的总机会成本是显性和隐性生产成本之和。**显性成本**是需要企业支出货币的投入成本,例如,用于支付原材料、工人工资、租金等的货币流出。**隐性成本**是不需要企业支出货币的投入成本。隐性成本包括企业所有者放弃的为其他人工作能赚到的收入的价值加企业所有者投入企业的金融资本所放弃的利息。

会计师只关注企业的货币流出,因此,他们只记录显性成本。经济学家关注企业的决策,因此,他们关注总机会成本。总机会成本是显性成本和隐性成本之和。由于会计师和经济学家从不同的角度看成本,因此,他们也从不同的角度看利润:

- **经济利润** = 总收益 -(显性成本 + 隐性成本)
- **会计利润** = 总收益 - 显性成本

由于会计师忽略了隐性成本,因此会计利润大于经济利润。企业关于提供物品和劳务的决策受经济利润的驱动。

2. 生产与成本

为了以下的讨论,我们假设,生产设备(工厂)的规模在短期中是固定的。因此,这种分析描述了短期生产决策。

企业的成本反映了其生产过程。**生产函数**表示用于生产一种物品的投入量(横轴)与该物品产量(纵轴)之间的关系。任何一种投入的**边际产量**是增加一单位那种投入所增加的产量。可以用生产函数的斜率或“向上量比向前量”来衡量一种投入的边际产量。生产函数表现出**边际产量递减**——随着一种投入量增加,这种投入的边际产量减少的性质。因此,随着增加到生产过程中的投入量越来越多,生产函数的斜率越来越平坦。

总成本曲线表示生产的产量与总生产成本之间的关系。由于生产过程表现出边际产量递减,随着我们生产的产量越来越多,生产相同产量增量所需要的投入量增加。因此,随着产量增加,总成本曲线以递增的比率上升,或者说越来越陡峭。

3. 成本的各种衡量指标

可以从企业总成本的数据中得出成本的几种衡量指标。成本可以分为固定成本和可变成本。**固定成本**是不随产量变动而变动的成本——例如租金。**可变成本**是随产量变动而变动的成本——例如对原材料和临时工的支出。固定成本和可变成本之和等于总成本。

为了选择生产的最优产量,生产者需要知道典型一单位产量的成本,以及多生产一单位的成本。典型的一单位产量的成本用**平均总成本**来衡量,平均总成本是总成本除以产量,是**平均固定成本**(固定成本除以产量)和**平均可变成本**(可变成本除以产量)之和。**边际成本**是多生产一单位产量所引起的成本。可以用多生产一单位的总成本来衡量边际成本。用符号来表示,如果 Q = 产量,TC = 总成本,ATC = 平均总成本,FC = 固定成本,AFC = 平均固定成本,VC = 可变成本,AVC = 平均可变成本,MC = 边际成本,就有:

$$ATC = TC/Q$$

$$AVC = VC/Q$$

$$AFC = FC/Q$$

$$MC = \Delta TC/\Delta Q$$

当在用纵轴表示成本、用横轴表示产量的图上画出这些曲线时,这些成本曲线将有可预期的形状。在生产水平低时,增加一个工人的边际产量高,因此,增加一单位产量的边际成本就低。在生产水平高时,增加一个工人的边际产量低,因此,增加一单位产量的边际成本就高。这样,由于边际产量递减,边际成本曲线就递增,或向右上方倾斜。平均总成本曲线是U形的,因为在产量水平低时,因为固定成本高所以平均成本高。随着产量增加,平均成本由于固定成本分摊到增加的产量中而下降。但是在某一点上,收益递减开始使平均成本又增加。企业的**有效规模**是使平均总成本最小的产量。只要边际成本小于平均总成本,平均总成本就下降;只要边际成本大于平均总成本,平均总成本就上升。因此,边际成本曲线与平均总成本曲线相交于有效规模点。

到现在为止,我们假设生产函数在各种产量水平表现出边际产量递减,从而在各种产量水平表现出边际成本递增。但是,在产量极低时由于工人的增加使技能专业化成为可能,因此生产往往首先表现出边际产量递增和边际成本递减。在产量水平高时,收益递减最终引起边际成本开始增加,使得我们之前所描述的所有成本曲线关系继续保持下去。特别是:

- 随着产量增加,边际成本最终要上升。
- 平均总成本曲线是U形的。
- 边际成本曲线与平均总成本曲线在平均总成本曲线的最低点相交。

4. 短期成本与长期成本

固定成本与可变成本之间的区别取决于时间范围。在短期中,工厂的规模是固定的,而且,对许多企业来说,变动产量的唯一方法是雇用或解雇工人。在长期中,企业可以改变工厂的规模,而且,所有成本都是可变的。长期平均总成本曲线尽管比短期平均总成本曲线平坦,但仍然是U形的。对每一种特定的工厂规模而言,所有短期成本曲线都在长期成本曲线上或以上。在长期中,企业可以选择自己想要的短期成本曲线。但在短期中,企业必须在它过去选择的短期成本曲线上经营。一些企业比另一些企业更快地达到了长期,因为它们可以较容易地改变工厂规模。

在产量水平低时,企业往往有**规模经济**——长期平均总成本随产量增加而减少的性质。在产量水平高时,企业往往有**规模不经济**——长期平均总成本随产量增加而增加的性质。在中间产量水平时,企业往往有**规模收益不变**——长期平均总成本随产量增加而保持不变的性质。规模经济可能由随着工厂变大工人的专业化程度提高而引起,而规模不经济可能由极大型组织中固有的协调问题引起。两百多年前,亚当·斯密就认识到,使工人可以专门从事某种工作的大工厂是有效率的。

5. 结论

本章提出了一个典型企业的成本曲线。在以下各章中,我们将用这些成本曲线来说明企业如何做出生产和定价决策。

13.1.3 有益的提示

(1) 由于会计师和经济学家从不同角度看成本,从而就从不同角度看利润。一个在会计师看来有利可图的企业,在经济学家看来可能是无利可图的。例如,假设一个企业生产出了价值3万美元的产量,引起了2万美元的显性成本。根据会计师的看法,企业的利润是1万美元。但是,假设企业所有者或管理者在这一时期为另一个企业工作可以赚到1.5万美元。当会计师把企业的利润记为3万美元-2万美元=1万美元时,经济学家认为,企业并未赢利,因为总成本是2万美元+1.5万美元=3.5万美元,这超过了3万美元的总收益。

(2) 在离散数学例子的情况下,边际值由一个变量的范围而不是由一点决定。因此,当我们描出边际值时,我们总是画在所涉及变量范围两个端点的中间。例如,如果我们画从第5单位产量变动到第6单位产量时生产的边际成本,我们计算从第5单位到第6单位时成本的变动,然后画出的这个边际成本大概是在第5.5个单位。注意你教科书中的边际成本曲线,每条边际成本曲线都是以这种方式画出来的。用一种类似的方式,如果我们画出从生产50单位到生产60单位的生产的边际成本,我们画出的生产的这一变动的边际成本大概是在第55个单位。

(3) 长期通常定义为所有投入都可以变动所需要的时期。这就是说,长期是企业能改变生产设备或工厂规模所需要的时期。要注意,这个时期在各个行业中并不相同。例如,铁路的全部投入都可变可能需要许多年,因为铁轨是极为持久的,而且,难以得到修铁路所用的土地。但是,一个冰激凌店只要几个月就可以增加它的生产设备。因此,铁路达到长期所需要的时间比冰激凌店长得多。

13.1.4 术语与定义

为每个关键术语选择一个定义。

关键术语	定　义
______总收益	1. 不随生产量变动而变动的成本。
______总成本	2. 总收益减总成本。
______利润	3. 多生产一单位产量引起的总成本增加。
______显性成本	4. 长期平均总成本随产量增加而下降的性质。
______隐性成本	5. 长期平均总成本随产量变动而保持不变的性质。
______经济利润	6. 不要求企业支出货币的投入成本。
______会计利润	7. 增加一单位投入引起的产量增加。
______生产函数	8. 一个企业在生产中使用的投入的市场价值。
______边际产量	9. 长期平均总成本随产量增加而增加的性质。
______边际产量递减	10. 固定成本除以产量。
______固定成本	11. 随生产量变动而变动的成本。
______可变成本	12. 使平均总成本最小化的产量。
______平均总成本	13. 企业出售其物品所得到的货币量。
______平均固定成本	14. 用于生产一种物品的投入量与该物品产量之间的关系。
______平均可变成本	15. 可变成本除以产量。
______边际成本	16. 总成本除以产量。
______有效规模	17. 一种投入的边际产量随投入量增加而减少的性质。
______规模经济	18. 总收益减包括显性成本与隐性成本在内的总成本。
______规模不经济	19. 总收益减总显性成本。
______规模收益不变	20. 要求企业支出货币的投入成本。

13.2 问题与简答题

13.2.1 应用题

1. Joe 经营一个小型造船厂。他每年可以制造 10 艘船，并以每艘 3.5 万美元的价格出售这些船。建造 10 艘船的原料（玻璃纤维、木头、油漆等）价值是 25 万美元。Joe 已经在生产船所必需的工厂和设备上投资了 50 万美元：其中 20 万美元来自他自己的储蓄，30 万美元是以 10% 的利息借入（假设 Joe 也可以以 10% 的利息把他的钱贷出去）。Joe 可以在与之竞争的船厂工作，每年收入 6 万美元。

   a. Joe 在一年中可以赚到的总收益是多少？

   ____

   ____

b. 在生产 10 艘船时,Joe 引起的显性成本是多少?

____

____

c. Joe 生产 10 艘船的总机会成本(显性与隐性)是多少?

____

____

d. Joe 的会计利润值是多少?

____

____

e. Joe 的经济利润值是多少?

____

____

f. Joe 经营他的船厂真的有利可图吗?解释之。

____

____

2. a. 填写下面的表。它描述了一个路边小店汉堡包的产量和成本。所有数字按每小时衡量。

工人数量	产量	劳动的边际产量	工厂的成本(美元)	工人的成本(美元)	总成本(美元)
0	0		25	0	______
1	6	______	25	5	______
2	11	______	25	10	______
3	15	______	25	15	______
4	18	______	25	20	______
5	20	______	25	25	______

b. 在图 13-1 中画出生产函数。

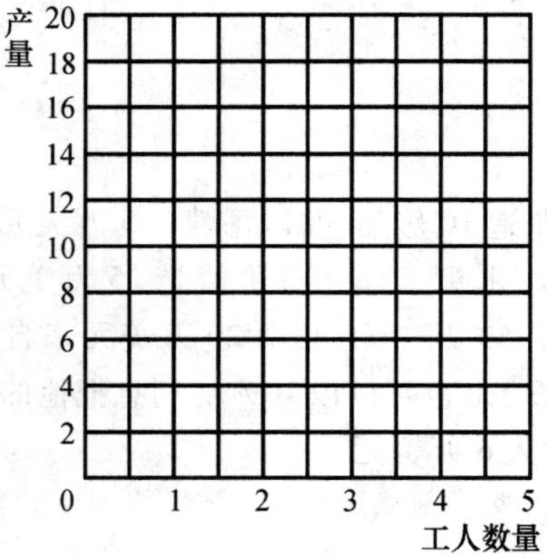

图 13-1

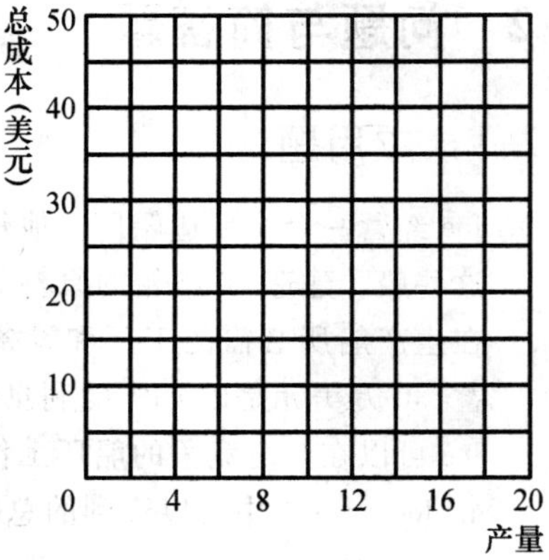

图 13-2

c. 随着工人人数的增加，劳动的边际产量会发生什么变动？为什么？用这种关于劳动边际产量的信息解释你画出的生产函数的斜率。

____

____

d. 在图 13-2 中画出总成本曲线。

e. 解释总成本曲线的斜率。

____

____

3. a. 以下是 Bob 的牛仔裤制造厂的信息。所有数据都是每小时的数据。填写下表。要注意以下缩写：*FC*（固定成本）、*VC*（可变成本）、*TC*（总成本）、*AFC*（平均固定成本）、*AVC*（平均可变成本）、*ATC*（平均总成本）、*MC*（边际成本）。

产量	*FC*（美元）	*VC*（美元）	*TC*（美元）	*AFC*（美元）	*AVC*（美元）	*ATC*（美元）	*MC*（美元）
0	16	0	____	____	____	____	
1	16	18	____	____	____	____	____
2	16	31	____	____	____	____	____
3	16	41	____	____	____	____	____
4	16	49	____	____	____	____	____
5	16	59	____	____	____	____	____
6	16	72	____	____	____	____	____
7	16	90	____	____	____	____	____
8	16	114	____	____	____	____	____
9	16	145	____	____	____	____	____
10	16	184	____	____	____	____	____

b. 在图 13-3 中画出 *AFC*、*AVC*、*ATC* 和 *MC* 曲线（注意：在画 *MC* 曲线之前先阅读有益的提示第 2 条）。

c. 解释你在 b 中画出的每条曲线的斜率。

____

____

d. 解释 *ATC* 与 *MC* 之间的关系。

____

____

e. 解释 *ATC*、*AFC* 和 *AVC* 之间的关系。

____

____

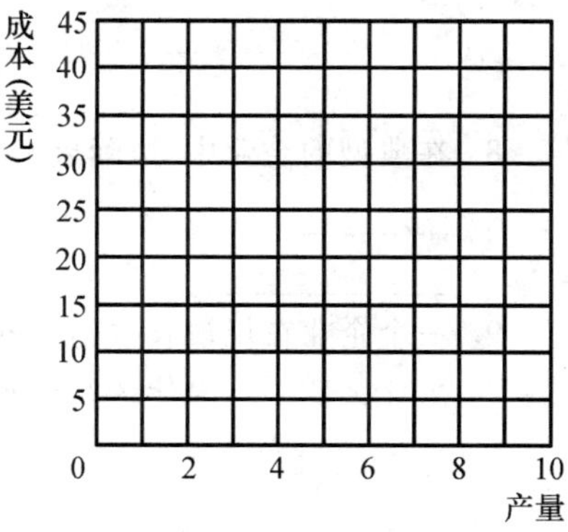

图 13-3

f. Bob 的有效规模是多少？你如何找出有效规模？解释之。

____

____

13.2.2 简答题

1. 什么是利润？

2. 经济利润与会计利润有什么不同？

3. 假设你自己拥有并经营一个企业。再假设利率上升了，而且，另一个企业向你提供了一份收入是你认为自己在劳动市场上价值的两倍的工作。你的会计利润会发生什么变动？你的经济利润会发生什么变动？你更可能还是更不可能继续经营你的企业？

4. 解释生产函数和总成本曲线之间的关系。

5. 企业管理人员的薪水是固定成本还是可变成本？为什么？

6. 一个企业的有效规模是多大？

7. 解释边际成本和平均总成本之间的关系。

8. 在典型的企业中，边际成本曲线的形状是什么样的？为什么是这样？

9. 一个企业在规模收益不变的区域运营。如果企业扩大生产，短期中平均总成本会发生什么变动？为什么？长期中平均总成本会发生什么变动？为什么？

10. 当一个小企业扩大其经营规模时，为什么它首先经历规模收益递增？当同一个企业增长到极大时，为什么经营规模的继续扩大会引起规模收益递减？

13.3 自我测试题

13.3.1 判断正误题

_______1. 总收益等于企业出售其物品所得到的货币量。

_______2. 支付给工人的工资和薪水是生产的隐性成本的例子。

_______3. 如果总收益是 100 美元,显性成本是 50 美元,隐性成本是 30 美元,那么,会计利润等于 50 美元。

_______4. 如果有隐性成本,会计利润将大于经济利润。

_______5. 当一个生产函数变得平坦时,边际产量增加。

_______6. 如果一个企业在同等规模的工厂内雇用更多工人,它最终会经历边际产量递减。

_______7. 如果一个企业的生产函数表现出边际产量递减,相应的企业总成本曲线将随产量扩大而变得平坦。

_______8. 固定成本加可变成本等于总成本。

_______9. 平均总成本是总成本除以边际成本。

_______10. 当边际成本低于平均总成本时,平均总成本必定下降。

_______11. 如果随着产量增加,生产函数首先表现出边际产量递增,而后表现出边际产量递减,相应的边际成本曲线将是 U 形的。

_______12. 平均总成本曲线与边际成本曲线相交于边际成本曲线的最低点。

_______13. 长期中平均总成本曲线比短期中平均总成本曲线更平坦。

_______14. 一个企业的有效规模是使边际成本最小的产量。

_______15. 在长期中,随着企业扩大其生产设备,它通常先经历规模不经济,然后是规模收益不变,最后是规模经济。

13.3.2 单项选择题

1. 会计利润等于总收益减
   a. 隐性成本。
   b. 显性成本。
   c. 隐性与显性成本之和。
   d. 边际成本。
   e. 可变成本。
2. 经济利润等于总收益减
   a. 隐性成本。
   b. 显性成本。
   c. 隐性与显性成本之和。
   d. 边际成本。
   e. 可变成本。

用以下信息回答第 3—4 题。Madelyn 拥有一个小陶器厂。她可以每年生产 1 000 件陶器,并以每件 100 美元出售这些陶器。Madelyn 生产 1 000 件陶器要耗用 2 万美元原料。她在她的工厂和设备上投资了 10 万美元:5 万美元来自她的储蓄,5 万美元是以 10% 的利息借入(假设她也能以 10% 的利息把她的钱贷出去)。Madelyn 可以在一个与之竞争的陶器厂中求得一份每年 4 万美元收入的工作。

3. Madelyn 陶器厂的会计利润是
   a. 3 万美元。

b. 3.5 万美元。

c. 7 万美元。

d. 7.5 万美元。

e. 8 万美元。

4. Madelyn 陶器厂的经济利润是

a. 3 万美元。

b. 3.5 万美元。

c. 7 万美元。

d. 7.5 万美元。

e. 8 万美元。

5. 如果存在生产的隐性成本

a. 经济利润将大于会计利润。

b. 会计利润将大于经济利润。

c. 经济利润与会计利润将相等。

d. 经济利润总等于零。

e. 会计利润总等于零。

6. 如果生产函数表现出边际产量递减，它的斜率

a. 随着投入量增加变得平坦。

b. 随着投入量增加变得陡峭。

c. 是线性的(一条直线)。

d. 可以是以上任何一种。

7. 如果生产函数表现出边际产量递减，相应的总成本曲线的斜率

a. 随着产量增加变得平坦。

b. 随着产量增加变得陡峭。

c. 是线性的(一条直线)。

d. 可以是以上任何一种。

用以下信息回答第 8—9 题。

工人数量	产量
0	0
1	23
2	40
3	50

8. 随着生产从雇用一个工人变动到雇用两个工人，劳动的边际产量是

a. 0

b. 10

c. 17

d. 23

e. 40

9. 上述的生产过程表现出

a. 劳动的边际产量不变。

b. 劳动的边际产量递增。

c. 劳动的边际产量递减。

d. 规模收益递增。

e. 规模收益递减。

10. 以下哪一项是短期中的可变成本?

a. 向工厂工人支付的工资。

b. 工厂设备的租金。

c. 工厂的租金。

d. 为借贷资本支付的利息。

e. 向高层管理人员支付的薪水。

用以下信息回答第 11—14 题。

产量	固定成本(美元)	可变成本(美元)	总成本(美元)	边际成本(美元)
0	10	0	______	
1	10	5	______	______
2	10	11	______	______
3	10	18	______	______
4	10	26	______	______
5	10	36	______	______

11. 生产 4 单位的平均固定成本是

a. 26 美元。

b. 10 美元。

c. 5 美元。

d. 2.5 美元。

e. 以上各项都不是。

12. 生产 3 单位的平均总成本是

a. 3.33 美元。

b. 6 美元。

c. 9.33 美元。

d. 18 美元。

e. 28 美元。

13. 生产从 3 单位变动到 4 单位的边际成本是

a. 5 美元。

b. 6 美元。

c. 7 美元。

d. 8 美元。

e. 9 美元。

14. 生产的有效规模是

a. 1 单位。

b. 2 单位。

c. 3 单位。

d. 4 单位。

e. 5 单位。

15. 当边际成本低于平均总成本时

a. 平均固定成本增加。

b. 平均总成本减少。

c. 平均总成本增加。

d. 平均总成本最小。

16. 如果边际成本等于平均总成本

a. 平均总成本增加。

b. 平均总成本减少。

c. 平均总成本最小。

d. 平均总成本最大。

17. 如果随着产量增加,生产函数首先表现出边际产量递增,然后表现出边际产量递减,那么,相应的边际成本曲线将

a. 向右上方倾斜。

b. 是 U 形的。

c. 向右下方倾斜。

d. 是平坦的(水平的)。

18. 在长期中,如果非常小的工厂扩大其生产规模,最初它很可能经历

a. 规模经济。

b. 规模收益不变。

c. 规模不经济。

d. 平均总成本增加。

19. 生产的有效规模是使以下哪一项最小的产量?

a. 平均总成本。

b. 边际成本。

c. 平均固定成本。

d. 平均可变成本。

20. 以下哪一项表述是正确的?

a. 在长期中所有成本都是固定的。

b. 在长期中所有成本都是可变的。

c. 在短期中所有成本都是固定的。

d. 在短期中所有成本都是可变的。

13.4 进阶思考题

你的朋友有一个大花园,并种植了水果和蔬菜,以便在当地的农产品市场上出售。你的朋友评论说:“我雇了一个休暑假的大学生在这个夏天帮助我,我的生产翻了一番还多。明年夏天,我想,我将雇两三个帮手,那样,我的产量就会增加三四倍还多。”

1. 如果所有生产过程最终都表现出可变投入的边际产量递减,你的朋友雇用 1 个帮手(工人数量翻一番),他的产量就翻一番还多,这可能是正确的吗?为什么?

____

____

2. 他雇用更多的工人,并在产量上获得更大比例的增长,这可能吗?为什么?

____

____

3. 在长期中,如果你的朋友想继续雇用工人,并想使这些工人引起产量的同比例增长,他该怎么做?解释之。即使在长期中,你的朋友能永远扩大他的生产规模,并保持平均总成本最低吗?解释之。

____

____

13.5 答案

13.5.1 术语与定义

13	总收益	1	固定成本
8	总成本	11	可变成本
2	利润	16	平均总成本
20	显性成本	10	平均固定成本
6	隐性成本	15	平均可变成本
18	经济利润	3	边际成本
19	会计利润	12	有效规模
14	生产函数	4	规模经济
7	边际产量	9	规模不经济
17	边际产量递减	5	规模收益不变

13.5.2 应用题

1. a. 10 × 3.5 万美元 = 35 万美元。
   b. 25 万美元 + (30 万美元 × 0.1) = 28 万美元。
   c. 25 万美元 + (50 万美元 × 0.1) + 6 万美元 = 36 万美元。
   d. 35 万美元 − 28 万美元 = 7 万美元。
   e. 35 万美元 − 36 万美元 = −1 万美元。
   f. 无利可图。Joe 如果到竞争对手的工厂工作而不经营自己的工厂，他可以赚到 6 万美元加他 20 万美元金融资本 10% 的利息共计 8 万美元，而他的工厂每年只赚 7 万美元会计利润，因此他为经营自己的工厂要付出 1 万美元的代价（经济损失）。

2. a

工人数量	产量	劳动的边际产量	工厂的成本（美元）	工人的成本（美元）	总成本（美元）
0	0		25	0	25
1	6	6	25	5	30
2	11	5	25	10	35
3	15	4	25	15	40
4	18	3	25	20	45
5	20	2	25	25	50

   b. 参看图 13-4。
   c. 边际产量递减，因为增加的工人要共同使用生产设备，而且工作区域更拥挤了。生产函数的斜率是投入量变动引起的产量变动，即劳动的边际产量。由于劳动的边际产量是递减的，生产函数的斜率随着所使用的投入量的增加而变得平坦。
   d. 参看图 13-5。

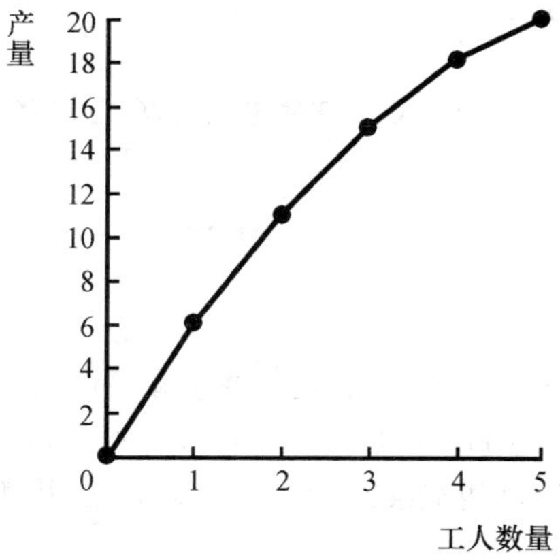

图 13-4

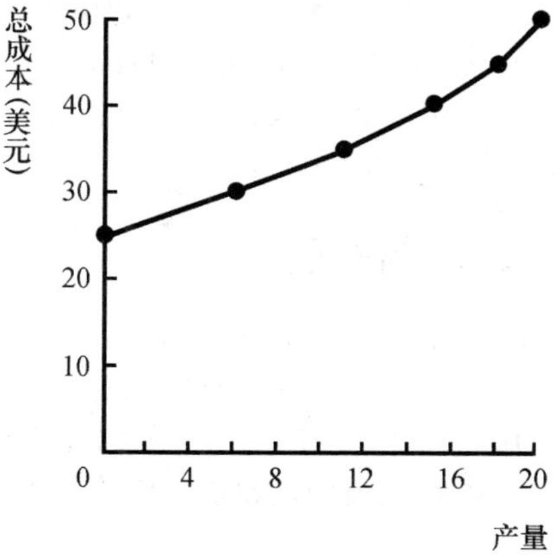

图 13-5

e. 由于劳动的边际产量递减，随着产量增加，总成本曲线越来越陡峭。这就是说，为了多生产同样的单位增量，企业必须使用越来越多的投入量，从而成本以递增的比率增加。

3. a.

数量	*FC*(美元)	*VC*(美元)	*TC*(美元)	*AFC*(美元)	*AVC*(美元)	*ATC*(美元)	*MC*(美元)
0	16	0	16	—	—	—	
1	16	18	34	16.00	18.00	34.00	18
2	16	31	47	8.00	15.50	23.50	13
3	16	41	57	5.33	13.67	19.00	10
4	16	49	65	4.00	12.25	16.25	8
5	16	59	75	3.20	11.80	15.00	10
6	16	72	88	2.67	12.00	14.67	13
7	16	90	106	2.29	12.86	15.14	18
8	16	114	130	2.00	14.25	16.25	24
9	16	145	161	1.78	16.11	17.88	31
10	16	184	200	1.60	18.40	20.00	39

b. 参看图 13-6。

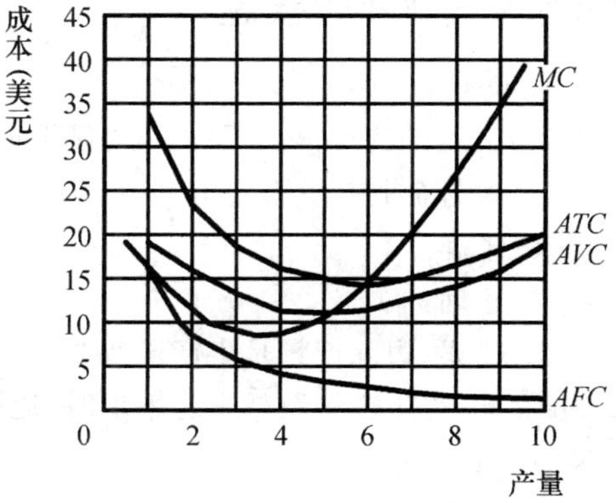

图 13-6

c. 随着产量增加，*AFC* 下降，因为固定成本分摊在更多的产量上。由于可变投入的边际产量递增，前 4 个单位的 *MC* 下降。此后，由于边际产量递减，*MC* 上升。由于同样的原因，*AVC* 和 *MC* 一样是 U 形的。由于 *AFC* 下降和边际产量递增，*ATC* 下降。由于边际产量递减，在较高的生产水平时，*ATC* 上升。

d. 当 *MC* 低于 *ATC* 时，*ATC* 必定下降。当 *MC* 高于 *ATC* 时，*ATC* 必定上升。因此，

MC 与 ATC 相交于 ATC 曲线的最低点。

e. AFC 加 AVC 等于 ATC。

f. 6 条牛仔裤。有效规模是使 ATC 最小的产量。它也位于 MC 与 ATC 曲线相交之处。

13.5.3 简答题

1. 利润 = 总收益 - 总成本。
2. 经济利润是总收益减显性成本和隐性成本。会计利润是总收益减显性成本。
3. 会计利润不变。经济利润减少,因为隐性成本增加了——你投资的货币的机会成本和你的时间的机会成本增加了。你更不可能继续经营你自己的企业,因为更加无利可图了。
4. 总成本曲线反映了生产函数。当一种投入表现出边际产量递减时,由于投入增加量增加的产量越来越少,生产函数越来越平坦。相应的,随着生产量增加,总成本曲线越来越陡峭。
5. 是固定成本,因为支付给管理人员的薪水不随产量变动而变动。
6. 是使平均总成本最小的生产量。
7. 当边际成本低于平均总成本时,平均总成本曲线必定下降。当边际成本高于平均总成本时,平均总成本曲线必定上升。因此,边际成本曲线与平均总成本曲线在平均总成本曲线的最低点相交。
8. 一般来说,边际成本曲线是 U 形的。在产量极小时,由于允许工人专业化生产,企业往往会经历边际产量递增。因此,边际成本下降。在某一点时,企业将经历边际产量递减,而且,边际成本曲线将开始上升。
9. 在短期中,生产设备的规模是固定的,因此,当增加工人时,企业将经历收益递减和平均总成本递增。在长期中,企业将同时扩大工厂规模和工人数量,而且,如果企业经历了规模收益不变,平均总成本就将在最低时保持不变。
10. 当一个小企业扩大其生产规模时,更高的生产水平可以使工人更加专业化,从而长期平均总成本下降。当一个庞大的企业继续扩大时,很可能产生协调问题,从而长期平均总成本开始增加。

13.5.4 判断正误题

1. 正确。
2. 错误;工资和薪水是生产的显性成本,因为企业有货币支出。
3. 正确。
4. 正确。
5. 错误;边际产量是生产函数的斜率,因此,当生产函数越来越平坦时,边际产量递减。
6. 正确。
7. 错误;边际产量递减意味着为了生产相同的产量增量,要求越来越多的投入量,因此,总成本以递增的比率增加。
8. 正确。
9. 错误;平均总成本是总成本除以产量。
10. 正确。
11. 正确。
12. 错误;边际成本曲线与平均总成本曲线在平均总成本曲线的最低点相交。
13. 正确。

14. 错误;有效规模使平均总成本最小。

15. 错误;随着生产规模扩大,企业通常经历规模经济、规模收益不变,以及规模不经济。

13.5.5 单项选择题

1. b	2. c	3. d	4. a	5. b	6. a	7. b	8. c	9. c	10. a
11. d	12. c	13. d	14. d	15. b	16. c	17. b	18. a	19. a	20. b

13.5.6 进阶思考题

1. 是的。许多生产过程首先表现出可变投入(在这种情况下是工人)的边际产量递增。这种结果可能由于劳动专业化而发生。在雇用第二个工人之后,一个工人可以专门从事除草,而另一个工人可以专门从事浇水。
2. 不可能。如果任何一种投入(比如说花园的规模)是固定的,在某一点时,企业将经历可变投入的边际产量递减。这就是说,在某一点时,花园将变得拥挤,而且,增加工人所增加的产量越来越少。
3. 很可能是花园如此之小,以至于如果通过扩大花园规模并雇用更多工人来扩大经营规模,企业会经历规模经济。你的朋友不能无限地扩大他的经营规模,因为在某一点时,企业变得如此之大,以至于产生协调问题,从而企业会经历规模不经济。

第 14 章
竞争市场上的企业

目　的

在本章中你将

- 了解竞争性市场的特点是什么
- 考察竞争企业如何决定生产多少产量
- 考察竞争企业如何决定什么时候暂时停产
- 考察竞争企业如何决定进入还是退出一个市场
- 知道企业行为如何决定市场短期和长期供给曲线

效　果

在实现这些目的之后,你应该能

- 列出作为竞争性市场的三个条件
- 在一个竞争企业的成本曲线图上确定其供给曲线
- 说明为什么在企业物品价格低于平均可变成本时,企业就暂时停产
- 说明为什么如果企业物品价格低于平均总成本,企业就永远退出一个市场
- 说明为什么竞争市场上的长期供给曲线比短期供给曲线更富有弹性

14.1 本章概述

14.1.1 内容与目的

第 14 章是论述企业行为和产业组织的五章中的第二章。第 13 章提出了企业行为所依据的成本曲线。在第 14 章中将运用这些曲线来说明一个竞争企业如何对市场状况变动做出反应。第 15—17 章用这些曲线来说明有市场势力的企业(垄断的、垄断竞争的,以及寡头的企业)如何对市场状况的变动做出反应。

第 14 章的目的是考察竞争企业——没有市场势力的企业——的行为。前一章中提出的成本曲线说明了竞争市场上供给曲线背后的决策。

14.1.2 本章复习

导 言

在本章中,我们考察竞争企业——没有市场势力的企业——的行为。有市场势力的企业可以影响其出售的物品的市场价格。前一章中提出的供给曲线说明了竞争市场上供给曲线背后的决策。

1. 什么是竞争市场

竞争市场有两个主要特征:

- 市场上有许多买者与卖者。
- 各个卖者提供的物品大体上相同。

这两种状况的结果是,每个买者和卖者都是价格接受者。有时也将下面第三个条件认为是竞争市场的特征:

- 企业可以自由进入或退出市场。

竞争市场上的企业努力使利润最大化,利润等于总收益减总成本。总收益(TR)是 $P \times Q$。由于一个竞争企业和市场相比是微不足道的,因此,它接受市场条件给定的价格。因此,总收益和销售的产量同比例变化——销售的产量翻一番,总收益也翻一番。

平均收益(AR)等于总收益(TR)除以产量,或者 $AR = TR/Q$。由于 $TR = P \times Q$,因此,$AR = (P \times Q)/Q = P$。这就是说,对所有企业来说,平均收益等于物品的价格。

边际收益(MR)等于增加一单位销售量所引起的总收益变动,或者 $MR = \Delta TR/\Delta Q$。当销售量增加一单位时,总收益增加的货币量为 P。因此,对竞争企业来说,边际收益等于物品的价格。

2. 利润最大化与竞争企业的供给曲线

企业通过比较边际收益和边际成本使利润最大化。对于竞争企业来说,边际收益固定为一种物品的价格,而边际成本是随着产量而增加的。利润最大化有三个一般性规律:

- 如果边际收益大于边际成本,企业应该增加其产量。
- 如果边际成本大于边际收益,企业应该减少其产量。
- 在利润最大化的产量水平时,边际收益与边际成本正好相等。

假设有一个具有典型成本曲线的企业。从图上看,边际成本(MC)向右上方倾斜,平均总成本（ATC）是U形的，而且，MC与ATC相交于ATC的最低点。如果在图中画出$P = AR = MR$这条线，我们就可以看出，企业将根据MR和MC的交点来选择使利润最大化的产量。这就是说，企业将选择生产$MR = MC$的产量。在任何一个低于最优量的数量时，$MR > MC$。如果增加产量，利润就增加；在任何一个高于最优量的数量时，$MC > MR$，如果减少产量，利润就增加。

如果价格上升，企业的反应就是把生产增加到新的更高的$P = AR = MR$与MC相交的一点上。这就是说，企业向上移动其MC曲线，直至再一次达到$MR = MC$时。因此，因为企业的边际成本曲线决定了企业在任何一种价格时愿意供给的物品数量，所以，边际成本曲线是竞争企业的供给曲线。

如果生产得到的收益小于生产的可变成本（VC），企业就暂时停止营业（什么也不生产）。暂时停业的例子是农民在一个季度让土地闲置，以及餐馆不供应午餐。就暂时停止营业而言，企业不考虑固定成本，它们被认为是**沉没成本**，或者无法收回的成本，因为企业无论是否生产物品，都必须支付这些成本。从数学上说，如果$TR < VC$，两边同除以Q，并得出$TR/Q < VC/Q$，即$AR = MR = P < AVC$，企业应该停止营业。这就是说，如果$P < AVC$，企业应该停止营业。因此，竞争企业的短期供给曲线是在平均可变成本曲线以上的那一部分边际成本曲线。

一般来说，除了竞争企业的例子之外，所有理性决策者在做出经济决策时都考虑边际量而不考虑沉没成本。理性决策者从事边际收益大于边际成本的活动。

在长期中，如果从生产中得到的收益小于总成本，企业将退出市场（永久性地停止经营）。如果企业退出一个行业，它就可以节省固定成本和可变成本，或者总成本。从数学上说，如果$TR < TC$，两边同除以Q，并得出$TR/Q = TC/Q$，即$AR = MR = P < ATC$，企业将退出市场。因此，竞争企业的长期供给曲线是平均总成本曲线之上的那部分边际成本曲线。

一个竞争企业的利润等于（$TR - TC$）除以Q，并乘以Q，得出利润为（$TR/Q - TC/Q$）$\times Q$，或者利润等于（$P - ATC$）$\times Q$。如果价格上升到ATC之上，企业有利润；如果价格在ATC之下，企业将亏损，并最终选择退出市场。

3. 竞争市场的供给曲线

在短期中，市场上企业的数量是固定的，因为企业不能迅速进入或退出一个市场。因此，在短期中，市场供给曲线是各个企业平均可变成本曲线之上的边际成本曲线的水平相加。这就是说，市场供给曲线只是每个价格时市场上每家企业供给量的简单加总求和。由于单个企业的边际成本曲线向右上方倾斜，因此，短期市场供给曲线也向右上方倾斜。

在长期中，企业可以进入和退出市场。假设所有企业都有同样的成本曲线。如果市场上的企业都赚到利润，新企业就将进入市场，这增加了供给量，并引起价格一直下降到经济利润为零时为止；如果市场上的企业出现亏损，一些现有企业将退出市场，这减少了供给量，并引起价格一直上升到经济利润为零时为止。在长期中，仍留在市场上的企业必定赚到零经济利润。因为利润为（$P - ATC$）$\times Q$，所以，只有当$P = ATC$时，利润才等于零。由于对竞争企业来说，$P = MC$和MC与ATC相交于ATC的最低点，因此，在可以自由进入与退出的竞争市场的长期均衡中，企业一定是在其有效规模上运营。此外，由于价格高于或低于最低的ATC时，企业进入或退出市场，因此，价格总是回到每个企业最小的ATC，但市场总供给量会随企业数量而增加或减少。因此，只有一种价格与零利润一致，而且，长期市场供给曲线在这个价格上是水平的(完全有弹性)。

竞争企业尽管在长期中赚到零经济利润,但仍然继续经营。回想一下,经济学家把总成本定义为包括企业的所有机会成本,因此,零利润均衡补偿了企业所有者的时间和货币投资。

在短期中,需求增加使一种物品价格上升,而且,现有企业获得经济利润;在长期中,这就吸引新企业进入市场,引起相应的市场供给增加,这种供给的增加引起物品价格下降到与经济利润一致的原来水平,但现在市场上的销售量增加了。因此,如果企业现在在竞争行业中赚到高利润,它们就会预期到会有新企业进入市场,未来价格和利润将会下降。

一般情况下,长期市场供给曲线完全有弹性,但长期市场供给曲线会由于两个原因而向右上方倾斜:

- 如果生产所需要的投入的供给是有限的,某一行业中企业扩大将引起所有现有企业的成本随供给量增加而增加,从而价格上升。
- 如果企业有不同的成本(一些企业比另一些企业有效率),为了吸引新的、效率不高的企业进入市场,价格就应该增加到能弥补效率不高企业的成本的水平。在这种情况下,长期中,边际企业只赚到了零经济利润,而效率较高的企业赚到了利润。

无论如何,由于企业在长期中可以比短期中更容易地进入和退出,因此,长期市场供给曲线比短期市场供给曲线更富有弹性。

4. 结论:在供给曲线背后

供给决策基于边际分析。在竞争市场上供给物品的利润最大化企业会在边际成本等于价格等于最低平均总成本时生产。

14.1.3 有益的提示

(1) 我们确定了,在短期中,只要价格等于或高于平均可变成本,企业就会生产 $P=MC$ 的产量。明白这种行为逻辑的另一种方法是认识到,由于无论生产水平如何都必须支付固定成本,在任何时间,企业至少要弥补其可变成本,任何超过这种可变成本的额外收益都可以用于弥补其固定成本。因此,在短期中,如果企业在价格高于平均可变成本时停止营业,就会有亏损。结果,企业的短期供给曲线是平均可变成本曲线以上的那一部分边际成本曲线。

(2) 回想一下理性决策者考虑边际量。任何一种行为的决策规则是,我们应该做边际收益大于边际成本的事,并一直坚持到边际收益等于边际成本时为止。将这个决策规则直接转换为企业的生产决策就是,企业的生产应该持续到其增加的产量使边际收益(企业的边际利益)等于边际成本时为止。

(3) 在本章中,我们推导出了利润 $=(P-ATC)\times Q$ 的利润方程式。用文字来说,这个公式说明,利润等于每单位的平均利润乘以销售量。记住这一点是有帮助的。即使在亏损的情况下,这一点也是正确的。如果价格小于平均总成本,利润就等于每单位的平均亏损乘以销售量。

14.1.4 术语与定义

为每个关键术语选择一个定义。

关键术语	定义
_______价格接受者	1. 在某个时期内，由于现在市场状况引起的暂时停止生产的短期决策。
_______竞争市场	2. 许多买者和卖者交易相同物品，以致每个买者和卖者都是价格接受者的市场。
_______平均收益	3. 总收益除以销售量。
_______边际收益	4. 已经付出而且无法收回的成本。
_______停止营业	5. 增加的销售量引起的总收益变动。
_______退出市场	6. 竞争市场上必须接受市场决定的价格的买者和卖者。
_______沉没成本	7. 永久地停止生产并离开市场的决策。

14.2 问题与简答题

14.2.1 应用题

1. 以下市场可能是完全竞争的吗？解释之。

   a. 汽油市场

   ____

   ____

   b. 牛仔裤市场

   ____

   ____

   c. 玉米和大豆之类的农产品市场

   ____

   ____

   d. IBM 股票的市场

   ____

   ____

   e. 电器市场

   ____

   ____

   f. 有线电视市场

   ____

   ____

2. a. 下表包含了 Barry 棒球制造厂的收益和成本的信息。所有数据的单位都是小时。如果价格等于 3 美元，填写与 Barry 生产相应的第一栏的数字（TR = 总收益，TC =

总成本，MR = 边际收益，MC = 边际成本）。

Q	TR，$P=3$ 美元	TC（美元）	利润	MR	MC	TR，$P=2$ 美元	利润	MR
0	______	1	______			______	______	
1	______	2	______	______	______	______	______	______
2	______	4	______	______	______	______	______	______
3	______	7	______	______	______	______	______	______
4	______	11	______	______	______	______	______	______
5	______	16	______	______	______	______	______	______

b. 如果每个棒球的价格是 3 美元，Barry 的最优生产水平是多少？你用来确定最优生产水平的标准是什么？

____

____

c. 棒球市场上的长期均衡价格是每个棒球 3 美元吗？解释之。棒球市场将发生什么调整？长期中价格会发生什么变动？

____

____

d. 假设棒球价格下降到 2 美元。填写上表其余几栏。当价格是每个棒球 2 美元时，利润最大化的产量水平是多少？当棒球价格是 2 美元时，Barry 棒球制造厂赚到了多少利润？

____

____

e. 棒球市场上的长期均衡价格是每个棒球 2 美元吗？解释之。为什么 Barry 在这种利润水平时应该继续生产？

____

____

f. 描述棒球市场上短期供给曲线的斜率。描述棒球市场上长期供给曲线的斜率。

____

____

3. a. 在图 14-1 中，画出在长期均衡时，对应于市场均衡的某个有代表性的企业的成本曲线。

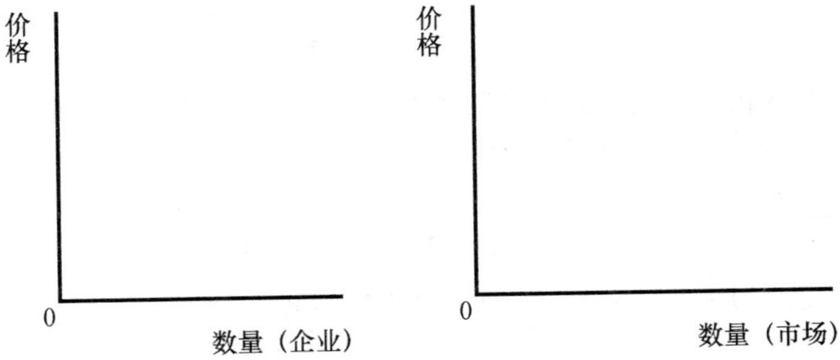

图 14-1

b. 假设这种物品的需求减少。在图 14-2 中,说明这种物品市场上需求的移动,以及在这一有代表性的企业的成本曲线上相应的利润或亏损。

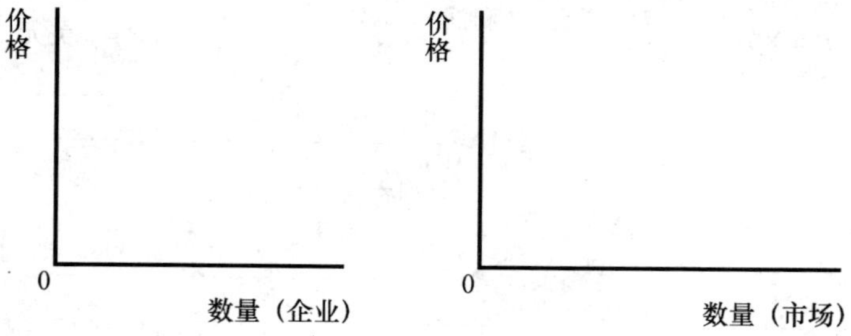

图 14-2

c. 在图 14-3 中,说明为了使市场和企业回到长期均衡而发生的调整。

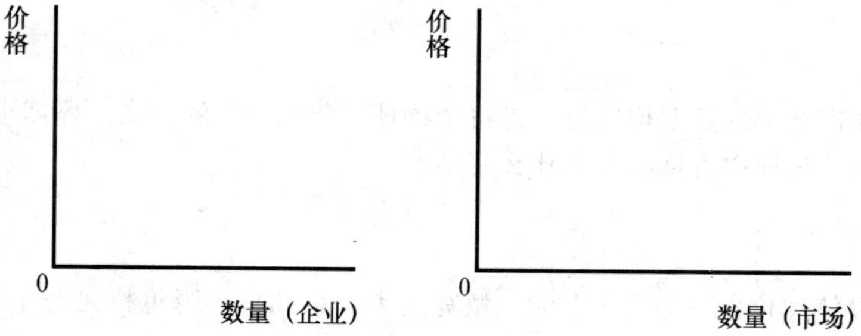

图 14-3

d. 在市场回到长期均衡之后,价格高了、低了,还是与原来的价格一样？在市场上生产的企业数量多了、少了,还是不变？

14.2.2 简答题

1. 作为竞争市场特征的三个条件是什么？

2. 考虑一个竞争市场上的某个企业。如果它的产量翻了一番,总收益会发生什么变动？为什么？

3. 如果一个企业在边际收益大于边际成本时生产,它可以通过增加产量、减少产量,还是保持产量不变来增加利润？为什么？

4. 一个竞争企业的短期供给曲线如何构成？解释之。

5. 一个竞争企业的长期供给曲线如何构成？解释之。

____

____

6. 你去你们的校园书店，并看到印有你们大学校徽的咖啡杯。它值 5 美元，而你的评价是 8 美元，因此你买了它。在你走回汽车的路上，你把这个杯子掉在地上摔成了碎片。你应该再买一个呢，还是回家呢（因为现在总支出为 10 美元，大于你对它的评价 8 美元）？为什么？

____

____

7. 假设企业的物品价格高于生产的平均可变成本，但低于生产的平均总成本。在短期中企业将停止营业吗？解释之。在长期中企业将退出市场吗？解释之。

____

____

8. 为什么在竞争市场的长期均衡（有自由进入与退出）时，必定是所有企业都在有效规模时经营？

____

____

9. 为什么短期市场供给曲线向右上方倾斜，而长期市场供给曲线是完全有弹性的？

____

____

10. 在什么条件之下，长期市场供给曲线向右上方倾斜？

____

____

14.3 自我测试题

14.3.1 判断正误题

______1. 市场成为完全竞争的唯一要求是市场上有许多买者与卖者。

______2. 对于一个竞争企业，边际收益等于物品的销售价格。

______3. 如果一个竞争企业出售了三倍于原来的产量，它的总收益也增加到原来的三倍。

______4. 当企业生产的产量达到边际成本等于边际收益的一点时，这个企业的利润最大。

______5. 如果在企业现在的产量水平时，边际成本大于边际收益，那么，如果企业提高其产量水平，就可以增加其利润。

______6. 一个竞争企业的短期供给曲线是位于其平均总成本曲线上的那一部分边际成本曲线。

______7. 一个竞争企业的长期供给曲线是位于其平均可变成本曲线上的那一部分边际成本曲线。

______8. 在短期中，如果企业的物品价格高于其平均可变成本，但低于其生产的平均总成本，该企业将暂时停止营业。

______9. 在竞争市场上，买者和卖者都是价格接受者。

______10. 在长期中，如果企业物品得到的价格低于其生产的平均总成本，一些企业就将退出市场。

______11. 在短期中，一种物品的市场供给曲线是每个企业在每种价格时的供给量之和。

______12. 短期市场供给曲线比长期市场供给曲线富有弹性。

______13. 在长期中，完全竞争企业赚到少量正经济利润。

______14. 在长期中，如果企业是相同的，而且自由进入与退出市场，那么市场上的所有企业都在其有效规模上经营。

______15. 如果一种物品的价格上升到高于生产的最低平均总成本，正的经济利润就将引起新企业进入市场，这使价格回到生产的最低平均总成本。

14.3.2 单项选择题

1. 以下哪一项不是完全竞争市场的特征？
   a. 市场上有许多买者与卖者。
   b. 用于销售的物品大体上是相同的。
   c. 企业可以自由进入或退出市场。
   d. 企业在长期中产生少量正经济利润。
   e. 以上都是。
2. 以下哪一个市场最接近于满足完全竞争市场的要求？
   a. 金块。
   b. 电器。
   c. 有线电视。
   d. 汽水。
   e. 以上各项都是。
3. 如果一个竞争企业的产量翻了一番，它的总收益
   a. 翻了一番还多。
   b. 翻一番。
   c. 翻了不到一番。
   d. 不能确定，因为物品的价格可能上升或下降。
4. 对于一个竞争企业，边际收益等于
   a. 该物品的销售价格。
   b. 平均收益除以销售量。
   c. 总收益除以销售量。
   d. 所销售的物品量。
5. 当竞争企业生产的产量达到以下哪一点时，它的利润最大？
   a. 边际成本等于总收益。
   b. 边际收益等于平均收益。
   c. 边际成本等于边际收益。
   d. 价格等于平均可变成本。
6. 如果竞争企业的生产水平是边际收益等于边际成本，那么，企业______就可以增加利润。
   a. 增加生产，
   b. 减少生产，
   c. 把生产维持在现有水平上，
   d. 暂时停止营业，

根据图 14-4 回答第 7—11 题。

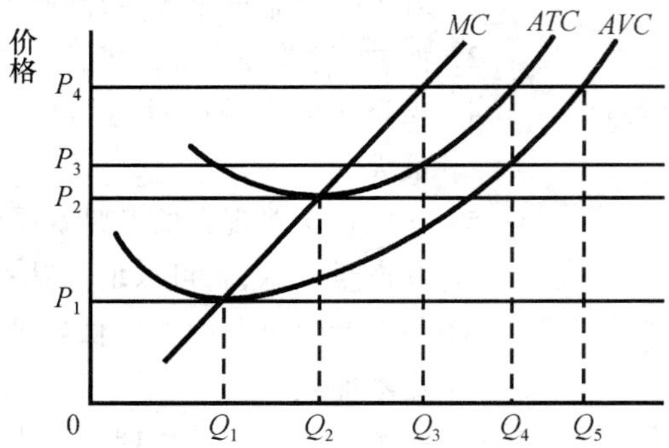

图 14-4

7. 如果价格是 P_4，产量为______时，竞争企业就可以实现利润最大化。
   a. Q_1
   b. Q_2
   c. Q_3
   d. Q_4
   e. Q_5
8. 如果价格是 P_4，企业将得到的利润等于面积
   a. $(P_2 - P_1) \times Q_2$
   b. $(P_3 - P_2) \times Q_3$
   c. $(P_4 - P_2) \times Q_4$
   d. $(P_4 - P_3) \times Q_3$
   e. 以上各项都不是。
9. 在短期中，价格低于______时，竞争企业就将暂时停止营业。
   a. P_1
   b. P_2
   c. P_3
   d. P_4
10. 在长期中，价格低于______时，一些竞争企业就将退出市场。
   a. P_1
   b. P_2
   c. P_3
   d. P_4
11. 在长期中，竞争均衡是
   a. P_1, Q_1
   b. P_2, Q_2
   c. P_4, Q_3
   d. P_4, Q_4
   e. P_4, Q_5
12. 在短期中，竞争企业的供给曲线是
   a. 整个边际成本曲线。
   b. 平均总成本曲线以上的那部分边际成本曲线。
   c. 平均可变成本以上的那部分边际成本曲线。
   d. 平均总成本曲线中向右上方倾斜的部分。
   e. 平均可变成本曲线中向右上方倾斜的部分。
13. 在长期中，竞争企业的供给曲线是
   a. 整个边际成本曲线。
   b. 平均总成本曲线以上的那部分边际成本曲线。
   c. 平均可变成本曲线以上的那部分边际成本曲线。
   d. 平均总成本曲线中向右上方倾斜的部分。
   e. 平均可变成本曲线中向右上方倾斜的部分。
14. 一个杂货店在以下哪种情况下应该在晚上关门？
   a. 仍然开业的总成本大于仍然开业带来的总收益。
   b. 仍然开业的总成本小于仍然开业带来的总收益。
   c. 仍然开业的可变成本大于仍然开业带来的总收益。
   d. 仍然开业的可变成本小于仍然开业带来的总收益。
15. 长期市场供给曲线
   a. 总是比短期市场供给曲线富有弹性。
   b. 总是比短期市场供给曲线缺乏弹性。
   c. 与短期市场供给曲线有同样的弹性。
   d. 总是完全有弹性的。
16. 在长期中，如果用于销售的物品的价格低于______一些企业就将退出市场。
   a. 边际收益，
   b. 边际成本，
   c. 平均收益，
   d. 平均总成本，
17. 如果市场上所有企业都有相同的成本结构，而且，市场上一种物品生产所用的投入容易得到，那么，该物品

的长期市场供给曲线应该是

a. 完全有弹性。

b. 向右下方倾斜。

c. 向右上方倾斜。

d. 完全无弹性。

18. 如果生产一种物品所需要的一种投入供给有限,以致该行业扩大引起市场上所有现有企业的成本增加,那么,该物品的长期市场供给曲线可能是

a. 完全有弹性。

b. 向右下方倾斜。

c. 向右上方倾斜。

d. 完全无弹性。

19. 如果一种物品的长期市场供给曲线是完全有弹性的,在长期中,该物品需求增加将引起

a. 该物品价格上升和市场上企业数量增加。

b. 该物品价格上升,但市场上企业数量不增加。

c. 市场上企业数量增加,但该物品价格不上升。

d. 对物品价格和市场上企业数量都没有影响。

20. 在完全竞争市场的长期均衡时,企业在以下哪一种状态时经营?

a. 它们的平均总成本曲线的最低点。

b. 边际成本与边际收益相交的点。

c. 它们的有效规模。

d. 零经济利润。

e. 以上各项都对。

14.4 进阶思考题

在美国某些地区,沃尔玛商场和一些大型超市一年 365 天、一天 24 小时开业是普遍的。

1. 你在凌晨两点与朋友走进沃尔玛商场买一些录像带。你的朋友说:“我不认为这些商场应该整夜开业。15 个出口中只要有 1 个开放。在这个商场里不会有超过 10 名购物者。整夜开业对这家商场没有什么意义。”向你的朋友解释,为了使整夜开业对沃尔玛有利,必须具备什么条件呢。

____

____

2. 当沃尔玛做出夜晚是否开业的决策时,租金、设备、货架的成本以及管理人员的工资等是相关的吗?

____

____

3. 如果沃尔玛白天的顾客人数和你观察到的夜间人数一样多,你认为它应该继续经营吗?解释之。

____

____

14.5 答案

14.5.1 术语与定义

__6__ 价格接受者

__1__ 停止营业

___2___ 竞争市场　　___7___ 退出
___3___ 平均收益　　___4___ 沉没成本
___5___ 边际收益

14.5.2 应用题

1. a. 是的，许多买者和卖者，而且，不同卖者的物品几乎是相同的。
   b. 也许不是，许多买者和卖者，但物品并不相同（Levi's 与 Lee），因此，并不是每个卖者都是价格接受者。
   c. 是的，许多买者和卖者，而且，不同卖者的物品是相同的。
   d. 是的，许多买者和卖者，而且，不同卖者的物品是相同的。
   e. 不是，少数卖者（往往只有一个）。如果有多个卖者，物品将是相同的。
   f. 不是，少数卖者（往往只有一个）。如果有多个卖者，物品几乎是相同的。
2. a.

Q	TR，$P=3$ 美元	TC	利润	MR	MC	TR，$P=2$ 美元	利润	MR
0	0	1	-1			0	-1	
1	3	2	1	3	1	2	0	2
2	6	4	2	3	2	4	0	2
3	9	7	2	3	3	6	-1	2
4	12	11	1	3	4	8	-3	2
5	15	16	-1	3	5	10	-6	2

   b. 最优生产水平是每小时 2 个或 3 个棒球。这个生产水平使利润最大（2 美元），而且，这也是 $MC=MR$（3 美元）的产量水平。
   c. 不是，因为 Barry 赚到了 2 美元的正经济利润。这些利润将吸引新企业进入棒球市场，市场供给将增加，而且，价格将下降到经济利润为零时。
   d. 见上表的答案。最优生产水平是每小时 1 个或 2 个棒球。Barry 没有赚到正经济利润。
   e. 是的。经济利润为零，而且，企业既不进入也不退出该行业。零经济利润意味着，Barry 没有赚到超过他生产的机会成本的钱，但他的收益弥补了他投入的成本、他的时间与金钱的价值。
   f. 短期供给曲线的斜率是正的，因为当 $P=2$ 美元时，供给量是每个企业 1 或 2 个单位；而当 $P=3$ 美元时，供给量是每个企业 2 或 3 个单位。在长期中，供给在 $P=2$ 美元时是水平的（完全有弹性），因为高于 2 美元的任何一种价格都将引起企业进入，并使价格下降到 2 美元。
3. a. 参看图 14-5。
   b. 参看图 14-6。
   c. 参看图 14-7。
   d. 价格回到最初的水平。在这个市场上只有几家企业生产。

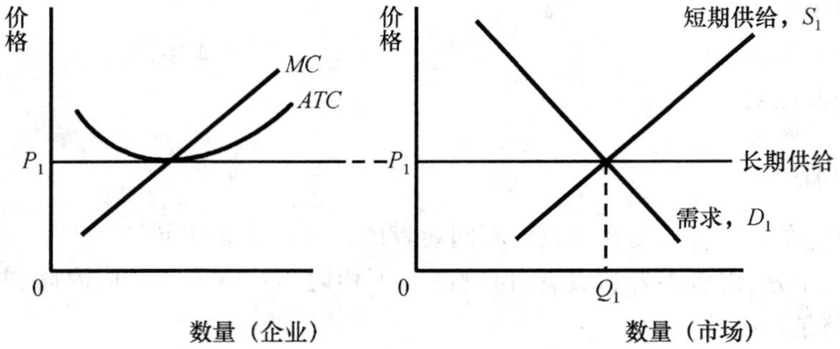

图 14-5

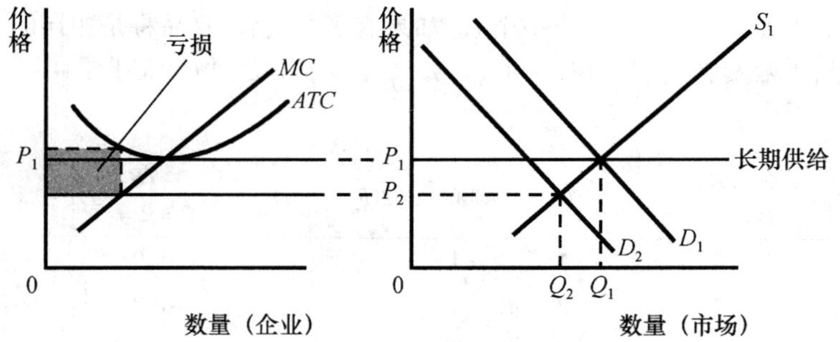

图 14-6

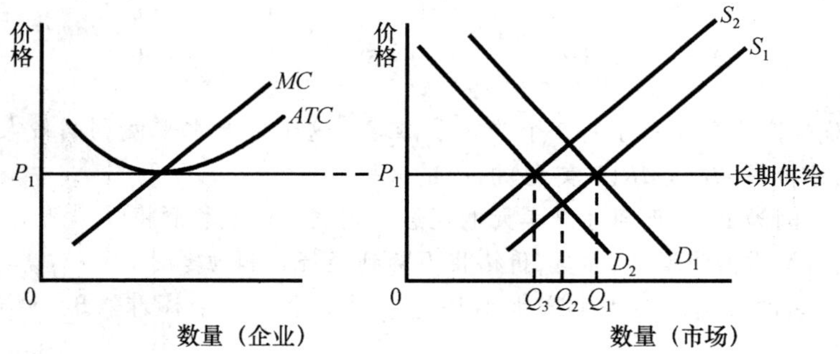

图 14-7

14.5.3 简答题

1. 有许多买者与卖者，用于销售的物品大体上是相同的，而且，企业可以自由进入或退出市场。
2. 总收益翻一番。这是因为在竞争市场上，价格并不受任何一个个别企业销售量的影响。
3. 如果 $MR > MC$，增加产量将增加利润，因为增加的一单位产量所增加的收益大于增加的成本。
4. 它是企业平均可变成本曲线以上的那部分边际成本曲线，因为企业的利润在 $P = MC$ 时最大，而且，在短期中，固定成本或沉没成本是无关的，企业应该只弥补其可变成本。
5. 它是企业平均总成本曲线以上的那部分边际成本曲线，因为企业的利润在 $P = MC$ 时最大,而且,在长期中,企业应该弥补其总成本,否则它就应该退出市场。

6. 你应该购买另一个咖啡杯,因为边际收益(8 美元)将大于边际成本(5 美元)。打碎的杯子是沉没成本,而且无法弥补。因此,它是无关的。
7. 不应该停止营业。在短期中,企业的固定成本是沉没成本,因此企业将继续营业,因为它只需要弥补其可变成本。在长期中企业应该退出市场。在长期中,企业必须弥补总成本,而且,如果 $P < ATC$,企业在长期中就有亏损,并将退出市场。
8. 在长期均衡时,企业必须获得零经济利润,以便企业不进入或退出该行业。当 $P = ATC$ 时就出现了零利润,而且,对竞争企业来说,$P = MC$ 决定了生产水平。只有在 ATC 最低时,才有 $P = ATC = MC$。
9. 在短期中,企业不能退出或进入市场,因此,市场供给曲线是现有企业向右上方倾斜的 MC 曲线的水平相加。但是,在长期中,如果价格高于或低于最低 ATC,企业就将进入或退出市场,这使价格总要回到每个企业的 ATC 的最低点,但市场总供给量随企业数量增加或减少。因此,市场供给曲线是水平的。
10. 条件是生产所需要的一种投入的供给是有限的,或者企业有不同的成本。

14.5.4 判断正误题

1. 错误;用于销售的物品大体上是相同的,而且,(可能)企业可以自由进入或退出市场。
2. 正确。
3. 正确。
4. 正确。
5. 错误;如果企业减少产量,它就增加了利润。
6. 错误;它是平均可变成本曲线以上的那部分 MC 曲线。
7. 错误;这是平均总成本曲线以上的那部分 MC 曲线。
8. 错误;只要价格高于平均可变成本,企业在短期中将继续经营。
9. 正确。
10. 正确。
11. 正确。
12. 错误;长期市场供给曲线比短期市场供给曲线富有弹性。
13. 错误;在长期中它们赚到了零经济利润。
14. 正确。
15. 正确。

14.5.5 单项选择题

1. d	2. a	3. b	4. a	5. c	6. a	7. c	8. d	9. a	10. b
11. b	12. c	13. b	14. c	15. a	16. d	17. a	18. c	19. c	20. e

14.5.6 进阶思考题

1. 对于沃尔玛来说,要整个晚上保持开业(并不暂时停止营业),它夜晚的总收益必须等于或大于其增加开业时间所引起的可变成本(电力、夜班工人的工资等)。
2. 是不相关的。这些成本是固定成本或沉没成本——即使沃尔玛选择夜晚不开业,这些成本也得不到弥补。
3. 不应该继续经营。这是因为暂时停止营业决策(夜晚仍然开业)取决于总收益是否等于或大于可变成本,但长期中留在市场上的决策取决于总收益是否等于或大于总成本。晚上赚到的收益弥补总成本(固定成本与可变成本)是不大可能的。

第 15 章
垄　断

目　的

在本章中你将

- 了解为什么某些市场只有一个卖者
- 分析垄断者如何决定产量和收取的价格
- 说明垄断者的决策如何影响经济福利
- 考虑各种旨在解决垄断问题的公共政策
- 说明垄断者为什么要对不同的顾客收取不同的价格

效　果

在实现这些目的之后,你应该能

- 列出垄断者能成为市场上某种物品唯一卖者的三个原因
- 用垄断者的成本曲线和它所面临的需求曲线解释垄断者所赚取的利润
- 说明垄断者生产决策所带来的无谓损失
- 说明一个垄断者的价格歧视可以使经济福利增加到标准垄断定价所引起的经济福利之上这一惊人结果
- 说明为什么迫使自然垄断者收取它生产的边际成本引起垄断者亏损

15.1 本章概述

15.1.1 内容与目的

第 15 章是论述企业行为和产业组织的五章中的第三章。第 13 章提出了企业行为所依据的成本曲线。在第 14 章中运用这些成本曲线说明了竞争企业如何对市场状况变动做出反应。在第 15 章中,又运用了这些成本曲线,说明了一个垄断企业如何选择生产的数量和收取的价格。第 16 章和第 17 章将论述垄断竞争和寡头企业做出的决策。

一个垄断者是一种没有相近替代品的物品的唯一卖者。这样,它就有市场势力,因为它可以影响自己物品的价格。这就是说,一个垄断者是与价格接受者相反的价格制定者。第 15 章的目的是考察垄断者的生产和定价决策、它们市场势力的社会含义,以及政府可能用什么方式对垄断者引发的问题做出回应。

15.1.2 本章复习

导 言

垄断者有市场势力,因为它们可以影响自己物品的价格。这就是说,垄断者是与价格接受者相反的价格制定者。竞争企业选择的生产量要使既定的市场价格等于生产的边际成本,而垄断者收取的价格大于边际成本。在本章中,我们考察垄断者的生产和定价决策、它们市场势力的社会含义,以及政府可能用什么方式对垄断者引发的问题做出回应。

1. 为什么会产生垄断

垄断企业是一种没有相近替代品的物品的唯一卖者的企业。只有存在进入壁垒,垄断者才能是市场上唯一的卖者。这就是说,其他企业不能进入该市场并与之竞争。进入壁垒有三个来源:

- 垄断资源:一种关键资源由唯一的一个企业所拥有。例如,如果一个企业拥有镇上的唯一一口水井,它就是销售水的垄断者。戴比尔斯基本上就是钻石市场的一个垄断者,因为它控制了世界钻石产量的 80%。这样的垄断来源其实并不多。
- 政府管制:政府赋予单个企业排他性地生产某种物品或劳务的权利。当政府赋予发明者专利(可持续 20 年)和作者版权时,它就使某人成为那种物品的唯一生产者。好处是它提高了对创造性活动的激励,而代价将在本章后面部分详细讨论。
- 生产过程:生产成本使单个生产者比大量生产者更有效率。当一个企业能以低于两个或更多企业的成本向整个市场供给一种物品时,就产生了**自然垄断**。当在相关产量范围内存在规模经济时,自然垄断就产生了。这就是说,一个企业的平均总成本可以一直下降到能以最低成本供给整个市场的数量。这种成本优势是一种自然进入壁垒,因为成本较高的企业发现,进入这类市场是不利的。常见的例子是水和电力配送等公用事业。

2. 垄断者如何做出生产与定价决策

相对于市场而言,一个竞争企业是微不足道的。因此,它接受市场条件所给定的价格。

由于在既定的价格上，竞争企业想卖多少就可以卖多少，因此，竞争企业面临一条在市场价格时完全有弹性的需求曲线。垄断者是其市场上的唯一生产者，所以，它面对的是整个向右下方倾斜的市场需求曲线。垄断者可以通过选择数量和买者愿意支付的价格来选择需求曲线上任何一种价格—数量组合。正如竞争企业一样，垄断者选择使利润（总收益减总成本）最大化的产量。

由于垄断者面临一条向右下方倾斜的需求曲线，如果它希望销售更多数量，它就必须降低物品的价格。因此，当它多销售一单位时，增加的销售数量引起总收益（$P \times Q$）的两种效应：

- 产量效应：Q 上升了。
- 价格效应：P 下降了（对边际单位和它已经销售出去的单位）。

由于垄断者在卖出每一单位时必须降低价格，因此，当它增加一单位产量时，垄断者的边际收益（$\Delta TR/\Delta Q$）随产量的增加而递减，而且，边际收益总是小于物品的价格。

与竞争企业一样，垄断者在边际收益（MR）等于边际成本（MC）的产量水平时利润最大。随着 Q 增加，MR 减少而 MC 增加。因此，在产量水平低时，$MR > MC$，而且，Q 增加就增加了利润。在产量水平高时，$MC > MR$，而且，Q 减少就增加了利润。因此，垄断者应该在 $MR = MC$ 这一点上生产。这就是说，利润最大化的产量水平是由边际收益和边际成本曲线相交决定的。由于 MR 曲线在需求曲线之下，垄断者通过 $MR = MC$ 相交找出需求曲线来确定所收取的价格。

回想一下，对于竞争企业，由于企业面对的需求曲线是完全有弹性的，因此，$P = MR$，利润最大化的均衡要求 $P = MR = MC$。但是，对垄断企业，$P > MR$，因此，利润最大化的均衡要求 $P > MR = MC$。结果，在竞争市场上，价格等于边际成本；而在垄断市场上，价格大于边际成本。

药品市场的例子与我们的理论是一致的。在专利保护期内，药品价格高；当专利到期而且可以生产无专利药品时，价格大幅度下降。

与竞争市场一样，垄断利润为 $(P - ATC) \times Q$，或者利润等于每单位的平均利润乘以销售量。

3. 垄断的福利代价

垄断市场能使用总剩余衡量的经济福利最大化吗？不妨回想一下，总剩余是消费者剩余和生产者剩余之和。竞争市场上的供求均衡自然而然地使总剩余最大，因为所有买者评价大于或等于卖者生产成本的产量都被生产出来了。

一个垄断者要生产社会有效量（通过生产所有买者评价大于或等于生产成本的产量而使总剩余最大化），它就必须生产边际成本曲线与需求曲线相交的产量水平。但是，垄断者选择生产边际收益曲线与边际成本曲线相交的产量水平。由于垄断者的边际收益曲线总在需求曲线之下，所以，垄断者生产低于社会有效的产量。

垄断者生产的少量物品使垄断者可以收取高于边际成本的价格。因此，垄断者引起了无谓损失，因为在垄断价格高时，消费者不能购买评价高于垄断者成本的产量。

垄断产生的无谓损失与税收产生的无谓损失类似，而且，垄断者的利润类似于税收收入，不同的是政府得到了税收收入，私人企业得到了垄断利润。由于垄断者赚到的利润只是从消费者剩余转变为生产者剩余，所以垄断利润并不是一种社会成本。垄断的社会成本是当垄断者生产的产量低于其有效量时引起的无谓损失。

4. 价格歧视

价格歧视是以不同的价格向不同顾客出售同一种物品的经营做法。价格歧视只能由垄断者这样有市场势力的企业来实行。关于价格歧视有三个值得注意的内容：

- 价格歧视是利润最大化垄断者的理性策略，因为在向每个顾客收取接近于他的个人支付意愿的价格时，垄断者的利润增加了。
- 价格歧视要求能根据顾客的支付意愿——由年龄、收入、地区等——划分顾客。如果存在套利（在一个市场上低价购买物品并在另一个市场上高价卖出的过程），价格歧视就无法实施。
- 价格歧视可以增进经济福利，这是因为产量会超过在垄断定价时的结果。但是，增加的剩余（减少的无谓损失）由生产者而不是消费者获得。

当垄断者向每个顾客收取的价格完全等于其支付意愿时，就产生了完全价格歧视。在这种情况下，生产并消费有效产量，而且没有无谓损失。但是，总剩余以利润的形式归垄断者所有。在现实中，不可能实现完全价格歧视。不完全价格歧视可能提高、降低或不改变市场上的总剩余。

价格歧视的例子包括电影票、民航机票、折扣券、大学学费资助、数量折扣以及百老汇的演出票等。

5. 对垄断的公共政策

垄断不能有效地配置资源，因为它们生产的产量小于社会最优产量，并收取高于边际成本的价格。决策者可以有四种方式对垄断问题做出回应：

- 努力使垄断行业更有竞争性。司法部可以运用反托拉斯法（旨在降低垄断力量的法规）来阻止减少竞争的合并，为增强竞争而分解极大的公司，并阻止公司合谋。然而，合并可能在降低成本的同时又提高了效率。因此，政府要知道阻止哪一种合并和允许哪一种合并是困难的。
- 管制垄断者的行为。公共事业这类自然垄断收取的价格通常由政府管制。要求一个自然垄断确定的价格等于其边际成本，就可以消费有效率的产量，但垄断者将赔钱，因为如果平均可变成本下降，边际成本必定低于平均可变成本。因此，垄断者将退出该行业。管制者的回应是，可以用税收收入（税收收入引起其本身的无谓损失）补贴自然垄断者，或者允许以平均总成本定价，这提高了垄断定价，但与边际成本定价一样无效率。管制价格的另一个问题是，垄断者没有降低成本的激励，因为当它们的成本下降时，其物品的价格也要下降。
- 把一些私人垄断企业变为公共企业。除了管制自然垄断收取的价格外，政府也可以自己经营垄断。邮政是一个例子。经济学家对私有制的偏爱大于政府公有制，因为私人所有者有更大的激励使成本最小化。
- 不作为。由于以上每一种解决方法都有缺点，一些经济学家主张，让垄断自行其是。他们相信，现实世界中“政治失灵”的代价要大于垄断定价引起的“市场失灵”。

6. 结论：垄断的普遍性

在某种意义上说，垄断是普遍的，因为大多数企业对它们收取的价格都有某种控制力。另一方面，有相当大垄断力的企业是极少的。垄断力量只不过是一个程度问题。

15.1.3 有益的提示

（1）垄断者可以选择产量，并找出买者愿意支付的价格，或者，垄断者可以选择价格，并找出买者将购买的数量。这就是说，垄断者仍然要服从于其物品的需求曲线。如果高价格和高产量的组合并不在垄断者所面临的需求曲线上，垄断者就不能选择这种组合。

（2）垄断者并不能保证能赚到利润。我们任何一个人都可以在生产封面镶金的教科书中成为一个垄断者（因为现在没有这种物品的生产者），但这种物品的需求可能低到无法弥补生产成本。类似的，得到一种物品的专利并不能保证专利持有者未来的利润。

15.1.4 术语与定义

为每个关键术语选择一个定义。

关键术语	定　义
______垄断企业	1. 由于一个企业能以低于两个或更多企业的成本向整个市场供给一种物品或劳务而产生的垄断。
______自然垄断	2. 一种没有相近替代品的物品的唯一卖者的企业。
______价格歧视	3. 垄断者可以向每个顾客准确地收取其支付意愿的情况。
______套利	4. 以不同价格向不同顾客出售同一种物品的经营做法。
______完全价格歧视	5. 在一个市场上以低价买进一种物品并在另一个市场上以高价卖出的过程。

15.2 问题与简答题

15.2.1 应用题

1. a. 使垄断者成为一种物品唯一卖者的进入壁垒所需要的三个来源是什么？

____

____

b. 作为以下物品或生产者垄断力量来源的进入壁垒是什么？列出一些打破这些物品或生产者的绝对垄断力量的竞争者。

（1）美国邮政劳务系统

____

____

（2）派瑞矿泉水

____

____

（3）普罗扎克（一种品牌药）

____

____

(4) 戴比尔斯钻石

____

____

(5) 由 N. 格里高利 · 曼昆写的《经济学原理》(你的教科书)

____

____

(6) 爱迪生电力公司

____

____

2. 假设一个企业拥有一项生产独一无二的熏鲑鱼的特殊加工专利。下表提供了该企业这种物品面对的需求信息。

鲑鱼(磅)	价格(美元)	总收益($P\times Q$)	边际收益($\Delta TR/\Delta Q$)
0	20	______	
1	18	______	______
2	16	______	______
3	14	______	______
4	12	______	______
5	10	______	______
6	8	______	______
7	6	______	______

a. 填写上表。

b. 在图 15-1 中画出需求曲线和边际收益曲线。(为了画出边际值,请参见第 13 章"有益的提示"中的第 2 条。)

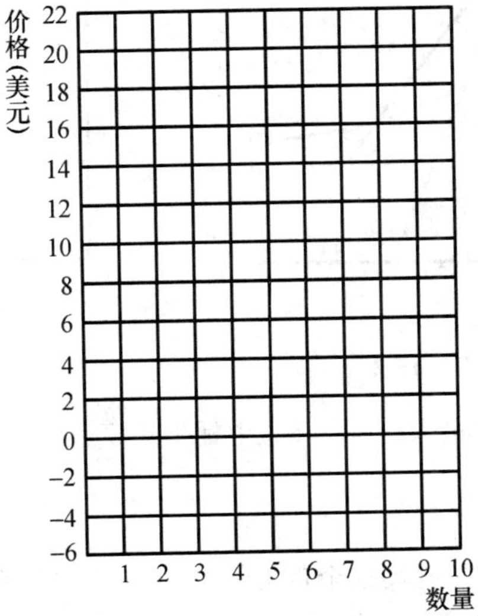

图 15-1

c. 假设没有固定成本，而且，熏鲑鱼生产的边际成本为固定的每磅 6 美元（因此，平均总成本也是固定的每磅 6 美元）。垄断者所选择的数量和价格是多少？垄断者赚到的利润是多少？用你在图 15-1 中画出的图形说明你的答案。

d. 使总剩余最大的价格和数量是多少？

e. 比较垄断解和有效解。垄断的价格太高还是太低？垄断的数量太多还是太少？为什么？

f. 如果垄断者收取垄断价格，这个市场上有无谓损失吗？解释之。

g. 如果垄断者能无代价地实行完全价格歧视，结果是有效率的吗？解释之。消费者剩余、生产者剩余和总剩余的值是多少？解释之。

3. a. 图 15-2 代表哪一种类型的市场：完全竞争、垄断，还是自然垄断？解释之。

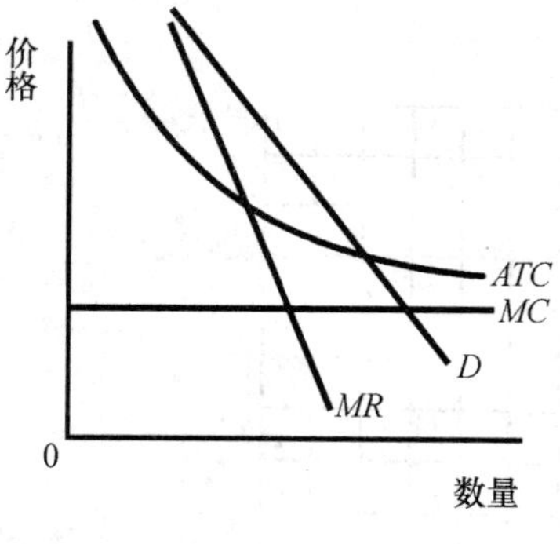

图 15-2

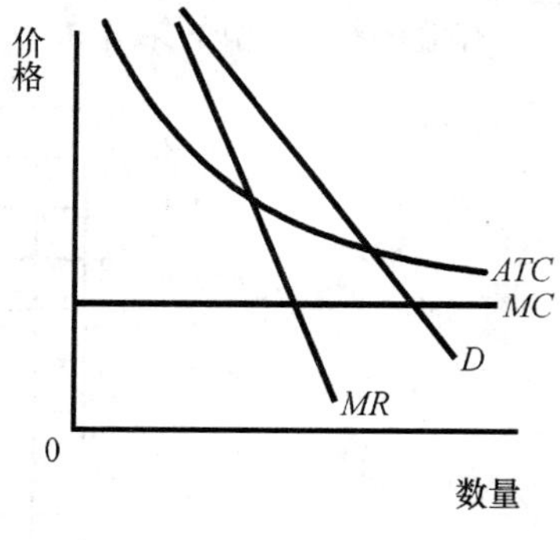

图 15-3

b. 假设企业要使利润最大，在图 15-2 中标出这家企业的利润或亏损。

c. 假设政府管制者为了提高这个市场的效率，迫使这家企业的价格等于其边际成本。在图 15-3 中标出这家企业的利润或亏损。

d. 在长期,迫使这家企业收取等于边际成本的价格能提高该市场的效率吗？解释之。

15.2.2 简答题

1. 什么是进入壁垒？使企业可以在一个市场上保持唯一卖者地位的进入壁垒的三个来源是什么？

2. 如果通过管制迫使自然垄断企业收取等于其边际成本的价格,结果将有效率吗？为什么？

3. 垄断者能对其物品收取最高可能的价格吗？为什么？垄断者如何选择对其物品所收取的价格？

4. 为什么垄断者生产的产量总会少于社会有效的产量呢？

5. 垄断者的利润是垄断社会代价的一部分吗？解释之。

6. 完全价格歧视是有效的吗？解释之。谁得到了剩余？

7. 垄断者能实行价格歧视的必要条件是什么？

8. 决策者可以对垄断问题做出反应的四种方式是什么？

9. 应该用反托拉斯法来阻止合并吗？为什么？

10. 与管制自然垄断所收取的价格相关的一些问题是什么？

15.3 自我测试题

15.3.1 判断正误题

______1. 垄断者是价格接受者。

______2. 垄断市场进入壁垒最常见的来源是,垄断者拥有生产那种物品所必需的一种关键资源。

______3. 垄断是没有相近替代品的一种物品的唯一卖者。

______4. 自然垄断是把其自然资源所有权作为其市场进入壁垒的垄断。

______5. 垄断者面临的需求曲线是其物品的市场需求曲线。

______6. 对于垄断者来说,边际收益总是低于物品的价格。

______7. 垄断者选择边际收益等于边际成本的产量,然后用需求曲线找出将使消费者购买这种数量的价格。

______8. 垄断者的供给曲线总是向右上方倾斜的。

______9. 垄断者生产了有效产量,但它仍然是无效率的,因为它收取的是高于边际成本的价格,获取的利润是一种社会代价。

______10. 只有没有套利活动,价格歧视才是可能的。

______11. 价格歧视可以提高经济福利,因为产量增加到大于垄断定价下的水平。

______12. 完全价格歧视是有效的,但所有剩余由消费者获得。

______13. 当大学对穷学生和富学生收取不同的学费时,大学就是在进行价格歧视。

______14. 用管制迫使自然垄断者收取等于其生产边际成本的价格将使垄断者赔钱,并退出该行业。

______15. 大多数经济学家认为,垄断问题最有效的解决办法是将垄断企业公有化。

15.3.2 单项选择题

1. 以下哪一项**不是**垄断市场的进入壁垒?
   a. 政府给一家企业排他性地生产某种物品的权利。
   b. 生产成本使一个生产者比其他生产者更有效率。
   c. 一种关键资源由一家企业拥有。
   d. 一个企业非常大。
2. 在能供给整个市场的产量时,其平均总成本一直下降到最小的企业称为
   a. 完全竞争者。
   b. 自然垄断。
   c. 政府垄断。
   d. 受管制的垄断。
3. 当垄断者多生产一单位时,那一单位所带来的边际收益必定
   a. 高于价格,因为产量效应大于价格效应。
   b. 高于价格,因为价格效应大于产量效应。
   c. 低于价格,因为产量效应大于价格效应。
   d. 低于价格,因为价格效应大于产量效应。
4. 垄断生产的产量处于以下哪一种情况时才能实现利润最大化?
   a. 边际收益等于边际成本。
   b. 边际收益等于价格。

c. 边际成本等于价格。

d. 边际成本等于需求。

e. 以上各项都不对。

5. 以下哪一种关于竞争与垄断市场上的价格和边际成本的表述是正确的?

a. 在竞争市场上,价格等于边际成本;在垄断市场上,价格等于边际成本。

b. 在竞争市场上,价格高于边际成本;在垄断市场上,价格高于边际成本。

c. 在竞争市场上,价格等于边际成本;在垄断市场上,价格高于边际成本。

d. 在竞争市场上,价格高于边际成本;在垄断市场上,价格等于边际成本。

6. 西南公司是生产你的教科书的一个垄断者,因为

a. 西南公司拥有教科书生产的关键资源。

b. 西南公司是一个自然垄断。

c. 政府赋予西南公司排他性地生产这种教科书的权利。

d. 西南公司是一家非常大的公司。

用图 15-4 回答第 7—10 题。

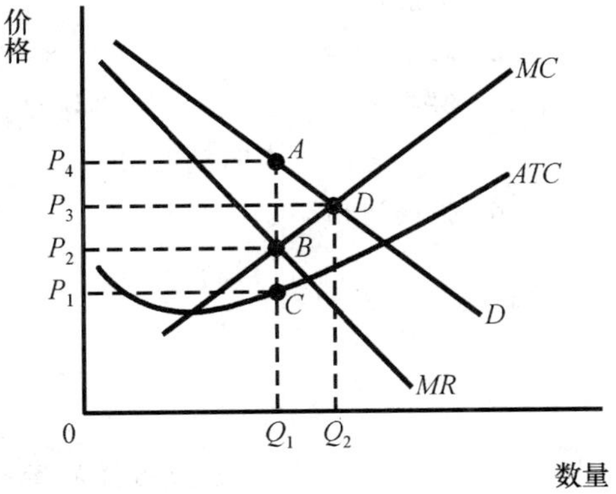

图 15-4

7. 利润最大化的垄断者所选择的价格和数量由以下哪一点代表?

a. *A*

b. *B*

c. *C*

d. *D*

e. 以上各项都不是。

8. 利润最大化垄断者所赚到的利润由以下哪一块面积代表?

a. P_4ABP_2

b. P_4ACP_1

c. P_4AQ_10

d. P_3DQ_20

e. 以上各项都不是。

9. 与垄断定价相关的无谓损失由以下哪一块面积代表?

a. P_4ABP_2

b. P_4ACP_1

c. ABD

d. P_2BCP_1

e. 以上各项都不是。

10. 有效的价格与数量由以下哪一点代表?

a. *A*

b. *B*

c. *C*

d. *D*

e. 以上各项都不是。

11. 与垄断相关的无效率是由于

a. 垄断利润。

b. 垄断亏损。

c. 物品的过度生产。

d. 物品的生产不足。

12. 与完全竞争市场相比,垄断市场通常将引起

a. 高价格和高产量。

b. 高价格和低产量。

c. 低价格和低产量。

d. 低价格和高产量。

13. 垄断者的供给曲线

a. 是平均可变成本之上的边际成本曲线。

b. 是平均总成本之上的边际成本曲线。

c. 是平均总成本曲线向右上方倾斜的那一部分。

d. 是平均可变成本曲线向右上方倾斜的那一部分。

e. 不存在。

14. 用政府管制迫使自然垄断收取的价格等于其边际成本将

a. 提高效率。

b. 提高物品价格。

c. 吸引企业进入市场。

d. 引起垄断者退出市场。

15. 反托拉斯法的目的是

a. 管制垄断者收取的价格。

b. 通过阻止合并和打破大企业来增进一个行业内的竞争。

c. 增加合并活动,以有助于引起降低成本并提高效率的协同效应。

d. 创造自然垄断的公有制。

e. 以上各项都是。

16. 自然垄断的公有制

a. 倾向于无效率。

b. 通常会大大降低生产成本。

c. 引起新批准的企业与其他政府拥有的企业之间的协同效应。

d. 以上各项都不是。

17. 以下哪一项关于价格歧视的表述**不**正确?

a. 价格歧视可以增进经济福利。

b. 价格歧视要求卖者能根据买者的支付意愿对其进行划分。

c. 完全价格歧视引起无谓损失。

d. 价格歧视增加了垄断者的利润。

e. 垄断者进行价格歧视,买者就必定不能进行套利活动。

18. 如果管制者把一个自然垄断分为许多小企业,生产成本

a. 将下降。

b. 将上升。

c. 将保持不变。

d. 既可能上升也可能下降,这取决于垄断者的供给曲线的弹性。

19. 在长期中垄断者能一直得到经济利润是因为

a. 潜在竞争者有时没有注意到利润。

b. 存在进入这个市场的壁垒。

c. 垄断者有强大的财力。

d. 反垄断法在某些特定的时候消灭了竞争者。

e. 以上各项都是。

20. 如果边际收益大于边际成本,一个垄断者应该

a. 增加产量。

b. 减少产量。

c. 保持产量不变,因为当边际收益大于边际成本时利润最大。

d. 提高价格。

15.4 进阶思考题

你正在看电视新闻。一个消费者正在讨论民航业。他说:“民航业提供如此多样的运费率,以致从技术上说,一架满载乘客的波音 747 上没有两个支付相同票价的人。这显然是不公平和无效率的。”他接着说:“此外,自从民航公司开始采取这一做法,在最近几年间其利润翻了一番,这些增加的利润显然是一种社会负担。我们应该通过立法要求民航公司对同一架飞机的所有乘客收取相同的票价。”

1. 列出民航公司根据顾客的支付意愿对他们进行划分的一些方法。

2. 民航公司向不同顾客收取不同价格必定无效率吗？为什么？

____

____

3. 这种价格歧视引起的利润增加是一种社会代价吗？解释之。

____

____

15.5 答案

15.5.1 术语与定义

___2___ 垄断

___1___ 自然垄断

___4___ 价格歧视

___5___ 套利

___3___ 完全价格歧视

15.5.2 应用题

1. a. 关键资源由一家企业所拥有(垄断资源)；政府赋予一个企业排他性地生产一种物品的权利(政府创造的垄断)；生产成本使一个生产者更有效率(自然垄断)。

   b. (1) 自然垄断。电子邮件、传真机、电话，像联邦快递这样的私人快递。

   (2) 垄断资源。其他瓶装水、软饮料。

   (3) 产生于专利的、政府创造的垄断。在专利期内的其他抗忧郁药、处方药。

   (4) 垄断资源。祖母绿、红宝石、蓝宝石这类宝石。

   (5) 政府创造的、版权引起的垄断。其他经济学原理类教科书。

   (6) 自然垄断。木柴炉、煤气炉、家用发电机。

2. a.

鲑鱼(磅)	价格(美元)	总收益($P \times Q$)	边际收益($\Delta TR/\Delta Q$)
0	20	0	
1	18	18	18
2	16	32	14
3	14	42	10
4	12	48	6
5	10	50	2
6	8	48	-2
7	6	42	-6

   b. 参看图 15-5。

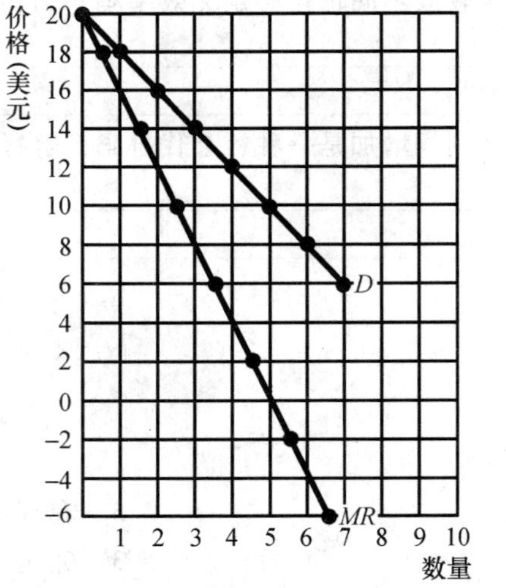

图 15-5

c. $Q=3—4$ 单位(比如说,3.5 单位),价格 $=12—14$ 美元(比如说,13 美元)。利润 $=TR-TC$,或者利润 $=(3.5\times13$ 美元$)-(3.5\times6$ 美元$)=45.5$ 美元 -21 美元 $=24.5$ 美元。(或者利润 $=(P-ATC)\times Q=(13$ 美元 -6 美元$)\times3.5=24.5$ 美元。)参看图 15-6。

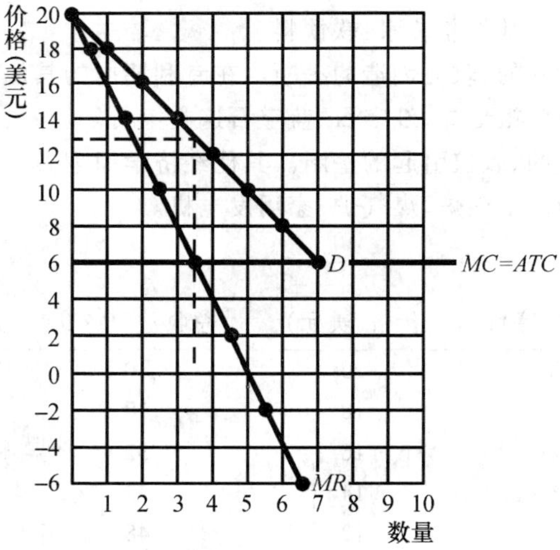

图 15-6

d. 价格是每个 6 美元,数量是 7 单位。(有效解是市场生产收益大于生产成本的所有数量,即需求曲线与 *MC* 曲线相交之处。)

e. 垄断者的价格太高,而生产的数量太少,因为垄断者面临一条使 $MR<P$ 的、向右下方倾斜的需求曲线。因此,当利润最大化的垄断者确定 $MR=MC$,而且,*MR* 曲线在需求曲线之下时,数量小于最优量,收取的价格高于生产的边际成本。

f. 有无谓损失。3.5—7 磅的鲑鱼,或者说另外 3.5 磅鲑鱼的消费者评价大于生产的边际成本每磅 6 美元,在价格为 13 美元时,这些数量不会被生产和消费。(无谓损

失 = 无谓损失三角形面积 = $\frac{1}{2}\times(7-3.5)\times$(13 美元 − 6 美元) = 12.25 美元。)

g. 是的，所有买者的评价大于或等于生产成本的产量(7 单位)将被生产出来。总剩余现在是生产者剩余，没有消费者剩余。总剩余和生产者剩余是需求曲线以下价格以上的面积，或者$\frac{1}{2}\times$(20 美元 − 6 美元) × 7 = 49 美元。消费者剩余等于零。

3. a. 自然垄断，因为在可以满足整个市场的产量时，*ATC* 仍然在下降。

b. 参看图 15-7。

c. 参看图 15-8。

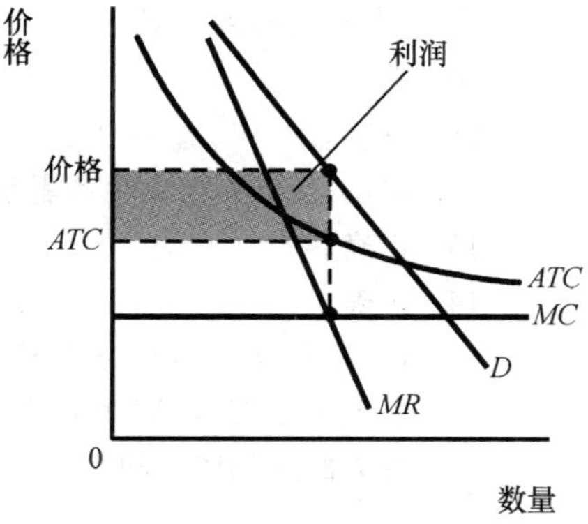

图 15-7

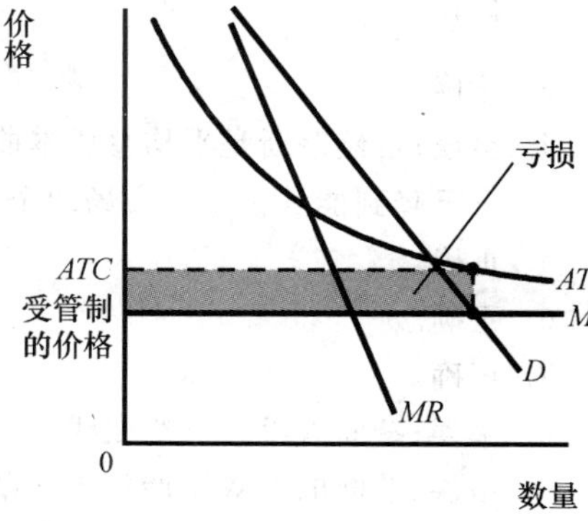

图 15-8

d. 不能。如果平均总成本下降，边际成本必定低于平均总成本。如果强迫企业收取等于边际成本的价格，这个企业将有亏损。它将简单地退出市场，这就消除了与这个市场相关的所有剩余。

15.5.3 简答题

1. 任何限制新企业进入一个市场的事情。进入壁垒的三个来源：一种关键资源由唯一一个企业所拥有，政府赋予一个企业生产一种物品的排他性权利，或者生产成本使单个生产者比大量生产者效率更高。
2. 结果是无效率的。垄断者将发生亏损，而且，将退出市场。
3. 不能。即使是一个垄断者也要受其物品需求的限制，因此，高价格将引起买者很少买这种物品。垄断者首先根据 *MR* 与 *MC* 相交选择最优数量，然后收取与这种产量一致的价格。
4. 对于一个垄断者，$P > MR$，因为一个垄断者要再卖出一个单位，它就应该降低边际单位以及以前所有单位的价格。因此，垄断者使 *MR* 与 *MC* 相等，它收取大于 *MC* 的价格，这使消费者购买的量少于物品的有效量。
5. 不是。垄断者的利润是消费者剩余向生产者剩余的再分配。垄断的社会代价是与产量减少相关的无谓损失。
6. 是的。买者的评价大于或等于生产者的成本的所有单位都被生产出来，但是，整个总剩余由生产者(垄断者)获得。
7. 垄断者必须能根据买者的支付意愿把他们进行划分。

8. 努力使垄断行业更有竞争性，管制垄断的行为，把私人垄断企业变为公共企业，或者不作为。
9. 不应该。许多合并会带来合并企业间的协同效应，会降低成本，同时提高效率。
10. 垄断者可能亏损并退出市场。阻止这种情况的补贴要通过税收来筹集，税收也引起了无谓损失。受管制的垄断者没什么降低成本的激励。

15.5.4 判断正误题

1. 错误；垄断者是价格制定者。
2. 错误；拥有关键资源是进入壁垒最少见的来源。
3. 正确。
4. 错误；自然垄断是平均总成本曲线一直下降到能满足整个市场的企业。
5. 正确。
6. 正确。
7. 正确。
8. 错误；垄断者没有供给曲线。
9. 错误；垄断的无效率产生于垄断者不能生产消费者评价等于或大于生产成本的产量。垄断者的利润并不是社会代价，而仅仅是消费者剩余向生产者剩余的再分配。
10. 正确。
11. 正确。
12. 错误；所有剩余由生产者获得。
13. 正确。
14. 正确。
15. 错误；经济学家通常对私有制的偏好大于公有制，因为私人所有者有更大的降低成本的激励。

15.5.5 单项选择题

1. d	2. b	3. d	4. a	5. c	6. c	7. a	8. b	9. c	10. d
11. d	12. b	13. e	14. d	15. b	16. a	17. c	18. b	19. b	20. a

15.5.6 进阶思考题

1. 民航公司根据年龄（儿童和老人机票便宜）、地区（更有竞争性的航线便宜）、往返之间的时间长短（旅行者比公务外出便宜）、提前订票时间长短（晚订票更贵，直至最后一刻又变得便宜）等来细分乘客。
2. 不一定。价格歧视可以提高效率。通过收取买者的支付意愿，垄断者使生产增加到所有买者的评价大于或等于生产成本的产量。
3. 不是。增加的利润一些来自完全归生产者的增加的剩余创造，一些利润是从消费者剩余向生产者剩余的再分配。

第 16 章
垄断竞争

目　的

在本章中你将

- 研究介于垄断和竞争之间的市场结构
- 分析出售有差别物品的企业之间的竞争
- 比较垄断竞争下和完全竞争下的结果
- 考虑垄断竞争市场结果的合意性
- 考察对广告效应的争论
- 考察对品牌作用的争论

效　果

在实现这些目的之后，你应该能

- 描述寡头和垄断竞争的特征
- 说明在垄断竞争市场上当一个企业获得经济利润时发生的长期调整
- 说明为什么在长期中垄断竞争企业生产的产量少于有效规模
- 讨论垄断竞争市场的无效率
- 提供支持和反对广告运用的观点
- 提供支持和反对品牌运用的观点

16.1 本章概述

16.1.1 内容与目的

第16章是论述企业行为和产业组织的五章中的第四章。前两章讨论了两种极端的市场结构形式——竞争与垄断。介于竞争与垄断之间的市场结构称为不完全竞争。不完全竞争有两类——这一章我们将要讨论垄断竞争,而在这个系列的最后一章我们将要讨论寡头。本章的分析也是基于第13章中提出的成本曲线。

第16章的目的是论述垄断竞争——存在许多出售相似但不相同物品的企业的市场结构。垄断竞争不同于完全竞争则是因为许多企业中的每个企业都出售略有差别的物品。结果,垄断竞争企业面临一条向右下方倾斜的需求曲线,而竞争企业面临一条在市场价格上的水平需求曲线。垄断竞争是极为常见的。

16.1.2 本章复习

导　言

垄断竞争具有竞争与垄断的一些特点。垄断竞争是非常普遍的。

1. 在垄断和完全竞争之间

竞争企业收取的价格等于其边际成本,而且,在长期中,也等于其平均总成本。因此每个企业没有赚到经济利润。垄断企业的物品价格超过其边际成本,从而产出减少,并导致无谓损失。介于这两种极端的市场之间,并包含它们一些特征的市场结构称为不完全竞争。不完全竞争有两种形式——寡头和垄断竞争。寡头是只有几个提供相似或相同物品的卖者的市场结构。市场上四企业集中率在50%以上的企业为寡头,因为四大企业提供了整个行业中50%以上的产出。

垄断竞争是存在许多出售相似但不相同物品的企业的市场结构。垄断竞争有以下一些特点:

- 许多卖者:这与竞争是相同的。
- 物品差别:这与垄断是相同的——每个企业的物品略有差别,因此,每个企业都是价格制定者,其物品面对一条向右下方倾斜的需求曲线。
- 自由进入:这与竞争是相同的——企业可以无限制地进入或退出,因此经济利润降为零。

垄断竞争市场的例子是书籍、CD、电影、餐馆等市场。垄断竞争市场是常见的。

寡头不同于完全竞争是因为市场上只有几个卖者。垄断竞争不同于完全竞争是因为许多企业中的每家企业都出售略有差别的物品。结果,垄断竞争企业面临一条向右下方倾斜的需求曲线,而竞争企业面对一条市场价格时的水平需求曲线。

可以把各种市场结构的显著特征总结为:

- 垄断只有一家企业;
- 寡头有几家出售相似或相同物品的企业;
- 完全竞争有许多出售相同物品的企业;
- 垄断竞争有许多出售有差别物品的企业。

要决定哪一种市场结构最好地描述了一个具体市场往往是困难的。寡头可能会占经济中的较大比例，因为高技术行业的固定成本高，而边际成本低，因此，合并就特别有吸引力。我们在有线电视、出版和网站供给者中看到了这种效应。

2. 有差别物品的竞争

与垄断者类似，垄断竞争企业的物品也面临一条向右下方倾斜的需求曲线。因此，可以得出，利润最大化的规则与垄断者相同——它生产边际成本等于边际收益的产量，然后用需求曲线决定与其产量一致的价格。在短期中，如果价格高于平均总成本，企业获得经济利润；如果价格低于平均总成本，企业有亏损。

如同在竞争市场上一样，如果企业获得利润，新企业就有进入市场的激励。进入减少了已经在市场上的每个企业面临的需求（它们的需求曲线向左移动），并在长期中减少了它们的利润。如果企业有亏损，现有企业就有退出市场的激励。退出增加了仍然留在市场上的每个企业所面临的需求（它们的需求曲线向右移动），并减少了它们的亏损。进入和退出一直要持续到市场上的企业获得零经济利润时为止。在长期均衡时，企业面临的需求曲线必定与平均总成本曲线相切，因此，$P = ATC$，而且，利润是零。

垄断竞争企业的长期均衡表现为以下特点：

- 与垄断一样，价格高于边际成本，因为利润最大化要求 $MR = MC$。而且，如果需求曲线向右下方倾斜，则 MR 总是小于需求。
- 与竞争一样，价格等于平均总成本，因此，经济利润等于零。因为与垄断不同，自由进入使利润降为零。

垄断竞争下的长期均衡与完全竞争下的长期均衡有两个值得注意的差别：

- 过剩生产能力：垄断竞争企业在其平均总成本曲线向右下方倾斜的部分进行生产。因此，它们生产的产量少于企业在有效规模（ATC 最低）时能生产的量。结果，它们被称为有过剩生产能力。竞争企业在有效规模上生产。
- 价格高于边际成本：垄断竞争企业收取高于其边际成本的价格，竞争企业收取等于其边际成本的价格。结果，如果垄断竞争企业可以多吸引一个顾客，它就可以增加利润。

垄断竞争会由于两个原因而无效率：

- 由于价格高于边际成本，买者评价高于生产成本的一些产量无法被生产和消费。这是与垄断相关的标准无谓损失。为了减少无谓损失而管制垄断竞争企业——与管制自然垄断类似的任务——不容易实现。
- 市场上企业的数量并不是“理想的”，因为进入的企业只考虑自己的利润，但它的进入引起两种外部效应：

(1) 物品多样化的外部效应：进入创造了新市场上的消费者剩余，这是正外部效应。

(2) 抢走业务的外部效应：进入引起其他企业失去顾客和利润，并减少了现有的剩余，这是负外部效应。

因此，新企业进入垄断竞争市场会增加或减少社会剩余。

垄断竞争市场并不能确保总剩余最大。但是，没有一种简单易行的公共政策可以改善市场结果。

3. 广告

由于垄断竞争企业以高于边际成本的价格出售有差别的物品，因此，每个企业都有为吸引更多买者而做广告的激励。出售有高度差别消费品的企业把收益的10%—20%用于广告；出售工业品的企业广告花费很少；而出售无差别物品的企业根本不做广告。企业收益的2%左右，或者每年约2 400亿美元用于广告。大部分的商业广告支出用于电视和广播、报纸和杂志、直接邮递、黄页、广告牌和互联网。

经济学家对广告的社会价值存在争论。批评者认为，广告靠操纵人们的偏好来创造欲望，而这种欲望本来是不存在的，而且，广告通过增加物品差别意识来阻碍竞争，这提高了品牌忠诚度，使需求更缺乏弹性，并使企业可以收取高于边际成本的价格加成。广告的辩护者认为，广告为顾客提供了价格、新物品的存在和零售店的位置等信息。这种信息促进了竞争，因为消费者了解了价格差别，而且，为新企业提供了从现有企业吸引顾客的手段。证据表明，广告促进了竞争，并降低了消费者支付的价格。

似乎只包含很少信息的广告之所以有用是因为它提供了物品质量的信号。企业只有认为它们的物品是高质量的，才会把大量的钱用于广告。因此，消费者可以理性地试用不惜发布昂贵广告的新物品，因为它是物品高质量的信号。广告的内容是无关的，重要的是广告是昂贵的。

广告与品牌密切相关。品牌的批评者认为，品牌使消费者感受到实际上并不存在的物品差别。品牌的支持者认为，品牌保证物品是高质量的，因为：(1) 品牌提供了物品质量的信息；(2) 品牌给了企业保持高质量的激励。

4. 结论

垄断竞争包含了垄断和竞争的特点。与垄断一样，企业面临一条向右下方倾斜的需求曲线，并收取高于边际成本的价格。与竞争一样，进入与退出使每个垄断竞争者的利润在长期中趋向于零。许多市场都是垄断竞争的。垄断竞争下的资源配置并不是完美的，但决策者也许无法改善它。

16.1.3 有益的提示

垄断竞争无效率的来源是生产不足。这就是说，一些买者评价高于生产成本的物品无法被生产出来。垄断竞争企业收取高于边际成本的价格，而竞争企业收取等于边际成本的价格。但是，垄断竞争企业收取的高价格并不是无效率的来源。与垄断一样，高价格引起的需求量减少是无效率的来源。就其本身而言，高价格仅仅是剩余从买者向卖者的再分配，并没有减少总剩余。

16.1.4 术语与定义

为每个关键术语选择一个定义。

关键术语	定义
______寡头	1. 企业可以无限制地进入市场的状态。
______垄断竞争	2. 使平均总成本最小的产量。
______自由进入	3. 存在许多出售相似但不相同物品的企业的市场结构。
______有效规模	4. 只有少数卖者提供相似但不相同物品的市场结构。

16.2 问题与简答题

16.2.1 应用题

1. 你把以下每一种物品归入哪一种市场结构中——垄断、寡头、垄断竞争，还是完全竞争？为什么？

   a. 电力零售市场

   b. 经济学原理教科书

   c. N.格里高利·曼昆的《经济学原理》

   d. 摄影胶片

   e. 汽油零售市场

   f. 大城市里的餐馆

   g. 汽车轮胎

   h. 垃圾清理

   i. 某个大城市地区的法律劳务

   j. 早餐麦片

   k. 金锭

l. 从任何一个机场出发的旅行

2. 假设一个城市有许多餐馆，而且，每个餐馆的菜单都略有不同。

a. 在图 16-1 中，画出 Mario 比萨饼店长期均衡时的成本曲线（平均总成本和边际成本）、需求曲线和边际收益曲线。

b. Mario 比萨饼店在长期中赢利吗？解释之。

c. Mario 比萨饼店是在有效规模上生产吗？解释之。如果 Mario 比萨饼店有过剩生产能力，它为什么不扩大其产量？

d. 在图 16-1 中，画出与 Mario 的产量水平相关的无谓损失。这种无谓损失是由于价格高于竞争企业收取的价格引起的，还是由于产量小于竞争企业所能生产的产量引起的？解释之。

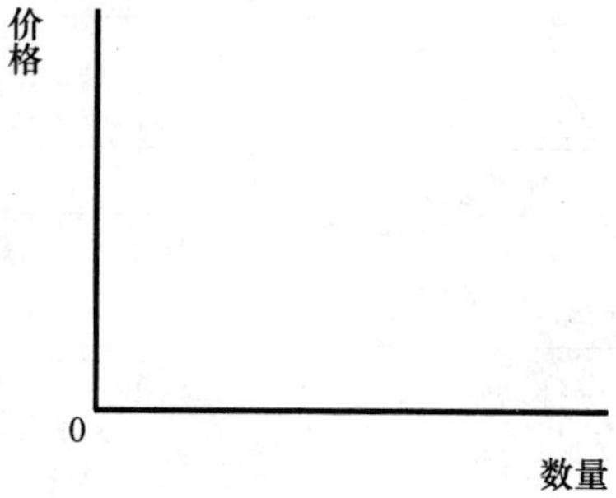

图 16-1

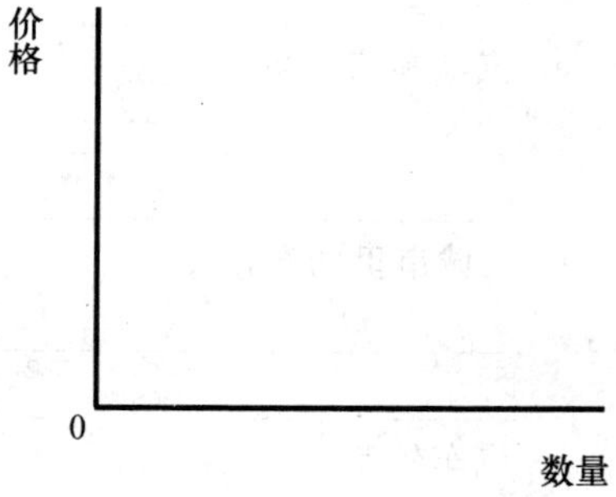

图 16-2

e. 假设 Mario 进行广告宣传并获得了巨大的成功。在图 16-2 中，画出 Mario 的成本曲线、需求曲线和边际收益曲线，并说明 Mario 的短期利润。这种情况在长期中能维持下去吗？解释之。

3. 下面每一对企业中，哪一个企业会把其收益的更大比例用于广告？解释之。

a. 拜尔牌阿司匹林制造者或无品牌阿司匹林制造者。

b. 生产成本相同的低质量冰激凌企业或高质量冰激凌企业。

c. John Deere 的农用拖拉机分厂或 John Deere 的剪草机分厂。

d. 生产 Old Home 小麦面包的面包师或小麦农民。

16.2.2 简答题

1. 不完全竞争的两种类型分别是什么？分别描述。

2. 维生素和营养补品市场由五家公司支配。这代表了哪一种市场结构？解释之。

3. 垄断竞争与垄断有什么共同的特征？

4. 垄断竞争与完全竞争有什么共同的特征？

5. 垄断竞争企业如何选择使其利润最大的产量和价格？

6. 垄断竞争企业在长期中能获得经济利润吗？为什么？

7. 垄断竞争的长期均衡与完全竞争的长期均衡有什么不同？

8. 垄断竞争的长期均衡有效率吗？解释之。

9. 总结支持广告和品牌的观点。

10. 总结反对广告和品牌的观点。

16.3 自我测试题

16.3.1 判断正误题

_______1. 垄断竞争是存在几家出售相似物品的企业的市场结构。

_______2. 与完全竞争市场上的企业相似，垄断竞争市场上的企业也可以无限制地进入和退出市场，因此，长期中利润趋向零。

_______3. 在长期中，垄断竞争市场上的企业在其平均总成本曲线最低时生产。

_______4. 与垄断者相似，垄断竞争企业面临一条向右下方倾斜的需求曲线。

_______5. 无论是垄断者还是垄断竞争企业都生产边际收益等于边际成本的产量，然后用企业面临的需求曲线决定与产量一致的价格。

_______6. 由于垄断竞争企业收取高于边际成本的价格，企业就不能生产某些买者评价大于生产者成本的物品，从而垄断竞争是无效率的。

_______7. 在长期中，垄断竞争企业收取高于平均总成本的价格。

_______8. 经济学家普遍认为，为了提高经济效率，垄断竞争企业应该受到管制。

_______9. 出售差别大的消费品的企业更可能把其较大百分比的收入用于广告。

_______10. 广告应该是一种社会浪费，因为广告仅仅是增加了生产一种物品的成本。

_______11. 广告的批评者认为，广告限制了竞争；而广告的支持者认为，广告促进了竞争，并降低了消费者的价格。

_______12. 即使看来没有包含什么物品信息的广告也是有用的，因为它提供了有关物品质量的信号。

_______13. 品牌使企业可以在长期中获得经济利润，因为企业可以根据低档物品与企业无关的高质量物品的表面联系来出售低档物品。

_______14. 决策者开始认为对医生、律师和药剂师这类专业工作者的广告的限制是反竞争的。

_______15. 在长期中，垄断竞争企业在有效规模上生产，而竞争企业有过剩生产能力。

16.3.2 单项选择题

1. 以下哪一项不是垄断竞争市场的特征？
   a. 存在许多卖者。
   b. 有差别的物品。
   c. 长期经济利润。
   d. 自由进入与退出。
2. 以下哪一种物品最不可能在垄断竞争市场上出售？
   a. 电子游戏。
   b. 早餐麦片。
   c. 啤酒。
   d. 棉花。
3. 以下哪一种关于垄断竞争与垄断相似性和差别的说法是正确的？
   a. 垄断者面临一条向右下方倾斜的需求曲线，而垄断竞争者面临一条富有弹性的需求曲线。
   b. 垄断者在长期中获得经济利润，而垄断竞争者在长期中获得零经济利润。
   c. 垄断者和垄断竞争者在有效规模上经营。
   d. 垄断者收取高于边际成本的价格，

而垄断竞争者收取等于边际成本的价格。

4. 在短期中，如果垄断竞争市场上价格高于平均总成本，企业就
   a. 有亏损，而且，有企业进入市场。
   b. 有亏损，而且，有企业退出市场。
   c. 有利润，而且，有企业进入市场。
   d. 有利润，而且，有企业退出市场。
5. 如果图 16-3 所描述的垄断竞争企业在利润最大（亏损最小）的产量水平上生产，它
   a. 产生亏损。
   b. 产生利润。
   c. 产生零利润。
   d. 既可以产生利润，也可以产生亏损，这取决于它选择生产多少数量。

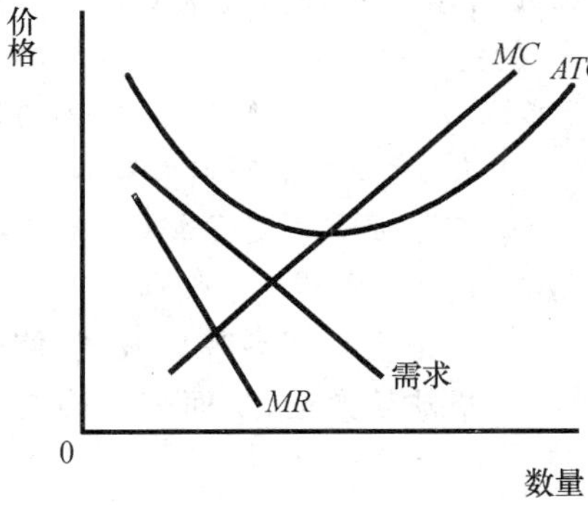

图 16-3

6. 在长期中，图 16-3 表示的垄断竞争市场将
   a. 吸引新生产者进入市场，这使现有企业面临的需求曲线向右移动。
   b. 吸引新生产者进入市场，这使现有企业面临的需求曲线向左移动。
   c. 引起生产者退出市场，这使现有企业面临的需求曲线向右移动。
   d. 引起生产者退出市场，这使现有企业面临的需求曲线向左移动。
7. 以下哪一种关于垄断竞争企业产量和定价的说法是正确的？垄断竞争企业选择的产量在边际成本等于
   a. 平均总成本处，然后用需求曲线决定与这种产量相一致的价格。
   b. 边际收益处，然后用需求曲线决定与这种产量相一致的价格。
   c. 平均总成本处，然后用供给曲线决定与这种产量相一致的价格。
   d. 边际收益处，然后用供给曲线决定与这种产量相一致的价格。
8. 图 16-4 描述了一个垄断竞争企业
   a. 在短期中产生利润。
   b. 在短期中产生亏损。
   c. 在长期中产生零利润。
   d. 要根据这个图形决定企业有利润还是亏损是不可能的。

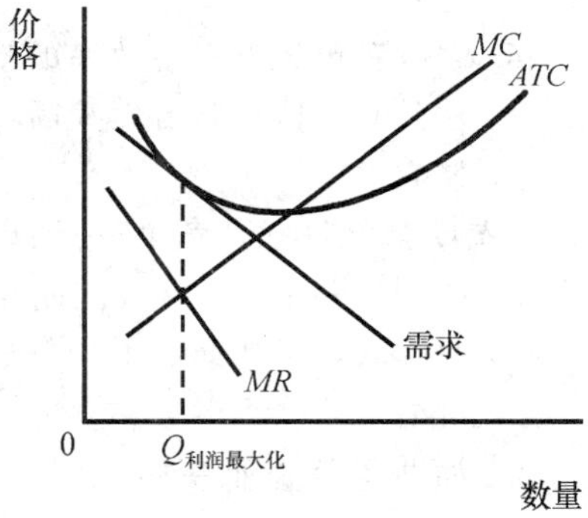

图 16-4

9. 以下哪一种关于垄断竞争企业的生产规模和定价决策的说法是正确的？垄断竞争企业
   a. 在有效规模上生产，并收取等于边际成本的价格。
   b. 在有效规模上生产，并收取高于边际成本的价格。
   c. 有过剩生产能力，并收取等于边际成本的价格。
   d. 有过剩生产能力，并收取高于边际成本的价格。
10. 垄断竞争无效率的一个来源是
    a. 价格高于边际成本，剩余由买者再分配给卖者。

b. 价格高于边际成本,一些买者评价高于生产成本的物品生产不出来,而且,这引起无谓损失。
c. 垄断竞争企业生产的产量大于其有效规模。
d. 垄断竞争企业在长期中赚到了经济利润。

11. 若企业进入垄断竞争市场,而且,抢走业务的外部性大于物品多样化的外部性,那么
a. 市场上企业过多,而且,如果企业退出市场,市场效率会提高。
b. 市场上企业太少,而且,增加进入会提高市场效率。
c. 市场上企业数量最优,而且,市场是有效的。
d. 在这种市场上提高效率的唯一方法是政府像管制自然垄断一样管制它。

12. "垄断竞争"中的"竞争"一词指的是
a. 如同竞争企业一样,垄断竞争企业收取等于其最低平均总成本的价格。
b. 如同竞争企业一样,垄断竞争企业面临一条向右下方倾斜的需求曲线。
c. 如同竞争市场一样,垄断竞争市场上的物品是有差别的。
d. 如同竞争市场一样,垄断竞争市场上有许多卖者,而且,市场上存在自由进入与退出。

13. "垄断竞争"中的"垄断"一词指的是
a. 垄断竞争企业的有差别物品面临一条向右下方倾斜的需求曲线,因此,作为垄断者行事。
b. 垄断竞争市场和垄断市场一样可以自由进入与退出。
c. 垄断竞争企业和垄断者一样收取等于其边际成本的价格。
d. 垄断竞争企业生产的产量低于其有效规模,因此,作为垄断者行事。

14. 以下哪一类企业最可能把其收益中相当大的百分比用于广告宣传?
a. 一种无差别商品的制造者。
b. 一个完全竞争者。
c. 一种工业品制造者。
d. 有高度差别的消费品生产者。
e. 成本与生产高质量物品类似的低质量物品生产者。

15. 将经济视为整体,有多少百分比的企业利润用于广告支出?
a. 1%
b. 2%
c. 4%
d. 6%
e. 10%

16. 以下哪一项没有作为对广告和品牌的批评提出来
a. 广告操纵人们的偏好来创造欲望,而这种欲望本来是不存在的。
b. 广告促进了竞争,这引起不必要的破产和退出。
c. 广告提高了品牌忠诚度,使需求更缺乏弹性,从而使价格提高到边际成本之上。
d. 品牌引起消费者感觉到物品之间并不存在的差别。
e. 以上各项都是对广告和品牌的批评。

17. 似乎没有提供什么有关被广告物品特殊信息的昂贵的电视商业活动
a. 最可能被完全竞争企业所使用。
b. 应该予以管制,因为它们增加了成本,而没有向消费者提供任何有用的物品信息。
c. 可能是有用的,因为它们向消费者提供了有关物品质量的信号。
d. 只影响无理性消费者的购买习惯。

18. 以下哪一项没有作为广告支持者的观点被提出来？
   a. 广告向消费者提供了有关价格、新物品的存在和零售店位置的信息。
   b. 广告为艺术家和作者提供了一个创造性的出路。
   c. 广告促进了竞争。
   d. 广告向新企业提供了从现有企业那里吸引顾客的手段。
19. 使用品牌的支持者认为品牌
   a. 提供了有关物品质量的信息。
   b. 给企业维持高质量的激励。
   c. 即使在前苏联这样的高度集权的计划经济中也是有用的。
   d. 以上各项都对。
20. 以下哪一种企业做广告的激励最小？
   a. 家庭取暖器和空调的制造者。
   b. 早餐麦片的制造者。
   c. 原油批发者。
   d. 餐馆。

16.4 进阶思考题

你正在看电视上的体育比赛。在节目中断时播放了一个以泰格尔·伍兹(一位著名的高尔夫球运动员)为形象的广告。他没说一句话,也没有任何字幕。在广告结束时,耐克符号与"耐克高尔夫"这句话在屏幕上闪烁。此前不久,你在报纸上读到,泰格尔·伍兹作为耐克高尔夫设备的代言人获得了4 000万美元的报酬。

1. 一个朋友与你一起看耐克广告。他说:"真是社会资源的浪费。从这个广告中我对耐克高尔夫设备仍然一无所知。我认为,政府管制者应该规定广告要以某种方式提供信息。"向你的朋友解释,你从这个广告中泰格尔·伍兹的出场了解到了什么。

____

____

2. 使用耐克的名字和耐克的符号提供了什么信息吗？解释之。

____

____

3. 一般来说,广告是会限制竞争并提高消费者的价格,还是会促进竞争并降低消费者的价格？为什么？

____

____

16.5 答案

16.5.1 术语与定义

__4__ 寡头

__3__ 垄断竞争

__1__ 自由进入

__2__ 有效规模

16.5.2 应用题

1. a. 垄断,只能向一个企业购买。

   b. 垄断竞争,许多企业,每家都出售有差别的物品。

   c. 垄断,由于有版权法,只能由一个企业生产。

   d. 寡头,几家企业(富士、柯达)出售相似的物品。

   e. 完全竞争,许多企业出售相同的物品。

   f. 垄断竞争,许多企业,每家都出售有差别的物品。

   g. 寡头,几家企业(固特异、费尔斯通和米奇林)出售极为相似的物品。

   h. 垄断,只能向一个企业购买。

   i. 垄断竞争,许多企业,每家都出售有差别的物品。

   j. 寡头,几家企业(凯洛格、波斯特、通用面粉、夸克·欧兹)出售相似物品。

   k. 完全竞争,许多企业出售相同物品。

   l. 寡头,在任何一个机场从几家航空公司中选择相似物品。

   注意:垄断和竞争较容易区分,而寡头和垄断竞争之间的界线并不明显。例如,可以把 b 作为一个寡头,因为出版者不多,而且可以认为经济学教科书是极为相似的;如果认为物品有差别,也可以把 j 作为垄断竞争;等等。

2. a. 参看图 16-5。

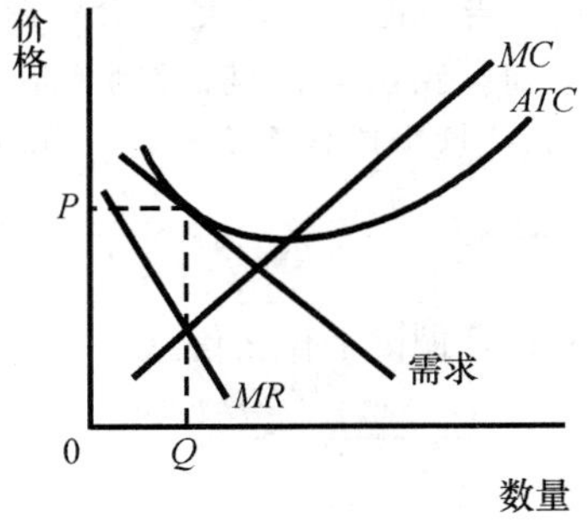

图 16-5

   b. 不是。因为存在自由进入,利润引起企业进入该行业,这就引起赢利企业面对的现有需求减少至 $P = ATC$,而且,利润是零。

   c. 不是。利润吸引了新企业,这使现有企业物品的需求减少到其需求曲线与其 ATC 曲线相切的一点上,这引起 $P = ATC$,利润等于零。由于需求曲线与 ATC 的切点在 ATC 向右下方倾斜的部分上,因此企业在小于有效规模的水平上经营。如果 Mario 扩大产量,MC 将大于 MR,而且,$P < ATC$,因此,利润将是负的。

   d. 参看图 16-6。无谓损失的产生是因为企业不能生产买者评价大于生产成本的所有物品。这就是说,无谓损失是由于垄断竞争时产量减少引起的。

   e. 参看图 16-7。不能。利润吸引企业进入,这使每个企业面临的需求减少到它与 ATC 相切的一点上。

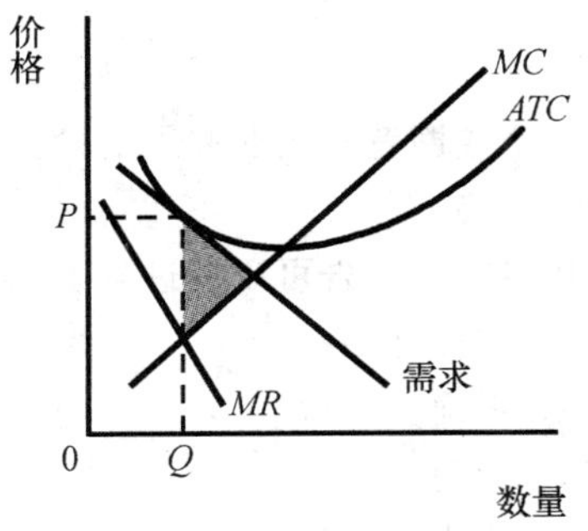

图 16-6

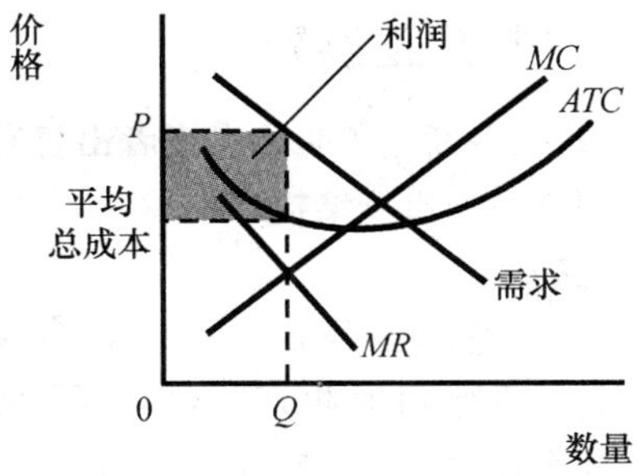

图 16-7

3. a. 拜尔牌阿司匹林，因为它是有品牌的或有差别的消费品。
   b. 生产高质量冰激凌的企业，因为如果存在重复购买者，广告会更有利。
   c. John Deere 的剪草机分厂，因为与出售给工业企业不同，剪草机是出售给消费者的。
   d. Old Home 小麦面包的面包师，因为它是有差别的。小麦是无差别的。

16.5.3 简答题

1. 寡头和垄断竞争。寡头是只有几个提供相似或相同物品的卖者的市场结构。垄断竞争是存在许多出售相似但不相同的物品的企业的市场结构。
2. 寡头，因为只有几家企业，而且，物品是相似或相同的。
3. 两种市场结构都涉及有差别物品，因此，企业都面临向右下方倾斜的需求曲线，*MC* 和 *MR* 都相等，而且，都收取高于 *MC* 的价格。
4. 两种市场结构都有许多卖者，并且能自由进入与退出。因此，在长期中，利润降至零。
5. 它选择使 *MC* 和 *MR* 相等的产量，然后用需求曲线找出与这种产量一致的价格（像一个垄断者）。
6. 不能。利润吸引新企业进入市场，这使每个现有企业面临的需求下降至每个企业面临的需求曲线与其 *ATC* 曲线相切的点，利润是零。
7. 垄断竞争企业有过剩生产能力，因为垄断竞争企业的生产低于有效规模，而且，它们收取高于边际成本的价格。竞争企业的生产在有效规模上，并收取等于边际成本的价格。
8. 没有。因为价格高于边际成本，存在生产不足——一些买者评价高于边际成本的物品没有被生产出来。此外，市场上企业的数量也不是理想的，因为进入该行业引起正的物品多样性外部性和负的抢走业务外部性。
9. 广告提供了价格、新物品的存在和零售店位置的信息，为新企业提供了从现有企业吸引顾客的手段，并可以作为高质量的信号。品牌提供了物品质量的信息，并向生产者提供了保持高质量的激励。
10. 广告和品牌的使用操纵了人们的偏好，阻碍了竞争，并在物品之间并不存在差别时创造了品牌忠诚度。这使企业可以收取高于边际成本的价格加成，并增加了无效率。

16.5.4 判断正误题

1. 错误;垄断竞争是许多卖者出售有差别物品的市场结构。
2. 正确。
3. 错误;垄断竞争者在其 *ATC* 曲线向右下方倾斜时生产,这时 *ATC* 曲线与企业面临的需求曲线相切。
4. 正确。
5. 正确。
6. 正确。
7. 错误;垄断竞争企业收取的价格等于 *ATC*。
8. 错误;为了提高效率,应如何管制一个垄断竞争企业并不清楚。
9. 正确。
10. 错误;广告可以促进竞争,这可以增加社会福利。
11. 正确。
12. 正确。
13. 错误;品牌给了企业保持高质量的激励。
14. 正确。
15. 错误;垄断竞争企业有过剩生产能力,而竞争企业在有效规模上生产。

16.5.5 单项选择题

1. c	2. d	3. b	4. c	5. a	6. c	7. b	8. c	9. d	10. b
11. a	12. d	13. a	14. d	15. b	16. b	17. c	18. b	19. d	20. c

16.5.6 进阶思考题

1. 观察者知道,耐克愿意花大量的钱来促销其高尔夫设备新系列。这个信号表明,它们的市场研究说明,它们的质量物品将会引起反复购买。
2. 是的。品牌的使用提供了物品高质量的信息,并向企业提供了保持高质量的激励。耐克是一个有几十亿美元资产的公司,它不想承担因销售标有耐克品牌的低质量高尔夫设备而失去现有运动鞋和运动服销售额的风险。
3. 广告会促进竞争并降低价格,因为它提供了价格、新物品的存在和零售店位置的信息,也向新企业提供了从现有企业中吸引顾客的手段。

第17章
寡　头

目　的

在本章中你将

- 考察当一个市场是寡头时可能的结果是什么
- 了解囚徒困境，以及它如何运用于寡头和其他问题
- 考虑反托拉斯法如何促进寡头市场的竞争

效　果

在实现这些目的之后，你应该能

- 描述寡头市场引起与垄断市场同样结果的条件
- 说明如果博弈多次进行，囚徒困境的结果会改变的原因
- 说明为什么一些看起来减少了竞争的经营做法会有合理的商业目的

17.1 本章概述

17.1.1 内容与目的

第 17 章是论述企业行为和产业组织的五章中的最后一章。第 14 章和第 15 章分别讨论了市场结构的两种极端形式——竞争和垄断。介于竞争和垄断之间的市场结构称为不完全竞争。不完全竞争有两种形式——垄断竞争和寡头。在前一章我们论述了垄断竞争,这一章的主题是寡头。

第 17 章的目的是讨论寡头——一种只有几个提供相似或相同物品的卖者的市场结构。由于在寡头市场上只有几个卖者,因此寡头企业相互依赖,而竞争企业并不是这样。这就是说,在竞争市场上,一个企业的决策对市场上另一个企业并没有影响;而在寡头市场上,任何一个企业的决策都会影响市场上其他企业的定价和生产决策。

17.1.2 本章复习

导 言

介于竞争和垄断之间的市场结构称为不完全竞争。不完全竞争市场的一种类型是**寡头**——一种只有几个提供相似或相同物品的卖者的市场结构。寡头不同于竞争,因为在竞争市场上,一个企业的决策并不能影响市场上的其他企业;而在一个寡头市场上,任何一个企业的决策都会影响市场上其他企业的定价和生产决策。寡头企业是相互依存的。博弈论研究人们在不同的战略情况下如何行事。当决策者必须考虑其他人可能会如何对他们的行为做出反应时,就是策略情况。

1. 只有少数几个卖者的市场

双头是只有两个企业的寡头。如果一个市场是完全竞争的,物品的价格就等于边际成本;如果一个市场是垄断的,利润最大化的价格将大于边际成本,而且,结果是无效率的。

勾结是市场上的企业之间就生产的产量或收取的价格达成的协议。**卡特尔**是联合起来行事的企业集团。如果双头勾结并形成一个卡特尔,市场解就仿佛是一个垄断者,而且,两个企业分割垄断利润。在多数国家中卡特尔是非法的,各国中不同当权者都联合起来以对抗卡特尔。

寡头也许不能合作,因为反托拉斯法禁止勾结,或者因为利己而在如何分割利润上难以达成一致。没有约束性协议时,每个寡头在其他企业生产水平既定的情况下使自己的利润最大化。**纳什均衡**是在所有其他主体选择的策略为既定的情况下,相互影响的经济主体各自选择自己最优策略的情况。纳什均衡是一种寡头均衡。当寡头单独为了个人利润最大化选择生产水平时,其产量大于垄断的生产水平,但小于竞争的生产水平,而且,收取的价格低于垄断价格,但高于竞争价格。

寡头数量越多(企业越多),就越难形成一个卡特尔,并像一个垄断者那样行事。如果它们每家都选择自己利润最大化的生产水平,它们就要根据以下因素做出是否多生产一单位的边际决策:

- 产量效应:由于价格高于边际成本,在现行价格时多销售一单位就将增加利润。

• 价格效应：多生产一单位增加总销售量，但它将降低价格，并减少所有已销售出去的其他单位的利润。

如果产量效应大于价格效应，寡头将多生产一单位，并一直增加产量，直至这两种效应平衡为止。寡头市场上卖者数量越多，价格效应越小，因为每个企业对价格的影响微不足道。因此，产量水平提高。随着寡头市场上卖者的数量越来越多，价格接近于边际成本，而且，数量接近于社会有效水平。当有大量企业时，价格效应完全消失，而且，市场变为竞争性的。

自由的国际贸易增加了国内寡头市场企业的数量，并使市场结果接近于价格等于边际成本的竞争解。

卡特尔的一个例子是限制石油生产的石油输出国组织（OPEC）。

2. 合作经济学

在我们所知道的合作经济领域中的博弈论中，**囚徒困境**是两个被捕的囚徒之间的一种特殊"博弈"，它说明了为什么即使合作有利于双方，但合作仍然是困难的。这个博弈适用于寡头，因为寡头企业合作总会使状况变好，但它们往往无法合作。

囚徒困境的例子如下：两个罪犯被抓住了。如一个坦白而另一个保持沉默，坦白者自由，而另一个被长期囚禁。如果两个人都坦白，他们各自得到一个中间型刑期。如果两个人都保持沉默，他们每个人都只会有很短的刑期。如果他们两个人可以合作，最优策略是每个人都保持沉默。但是，由于他们在被捕以后不能保证合作，每个人的最优策略是坦白。这就是说，坦白是**占优策略**——在博弈中，无论其他参与者选择什么策略，对一个参与者都为最优的策略。

囚徒困境以下述方式运用于寡头：如果两个寡头合作起来保持低产量并分享垄断利润，它们的状况都会更好。但是，在达成协议之后，每个人的占优策略是违约，并生产多于它们协定生产的产量，以增加自己个人的利润。结果是两个人的利润都减少。利己使维持合作变得困难。

囚徒困境适用于：

• 军备竞赛：每个国家都喜欢生活在一个安全的世界上，但占优策略是增加军备，而且，世界更不安全了。

• 公共资源：公共资源的使用者会发现，共同限制他们的资源使用更有利，但占优策略是过分地使用资源，而且，共同的利润减少。

以上都属于缺乏合作有害于社会的情况。但是，寡头之间对于生产水平缺乏合作对寡头也许是坏的，但从整个社会的角度看是好的。

合作难以维持，但并非不可能。如果博弈反复进行，也可以解决囚徒困境，并可以维持协议。例如，寡头可以对违背协议进行惩罚。如果惩罚是假如某人违约，他们都保持高生产水平，那么，所有的人就都可以维持低生产水平，并分享垄断利润。如果博弈是基于时期（可以选择每周、每月或每年的新生产水平）来进行的，那么，一报还一报的简单策略会引起更大的合作可能性。一报还一报是博弈中，参与者应该从合作开始，然后上一次另一个参与者怎么做自己也怎么做。如果另一个参与者合作，那么，合作会持续到下一个时期；如果另一个参与者违约（欺骗），那么，下一个时期就违约，以此类推。

3. 针对寡头的公共政策

由于合作的寡头减少了产量并提高了价格，决策者就努力使寡头市场上的企业竞争而不是合作。1890 年的《谢尔曼反托拉斯法》将企业间达成非竞争（减少产量或提高价格）的协议确定为有罪的合谋。1914 年的《克莱顿法》规定,受到这种协议伤害的个人有权得到三倍于损害的赔偿。价格勾结显然降低了经济福利,而且是违法的。

人们对于反托拉斯政策在看似价格勾结的经营做法上的使用有一些争论。例如:

- 转售价格维持或公正贸易是一个制造商要求零售商收取某种价格。这似乎阻止了零售商在价格上竞争。但是,一些经济学家为这种做法的合理性辩护,因为(1) 如果制造商有任何一种市场势力,它可以通过批发价格而不是转售价格维持来实施这种力量,而且,制造商从取消零售层次的竞争中没有得到好处,以及(2) 转售价格维持阻止有折扣的零售商免费利用完全劳务零售商提供的劳务。美国高等法院最近取消了一项对百年以上毛毯转售价格维持的禁令,而转向判例法。
- 掠夺性定价。当一个企业降价,打算把竞争对手挤出市场,以便自己成为垄断者并大大提价时就出现了掠夺性定价。一些经济学家认为,这种行为是不可能的,因为受伤害最大的正是实行掠夺性定价的企业。
- 搭售。当一个制造商把两种物品绑在一起并以一个价格出售它们时就出现了搭售。法院认为,搭售通过把弱的物品与强的物品捆绑在一起而使企业有更大的市场势力。一些经济学家不同意这种看法。他们提出,这使企业可以实行价格歧视,价格歧视可以提高效率。搭售仍然是有争论的。

4. 结论

如果市场上企业的数量非常多,寡头就更像竞争市场;如果只存在少数企业,寡头就更像一个垄断者。囚徒困境说明,为什么即使合作最符合寡头的利益,合作也难以维持。把反托拉斯法应用于反对价格勾结提高了经济效率,但人们对于反托拉斯法在其他领域的运用则争论较大。

17.1.3 有益的提示

寡头介于垄断和完全竞争之间。如果寡头能勾结起来并形成一个卡特尔,市场解就和垄断一样。如果寡头不能勾结并形成一个卡特尔,市场上的生产和定价就取决于企业数量。企业数量越少,结果就越像价格高于边际成本而且产量低于有效水平的垄断;企业数量越多,结果就越像价格等于边际成本和产量有效率的竞争。

17.1.4 术语与定义

为每个关键术语选择一个定义。

关键术语	定义
______寡头	1. 研究人们在不同策略情况下如何行事。
______博弈论	2. 联合起来行事的企业集团。
______双头	3. 一个市场上企业之间就生产的产量或收取的价格达成的协议。
______勾结	4. 在博弈中,无论其他参与者选择什么策略,对一个参与者都是最优的策略。
______卡特尔	5. 相互作用的经济主体在假定所有其他主体所选策略为既定的情况下选择自己最优策略的状态。

______纳什均衡　　6. 只有两个企业的寡头。

______囚徒困境　　7. 只有少数几个提供相似或相同物品的企业的市场结构。

______占优策略　　8. 两个被捕的囚徒之间的特殊“博弈”，说明为什么即使在合作对双方都有利时，维持合作也是困难的。

17.2 问题与简答题

17.2.1 应用题

1. 下表描述了一种独特苹果的需求。这种苹果只能由两家企业生产，因为这两家企业拥有这些独特树种生长的土地。结果，对这两个寡头，生产的边际成本是零，这就使总收益等于利润。

   a. 填写下表。

价格(美元/蒲式耳)	数量(蒲式耳)	总收益/利润(美元)
12	0	______
11	5	______
10	10	______
9	15	______
8	20	______
7	25	______
6	30	______
5	35	______
4	40	______
3	45	______
2	50	______
1	55	______
0	60	______

   b. 如果市场是完全竞争的，这个市场产生的价格和数量是多少？解释之。

   ______

   ______

   c. 如果这两家企业勾结并形成一个卡特尔，这个市场产生的价格和数量是多少？市场产生的利润水平是多少？每家企业产生的利润水平是多少？

   ______

   ______

   d. 如果一家企业违约，并多生产一个额外量(5 单位)，每家企业产生的利润水平是多少？

   ______

   ______

e. 如果两家企业都违约，并都多生产一个额外量（与竞争解相比增加5单位），每家企业产生的利润水平是多少？

f. 如果两家企业都违约，并都多生产一个额外量（与竞争解相比增加5个单位），每个企业都会选择多生产一个额外量（大于5个单位）吗？为什么？在这个双头市场上，纳什均衡的解是多少？

g. 比较竞争均衡与纳什均衡。在哪一种情况下，社会变得更好？解释之。

h. 如果又增加了一个能种植这些独特苹果的企业，这个市场（质量相同）上的价格和数量会发生什么变动？

i. 用以上双头例子的数据填写囚徒困境的方框。在图17-1适当的位置填写每个双头赚到的利润值。

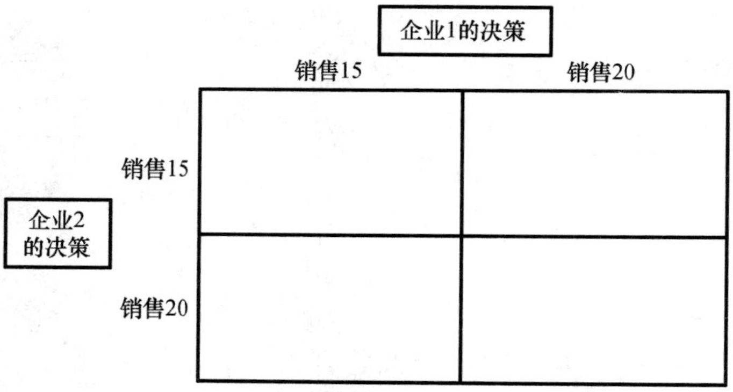

图 17-1

j. 这个囚徒困境的解是什么？解释之。

k. 如果参与者能多次“博弈”，会是什么解？为什么？它们用来维持卡特尔的简单策略会是什么？

2. 假设高技术软件企业出售两种物品——文字处理软件和图表软件。假设商业界对每个文字处理软件的评价为100美元，图表软件为250美元；而大学界对每个文字处理软件的评价为125美元，对图表软件的评价为200美元（假设每单位的边际成本为零）。

a. 如果高技术企业分别出售每种物品，它收取的利润最大化价格是多少？这两种物品的总价格是多少？

b. 如果高技术企业可以进行搭售，两种物品作为一组的利润最大化价格是多少？

c. 这样做合法吗？

17.2.2 简答题

1. 如果寡头勾结并形成一个卡特尔，寡头市场的结果是什么？解释之。

2. 假设一个寡头集团并不勾结，而是实现了纳什均衡。与垄断或竞争结果相比，这个寡头市场上产生的价格和数量是多少？

3. 在第2题中，如果又有一家企业进入寡头中，纳什均衡时的价格和数量会发生什么变动？为什么？

4. 如果寡头勾结起来，它们的状况会更好，为什么它们往往无法合作？

5. 如果寡头勾结起来，整个社会状况会变好吗？解释之。我们要用什么手段去阻止寡头之间的合作？

6. 什么是掠夺性定价？经济学家是否认为掠夺性定价通常被作为一种有用的商业策略？为什么是？为什么不是？

17.3 自我测试题

17.3.1 判断正误题

______1. 寡头是存在许多出售相似但不相同物品的企业的市场结构。

______2. 原油市场是寡头市场的一个例子。

______3. 寡头市场独特的特点是一个卖者的行为对市场上所有其他卖者的利润有重要影响。
______4. 当企业相互合作时,这通常对整个社会是好的。
______5. 当企业相互合作时,这通常对合作企业是好的。
______6. 当寡头勾结并形成一个卡特尔时,市场的结果类似于完全竞争市场引起的结果。
______7. 纳什均衡产生的价格和数量比卡特尔产生的价格和数量更接近于竞争解。
______8. 寡头市场上企业数量越多,市场结果越像垄断引起的结果。
______9. 在一个寡头市场上,合作容易维持,因为合作使每个企业的利润最大。
______10. 囚徒困境证明了为什么即使合作是互利的,合作也难以维持。
______11. 寡头市场上合作和利己之间存在不变的拉力,因为在减少生产的协议达成之后,每个企业违约并生产更多是有利的。
______12. 一个寡头的占优策略是:无论其他寡头做什么,与团体合作并维持低生产。
______13. 反托拉斯法要求制造者进行转售价格维持或公平贸易。
______14. 当一个企业为了把竞争对手赶出市场,以使企业可以变为一个垄断者并在以后提高价格而降价时,就出现了掠夺性价格。
______15. 如果反复进行囚徒困境的博弈,参与者就更可能会独立地使利润最大,并实现纳什均衡。

17.3.2 单项选择题

1. 手工工具(例如锤子和螺丝刀)市场由 Black & Decker、Stanley 和 Craftsman 三家控制。这个市场是
   a. 竞争的。
   b. 垄断的。
   c. 寡头。
   d. 垄断竞争。
2. 存在许多出售相似但不相同物品的企业的市场结构是
   a. 完全竞争。
   b. 垄断。
   c. 寡头。
   d. 垄断竞争。
3. 如果寡头进行勾结,并成功地形成一个卡特尔,市场结果是
   a. 和垄断起作用时一样。
   b. 和竞争企业起作用时一样。
   c. 有效的,因为合作提高了效率。
   d. 纳什均衡。
4. 假设一个寡头单独使其利润最大。在计算利润时,如果在生产的边际单位时产量效应大于价格效应,那么,这个寡头
   a. 有最大利润。
   b. 应该生产更多单位。
   c. 应该少生产一些单位。
   d. 应该退出该行业。
   e. 是纳什均衡。
5. 随着寡头市场上卖者的数量越来越多,寡头市场看起来更像
   a. 垄断。
   b. 垄断竞争。
   c. 竞争市场。
   d. 勾结解。
6. 当一个寡头单独选择使其利润最大的生产水平时,它生产的产量
   a. 大于垄断生产的水平,而小于竞争市场生产的水平。
   b. 小于垄断生产的水平,而大于竞争市场生产的水平。

c. 大于垄断或竞争市场生产的水平。

d. 小于垄断或竞争市场生产的水平。

7. 当一个寡头单独选择使利润最大的生产水平时,它收取的价格

a. 大于垄断收取的价格,而小于竞争市场收取的价格。

b. 小于垄断收取的价格,而大于竞争市场收取的价格。

c. 大于垄断或竞争市场收取的价格。

d. 小于垄断或竞争市场收取的价格。

8. 随着寡头市场上卖者数量增加

a. 勾结更可能发生,因为大量企业可以对任何一家违约企业施加压力。

b. 市场上的产量会减少,因为每家企业都必须削减产量。

c. 市场上的价格会进一步背离边际成本。

d. 市场上的价格会更接近于边际成本。

9. 相互影响的寡头每一家都在所有其他寡头选择的策略为既定时选择其最优策略的状态称为

a. 勾结解。

b. 卡特尔。

c. 纳什均衡。

d. 占优策略。

用下表的信息回答第10—13题。该表表示在一个中等城镇看业余棒球比赛的需求。该市提供免费球场和运动员,因此,提供比赛的边际成本是零。该市授权两个公司在两个运动场提供棒球比赛,而且,公众认为每个场地的比赛是相同的。

价格(美元)	数　量
12	0
11	200
10	400
9	600
8	800
7	1 000
6	1 200
5	1 400
4	1 600
3	1 800
2	2 000
1	2 200
0	2 400

10. 在竞争之下,这个市场上的价格和数量将是

a. 8 美元;800。

b. 6 美元;1 200。

c. 4 美元;1 600。

d. 2 美元;2 000。

e. 0 美元;2 400。

11. 如果这个棒球市场上的双头勾结起来,并成功地形成一个卡特尔,为了使其利润最大化,每一家应该收取的价格是

a. 8 美元。

b. 7 美元。

c. 6 美元。

d. 5 美元。

e. 4 美元。

12. 如果这个棒球市场上的双头勾结起来,并成功地形成一个卡特尔,每一家将赚到的利润是

a. 2 700 美元。

b. 3 200 美元。

c. 3 500 美元。

d. 3 600 美元。

e. 7 200 美元。

13. 假设双头不能勾结。当市场实现纳什均衡时,每一家将赚到多少利润?

a. 2 700 美元。

b. 3 200 美元。

c. 3 500 美元。

d. 3 600 美元。

e. 7 200 美元。

用图 17-2 中的囚徒困境博弈回答第 14—15 题。它表明小镇上只有两家餐馆的双头可能获得的利润。每一家企业都可以选择营业多少小时。

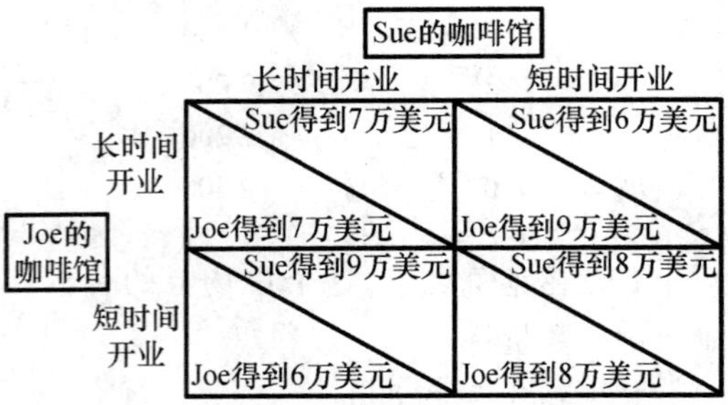

图 17-2

14. Sue 和 Joe 的占优策略是
    a. 两家都长时间开业。
    b. 两家都短时间开业。
    c. Sue 长时间开业，而 Joe 短时间开业。
    d. Sue 短时间开业，而 Joe 长时间开业。
    e. 在这个囚徒困境博弈中，没有占优策略。
15. 假设 Sue 和 Joe 同意进行勾结，并共同使他们的利润最大。如果 Sue 和 Joe 可以多次进行上述博弈，而且他们同意对违背协议者进行惩罚，这个博弈可能的结果是什么？
    a. 两家都长时间开业。
    b. 两家都短时间开业。
    c. Sue 长时间开业，而 Joe 短时间开业。
    d. Sue 短时间开业，而 Joe 长时间开业。
16. 许多经济学家认为，转售价格维持
    a. 是价格固定，从而应由法律禁止。
    b. 增强了生产者的市场势力。
    c. 有阻止折扣零售商免费利用完全劳务零售商提供的劳务的合法目的。
    d. a 与 b 都对。
17. 寡头维持勾结是困难的
    a. 因为反垄断法规定勾结是违法的。
    b. 因为在寡头情况下，利己与合作不一致。
    c. 如果更多企业进入寡头。
    d. 以上各项都对。

用以下信息回答第 18—19 题：假设 ABC 出版社销售经济学教科书及其相配套的学习指南。Bob 愿意为教科书支付 75 美元，为学习指南支付 15 美元。Mary 愿意为教科书支付 60 美元，为学习指南支付 25 美元。假设教科书和学习指南的生产都是零边际成本。

18. 如果 ABC 出版社对两种物品分别收费，它的占优策略是收取的总价格为
    a. 60 美元。
    b. 75 美元。
    c. 80 美元。
    d. 85 美元。
    e. 90 美元。
19. 如果 ABC 出版社进行搭售，它的占优策略是共同收取的价格为
    a. 60 美元。
    b. 75 美元。
    c. 80 美元。
    d. 85 美元。
    e. 90 美元。
20. 使企业勾结起来提高价格或减少产量成为非法的法律称为
    a. 保持竞争法。
    b. 反托拉斯法。
    c. 反垄断法。

d. 反勾结法。　　　　e. 以上各项全对。

17.4 进阶思考题

你正在看电视。一个广告开始了:"欢迎来到 Warehouse 电器商店。我们给你的优惠大得让你不能相信!松下牌 13 寸彩电售价仅为 99 美元。价格如此之低,以至于我们不能告诉你制造商的名字!"

1. 为什么当 Warehouse 电器商店在以极低的价格为电视机做广告时,不能透露制造商的名字?

____

____

2. 虽然这种活动看来像是价格勾结,但这种活动的目的是减少竞争吗?为什么?

____

____

3. 为什么制造商要对出售其物品的零售商进行该类限制?

____

____

17.5 答案

17.5.1 术语与定义

__7__ 寡头

__1__ 博弈论

__6__ 双头

__3__ 勾结

__2__ 卡特尔

__5__ 纳什均衡

__8__ 囚徒困境

__4__ 占优策略

17.5.2 应用题

1. a.

价格(美元/蒲式耳)	数量(蒲式耳)	总收益/利润(美元)
12	0	0
11	5	55
10	10	100
9	15	135
8	20	160
7	25	175
6	30	180
5	35	175
4	40	160
3	45	135
2	50	100
1	55	55
0	60	0

b. 在竞争市场上,竞争使价格下降到价格等于边际成本(在这种情况下,边际成本是零),因此,$P=0$,$Q=60$。

c. 这两个双头会像一个垄断者那样行事,在利润最大的水平生产,并一致同意平分生产水平与利润。因此,在这个市场,$P=6$ 美元,$Q=30$。利润 = 6 美元 × 30 = 180 美元。每个企业在 6 美元时生产 15 单位,并获得 90 美元利润(180 美元的一半)。

d. 违约企业:20 × 5 美元 = 100 美元;另一个企业:15 × 5 美元 = 75 美元。

e. 每个企业:20 × 4 美元 = 80 美元。

f. 不是,因为违约者的利润将减少为 25 × 3 美元 = 75 美元,这低于 e 中的 80 美元。因此,纳什均衡是在价格为 4 美元时每个企业生产 20 单位(市场为 40 单位),创造的利润为 160 美元,而且,每个双头得到 80 美元利润。

g. 纳什均衡时价格更高(4 美元与 0 相比),而且,数量更少(40 单位与 60 单位相比)。竞争均衡时社会状况更好。

h. 新的纳什均衡价格低了,而数量多了。它向竞争解变动。

i. 参看图 17-3。

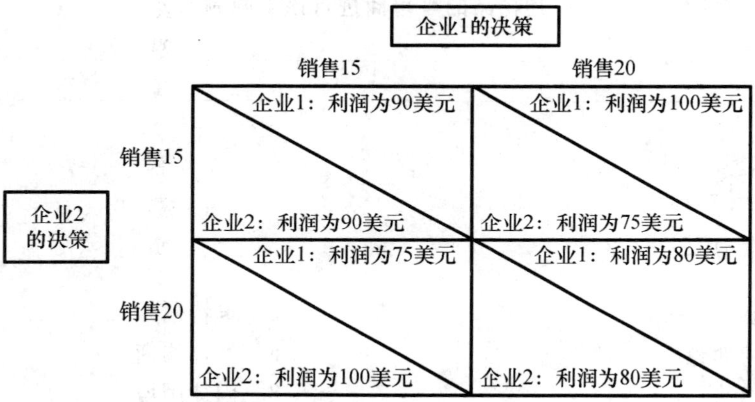

图 17-3

j. 双方的占优策略是违约并销售 20 单位。因为无论一方是销售 15 单位还是 20 单位,另一方销售 20 单位时的获利都更多。

k. 它们会维持合作(垄断)生产水平 30 单位,每家生产 15 单位,因为如果博弈多次进行,参与者可以设计出一种对违约的惩罚。最简单的惩罚是"一报还一报"策略。

2. a. 文字处理软件价格 = 100 美元,图表软件 = 200 美元,总计 300 美元。

b. 如果两种物品搭售,价格 = 325 美元。

c. 也许是合法的,因为它只是一种价格歧视方法,增加了总剩余(更有效率),但它使剩余由消费者转给生产者。

17.5.3 简答题

1. 结果和市场由一个垄断者提供物品时一样。垄断利润被企业瓜分,生产水平将会被限制在垄断水平上。
2. 价格将低于垄断,但高于竞争。销售量将大于垄断,但小于竞争。
3. 价格将下降,而销售量将增加。这是因为增加另一家企业,每家企业对价格的影响就小了,这使产量效应大于价格效应,而且,群体利润最大化的产量水平提高了。随着企业数量增加,结果接近于竞争解。

4. 一旦达成减少生产的协议,无论另一家企业违约还是遵守协议,一家企业违约总是有利的。违约是占优策略。这是囚徒困境。
5. 如果它们不合作,社会状况会更好,因为纳什均衡比垄断解更接近于有效的竞争解。反垄断法使企业达成非竞争的协议成为违法。
6. 是指为了把竞争者赶出市场,建立其垄断地位而采取的一种降价行为。不是。因为它倾向于对掠夺性定价者比对被攻击的企业造成更大伤害。

17.5.4 判断正误题

1. 错误;寡头是只有几个卖者提供相似或相同物品的市场。
2. 正确。
3. 正确。
4. 错误;它使价格上升到边际成本之上,而产量减少到社会最优水平之下。
5. 正确。
6. 错误;它与垄断引起的结果相同。
7. 正确。
8. 错误;企业数量越多,市场越接近于竞争解。
9. 错误;如果没有一个寡头违背协议,合作使整个集团和个别企业的利润最大。但是,一旦达成协议,如果一个企业违约并更多地生产,这个企业就将增加其利润。
10. 正确。
11. 正确。
12. 错误;占优策略是无论其他企业如何选择,都要增加生产。
13. 错误;有时法院认为零售价格维持是价格勾结,并宣布其违法。
14. 正确。
15. 错误;多次博弈更可能引起合作,因为可以对违约者实施惩罚。

17.5.5 单项选择题

1. c	2. d	3. a	4. b	5. c	6. a	7. b	8. d	9. c	10. e
11. c	12. d	13. b	14. a	15. b	16. c	17. d	18. b	19. d	20. b

17.5.6 进阶思考题

1. 制造商可能对其零售商(包括 Warehouse 电器商店)采取"转售价格维持"或"公平贸易"的做法。这会限制零售商宣称价格低于建议的物品零售价格的权利。
2. 不是,因为在零售层次上任何一种竞争减少都引起零售商的市场势力的变化,并减少销售量。这不符合制造商的利益。
3. 目的是阻止折扣零售商免费利用完全劳务零售商——有知识性销售力量、维修店等的零售商——提供的劳务。

第6篇 劳动市场经济学

第18章 生产要素市场

目　的

在本章中你将

- 分析竞争的、利润最大化企业的劳动需求
- 考虑劳动供给背后的家庭决策
- 了解为什么均衡工资等于劳动的边际产量值
- 考虑其他生产要素——土地和资本——如何获得报酬
- 考察一种要素供给的变动如何改变所有要素的收入

效　果

在实现这些目的之后,你应该能

- 解释为什么劳动需求曲线是劳动边际产量值曲线
- 解释为什么劳动供给曲线通常向右上方倾斜
- 解释为什么竞争企业在它雇用的劳动在工资等于劳动边际产量值那一点时其利润最大化
- 说明劳动市场和其他生产要素市场之间的相似性
- 解释为什么一种要素供给的变动改变了其他要素的边际产量值

18.1 本章概述

18.1.1 内容与目的

第 18 章是论述劳动市场经济学三章中的第一章。第 18 章提出并分析劳动、土地和资本的生产要素市场。第 19 章以第 18 章为基础并更详细地解释了为什么一些工人赚得比另一些工人多。第 20 章论述收入分配,以及政府在改变收入分配中可以起的作用。

第 18 章的目的是为分析要素市场——劳动、土地和资本市场——提供一个理论基础。正如你可以预见到的,我们发现,生产要素所赚到的工资取决于该要素的供给与需求。我们分析中的新内容是,要素需求是一种派生需求。这就是说,企业的要素需求由它在另一个市场上供给物品的决策决定。

18.1.2 本章复习

导　言

生产要素是用于生产物品和劳务的投入。最重要的投入要素是劳动、土地和资本。本章阐述了分析要素市场的基本理论。我们将发现,要素的供给和需求决定了该要素所赚到的工资。我们分析中的新内容在于要素需求是一种派生需求。这就是说,企业的要素需求由它在另一个市场上供给物品的决策决定。在本章中,我们分析竞争的、利润最大化的企业的要素需求。

1. 劳动的需求

劳动的工资由劳动的供给与需求决定。从劳动的需求取决于企业在另一个市场上供给物品的意义上说,劳动需求是一种派生需求。假设企业在其物品市场和劳动市场上都是竞争的,此外,再假设企业是利润最大化的。为了推导出劳动需求,我们首先必须确定劳动的使用如何影响企业生产的产量。**生产函数**表示用于生产一种物品的投入量和该物品产量之间的关系。由于理性决策者考虑边际量,我们从生产函数中得出**劳动的边际产量**——在所有其他投入要素不变时,增加一单位劳动所增加的产量。生产函数表现出**边际产量递减**,即随着投入量增加,一种投入的边际产量递减的性质。

企业关注每个工人引起的产量的价值,而不是产量本身。因此,我们计算**边际产量值**,即一种投入的边际产量乘以该物品的价格。边际产量值的另一个名称是边际收益产量。由于在竞争市场上出售物品,无论生产和销售的产量是多少,价格是不变的,因此,随着投入量增加,边际产量和边际产量值同时减少。

由于企业在劳动市场上也是竞争者,因此工资是既定的。如果一个工人的边际产量值大于工资,企业雇用这个工人就是有利可图的。这种分析意味着:

- 一个竞争的、利润最大化的企业雇用的工人数要达到劳动的边际产量值等于工资的那一点为止。
- 边际产量值曲线是竞争的、利润最大化企业的劳动需求曲线。

由于劳动需求是边际产量值曲线,因此,以下变动引起劳动的边际产量值变动时,劳动需求移动。

- 物品价格:物品价格上升增加边际产量值,而且,劳动需求曲线向右移动。

• 技术变革：技术进步增加劳动的边际产量，而且，劳动需求曲线向右移动。劳动的节约型技术变革会使劳动需求曲线左移，但是有证据表明大部分技术变革是劳动扩张型的，会使劳动需求曲线右移。"路德派"错误地认为技术变革会减少就业而反对技术进步。

• 其他要素的供给：生产中与劳动同时使用的要素供给的增加提高了劳动的边际产量，而且，劳动需求曲线向右移动。

对于一个竞争的、利润最大化的企业，一种要素的需求与其产出的供给紧密相关，因为生产函数把投入与产出联系在一起。如果 W 是工资，MC 是边际成本，MPL 是劳动的边际产量，那么，$MC = W/MPL$。因此，边际产量递减是与边际成本递增相联系的。按投入来说，利润最大化企业选择的劳动量要使劳动的边际产量值等于工资，或 $P \times MPL = W$ 时为止。整理该式，我们得出 $P = W/MPL$。上式中用 MC 替代 W/MPL，我们得出，$P = MC$。因此，当一个竞争企业雇用的劳动达到边际产量值等于工资的那一点时，它的产量也就达到了价格等于边际成本的那一点。

2. 劳动的供给

劳动的供给产生于个人工作和闲暇之间的权衡取舍。向右上方倾斜的劳动供给曲线意味着，人们对工资增加的反应是少享受闲暇和多工作。劳动供给曲线并非在所有情况下都向右上方倾斜，但在这里我们将假设，它向右上方倾斜。

以下事件将引起劳动供给曲线移动：

• 嗜好变动：对工作态度的改变，例如，妇女更愿意在家庭之外工作，将使供给曲线向右移动。

• 可供选择机会的变动：如果在可供选择的劳动市场上出现了更好的机会，所说的市场上的劳动供给将减少。

• 移民：当移民进入美国时，美国的劳动供给曲线向右移动。

3. 劳动市场的均衡

在竞争的劳动市场上：

• 工资调整使劳动的供给与需求平衡。

• 工资等于劳动的边际产量值。

因此，任何一个改变劳动供给或需求的事件必定改变均衡工资，并等量地改变边际产量值，因为这两个量必定相等。

例如，假设移民引起劳动供给增加（劳动供给曲线向右移动）。这降低了均衡工资，增加了劳动的需求量，因为企业多雇用工人是有利可图的，而且，随着雇用的工人数增加，劳动的边际产量（以及劳动的边际产量值）减少了。在新均衡上，工资和劳动的边际产量值都下降了。

换一个说法，假设对一个行业中企业生产的物品需求增加了，这引起物品价格上升和劳动的边际产量值增加。这个增加劳动需求（劳动需求曲线向右移动）的事件提高了均衡工资，并增加了就业。劳动的边际产量值和工资又一次同时变动（在该例中都增加了）。当对一个企业物品的需求发生变动时，企业及其工人的前途将同时变动。

我们的劳动需求分析表明，工资等于劳动的边际产量。因此，生产率高的工人赚的比生产率低的工人多。此外，实际工资增加与生产率提高相关。统计资料支持这个结论。当生产率增长迅速时，实际工资增长迅速。1959 年以来，美国的生产率每年增长 2.1%，实际工资每年增长 2.0%。1995 年以来，生产率每年增长 2.6%，实际工资每年增长 2.5%。1995 年以来美国生产率的上升可能是由于电脑和信息技术的传播。

只有一个买者的市场称为买方垄断。当一个企业是一个劳动市场上的买方垄断者时，企业用它的市场势力减少它雇用的工人数量，减少它支付的工资，并增加其利润。与垄断一样，这使市场经济活动小于社会最优水平，从而引起无谓损失。

4. 其他生产要素：土地和资本

企业的生产要素分为三类——劳动、土地和资本。**资本**是用于生产物品和劳务的设备和建筑物的存量。一种要素的租赁价格是在一个有限时期内使用该生产要素所支付的价格，而一种要素的购买价格则是无限期地拥有该生产要素所支付的价格。

由于工资是劳动的租赁价格，因此，我们可以把要素需求理论运用于土地和资本市场。对于土地和资本市场，企业要把雇用量增加到要素的边际产量值等于要素的价格时为止，因此，每种要素的需求曲线是该要素的边际产量值曲线。结果，劳动、土地和资本各自赚到了自己对生产过程的边际贡献，因为每种要素的租赁价格等于其边际产量值。

资本通常由企业所拥有，而不由家庭直接拥有。因此，资本收入往往先支付给企业。然后，资本收入再以利息的形式支付给借给企业钱的家庭，以红利的形式支付给在企业拥有股权的家庭。此外，企业还保留一些资本收入，以购买更多资本。这一部分资本收入称为留存收益。无论资本的收入如何分配，其总价值都等于资本的边际产量值。

土地和资本的购买价格取决于它引起的租赁收入流。因此，土地或资本的购买价格取决于那种要素当前的边际产量值和预期未来会有的边际产量值。

由于边际产量递减，供给充足的要素边际产量低，从而价格也低；而供给稀缺的要素边际产量高，价格也高。但是，当一种要素供给变动时，它还影响其他要素市场，因为在生产中要同时使用这些要素。例如，一个行业资本的损坏提高了其余资本的租赁价格。在劳动市场上，现在工人用较少的资本工作，这就减少了其边际产量，从而减少了劳动需求，并减少了工人的工资。在一个真实的例子中，鼠疫减少了大约三分之一的劳动，并提高了剩下的稀缺工人的工资。这个事件中土地的租赁价格降低了，因为土地的边际产量随着可用于耕作土地工人的减少而减少了。

5. 结论

本章提出的劳动、土地和资本如何得到报酬的理论称为新古典分配理论。它表明，一种要素的收入量取决于供给与需求，一种要素的需求取决于其边际生产率。在均衡时，每种要素都赚到了其边际产量值。这种理论被广泛接受。

18.1.3 有益的提示

(1) 你的教科书中提供了劳动供给增加和劳动需求增加影响劳动边际产量和工资的例子。这些例子中用的逻辑同样可以运用于劳动供给减少和劳动需求减少的情况。例如，劳动供给减少（劳动供给曲线向左移动）提高了均衡工资，减少了劳动需求量，因为企业少雇用工人是有利可图的，而且，随着所雇用工人的减少，劳动的边际产量（以及劳动的边际产量值）增加。在新的均衡上，工资和劳动的边际产量值都增加了。此外，假设对一个行业中企业生产的物品需求减少。这就引起物品的价格下降，以及劳动的边际产量值下降。这个事件减少了劳动需求（劳动需求曲线向左移动），降低了均衡工资，并减少了就业。

(2) 生产要素主要包括劳动、土地和资本。此处所指“土地”包括的范围往往比用于种植作物的土地的范围更广泛。土地通常被认为是“自然赠予物”，是还未被人类改变的各种形式的自然资源，包括河流、油田、矿山，以及土地本身。

(3) 为了说明一种要素使用量的变动对第二种要素收入的影响，需要观察它对第二种要素边际产量的影响。例如，可获得的资本增加将减少资本的边际产量及其租金率。但是，资本增加提高了劳动的边际产量，因为工人用更多的资本工作，从而他们的工资相应增加了。

18.1.4 术语与定义

为每个关键术语选择一个定义。

关键术语	定义
______生产要素	1. 一种投入的边际产量随这种投入量增加而减少的性质。
______派生需求	2. 用于生产物品和劳务的设备和建筑物。
______生产函数	3. 用于生产物品和劳务的投入。
______劳动的边际产量	4. 增加一单位劳动引起的产量增加量。
______边际产量递减	5. 用于生产一种物品的投入量与该物品产量之间的关系。
______边际产量值	6. 一个人为在一个有限时期内使用一种要素所支付的价格。
______资本	7. 一种投入的边际产量乘以该物品的价格。
______(一种要素的)租赁价格	8. 由企业供给另一种物品所派生出的对一种生产要素的需求。

18.2 问题与简答题

18.2.1 应用题

1. 假设在一个生产咖啡杯的、竞争的、利润最大化的企业生产过程中，劳动是所能得到的唯一的可变投入要素。这个企业的生产函数如下表所示。

劳动(工人数量)	每小时产量	劳动的边际产量	$P=3$ 美元时的边际产量值(美元)	$P=5$ 美元时的边际产量值(美元)
0	0			
1	9	______	______	______
2	17	______	______	______
3	24	______	______	______
4	30	______	______	______
5	35	______	______	______
6	39	______	______	______
7	42	______	______	______
8	44	______	______	______

a. 填写上表的第三栏与第四栏(劳动的边际产量和当物品的价格等于每个 3 美元时劳动的边际产量值)。

b. 假设那些制造咖啡杯的工人的竞争工资是每小时 19 美元。这个企业应该雇用多少工人？为什么？

c. 假设教制陶技能的学校增加了可以制造咖啡杯的工人的供给，而且，这个事件使咖啡杯工人的竞争工资下降为每小时 13 美元。这个企业应该雇用多少工人？为什么？这种情况用企业劳动需求曲线的移动来表示，还是用沿着企业劳动需求曲线的变动来表示？解释之。

d. 假设咖啡杯的需求增加，咖啡杯的价格上升到每个 5 美元。填写上表的最后一栏，以说明当咖啡杯的价格为每个 5 美元时劳动的边际产量值。

e. 假设咖啡杯工人的竞争工资仍然是每小时 13 美元，咖啡杯的价格仍然是每个 5 美元。这个企业应该雇用多少工人？为什么？这种情况用企业劳动需求曲线的移动来表示，还是用沿着企业劳动需求曲线的变动来表示？解释之。

2. 假设木材的需求增加，这提高了木材的价格。

a. 在图 18-1 中说明木材价格上升对伐木工市场的影响。

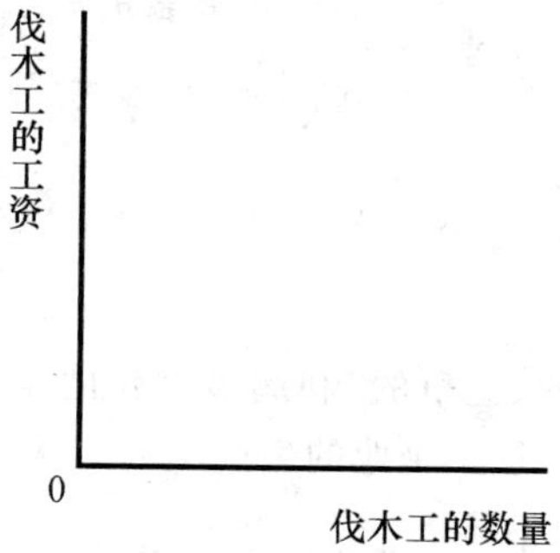

图 18-1

b. 木材价格上升对伐木工的边际产量值和伐木工的工资有什么影响？解释之。

c. 在伐木和运输中所用的林地和资本的边际产量值和租金率会发生什么变动？解释之。

d. 这个事件如何影响企业及其所使用的生产要素所有者的前景？解释之。

3. 假设巴西有大量林地被清理为农业用地。

a. 用图 18-2 说明这个事件对巴西农用地市场的影响。巴西土地的边际产量和土地的租赁价格会发生什么变动？

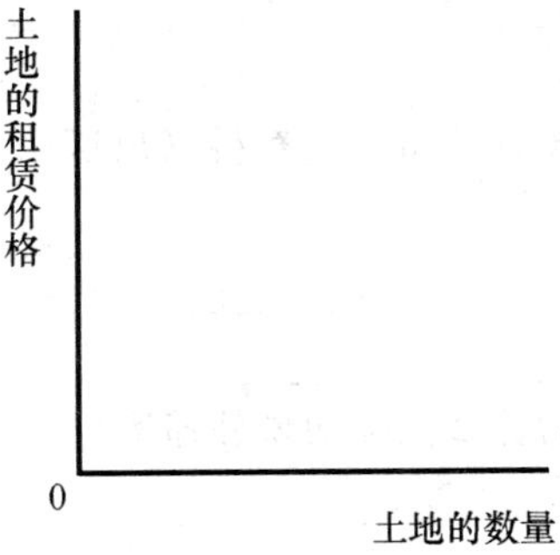

图　18-2

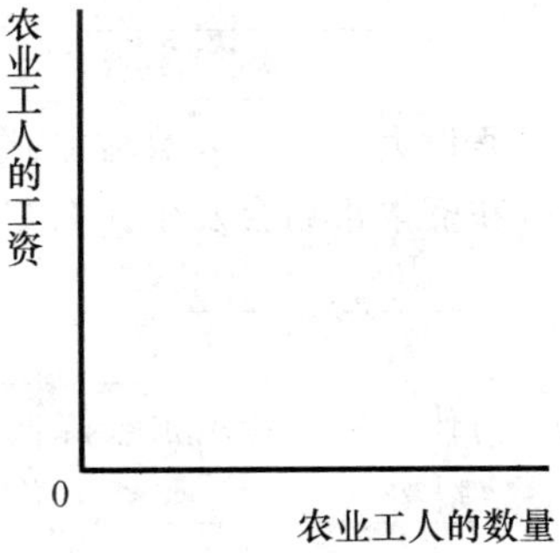

图　18-3

b. 用图 18-3 说明这个事件对巴西农业工人市场的影响。农业工人的边际产量和工资会发生什么变动？

4. 描述以下事件对田纳西州汽车市场的影响。（需要注意的是，本田公司在田纳西州有一个工厂。）

a. 本田公司增加它在田纳西州的工厂数量。

b.《消费者报告》宣称，本田是同类车中最好的汽车。

c. 有制造技能的难民从战乱的波西尼亚和科索沃地区到田纳西州定居。

18.2.2　简答题

1. 为什么企业的劳动需求曲线是劳动的边际产量值？

2. 为什么企业的劳动需求曲线是向右下方倾斜的（也就是说，为什么斜率是负的）？

3. 证明当一个竞争企业雇用的工人数量达到边际产量值等于工资的一点时,它的生产也要达到价格等于边际成本的那一点。

____

____

4. 为什么劳动市场上的均衡工资必定等于每个企业劳动的边际产量值?

____

____

5. 假设大学入学人数增加,这引起教科书需求的增加。在教科书出版中所用到的劳动和资本市场会发生什么变动?解释之。

____

____

6. 为什么资本量增加会降低资本的租金率?为什么同样的事件却增加了劳动的工资?

____

____

7. 解释一种要素的租赁价格和一种要素的购买价格之间的差别。它们如何相关?

____

____

8. 当家庭直接拥有资本的时候,资本收入以租金的形式支付给家庭。当企业拥有资本时,资本收入以什么形式支付给家庭?

____

____

9. 哪些事件会使劳动需求曲线向右移动?

____

____

10. 哪些事件会使劳动供给曲线向右移动?

____

____

18.3 自我测试题

18.3.1 判断正误题

______1. 生产要素是劳动、土地和货币。

______2. 可以把一种要素的需求作为一种派生需求,因为它由企业在另一个市场上供给物品的决策派生而来。

______3. 对于一个竞争的、利润最大化的企业,一种要素的需求曲线是该要素的边际产量值曲线。

______4. 如果使用增加的要素减少了产量,要素就表现出边际生产率递减。

______5. 如果均衡工资增加了,劳动的边际产量值就必定增加了。

______6. 教科书需求的增加将增加教科书作者的边际产量值。

_______7. 劳动供给减少降低了劳动的边际产量值，降低了工资，减少了就业。

_______8. 提高一种要素边际产量值的唯一方法是用这种要素生产的物品的价格上升。

_______9. 铅笔的需求增加会改善铅笔厂和铅笔厂工人的经济状况。

_______10. 劳动的需求曲线向右下方倾斜是因为生产函数表现出劳动的边际生产率递减。

_______11. 在均衡时，当一个竞争企业雇用的劳动数量达到劳动的边际产量值等于工资的那一点时，它的产量也达到价格等于边际成本的那一点。

_______12. 资本的供给增加将提高资本的边际产量和资本的租赁价格。

_______13. 如果资本由企业拥有，而不是由家庭直接拥有，那么，资本收入就以股票、债券和留存利息的形式进行支付。

_______14. 土地的边际产量值是土地的边际产量乘以土地上生产的物品的价格。

_______15. 资本供给增加降低了资本边际产量值，减少了资本的租金率，并减少了劳动的边际产量值，从而降低了劳动的工资。

18.3.2 单项选择题

1. 最重要的生产要素是
   a. 货币、股票和债券。
   b. 水、地球和知识。
   c. 管理、财务和营销。
   d. 劳动、土地和资本。
2. 如果一种要素表现出边际产量递减，那么，多使用一单位该要素将
   a. 引起产量越来越少。
   b. 引起产量减少。
   c. 对产量没有影响。
   d. 使该要素的边际产量增加。

根据下表回答第3—5题。

劳动（工人数量）	每小时产量	劳动的边际产量	边际产量值
0	0		
1	5		
2	9		
3	12		
4	14		
5	15		

3. 当企业从雇用3个工人变为雇用4个工人时，劳动的边际产量是多少？
   a. 0
   b. 2
   c. 12
   d. 14
   e. 以上各项都不是。
4. 如果物品的价格是每单位4美元，当企业从雇用4个工人变为雇用5个工人时，劳动的边际产量值是多少？
   a. 4美元。
   b. 8美元。
   c. 12美元。
   d. 56美元。
   e. 60美元。
5. 如果利润最大化企业在一个竞争市场上以每单位3美元出售其物品，而且，在竞争市场上以每小时8美元雇用劳动，那么，这个企业应该雇用
   a. 1个工人。
   b. 2个工人。
   c. 3个工人。
   d. 4个工人。
   e. 5个工人。
6. 劳动的边际产量值是
   a. 物品价格乘以劳动的工资。
   b. 劳动的工资乘以劳动量。
   c. 物品价格乘以劳动的边际产量。
   d. 劳动的工资乘以劳动的边际产量。

e. 以上各项都不是。

7. 对一个竞争的、利润最大化的企业，资本的边际产量值曲线是企业的
a. 生产函数。
b. 边际成本曲线。
c. 资本的供给曲线。
d. 资本的需求曲线。

8. 劳动的供给增加将
a. 增加劳动的边际产量值，并提高工资。
b. 减少劳动的边际产量值，并降低工资。
c. 增加劳动的边际产量值，并降低工资。
d. 减少劳动的边际产量值，并提高工资。

9. 鱼的需求减少
a. 减少了渔民的边际产量值，降低了他们的工资，并减少了捕鱼行业的就业。
b. 增加了渔民的边际产量值，提高了他们的工资，并增加了捕鱼行业的就业。
c. 减少了渔民的边际产量值，降低了他们的工资，并增加了捕鱼行业的就业。
d. 增加了渔民的边际产量值，提高了他们的工资，并减少了捕鱼行业的就业。

10. 渔民供给的减少对捕鱼行业所用的资本的市场有什么影响？
a. 渔船的需求增加，渔船的租金率提高。
b. 渔船的需求减少，渔船的租金率下降。
c. 渔船的需求增加，渔船的租金率下降。
d. 渔船的需求减少，渔船的租金率提高。

11. 苹果需求增加不会引起以下哪一项的变动？
a. 苹果的价格上升。
b. 摘苹果者的边际产量值增加。
c. 摘苹果者的工资增加。
d. 雇用的摘苹果者人数减少。

12. 农用拖拉机供给减少不会引起以下哪一项的变动？
a. 拖拉机的租金率上升。
b. 拖拉机的边际产量值增加。
c. 农业工人的工资增加。
d. 农用土地的租金率下降。

13. 如果投入和产出市场都是竞争的，企业是利润最大化的，那么，在均衡时每种生产要素赚到
a. 相等的产量份额。
b. 其边际产量值。
c. 政治过程分配的量。
d. 等于物品价格乘以总产量。

14. 个别企业对一种生产要素的需求
a. 由于要素的边际产量递减而向右下方倾斜。
b. 由于物品生产的增加减少了物品在竞争市场出售的价格，从而边际产量值随所用的要素增加而减少，向右下方倾斜。
c. 由于要素的边际产量递增而向右上方倾斜。
d. 如果要素市场是完全竞争的，就是完全有弹性的（水平线）。

15. 对一个企业物品的需求增加
a. 企业的经济状况改善，但企业所使用要素的经济状况变坏。
b. 企业的经济状况变坏，但企业所使用要素的经济状况改善。
c. 企业和所用要素的经济状况都改善。
d. 企业和所用要素的经济状况都变坏。

16. 竞争的、利润最大化的企业应该雇用工人到这样的一点
a. 工资、资本租赁价格和土地租赁价格都相等。

b. 劳动的边际产量等于零，以及生产函数最大化。
c. 劳动的边际产量等于工资。
d. 劳动的边际产量值等于工资。

17. 以下哪一种关于有高边际产量值工人的说法不正确？这些工人
a. 通常有高报酬。
b. 通常用很少资本进行工作。
c. 有供给相对稀缺的技能。
d. 生产的产量有极大需求。

18. 汽车价格上升使汽车工人的需求
a. 向右移动，工资增加。
b. 向左移动，工资减少。
c. 向右移动，工资减少。
d. 向左移动，工资增加。

19. 当资本由企业拥有，而不直接由家庭拥有时，资本收入可以采用以下任何一种形式，除了
a. 留存收入。
b. 利息。
c. 红利。
d. 股票。

20. 假设用生物武器进行战争。这种武器消灭人，但并不消灭资本。与战前的值相比，战后均衡工资和租金率很可能发生什么变动？
a. 工资上升，租金率上升。
b. 工资下降，租金率下降。
c. 工资上升，租金率下降。
d. 工资下降，租金率上升。

18.4 进阶思考题

你正与朋友看公共电视上关于移民的争论。参与者代表两个阵营——有组织的劳工与公司行业。有组织的劳工反对开放移民，而公司行业支持更加开放移民。你的朋友说："我不相信这两个集团不能就这个问题达成一致。企业和工人组织共同生产工业物品。我认为，他们的利益是相似的。也许更好的仲裁人可以帮助这些集团找到可以使双方都满意的移民立场。"

1. 如果开放移民，那么劳动的边际产量值和工资发生什么变动？

____

____

2. 如果开放移民，那么资本和土地的边际产量值及其租金率会发生什么变动？

____

____

3. 每个集团对移民采取的态度与其利益一致吗？解释之。是否存在一种使双方都满意的解决方法？

____

____

18.5 答案

18.5.1 术语与定义

___3___ 生产要素
___8___ 派生需求
___1___ 边际产量递减
___7___ 边际产量值

___5___ 生产函数　　　　___2___ 资本

___4___ 劳动的边际产量　　　　___6___ （一种要素的）租赁价格

18.5.2 应用题

1. a.

劳动（工人数量）	每小时产量	劳动的边际产量	$P=3$ 美元时的边际产量值（美元）	$P=5$ 美元时的边际产量值（美元）
0	0			
1	9	9	27	45
2	17	8	24	40
3	24	7	21	35
4	30	6	18	30
5	35	5	15	25
6	39	4	12	20
7	42	3	9	15
8	44	2	6	10

b. 3 个工人，因为前 3 个工人每个人的边际产量值都高于 19 美元的工资，因此，每个人都增加了利润。但第 4 个工人的边际产量值是 18 美元，因此，雇用第 4 个工人就减少了利润。

c. 5 个工人，因为前 5 个工人每个人的边际产量值都高于 13 美元的工资，但第 6 个工人的边际产量值只有 12 美元，因此，雇用第 6 个工人会减少利润。这是沿着企业劳动需求曲线的变动，因为每个工人的边际产量值仍然是相同的，但企业面对的工资改变了。

d. 见上表的第 5 栏。

e. 7 个工人，因为前 7 个工人每个人的边际产量值都高于 13 美元的工资，但第 8 个工人的边际产量值只有 10 美元，因此，雇用这个工人是不利的。这是劳动需求曲线的移动，因为每个工人的劳动边际产量值由于物品价格上升而增加了。因此，在同样的 13 美元工资时，企业需要更多工人。

2. a. 参看图 18-4。

b. 劳动的边际产量值和工资都增加。

c. 当物品价格上升时，所有投入的边际产量值都同时增加。因此，土地和资本的边际产量值增加，从而其租金率上升。

d. 当物品价格变动时，企业和投入同方向变动。在这种情况下，企业的经济状况改善了，投入增加了。

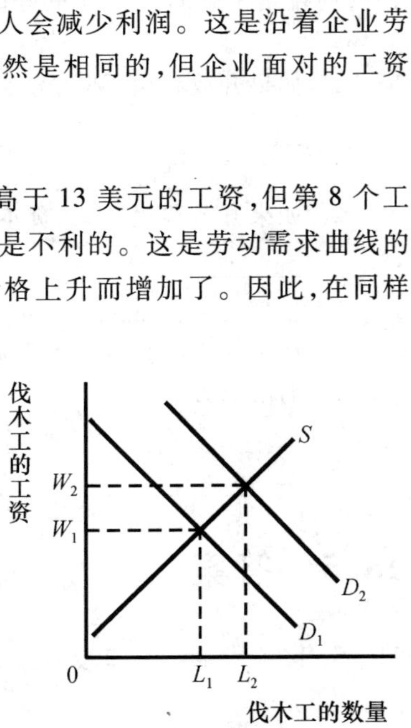

图 18-4

3. a. 参看图 18-5。这个事件增加了农用土地的供给，减少了土地的边际产量，以及土地的租赁价格。

b. 参看图 18-6。农用土地供给的增加提高了劳动的边际产量,并使劳动的需求向右移动,这就增加了工资。

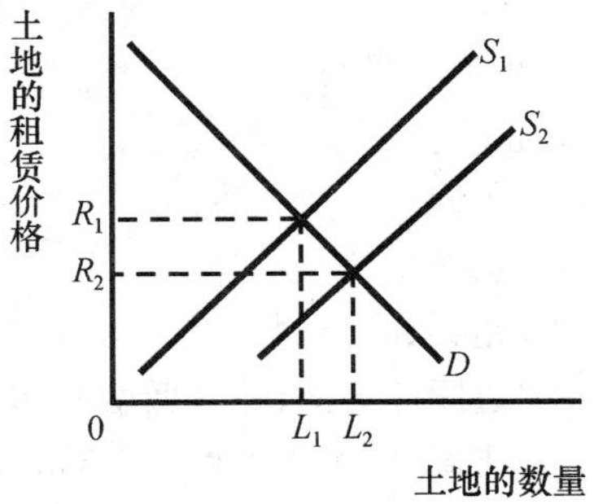

图 18-5

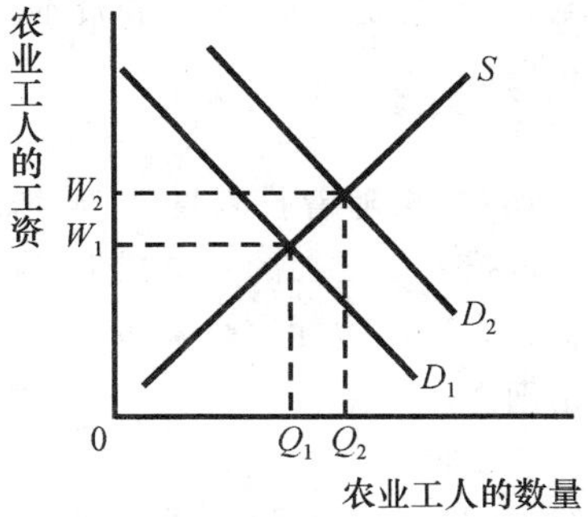

图 18-6

4. a. 工人得到的资本增加提高了劳动的边际产量,使劳动需求曲线向右移动,并提高了工资。
   b. 这个事件增加了本田汽车的需求,并提高了本田汽车的价格。本田汽车价格上升增加了劳动的边际产量值,使劳动需求曲线向右移动,工资增加。
   c. 这个事件增加了劳动供给,减少了劳动的边际产量,工资减少。

18.5.3 简答题

1. 利润最大化企业将雇用工人到劳动的边际产量值等于工资的一点。超过那一点,增加工人的成本大于其边际产量值,而且,其就业会减少利润。由于边际产量值曲线决定了企业在每种工资时将雇用多少工人,因此,它是劳动需求曲线。
2. 随着越来越多的劳动增加到生产过程中,劳动的边际产量递减。由于在竞争市场上物品的价格是既定的,我们就可得出,随着劳动量增加,边际产量值递减。
3. 给出:$MC = W/MPL$。如果企业雇用工人到工资等于边际产量值的一点上,那么,$P \times MPL = W$,或者 $P = W/MPL$。用 MC 替代 W/MPL,我们得出 $P = MC$。
4. 均衡工资由劳动市场上劳动的供给与需求决定。每个企业都雇用工人到工资等于劳动边际产量值的一点。
5. 教科书出版中使用的劳动和资本的边际产量值将增加,因为它们生产的物品的价格上升了。因此,付给每种要素的工资和租金率也应该上升。
6. 由于随着所用的资本增加,资本的边际产量递减,因此,资本增加减少了资本的边际产量及其租金率。但是,资本增加提高了劳动的边际产量,并增加了工资。
7. 租赁价格是为了在一定时期内使用要素而支付的价格,而一种要素的购买价格是为了永远拥有一种要素所支付的价格。一种要素的购买价格取决于该要素现期与未来预期的边际产量值。
8. 利息、红利和留存收益。
9. 劳动所生产的物品价格上升,生产中所用的增加劳动的技术进步,以及生产中与劳动同时使用的要素的供给增加。
10. 对在家庭之外工作的态度的改变,可供选择的就业机会的减少,以及移民。

18.5.4 判断正误题

1. 错误;要素是劳动、土地和资本。
2. 正确。
3. 正确。
4. 错误;如果随着投入增加,从增加一单位投入中增加的产量减少,这种投入就表现出边际生产率递减。
5. 正确。
6. 正确。
7. 错误;劳动供给减少增加了劳动的边际产量值,增加了工资,并减少了就业。
8. 错误;一种要素的边际产量可能由于该要素供给减少(更稀缺)或该要素生产率提高而增加。
9. 正确。
10. 正确。
11. 正确。
12. 错误;资本供给增加将减少资本的边际产量值,并降低租金率。
13. 错误;资本收入可以以利息、红利和留存收益的形式存在。
14. 正确。
15. 错误;它增加了劳动的边际产量值和工资。

18.5.5 单项选择题

1. d	2. a	3. b	4. a	5. c	6. c	7. d	8. b	9. a	10. b
11. d	12. c	13. b	14. a	15. c	16. d	17. b	18. a	19. d	20. c

18.5.6 进阶思考题

1. 劳动将不太稀缺,因此,劳动的边际产量值下降,从而工资将减少。
2. 可以把增加的劳动用于资本和土地,这就增加了资本和土地的边际产量值,并提高了它们的租金率。
3. 是的。有组织的劳工希望保持高工资,因此,它希望限制移民。公司利益者希望提高资本和土地回报,因此它希望允许开放移民。使双方都满意的解决方法是不存在的。

第19章 收入与歧视

目 的

在本章中你将

- 考察工资报酬如何会因工作特点不同而不同
- 了解并比较教育的人力资本理论与信号理论
- 考察为什么在某些职业中少数超级明星能赚到极高的收入
- 了解为什么工资上升到超出供求平衡的水平之上
- 考虑为什么衡量歧视对工资的影响是困难的
- 说明什么时候市场力量可以对歧视提供一种自然的补救方法,而什么时候又不能

效 果

在实现这些目的之后,你应该能

- 解释为什么一个经济学教授赚得比类似年龄、背景和教育的公司经济学家少
- 根据教育的信号理论和人力资本理论解释旨在增加所有工人教育程度的政策的不同影响
- 列出可以产生超级明星的市场的特点
- 列出工资会高于均衡工资的三个原因
- 解释为什么各群体之间的工资差别本身并不能说明劳动市场存在多大歧视
- 解释为什么除非顾客或政府需要歧视,否则竞争的雇主不可能对各雇员群体进行歧视

19.1 本章概述

19.1.1 内容与目的

第 19 章是论述劳动市场经济学三章中的第二章。第 18 章提出了生产要素市场。第 19 章超越了第 18 章提出的供求模型，以有助于解释我们在经济中看到的悬殊的工资差别。第 20 章论述收入分配以及政府在改变收入分配中可以起到的作用。

第 19 章的目的是扩展我们在第 18 章中提出的新古典劳动市场理论。新古典理论认为，工资取决于劳动的供求，而劳动需求取决于劳动的边际生产率值。为了说明我们观察到的普遍工资差别，我们必须更准确地考察是什么决定了各种类型劳动的供求。

19.1.2 本章复习

导　言

第 19 章扩展了我们在第 18 章中提出的新古典劳动市场理论。新古典理论认为，工资取决于劳动的供求，而劳动需求取决于劳动的边际生产率值。为了说明我们观察到的普遍工资差别，第 19 章更准确地考察是什么决定了各种类型劳动的供求。

1. 决定均衡工资的若干因素

工人在许多方面都有不同。工作也因所支付的工资和非货币特征而不同。这些差异都会影响劳动供给、劳动需求及均衡工资。

有一些工作是轻松、有趣而安全的，而有些工作则很辛苦、枯燥且危险。如果工资是相同的，那么大多数人喜欢轻松、有趣而安全的工作。因此，为了吸引人们从事辛苦、枯燥而危险的工作，往往给这些工人提供高工资。**补偿性工资差别**是为了抵消不同工作的非货币特征而产生的工资差别。例如，那些在煤矿工作或上夜班的人得到补偿性差别，以补偿他们工作的不合意性。

资本是被生产出来的生产要素。资本既包括经济中设备和建筑物的存量，还包括称为人力资本的无形资本形式。**人力资本**是对人的投资的积累，例如，教育和在职培训。有较多人力资本的工人由于以下原因赚得比人力资本较少的工人多：就劳动需求而言，受过教育的工人的边际产量高，因此企业愿意为他支付更高工资；就劳动供给而言，只有教育能得到回报，工人才愿意接受教育。实际上，受教育工人与未受教育工人之间存在的报酬差别是为了补偿受教育者付出的成本。1980 年，一位有大学学位的男性的平均收入比只有高中文凭的男性的平均收入高 44%。到 2005 年，这个数字已上升到 87%。对于妇女，这种差别从 35% 上升到 72%。有两种假设可以解释这种差距的扩大。第一，国际贸易增长使美国可以从非熟练工人丰富的国家进口非熟练工人生产的物品，并出口熟练工人生产的物品。在国内经济中，这增加了对熟练工人的需求，并减少了对非熟练工人的需求。第二，技术进步增加了对熟练工人的需求，并减少了对非熟练工人的需求。

天生的能力、努力和机遇有助于解释工资差别。一些人比另一些人聪明而强壮，他们由于天生的能力而得到高报酬。一些人比另一些人工作更努力，他们由于努力而得到高报酬。如果技术变革使一个人失去了工作，那么机遇使这个人的教育和经验变得毫无价值。漂亮也许是天生的能力，因为吸引力会使一个演员或劳务生的生产率更高。这也可能是一个聪明的人努力使自己的外表更具魅力的一个信号，而且，这可能说明，这个人在其他事情上也能获得成功。此外，漂亮的工资津贴可能只是一种歧视。有魅力的人比没有魅力的人多赚到了一种津贴。

教育的人力资本观点认为，受更多教育的人得到更多报酬是因为教育使他们的生产率更高。另一种观点，教育的信号观点认为，企业把教育作为区分高能力工人与低能力工人的方法。**教育程度**表示能力，这是因为高能力的人比低能力的人更容易获得学士学位，而且，企业愿意为高能力的人支付更高的工资。正如认为广告本身并不包含真实信息的广告信号理论那样，教育信号理论认为，正规教育并没有真正提高生产率。根据教育的人力资本观点，提高所有工人教育程度的政策会增加所有工人的工资。根据教育的信号观点，增加的教育并不影响生产率或工资。教育的利益也许是人力资本和信号效应的结合。

少数超级明星能赚到天文数字般的薪水。这些超级明星往往是建筑师、演员、作家等一些成功人士。超级明星产生于有两个特点的市场：

- 市场上每位顾客都想享受最优生产者提供的物品。
- 使最优生产者以低成本向每位顾客提供物品成为可能的是生产这种物品所用的技术。

到现在为止，我们已经说明了为什么工人会赚到不同的均衡工资。但是，一些工人会赚到高工资是因为他们的工资由于以下原因而高于均衡的工资水平：

- 最低工资法：这对毫无经验和非熟练工人的影响最大。
- 工会的市场势力：**工会**是一个就工资、工作条件与雇主谈判的工人组织。工会可以使工资比均衡水平高出10%—20%，因为它可以进行**罢工**威胁或者从企业撤走劳动力。
- 效率工资：当企业选择使工资高于均衡水平以提高生产率的时候，**效率工资**就出现了，因为高工资减少了工人流动性，提高了工人努力程度，并提高了适应企业工作的工人素质。

只要工资高于均衡水平，结果就会导致失业。

2. 歧视经济学

工资也会由于歧视程度的不同而不同。**歧视**是向仅仅由于种族、宗教、性别、年龄或其他个人特征不同的相似个人提供不同的机会。歧视是一个非常敏感的话题。

种族和性别引起工资差别有许多原因。平均而言，白人由于受教育时间长及学校更好而比黑人拥有更多的人力资本。男性通常比女性受教育年限长，并有更多的工作经验。在学校中，女性会避开科学和数学类课程。男性也会由于从事比女性更辛苦的工作而得到补偿性的差别。一些工资差别可能源于歧视，但到底有多大并没有统一的意见。经济学家认为，由于不同群体之间的平均工资差别部分反映了人力资本和工作特征的差别，因此这些差别本身并不能说明劳动市场上到底存有多大的歧视。

一项近期的研究表明，那些拥有在非裔美国人中常用名字的求职者所引起的雇主的兴趣要少于那些拥有白人中常用名字的求职者。

虽然歧视是难以衡量的，但我们有证据表明劳动市场上是存在歧视的。如果一些雇主歧视某个雇员群体，那么，这些受歧视群体劳务的需求就会很低，而且他们的工资也低；而那些不受歧视群体劳务的需求就高，而且他们的工资也会偏高。在一个竞争性市场上，对某些雇员群体歧视的雇主就处于竞争劣势，因为他们的劳动成本较高。那些只关心利润而不实行歧视的企业就会取代那些实行歧视的企业，因为它们会更有利可图。不实行歧视的企业将增加对受歧视群体劳务的需求，减少对不受歧视群体的需求，而且，工资将在各个群体之间均等化。因此，竞争市场可以制止雇主的歧视。

但是，如果顾客或政府需要歧视，那么，企业的竞争和利润动机就不能纠正工资差别。如果执迷不悟的顾客愿意为餐馆中某个群体的劳务支付额外报酬，而不愿意接受另一个群体的劳务，那么，即使是在竞争市场上，工资差别也可以维持下去。如果政府规定歧视性做法，那么，竞争也不能使歧视的工资差别均等化。有证据表明，在一些职业运动中，白人运动员得到的报酬高于能力相当的黑人运动员，而且，白人运动员比例高的球队的观众更多。这表明，运动迷们愿意为看白人运动员而支付额外费用。由于黑人运动员的生产率较低，即使所有者只关心利润，这种工资差别也会持续下去。如果在一个竞争市场上工资差别持续下来了，这是因为执迷不悟的顾客愿意为此付费，或者因为政府要求这样。工资差别不能仅由执迷不悟的雇主自己维持。

3. 结论

在竞争市场上，工人赚到的工资等于其边际产量值。如果工人更有能力、更勤奋、更有经验以及受教育更多，他们的边际产量值就更高。企业向那些受顾客歧视的工人支付的报酬少，因为他们给企业带来的利润少。

19.1.3 有益的提示

(1) 用供给与需求解释工资。人和工作的特点影响每个劳动市场上的劳动供给、劳动需求，以及均衡工资。例如，教育、经验和艰苦的工作提高了工人的边际生产率值，增加了其劳务的需求，并增加了他们的工资。工作的不合意性、教育支出和从事某项工作要求的能力的提高减少了愿意并能够从事某种工作的工人数量，减少了那个市场上的劳动供给，并提高了工资。甚至还可以用供求来解释超级明星市场。由于超级明星可以同时通过电视、电影、音乐 CD 等来满足每一位顾客，因此，他们的边际产量就极大，从而对他们的劳务需求也极大。

(2) 不同群体的工资差别本身并不是劳动市场歧视的证据，因为各群体的收入差别部分反映了人力资本和工作特征的差别。看起来是歧视的现象可能仅仅是对工作的不合意性质支付的一种补偿性工资差别。此外，工资差别也可能是由于各集团工人之间平均生产率的差别引起的。

19.1.4 术语与定义

为每个关键术语选择一个定义。

关键术语	定　义
______补偿性工资差别	1. 向仅仅由于种族、宗教、性别、年龄或其他个人差别的相似个人提供不同的机会。
______人力资本	2. 为抵消不同工作的非货币特征而产生的工资差别。
______工会	3. 工会有组织地从企业撤出劳动。
______罢工	4. 对人的投资的积累，例如，教育和在职培训。
______效率工资	5. 企业为了提高工人的生产率而支付的高于均衡水平的工资。
______歧视	6. 与雇主就工资和工作条件进行谈判的工人协会。

19.2 问题与简答题

19.2.1 应用题

1. 在下列每一组工人中，哪一个工人会赚得更多？为什么？(谁得到的收入多可能是显而易见的。真正的问题是解释为什么一个人得到的收入高于另一个人。)

   a. 在核电厂高达600英尺的冷却塔上工作的木匠或在房架上工作的木匠

   b. 杂货店的店员或律师

   c. 有一年工作经验的律师或有六年工作经验的律师

   d. 漂亮的售货员或长相平常的售货员

   e. 工厂中白班工作的汽车工人或夜班工作的汽车工人

   f. 经济学教授或公司经济学家

   g. 历史学教授或经济学教授

   h. 被培养为打孔员(在没有电脑终端之前，把指令输入卡片上以便主机阅读的打字员)或者被培养为个人电脑专家

   i. 你所喜欢的定期在附近校园演出的本地爵士乐队或大卫·鲍威(摇滚歌星)

   j. 懒惰、愚笨的管道工或勤奋、聪明的管道工

   k. 地球上最好的木匠或地球上最好的作家

2. a. 解释教育的人力资本理论和教育的信号理论。

b. 在两种观点下,教育政策的意义分别是什么?

c. 以上哪一种观点是正确的? 解释之。

3. a. 竞争市场如何能消除劳动市场上的歧视?

b. 什么限制了竞争市场减少歧视的能力? 解释之。

19.2.2 简答题

1. 为什么那些通过教育获得了更多人力资本的人比人力资本较少的人赚得多?

2. 指出一些要求正的报酬差别工作的工作特征。

3. 最近二十年来,美国熟练工人与非熟练工人的相对工资发生了什么变动?

4. 市场上产生超级明星的必要条件是什么? 解释之。

5. 不同群体的平均工资差别本身说明了市场上存在歧视吗? 解释之。

6. 如果竞争市场上保持歧视性工资差别,那么这种工资差别是由于雇主一方的歧视,还是必定产生于其他来源? 解释之。

7. 职业运动中存在歧视吗? 它是来自于雇主的歧视吗? 解释之。

8. 列出大多数超级明星的职业。这些职业有什么共同之处吗？

____

____

9. 为什么管道学徒工的工资总是低于管道师傅？

____

____

10. 说出三个工资高于均衡工资的原因。解释之。

____

____

19.3 自我测试题

19.3.1 判断正误题

_______1. 补偿性工资差别是支付给受歧视工人和不受歧视工人的工资差别。

_______2. 夜班工人得到补偿性工资差别以抵消夜晚工作的不合意性。

_______3. 在美国最近二十年间，非熟练工人与熟练工人的工资差距缩小了。

_______4. 企业愿意向人力资本多的工人支付更高的工资是因为人力资本多的工人的边际产量值高。

_______5. 人力资本通过教育和在职培训而增加。

_______6. 学徒工从事较低工资的工作是因为学徒工的一部分工资是以在职培训的形式支付的。

_______7. 一些超级明星赚到了天文数字的薪水，这是因为在一些市场上，每个人都想得到由最优的生产者提供的物品，而且，技术使得最优的生产者以低成本满足每一个顾客成为可能。

_______8. 如果教育的信号理论是正确的，那么增加工人教育的政策将增加所有工人的工资。

_______9. 有魅力的人得到的工资高于无魅力的人得到的工资表明，劳动市场歧视无魅力的人。

_______10. 能力、努力和机遇在工资决定中起着重要作用，因为不到一半的工资差别可以用工人的教育、经验、年龄和工作特征来解释。

_______11. 如果竞争市场上的一个公司坚持向某个群体支付歧视性工资，那么这必定是因为雇主执迷不悟。

_______12. 如果不同群体之间存在工资差别，那么这就是劳动市场存在歧视的证据。

_______13. 如果没有最低工资法，那么雇主总是向工人支付均衡工资。

_______14. 如果顾客不执迷不悟，而且，如果政府不要求歧视，那么竞争就会消除劳动市场上的歧视。

_______15. 男性与女性之间的工资差别至少有一些可以用以下事实来解释：平均而言，男性上学更多并在更好的学校上学，男性有更多工作经验，而且，男性能从事条件更不好的工作。

19.3.2 单项选择题

1. 如果一个在煤矿工作的人的收入高于有相似背景和技能,但在一个安全工作岗位上工作的人,那么
   a. 我们有对煤矿之外的工人歧视的证据。
   b. 我们观察到了补偿性工资差别。
   c. 煤矿工人应该比其他人有更多人力资本。
   d. 煤矿工人必定比其他工人更有魅力。
2. 根据教育的人力资本理论,教育
   a. 增加了人力资本和工人的工资。
   b. 只有助于企业把工人分为高能力工人与低能力工人。
   c. 对工人的人力资本没有影响。
   d. 可以使任何一个工人成为超级明星。
3. 以下哪一项不是工人人力资本的一部分?
   a. 教育。
   b. 在职培训。
   c. 经验。
   d. 努力。
   e. 以上各项都是工人人力资本的一部分。
4. 根据教育的信号理论,教育
   a. 增加了人力资本和工人的工资。
   b. 只有助于企业把工人分为高能力工人与低能力工人。
   c. 缩小了高技能工人与低技能工人的工资差距。
   d. 可以使任何一个工人成为超级明星。
5. 以下所有各项都会增加工人的工资,除了
   a. 更多的教育。
   b. 夜班工作。
   c. 从事有趣的工作。
   d. 有更好的天赋。
   e. 更努力地工作。
6. 在一个完全竞争市场上,以下哪一项最不可能是持久性歧视工资差别的来源?
   a. 顾客。
   b. 政府。
   c. 雇主。
   d. 以上各项都可能是持久性歧视工资差别的来源。
7. 如果两种工作要求同样的技能和经验,那么,工资最高的工作最可能是以下哪一种工作?
   a. 令人不愉快的工作。
   b. 安全的工作。
   c. 轻松的工作。
   d. 有趣的工作。
   e. 以上各项都是。
8. 在最近二十年间,美国熟练工人与非熟练工人的工资差距
   a. 缩小了。
   b. 扩大了。
   c. 保持相同。
   d. 先增加而现在缩小。
9. 以下哪一种关于有魅力的工人与没有魅力的工人收入的说法是正确的?
   a. 有魅力的人往往赚得少,因为人们会认为有魅力的人浅薄,而且更自我欣赏,从而生产率低。
   b. 有魅力的人往往赚得少,因为有魅力的人通常人力资本少。
   c. 有魅力的人往往赚得多,因为他们实际上可能有更高的边际产量值。
   d. 有魅力的人往往赚得多,因为他们通常有更多人力资本。
10. 美国非熟练工人相对工资下降可能是由于

a. 可以得到的非熟练工人人数由于工人所受教育少而相对增加。
b. 可以得到的非熟练工人人数由于到美国的移民而相对增加。
c. 非熟练工人的需求由于工人所受教育少而相对减少。
d. 非熟练工人的需求由于技术进步和国际贸易增加而相对减少。

11. 以下哪一种职业更可能产生超级明星的收入?
a. 最好的医生。
b. 最好的教授。
c. 最好的会计师。
d. 最好的作家。
e. 以上各种职业都是在可以产生明星的市场上。

12. 当一个雇主向只根据个体的以下不同而向其提供不同机会时,不能认为是歧视
a. 种族。
b. 性别。
c. 生产率。
d. 年龄。

13. 一个市场要成为支持超级明星的市场,它必须具有以下哪一个特征?
a. 必须包括职业运动员。
b. 每个顾客都想要最优的生产者提供的物品,而且,必须存在最优的生产者能以低成本向每一位顾客供给的技术。
c. 每位顾客都必须愿意为物品支付大量的钱,而且,该物品应该是必需品。
d. 每个顾客必须对他们支付的价格漠不关心,而且,卖者必须是该物品市场上的竞争者。

14. 以下哪一种关于歧视的说法是正确的?
a. 在一个竞争的劳动市场上不能存在歧视。
b. 只有顾客愿意为保持歧视做法付费或者政府要求歧视,才能在一个竞争市场上保持歧视。
c. 执迷不悟的雇主是竞争市场上持久性歧视工资差别的主要来源。
d. 不同群体中工资差别的存在是劳动市场歧视的有力证据。

15. 竞争市场往往会
a. 减少劳动市场歧视,因为不歧视的企业将雇用更廉价的劳动,赚到更多利润,并把歧视企业赶出市场。
b. 对劳动市场歧视没有影响。
c. 增加了劳动市场歧视,因为执迷不悟的雇主可以为了弥补他们的歧视成本而在竞争市场上收取他们想收取的价格。
d. 增加了劳动市场歧视,因为在竞争市场上,一些工人对自己劳务收取的价格可以高于另一些工人。

16. 各群体的工资差别本身并不能成为劳动市场歧视的证据,因为不同集团有
a. 不同的教育水平。
b. 对他们愿意从事的工作类型有不同的偏好。
c. 不同的工作经验水平。
d. 以上各项都是。

17. 以下哪一项不是一些工人得到的工资高于均衡工资的原因?
a. 最低工资法。
b. 漂亮。
c. 工会。
d. 效率工资。

18. 以下哪一项可能会引起补偿性工资差别?
a. 一个雇员比另一个雇员更有魅力。
b. 一个雇员工作比另一个雇员更

努力。

c. 一个雇员更愿意上夜班，而另一个不愿意。

d. 一个雇员所受教育比另一个更多。

e. 以上各项都是。

19. 以下哪一项对工资差别的解释不可能是正确的？

a. 男性的人力资本比女性更多。

b. 白人的人力资本比黑人更多。

c. 竞争市场上的雇主执迷不悟。

d. 男性的工作经验比女性更多。

20. 以下哪一项可以使妇女的工资低于男性？

a. 顾客对男性的偏爱。

b. 妇女偏爱在愉快、干净、安全的工作地点工作。

c. 妇女为照料孩子而进入或退出劳动市场。

d. 妇女获得的人力资本少，因为她们并不计划工作到退休年龄。

e. 以上各项都是。

19.4 进阶思考题

你与一些朋友在一个政治集会上讨论问题。一位州议会候选人说，职业女性赚的收入只是职业男性的60%。这位候选人说："这显然是雇主歧视女性的证据。男性与女性的收入差距永远都不会缩小，因为职业女性会选择传统上收入低的职业，而男性则选择传统上收入高的职业。我建议，政府建立一个委员会以决定工作应该支付多少工资，以便有相似技能和教育的人赚到相同的收入。"

1. 假设断定一个秘书和一个卡车司机要求同样的教育和技能水平，但秘书赚3万美元，而卡车司机赚4万美元。如果这两种职业的工资由法律定为3.5万美元，秘书和卡车司机市场上的供给量和需求量会发生什么变动？

____

____

2. 在问题1中，在每个市场上可以得到的工人的努力程度和先天能力会发生什么变动？每个市场上产生的工作质量会发生什么变动？

____

____

3. 假设在问题1中，两种工作要求的技能和教育实际上几乎相同是正确的。一个经济学家可以提出什么原因来说明这两个市场上工资差别为1万美元？

____

____

19.5 答案

19.5.1 术语与定义

___2___ 补偿性差别

___4___ 人力资本

___6___ 工会

___3___ 罢工

___5___ 效率工资

___1___ 歧视

19.5.2 应用题

1. a. 在 600 英尺高空工作的木匠,因为他可能要求这种危险工作的补偿性工资差别。
   b. 律师,因为律师从教育年限中得到的人力资本多,而且,律师要求补偿性工资差别以弥补受教育的成本和努力。
   c. 有六年工作经验的律师,因为工作经验是人力资本的一部分。
   d. 漂亮的售货员,因为他们有魅力因而有更高的边际产量值,或者他们发出信号表明,当他们在使自己更有魅力的事情上成功时,他们在各种事情上都能成功。此外,这也可能是由于对长相平常人的歧视。
   e. 夜班工人,因为夜班不合意,而且,工人要求补偿性工资差别。
   f. 公司经济学家,因为公司经济学家要求补偿所从事工作不合意性的补偿性差别。此外,公司经济学家也可以有更高的边际产量值。
   g. 经济学教授,因为经济学家的市场工资由于公司劳动市场上经济学家的边际产量值较高而较高。
   h. 个人电脑专家,因为通过机遇,技术使这些打孔员变得不再被需要,而个人电脑专家的需求增加。
   i. 超级明星大卫·鲍威,因为通过技术,他可以同时满足整个市场。(他是第一个净财产超过 10 亿美元的摇滚歌星。)
   j. 勤奋而聪明的管道工,因为有能力而努力的人的边际产量值高。
   k. 最好的作家,因为作家在一个支持超级明星的市场上,而木匠并不是。
2. a. 前者认为,教育增加了人力资本,并提高了劳动的边际产量值,从而增加了工资。后者认为,教育仅仅是高能力的一种信号。
   b. 根据人力资本理论,提高所有人的教育水平的政策将增加所有人的工资。根据信号理论,教育水平提高不会影响工资,因为教育并不提高生产率。
   c. 也许两个都正确。这两种效应的相对大小并不清楚。
3. a. 只关心利润的企业将雇用受歧视的群体。因为他们的工资较低,不进行歧视的企业将比进行歧视的企业有竞争优势。随着非歧视企业替代了歧视企业,以前受歧视工人的相对需求增加了,这将消除歧视性工资差别。
   b. 如果执迷不悟的顾客愿意为歧视企业支付更高的价格,或者政府要求歧视,竞争市场就不能消除歧视。

19.5.3 简答题

1. 由于有更多人力资本的工人的生产率更高,企业愿意为边际产量值高的工人支付更高工资。此外,工人必须为教育本身的成本得到补偿。
2. 为工作的不愉快和不合意性支付补偿性工资差别。其他条件相同时,如果工作枯燥、有噪音、有异味、孤单、不安全、艰苦、要求出差、要求夜班或倒班之类的加班,要求与令人不愉快的人一起工作等,就要支付更多工资。
3. 熟练工人与非熟练工人的工资之间的差距扩大了,也许是因为国际贸易增长使美国可以从非熟练工人丰富的国家进口由非熟练工人制造的物品,并出口由熟练工人制造的物品。这就增加了对熟练工人的相对需求。或者也可能是,技术进步增加了对熟练工人的相对需求。

4. 市场上每一个顾客都想享受由最优的生产者提供的物品,而且,用于生产这种物品的技术使最优的生产者以低成本供给每一位顾客成为可能。
5. 不能说明。由于各群体的平均工资部分是根据人力资本和工资特征的差别,因此,仅仅是各群体的工资差别并没有告诉我们有关歧视的什么情况。
6. 如果顾客并不执迷不悟,而且,政府也不要求歧视,竞争将保证雇主不能一直歧视。如果存在工资差别,它必定是因为顾客愿意为歧视付费(他们执迷不悟)或政府要求歧视。不能简单地归咎于执迷不悟的雇主。
7. 证据表明,在一些职业运动中,白人运动员得到的收入高于其他条件相同的黑人运动员。歧视的来源可能是运动迷们(顾客)。
8. 作家、运动员、电视和电影演员、电影导演、音乐家、艺术家、软件创造者、有煽动性的演说家等。顾客只想要最优的,而且,技术允许卖者以低成本满足所有顾客。
9. 因为学徒的边际产量值少,也由于学徒以增加其人力资本和未来收入的形式得到了部分报酬。
10. 最低工资法(政府设置工资下限)、工会的市场势力(以罢工威胁提高工资),以及效率工资(企业为了提高生产率而支付高于均衡工资的工资,因为高工资降低了流动性,增加了努力程度,并提高了求职者的素质)。

19.5.4 判断正误题

1. 错误;这产生于抵消不同工作非货币特征的工资差别。
2. 正确。
3. 错误;差距在扩大。
4. 正确。
5. 正确。
6. 正确。
7. 正确。
8. 错误;教育并不提高生产率,而且对工资没有影响。
9. 错误;有魅力的人可能有更高边际产量值,或者有魅力的人发出信号表示,由于他们在使自己有魅力的事情上做得好,因此他们也能做好其他事。
10. 正确。
11. 错误;这应该是因为顾客愿意为歧视付费,或者因为政府要求歧视。
12. 错误;工资差别可能是由于人力资本或工作特征的差别引起的。
13. 错误;工会可能向企业施加压力使工资高于均衡水平,而且,企业也可能选择支付高于均衡工资的效率工资。
14. 正确。
15. 正确。

19.5.5 单项选择题

1. b	2. a	3. d	4. b	5. c	6. c	7. a	8. b	9. c	10. d
11. d	12. c	13. b	14. b	15. a	16. d	17. b	18. c	19. c	20. e

19.5.6 进阶思考题

1. 秘书过剩而卡车司机不足。也就是说,这增加了秘书的供给量,并减少了需求量;同时,这减少了卡车司机的供给量,并增加了需求量。
2. 工作努力而能力高的工人将避开卡车司机市场,而且,卡车司机的素质将下降。工作努力而能力高的工人被吸引到秘书市场,秘书劳务的质量提高了。
3. 经济学家可以说,1 万美元是从事不合意卡车司机工作的人必须得到的补偿性工资差别——一个人工作、在外出行过夜、不干净和不安全的工作环境等。

第 20 章
收入不平等与贫困

目　的

在本章中你将

- 考察我们社会中经济不平等的程度
- 考虑在衡量经济不平等时产生的一些问题
- 说明政治哲学家如何看待政府在收入再分配中的作用
- 考虑旨在帮助贫困家庭脱贫的各种政策

效　果

在实现这些目的之后，你应该能

- 解释为什么在美国熟练工人与非熟练工人的收入差距正在不断扩大
- 指出一些使收入分配的衡量指标夸大了收入不平等程度的因素
- 比较功利主义、自由主义和自由至上主义
- 解释负所得税的概念

20.1 本章概述

20.1.1 内容与目的

第 20 章是论述劳动市场经济学三章中的最后一章。第 18 章提出了生产要素市场。第 19 章扩展了基本供求模型,以有助于解释我们在经济中见到的悬殊的工资差别。第 20 章论述收入分配衡量,并考察政府在调整收入分配中所起的作用。

第 20 章的目的是论述收入分配。通过回答三个问题来进行讨论。第一,不平等程度有多大?第二,不同的政治哲学家对政府在改变收入分配中的适当作用是怎样阐述自己观点的?第三,用来帮助穷人的各种政府政策是什么?

20.1.2 本章复习

导 言

本章通过回答三个问题来论述收入分配。第一,不平等程度有多大?第二,不同的政治哲学家对政府在改变收入分配中的适当作用是怎样阐述自己观点的?第三,用来帮助穷人的各种政府政策是什么?我们将发现,政府也许能出台政策来使收入分配更加平等,但代价是扭曲激励并降低效率。

1. 不平等的衡量

收入分配可用各种方法来描述。一种方式是说明每个 1/5 的家庭和收入分配中最高的 5% 的家庭的收入占税前总收入多大百分比。最高的 1/5 的家庭收入为总收入的 47.6%,而最低的 1/5 的家庭收入为总收入的 4.1%。这就是说,最高的 1/5 的家庭的收入是最低的 1/5 的家庭的十倍左右。最高的 5% 家庭的收入比最低的 40% 的家庭的总收入还多。

收入分配看起来似乎一直是稳定的。过去 70 年间,最低的 1/5 的家庭的收入通常在 4%—5%,而最高 1/5 的家庭的收入在 40%—50%。但是,1935—1970 年间,收入分配差别略有缩小,而 1970—2005 年又略有扩大。收入不平等程度的提高可能是因为国际贸易的增长。技术进步减少了对非熟练工人的需求,而提高了对熟练工人的需求,这引起相对工资变动。

按不平等程度给各国排序时,美国排在中间。日本、德国和加拿大收入比美国平等,而墨西哥、南非和巴西收入不平等程度更大。

收入分配的另一个衡量指标是贫困率——家庭收入低于称为贫困线的绝对水平的人口的百分比。贫困线是联邦政府根据每个家庭规模所确定的绝对收入水平,低于这一水平的家庭就注定处于贫困中。它被定为提供充分食物所需费用的将近三倍。在 2005 年,中值家庭的收入是 56 194 美元,而 12.6% 的人口所在的家庭收入低于 19 971 美元的贫困线。1959—1973 年贫困率下降了,但从那以后再没下降。贫困率说明了三个事实:

- 贫困与种族相关:生活在贫困中的黑人与西班牙裔人是白人的三倍多。
- 贫困与年龄相关:生活在贫困中的儿童高于平均水平,而老年人低于平均水平。
- 贫困与家庭结构相关:以无丈夫女性为家长的家庭生活在贫困中的可能性是已婚夫妇为家长的家庭的五倍多。

有一些与衡量不平等相关的问题。显然,收入分配数据和贫困率在对不平等的衡量中是有用的,但由于以下原因,这些衡量指标所揭示的生活水平不平等状况是不完全的:

• **实物转移支付**是以物品和劳务形式而不是以现金形式给予穷人的转移支付。这些并没有计算在收入不平等的标准衡量指标之内。

• 经济学的**生命周期**是人一生中有规律的收入变动形式。年轻人和老年人赚得少,但年轻人可以借钱,老年人可以用过去的储蓄。收入的衡量标准不一样扩大了生活水平的变动程度,因为每年的收入变动大于生活水平的变动。

• **暂时与持久收入**:收入会由于随机的和暂时的因素而变动。这就是说,在任何一年内,一些事件会使收入异常地高或低。此外,人们可以借入或贷出,因此,即使收入变动,他们也可以维持稳定的生活水平。一个家庭的生活水平主要取决于持久收入。**持久收入**是一个人正常的或平均的收入。

由于以上所列的每一个原因,收入分配的标准衡量指标夸大了生活水平的不平等程度。

不同的不平等衡量指标显示出了差异极大的结果。衡量家庭间收入不平等的标准指标显示出最大的不平等,个人消费显示出较少的不平等。

美国的经济流动性高。在任何一个十年期间,25% 的家庭最少有 1 年低于贫困线,但只有 3% 的家庭在 8 年或更长的时间中是贫困的。在另一个极端,如果一个父亲的收入高出平均水平 20%,他的儿子赚到的收入只比平均水平高 8%,而他的孙子将赚到平均收入。此外,80% 的百万富翁是靠自己赚的钱致富,而不是继承。这些数据表明,与平均收入的背离往往是暂时性的,而且,收入不平等的衡量指标往往夸大了生活水平的不平等程度。

2. 收入再分配的政治哲学

经济学本身并不能告诉我们政府是否应该对经济不平等做点什么。对于这一点,我们应该论述各种政治哲学流派:

• **功利主义**　根据这种政治哲学,政府应该选择使社会上所有人总效用最大化的政策。**效用**是幸福或满足程度的衡量指标,功利主义认为它是所有行为的最终目标。如果增加每美元收入的边际效用是递减的,那么,从富人那里拿走一美元并给予穷人,富人效用的减少就小于穷人得到的效用增加。功利主义者反对收入完全平等,因为他们认识到,人们对激励做出反应,而税收引起无谓损失,可以进行再分配的收入就少了。这种哲学的奠基人是英国哲学家杰瑞米・边沁(Jeremy Bentham)和约翰・斯图亚特・穆勒(John Stuart Mill)。

• **自由主义**　根据这种政治哲学,政府应该选择必要的公共政策,这种公共政策要由一位在"无知面纱"背后的无偏见观察者来评价。这意味着,经济公正的唯一客观方法是在假设每个人对各自最终将进入上层、下层或中层的一生的状态一无所知的情况下为社会设定规则。这种公正论的创立者约翰・罗尔斯(John Rawls)认为,我们应该关注收入分配最底层的状态,因此,我们应该建立称为**最大最小准则**——认为政府应该以使社会上状况最差的人的福利最大化为目标的观点——的社会规则。结果,收入再分配是一种**社会保险**。虽然不能把收入完全均等化,但它要求的收入再分配大于功利主义。批评者坚持认为,无知面纱背后的理性人并不一定遵循最大最小准则去回避风险。

• **自由至上主义**　根据这种政治哲学,政府应该惩罚犯罪并实现自愿的协议,但不应该进行收入再分配。像罗伯特・诺齐克(Robert Nozick)这样的自由至上主义者认为,社会本身没有赚到收入——只有个人赚到收入。因此,收入不是一种由社会计划者分配的公共资源。在一个自由至上主义者看来,如果过程是公正的,结果就是公正的,无论最后它的结果是多么的不平等。因此,政府应惩罚偷盗与诈骗,以创造一个公平竞争的领域,但如果规则是公正的,就不应该关注最终的结果。机会平等比收入平等更重要。

3. 减少贫困的政策

无论政治哲学如何,大多数人认为,政府应该帮助最需要帮助的人,因为穷人更可能经历无家可归、毒品依赖、家庭暴力、健康问题、青少年怀孕、文盲、失业、低水平教育,而且,他们也更可能犯罪和成为犯罪的牺牲品。下面有一些政策选择:

- 最低工资法:支持者认为,它帮助了穷人,而政府没有任何费用。批评者认为,它使技能最低的工人工资高于均衡水平,并引起这些工人的失业。那些保住了工作的人获益,而变为失业者的人遭受损失。劳动需求越富有弹性,最低工资引起的工作损失越大。此外,许多最低工资工人是中产阶级家庭的青少年,因此,这个计划的目标很少是穷人。

- 福利:**福利**是一个广义的词,包括各种补贴穷人收入的政府计划。这些计划是对那些低收入而且被证明是"需要者"的现金补贴,例如对家中有小孩的人的补贴(贫困家庭临时援助或 TANF,正式名称是对有需要抚养的孩子的家庭的援助)或者对残疾人的补贴(补贴性保障收入或 SSI)。批评者认为,这些计划鼓励了他们希望克服的问题。许多家庭只要没有父亲就有资格得到经济帮助。这鼓励父亲抛弃自己的家庭,引起家庭破裂,并会鼓励未婚女性生子。然而,证据并不支持福利引起双亲家庭下降的观点。

- 负所得税:**负所得税**是一种向高收入家庭征税,并向低收入家庭转移支付的税制。在这种税制之下,将用对富人的累进所得税来补贴低收入家庭或向他们提供一种"负税"。贫困家庭除了贫困之外不用表示"需要"。这就不鼓励家庭破裂或未婚生子,但会补贴那些仅仅由于懒惰而陷入贫困的家庭。劳动所得税就类似于负所得税,但仅适用于工作的穷人,而不适用于失业者或疾病者。

- 实物转移支付:当直接给穷人物品和劳务,而不是给予现金时,就出现了实物转移支付。食品券和医疗补助就是这种例子。支持者认为,实际上,这种方法保证穷人获得了他们需要的东西,而不是给他们可能用于购买酒、毒品等的货币。现金支付的支持者认为,实物转移支付是无效率的,因为政府并不知道穷人最需要什么。此外,他们认为,强迫穷人接受实物转移支付是侮辱性的。

一些反贫困计划有削弱穷人工作激励的意外影响。例如,假设政府保证了一个固定的最低收入水平。如果任何一个低于这种收入水平的人去工作并赚了 1 美元,那么,政府就要简单地减少这个人 1 美元的福利。结果,任何新收入的有效税率都是 100%,从而没有工作的激励。当一名福利领取者赚到更多收入时,福利、医疗补助、食品券和劳动所得税减免都减少了。这不鼓励工作,并会引起一种"贫困文化"。这就是说,福利领取者失去他们的工作技能,他们的孩子也不知道工作的好处,导致数代家庭依赖政府。如果随着收入增加,福利逐渐减少,对工作的激励就不会下降得这么大。但是,这增加了反贫困的成本,因为超过贫困线的家庭将得到一些福利。

这种反贫困计划引起的工作激励下降可以通过劳动福利计划——要求任何一个领取福利的人接受政府提供的工作的计划——来减少。另一种可能性是限制一个人可以获得福利的年数。1996年的福利改革法案采用了这种方法，把获得福利的年限限制在5年，获得福利的人数减少了。

在发展中国家，童工存在的原因似乎是贫穷，而不是文化因素。

4. 结论

衡量不平等是困难的，衡量的方式也不一而足。如果我们选择对不平等做点什么，我们就应该记住，平等和效率之间存在权衡取舍。这就是说，如果蛋糕分得更平等一点，蛋糕就会更小一点。

20.1.3 有益的提示

(1) 贫困的人更有可能经历无家可归、毒品依赖、家庭暴力、健康问题、青少年怀孕、文盲、失业、低水平教育，而且，他们更可能犯罪或成为犯罪的牺牲品。但是，要注意，尽管贫困与这些社会弊病相关是显而易见的，但是是贫困引起这些社会弊病还是这些社会弊病引起贫困并不明显。这就是说，毒品依赖、健康问题、年轻人未婚怀孕、文盲等问题，可能既是贫困的原因，也可能是贫困的结果。

(2) 一个人现期年收入不同于他一生的平均收入会有各种原因。个人的收入取决于他是青年、中年还是老年，以及他们在某一年生产率是否极高或极低。由于人们可以借入和贷出，生活水平会比收入稳定，因此，收入分配的标准衡量指标会夸大经济不平等程度。

(3) 有人认为，一些人偏好政府提供实物转移支付而不是现金转移支付给穷人的原因是，实物转移支付不会引起欺诈。这是因为没有填一个假申请单以获得自己并不需要的医疗补贴的激励，但填一个假申请单以获得现金的激励是非常大的。

20.1.4 术语与定义

为每个关键术语选择一个定义。

关键术语	定　义
______贫困率	1. 衡量幸福或满足程度的指标。
______贫困线	2. 一个人的正常收入。
______实物转移支付	3. 补贴需要者收入的政府计划。
______生命周期	4. 以物品和劳务而不是以现金形式给予穷人的转移支付。
______持久收入	5. 一种政治哲学，根据这种政治哲学，政府应该选择使社会上所有人总效用最大化的政策。
______功利主义	6. 家庭收入低于称为贫困线的绝对水平的人口的百分比。
______效用	7. 向高收入家庭收取收入并转移给低收入家庭的税制。
______自由主义	8. 一种政治哲学，根据这种政治哲学，政府应该选择必要的公正的政策，这种公正要由一位在“无知面纱”背后的无偏见观察者来评价。

______最大最小准则	9. 一种政治哲学，根据这种政治哲学，政府应该惩罚犯罪，并实行自愿协议，但不再进行收入再分配。
______社会保险	10. 由联邦政府根据每个家庭规模确定的一种绝对收入水平，低于这个水平的家庭就被认为处于贫困中。
______自由至上主义	11. 一种观点，认为政府应该把社会中状况最差的人的福利最大化作为目标。
______福利	12. 一个人一生中有规律的收入变动形式。
______负所得税	13. 旨在保护人们免受不利事件风险的政府政策。

20.2 问题与简答题

20.2.1 应用题

1. 用你教科书的表 20-2 回答以下问题。

   a. 在你能得到的最近一年的资料中，收入分配中最低的 1/5 赚到了收入的百分之几？收入分配中最高的 1/5 赚到了收入的百分之几？大体上说，收入最低的 1/5 和收入最高的 1/5 赚到的收入之间存在什么关系？

   b. 在过去 70 年间，收入分配中最低的 1/5 赚到的收入百分比在哪个范围之间？最高的 1/5 赚到的收入百分比在哪个范围之间？描述过去 70 年间各个群体的趋势。对你所描述的趋势给出一些解释。

   c. 举出教科书中的表 20-2 所示的收入分配衡量指标可能并不能真正衡量某人维持某种生活水平能力的三个原因。因此，标准的收入分配衡量指标可能会夸大还是低估生活水平的真实分布？解释之。

   d. 什么是持久收入？为什么在衡量收入分配时我们希望用持久收入？如果我们在衡量收入分配时用持久收入而不用现期每年收入，这种趋势夸大还是低估了生活水平的真实分布？解释之。（提示：如果你是全日制学生，为了使你一生的消费平稳，你会想借多少钱就借多少钱吗？）

2. Susan 赚的钱是 Joe 的五倍。

   a. 在这种情况下，功利主义、自由主义和自由至上主义会建议应该做什么？解释之。

b. 比较每种建议的再分配程度。

3. 假设政府必须在两种反贫困计划中做出选择。每个计划都保证每个家庭至少有 15 000 美元收入。一种计划建立了一种负所得税:税收 =(收入 ×0.5) - 15 000 美元。另一个计划是政府保证每个家庭至少有 15 000 美元用于支出,而且,如果家庭收入减少了,政府将简单地补足差额。

a. 用以上描述的负所得税计划填写下表:

赚到的收入(美元)	缴纳的税收(美元)	税后收入(美元)
0	______	______
5 000	______	______
10 000	______	______
20 000	______	______
30 000	______	______
40 000	______	______

b. 既没有得到补贴也没有缴纳任何税收的家庭的收入是多少?(这就是说,家庭有多少收入就不再得到补贴?)

c. 在政府简单地保证每个家庭最少有 15 000 美元收入的第二个计划之下,家庭不再得到补贴的收入水平是多少? 解释之。

d. 政府为哪一个计划支出更多? 解释之。

e. 假设一个每年只有 5 000 美元收入的贫困家庭决定种菜并在市里的"农民市场"上出售物品。假设这个家庭每年出售物品可增加 5 000 美元收入。在每种计划下,这个家庭最后的收入是多少? 在每种计划下,对家庭所赚的 5 000 美元的有效税率是多少? 哪一个计划促进穷人中的工作道德? 哪一个计划不鼓励工作? 解释之。

20.2.2 简答题

1. 与其他国家的收入分配相比,美国的收入分配如何? 解释之。

2. 贫困对所有人口群体的影响都相同吗？解释之。

____

____

3. 如果贫困率是 12%，这意味着约有 12% 的人一生都生活在贫困中吗？解释之。

____

____

4. 教科书中讨论的三种政治哲学中，哪一种与其他两种差别最大？为什么？每个思想流派对收入再分配有什么建议？

____

____

5. 为什么功利主义和自由主义政治哲学都不主张所有人的收入应该完全平等？

____

____

6. 假设存在最低工资。在以下哪一个条件下，非熟练工人的就业减少最大：在劳动需求较为缺乏弹性时，还是劳动需求较为富有弹性时？为什么？在长期中劳动需求可能富有弹性还是缺乏弹性？为什么？

____

____

7. 福利计划如何恶化了它们本打算克服的问题？

____

____

8. 实物转移支付的例子是什么？为什么一些人对政府向需要者提供现金转移支付的偏好大于实物转移支付？

____

____

20.3 自我测试题

20.3.1 判断正误题

_______1. 在美国，收入分配中最高 1/5 的家庭的收入是最低 1/5 家庭收入的十倍左右。

_______2. 美国的收入分配差距在 1935—1970 年扩大了，但从 1970 年开始又缩小了。

_______3. 贫困线确定为提供充分食物费用的大致三倍左右。

_______4. 大部分发展中国家的童工受雇于跨国公司的制造工厂。

_______5. 儿童比普通人更可能处于贫困中，而老年人比普通人更不可能处于贫困中。

_______6. 由于对穷人的实物转移支付，以及人们的收入各年和一生中都不同，标准的收入分配扩大了生活水平的不平等程度。

_______7. 由于有约 12% 的家庭生活在贫困线之下，因此可以得出，约有 12% 的家庭一生都生活在贫困中。

_______8. 功利主义和自由主义都主张，所有人的收入应该平等。

______9. 自由主义者对平等机会的关注大于平等结果。

______10. 罗伯特·诺齐克认为,如果社会选择了"无知面纱"背后的人所决定的收入再分配计划,就会达到经济公正,而且,他认为,这套规则应该是最大最小准则。

______11. 如果劳动需求比较缺乏弹性,最低工资提高将使非熟练工人的失业增加较少。

______12. 与 TANF 和 SSI 这类福利计划相比,负所得税对政府成本更高,但对穷人工作会提供更大激励。

______13. TANF 的批评者认为,由于这个计划的领取资格要求家庭中没有父亲,因此,该计划鼓励家庭破裂。

______14. 政府提供实物转移支付比现金支付更有效率。

______15. 如果用持久收入而不是现期年收入衡量收入分配,收入分配差距看起来会更大。

20.3.2 单项选择题

1. 在美国,收入分配中最高的 5% 家庭赚到的收入
   a. 比最穷的 40% 家庭还多。
   b. 是收入分配中最低 1/5 家庭的十倍左右。
   c. 与收入分配中最低 1/5 家庭同样多。
   d. 所有收入的 50% 左右。
2. 贫困线确定为
   a. 一辆新车价格的 2 倍。
   b. 平均租金值的 5 倍。
   c. 提供充分食物费用的 3 倍。
   d. 平均家庭收入的 1/3。
3. 与其他国家相比,美国的收入分配
   a. 约为中间水平。
   b. 比大多数国家的差距略小一点。
   c. 最平等。
   d. 最不平等。
4. 以下哪一种说法不是 1970 年以来美国收入分配差距略有扩大的解释?
   a. 技术进步减少了对非熟练劳动的需求,并增加了对熟练劳动的需求,这引起他们工资差距的扩大。
   b. 国际贸易增加减少了对非熟练劳动的需求,并增加了对熟练劳动的需求,这引起他们工资差距的扩大。
   c. 对非熟练移民劳动的歧视增加减少了对非熟练劳动的需求,并引起了非熟练工人与熟练工人工资之间差额的扩大。
5. 在美国,收入分配中最高 1/5 赚到的收入大约
   a. 与最低 1/5 赚到的相同。
   b. 为最低 1/5 赚到的收入的 2 倍。
   c. 为最低 1/5 赚到的收入的 5 倍。
   d. 为最低 1/5 赚到的收入的 10 倍。
   e. 为最低 1/5 赚到的收入的 20 倍。
6. 以下哪一种关于贫困率的说法不正确?
   a. 黑人和西班牙裔人生活在贫困中的可能性是白人的三倍多。
   b. 儿童比普通人更可能生活在贫困中。
   c. 老年人比普通人更可能生活在贫困中。
   d. 以没有丈夫的妇女为家长的家庭生活在贫困中的可能是已婚夫妇为家长的家庭的 5 倍。
7. 自 1935 年以来,美国的收入分配

差距

a. 一直没变。

b. 1935—1970 年略有缩小，然后从 1970 年至今略有扩大。

c. 1935—1970 年略有扩大，然后从 1970 年至今略有缩小。

d. 缓慢扩大。

e. 缓慢缩小。

8. 由于实物转移支付没有计算在标准的收入分配衡量指标中，标准的收入分配衡量指标

a. 夸大了生活水平的不平等。

b. 低估了生活水平的不平等。

c. 准确地代表了生活水平的真实不平等。

d. 可能夸大也可能低估了生活水平的不平等，这取决于转移支付是物品还是劳务。

9. 持久收入是

a. 老年人和丧失劳动能力的人的社会保障收入。

b. 等于最低工资。

c. 一个人的正常或平均收入。

d. 由工会或其他劳动合同固定的工资。

e. 以上各项都不是。

10. 由于人们一生中的收入在变动，而且，由于存在对人们收入的临时冲击，标准的收入分配衡量指标

a. 夸大了生活水平的不平等。

b. 低估了生活水平的不平等。

c. 准确代表了生活水平的真实不平等。

d. 可能夸大或低估生活水平的不平等，这取决于临时冲击是正的还是负的。

11. 如果人们可以通过借入或贷出而使一生的生活水平平稳，那么

a. 现期的年收入就是生活水平分配的较好衡量指标。

b. 持久收入是生活水平分配的较好衡量指标。

c. 暂时收入是生活水平分配的较好衡量指标。

d. 生命周期收入是生活水平分配的较好衡量指标。

e. 以上各项都不是。

12. Jill 赚的收入比 Bob 多，而且，他公正而诚实地得到了收入。以下哪一种哲学反对从 Jill 向 Bob 的收入再分配？

a. 功利主义。

b. 自由主义。

c. 自由至上主义。

d. 以上各项都对。

e. 以上各项都不对。

13. 罗尔斯公正论建议的最大最小准则认为，政府的目标应该是

a. 使富人和穷人之间的差别最小。

b. 使社会总效用最大。

c. 使社会状况最好的人的福利最小。

d. 使社会状况最坏的人的福利最大。

e. 通过使政府对私人决策的干预最小来使经济自由最大。

14. 从政治哲学主张的收入再分配最大到收入再分配最小，给功利主义、自由主义和自由至上主义排序为

a. 功利主义，自由主义，自由至上主义。

b. 自由至上主义，自由主义，功利主义。

c. 自由主义，自由至上主义，功利主义。

d. 自由主义，功利主义，自由至上主义。

e. 所有这三种政治哲学都支持相似程度的收入再分配。

15. 功利主义建议，政府应该通过以下

哪一种方法选择使社会所有成员总效用最大的政策？

a. 允许每个人不受政府干预地使自己的效用最大化。

b. 把富人的收入再分配给穷人，由于收入的边际效用递减，从富人拿走1美元减少的效用小于给穷人1美元引起的效用。

c. 把富人的收入再分配给穷人，因为这会使社会上状况最坏的人福利最大。

d. 把富人的收入再分配给穷人，因为这是在“无知面纱”后面的社会成员所选择的。

16. 以下哪一种政策与劳动所得税减免关系最密切？

a. 最低工资法。

b. 福利。

c. 负所得税。

d. 实物转移支付。

17. 最低工资提高将引起以下哪一种人的失业增加较多？

a. 劳动需求较富有弹性时的非熟练工人。

b. 劳动需求较缺乏弹性时的非熟练工人。

c. 劳动需求较富有弹性时的熟练工人。

d. 劳动需求较缺乏弹性时的熟练工人。

18. 现在的反贫困者不鼓励工作是因为

a. 它们使领取者比大多数中产阶级美国人更舒服。

b. 当领取者多赚到收入时，福利减少的比率如此之高，以致一旦领取福利就没有什么工作激励。

c. 反贫困计划一开始就吸引了天生的懒人。

d. 为了有领取资格，领取者不能有工作。

19. 负所得税最大的优点是它

a. 减少了政府反贫困的成本。

b. 使工作激励减少的程度小于大多数可供选择的反贫困计划。

c. 不向懒人提供福利。

d. 保证穷人实际上得到了政府认为他们所需要的。

e. 以上各项都是。

20. TANF

a. 消除了美国的贫困。

b. 几乎没有对工作的不利激励，因为随着领取者工作收入的增加，福利非常缓慢地减少。

c. 很可能引起家庭破裂，因为单身母亲要领取福利，家庭中就不能有父亲。

d. 向单身母亲及其子女提供食品券和医疗补助之类的实物转移支付。

e. 以上各项都对。

20.4 进阶思考题

假设一位朋友向你发表评论：“我认为福利领取者就是懒惰的败家子。我有一位领取TANF的朋友，当别人给她介绍兼职时，她都拒绝了。”

1. 如果福利领取者增加了自己的收入，他们的福利会发生什么变动？

2. 如果他们每增加1美元收入就要失去1美元福利，他们增加的收入的有效税率是多少？

3. 这种制度如何影响福利领取者的工作激励？如果福利领取者拒绝做兼职，他们就一定是懒惰的吗？

20.5 答案

20.5.1 术语与定义

6 贫困率	8 自由主义
10 贫困线	11 最大最小准则
4 实物转移支付	13 社会保险
12 生命周期	9 自由意志主义
2 持久收入	3 福利
5 功利主义	7 负所得税
1 效用	

20.5.2 应用题

1. a. 最低的 1/5 = 4.0%。最高的 1/5 = 48.1%，最高的 1/5 赚到的收入是最低的 1/5 的 12 倍左右。

   b. 最低的 1/5 的范围是 4.0%—5.5%。最高的 1/5 的范围是 40.9%—51.7%。对于最低的 1/5，他们的收入份额增加到 1970 年，此后就减少了。对于最高的 1/5，他们的收入份额减少到 1970 年，以后就增加了。自 1970 年以来，国际贸易增加与技术进步减少了对非熟练劳动的需求，并增加了对熟练劳动的需求，这就提高了已经是高收入的工人的相对工资。

   c. 原因：实物转移支付没有包括在内，没有认识到经济的生命周期，也没有认识到暂时与持久收入。所有这三个问题都表明，标准衡量扩大了经济不平等，因为穷人以物品和劳务为形式得到了转移支付，并可以通过借入与贷出来平稳收入的变动。

   d. 持久收入是一个人正常的或平均的收入。用这种收入消除生命周期的影响和暂时收入的影响，这些影响引起的任何一年收入并不代表一个人真实的生活水平。这也许会低估生活水平的真实分布，因为在现实中，我们不能通过年轻时或坏年头时借贷来完全平稳生活水平。

2. a. 功利主义：因为随着收入增加，存在收入的边际效用递减。如果我们把 Susan 的收入再分配给 Joe，那么对 Susan 的伤害小于对 Joe 的帮助。因此，为了使总效用最大化，把 Susan 的收入再分配给 Joe。自由主义：Susan 和 Joe 都会同意，如果他们并不了解自己的生活状况，他们都会选择在自己可能处于收入分配最底层时用最大化制度来从社会的角度互相保险。因此，把 Susan 的收入再分配给 Joe。自由至上主义：由于平等的机会比平等的收入更重要，如果每个人都公正而诚实地得到收入，那么,就不需要再分配。

b. 从最小程度的再分配到最大程度的再分配:自由至上主义、功利主义、自由主义。

3. a.

赚到的收入(美元)	缴纳的税收(美元)	税后收入(美元)
0	-15 000	15 000
5 000	-12 500	17 500
10 000	-10 000	20 000
20 000	-5 000	25 000
30 000	0	30 000
40 000	5 000	35 000

b. 30 000 美元。

c. 15 000 美元。政府简单地保证,每个家庭有 15 000 美元的收入,因此,一旦家庭达到这个水平,它就得不到补贴。

d. 负所得税,因为在这种税收计划之下,政府将继续补贴收入在 15 000—30 000 美元这个范围内的家庭。

e. 如果是负所得税,最后的收入 = 赚到的收入 10 000 美元 + 10 000 美元补贴 = 20 000 美元。如果保证 15 000 美元,最后的收入 = 10 000 美元 + 5 000 美元补贴 = 15 000 美元。如果是负所得税,税率等于 0.5,因为当收入增加 5 000 美元时,纳税增加 2 500 美元,或者 2 500 美元/5 000 美元 = 0.5。如果保证 15 000 美元,税率等于 100%,因为当收入增加 5 000 美元时,最后得到的收入仍然是 15 000 美元,因为福利减少 5 000 美元,或者 5 000 美元/5 000 美元 = 100%。15 000 美元的保证不鼓励工作,因为当收入在 0—15 000 美元的范围内时,工作并没有什么好处。

20.5.3 简答题

1. 美国排在中间。日本、德国、印度、加拿大、俄罗斯和英国的收入平等程度大于美国,而尼日利亚、中国、墨西哥、南非和巴西的收入不平等程度大于美国。
2. 不相同。就种族而言,黑人和西班牙裔人更可能生活在贫困中;就年龄而言,年轻人比普通人更可能生活在贫困中,而老年人比普通人更不可能生活在贫困中;就家庭构成而言,以女性为家长的家庭更可能生活在贫困中。
3. 不对。人逐年的收入会有很大变动,在其生命周期的不同阶段,收入也会有很大变动。在一个家庭内,从一代人到另一代人也有变动。结果,比 12% 大得多的人在其生命的一小段时间生活在贫困中,而只有少数人一生中大部分时间生活在贫困中。
4. 自由至上主义不同于功利主义和自由主义,是因为自由至上主义认为,只是个人赚到收入,而不是社会赚到收入,因此,如果收入分配是由一个公正竞争领域所引起的,就没有一个社会计划者有权改变收入分配。功利主义再分配收入是因为收入的边际效用递减,而自由主义再分配收入是因为社会保障的最大最小准则。
5. 因为他们认识到,税收不鼓励工作,所以,过多的再分配引起蛋糕变得如此之小,以致穷人和富人都受损失。
6. 当劳动需求较富有弹性时,由于工资上升引起劳动需求大幅度减少。在长期中较富有弹性,因为企业有时间根据工资的上升调整生产。

7. 福利计划会引起家庭破裂和未婚生子。它们不鼓励劳动。孩子看不到工作的好处,并且数代人都依赖政府。
8. 食品券和医疗补助。一些人认为,实物转移支付是无效率的,因为政府并不知道穷人最需要什么,而且,他们认为,实物转移支付是对穷人的不尊重。

20.5.4 判断正误题

1. 正确。
2. 错误;1935—1970 年缩小了,以后又扩大了。
3. 正确。
4. 错误;因为童工主要出现在农业领域,并受雇于他们的父母。
5. 正确。
6. 正确。
7. 错误;由于收入逐年变动和在生命周期中的变动,只有 3% 的家庭在 10 年中有 8 年在贫困线之下。
8. 错误;各思想流派都认识到不鼓励工作,以及收入完全平等化税制引起的总产量减少。完全平等使富人和穷人的状况都变坏了。
9. 正确。
10. 错误;这种观点是约翰·罗尔斯提出的。
11. 正确。
12. 正确。
13. 正确。
14. 错误;提供现金转移支付更有效率,但领取者会把它用在纳税人不赞成的东西上。
15. 错误;收入分配差距看来会缩小。

20.5.5 单项选择题

1. a	2. c	3. a	4. c	5. d	6. c	7. b	8. a	9. c	10. a
11. b	12. c	13. d	14. d	15. b	16. c	17. a	18. b	19. b	20. c

20.5.6 进阶思考题

1. 他们会以极高的比率失去福利。
2. 增加收入的税率将是 100% 。
3. 一旦个人享受福利,就几乎没有什么工作的激励。一旦有福利,一个人仍然享受福利不一定就是懒惰的。如果一个人每赚到 1 美元,他就失去 1 美元福利,那么仍然享受福利就是理性的。

第 7 篇 深入研究的论题

第21章 消费者选择理论

目 的

在本章中你将

- 知道预算约束线是如何代表消费者可以承受的选择
- 了解如何用无差异曲线来表示消费者的偏好
- 分析消费者的最优选择是如何决定的
- 说明消费者如何对收入变动和价格变动做出反应
- 把价格变动的影响分解为收入效应和替代效应
- 把消费者选择理论运用于有关家庭行为的三个问题

效 果

在实现这些目的之后，你应该能

- 如果给你收入值和物品价格，就可以在一个图上画出一条预算约束线
- 解释为什么如果认为两种物品是"好的"，无差异曲线必定向右下方倾斜
- 解释在消费者做出最优选择时相对价格之间的关系以及两种物品之间的边际替代率
- 当一种物品价格上升时移动预算约束线
- 在一个图上用无差异曲线和预算约束线来说明收入效应和替代效应
- 说明为什么一个人的劳动供给曲线总会向后倾斜

21.1 本章概述

21.1.1 内容与目的

第 21 章是向你介绍微观经济学一些内容高深但互不相关的两章中的第一章。这两章的目的是激起你进一步学习经济学的好奇心。第 21 章论述一个称为消费者选择理论的高深论题。

第 21 章的目的是提出一种描述消费者如何做出购买决策的理论。到目前为止,我们用需求曲线来总结这些决策。现在我们考察构成需求曲线基础的消费者选择理论。在提出这一理论之后,我们将其运用于有关经济如何运行的许多问题。

21.1.2 本章复习

导　言

第 21 章提出了一种描述消费者如何做出购买决策的理论。到目前为止,我们用需求曲线来总结这些决策。现在我们考察构成需求曲线基础的消费者选择理论。在提出这一理论之后,我们将其运用于以下问题:

- 所有的需求曲线都向右下方倾斜吗?
- 工资如何影响劳动供给?
- 利率如何影响家庭储蓄?

1. 预算约束:消费者能买得起什么

预算约束线是对消费者可以支付得起(消费者收入和消费者希望购买的物品价格既定)的消费组合的限制。在用两个轴分别代表一种消费品的图形上,预算约束线是一条在每种商品价格和消费者收入为既定时把可以购买的每种商品的最大量连接起来的直线。例如,如果一个消费者有 1 000 美元收入,百事可乐的价格是每品脱 2 美元,他能购买的百事可乐的最大量是 1 000/2 = 500 品脱。如果比萨饼的价格是 10 美元,能购买的比萨饼的最大数量是 1 000/10 = 100 个。

预算约束线的斜率是两种物品的相对价格。在这个例子中,由于每个比萨饼的花费是每品脱百事可乐花费的 5 倍,消费者可以用 1 个比萨饼换 5 品脱百事可乐。如果百事可乐的数量是纵轴上的点,比萨饼的数量是横轴上的点,预算约束线的斜率(向上量/向前量)就是5/1,这就等于比萨饼的价格除以百事可乐的价格,或者 10 美元/2 美元 = 5。因为预算约束线总是向右下方倾斜,所以我们可以略去负号。

2. 偏好:消费者想要什么

消费者的偏好可以用无差异曲线来表示。如果两种商品组合同等程度地适于消费者的嗜好,我们就说这两组商品对消费者而言是无差异的。从图形上看,**无差异曲线**是一条表示给消费者带来同样满足程度的商品组合的曲线。当在每条轴代表每种物品消费量的图形上画图时,无差异曲线应该向右下方倾斜。因为,如果减少一种物品的消费,为了使消费者同样满足,就必须增加另一种物品的消费。无差异曲线上任何一点的斜率称为**边际替代率**或 *MRS*。*MRS* 是在保持满足程度不变时,消费者愿意用一种物品交换另一种物品的比率。

无差异曲线有四个特征：

- 消费者对较高(离原点较远)无差异曲线的偏好大于较低的无差异曲线,因为消费者通常偏好消费更多而不是更少的商品。
- 无差异曲线向右下方倾斜,因为消费者为了得到同样的满足,一种物品的消费减少,另一种物品的消费就必定增加。
- 无差异曲线不相交,因为它表明消费者的偏好是一致的。
- 无差异曲线凸向原点,因为如果消费者有许多想交换出去的物品,他们就愿意用较大量的这种物品去交换另一种物品,而且,如果他们只有少量想交换出去的物品,他们就只愿意用较少量的这种物品去交换另一种物品。

当两种物品容易相互替代时,无差异曲线呈现较小的凸性。当两种物品难以相互替代时,无差异曲线呈现较大的凸性。两种极端情况证明了这一点:

- **完全替代品**:无差异曲线为直线的两种物品。完全替代品的例子是 5 美分和 10 美分硬币——两个 5 美分换一个 10 美分。
- **完全互补品**:无差异曲线为直角形的两种物品。完全互补的例子是右鞋和左鞋——增加的鞋如果不是一双就没有增加满足程度。

3. 最优化:消费者选择什么

当我们把预算约束线和消费者无差异曲线结合在一起时,就能决定消费者将购买的每种商品数量。消费者要努力保持在预算约束线上时达到最高的无差异曲线。一条无差异曲线与预算约束线相切的一点决定了每种物品最优的购买量。在最优时,无差异曲线与预算约束线相切,而且,无差异曲线与预算约束线的斜率相等。因此,消费者选择的两种物品消费要使边际替代率(无差异曲线的斜率)等于两种物品的相对价格(预算约束线的斜率)。在最优时,消费者愿意进行的物品之间的权衡取舍(无差异曲线的斜率)等于市场愿意进行的物品之间的权衡取舍(预算约束线的斜率)。

另一种描述偏好和最优化的方法是用效用的概念。效用是对消费者从一组物品中得到的幸福或满足程度的抽象衡量。因此,无差异曲线实际上是“等效用”曲线。一种物品的边际效用是消费者从多消费一单位该物品中得到的效用增加。随着任何一种物品消费的增加,物品表现出边际效用递减。由于边际替代率(无差异曲线的斜率)是消费者愿意进行的两种物品之间的权衡取舍,它也必定等于一种物品的边际效用除以另一种物品的边际效用。因此,在最优时,对于 x 和 y 两种物品:

$$MRS = P_x/P_y = MU_x/MU_y \text{ 或 } MU_x/P_x = MU_y/P_y$$

在最优时,用于 x 的 1 美元的边际效用必定等于用于 y 的 1 美元的边际效用。同样,也可以说,在最优时,无差异曲线与预算约束线相切。

假设消费者的收入增加了。由于消费者可以消费更多的两种物品,而且,由于两种物品的相对价格仍然不变,因此,收入增加使预算约束线平行向外移动。消费者现在可以在一条更高的无差异曲线上达到新的最优。最常见的情况是消费者将选择消费更多的两种物品。因此,**正常物品**是收入增加引起需求量增加的物品。而**低档物品**是收入增加引起需求量减少的物品。乘公共汽车就是一种低档物品。

假设一种物品的价格下降。如果消费者把他所有的收入用于购买价格下降的物品,消费者就可以购买更多的该种物品。如果消费者把他所有的收入用于购买价格不变的物品,他能购买的最大量仍然没变。这引起预算约束线向外旋转。这就是说,预算约束线只在价格下降的物品的轴上向外移动。消费者现在可以在更高的无差异曲线上达到新的最优。

一种物品价格变动的影响可以分解为两种效应:收入效应和替代效应。收入效应是价格变动引起的消费变动使消费者移动到更高或更低的无差异曲线上。替代效应是价格变动引起的消费变动使消费者沿着一条既定的无差异曲线移动到有新边际替代率的一点上。从图形上看,替代效应是相对价格变动引起的消费变动,它使预算约束线沿着一条既定的无差异曲线旋转;收入效应是预算约束线平行移动引起的消费变动到新的无差异曲线上所得到的新的最优点。

需求曲线可以从消费者预算约束线和无差异曲线得出的消费者最优决策中推导出。收入效应和替代效应的结合表明了一种物品价格变动引起的需求量的总变动。当把这些值画在价格—数量图上时,这些点就形成消费者的需求曲线。

4. 三种应用

- 所有的需求曲线都向右下方倾斜吗?从理论上说,需求曲线有时可以向右上方倾斜。如果一种低档物品的价格上升,收入效应大于替代效应(这种物品具有很强的低档性),那么,这种物品的价格上升就将引起需求量增加。**吉芬物品**是价格上升引起需求量增加的物品。吉芬物品如此少见,以至于经济学家并不能肯定这种物品的存在。
- 工资如何影响劳动供给?消费者选择理论可以运用于工作和闲暇之间的配置决策。在这种情况下,两种物品是消费和闲暇。闲暇的最大量是可以得到的时间数,消费的最大量是可以得到的时间数乘以工资。个人的无差异曲线决定了闲暇和消费的最优量。假设工资上升,替代效应引起更多消费和更少闲暇(更多工作)。但是,如果闲暇和消费都是正常物品,收入效应表明,个人将希望消费和闲暇都更多(更少工作)。如果替代效应大于收入效应,工资增加引起劳动供给量增加,而且,劳动供给曲线向右上方倾斜。如果收入效应大于替代效应,工资增加引起劳动供给量减少,而且,劳动供给曲线向后倾斜。工作周缩短的证据表明,收入效应极为强劲。而且,当按长期衡量时,劳动供给曲线向后弯曲。彩票中奖者和得到大量遗产的人的行为证据表明,在高收入水平时,劳动供给曲线向后倾斜。
- 利率如何影响家庭储蓄?消费者选择理论可以用于今天消费多少及为明天储蓄多少的决策。在这种情况下,我们用横轴代表年轻时的消费,用纵轴代表年老时的消费。一个人可以在年轻时消费完所有收入,并在年老时没有消费;或在年轻时不消费,把所有的收入储蓄起来,赚储蓄的利息并在年老时多消费。一个人的偏好决定了每个时期的最优消费量。如果利率上升,预算约束线就变得陡峭,因为年老时最大可能的消费量增加了。当利率上升时,替代效应表明,消费者应该增加年老时的消费,并减少年轻时的消费(多储蓄),因为年老时消费变得较为廉价了。但是,如果两个时期的消费都是正常物品,收入效应表明,个人应该在两个时期都多消费(少储蓄)。如果替代效应大于收入效应,利率上升引起个人多储蓄。如果收入效应大于替代效应,利率上升引起个人少储蓄。关于这个问题的证据是混合的,因此,并没有对利息税收公共政策的确切建议。

5. 结论:人们真的这样想吗

消费者并不会以消费者选择理论提出的方式做出决策。消费者选择模型描述了使经济分析成为可能的政策。这种理论可以应用于许多方面。

21.1.3 有益的提示

(1) 我们已经注意到,预算约束线的斜率等于图中所表示的两种物品的相对价格。但是,哪一个价格应该作为斜率的分子,哪一个价格应该作为斜率的分母?我们应该把横轴表示的物品的价格作为斜率的分子,把纵轴表示的物品的价格作为斜率的分母。例如,如果用横轴表示爆米花的量,纵轴表示糖果棒的量,而且,如果每袋爆米花的价格是 2 美元,而一个糖果棒的价格是 1 美元,那么,2 个糖果棒就可以换 1 袋爆米花。预算约束线的斜率是 2 美元/1 美元,或者 2。(再说一次,预算约束线的斜率总是负的,因此我们通常略去负号。)

(2) 把个人的偏好描绘在图形中就会有一组无限的无差异曲线。每条无差异曲线把商品空间分为三个区域——无差异曲线上偏好的点(无差异曲线以外的点或离原点远的点);无差异曲线上不好的点(无差异曲线以内的点或向原点的点);或者无差异曲线上同样满足的点(无差异曲线上的点)。当有无限的无差异曲线束时,习惯上,在图上只表示与预算约束线相切的无差异曲线,而且,只有这些无差异曲线决定最优量。

(3) 无差异曲线的斜率是边际替代率。边际替代率是一种物品的边际效用与另一种物品的边际效用之比。预算约束线的斜率等于两种物品的相对价格。由于在最优时,无差异曲线与预算约束线相切,因此可以得出,在最优时,两种物品的相对价格等于它们的相对边际效用。因此,在最优时,消费者从增加价值 1 美元的另一种物品中得到的边际效用相同。这就是说,在最优时,消费者不能通过把支出从一种物品转向另一种物品而增加他的总满足程度。

21.1.4 术语与定义

为每个关键术语选择一个定义。

关键术语	**定 义**
______预算约束线	1. 当一种价格变动使消费者移动到更高或更低的无差异曲线时所引起的消费变动。
______无差异曲线	2. 消费者愿意用一种物品交换另一种物品的比率。
______边际替代率	3. 对消费者可以支付得起的消费组合的限制。
______完全替代品	4. 收入增加引起需求量增加的物品。
______完全互补品	5. 价格上升引起需求量增加的物品。
______正常物品	6. 无差异曲线为直角形的两种物品。
______低档物品	7. 表示给消费者同样满足程度的消费组合的曲线。
______收入效应	8. 收入增加引起需求量减少的物品。
______替代效应	9. 无差异曲线为直线的两种物品。
______吉芬物品	10. 当一种价格变动使消费者沿着一条既定的无差异曲线变动到新边际替代率的一点时所引起的消费变动。

21.2 问题与简答题

21.2.1 应用题

1. 假设一个消费者只买两种物品——热狗和汉堡包。假设热狗的价格是 1 美元，汉堡包的价格是 2 美元，而且，消费者的收入是 20 美元。

   a. 在图 21-1 中画出消费者预算约束线。用纵轴表示热狗量，横轴表示汉堡包量。明确画出预算约束线上与汉堡包偶数量(0,2,4,6,…)相关的点。

   b. 假设某个人选择消费 6 个汉堡包。他可以承担的最大热狗量是多少？在上图中画出一条无差异曲线，把这种物品结合作为最优。

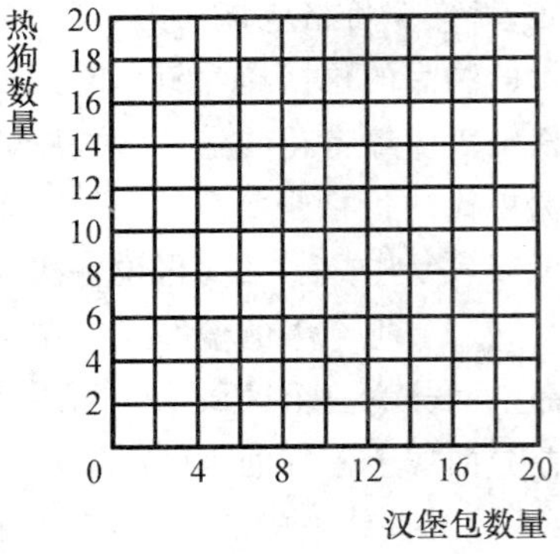

图 21-1

   c. 预算约束线的斜率是多少？在最优时，消费者无差异曲线的斜率是多少？在最优时，预算约束线的斜率和无差异曲线的斜率之间有什么关系？这种关系的经济学解释是什么？

   d. 解释为什么预算约束线上的其他任何一点都必定不如最优点。

2. 用图 21-2 回答以下问题。

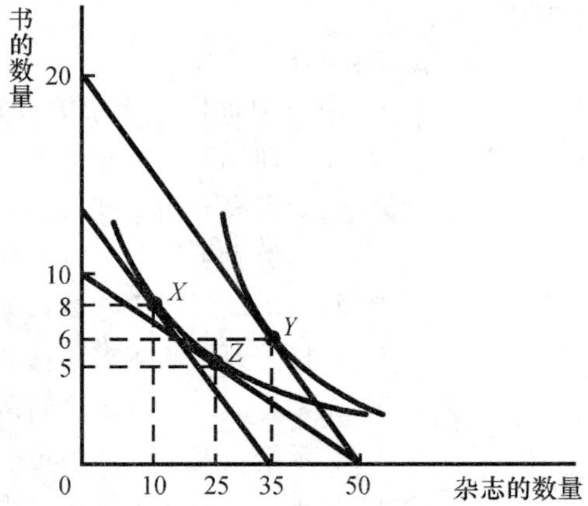

图 21-2

   a. 假设一本杂志的价格是 2 美元，一本书的价格是 10 美元，而且，消费者的收入是 100 美元。图上的哪一点代表消费者的最优——X、Y，还是 Z？个人选择消费的最优的书和杂志的数量是多少？

b. 假设书的价格下降到 5 美元。图中代表替代效应(按顺序)的两个最优点是什么?替代效应使书的消费发生什么变动?

c. 仍假设书的价格下降到 5 美元。图中代表收入效应(按顺序)的两个最优点是什么?收入效应使书的消费发生什么变动?对这个消费者而言,书是正常物品还是低档物品?解释之。

d. 对于这个消费者,当书的价格从 10 美元下降到 5 美元时,书的购买量的总变动量是多少?

e. 用该题提供的信息在图 21-3 中画出消费者对书的需求曲线。

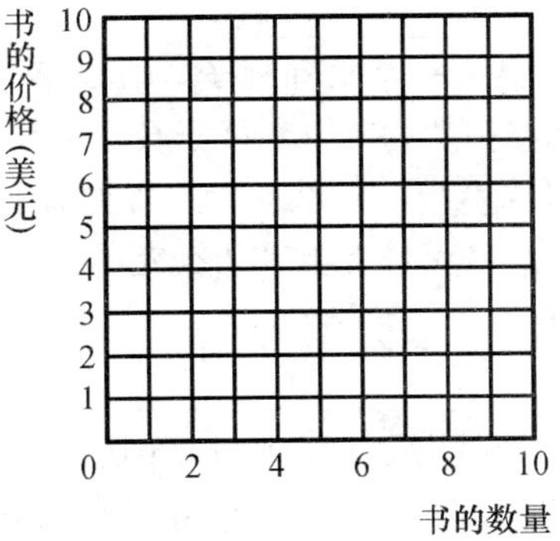

图 21-3

21.2.2 简答题

1. 假设消费者可以得到两种物品——钢笔和铅笔。假设一支钢笔的价格是 2 美元,而一支铅笔的价格是 0.5 美元。如果我们用横轴表示钢笔的数量,用纵轴表示铅笔的数量,预算约束线的斜率是多少?为了回答这个问题,你需要了解消费者的收入吗?为什么?

2. 如果 x、y 轴都表示"物品",无差异曲线是正的(向上)斜率还是负的(向下)斜率?为什么?如果我们用一个轴表示"好",用另一个轴表示"坏"(例如污染),你认为无差异曲线的斜率是什么类型?为什么?

3. 为什么大多数无差异曲线凸向原点?

4. 考虑以下两对物品：
   - 学位帽和学位服。
   - 埃克森加油站的汽油和壳牌加油站的汽油。

   以上哪一对物品更可能是几乎完全替代品？哪一对物品更可能是几乎完全互补品？解释之。

5. 根据第 4 题，你预期每一对物品会引起什么形状的无差异曲线，直线还是直角形？如果两种物品的相对价格改变了，你将观察到哪一对物品有最大的替代效应？为什么？

6. 假设消费者可以得到两种物品——咖啡和茶。假设咖啡的价格在下降。如果咖啡是正常物品，替代效应和收入效应对咖啡的需求量有什么影响？解释之。如果咖啡是低档物品，替代效应和收入效应对咖啡的需求量有什么影响？解释之。

7. 假设你只能得到两种物品——苹果和橘子。假设苹果和橘子的价格翻了一番，你的收入也翻了一番。你选择消费的苹果和橘子会发生什么变动？解释之。（提示：预算约束线的斜率发生了什么变动？如果你把你所有的收入用于一种物品，你能消费的苹果和橘子的最大量发生了什么变动？）

8. 一些人认为，储蓄利息的税率应该降低，因为这会增加储蓄的税后收益，增加储蓄供给量，并促进经济增长。我们能肯定储蓄利息的税率降低将增加储蓄量吗？解释之。

21.3 自我测试题

21.3.1 判断正误题

______ 1. 我们用横轴表示炸薯条的数量，用纵轴表示汉堡包的数量。而且，如果炸薯条的价格是 0.60 美元，而汉堡包的价格是 2.40 美元，那么，预算约束线的斜率是 0.25（而且是负的）。

______ 2. 预算约束线是向消费者提供了同样满足程度的一组商品组合。

______ 3. 无差异曲线衡量在保持满足程度不变时消费者用一种物品交换另一种物品的意愿。

______ 4. 当在一个用每条轴表示一种物品量的图上作图时，无差异曲线通常是向右下方倾斜（负的）的直线。

______5. 如果两种物品是完全互补品，与这两种物品相关的无差异曲线在最优时相交。

______6. 无差异曲线倾向于凸向原点，因为如果消费者拥有很多想换出去的物品，他们就愿意用大量的这种物品来交换另一种物品。

______7. 在消费者的最优点，苹果与橘子的边际替代率等于橘子价格与苹果价格的比率。

______8. 用一种物品替代另一种物品越困难，无差异曲线就越凸向原点。

______9. 如果一种物品的价格下降，替代效应总会引起该物品的需求量增加。

______10. 如果一种物品的价格下降，而且，这种物品是正常物品，那么收入效应引起该物品需求量减少。

______11. 如果一种物品的价格下降，而且，这种物品是低档物品，那么收入效应引起该物品需求量减少。

______12. 收入效应用价格变动使消费者沿着一条既定的无差异曲线向新边际替代率的一点移动时所引起的消费变动来衡量。

______13. 利率上升总会引起储蓄量增加。

______14. 吉芬物品是极端的低档物品。

______15. 可以用消费者选择理论证明劳动供给曲线必定向右上方倾斜。

21.3.2 单项选择题

1. 对消费者可以支付得起的消费组合的限制被称为
   a. 无差异曲线。
   b. 边际替代率。
   c. 预算约束线。
   d. 消费限制。

2. 以下哪一对物品的相对价格变动可能引起的替代效应最小？
   a. 7-Eleven 便利店的汽油和快克便利店的汽油。
   b. 右脚鞋和左脚鞋。
   c. 可口可乐和百事可乐。
   d. 百威淡啤酒和库尔斯淡啤酒。

3. 完全替代品的无差异曲线是
   a. 直线。
   b. 凹向原点。
   c. 凸向原点。
   d. 直角形。
   e. 不存在。

4. 假设消费者必须在消费三明治和比萨饼之间做出选择。如果我们用横轴表示比萨饼数量，用纵轴表示三明治数量，而且，如果比萨饼的价格是 10 美元，而三明治的价格是 5 美元，那么，预算约束线的斜率是
   a. 5
   b. 10
   c. 2
   d. 0.5

5. 无差异曲线上任何一点的斜率称为
   a. 权衡取舍率。
   b. 边际替代率。
   c. 边际权衡取舍率。
   d. 边际无差异率。

6. 以下哪一种关于无差异曲线标准特征的说法是不正确的？
   a. 无差异曲线向右下方倾斜。
   b. 无差异曲线不相交。
   c. 对较高无差异曲线的偏好大于较低的无差异曲线。
   d. 无差异曲线向外突出。

7. 消费者任何两种物品的最优购买

量是

a. 在预算约束线不变时消费者达到最高无差异曲线的一点。

b. 消费者达到最高无差异曲线的一点。

c. 两条最高无差异曲线的相交点。

d. 预算约束线与无差异曲线相交的一点。

8. 以下哪一种关于消费者最优消费组合的说法是正确的？在最优时

a. 无差异曲线与预算约束线相切。

b. 无差异曲线的斜率等于预算约束线的斜率。

c. 两种物品的相对价格等于边际替代率。

d. 以上各项都正确。

e. 以上各项都不正确。

9. 假设我们用横轴表示 X 物品的量，用纵轴表示 Y 物品的量。如果无差异曲线凸向原点，当我们从有丰富的 X 物品变动到有丰富的 Y 物品时，Y 物品对 X 物品的边际替代率（无差异曲线的斜率）

a. 上升。

b. 下降。

c. 保持相同。

d. 可能上升或下降，这取决于两种物品的相对价格。

10. 如果消费者的收入增加引起消费者增加了对一种物品的购买量，那么这种物品是

a. 低档物品。

b. 正常物品。

c. 替代品。

d. 互补品。

11. 如果消费者的收入增加引起消费者减少了对一种物品的购买量，那么，这种物品是

a. 低档物品。

b. 正常物品。

c. 替代品。

d. 互补品。

假设消费者必须在购买袜子和皮带之间做出选择。再假设消费者的收入是 100 美元。根据图 21-4 回答第 12—15 题。

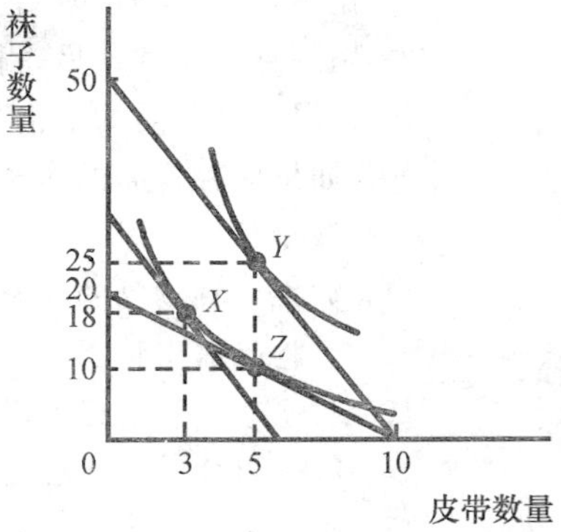

图 21-4

12. 如果一条皮带的价格是 10 美元，一双袜子的价格是 5 美元，消费者选择的商品组合由以下哪一点代表？

a. X

b. Y

c. Z

d. 根据这个图无法决定最优点。

13. 假设一双袜子的价格从 5 美元下降到 2 美元。从哪一点到哪一点的变动代表替代效应？

a. 从 Y 到 X。

b. 从 X 到 Y。

c. 从 Z 到 X。

d. 从 X 到 Z。

14. 假设一双袜子的价格从 5 美元下降到 2 美元，从哪一点到哪一点的变动代表收入效应？

a. 从 Y 到 X。

b. 从 X 到 Y。

c. 从 Z 到 X。

d. 从 X 到 Z。

15. 袜子是

a. 低档物品。

b. 正常物品。

c. 吉芬物品。

d. 以上都不是。

16. 当一种价格变动使消费者沿着一条既定的无差异曲线变动时所引起的消费变动称为

a. 互补效应。

b. 正常效应。

c. 收入效应。

d. 替代效应。

e. 低档效应。

17. 如果收入翻了一番,价格也翻了一番,预算约束线将

a. 平行向外移动。

b. 平行向内移动。

c. 保持不变。

d. 向内旋转。

e. 向外旋转。

18. 如果闲暇是一种正常物品,工资增加

a. 总会增加劳动供给量。

b. 总会减少劳动供给量。

c. 如果收入效应大于替代效应,就增加劳动供给量。

d. 如果替代效应大于收入效应,就增加劳动供给量。

19. 如果年轻时消费的和年老时消费的都是正常物品,利率上升

a. 总会增加储蓄量。

b. 总会减少储蓄量。

c. 如果替代效应大于收入效应,就增加储蓄量。

d. 如果收入效应大于替代效应,就增加储蓄量。

20. 以下哪一种关于消费者最优化过程结果的说法是不正确的?

a. 消费者在受预算约束线限制时达到其最高的无差异曲线。

b. 支出于每种物品的每美元的边际效用相等。

c. 在消费者预算约束线的任意两点之间,他是无差别的。

d. 物品之间的边际替代率等于物品之间价格的比率。

e. 消费者的无差异曲线与其预算约束线相切。

21.4 进阶思考题

假设你有一个富裕的姑妈。你的姑妈去世了,并留给你一大笔钱(有可能)。当你读到遗嘱时,你发现她的几百万美元留给了一个“家庭激励信托”。当律师读遗嘱时,你发现,你只有结了婚,有了孩子,和你的配偶在一起并抚养孩子,不吸毒或酗酒,而且,只有你一直有一份全职工作,你才能得到钱。(注意:家庭激励信托是真实的,而且,已经非常普遍。)

1. 为什么你姑妈要求你一直有一份全职工作?

2. 人们在得到遗产之后如何行事的证据表明,你姑妈的担忧是有理由的,还是她只是一个即使在死后也要控制其亲属生活的怪人?解释之。

3. 该例说明劳动供给曲线的形状是怎样的?解释之。

21.5 答案

21.5.1 术语与定义

___3___ 预算约束线
___7___ 无差异曲线
___2___ 边际替代率
___9___ 完全替代品
___6___ 完全互补品
___4___ 正常物品
___8___ 低档物品
___1___ 收入效应
___10___ 替代效应
___5___ 吉芬物品

21.5.2 应用题

1. a. 参看图 21-5。

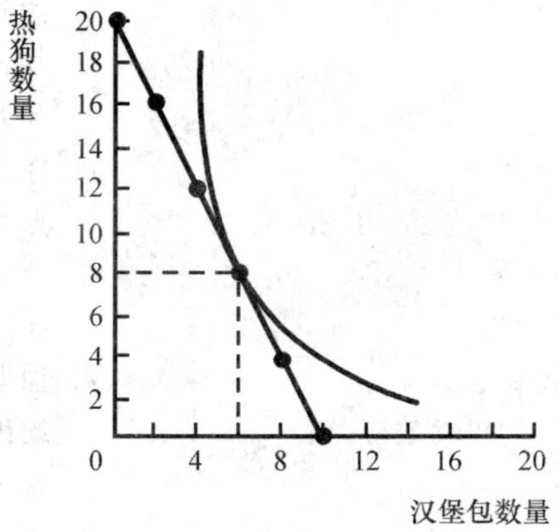

图 21-5

b. 8 个。根据无差异曲线，参看图 21-5。

c. 向上量对向前量 = 2/1。这也是汉堡包与热狗的价格比率，即 2 美元/1 美元 = 2。无差异曲线的斜率也是 2/1（注意：所有这些斜率都是负的）。在最优时，无差异曲线与预算约束线相切，因此，它们的斜率相等。这样，个人愿意接受的物品间的权衡取舍（*MRS*）与市场要求的权衡取舍（预算约束线的斜率）相同。

d. 由于所达到的最高无差异曲线与预算约束线相切，预算约束线上的任何其他一点必定有一条低于最优无差异曲线的无差异曲线通过，因此，这一点必定不如最优点。

2. a. *Z* 点，25 本书和 5 本杂志。

b. 从 *Z* 点到 *X* 点。从 5 本书到 8 本书。

c. 从 *X* 点到 *Y* 点。从 8 本书到 6 本书。书是低档物品，因为收入增加，减少了书的需求量。

d. 需求量从 5 本书增加到 6 本书。

e. 参看图 21-6。

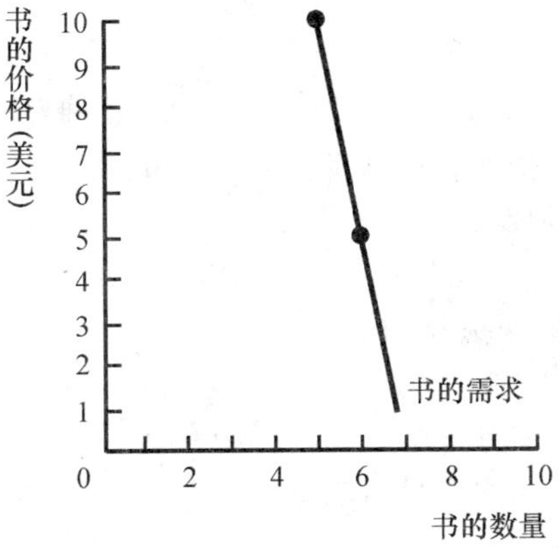

图 21-6

21.5.3 简答题

1. 斜率 = 向上量/向前量 = 4/1 或者 4。它也是钢笔价格与铅笔价格的比率,即 2 美元/0.5 美元 = 4(所有斜率都是负数)。回答该问题不需了解消费者的收入。收入必须只是任何一个正数。收入变动使预算约束线向内或向外移动,但并没有改变其斜率。
2. 负斜率,因为消费者要同样满足,一种物品的消费减少,另一种物品的消费必定增加。正斜率,因为消费者要同样满足,如果一种坏东西的消费增加,一种好东西的消费也必定增加。
3. 因为沿着大多数无差异曲线的边际替代率(*MRS*)并不是不变的。如果消费者已有他们要换出去的丰富物品,他们愿意用大量的这种物品换另一种物品。如果他们要换出去的物品很少,他们就只愿意用少量物品去换。
4. 埃克森加油站的汽油和壳牌加油站的汽油几乎是完全替代品,因为边际替代率固定为 1——1 加仑埃克森加油站的汽油对 1 加仑壳牌加油站的汽油。学位帽和学位服几乎是完全互补品,因为增加学位帽而不增加学位服或者增加学位服而不增加学位帽就没有提供什么满足。
5. 埃克森加油站汽油和壳牌加油站汽油几乎是一条直线无差异曲线,而学位帽和学位服几乎是直角形的无差异曲线。汽油相对价格的变动引起每个加油站汽油之间的最大替代,而学位帽和学位服相对价格的变动不能引起学位帽和学位服之间的替代。
6. 无论咖啡是正常物品还是低档物品,替代效应将引起咖啡的需求量增加。如果咖啡是正常物品,收入效应将引起咖啡的需求量增加。如果咖啡是低档物品,收入效应将引起咖啡的需求量减少。
7. 没有影响,因为预算约束线的斜率没有变(相对价格相同,因此市场权衡取舍相同),而且,预算约束线的位置没有变(能购买的每种物品的最大量没有变,因此,预算约束线的端点仍然相同)。
8. 不对。储蓄收益增加将增加年老时的消费(替代效应增加储蓄),但储蓄收益增加将增加收入,从而将增加年轻时与年老时的消费(收入效应减少储蓄)。如果收入效应大于替代效应,储蓄的税后收益增加将减少储蓄。

21.5.4 判断正误题

1. 正确。
2. 错误；预算约束线是对消费者可以支付得起的消费组合的限制。
3. 正确。
4. 错误；无差异曲线向右下方倾斜，但它们通常凸向原点。
5. 错误；完全互补品的无差异曲线是直角形的，但绝不与另一条无差异曲线相交。
6. 正确。
7. 正确。
8. 正确。
9. 正确。
10. 错误；收入效应引起需求量增加。
11. 正确。
12. 错误；收入效应用价格变动使消费者向更高或更低的无差异曲线移动时所引起的消费变动来衡量。
13. 错误；如果利率变动引起的收入效应大于替代效应，个人将少储蓄。
14. 正确。
15. 错误；如果工资变动的收入效应大于替代效应，劳动供给曲线向后倾斜。

21.5.5 单项选择题

1. c	2. b	3. a	4. c	5. b	6. d	7. a	8. d	9. a	10. b
11. a	12. c	13. c	14. b	15. b	16. d	17. c	18. d	19. c	20. c

21.5.6 进阶思考题

1. 她也许是担心她的几百万遗产会使你变懒，并使你过一种比没有遗产时更无意义的生活。
2. 她的担忧可能是有理由的。那些中了彩票和得到大量遗产的人往往不工作或减少他们的工作时间。
3. 这个证据表明，劳动供给曲线向后倾斜。我们通常假设高工资增加了劳动供给量（向右上方倾斜的劳动供给），但实际上，如果闲暇是一种正常物品，而且，工资增加的收入效应大于替代效应，高工资也会减少劳动供给量（向后倾斜的劳动供给）。

第 22 章
微观经济学前沿

目　的

在本章中你将

- 考察不对称信息引起的问题
- 了解不对称信息的市场解决方法
- 考虑为什么民主投票制并不能代表社会偏好
- 考虑为什么人们并不总会作为理性最大化者行事

效　果

在实现这些目的之后,你应该能

- 描述劳动市场上的信息不对称
- 解释为什么保险公司筛选潜在客户
- 举出一个康多塞投票悖论的例子
- 解释为什么人们愿意签署要求他们把部分收入用于退休储蓄的合同

22.1 本章概述

22.1.1 内容与目的

第 22 章是教科书微观经济学部分的最后一章。这是向你介绍微观经济学一些前沿问题的互不相关的两章中的第二章。这两章的目的是要激起你进一步学习经济学的兴趣。

第 22 章的目的是让你了解一下微观经济学研究的三个前沿论题。我们研究的第一个主题是不对称信息经济学,即当经济关系中一个人比另一个人有更多相关信息时的情况。第二个主题是政治经济学,即把经济学工具运用于解释政府职能。我们研究的第三个主题是行为经济学,即把心理学引入经济问题研究。

22.1.2 本章复习

导 言

经济学研究总是要扩大对人类行为和社会的理解。本章论述经济学前沿的三个领域。我们研究的第一个主题是不对称信息经济学,即当经济关系中一个人比另一个人有更多相关信息时的情况。第二个主题是政治经济学,即把经济学工具运用于解释政府职能。我们论述的第三个主题是行为经济学,即把心理学引入经济问题研究。

1. 不对称信息

获得相关知识的差别称为信息不对称性。我们论述两种信息不对称性:隐蔽性行为与隐蔽性特征。

(1) **隐蔽性行为和道德风险**。当一个人(称为**代理人**)代表另一个人(称为**委托人**)完成一些工作时,可能会出现隐蔽性行为。通常情况下,代理人比委托人更了解他自己的努力与业绩。如果委托人不能完全监督代理人,从而代理人会从事不忠诚或不合意的行为(他推卸自己的责任),就产生了道德风险问题。在雇佣关系中,雇主是委托人,而工人是代理人。雇主对道德风险问题的反应是:

- 更好地监督　雇主用摄像机抓住不负责的行为或工人。
- 高工资　企业支付效率工资(高于均衡工资)以增加工人被解雇的代价,并使工人不太会怠工。
- 延期支付　用年底奖金和在工人生命后期的更高支付来减少今天的怠工。

保险也会引起道德风险,因为投保人没有什么减少事故风险的激励。

由于所有权(委托人)与经营权(代理人)的分离,公司结构中就会存在委托—代理问题。股东通过雇用董事会来监督管理层,并且创造激励机制使管理层以最大化利润为目标,而不是追求他们自己的个人目标。有时,公司经理会因为利用股东而被送进监狱。

(2) **隐蔽性特征和次品问题**。当卖者对出售的物品知道得比买者多时就是隐蔽性特征。隐蔽性特征会引起称为逆向选择的问题——买者有选择低质量物品的风险。在以下市场上会出现逆向选择。

- 二手汽车市场　买者可能连使用不久的二手汽车都不会买,因为他们怀疑卖者了解汽车的毛病。这被称为“次品”问题。

• 劳动市场　如果企业减少它支付的工资，高生产率工人就会离去，并留下低生产率工人。

• 保险市场　有隐蔽性健康问题的人可能比一般或身体好的人更想购买健康保险。

当市场受逆向选择之苦时，人们会继续开二手车而不是将其卖出去，企业支付高于均衡水平的工资并引起失业，较健康的人因为健康保险太贵而不购买。这就是说，市场会变得无效率。

市场以几种方式对不对称信息做出反应。

（3）**发信号**。当有信息的一方采取行动向无信息的一方透露信息时就是**发信号**。回忆一下前几章，企业把钱花在昂贵的广告上就是发出它们出售高质量物品的信息。学生上高质量学校是发出他们有高能力的信息。为了使信号有效，它应该是高代价的，但对有高质量物品的人代价并不高。发信号对买者和卖者都是理性的。个人礼品被作为爱情的信号是因为它代价高（购买需要时间），而如果某人最爱另一个人，他们就知道买什么（比简单了解时购买所需要的时间短）。

（4）**筛选**。当无信息的一方采取行动使有信息的一方披露信息时就是**筛选**。二手车的买者可以请机械师检验二手车。汽车保险人可以检查司机的驾驶历史，或者向似乎有不同程度的风险或安全的司机提供不同的政策，以使这两类司机透露自己的开车特征。

显然，当信息不对称时，市场也许不能有效地配置资源，而公共政策改善市场结果也并不明显，因为：

• 私人市场有时可以运用发信号和筛选组合来解决问题。

• 政府很少比私人各方拥有更多信息，因此它不能改善现在不完善的配置或资源。这样，市场即使不是最优的，也是次优的。

• 政府本身是一种不完善的制度。

2. 政治经济学

政治经济学，又称公共选择，是运用经济学方法研究政府如何运行。在我们选择让政府努力改善市场结果之前，我们必须认识到，政府也是不完善的。

（1）**康多塞投票悖论**。康多塞投票悖论是多数原则不能产生可传递的社会偏好。可传递性是指如果对A的偏好大于B，对B的偏好大C，那么，对A的偏好就必定大于C这种特征。当社会必须在两个以上的结果之间做出选择时，多数原则无法告诉我们社会真正想要哪一个选择，因为对三个或更多不同选择的两两投票并不能保证传递性，这种现象称为**康多塞悖论**。这就是说，在两两投票之下，对A的偏好大于B，对B的偏好大于C，对C的偏好大于A是可能的。由于用多数原则准确地加总偏好要求传递性的特征，因此，可以得出两个结论：（1）多数投票并不一定能告诉我们社会需要什么；（2）确定对事情的投票顺序可以影响结果。

（2）**阿罗不可能性定理**。阿罗不可能性定理是一个数学结论，它表明，在某些假设条件下，没有一种方案能把个人偏好加总为一组正确的社会偏好。由于康多塞悖论，可以提出不同的投票制度。博达计算使选民可以在有两种以上结果——如运动队排名——时进行排序并得出可能的结果。但是，阿罗说明了，没有一种投票制度可以满足完善投票方案所需要的以下特征：

• 确定性　如果每个人对A的偏好都大于B，那么，A就应该战胜B。

- 传递性　如果 A 战胜 B，而 B 战胜 C，那么，A 就应该战胜 C。
- 其他不相关选择的独立性　任何两个结果之间的排序应该不取决于是否还可以得到某个第三个结果 C。
- 没有独裁者　没有一个人总能获胜。

例如，多数原则并不总能满足传递性，而博达计算并不总能满足其他不相关选择的独立性。虽然民主不应该被放弃，所有的投票方案都是有缺陷的社会选择机制。

(3) **中值选民说了算。中值选民定理**是一个数学结论。它说明，如果选民沿着一条线选择一个点，而且，每个选民都想要选择最接近自己最偏好的点，那么，多数原则将选择中值选民最偏好的点。中值选民是正好分布在中间的选民。如果每个选民对最接近自己最偏好的结果投票，多数原则总会引起中值选民最偏好的结果。这个结果并不一定是平均最偏好的结果或一般结果。此外，少数人的观点也不会得到很多关注。

(4) **政治家也是自利的。**利己会使政治家使自己的福利最大化，而不是使社会的福利最大化。一些政治家可能出于贪婪而行事，而另一些政治家可能会牺牲国家利益来提高他们在本地的名声。因此，实际经济政策往往没有仿效经济学教科书中得出的理想政策。

3. 行为经济学

在行为经济学领域，经济学家引入了心理学的基本观点。

(1) **人们并不总是理性的。**经济学家通常假设人们和企业是理性的。但人们可能不会作为理性最大化者行事，而是作为满意者行事，或者人们会表现出"接近理性"或者"有限理性"，从而会犯以下系统性错误：

- 人们过分自信。
- 人们过分重视自己亲历的小概率事件。
- 人们不愿改变自己的观念。

尽管有这些问题，以理性为基础的经济模型可能仍是现实的一个很好的近似。

(2) **人们关注公正。**最后通牒游戏是个游戏，第一个参与者决定把 100 美元的多大比例给另一个游戏参与者。第二个游戏参与者必须决定是接受这种划分，还是两人一无所获。理性的财富最大化者应该选择 99 美元并交出 1 美元。第二个游戏参与者应该接受，因为有 1 美元比没有强。但是在实验中，第一个游戏参与者往往把比 1 美元多得多(但小于 50 美元)的钱给予第二个参与者，而且，第二个参与者通常会拒绝给得少的钱。人们可能出于某种公正意识，而不是正常的利己。结果，企业会为了公正或者为了避免工人一方的不满而在赢利的年份支付高于均衡工资的工资。

(3) **人们有时是矛盾的。**人们往往想要即时的满足，而不是延期的满足。因此，他们不能遵循枯燥、需要努力或引起不适的做事计划。例如，人们的储蓄往往少于他们的计划。为了有助于遵循计划，人们可能会限制自己未来的行为：吸烟者戒烟，减肥者锁上冰箱，或者工人签署退休计划。

4. 结论

本章介绍了进行深入经济研究的领域。信息不对称使我们更谨慎地看待市场结果。政治经济学使我们更谨慎地看待政府解决方法。行为经济学使我们更谨慎地看待人的决策。

22.1.3　有益的提示

(1) 保险市场说明了信息不对称引起的许多问题和市场解决方法。就汽车保险而言，保险公司首先对客户进行筛选,以减少逆向选择——把保险卖给糟糕司机而不是普通司机的问题。在出售了保险之后,汽车保险公司要求对碰撞保险实行自负扣除或共同支付。这减少了道德风险——一旦投保之后,司机就更加不顾风险地开车的问题。

(2) 没有什么经济决策方法总是完善的。由于外部性、公共物品、不完全竞争以及信息不对称,市场并不能使总剩余最大化。此外,人们和企业并不能总是理性地使自己的福利最大化。但政府也并不能改善这种状况,因为政府也许并不比市场拥有更多的信息。所有投票方案都是不完善的,而且,政治家也许会选择使自己的福利最大化,而不是使社会福利最大化的政策。

22.1.4 术语与定义

为每个关键术语选择一个定义。

关键术语	定　义
________道德风险	1. 有信息的一方为了向无信息的一方披露私人信息而采取的行动。
________代理人	2. 多数原则不能产生具有社会可传递性的偏好。
________委托人	3. 让另一个人(称为代理人)完成某种行为的人。
________逆向选择	4. 一个没有受到完全监督的人从事不忠诚或不合意行为的倾向。
________发信号	5. 一个数学结论,表明如果要选民沿着一条线选择一点,而且每个人都想选离自己最偏好的点最近的点,那么,多数原则将选择中值选民最偏好的点。
________筛选	6. 一个数学结论,表明在某些假设条件之下,没有一种方案能把个人偏好加总为一组正确的社会偏好。
________政治经济学	7. 从无信息买者的角度看,无法观察到的特征混合变为不合意的倾向。
________康多塞悖论	8. 一个为另一个人(称为委托人)完成某种行为的人。
________阿罗不可能性定理	9. 无信息的一方为使有信息的一方披露信息而采取的行动。
________中值选民定理	10. 整合了心理学观点的经济学分支学科。
________行为经济学	11. 使用了经济学分析方法对政府的研究。

22.2 问题与简答题

22.2.1 应用题

1. 对下列每一种情况,确定委托人和代理人,说明所涉及的信息不对称,并解释如何减少道德风险。

a. 牙科保险公司提供每年免费检查劳务。

b. 企业用提成的方法(销售值的一个百分比)补偿出差的销售人员。

c. 如果移民工人工作整个夏季,农业种子公司支付给他们奖金。

d. 麦当劳为高中生支付两倍的最低工资。

2. 对下列每种情况,说明所涉及的信息不对称,以及为减少逆向选择所采取的行为类型(发信号或筛选),并解释如何减少逆向选择。

a. 麦当劳只雇用学习成绩好的高中生。

b. 现代公司(一家韩国汽车制造商)保证它的新车安全行驶10万英里。

c. 健康保险公司要求潜在客户检查身体。

d. 百威赞助超级碗球赛的半场表演。

3. 根据以下三组投票偏好回答有关康多塞悖论的问题。

案例1

	选民类型		
	类型1	类型2	类型3
选民百分比	15	40	45
第一选择	C	A	B
第二选择	A	B	C
第三选择	B	C	A

a. 如果选民必须在A和B之间做出选择,每个结果得到的投票百分比是多少?哪一个结果获胜?

b. 如果选民必须在 B 和 C 之间做出选择,每个结果得到的投票百分比是多少?哪一个结果获胜?

c. 如果选民必须在 A 和 C 之间做出选择,每个结果得到的投票百分比是多少?哪一个结果获胜?

d. 这些偏好表现出传递性吗?解释之。

e. 如果选民在 A 与 B 之间选择,然后与 C 比较,哪一个结果获胜?

如果选民在 B 和 C 之间选择,然后与 A 比较,哪一个结果获胜?

如果选民在 A 和 C 之间选择,然后与 B 比较,哪一个结果获胜?

在这个例子中,投票的顺序重要吗?为什么?

案例 2

	选民类型		
	类型 1	类型 2	类型 3
选民百分比	30	15	55
第一选择	A	B	C
第二选择	B	C	A
第三选择	C	A	B

a. 如果选民必须在 A 和 B 之间做出选择,每个结果得到的投票百分比是多少?哪一个结果获胜?

b. 如果选民必须在 B 和 C 之间做出选择,每个结果得到的投票百分比是多少?哪一个结果获胜?

c. 如果选民必须在 C 和 A 之间做出选择，每个结果得到的投票百分比是多少？哪一个结果获胜？

d. 这些偏好表现出传递性了吗？解释之。

e. 如果选民在 A 和 B 之间选择，然后与 C 比较，哪一个结果获胜？

如果选民在 B 和 C 之间选择，然后与 A 比较，哪一个结果获胜？

如果选民在 A 和 C 之间选择，然后与 B 比较，哪一个结果获胜？

在这个例子中，投票的顺序重要吗？为什么？

案例 3

	选民类型		
	类型 1	类型 2	类型 3
选民百分比	25	35	40
第一选择	A	B	C
第二选择	B	A	A
第三选择	C	C	B

a. 如果选民必须在 A 和 B 之间做出选择，每个结果得到的投票百分比是多少？哪一个结果获胜？

b. 如果选民必须在 B 和 C 之间做出选择，每个结果得到的投票百分比是多少？哪一个结果获胜？

c. 如果选民必须在 C 和 A 之间做出选择，每个结果得到的投票百分比是多少？哪一个结果获胜？

d. 这些偏好表现出传递性了吗？解释之。

e. 如果选民在 A 和 B 之间选择，然后与 C 比较，哪一个结果获胜？

如果选民在 B 和 C 之间做出选择，然后与 A 比较，哪一个结果获胜？

如果选民在 A 和 C 之间做出选择，然后与 B 比较，哪一个结果获胜？

在这个例子中，投票的顺序重要吗？为什么？

获胜的结果是比例最大的选民的第一选择吗？为什么会产生这种情况？

4. a. 在第 3 题的案例 1 中，如果你用博达计算来决定 A、B 和 C 这些结果中的获胜者，哪一个结果获胜？每个结果的范围是多大？

b. 在第 3 题的案例 1 中，取消 C 结果，并用博达计算找出剩下的 A 和 B 选择中的获胜者。这违背了完全投票制度所要求的哪种特征？解释之。

c. 根据简单多数原则，比较在有三种选择的博达计算和有两种选择的博达计算下，第 3 题中案例 1 的结果。从这些结果中你可以得出什么结论？

5. 在以下每一种情况下，描述表明人们并不总能作为利己的理性最大化者行事的行为。

a. 工人同意以后 3 年中每年加薪 5% 的劳动合同。一年过去后，他们发现企业的利润增加了 100%。工人进行罢工，而且，在罢工期间没有得到收入。

b. 一个工人计划从现在开始的 3 个月里把收入的 20% 用于储蓄，因为他必须偿还一些到期账单。3 个月过去后，工人就不再储蓄，并把每个月的全部收入都支出了。

c. 一个摇滚歌星在飞机失事中死去后，许多人决定坐火车而不坐飞机。

d. Joe 想去加拿大钓鱼旅行，而他的妻子 Sue 希望进行其他旅行。报纸报道，在他们计划去钓鱼的那个地区，钓鱼的规模和人数大于正常情况，因为气温变得与季节不相符地冷。Joe 更加确信他钓鱼旅行的选择，而 Sue 更加确信她进行其他类型旅游的希望。

22.2.2 简答题

1. 什么是道德风险？在雇佣关系中，企业为了避免道德风险会采取什么措施？

2. 什么是逆向选择？你会为一个只建成了一年的房子（但自从一家人在当地起建另一个房子就一直住在里面）和一个还没有人住过的崭新房子支付同样多的钱吗？为什么？你会采取哪些措施来防止逆向选择？

3. 你预期汽车保险购买者发生车祸的概率高于还是低于平均水平？为什么？保险公司如何解决这个市场上的逆向选择？它如何解决这个市场上的道德风险？

4. 为了减少逆向选择，企业用昂贵的广告发出高质量的信号。有效信号的必要特征是什么？为什么生产低质量物品的企业不用昂贵的广告发出虚假的高质量信号？

5. 为什么选择一个好礼品可以作为对接受者爱和关心的证明？

6. 假设 30% 的选民想把 1 万美元用于建设一个新公园，30% 的选民想花 1.1 万美元，40% 的选民希望花 2.5 万美元。平均选民想花多少钱？中值选民想花多少钱？如果每个选民都选择离自己最偏好的选择最近的点，那么，多数原则的这三种选择中，最后的选择是哪一种？产生了康多塞悖论吗？

7. 用中值选民定理解释为什么共和党总统候选人在初选中比在普选中更为保守，而民主党总统候选人在初选中比在普选中更为自由化。

8. 政治家总是选择使社会福利最大化的政策吗？为什么？

____

____

9. 如果人们是理性的财富最大化者，你预期“最后通牒游戏”的结果是什么？在实验中我们实际发现的结果是什么？这对工资决定意味着什么？

____

____

10. 大学里最受欢迎的专业是经济学。你最好的朋友选了一门初级经济学课，并告诉你这是她选的最糟的课。你就不再选经济学了。这是理性的吗？解释之。

____

____

22.3 自我测试题

22.3.1 判断正误题

_______1. 信息不对称是指在交易中一个人对交易如何进行知道得比另一个人多。

_______2. 在委托—代理关系中，委托人代表代理人完成某项工作。

_______3. 雇主会为了避免雇佣关系中怠工成本引起的道德风险而支付高于均衡工资的工资。

_______4. 为了避免逆向选择问题，保险公司对其未来客户进行筛选，以发现隐蔽的健康问题。

_______5. 当信号对行业中所有企业都无成本时，发出传递高质量的信号最有效。

_______6. 如果对 A 的偏好大于 B，对 B 的偏好大于 C，而且，对 A 的偏好大于 C，那么，这些偏好就表现出确定性。

_______7. 康多塞悖论表明，多数原则总能告诉我们社会实际上想要的结果。

_______8. 阿罗不可能性定理证明，没有一种投票制度能满足完美投票制度所要求的性质。

_______9. 根据中值选民定理，多数原则将产生平均偏好的结果。

_______10. 政治家并不总选择理想的经济政策，因为一些政治家腐败而贪婪，另一些政治家愿意为了在本地的声誉而牺牲国家利益。

_______11. 在现实世界中，当人们做出经济决策时，总是理性地行事。

_______12. 最后通牒游戏证明，人们总是根据利己做出选择。

_______13. 由于人们往往关心公正，企业在赢利年份支付奖金，以便公正并避免工人的不满。

_______14. 人们似乎自然而然地进行延期满足，而且，他们往往会把某些不愉快的事推到将来去做。

_______15. 由于人们面对新信息拒绝改变自己的想法，我们可以得出结论，人们并不总是作为理性最大化者行事。

22.3.2 单项选择题

1. John 的汽车需要修理，因此，John 决定卖掉这辆破车，以避免修理费。由于不知道有问题，Susan 买了这辆车。这是以下哪一项的例子？
   a. 逆向选择。
   b. 道德风险。
   c. 效率工资。
   d. 隐蔽行为。
2. Judy 想避免买一辆次品车。在她购车之前，她把她想买的车给她的机械师。这称为
   a. 道德风险。
   b. 逆向选择。
   c. 发信号。
   d. 筛选。
3. Chris 是一家服装公司的外出推销员。在这种雇佣关系中，Chris 是
   a. 委托人。
   b. 代理人。
   c. 发信号者。
   d. 筛选者。
4. 为了使信号有效，以下哪一种关于用来透露私人信息的信号的说法是正确的？
   a. 它对有信息一方应该是免费的。
   b. 它对有信息一方应该是有代价的，但对有高质量物品的一方应该是低成本的。
   c. 它应该是“在电视上看到”的。
   d. 它应该适用于便宜的物品。
5. 以下哪一种情况是用来公开私人信息的信号的例子？
   a. Bob 精心地为 Carolyn 选择了一件特殊礼物。
   b. Lexus 在超级碗球赛期间为自己的汽车做广告。
   c. Madelyn 从哈佛商学院获得了 MBA 学位。
   d. 以上各项都是正确的。
6. 以下哪一项不是企业用来避免雇佣关系中道德风险问题的方法？
   a. 支付高于均衡工资的工资。
   b. 在车间安装隐蔽的摄像机。
   c. 为自己的员工购买人寿保险。
   d. 向雇员支付年终奖金之类的延期报酬。
7. 以下哪一项最好地证明了道德风险问题？
   a. Karen 不买医疗保险，因为这种保险太贵了，而且，她是健康的。
   b. Rachel 选择上受人尊敬的学院。
   c. Dick 在购买了汽车保险后更不怕风险地开车。
   d. 人寿保险公司在出售保险之前强迫 Fred 检查身体。
8. 在两两多数投票时，如果对 A 的偏好大于 B，对 B 的偏好大于 C，那么，对 A 的偏好应该大于 C。这称为
   a. 确定性特征。
   b. 传递性特征。
   c. 独立性特征。
   d. 不可能性特征。

用以下一组选民偏好回答第 9—12 题。

	选民类型		
	类型 1	类型 2	类型 3
选民百分比	35	25	40
第一选择	C	A	B
第二选择	A	B	C
第三选择	B	C	A

9. 当在 A 和 B 之间做出选择时，投 A 的票的人口百分比是多少？
   a. 25%
   b. 35%
   c. 40%
   d. 60%

e. 75%

10. 在两两多数投票时,哪一个结果获胜?
   a. A
   b. B
   c. C
   d. 这些偏好都会遭遇康多塞悖论,因此,没有明确的胜者。
11. 如果我们首先比较 A 与 C,然后把胜者与 B 比较,哪一个结果是胜者?
   a. A
   b. B
   c. C
   d. 这些偏好都会遭遇康多塞悖论,因此,没有明确的胜者。
12. 用博达计算,哪一个结果受偏好?
   a. A
   b. B
   c. C
   d. 这些偏好没有表现出传递性,因此,没有明确的胜者。
13. 以下哪一点不是完善的投票制度所要求的特征?
   a. 中值选民总获胜。
   b. 传递性。
   c. 没有独裁者。
   d. 其他不相关选择的独立性。
14. 假设 40% 的选民希望把 1 000 美元用于市政府的艺术品,25% 的选民希望用 20 000 美元,35% 的选民希望用 22 000 万美元。中值选民、平均选民和标准选民偏好的结果是什么?
   a. 1 000 美元;14 333 美元;1 000 美元。
   b. 20 000 美元;20 000 美元;22 000 美元。
   c. 20 000 美元;13 100 美元;1 000 美元。
   d. 1 000 美元;20 000 美元;22 000 美元。
15. 如果人们投票支持离自己偏好最近的结果,在两两多数原则之下,哪一种说法正确?
   a. 平均选民偏好的结果获胜。
   b. 中值选民偏好的结果获胜。
   c. 最大多数选民偏好的结果获胜。
   d. 由于阿罗不可能性定理,没有明确的胜者。
16. 以下哪一种关于人们如何做出决策的说法不正确?
   a. 人们有时过分相信自己的能力。
   b. 人们在面对新信息时拒绝改变自己的看法。
   c. 人们过分重视自己亲历的小概率事件。
   d. 人们总是理性的最大化者。
   e. 以上各项关于人们如何做出决策的说法实际上都是正确的。
17. 在最后通牒游戏中,哪一种分法对具有划分权的人和接受或否认划分的人都是理性的?
   a. 99/1
   b. 75/25
   c. 50/50
   d. 1/99
   e. 没有理性解。
18. 以下哪一种说法有助于解释企业在特别赢利的年份向工人支付奖金以防止工人不满?
   a. 人是理性最大化者。
   b. 人始终是不一致的。
   c. 人们关注公正。
   d. 人们拒绝改变自己的看法。
19. John 的朋友死于突发的心脏病。John 到他的医生那里进行昂贵的身体检查。这种反应证明
   a. 人们过分重视亲历的小概率事件。
   b. 当面对新信息时,人们易于改变

自己的看法。

c. 人们会提前作计划，并遵从计划。

d. 人们把看病作为享受。

20. 以下哪种情况是由于人们的行为始终不一致？

a. 效率工资。

b. 年终奖金。

c. 强迫为退休计划做出贡献。

d. 以上各项都是。

22.4 进阶思考题

你正与朋友看有关艾滋病危机的电视新闻故事。你的朋友说："我认为感染了艾滋病的人往往不能买医疗保险是可怕的。那些有病的人是真正需要医疗保险的人。甚至更糟的是，一旦有人得到了医疗保险，他们也要自负相当于每年医疗费第一个3 000 美元20%的免赔额。保险公司只能补偿其余的医疗费。"

1. 当保险公司拒绝为一个已经有病的人保险时，它要避免不对称信息引起的什么问题？如果保险公司并不拒绝为那些已经生病的人投保，那么会发生什么情况？

____

____

2. 收取免赔额有助于解决什么问题？如果保险公司没有要求免赔额会引起什么问题？

____

____

3. 公共政策如何解决医疗保险市场的问题？公共政策解决方法有什么缺点？

____

____

22.5 答案

22.5.1 术语与定义

__4__ 道德风险

__8__ 代理人

__3__ 委托人

__7__ 逆向选择

__1__ 发信号

__9__ 筛选

__11__ 政治经济学

__2__ 康多塞悖论

__6__ 阿罗不可能性定理

__5__ 中值选民定理

__10__ 行为经济学

22.5.2 应用题

1. a. 保险公司是委托人；投保人是代理人。只有代理人知道如何最好地关心自己的牙齿。通过每年检查投保人的牙齿，保险公司可以更好地监督投保人的行为，并减少未来重大的索赔要求。

 b. 企业是委托人，销售人员是代理人。企业并不知道销售人员工作努力的程度。通过只支付给销售人员提成，企业能够更好地监督销售人员的工作习惯，而且他们不太可能怠工。

c. 公司是委托人,工人是代理人。企业并不知道移民工人工作努力的程度。通过在一个季度结束时支付大量奖金,企业提高了怠工的代价和解雇的代价。工人不太可能怠工。

d. 麦当劳是委托人,学生是代理人。麦当劳不知道学生工作努力的程度。通过支付高于市场工资的工资,麦当劳增加了怠工的代价和解雇的代价。工人不太可能怠工。

2. a. 麦当劳并不了解潜在工人和正在工作的工人的能力。麦当劳用过去的教育程度来筛选潜在的工人,而且,这能选出高能力工人。

b. 买者并不了解现代公司汽车的质量,因为这种车对这个市场是比较新的。现代公司用长期保证发出高质量的信号,而且,买者能选择高质量的汽车。

c. 保险公司对保险购买者的健康状况知道的不如保险购买者多。保险公司用体检来筛选未来的客户,发现隐蔽的健康问题,以使其保险者中没病的人大于平均水平。

d. 买啤酒的人并不像百威公司那样了解百威啤酒的质量。百威用昂贵的广告发出高质量的信号,因为只有保证有回头客才能承受这种广告。顾客可以选择高质量啤酒。

3. **案例 1**

a. A = 15 + 40 = 55, B = 45, A 战胜 B。

b. B = 40 + 45 = 85, C = 15, B 战胜 C。

c. C = 15 + 45 = 60, A = 40, C 战胜 A。

d. 没有。A 战胜 B, B 战胜 C, 因此, 传递性要求 A 战胜 C, 但实际上, C 战胜 A。

e. A 战胜 B, 因此, 比较 A 与 C, C 获胜。
B 战胜 C, 因此, 比较 B 与 A, A 获胜。
C 战胜 A, 因此, 比较 C 与 B, B 获胜。
重要, 因为这些偏好没有表现出传递性。

案例 2

a. A = 30 + 55 = 85, B = 15, A 战胜 B。

b. B = 30 + 15 = 45, C = 55, C 战胜 B。

c. A = 30, C = 15 + 55 = 70, C 战胜 A。

d. 是的。C 战胜 A, A 战胜 B, 传递性要求 C 战胜 B, 而且, 的确如此。

e. A 战胜 B, 因此, 比较 B 与 C, C 获胜。
C 战胜 B, 因此, 比较 C 与 A, C 获胜。
C 战胜 A, 因此, 比较 C 与 B, C 获胜。
不重要, 因为这些偏好表现出传递性。

案例 3

a. A = 25 + 40 = 65, B = 35, A 战胜 B。

b. B = 25 + 35 = 60, C = 40, B 战胜 C。

c. A = 25 + 35 = 60, C = 40, A 战胜 C。

d. 是的。A 战胜 B, B 战胜 C, 传递性要求 A 战胜 C, 而且, 的确如此。

e. A 战胜 B, 因此, 比较 A 与 C, A 获胜。

B 战胜 C,因此,比较 B 与 A,A 获胜。

A 战胜 C,因此,比较 A 与 B,A 获胜。

不重要,因为这些偏好表现出传递性。

不是,只有 25% 的人把 A 作为他们的第一选择,但大多数人极不喜欢 C,而且,没有人极不喜欢 A。

4. a. 如果在 A、B 和 C 之间做出选择,A = 30 + 120 + 45 = 195,B = 15 + 80 + 135 = 230,C = 45 + 40 + 90 = 175,B 获胜。

   b. 如果只在 A 和 B 之间做出选择,A = 30 + 80 + 45 = 155,B = 15 + 40 + 90 = 145,A 获胜。其他不相关选择的独立性:当取消 C 时,A 和 B 的排序应该不变,但排序改变了。

   c. A 获胜,然后 B 获胜,然后 A 又获胜。因此,多数投票并不一定能告诉我们社会想要什么,而且,有关投票顺序的决策会影响结果。

5. a. 人们关注公正,如果他们认为划分不公正,他们宁愿接受一无所获,以便使他们的对手也一无所获。

   b. 人们有时是矛盾的。从 3 个月前看,储蓄似乎是一个好主意,但随着日期接近,立即满足的欲望占了上风。

   c. 人们过分重视亲历的小概率事件。飞机失事的概率也许并没有改变,但人们由于一次公开披露的事故而变得更害怕坐飞机。

   d. 人们拒绝改变自己的看法。Joe 和 Sue 都用同样的信息来捍卫自己原来的选择。

22.5.3 简答题

1. 那些不受完全监督的人有进行不道德行为的倾向。更好的监督、支付更高工资或延期支付一部分工资都增加了怠工的代价。

2. 从无信息一方的角度看,没有观察到的特点成为不合意的倾向。不会。因为你会假设卖者知道有关住房的一些坏事——供水、建筑不好,邻居或学校不好等。对房子进行检查并对邻居和学校进行考察。

3. 高于。因为保险的购买者对自己出事故的概率了解更多,而且,高事故概率的司机需要保险。保险公司核查司机的驾驶历史,并向有风险和安全的司机提供明显不同的政策,对高风险司机收取高保费。它们要求免赔额以避免道德风险。

4. 它必须是成本高昂的,但对那些有高质量物品的人成本并不高。因为低质量企业无法通过广告带来回头客,它们进行昂贵的广告投入是无效率的。

5. 因为它需要时间(代价),但对于了解接受者的人来说,所需要的时间不多。

6. 0.3 × 10 000 美元 + 0.3 × 11 000 美元 + 0.4 × 25 000 美元 = 16 300 美元。中值选民想支出 11 000 美元,11 000 美元获胜。没有产生康多塞悖论,从任何一对中找到胜者,然后把它与剩下的选择比较,11 000 美元总是胜者。

7. 每个候选人都必须首先通过初选赢得人选资格。为此,他们必须获得他们党内的中值选民——共和党的保守派和民主党的自由派。在初选之后,他们必须获得整体的中值选民,这就要求每个候选人向中心移动——共和党变得更自由,而民主党变得更保守。

8. 不是。一些政治家会出于贪婪行事,而另一些则会牺牲国家利益来提高自己在本地的名誉。

9. 第一个人拿 99 美元，并给另一个人 1 美元，而且，另一个人会接受。第一个人通常会给出多于 1 美元，而第二个人会拒绝给得少的情况。有特别赢利年份的企业支付高于均衡工资的工资，以实现公正或避免不满。

10. 是不理性的。人们过分重视亲历的小概率事件。在这个例子中，朋友只在几千个事件中增加了一个。

22.5.4 判断正误题

1. 正确。
2. 错误；代理人代表委托人完成某项工作。
3. 正确。
4. 正确。
5. 错误；信号必须高代价，但对有高质量物品的人，代价并不高。
6. 错误；这些偏好表现出传递性。
7. 错误；它说明，投票的排序可以决定结果，因此，多数原则投票并不一定能告诉我们社会想要什么。
8. 正确。
9. 错误；它将产生中值选民偏爱的结果。
10. 正确。
11. 错误；有证据表明人们只是“接近理性”。
12. 错误；它表明人们关注公正。
13. 正确。
14. 错误；人们往往追求即时满足，而不能坚持完成不愉快的事情。
15. 正确。

22.5.5 单项选择题

1. a	2. d	3. b	4. b	5. d	6. c	7. c	8. b	9. d	10. d
11. b	12. c	13. a	14. c	15. b	16. d	17. a	18. c	19. a	20. c

22.5.6 进阶思考题

1. 逆向选择。那些已经有病的人更想买保险。他们的医疗费远远高于平均水平，这就引起保费上升。在人为的保险高价格上，买保险的健康人少了，因为成本超过了他们预期的医疗费。当健康的人退出市场时，对留下来的参与者，价格进一步上升，这就进一步减少了保险市场的规模。
2. 道德风险。没有免赔额，人们实际上在并不需要看病时也会去看病。他们也没什么不生病的激励，因为他们不承担生病的费用。由于以上原因，就使得保险的成本提高到高于预期的健康人的医疗费用，而且，许多人不会购买保险。
3. 一些人建议政府提供强迫每个人（病人与健康人）都参与的医疗保险。缺点是：多数原则民主制度可能无法提供人们想要的医疗量。利己的政治家可能选择提供与人们想要的并不一样的医疗量。

第 8 篇　宏观经济学的数据

第23章
一国收入的衡量

目　的

在本章中你将

- 考虑为什么一个经济的总收入等于其总支出
- 知道如何定义和计算国内生产总值(GDP)
- 说明GDP分为四个主要组成部分
- 知道真实GDP与名义GDP之间的区别
- 考虑GDP是不是经济福利良好的衡量指标

效　果

在实现这些目的之后,你应该能

- 说明为什么收入等于支出等于产量
- 解释GDP定义中的关键词汇和短语
- 定义消费、投资、政府购买和净出口
- 用基年和当年价格计算真实GDP和名义GDP
- 列出许多GDP中并不包括但又能增强福利的活动

23.1 本章概述

23.1.1 内容与目的

第23章是本书宏观经济学部分的第一章。它也是向你介绍经济学家用来监测宏观经济的两个至关重要的统计数据——GDP和消费物价指数——的两章中的第一章。第23章提出经济学家如何衡量宏观经济中的生产和收入。第24章提出经济学家如何衡量宏观经济中的物价水平。整体来看,第23章集中在宏观经济中的产出数量上,而第24章集中在宏观经济中的产出价格上。

本章的目的是让你了解国内生产总值(GDP)的衡量与使用。GDP是宏观经济健康状况最重要的单一衡量指标。实际上,它是在每个发达经济中最为广泛地报道的统计数字。

23.1.2 本章复习

导　言

微观经济学是研究个别市场以及在这些市场上竞赛的个别企业和家庭的决策的。**宏观经济学**是研究整体经济的。本章和本书余下各章论述宏观经济学。

1．经济的收入与支出

在一国的宏观经济中,收入必定等于支出。这之所以正确是因为,在每一次交易中,卖者的收入必定等于买者的支出。国内生产总值(GDP)衡量经济中的总收入或总产量。由于收入等于支出,GDP可以通过把经济中所获得的收入(工资、租金和利润)加总来衡量,也可以通过把经济中生产的物品与劳务的支出加总来衡量。这就是说,收入等于支出等于GDP。

2．国内生产总值的衡量

GDP的定义为在某一既定时期一国之内生产的所有最终物品与劳务的市场价值。

- "市场价值"是指根据支付给产出的价格来评价生产。因此,以高价格卖出的东西在GDP中就有更大的加权数。
- "所有"是指GDP力图衡量经济中在市场上合法销售的所有生产。例如,GDP不包括毒品的生产和销售,也不包括家庭生产,例如房屋主人清扫自己的房子。但是,为了力求全面性,GDP把估算的所有者自住房屋的租金价值作为住房劳务的生产包含在内。
- "最终"是指GDP只包括出售给最终使用者的物品与劳务。因此,GDP计算在零售中出卖的福特Taurus车的销售,但不包括福特公司在汽车生产期间为使用而购买的玻璃、钢材和轮胎这类中间物品。中间物品是一个企业为另一个企业进一步加工而生产的物品。只计算最终物品和劳务避免了重复计算中间物品。
- "物品与劳务"是指GDP显然包括汽车和卡车之类有形的制成品,也包括律师和医生劳务这类无形的东西。
- "生产的"是指不包括前一个时期生产出来(并计算过)的二手物品的销售。此外,这也避免了重复计算。
- "一国之内"是指GDP衡量一国地理边境之内生产的价值。
- "在某一既定时期"是指我们衡量每年或每季度的GDP。

GDP 数据统计上的“季节性调整”是为了消除由圣诞节和农业丰收这类季节性事件引起的数据有规律的变动。我们关于 GDP 的定义集中于支出方面。政府同样会通过收入加总来衡量 GDP,这两种计算结果的差别是统计误差。

以下从最大到最小列出了 GDP 之外的其他收入衡量指标。

- 国民生产总值(GNP)　GNP 衡量一国长期居民或“国民”(公民及其工厂)的收入或生产,而不管他们位于什么地方。
- 国民生产净值(NNP)　NNP 是一国居民的总收入(GNP)减折旧。折旧是经济中资本存量磨损的价值。
- 国民收入　国民收入是一国居民获得的总收入。它等于 NNP 减企业间接税加企业补贴。
- 个人收入　个人收入是家庭和非公司制企业的收入。它不包括留存收益(公司不作为红利支付的收入),但包括家庭从政府债务中得到的利息收入和政府转移支付(福利与社会保障)。
- 个人可支配收入　家庭和非公司制企业在支付了他们对政府的义务(税收、交通罚款)之后的收入。

3. GDP 的组成部分

可以通过把支出于最终物品与劳务的价值相加来衡量 GDP。经济学家把支出分为四个组成部分:消费(C)、投资(I)、政府购买(G)及净出口(NX)。

- **消费**是除了新住房外家庭用于物品与劳务的支出。
- **投资**是用于资本设备、存货和新住房之类建筑物的支出。投资并不包括用于股票、债券和共同基金的支出。
- **政府购买**是各级政府(联邦、州与地方)用于物品和劳务的支出。政府购买并不包括转移支付,比如政府的社会保障支付、福利和失业补助,因为政府并没有得到作为回报的任何物品或劳务。
- **净出口**是外国购买本国国内生产的价值(出口)减本国国内购买外国生产的价值(进口)。必须减去进口是因为消费、投资和政府购买包括用于国外与国内所有物品的支出,只有减去国外部分,剩下的才是用于国内生产的支出。

用 Y 代表 GDP,可以得出 $Y=C+I+G+NX$。这些变量是按这个方程式是一个恒等式的方式定义的。

4. 真实 GDP 与名义 GDP

名义 GDP 是按在生产产出的年份期间存在的物价(当期价格)衡量的产值。**真实 GDP** 是按某个任意(但固定)基年存在的物价(不变价格)衡量的产值。如果我们观察到名义 GDP 从一年到下一年增加了,我们并不能确定是物品与劳务量增加了,还是物品与劳务的价格上升了。但是,如果我们观察到真实 GDP 增加了,我们就可以肯定物品与劳务量增加了,因为每年的产出都根据同一基年价格来评价。因此,真实 GDP 是经济中产出较好的衡量指标。

GDP 平减指数 =(名义 GDP/真实 GDP)×100。它是衡量相对于基年物价水平的当年物价水平的物价指数。由 GDP 平减指数所衡量的物价水平上升的百分比,我们称为**通货膨胀**率。

在美国,自从 1965 年以后,真实 GDP 平均每年以 3.2% 的比率增长。真实 GDP 偶尔的下降时期称为衰退。

5. GDP 是衡量经济福利的好指标吗

真实 GDP 是一个社会可靠的经济福利指标,因为人均真实 GDP 高的国家往往有更好的教育体系、更好的医疗体系、更有文化的公民、更好的住房、更好的营养、更长的预期寿命等。GDP 高的国家甚至赢得的奥运会奖牌也多。这就是说,人均真实 GDP 越高,通常表示人均消费越多。但是,GDP 并不是物质福利完美的衡量指标,因为它不包括闲暇、环境质量以及在家中生产但不在市场上销售的物品与劳务,例如照顾孩子、家务劳动和义务劳动。此外,GDP 没有表明收入分配状况。GDP 也没有包括地下经济或影子经济——没有报告其经济活动的那部分经济。例如,GDP 没有衡量毒品销售或者为避税而未报告的收入。在美国,地下经济相对较小。

23.1.3 有益的提示

(1) GDP 衡量生产。当我们决定衡量 GDP 时,我们首先必须记住,我们是在衡量某一个时期的生产(以及生产获得的收入)。如果我们能记住这一点,我们一般就能正确地考虑到一些非正常的生产类型。例如:

- 我们应该如何衡量需要三年才能建成并在第三年年底出售的巡洋舰的生产? 从逻辑上说,我们应该计算在每一年中完成的那一部分,并将之归入那一年的 GDP。实际上,经济学家也是这样做的。如果我们在出售那一年计算整艘舰,我们就高估了第三年的 GDP,并低估了前两年的 GDP。
- 同样,如果一所新房子是在某一年建造而在次年第一次出售,我们就应该在第一年中计算它,因为是那一年生产的。这就是说,建造者在第一年中"购买了"建成的房子,把它加到自己的住房存货中。

一般说来,尽管我们只希望计算最终物品与劳务,但我们确实计算了中间物品的生产,这些中间物品在当年并没有被使用,而是被加入到企业的存货中,因为计算所有最终物品时并未包括这种生产。

(2) GDP 并不包括所有支出。我们知道可以通过加总用于最终物品和劳务的支出来衡量 GDP($Y = C + I + G + NX$)。但是,一旦我们知道了支出法,我们肯定不会忘记"用于最终物品和劳务"这句话,并错误地计算所有支出。当我们把用于二手物品、中间物品、股票和债券的支出或者政府转移支付都计算在内时,我们得到一个极大的货币值,但它与 GDP 并没有关系。经济中所有交易的货币值是巨大的,它是 GDP 的许多倍。

(3) 中间物品和最终物品是不同的,用一个例子有助于区分中间物品和最终物品。回想一下:

- 中间物品是一个企业为另一个企业继续加工而生产的物品。
- 最终物品是出售给最终使用者的物品。

GDP 只包括最终物品和劳务的价值,因为最终物品或劳务生产中使用的中间物品的价值完全包括在最终物品或劳务的价格上。如果我们在 GDP 中包含了中间生产的价值,我们就会重复计算中间物品。

如果我们了解了这种区别,我们就能区分出经济中的物品是中间物品还是最终物品吗? 例如,轮胎是中间物品还是最终物品? 答案是,这取决于谁买它。当通用汽车公司从固特异公司购买了一个轮胎时,轮胎是中间物品,因为通用汽车公司将把它安装在汽车上并出售。当你从你们当地固特异代理商处买了一个轮胎时,它是最终物品,应该计入 GDP 中。因此,如果不了解购买者，要区分经济中的物品是中间物品还是最终物品是困难的。

（4）不同国家不同时期GDP的比较也会有失误。当我们比较市场发展水平不同的国家间的GDP以及一个国家内长期的GDP时，我们应该谨慎。这是因为GDP不包括大多数非市场活动。显而易见，欠发达国家的大部分产出可能是家庭生产，例如，当一个人自己种地、清扫、织布，甚至自己盖房子时，就是这样。由于这些活动没有包括在市场交易中，因此在不发达国家或市场发展不普遍的工业化国家的早期中就没有记录这些活动，结果就会低估它们的GDP。

23.1.4 术语与定义

为每个关键术语选择一个定义。

关键术语	定 义
_______通货膨胀	1. 按当年物价评价的物品与劳务的生产。
_______失业	2. 不包括新住房在内的家庭对物品和劳务的支出。
_______宏观经济学	3. 外国人对国内生产的物品的支出（出口）减国内居民对外国物品的支出（进口）。
_______微观经济学	4. GDP下降的时期。
_______总收入	5. 一个国家在某一既定时期内生产的所有最终物品与劳务的市场价值。
_______总支出	6. 工资、租金和利润。
_______国内生产总值	7. 物价上升的比率。
_______中间生产	8. 由一国居民在某一既定时期内生产的所有最终物品和劳务的市场价值。
_______最终生产	9. 用于资本设备、存货和包括家庭购买新住房在内的建筑物的支出。
_______国民生产总值	10. 各级政府用于物品和劳务的支出。
_______折旧	11. 用名义GDP与真实GDP的比率乘以100而计算出的物价水平的衡量指标。
_______消费	12. 政府不为得到物品或劳务的支出。
_______投资	13. 没有工作的劳动的百分比。
_______政府购买	14. 研究家庭和企业如何做出决策，以及它们在市场上如何相互影响。
_______净出口	15. 一个企业为另一个企业进一步加工而生产的物品。
_______转移支付	16. 研究整体经济。
_______真实GDP	17. 根据基年价格评价的物品与劳务的生产。
_______名义GDP	18. 销售给最终使用者的制成品。
_______基年	19. 消费、投资、政府购买和净出口。
_______GDP平减指数	20. 用来衡量真实GDP的价格的那一年。
_______衰退	21. 设备和建筑物的磨损值。

23.2 问题与简答题

23.2.1 应用题

1. a. 填完下表。

	第 1 年	第 2 年	第 3 年
国内生产总值	4 532	4 804	
消费		3 320	3 544
投资	589	629	673
政府购买	861		977
净出口	-45	-58	-54

b. GDP 最大的支出部分是什么？

c. 投资包括股票和债券的购买吗？为什么？

d. 政府购买包括用于失业补助的政府支出吗？为什么？

e. 净出口为负是什么意思？

2. 假设下表中的基年是 2006 年。

年份	X 的生产	每单位 X 的价格(美元)
2006	20	5
2007	20	10
2008	20	20

a. 2006 年、2007 年和 2008 年的名义 GDP 是多少？

b. 2006 年、2007 年和 2008 年的真实 GDP 是多少？

3. 假设下表记录了整个经济的总产量和物价，再假设下表中的基年是 2006 年。

年份	汽水的价格（美元）	汽水的数量（瓶）	牛仔裤的价格（美元）	牛仔裤的数量（条）
2006	1	200	10	50
2007	1	220	11	50

a. 2006 年名义 GDP 的值是多少？

b. 2006 年真实 GDP 的值是多少？

c. 2007 年名义 GDP 的值是多少？

d. 2007 年真实 GDP 的值是多少？

e. 2006 年 GDP 平减指数的值是多少？

f. 2007 年 GDP 平减指数的值是多少？

g. 从 2006 年到 2007 年，物价大概上升了百分之多少？

h. 从 2006 年到 2007 年，名义 GDP 的增加主要是由于真实产量增加还是由于物价上升？

4. 填写下表。

年份	名义 GDP(美元)	真实 GDP(美元)	GDP 平减指数
1		100	100
2	120		120
3	150	125	

a. 哪一年是基年？你是如何分辨的？

b. 从第 1 年到第 2 年，是真实产量增加了，还是物价上升了？解释之。

c. 从第 2 年到第 3 年，是真实产量增加了，还是物价上升了？解释之。

23.2.2 简答题

1. 为什么收入 = 支出 = GDP？

2. 定义 GDP，并解释定义中的重要术语。

3. 支出的组成部分是什么？为每一部分举出一个例子。

4. 举一个转移支付的例子。我们在 GDP 中包括它吗？为什么？

5. 如果 2008 年的名义 GDP 大于 2007 年的名义 GDP，真实产量增加了吗？物价上升了吗？

6. 如果 2008 年的真实 GDP 大于 2007 年的真实 GDP，真实产量增加了吗？物价上升了吗？

7. 如果你买了一辆完全在日本生产的价值 2 万美元的丰田汽车，这会影响美国的 GDP 吗？说明这个交易如何影响组成 GDP 的相应支出范畴。

8. 说明 GDP 和 GNP 之间的差别。如果美国居民在世界其他国家进行的生产和世界其他国家居民在美国的生产同样多，对美国而言，GDP 和 GNP 哪一个正确呢？

9. 在衡量 GDP 时，富人购买的一条新钻石项链和节俭的人购买的一瓶汽水，哪一个贡献更大？为什么？

10. 如果你的邻居雇你为她修剪草坪而不是她自己去做，GDP会发生什么变动？为什么？产出变动了吗？

____

____

23.3 自我测试题

23.3.1 判断正误题

______1. 对整个经济来说，收入等于支出，因为卖者的收入必定等于买者的支出。

______2. 一个苹果的生产对GDP的贡献大于一只金戒指的生产，因为食物本身是生活的必需品。

______3. 如果木场把1 000美元木材出售给木匠，木匠用这些木材盖了一座以5 000美元出售的房子，则对GDP的贡献是6 000美元。

______4. 一个人均GDP高的国家通常生活水平或生活质量都高于人均GDP低的国家。

______5. 如果2006年的名义GDP大于2005年的名义GDP，真实产量必定增加了。

______6. 如果美国的GDP大于美国的GNP，那么外国人在美国的生产大于美国居民在世界其他国家的生产。

______7. 工资是转移支付的一个例子，因为是从企业到工人的转移支付。

______8. 在美国，投资是GDP中最大的组成部分。

______9. 名义GDP用现期价格去评价产量，而真实GDP用不变的基年价格去评价产量。

______10. 在2007年生产但在2008年第一次出售的一辆新汽车，应该计入2008年的GDP，因为当它第一次出售时才作为一种最终物品。

______11. 当芝加哥市购买了一座新教学楼时，GDP的投资组成部分增加了。

______12. 当真实GDP减少时便出现了衰退。

______13. 折旧是经济中设备和建筑物磨损的价值。

______14. 尽管香烟的税收是1美元，但香烟在GDP中应该按每包4.5美元的价格评价，因为买者为每包香烟支付了4.5美元。

______15. 国民净产值总是大于一国的总收入，因为有折旧和税收。

23.3.2 单项选择题

1. 转移支付的例子是
   a. 工资。
   b. 利润。
   c. 租金。
   d. 政府购买。
   e. 失业补助。

2. 在制造物品和劳务的过程中，工厂和设备磨损的价值用以下哪一项来衡量？
   a. 消费。
   b. 折旧。
   c. 国民生产净值。
   d. 投资。
   e. 中间生产。

3. 以下哪一项的销售不包括在1999年的GDP中？
   a. 1999年在田纳西州生产的本田车。
   b. 理发。
   c. 房地产经纪人的劳务。
   d. 在1998年建成而在1999年第一次售出的房子。
   e. 以上各项都应计算在1999年的GDP中。
4. 国内生产总值可以用以下哪一项的总和来衡量？
   a. 消费、投资、政府购买和净出口。
   b. 消费、转移支付、工资和利润。
   c. 投资、工资、利润和中间生产。
   d. 最终物品和劳务、中间物品、转移支付和租金。
   e. 国民生产净值、国民生产总值和个人可支配收入。
5. 美国的国内生产总值(与国民生产总值相比)衡量以下哪一项的生产和收入？
   a. 美国人及其工厂的生产和收入，无论它们在世界上什么地方。
   b. 美国境内的人和工厂的生产和收入。
   c. 只包括国内劳务部门的生产和收入。
   d. 只包括国内制造业部门的生产和收入。
   e. 以上各项都不是。
6. 国内生产总值是以下哪一项市场价值之和？
   a. 中间物品。
   b. 制成品。
   c. 正常物品和劳务。
   d. 低档物品和劳务。
   e. 最终物品和劳务。
7. 如果2008年的名义GDP大于2007年的名义GDP，那么产量必定
   a. 增加了。
   b. 减少了。
   c. 保持不变。
   d. 增加或减少，因为没有充分的信息用以确定真实产量发生了什么变动。
8. 如果一个鞋匠购买了100美元的皮革和50美元的线，并用它们制作成鞋，向消费者出售的价格为500美元，那么对GDP的贡献是
   a. 50美元。
   b. 100美元。
   c. 500美元。
   d. 600美元。
   e. 650美元。
9. GDP应该包括以下哪一项？
   a. 家务劳动。
   b. 毒品销售。
   c. 中间物品销售。
   d. 咨询劳务。
   e. 一天不工作的价值。
10. 真实GDP是用________价格衡量，而名义GDP是用________价格衡量。
   a. 现期，基年。
   b. 基年，现期。
   c. 中间物品，最终物品。
   d. 国内物品，国外物品。
   e. 国外物品，国内物品。

下表包含了一个只生产笔和书的经济的信息。基年是2005年。用这些信息回答第11—16题。

年份	笔的价格（美元）	笔的数量（支）	书的价格（美元）	书的数量（本）
2005	3	100	10	50
2006	3	120	12	70
2007	4	120	14	70

11. 2006年名义GDP的值是多少？
   a. 800美元。

b. 1 060 美元。

c. 1 200 美元。

d. 1 460 美元。

e. 以上各项都不对。

12. 2006 年真实 GDP 的值是多少?

a. 800 美元。

b. 1 060 美元。

c. 1 200 美元。

d. 1 460 美元。

e. 以上各项都不是。

13. 2006 年 GDP 平减指数的值是多少?

a. 100

b. 113

c. 116

d. 119

e. 138

14. 从 2005 年到 2006 年,物价上升的百分比是多少?

a. 0

b. 13%

c. 16%

d. 22%

e. 38%

15. 从 2006 年到 2007 年,物价上升的百分比接近于多少?

a. 0

b. 13%

c. 16%

d. 22%

e. 38%

16. 从 2006 年到 2007 年,真实 GDP 增加的百分比是多少?

a. 0

b. 7%

c. 22%

d. 27%

e. 32%

17. 如果美国的 GDP 大于 GNP,那么

a. 外国人在美国生产的多于美国人在外国生产的。

b. 美国人在外国生产的多于外国人在美国生产的。

c. 真实 GDP 大于名义 GDP。

d. 真实 GNP 大于名义 GNP。

e. 中间生产大于最终生产。

18. 美国的 GDP 不应该包括哪一项?

a. 由国内买者购买的律师劳务。

b. 由国内买者购买的维护草坪劳务。

c. 由得克萨斯州购买的一座新楼。

d. 由 Lee 牛仔裤厂购买的棉花。

e. 购买了一辆在伊利诺伊州生产的新马自达汽车。

19. 你购买了一辆完全在德国生产的价值 4 万美元的宝马车。这项交易在美国 GDP 账户中应该如何记录?

a. 投资增加 4 万美元,净出口增加 4 万美元。

b. 消费增加 4 万美元,净出口减少 4 万美元。

c. 净出口减少 4 万美元。

d. 净出口增加 4 万美元。

e. 没有影响,因为这项交易并不涉及国内生产。

20. 如果你祖父买了一所新的退休住房,这项交易将影响

a. 消费。

b. 投资。

c. 政府购买。

d. 净出口。

e. 以上各项都不是。

23.4 进阶思考题

你正在与你父亲一起看新闻报道。新闻主持人指出，某个有麻烦的加勒比国家人均 GDP 每年只有 450 美元。由于你父亲知道，美国的人均 GDP 将近 45 000 美元，因此他提出美国的物质生活比这个加勒比国家好 100 倍。

1. 你父亲的说法准确吗？

____

____

2. 在美国和加勒比国家的 GDP 中都没有包括哪些类型生产？

____

____

3. 对这种类型的活动举一些例子。

____

____

4. 为什么不包括这种类型生产对加勒比国家产量衡量的影响大于美国？

____

____

5. 这意味着实际上加勒比国家居民的物质生活和美国居民同样好吗？

____

____

23.5 答案

23.5.1 术语与定义

__7__ 通货膨胀
__13__ 失业
__16__ 宏观经济学
__14__ 微观经济学
__6__ 总收入
__19__ 总支出
__5__ 国内生产总值
__15__ 中间生产
__18__ 最终生产
__8__ 国民生产总值
__21__ 折旧
__2__ 消费
__9__ 投资
__10__ 政府购买
__3__ 净出口
__12__ 转移支付
__17__ 真实 GDP
__1__ 名义 GDP
__20__ 基年
__11__ GDP 平减指数
__4__ 衰退

23.5.2 应用题

1. a.

	第 1 年	第 2 年	第 3 年
国内生产总值	4 532	4 804	5 140
消费	3 127	3 320	3 544
投资	589	629	673
政府购买	861	913	977
净出口	-45	-58	-54

b. 消费。

c. 不对,因为交易是一种资产的购买,而不是现期生产的资本品的购买。

d. 不对,因为失业补助是政府不以得到物品或劳务为回报的支出。

e. 它意味着进口大于出口。

2. a. 100 美元,200 美元,400 美元。

b. 100 美元,100 美元,100 美元。

3. a. 700 美元。

b. 700 美元。

c. 770 美元。

d. 720 美元。

e. 100

f. 107

g. (107 - 100)/100 = 0.07 = 7%

h. 名义 GDP 增加的百分比 =(770 美元 - 700 美元)/700 美元 = 0.10 = 10%。物价上升的百分比 = 7%,因此,增长主要是由于物价。

4.

年份	名义 GDP(美元)	真实 GDP(美元)	GDP 平减指数
1	100	100	100
2	120	100	120
3	150	125	120

a. 第 1 年,因为 GDP 平减指数 = 100。

b. 物价上升 20%,真实产量未变。

c. 物价未变,真实产量增加 25%。

23.5.3 简答题

1. 因为卖者的收入等于买者的支出,而且,可以用这两个中的任何一个来衡量 GDP。

2. 在某一既定时期一国之内生产的所有最终物品与劳务的市场价值。“市场价值” = 支付的价格,“所有” = 所有合法生产的,“最终” = 给最终使用者的,“物品与劳务” = 包括劳务,“生产的” = 没有用过的东西,“一国之内” = 国境之内,“在某一既定时期” =

每季度或每年。

3. 消费(食物)、投资(工厂)、政府购买(军事装备)、净出口(福特公司卖给法国的汽车减去从日本购买的丰田车)。
4. 社会保障支出。不包括,因为政府没有得到作为回报的物品或劳务。
5. 我们不能肯定是物价上升还是真实产量增加,因为物价上升或真实产量增加都可能引起名义产量增加。
6. 真实产量增加,因为是用不变的基年物价衡量每年的产值。我们没有关于物价的信息。
7. 不会,消费增加2万美元,而净出口将减少2万美元。结果,美国的GDP不受影响。
8. GDP是美国境内的生产。GNP是美国人的生产,无论生产是在哪里进行的。它们应该相等。
9. 钻石项链,因为GDP衡量市场价值。
10. GDP将增加,因为修剪草坪是市场交易。但是,产量实际上没有增加。

23.5.4 判断正误题

1. 正确。
2. 错误;贡献是以市场价值为依据的。
3. 错误;房子是最终物品,价值5000美元。
4. 正确。
5. 错误;价格或真实产量都可能上升。
6. 正确。
7. 错误;转移支付是不以得到物品或劳务为回报的支出。
8. 错误;消费是GDP中最大的组成部分。
9. 正确。
10. 错误;一年中生产的物品计算在内。
11. 错误;购买包括在政府购买中。
12. 正确。
13. 正确。
14. 正确。
15. 错误;总收入 - 折旧 = NNP。

23.5.5 单项选择题

1. e	2. b	3. d	4. a	5. b	6. e	7. d	8. c	9. d	10. b
11. c	12. b	13. b	14. b	15. d	16. a	17. a	18. d	19. b	20. b

23.5.6 进阶思考题

1. 不准确。
2. 家庭生产之类的非市场活动。
3. 由个人进行且没有工资支付的家庭生产,例如种花、清扫、做衣服、修房或建房、照顾孩子等。
4. 欠发达国家生产的大部分产出是非市场产出。这就是说,它不出售,也不作为市场交易被记录。
5. 不对。这仅仅意味着发展水平差别相当大的国家之间的数量比较是极为困难的,也往往是不准确的。

第 24 章
生活费用的衡量

目 的

在本章中你将

- 知道如何编制消费物价指数(CPI)
- 考虑为什么 CPI 并不是生活费用完美的衡量指标
- 比较作为物价总水平衡量指标的 CPI 与 GDP 平减指数
- 说明如何用物价指数来比较不同时期的美元金额
- 了解真实利率与名义利率之间的区别

效 果

在实现这些目的之后,你应该能

- 列出计算通货膨胀率所需要的五个步骤
- 讨论 CPI 可能有偏差的三个原因
- 描述 CPI 和 GDP 平减指数之间的两个差别
- 把用 1965 年美元衡量的值转变为用 1990 年美元衡量的值
- 解释真实利率、名义利率和通货膨胀率之间的关系

24.1 本章概述

24.1.1 内容与目的

第24章是论述经济学家如何衡量宏观经济中的产量和物价的两章中的第二章。第23章论述经济学家如何衡量产量。第24章提出经济学家如何衡量宏观经济中的物价总水平。

第24章的目的是双重的:第一,说明如何编制物价指数;第二,告诉你如何运用物价指数比较不同时点的美元数字,并根据通货膨胀调整利率。此外,你还将知道把消费物价指数作为生活费用衡量指标的一些缺点。

24.1.2 本章复习

导 言

为了比较工人的收入,比方说1930年的收入和现在的收入,我们首先必须把他们收入的货币量转变为可比较的购买力衡量指标,因为在这段时期中存在着通货膨胀。本章解释了经济学家如何根据通货膨胀的影响校正经济变量。通货膨胀通常用消费物价指数(CPI)来衡量。

1. 消费物价指数

消费物价指数是普通消费者所购买的物品与劳务的总费用的衡量指标。它在美国由劳工统计局计算。

计算CPI有五个步骤:

- 固定篮子 估算普通消费者购买的物品数量(一篮子物品与劳务)。
- 找出价格 确定篮子中每种东西在每个时点(年度CPI的每一年)的价格。
- 计算一篮子的费用 用价格和数量计算每年一篮子的费用。
- 选择基年并计算指数 选择一年作为其他各年可以比较的标准(基年)。基年的选择具有随意性。计算出每年一篮子费用和基年一篮子费用的比率,每个比率乘以100,得出的每个数字就是那一年指数的值。
- 计算通货膨胀率 **通货膨胀率**是从上一年以来物价指数变动的百分比。例如:

$$2007\text{ 年通货膨胀率} = \frac{(2007\text{ 年 CPI} - 2006\text{ 年 CPI})}{2006\text{ 年 CPI}} \times 100\%$$

实际CPI既可以按月计算,也可以按年计算。此外,劳工统计局还计算**生产物价指数**(PPI),即企业购买的一篮子物品与劳务的费用的衡量指数。PPI的变动通常先于CPI变动,因为企业通常以高消费物价的形式转移高成本。

CPI一篮子中的主要项目有住房(43%)、交通(17%)、食物和饮料(15%)、医疗(6%)、休闲(6%)、教育和通信(6%)、服装(4%)以及其他物品和劳务(3%)。

生活费用是为了维持不变的生活水平必须增加的收入量。用CPI衡量生活费用的变动有三个问题:

- 替代偏向 随着时间推移,一些价格上升得比另一些多。消费者将转向用较便宜的物品来替代。但是,CPI依据的是固定的一篮子购买。由于CPI没有认识到消费者用便宜物品替代昂贵物品，因此 CPI 高估了生活费用的增加。

- 新物品的引入　当引入新物品时，1 美元的价值增加了，因为它可以购买更多种物品。由于 CPI 依据的是固定的消费篮子，它没有反映出美元购买力的这种增加（相当于物价的下降）。因此，CPI 又高估了生活费用的增加。

- 无法衡量的质量变动　如果一种物品像轮胎和电脑那样质量逐年提高，那么，即使实际物价未变，1 美元的价值也上升了。这等价于物价的下降，劳工统计局并没有考虑到质量提高的程度，因此 CPI 高估了生活费用的增加。相反，质量下降的情况也是这样。

经济学家相信，这三个因素已经引起 CPI 每年高估通货膨胀率 1% 左右。这种通货膨胀率微小的高估引起社会保障补助支出过多，因为社会保障补助与 CPI 相联系。近来 CPI 的技术性调整可能已经使 CPI 的高估误差减少一半左右。

回想一下，GDP 平减指数是名义 GDP（按当期物价评价的当期产量）与真实 GDP（按基年物价评价的当期产量）的比率。因此，GDP 平减指数也是一种物价指数。它在两个方面不同于 CPI：

- 第一，一篮子物品不同。GDP 平减指数用国内生产的所有物品与劳务的价格。CPI 只用消费者购买的物品与劳务的价格，无论这些物品是在哪里生产的。因此，CPI 包括了引起汽油价格上升的国外石油价格的变动，但 GDP 平减指数并不包括；而 GDP 平减指数包括了国内生产的核导弹价格的变动，但 CPI 并不包括。

- 第二，GDP 平减指数是使用当期产出的物品与劳务量，因此，“一篮子”每年都在变。CPI 用固定的一篮子，因此，这一篮子只有在劳工统计局选择时才变动。尽管 CPI 和 GDP 平减指数密切相关，但是 CPI 由于固有的替代偏向及与新物品的引入相关的偏差，可能上升得略快一点。

2. 根据通货膨胀的影响校正各个经济变量

经济学家用 CPI 根据通货膨胀的影响校正美元变量，如收入和利率。

我们根据通货膨胀校正收入，以便比较不同年份的收入。比较不同年份美元值的一般公式如下：

X 年美元的价值 = Y 年美元的价值 ×（X 年的 CPI/Y 年的 CPI）

用文字表述，要做出以上转换，用结束的物价水平和起始的物价水平的比率乘以你希望调整的美元价值即可。你得到的价值现在就是用与结束时物价水平一致的美元来衡量的。

例如，假设你姑妈在 1969 年赚了 17 000 美元，在 1994 年赚了 55 000 美元。在这 25 年间，她的生活水平提高了吗？

1969 年的 CPI = 36.7

1994 年的 CPI = 148.2

17 000 美元 ×（148.2/36.7）= 68 649 美元 > 55 000 美元

在 1969 年 17 000 美元的薪水买的东西和在 1994 年 68 649 美元的薪水买的东西一样多。由于你姑妈在 1994 年只赚到了 55 000 美元，因此她的真实收入减少了，她的生活水平实际上下降了。

当美元金额，比如说社会保障支付额，自动地根据通货膨胀调整的时候，我们可以说，这就是对通货膨胀的指数化。带有这种条款的合同可以说已包含了生活费用补助（COLA）。

我们还根据通货膨胀来调整利率。校正之所以必要，是因为如果在贷款期间物价上升了,用于偿还的美元就买不到当初借款时的美元能买到的那么多的物品了。

名义利率是没有根据通货膨胀的影响校正的利率。**真实利率**是根据通货膨胀的影响校正的利率。根据通货膨胀校正名义利率的公式是:

真实利率 = 名义利率 - 通货膨胀率

例如,如果银行对你的存款支付4%的利率,通货膨胀率是3%,那么你的存款的真实利率只是1%:4% - 3% = 1%。

24.1.3 有益的提示

(1) 你个人消费的一篮子也许并不典型。由于GDP平减指数和CPI依据的是不同的物品和劳务篮子,每一个指数提供了略有不同的生活费用衡量。按同样的思路继续下去,你个人消费的一篮子可能不同于劳工统计局在计算CPI时所用的典型的消费篮子。例如,当你是一个年轻人时,你的篮子里电器和衣服的比重更大。如果衣服价格上升得比平均水平快,年轻人生活费用的增加就大于CPI所表示的。同样,当你变老时,你的篮子里医疗和旅游的比重更大。这些价格的异常上升会使老年人的生活费用上升得快于CPI所表示的。

(2) 可以向后或向前调整美元的价值。在上一节,有一个把1969年17 000美元收入变为产生同样购买力所需的1994年收入量的数字例子。我们发现,要在1994年有与1969年同样的生活水平,你姑妈需要68 649美元。由于她在1994年只赚了55 000美元,我们认为在这25年间她的生活水平实际上下降了。

另一种做法,我们也可以把1994年的55 000美元收入变为用1969年美元衡量的等量购买力,并将所得出的数字和她1969年的17 000美元作比较。我们得出同样的结论——她在1969年时生活得更好。

55 000 美元 × (36.7/148.2) = 13 620 美元 < 17 000 美元

她1994年的55 000美元收入相当于1969年的13 620美元收入(或者说相当于相同的生活水平)。由于在1969年实际赚了17 000美元,因此她在1969年的生活水平更高。

(3) 当根据通货膨胀校正利率时,要像一个债权人那样思考。如果你在某一年贷给某人100美元,而且你向他收取7%的利率,到年底时你将得到107美元。你多得到7美元的购买力了吗?假设通货膨胀率是4%。你在年底时需要得到104美元才能不赔不赚。这就是说,你需要有104美元才能购买你在发放贷款时用100美元所能购买到的同样一组物品与劳务。从这种意义上说,你发放100美元贷款只多得到了3美元的购买力,或者3%的真实收益。因此,贷款的真实利率是3%。用你的公式:

7% - 4% = 3%

24.1.4 术语与定义

为每个关键术语选择一个定义。

关键术语	**定　义**
________消费物价指数	1. 保持生活水平不变所需要的收入。
________通货膨胀率	2. 规定根据通货膨胀自动调整美元数量的合同。
________GDP平减指数	3. 典型消费者购买的固定一篮子物品与劳务的价值与基年一篮子价值的比率再乘以100。
________一篮子(物品与劳务)	4. 典型消费者所购买的每种物品的数量。

______基年　　5. 企业所购买的固定一篮子物品与劳务的价值与基年一篮子价值的比率再乘以100。

______生产物价指数　　6. 物价指数变动百分比。

______生活费用　　7. 根据通货膨胀的影响校正的利率。

______生活水平　　8. 为保持生活水平不变而自动增加的收入。

______替代偏向　　9. CPI没有考虑到消费者用便宜的物品与劳务的替代。

______名义GDP　　10. 物质福利。

______真实GDP　　11. 用基年价格评价的产量。

______指数化合同　　12. 用当期价格评价的产量。

______生活费用津贴(COLA)　　13. 名义GDP与真实GDP的比率再乘以100。

______名义利率　　14. 没有根据通货膨胀的影响校正的利率。

______真实利率　　15. 与其他年份比较的基准年。

24.2 问题与简答题

24.2.1 应用题

1. 下表表示一个名为大学国的国家消费的物价与数量。假设基年是2005年，并且假定2005年是典型的消费篮子确定的那一年，因此，为计算每年的CPI，只需要计算2005年的消费量。

年份	书的价格（美元）	书的数量（本）	铅笔的价格（美元）	铅笔的数量（支）	钢笔的价格（美元）	钢笔的数量（支）
2005	50	10	1.0	100	5	100
2006	50	12	1.0	200	10	50
2007	60	12	1.5	250	20	20

a. 2005年CPI的值是多少？

______

b. 2006年CPI的值是多少？

______

c. 2007年CPI的值是多少？

______

d. 2006年的通货膨胀率是多少？

______

e. 2007 年的通货膨胀率是多少?

f. 在你得出的 CPI 和相应的通货膨胀率中,你发现了哪种类型偏差? 解释之。

g. 如果你的工资合同中有根据以上计算的 CPI 调整生活费用补助的条款,在 2005—2007 年间,你的生活水平可能会提高、降低,还是不变? 为什么?

h. 仍然假设你的工资合同中有根据以上计算的 CPI 调整生活费用补助的条款。如果你自己只消费钢笔(没有纸或铅笔),在 2005—2007 年间,你的生活水平可能会提高、降低,还是不变? 为什么?

2. 下表包括了 1965—2007 年间的 CPI 和联邦最低小时工资率。

年份	CPI	最低工资(美元)
1965	31.5	1.25
1966	32.4	1.25
1967	33.4	1.40
1968	34.8	1.60
1969	36.7	1.60
1970	38.8	1.60
1971	40.5	1.60
1972	41.8	1.60
1973	44.4	1.60
1974	49.3	2.00
1975	53.8	2.10
1976	56.9	2.30
1977	60.6	2.30
1978	65.2	2.65
1979	72.6	2.90
1980	82.4	3.10
1981	90.9	3.35
1982	96.5	3.35
1983	99.6	3.35
1984	103.9	3.35
1985	107.6	3.35
1986	109.6	3.35
1987	113.6	3.35
1988	118.3	3.35

（续表）

年份	CPI	最低工资(美元)
1989	124. 0	3. 35
1990	130. 7	3. 80
1991	136. 2	4. 25
1992	140. 3	4. 25
1993	144. 5	4. 25
1994	148. 2	4. 25
1995	152. 4	4. 25
1996	156. 9	4. 75
1997	160. 5	5. 15
1998	163. 0	5. 15
1999	166. 6	5. 15
2000	172. 2	5. 15
2001	177. 0	5. 15
2002	179. 9	5. 15
2003	184. 0	5. 15
2004	188. 9	5. 15
2005	195. 3	5. 15
2006	201. 6	5. 15
2007	207. 3	5. 85

a. 把 1965 年的最低工资膨胀到相当于按 2005 年物价衡量的值。

b. 在这 40 年间，最低工资工人的生活水平发生了什么变化？

c. 把 2005 年的最低工资紧缩到相当于按 1965 年物价衡量的值。

d. 对于这一时期最低工资工人的生活水平，这两种方法给出的结果一致吗？

e. 在 1981—1989 年 8 年间，最低工资没有变。这一时期最低工资的购买力下降了百分之多少？（提示：把 1981 年的最低工资值膨胀为 1989 年的等量，然后得出变动的百分比。）

f. 1990—2000 年这一时期，最低工资工人的生活水平有什么变动？（膨胀 1990 年的最低工资，并与 2000 年的最低工资比较。）

3. 假设你以 9% 的名义利率借给室友 100 美元一年。

a. 在年底时,你的室友向你支付多少美元利息?

b. 假设在你们双方就贷款条款达成协议时,你们俩预期偿还贷款那一年的通货膨胀率将是 5%。你们双方预期这笔贷款的真实利率是多少?

c. 假定在年底,你惊讶地发现这一年的实际通货膨胀率是 8%。这笔贷款引起的实际真实利率发生了什么变动?

d. 在以上描述的情况之下,实际通货膨胀率结果高于预期。你们俩谁有未预期到的利益与损失?是你的室友(债务人),还是你(债权人)?为什么?

e. 如果实际通货膨胀率结果上升到 11%,那么贷款的真实利率会如何?

f. 解释真实利率为负是什么意思。

24.2.2 简答题

1. 消费物价指数要衡量什么?

2. 为了编制消费物价指数,必须通过哪些步骤?

3. 以下哪一项对 CPI 影响较大:劳力士手表价格上升了 20%,或者新汽车的价格上升了 20%?为什么?

4. 假设进口的宝马汽车(在德国生产)价格上升了。这对 CPI 的影响大,还是对 GDP 平减指数的影响大?为什么?

5. 如果劳工统计局没有认识到更新型号的电脑的存储、动力与速度的提高,CPI 会向哪一方向偏差?我们称这种类型的偏差为什么?

6. 1978—1979 年，最低工资增加了 25 美分。最低工资工人生活水平提高了吗？（用应用题第 2 题中的数据。）

7. 真实利率衡量什么？

8. 假设你按 10% 的名义利率借钱给你妹妹，因为你们双方都预期通货膨胀率是 6%。此外，假设在偿还贷款之后，你发现在贷款期间实际通货膨胀率只有 2%。谁以另一方的损失为代价而获益：是你还是你妹妹？为什么？

9. 关注第 8 题，当通货膨胀结果高于或低于预期时，对谁将从贷款合同中受益或受损（债权人或债务人）做出一般性表述。

10. 如果工人和企业根据他们的通货膨胀预期谈判工资增加，而实际通货膨胀结果高于预期，谁受益，谁受损（工人或企业）？为什么？

24.3 自我测试题

24.3.1 判断正误题

______1. CPI 包括进口照相机价格上升，但 GDP 平减指数不包括。

______2. CPI 中包括了美国军方购买的直升飞机价格的上升。

______3. 由于汽油价格上升引起消费者更多地骑自行车并更少地开车，因此 CPI 往往低估了生活费用。

______4. 钻石价格上升对 CPI 的影响大于食品价格同样百分比的上升，因为钻石极为昂贵。

______5. 物价指数中的“基年”是其他各年与之相比较的基准。

______6. 如果 CPI 每年上升 5%，那么该国每个人为了保持生活水平不变，收入正好需要增加 5%。

______7. 编制生产物价指数（PPI）是为了衡量总生产价格的变动。

______8. 如果劳工统计局没有认识到最近生产的汽车可以比老式汽车多开许多英里，那么 CPI 往往会高估生活费用。

______9. 如果你的工资从 5.00 美元上升到 6.25 美元，而 CPI 从 112 上升到 121，你就应该感到你的生活水平提高了。

______10. CPI 中最大的物品与劳务项目是医疗。

______11. 真实利率不可能是负的。

______12. 如果名义利率是 12%，通货膨胀率是 7%，那么真实利率就是 5%。

______13. 如果债权人要求 4% 的真实收益率，而且，他们预期通货膨胀率是 5%，那么当他们发放贷款时，他们就要求 9% 的利息。

______14. 如果债务人和债权人一致达成的名义利率和通货膨胀率结果高于他们的预期，那么债务人就将以债权人受损为代价受益。

______15. 如果工人和企业根据他们的通货膨胀预期一致同意工资增加，结果通货膨胀低于他们的预期，工人就以企业受损为代价而获益。

24.3.2 单项选择题

1. 通货膨胀可以用以下所有各项衡量，除了
   a. GDP 平减指数。
   b. 消费物价指数。
   c. 生产物价指数。
   d. 最终物品物价指数。
   e. 以上各项都可以用来衡量通货膨胀。
2. 以下哪一项消费项目的价格上升 10% 对 CPI 的影响最大？
   a. 住房。
   b. 交通。
   c. 医疗。
   d. 食品和饮料。
   e. 以上各项都产生同样影响。
3. 在 1989 年，CPI 是 124.0。在 1990 年，CPI 是 130.7。这个时期的通货膨胀率是多少？
   a. 5.1%
   b. 5.4%
   c. 6.7%
   d. 30.7%
   e. 不知道基年你就说不出。
4. 以下哪一项最可能引起美国 CPI 的上升高于 GDP 平减指数？
   a. 福特汽车的价格上升。
   b. 军方购买的坦克的价格上升。
   c. 国内生产并仅卖给以色列的战斗机的价格上升。
   d. 日本生产并在美国销售的本田汽车的价格上升。
   e. 约翰·迪尔拖拉机的价格上升。
5. CPI 所根据的“篮子”中包括
   a. 企业购买的原材料。
   b. 当期总生产。
   c. 典型消费者购买的物品。
   d. 消费生产。
   e. 以上各项都不是。
6. 如果苹果价格上升引起消费者少买苹果而多买橘子，那么 CPI 将受以下哪一项的不利影响？
   a. 替代偏差。
   b. 由于新物品引进的偏差。
   c. 由于无法衡量的质量变动的偏差。
   d. 基年偏差。
   e. 以上各项都不是。

用下表回答第 7—12 题。该表显示了 Carnivore 国的消费量和价格。假定基年是 2006 年。也假定 2006 年是典型消费篮子确定的那一年，因此，为了计算每年的 CPI，只需要计算 2006 年的消费量。

年份	牛肉的价格（美元）	牛肉的数量（磅）	猪肉的价格（美元）	猪肉的数量（磅）
2006	2.00	100	1.00	100
2007	2.50	90	0.90	120
2008	2.75	105	1.00	130

7. 基年这一篮子的价值是多少？
   a. 300 美元。
   b. 333 美元。
   c. 418.75 美元。
   d. 459.25 美元。
   e. 以上各项都不是。
8. 2006 年、2007 年和 2008 年 CPI 的值分别是多少？
   a. 100,111,139.6
   b. 100,109.2,116
   c. 100,113.3,125
   d. 83.5,94.2,100
   e. 以上各项都不是。
9. 2007 年的通货膨胀率是多少？
   a. 0
   b. 9.2%
   c. 11%
   d. 13.3%
   e. 以上各项都不是。
10. 2008 年的通货膨胀率是多少？
   a. 0
   b. 10.3%
   c. 11%
   d. 13.3%
   e. 以上各项都不是。
11. 该表表明 2007 年的通货膨胀率被高估了，因为
   a. 由于新物品引入引起的偏差。
   b. 由于无法衡量的质量变动引起的偏差。
   c. 替代偏差。
   d. 基年偏差。
   e. 以上各项都不是。
12. 假设该表的基年由 2006 年变为 2008 年，同样，假设典型的消费篮子在 2008 年被确定（现在用 2008 年的消费篮子）。2007 年新的 CPI 值是多少？
   a. 90.6
   b. 100.0
   c. 114.7
   d. 134.3
   e. 以上各项都不是。
13. 假设你的收入从 19 000 美元增加到 31 000 美元，而 CPI 从 122 上升到 169。你的生活水平可能
   a. 下降了。
   b. 提高了。
   c. 保持不变。
   d. 不知道基年你就说不出。
14. 如果名义利率是 7%，通货膨胀率是 3%，那么真实利率是
   a. -4%
   b. 3%
   c. 4%
   d. 10%
   e. 21%
15. 以下哪一项表述是正确的？
   a. 真实利率等于名义利率与通货膨胀率之和。
   b. 真实利率等于名义利率减通货膨胀率。
   c. 名义利率等于通货膨胀率减真实利率。
   d. 名义利率等于真实利率减通货膨胀率。
   e. 以上各项都不是。
16. 如果通货膨胀率是 8%，真实利率是 3%，那么名义利率应该是
   a. 3/8%
   b. 5%
   c. 11%
   d. 24%
   e. -5%
17. 在以下哪一个条件下，你喜欢当债权人？
   a. 名义利率是 20%，通货膨胀率是 25%。
   b. 名义利率是 15%，通货膨胀率是 14%。
   c. 名义利率是 12%，通货膨胀率是 9%。

d. 名义利率是 5%，通货膨胀率是 1%。

18. 在以下哪一个条件下，你喜欢当债务人？
   a. 名义利率是 20%，通货膨胀率是 25%。
   b. 名义利率是 15%，通货膨胀率是 14%。
   c. 名义利率是 12%，通货膨胀率是 9%。
   d. 名义利率是 5%，通货膨胀率是 1%。

19. 如果债务人和债权人就名义利率达成一致，而通货膨胀结果小于他们的预期，那么
   a. 债务人将以债权人受损为代价获益。
   b. 债权人将以债务人受损为代价获益。
   c. 债权人和债务人都不会受益，因为名义利率是由合同固定的。
   d. 以上各项都不是。

20. 如果工人和企业根据他们对通货膨胀的预期就工资增加达成一致，结果通货膨胀大于预期，那么
   a. 企业将以工人受损为代价获益。
   b. 工人将以企业受损为代价获益。
   c. 工人和企业都不会获益，因为工资增加是由劳动协议固定的。
   d. 以上各项都不是。

24.4 进阶思考题

你爷爷在 1995 年戒烟了。当你问他为什么戒烟时，你爷爷给了你一个惊人的答案。他说，戒烟不是为了有利于健康，“我戒烟是因为烟太贵了。我 1965 年在越南开始抽烟时，一包烟仅 45 美分。我买的最后一包烟是 2 美元，我无法接受香烟的支出是过去的 4 倍”。

1. 在 1965 年，CPI 是 31.5。在 1995 年，CPI 是 152.4。尽管你爷爷戒烟是值得表扬的，但他的解释错在哪里？

2. 用 1995 年的价格衡量，1965 年一包烟的费用相当于多少？

3. 用 1965 年的价格衡量，1995 年一包烟的费用相当于多少？

4. 两种方法得出的结论相同吗？

5. 前面的例子说明了经济学家所说的“货币幻觉”是什么。你认为经济学家为什么选择“货币幻觉”这一措辞来描述这种行为？

24.5 答案

24.5.1 术语与定义

3	消费物价指数	9	替代偏向
6	通货膨胀率	12	名义 GDP
13	GDP 平减指数	11	真实 GDP
4	一篮子(物品与劳务)	2	指数化合同
15	基年	8	生活费用津贴(COLA)
5	生产物价指数	14	名义利率
1	生活费用	7	真实利率
10	生活水平		

24.5.2 应用题

1. a. (1 100 美元/1 100 美元) ×100 = 100
   b. (1 600 美元/1 100 美元) ×100 = 145.5
   c. (2 750 美元/1 100 美元) ×100 = 250
   d. [(145.5 - 100)/100] ×100% = 45.5%
   e. [(250 - 145.5)/145.5] ×100% = 71.8%
   f. 替代偏向,因为随着钢笔价格上升,钢笔的消费量大大减少了。
   g. 提高,因为 CPI 高估了生活费用的增加。
   h. 下降,因为钢笔价格上升的百分比大于 CPI。
2. a. 1.25 美元 ×(195.3/31.5) = 7.75 美元。
   b. 下降,因为 7.75 美元 > 5.15 美元。
   c. 5.15 美元 ×(31.5/195.3) = 0.83 美元。
   d. 对,因为 0.83 美元 < 1.25 美元。1965 年最低工资工人的生活状况较好。
   e. 3.35 美元 ×(124.0/90.9) = 4.57 美元。此外,(3.35 美元 - 4.57 美元)/4.57 美元 = -27%。
   另一种做法,你可以将 1989 年的工资紧缩到 1981 年,并得出同样的结果。
   f. 因为 3.80 美元 ×(172.2/130.7) = 5.01 美元 < 5.15 美元,所以最低工资工人的生活水平在 20 世纪 90 年代略有提高。
3. a. 9 美元。
   b. 9% - 5% = 4%
   c. 9% - 8% = 1%
   d. 你的室友(债务人)获益,你受损,因为债务人偿还的美元的价值惊人地减少了。
   e. 9% - 11% = -2%
   f. 由于通货膨胀,支付的利息不足以使债权人收支相抵(与贷款之日相比保持不变的购买力)。

24.5.3 简答题

1. 典型消费者购买的物品与劳务的总费用。
2. 固定篮子,找出价格,计算篮子的费用,选择基年和计算指数。
3. 新汽车,因为在典型的消费篮子中新汽车的数量多。
4. CPI,因为典型的消费篮子中有宝马车,但美国的 GDP 中不包括宝马车。
5. 上升,无法衡量的质量变动。
6. 不对,2.65 美元 × (72.6/65.2) = 2.95 美元,这大于 2.90 美元。
7. 根据通货膨胀影响校正的利率。
8. 预期的真实利率为 4%。实际的真实利率为 8%。你获益,你的妹妹受损。
9. 当通货膨胀高于预期时,债务人获益。当通货膨胀低于预期时,债权人受益。
10. 企业获益,工人受损,因为工资的上升不如生活费用的大。

24.5.4 判断正误题

1. 正确。
2. 错误;军用直升机不是消费品。
3. 错误;CPI 往往高估生活费用,因为人们会用更便宜的物品替代。
4. 错误;CPI 的价格根据消费者购买每种东西的多少加权,食品是消费篮子中较大的部分。
5. 正确。
6. 错误;CPI 往往高估通货膨胀的影响。
7. 错误;PPI 衡量原料的价格。
8. 正确。
9. 正确。
10. 错误;最大的项目是住房。
11. 错误;如果通货膨胀大于名义利率,那么真实利率就是负的。
12. 正确。
13. 正确。
14. 错误;债务人以债权人的损失为代价获益。
15. 正确。

24.5.5 单项选择题

1. d	2. a	3. b	4. d	5. c	6. a	7. a	8. c	9. d	10. b
11. c	12. a	13. b	14. c	15. b	16. c	17. d	18. a	19. b	20. a

24.5.6 进阶思考题

1. 他只看到了未根据通货膨胀校正的香烟的费用。可能的情况是,真实费用并没有乍一看上升得那么多,也许还下降了。
2. 0.45 美元 × (152.4/31.5) = 2.18 美元 > 2 美元。
3. 2 美元 × (31.5/152.4) = 0.41 美元 < 0.45 美元。
4. 对,每种方法都表明,在根据通货膨胀校正之后,1965 年的香烟实际上更贵。
5. 当人们根据未根据通货膨胀校正的值决策时,生活费用增加也许是一种幻觉。

第 9 篇 长期中的真实经济

第 25 章
生产与增长

目　的

在本章中你将

- 看到世界各国的经济增长差别有多大
- 考虑为什么生产率是一国生活水平的关键决定因素
- 分析决定一国生产率的各种因素
- 考察一国的政策是如何影响其生产率增长的

效　果

在实现这些目的之后，你应该能

- 列出人均 GDP 最高的国家和人均 GDP 增长最快的国家
- 解释为什么在长期中生产会制约消费
- 列出并解释各种生产要素
- 解释可以影响一国生产率与增长的政策行为存在的七个领域

25.1 本章概述

25.1.1 内容与目的

第25章是有关长期中产量生产的四章中的第一章。第25章论述产量水平与增长率的决定因素。我们发现,劳动和资本是产量的主要决定因素。在第26章中,我们论述储蓄和资本品投资如何影响产量生产。在第27章中,我们了解人们和企业在选择投资的资本项目时所使用的一些工具。在第28章中,我们将论述劳动市场。

第25章的目的是考察人均真实GDP水平和增长率的长期决定因素。按照这个思路,我们将发现决定工人生产率的因素,并论述政府应该如何提高其公民的生产率。

25.1.2 本章复习

导　言

在某一个时点上,世界各国的生活水平存在巨大差别;在一个国家的不同时期,生活水平也存在巨大差别,例如,在今天的美国和印度之间,以及在今天的美国和100年前的美国之间。增长迅速的东亚各国和增长缓慢的非洲各国之间其增长率也不一样。本章考察人均真实GDP的水平和增长率的长期决定因素。

1. 世界各国的经济增长

各国人均真实GDP的水平和人均真实GDP的增长率都存在巨大差别。

- 现在,美国人均真实GDP的水平约为印度的12倍和中国的6倍。
- 但是,由于各国人均真实GDP的增长率也不相同,所以按人均真实GDP排序的各国排名一直在变。例如,在过去100年间,日本的排名相对于其他国家上升了,因为它的增长率高于平均水平,而英国由于增长率低于平均水平排名下降了。

由于经济增长,今天的普通美国人所享受的便利,例如电视、空调、汽车、电话和医疗,是150年前最富有的美国人也未享受到的。由于通货膨胀和产出衡量指标没有充分反映新物品的引进,我们高估了通货膨胀,并低估了经济增长。

2. 生产率:作用及决定因素

一国的生活水平直接取决于其公民的生产率,因为一个经济的收入等于该经济的产出。**生产率**是指一个工人每小时可以生产的物品与劳务量。一个工人的生产率由可以得到的物质资本、人力资本、自然资源和技术知识决定。以下是对这些投入或生产要素的解释:

- 人均物质资本(或仅仅说资本)　物质资本是指用于生产物品与劳务的设备和建筑物的存量。要注意的是,这些工具和机器本身是以前人们所生产的产出。
- 人均人力资本　人力资本是指工人通过教育、培训和经验获得的知识和技能。要注意的是,人力资本与物质资本一样,同样是人造的或人生产的生产要素。
- 人均自然资源　自然资源是指自然界提供的投入,如土地、河流和矿藏。自然资源有两种形式:可再生的和不可再生的。
- 技术知识　技术知识是指对生产物品与劳务最佳途径的理解。技术进步的例子有在农业中除草剂和杀虫剂的发明与采用,以及在制造业中装配线的发明与应用等。

技术知识不同于人力资本:技术知识是社会对最佳生产方法的理解和掌握,而人力资本是体现在劳动身上的这些方法的掌握量。

生产函数确立了生产中使用的投入量和生产的产量之间的关系。如果一个生产函数有不变的规模收益,那么所有投入翻一番,则产量也翻一番。

总之,每个工人的产量(劳动生产率)取决于工人的人均物质资本、人均人力资本、人均自然资源以及技术状态。

唯一不是生产出来的生产要素是自然资源。由于不可再生的自然资源的供给是有限的,因此许多人认为,存在世界经济能增长多少的限制。但是,迄今为止,技术进步都找出了克服这些限制的方法。自然资源价格稳定或者下降的证据表明,在扩大我们有限的资源方面,我们一直都是成功的。

3. 经济增长和公共政策

人均物质资本、人均人力资本、人均自然资源和技术知识决定生产率。生产率决定生活水平。如果一个政府希望提高公民的生产率和生活水平,它就应该采用这样一些政策:

- 鼓励储蓄和投资。如果社会消费少而储蓄多,它就有更多可投资于资本生产的资源。增加的资本提高了生产率和生活水平。这种增加的增长有机会成本——社会必须为了达到较快增长而放弃当期消费。资本投资要服从于**收益递减**:随着资本存量的增加,每增加一单位资本所生产的额外产量减少。因此,穷国的资本增加所带来的增长的增加大于富国等量的资本增加。这被称为**追赶效应**,因为较穷的国家增长迅速是容易的。但是,由于资本的收益递减,穷国的高储蓄和高投资只能在一个时期内引起高增长,随着经济积累了较高的资本存量水平,增长又会放慢。

- 鼓励来自国外的投资。通过取消对国内资本所有权的限制以及提供稳定的政治环境,鼓励来自国外的投资。除了将国内储蓄投资于资本之外,一国也可以吸引外国人的投资。外国投资有两种。外国直接投资是由外国企业拥有并经营的资本投资。外国证券投资是由外国人筹资但由本国居民经营的资本投资。来自国外的投资对一国 GDP 的增加大于其 GNP,因为投资国从投资中赚取了利润。世界银行和国际货币基金组织帮助将外国投资引入穷国。

- 鼓励教育。教育是人力资本投资。教育不仅提高了受教育者的生产率,还会提供一种正的外部性。当一个人的行为影响一个旁观者的福利时,外部性就产生了。一个受过教育的人会产生一些对其他人有益的思想。这是支持教育论。当穷国受过教育的工人移民到富国时,它们会由于人才外流而遭受损失。一些穷国的孩子可以去工作而不去上学,因为上学的机会成本太大了。给让孩子上学的父母补助既可以减少童工,又增加了非常贫穷的孩子的教育。

- 改善健康和营养水平。在工人健康和营养方面的支出能够显著提高劳动生产率。这些支出类似于教育支出,有时被看做人力资本的一种投资。

- 保护产权并确保政治稳定。产权是指人们控制自己资源的权力。为了使人们愿意工作、储蓄与投资,以及按合同与其他人交易,他们必须确信,他们的生产和资本不会被偷盗,以及他们的协议会得到执行。即使是微弱的政治不稳定的可能性也会引起产权的不确定性,因为一个革命的政府会没收财产——特别是资本。

- 鼓励自由贸易。自由贸易与技术进步一样,它使一国从生产一种物品转为由另一个国家更有效率地生产这些物品。幼稚产业论提出,发展中国家应该通过限制国际贸易以保护国内不成熟的行业免受外国竞争来实现内向型政策。大多数经济学家不同意幼稚产业论,并倡导减少或取消贸易壁垒的外向型政策。有利的自然地理条件,例如良好的海港和漫长的海岸线会促进贸易及其增长。

- 鼓励研究和开发。生活水平的提高主要是由于来自研究与开发的技术知识的增加。在一段时期以后,知识成为一种公共物品,即我们可以同时利用这种知识而不会减少其他人的利益。要用拨款、税收减免以及对发明确定暂时产权保护的专利来鼓励研究与开发。此外,也可以通过保持产权与政治稳定来鼓励研究与开发。
- 应对人口增长。人口增长会在正负两个方面影响生产率。快速的人口增长会把自然资源分配给更多的人。托马斯·马尔萨斯(Thomas Malthus, 1766—1834)认为,人口增长总会提高食物供给引起的限制,使人类永远生活在贫困中。任何一种脱贫的努力只会使穷人生更多孩子,使他们回到只能糊口的生活。马尔萨斯的预言并没有成为现实,因为他低估了技术进步扩大食物供给的能力。快速的人口增长通过把资本分到更多人身上而引起资本存量稀释(无论是物质资本还是人力资本)。受过教育的妇女往往少生孩子,因为随着机会增加,生孩子的机会成本也增加了。但是,人口多也会促进技术进步。从整个历史上看,大多数技术进步产生于人口多的中心地区,这些地区有更多能发现事物和交流思想的人。

25.1.3 有益的提示

一个简单的例子能使我们更加清楚地定义生产要素。生产过程越简单,越容易区分并分析其中的生产要素。例如,假设产出是“在地上挖洞”,那么生产函数就是:

$$Y = A \cdot F(L,K,H,N)$$

式中,Y 是挖的洞数;A 是技术知识;L 是劳动;K 是物质资本;H 是人力资本;N 是自然资源。如果我们有更多的工人,L 与 Y 就都增加。如果我们有更多铁锹,K 和 Y 就都增加。如果工人受过教育,以至于他们中更多的人用锹铲挖洞而不是用锹把,H 和 Y 就都增加了(注意,工人数量和铁锹数量未变)。如果我们国家有更为松软的土地,以至于挖洞更容易,即 N 越大,Y 就越大。最后,如果我们发现,在下雨后挖洞比在干旱时挖洞生产率更高,那么 A 增加,Y 也应该增加。

25.1.4 术语与定义

为每个关键术语选择一个定义。

关键术语	定义
______人均真实 GDP	1. 工人通过教育、培训和经验而获得的知识和技能。
______增长率	2. 由外国拥有并经营的资本投资。
______生产率	3. 投入与生产的产出之间的关系。
______物质资本	4. 我们可以同时使用而不减少其他人利益的物品。
______生产要素	5. 人们控制其资源的能力。
______人力资本	6. 经济中平均每个人可以得到的物品与劳务量。
______自然资源	7. 用于生产产出的设备与建筑物存量。
______可再生资源	8. 随着一种投入等量地增加到生产中,增加的产量减少。

_______不可再生资源　　9. 所有投入翻一番，产出也翻一番的生产过程。
_______技术知识　　10. 可以再生出来的自然资源。
_______生产函数　　11. 为保护国内不成熟的行业免受外国竞争而限制国际贸易。
_______规模收益不变　　12. 减少国际贸易限制的政策。
_______收益递减　　13. 穷国会比富国增长得快的特征。
_______追赶效应　　14. 产出每年变动的百分比。
_______外国直接投资　　15. 生产中用的投入，例如劳动、资本及自然资源。
_______外国证券投资　　16. 供给有限的自然资源。
_______外部性　　17. 当一个人的行动影响旁观者的福利时。
_______产权　　18. 增加国际贸易限制的政策。
_______幼稚产业论　　19. 社会对生产物品与劳务的最好方法的了解。
_______内向型政策　　20. 每单位劳动投入可以生产的物品与劳务量。
_______外向型政策　　21. 自然提供的生产投入。
_______公共物品　　22. 由外国人筹资但由本国公民经营的资本投资。

25.2 问题与简答题

25.2.1 应用题

1.

国家	当期人均真实 GDP(美元)	当期增长率(%)
北方国	15 468	1.98
南方国	13 690	2.03
东方国	6 343	3.12
西方国	1 098	0.61

a. 哪个国家最富有？你是怎么知道的？

____

____

b. 哪个国家进步最快？你是怎么知道的？

____

____

c. 哪个国家的资本投资增加有最大利益？为什么？

____

____

d. 根据 c：这个国家能永远从资本投资增加中持续得到同样程度的利益吗？为什么？

____

____

e. 根据 d:为什么人力资本投资和研究与开发投资没有表现出与物质资本投资同样程度的收益递减?

f. 哪一个国家有潜力增长最快?列出一些使潜力不可能变为现实的原因。

g. 如果下一年北方国的人均真实 GDP 是 15 918 美元,那么它的年增长率是多少?

2. 设想一个厨房。在这个厨房里有一个厨子、厨子的证书、一本菜谱、一个炉灶和其他器具,以及从野外猎到的野味。

a. 把厨房里的每种东西和生产要素之内的一般项目联系起来。

b. 不同的生产要素表现出不同的耐用程度,哪一种在不磨损的意义上说是特殊的?

3. a. 列出政府为了促进其公民生产率的提高可以采用的政策。

b. 至少有哪一种政策作为其他政策可以发挥作用的基础是基本必不可少的?为什么?

c. 人口增长促进还是抑制了生产率增长?解释之。

25.2.2 简答题

1. 经济学家既衡量人均真实 GDP 的水平,又衡量人均真实 GDP 的增长率。两种统计数字中包含了什么不同的概念?

2. 穷国必定永远相对贫穷,富国必定永远相对富裕吗?为什么?

3. 什么因素决定生产率?哪一种是人生产的?

4. 人力资本与物质资本有什么不同？

5. 解释投资于资本的机会成本。投资于人力资本的机会成本和投资于物质资本的机会成本有什么差别吗？

6. 为什么储蓄率和投资的增加只是暂时提高了增长率？

7. 如果外国人购买了新发行的通用汽车公司的股票，通用汽车公司用得到的钱通过建立新工厂和设备来扩大生产能力，这使得在未来 GDP 增加得多，还是 GNP 增加得多？为什么？我们称这种类型的投资是什么？

8. 一些经济学家支持延长专利保护时限，而另一些经济学家支持缩短专利保护时限。为什么专利可能提高生产率？为什么专利可能降低生产率？

25.3 自我测试题

25.3.1 判断正误题

______1. 美国增长得应该比日本快，因为美国经济更大。

______2. 自然资源价格上升的证据证明，不可再生资源将变得如此稀缺，以致经济增长将受到限制。

______3. 经济增长率也许被低估了。

______4. 人力资本是指与河流和森林这类自然资本相对的人造的资本，例如工具和机器。

______5. 如果生产函数表现出规模收益不变，那么所有投入翻一番，产量也翻一番。

______6. 在极贫穷的国家，给让孩子上学的父母补助既可以增加贫穷孩子的教育，又可以减少童工的雇用。

______7. 资本增加所引起的穷国增长率的提高要高于富国。

______8. 储蓄和投资率的增加可以长期地提高一国的增长率。

______9. 一国只能通过增加其储蓄来增加其投资水平。

______10. 唯一不是"生产出来"的生产要素，就是自然资源。

______11. 投资于人力资本和技术会带来极高的生产率，因为有正的溢出效应。

______12. 如果德国人在美国投资兴建了一个新的梅塞德斯工厂，那么在未来，美国 GDP 的增加就大于美国 GNP 的增加。

_______13. 大多数经济学家认为,保护幼稚产业的内向型政策提高了发展中国家的增长率。

_______14. 经济证据支持托马斯·马尔萨斯关于人口增长和食物供给对生活水平影响的预言。

_______15. 增加的增长的机会成本是有人必须放弃当期消费。

25.3.2 单项选择题

1. 一个国家生活水平合理的衡量指标是
   a. 人均真实 GDP。
   b. 真实 GDP。
   c. 人均名义 GDP。
   d. 名义 GDP。
   e. 人均名义 GDP 增长率。
2. 许多东亚国家增长极为迅速是因为
   a. 它们有大量自然资源。
   b. 它们是帝国主义者,并从以前的战争胜利中攫取了财富。
   c. 它们的储蓄和投资在 GDP 中有较高的百分比。
   d. 它们一直富有,而且将继续富有,这就是所谓的"雪球效应"。
3. 当一国人均 GDP 极低时
   a. 它注定要永远相对贫穷下去。
   b. 它必定是一个小国。
   c. 由于"追赶效应",它有较迅速增长的潜力。
   d. 资本增加对产量的影响微乎其微。
   e. 以上各项都不是。
4. 一旦一国富裕了
   a. 它就几乎不可能再变穷。
   b. 由于资本的收益递减,它要迅速增长就较为困难。
   c. 由于"追赶效应",资本会变得生产率更高。
   d. 它不再需要任何人力资本。
   e. 以上各项都不是。
5. 增长的机会成本是
   a. 现期投资减少。
   b. 现期储蓄减少。
   c. 现期消费减少。
   d. 税收减少。
6. 对一种既定的技术水平而言,我们可以预期在一个国家内当以下每一项增加时生产率会提高,除了
   a. 人力资本。
   b. 物质资本。
   c. 自然资源。
   d. 劳动。
7. 以下哪一项表述是正确的?
   a. 各国的人均 GDP 水平不同,但它们都以同样的比率增长。
   b. 各国可能有不同的增长率,但它们都有相同的人均 GDP 水平。
   c. 各国都有相同的增长率和产量水平,因为任何一个国家都可以得到相同的生产要素。
   d. 各国的人均 GDP 水平和增长率都有极大差别,因此,穷国在经过一段时期后可以变富。
8. 生产函数表现出规模收益不变
   a. 所有的投入翻一番对产量绝对没有影响,因为产量是不变的。
   b. 所有的投入翻一番,产量也翻一番。
   c. 所有的投入翻一番,由于追赶效应,产量则超过翻一番。
   d. 所有的投入翻一番,由于收益递减,产量则小于翻一番。
9. 铜是
   a. 人力资本的例子。
   b. 物质资本的例子。

c. 可再生的自然资源的例子。

d. 不可再生的自然资源的例子。

e. 技术的例子。

10. 以下哪一项关于人口增长对生产率影响的表述是正确的?

 a. 还没有证据,但快速的人口增长会使自然资源达到限制生产率增长的一点上。

 b. 快速的人口增长会稀释资本存量,降低生产率。

 c. 快速的人口增长会促进技术进步,提高生产率。

 d. 以上各项都是。

11. 托马斯·马尔萨斯认为

 a. 技术进步一直在引起生产率和生活水平提高。

 b. 劳动是唯一真正的生产要素。

 c. 持续的人口增长只受到食物供给的限制,结果引起长期饥荒。

 d. 私人慈善事业和政府资助将提高穷人的福利。

 e. 以上各项都不是。

12. Madelyn 去上大学并在大学期间阅读了很多书籍,她的教育提高了下列哪一类生产要素?

 a. 人力资本。

 b. 物质资本。

 c. 自然资源。

 d. 技术。

 e. 以上各项都增加。

13. 以下哪一项描述了技术知识的增加?

 a. 农民发现春天种植比秋天种植更好。

 b. 农民又买了一辆拖拉机。

 c. 农民又雇用了一个日工。

 d. 农民把他的孩子送到农学院上学,而且,孩子回来在农场工作。

14. 我们的生活水平与以下哪一项关系最密切?

 a. 我们工作努力的程度。

 b. 我们的资本供给,因为每一种有价值的东西都是用机器生产的。

 c. 我们的自然资源供给,因为它们限制了生产。

 d. 我们的生产率,因为我们的收入等于我们所生产的。

15. 以下哪一项是外国证券投资的例子?

 a. 一个出生在德国、现在已移民的美国公民购买了福特公司的股票,福特公司用得到的钱购买了一个新工厂。

 b. 丰田公司在田纳西州建了一个新工厂。

 c. 丰田公司购买福特公司的股票,福特公司用得到的钱在密歇根州建了一个新工厂。

 d. 福特公司在密歇根州建了一个新工厂。

 e. 以上各项都不是。

16. 以下哪一项政府政策提高非洲增长的可能性**最小**?

 a. 增加对公共教育的支出。

 b. 提高对日本汽车和电器进口的限制。

 c. 消除内战。

 d. 减少对外国资本投资的限制。

 e. 以上各项都会提高增长。

17. 如果马自达公司在伊利诺伊州建立了一个新工厂,那么

 a. 未来美国 GDP 的增加大于美国 GNP 的增加。

 b. 未来美国 GDP 的增加小于美国 GNP 的增加。

 c. 未来美国 GDP 和 GNP 都会减少,因为这种投资的一部分收入归外国人。

 d. 美国的外国证券投资增加了。

 e. 以上各项都不是。

18. 如果2006年的人均真实GDP是18 073美元，而2007年的人均真实GDP是18 635美元，那么这个时期真实产量的增长率是多少？
   a. 3.0%
   b. 3.1%
   c. 5.62%
   d. 18.0%
   e. 18.6%
19. 以下哪一项提高生产率的支出最可能有正外部性？
   a. 兆丰银行购买了一台新电脑。
   b. Susan 支付了她的大学学费。
   c. 埃克森公司出让了一个新油田。
   d. 通用汽车公司购买了一个新钻床。
20. 为了提高增长，政府应该做以下所有的事，除了
   a. 促进自由贸易。
   b. 鼓励储蓄和投资。
   c. 鼓励外国人到你的国家投资。
   d. 鼓励研究与开发。
   e. 把主要行业国有化。

25.4 进阶思考题

你正与其他几个人进行讨论。当比较美国与日本、韩国、中国台湾地区和新加坡这些亚洲国家与地区的时候，争论的焦点就会变为认为美国缺乏增长和机会。你的室友说："这些亚洲国家与地区必定存在某种弄虚作假。这是它们有可能增长这么快的唯一方法。"

1. 你在这一章学到什么内容使你怀疑你室友的论断？

____

____

2. 自从二战以来，日本显著的增长率被称为"日本奇迹"。这是一个奇迹，还是可以解释的？

____

____

3. 在这些亚洲国家与地区所发现的高增长率都是有代价的吗？

____

____

25.5 答案

25.5.1 术语与定义

__6__ 人均真实GDP
__14__ 增长率
__20__ 生产率
__7__ 物质资本
__15__ 生产要素
__1__ 人力资本
__21__ 自然资源
__9__ 规模收益不变
__8__ 收益递减
__13__ 追赶效应
__2__ 外国直接投资
__22__ 外国有价证券投资
__17__ 外部性
__5__ 产权

10	可再生的自然资源	11	幼稚产业论
16	不可再生的自然资源	18	内向型政策
19	技术知识	12	外向型政策
3	生产函数	4	公共物品

25.5.2 应用题

1. a. 北方国，因为它的人均真实 GDP 最高。
   b. 东方国，因为它的增长率最高。
   c. 西方国是最穷的，可能也是资本最少的。由于资本表现出收益递减，当资本较为缺乏时，它的生产率是最高的。
   d. 不对。因为资本收益递减，所以，随着一国资本增加，增加的资本所引起的经济增长的增加下降。
   e. 人力资本有正外部性。在扩散之后，研究与开发是公共物品。
   f. 西方国，因为它现在是最穷的，而且易于从增加的资本中受益。这可能与贸易限制（内向型政策）、腐败或不稳定的政府、太少的法院以及产权缺乏等有关。
   g. （15 918 美元 − 15 468 美元）/15 468 美元 = 0.029 = 2.9%。
2. a. 厨子 = 劳动，证书 = 人力资本，菜谱 = 技术知识，炉灶和器具 = 资本，野味 = 自然资源。
   b. 菜谱（技术知识）永远不会磨损。劳动和人力资本会消失，炉灶和器具会缓慢地折旧，野味会用完（尽管它也许是可再生的）。
3. a. 鼓励储蓄和投资、来自国外的投资、教育、自由贸易、研究与开发、保护产权，以及确保政治稳定。
   b. 产权和政治稳定是对储蓄、投资、贸易或教育的任何一种激励所必要的。
   c. 回答是不确定的，快速的人口增长会通过把自然资源分摊到更多人身上以及在更多人中稀释资本存量而降低生产率。但是，有证据表明，在人口多的地区会发生更多的技术进步。

25.5.3 简答题

1. 人均真实 GDP 水平衡量生活水平。增长率衡量生活水平提高的速度。
2. 不对。由于各国增长率差别很大，富国可以变得相对贫穷，穷国也可以变得相对富裕。
3. 每个工人的人均物质资本、人均人力资本、人均自然资源以及技术知识。除了自然资源外的所有一切。
4. 人力资本是一个工人的知识和技能。物质资本是设备和建筑物的存量。
5. 有人必须放弃当期消费。不对，无论教育或机器是否用储蓄购买，总有人一定储蓄而不消费。
6. 因为物质资本的收益递减。
7. GDP。GNP 只衡量美国人的收入，而 GDP 衡量在美国国内产生的收入。由于一些资本投资的利润以红利形式归外国人所有，因此，GDP 的增长比 GNP 快。外国证券投资。

8. 专利给予想法以产权，因此，人们愿意投资于研究和开发，因为研究和开发更有利。一旦信息扩散，研究与开发就是公共物品，专利则限制了公共使用。

25.5.4 判断正误题

1. 错误；增长取决于劳动生产率的增长率。
2. 错误；根据通货膨胀调整的自然资源的价格是稳定或下降的，因此，我们保护这些资源的能力的增长快于它们的供给的减少。
3. 正确。
4. 错误；人力资本是工人的知识和技能。
5. 正确。
6. 正确。
7. 正确。
8. 错误；由于资本的收益递减，增长上升是暂时的。
9. 错误；可以吸引外国投资。
10. 正确。
11. 正确。
12. 正确。
13. 错误；大多数经济学家认为，外向型政策促进了经济增长。
14. 错误；马尔萨斯低估了食物生产方面的技术进步。因此，人们并不会注定要勉强糊口地生活。
15. 正确。

25.5.5 单项选择题

1. a	2. c	3. c	4. b	5. c	6. d	7. d	8. b	9. d	10. d
11. c	12. a	13. a	14. d	15. c	16. b	17. a	18. b	19. b	20. e

25.5.6 进阶思考题

1. 是的。存在许多经济增长源泉。一个国家可以影响除了自然资源外的所有其他源泉。
2. 日本的经济增长是可以解释的。的确，所有高增长的亚洲国家与地区的投资在 GDP 中所占的百分比都极高。
3. 不对。投资的机会成本是某人必须为了储蓄和投资而放弃当期消费所牺牲的代价。

第 26 章
储蓄、投资和金融体系

目　的

在本章中你将

- 了解美国经济中一些重要的金融机构
- 考虑金融体系如何与关键的宏观经济变量相关
- 建立一个金融市场上可贷资金供求模型
- 用可贷资金模型分析各种政府政策
- 考虑政府预算赤字是如何影响美国经济的

效　果

在实现这些目的之后，你应该能

- 列出并描述四种重要的金融机构
- 描述国民储蓄、政府赤字和投资之间的关系
- 解释可贷资金供给与需求曲线的斜率
- 根据对利息或投资税收的变动来移动可贷资金市场的供给与需求
- 根据政府预算赤字的变动来移动可贷资金市场的供给与需求

26.1 本章概述

26.1.1 内容与目的

第 26 章是有关长期中产量生产的四章中的第二章。在第 25 章中,我们发现,资本和劳动是产量最主要的决定因素。由于这一原因,第 26 章论述储蓄与资本投资市场,而第 27 章论述人们和企业在选择投资的资本项目时使用的工具。第 28 章将论述劳动市场。

第 26 章的目的是说明可贷资金市场如何协调储蓄和投资。在可贷资金市场的框架之内,我们可以说明税收和政府赤字对储蓄、投资、资本积累,以及最终对产量增长率的影响。

26.1.2 本章复习

导　言

一些人把他们的一部分收入储蓄起来,并有了可以作为贷款的资金。一些人希望投资于资本设备,从而需要借钱。**金融体系**包括帮助匹配或平衡储蓄者贷出与投资者借入的这些机构。这之所以重要是因为资本投资对经济增长做出了贡献。

1. 美国经济中的金融机构

金融体系由使债务人和债权人相匹配的金融机构组成。金融机构可以分为两类:金融市场和金融中介。

金融市场使企业可以直接向希望贷出的人借款。两种最重要的金融市场是债券市场和股票市场。

- 债券市场使大量借款人可以直接向公众借款。借款人出售**债券**(债务凭证或 IOU),并规定到期日(偿还贷款的日期)、定期支付的利息量以及本金(借款量,即到期偿还量)。债券的买者是贷款人。

债券的发行在三个主要方面不同:

(1) 债券期限(到期时间)不同。债券期限越长,风险越大,从而通常要支付高利息,因为债券所有者会在到期之前以压低的价格出售它。

(2) 债券的信用风险(拖欠的可能性)不同。债券的风险越高,支付的利息越高。垃圾债券是风险特别高的债券。

(3) 债券的税收待遇不同。拥有市政债券(由州或地方政府发行的债券)的人得到的利息免税。因此,市政债券支付的利息较低。

- 股票市场使大企业可以通过增加“合伙人”或企业所有者而为扩张筹资。出售**股票**称为股本筹资,而出售债券称为债务筹资。股票的所有者分享企业的利润并承担企业的亏损,而债券的所有者获得作为债权人的固定利息支付。股票持有者承担的风险大于债券持有人,但潜在的收益高于债券持有人。股票没有到期或到偿还日,可以在纽约股票交易所和纳斯达克这样的股票交易所交易。股票价格由供求决定,并反映了对企业未来赢利性的预期。股票指数,例如,道·琼斯工业平均指数,是一组重要股票价格的平均指数。

金融中介是储蓄者(贷款人)可以通过它间接地把资金贷给借款人的金融机构。这就是说，金融中介是借款人和贷款人之间的中间人。两种最重要的金融中介机构是银行和共同基金。

- **银行**从人们和企业（储蓄者）吸收存款，并把这些存款贷给其他人和企业（借款人）。银行向存款者支付利息，并向贷款者收取略高的利率。小企业通常向银行借款，因为它们太小了，不能出售股票或债券。当银行接受存款时，它创造了交换媒介，因为个人可以根据存款开支票来进行交易。其他金融中介机构只为储户提供价值储藏手段，因为它们的储蓄是不流动的。

- **共同基金**是向公众出售股份并用得到的钱来购买一组股票或债券的机构。这就使小储户可以把自己的投资组合（拥有各种资产）多元化。它也使小储户可以获得专业的货币管理。但是，很少有资金管理者可以战胜指数基金。指数基金按股票指数购买所有股票而不借助于积极的管理。指数基金胜过积极管理资金有两个原因：第一，很难挑出价格上升的股票，因为一种股票的市场价格已经是该公司真实价值的良好反映；第二，指数基金由于很少买卖，并且不向专业资金管理者支付薪水从而使成本低下。

虽然这些金融机构之间有许多差别，但非常一致的是，它们都使贷款人的资源流向借款人。

2. 国民收入账户中的储蓄与投资

为了切实地评价金融体系在使储蓄变为投资中的作用，我们必须从宏观经济的角度来理解储蓄和投资。国民收入账户记录了收入、产量、储蓄、投资、支出、税收和其他项目之间的关系。有许多揭示这些变量之间关系的国民收入恒等式（根据定义正确的等式）。

回想一下，GDP 是产值，生产它赚到的收入值，以及用于它的支出值。因此，

$$Y = C + I + G + NX$$

式中，Y = GDP；C = 消费支出；I = 投资支出；G = 政府购买；NX = 净出口。为了简单起见，我们假设没有对外部门，这意味着我们是一个封闭经济（一个开放经济包括对外部门）。因此，对我们的例子有：

$$Y = C + I + G$$

国民储蓄或**储蓄**是在支付了消费和政府购买之后剩下的收入。为了得出储蓄，从两边减去 C 和 G。

$$Y - C - G = I$$

或者

$$S = I$$

这就是说，储蓄等于投资。

为了评价政府购买和税收对储蓄的影响，我们需要像以上那样定义储蓄：

$$S = Y - C - G$$

这又说明了储蓄是在消费和政府购买之后剩下的收入。现在从等式右边加上和减去税收 T：

$$S = (Y - T - C) + (T - G)$$

这说明，储蓄等于支付税收和消费之后剩下的收入，即**私人储蓄**（$Y - T - C$），以及政府**预算盈余**的**公共储蓄**（$T - G$）。往往 G 大于 T，而且，政府有负的盈余或**预算赤字**。

总之，对整个经济而言，$S = I$，而且，可用于投资的储蓄量是私人储蓄和公共储蓄之和。虽然对整个经济有 $S = I$，但对个人这并不正确。这就是说，一些人的投资小于储蓄，并有资金

贷出;而另一些人投资大于储蓄,并需要借入资金。这些人在**可贷资金市场**上相遇。要注意的是,储蓄是支付消费和政府购买后剩下的支出,而投资是对新资本的购买。

3. 可贷资金市场

为了简单起见,设想只有一个可贷资金市场,在那里所有储蓄者把他们的资金贷出而所有投资者借得款项。

- 可贷资金供给来自国民储蓄。较高的真实利率增加了对储蓄的激励,并增加了可贷资金的供给量。
- 可贷资金需求来自希望借钱投资的家庭和企业。较高的真实利率增加了借款的成本,并减少了可贷资金的需求量。

可贷资金的供求结合形成了可贷资金市场。这个市场决定了均衡的真实利率和均衡的借贷量。由于可以贷出的资金是国民储蓄,借来的资金用于投资,因此可贷资金市场也决定了均衡的储蓄与投资水平。

以下三种政策增加了储蓄、投资和资本积累,从而,这些政策促进了经济增长。

在任何一种真实利率水平下,减少利息和红利的赋税会增加对储蓄的收益,从而增加对储蓄和贷款的欲望。从图形上看,这种政策将使可贷资金的供给向右移动,从而降低真实利率,并增加用于投资的资金需求量。真实利率下降,而储蓄与投资增加。

减少个人或企业的投资赋税,例如投资赋税减免,在任何一种真实利率水平下,会增加对资本投资的收益,从而增加在任何一种真实利率水平下进行借款与投资的欲望。从图形上看,这种政策将使可贷资金的需求向右移动,提高真实利率,并增加资金供给量。真实利率、储蓄和投资都增加。

政府债务和赤字减少(或者预算盈余增加)会增加公共储蓄($T-G$),因此,在每一种真实利率水平下可以得到的国民储蓄更多。从图形上看,这种政策使可贷资金的供给向右移动,会降低真实利率,并增加用于投资的可贷资金需求量。真实利率下降,储蓄和投资增加。

要注意的是,预算赤字是政府支出超过税收收入的部分。过去政府借款的积累称为政府债务。预算盈余是税收收入超过政府支出的部分。当政府支出等于税收收入时,称为预算平衡。赤字增加减少了国民储蓄,使可贷资金的供给向左移动,会提高真实利率,并减少用于投资的可贷资金需求量。当私人借款与投资由于政府借款而减少时,我们称政府**挤出**了投资。政府盈余的作用与预算赤字正好相反。

战争期间的债务—GDP 比率通常上升,而且,这被认为是合适的。但是,在 20 世纪 80 年代,这一比率上升了。来自两党的决策者都把这作为警告。在 20 世纪 90 年代,赤字减少并出现了盈余。在乔治 · W. 布什担任总统期间,由于以下一些原因预算又出现了赤字:税收削减、经济衰退和反恐战争。

26.1.3 有益的提示

(1) 金融中介是中间人。中介是介入两个集团之间的一个机构,协商解决问题。例如,我们在劳动谈判中有介于企业和工会之间的中介机构。同样,银行是在最终贷款人(储户)和最终借款人(企业或家庭购房者)之间的金融中介机构,"谈判"贷款合同条款。银行没有借出自己的钱,它们借出的是储户的钱。

(2) 投资不是购买股票和债券。在日常谈话中,人们用"投资"这个词指购买股票和债券。例如，“我刚投资了 10 股 IBM 股票”。（甚至一个经济学家也会这样说。）但是，用经济学术语来说，投资是实际购买资本设备和建筑物。在这种技术性框架内，当我购买了 10 股新发行的 IBM 股票时，只是一种资产的交换——IBM 公司拥有了我的钱，而我拥有它们的股票凭证。如果 IBM 公司拿了我的钱，并用它购买新的机器设备，这时候，它们购买设备即为经济学意义上的投资。

（3）不要把消费贷款包括在可贷资金供给之中。在日常谈话中，人们用“储蓄”这个词指他们在银行的新存款。例如，“我本周刚刚储蓄了 100 美元”。（经济学家也会这样说。）但是，如果存款贷给了用这笔钱买度假机票的消费者，在宏观经济的意义上说，国民储蓄（或者只是储蓄）并没有增加。这是因为，在宏观经济的意义上说，储蓄是国民消费支出和政府购买以后剩下的收入（$S = Y - C - G$）。如果你个人的储蓄由另一个人贷走并用于消费支出，那么并没有发生国民储蓄。由于国民储蓄是可供资金供给的来源，因此，消费贷款并不影响可贷资金供给。

（4）可贷资金需求是私人投资资金需求。可贷资金需求只包括私人（家庭和企业）对用于投资资本建筑物和设备的资金的需求。当政府有赤字时，它吸收国民储蓄，但它并不用这种资金购买资本设备。因此，当政府有赤字时，我们认为这已经减少了可贷资金的供给，但并没有增加可贷资金的需求。

26.1.4 术语与定义

为每个关键术语选择一个定义。

关键术语	定义
______金融体系	1. 支票存款之类的可支出资产。
______金融市场	2. 税收收入相对于政府支出减少，引起公共储蓄为负。
______金融中介	3. 一个没有国际贸易的经济。
______银行	4. 储蓄者通过它可以间接地向借款人贷款的金融机构。
______交换媒介	5. 经济中一些帮助借款人与贷款人相匹配的机构。
______债券	6. 在每种真实利率水平时想为投资而借贷的数量。
______股票	7. 在消费支出和税收之后剩下的收入。
______共同基金	8. 过去预算赤字的积累。
______封闭经济	9. 在每种真实利率水平时可用于贷款的储蓄量。
______国民储蓄（储蓄）	10. 吸收存款并发放贷款的机构。
______私人储蓄	11. 出售股份并用所得到的钱购买多元化投资组合的机构。
______公共储蓄	12. 储蓄者通过它可以直接向借款者贷款的金融机构。
______预算盈余	13. 大企业一小部分所有权的证书。
______预算赤字	14. 税收收入大于政府支出，引起公共储蓄为正。
______政府债务	15. 在消费支出和政府购买之后剩下的收入。
______投资	16. 由于政府借款引起的投资减少。
______可贷资金市场	17. 用于资本设备和建筑物的支出。

______可贷资金需求

______可贷资金供给

______挤出

18. 债务凭证或 IOU。

19. 一个市场,在这个市场中有那些通过储蓄供给资金的人和那些通过借贷来投资而需求资金的人。

20. 政府已经为其支出付款后所剩下的税收收入。

26.2 问题与简答题

26.2.1 应用题

1. 皮包公司需要资本金扩大自己的生产能力。它正出售短期和长期债券并发行股票。你正在考虑帮助为它们的扩张筹资的前景。

   a. 如果你购买了皮包公司的短期债券和长期债券,那么你能从哪种债券中要求较高收益率:短期的还是长期的?为什么?

   ____

   ____

   b. 如果标准普尔降低了皮包公司的信用等级,在你购买它的债券时,这会影响你要求的收益率吗?为什么?

   ____

   ____

   c. 如果皮包公司和赖账公司恰好有同样的信用等级,而且,每一家对到期债券都有相同条款,哪一个发行者必须对它的债券支付更高利率?为什么?

   ____

   ____

   d. 如果皮包公司既发行股票又发行债券,那么你预期长期中从哪一种可以获得较高的收益率?为什么?

   ____

   ____

   e. 哪一种更安全:是把你所有的个人储蓄投入皮包公司股票,还是把你所有的个人储蓄投入到其投资组合中有一些皮包公司股票的共同基金呢?为什么?

   ____

   ____

2. 用国民收入账户中储蓄与投资的恒等式回答以下问题。假设以下数值来自一个封闭经济国家的国民收入账户(所有值都是以 10 亿美元计量)。

$$Y = 6\,000$$

$$T = 1\,000$$

$$C = 4\,000$$

$$G = 1\,200$$

   a. 这个国家的储蓄和投资的值是多少?

   ____

   ____

b. 私人储蓄的值是多少？

c. 公共储蓄的值是多少？

d. 政府的预算政策对该国的经济增长是有利的还是有害的？为什么？

3. 以下信息描述了一个可贷资金市场，数值都是以 10 亿美元计量。

真实利率(%)	可贷资金供给量(10 亿美元)	可贷资金需求量(10 亿美元)
6	1 300	700
5	1 200	800
4	1 000	1 000
3	800	1 200
2	600	1 500

a. 在图 26-1 中画出可贷资金的供给与需求。均衡的真实利率和均衡的储蓄与投资水平是多少？

b. 什么“市场力量”使真实利率不能是 2%？

c. 假设政府突然增加了 4 000 亿美元的预算赤字，那么新的均衡真实利率和均衡的储蓄与投资水平是多少？（在图 26-2 中用图形说明。）

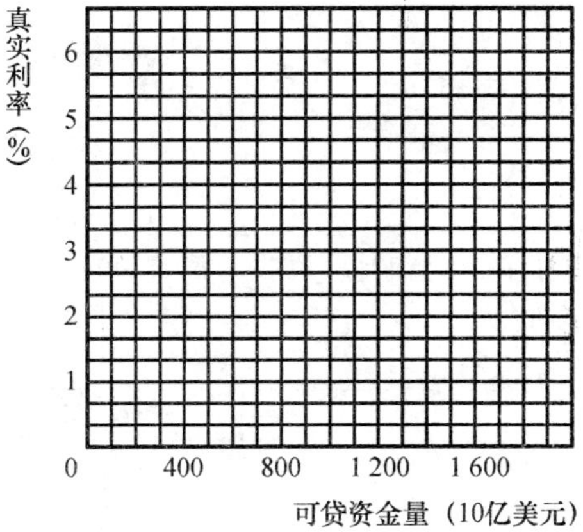

图 26-1

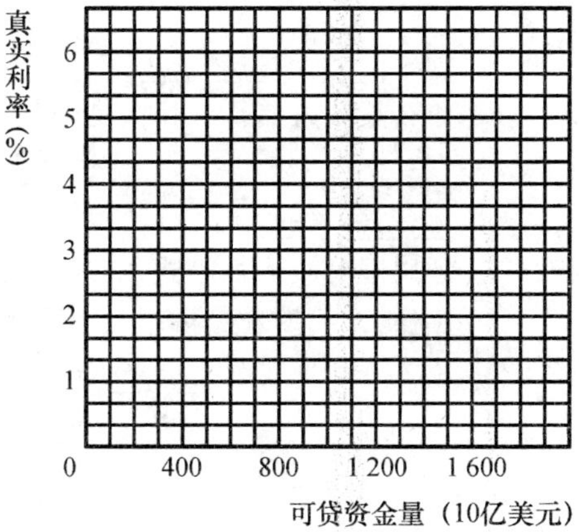

图 26-2

d. 从原来的均衡出发,假设政府实行投资赋税减免,这在任何一种真实利率水平下都会刺激对资本投资的可贷资金需求增加 4 000 亿美元,那么新的均衡的真实利率和均衡的储蓄与投资水平是多少?(在图 26-3 中用图形说明。)

____

____

e. 根据 c 和 d,哪一种政策最可能促进经济增长?为什么?

____

____

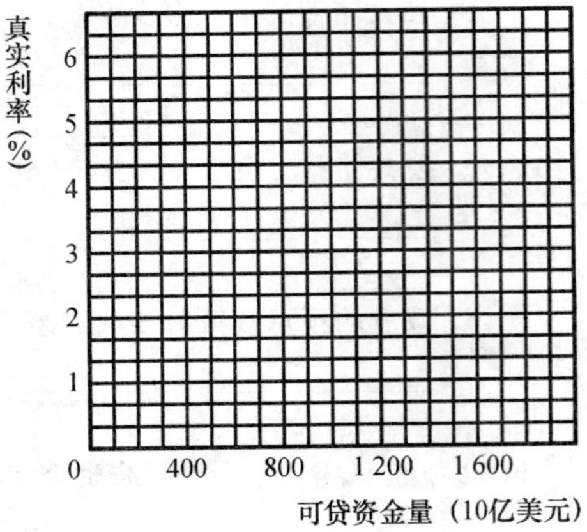

图 26-3

26.2.2 简答题

1. 解释为什么共同基金的风险会小于单个股票。

____

____

2. 下面哪一项可能给你更高的收益率:银行的支票存款,还是购买公司债券?为什么?

____

____

3. 债务筹资和股本筹资之间的差别是什么?各举一个例子。

____

____

4. 在国民收入账户中,"储蓄"和"投资"这两个词是指什么?它们与平常这两个词的用法有什么不同?

____

____

5. 在一个封闭经济中,为什么投资不能超过储蓄呢?

____

____

6. 什么是私人储蓄?什么是公共储蓄?

____

____

7. 利用国民收入恒等式,如果政府购买增加了,并且产量、税收和消费保持不变,那么国民储蓄、投资和经济增长会发生什么变动?

____

____

8. 假设美国人变得更加节俭。这就是说，他们收入中用于消费的百分比下降了，用于储蓄的百分比上升了。描述可贷资金市场的变动。经济增长会发生什么变动？

____

____

9. 假设政府的赤字减少了，描述可贷资金市场的变动。经济增长会发生什么变动？

____

____

10. 政府预算赤字的增加迫使政府借更多的钱。为什么赤字增加没有增加可贷资金市场中对可贷资金的需求？

____

____

11. 金融市场和金融中介之间的基本差别是什么？

____

____

26.3 自我测试题

26.3.1 判断正误题

________1. 当一个企业出售债券时，它在进行股本筹资。

________2. 那些买企业股票的人把钱贷给了企业。

________3. 共同基金通过购买多元化的投资组合而减少了持有者的风险。

________4. 市政债券支付的利息低于有可比风险的公司债券，因为其债券持有者得到的利息免税。

________5. 在一个封闭经济中，储蓄是消费支出和政府购买后所剩下的收入。

________6. 公共储蓄总是正的。

________7. 在一个封闭经济中，无论储蓄来自公共还是私人来源，投资总是等于储蓄。

________8. 投资是指资本设备和建筑物的购买。

________9. 如果你在本周存了钱，并把它借给你的室友买消费用的食物，那么你的个人储蓄行为增加了国民储蓄。

________10. 如果真实利率高，可贷资金的供给量就大。

________11. 如果可贷资金市场上的真实利率暂时高于均衡利率，那么想贷出去的款就大于想借到的款，真实利率将下降。

________12. 预算赤字减少使可贷资金供给向右移动，会降低真实利率，并增加可贷资金需求量。

________13. 公共储蓄和政府预算盈余是一回事。

________14. 如果政府想提高增长率，它就应该增加对利息和红利的税收，以使可贷资金的供给向右移动。

________15. 引起政府增加借款的预算赤字的增加使可贷资金需求向右移动。

26.3.2 单项选择题

1. 下面哪一项是股本筹资的例子?
   a. 公司债券。
   b. 市政债券。
   c. 股票。
   d. 银行贷款。
   e. 以上各项都是股本筹资。
2. 信用风险是指债券的
   a. 到期日。
   b. 拖欠的可能性。
   c. 税收待遇。
   d. 红利。
   e. 价格—收益比率。
3. 金融中介是以下哪两者之间的中间人
   a. 工会与企业。
   b. 丈夫与妻子。
   c. 买者与卖者。
   d. 借款人与贷款人。
4. 国民储蓄(或者储蓄)等于
   a. 私人储蓄+公共储蓄。
   b. 投资+消费支出。
   c. GDP-政府购买。
   d. GDP+消费支出+政府购买。
   e. 以上各项都不是。
5. 以下哪一项表述是正确的?
   a. 股票指数是用来确定所选股票信息的指南。
   b. 长期债券支付的利息通常低于短期债券。
   c. 市政债券支付的利息低于可比的公司债券。
   d. 共同基金的风险大于只购买一种股票的风险,因为许多不同企业的业绩才能影响共同基金的收益。
6. 如果政府支出大于税收,那么
   a. 存在预算盈余。
   b. 存在预算赤字。
   c. 私人储蓄是正的。
   d. 公共储蓄是正的。
   e. 以上各项都不是。
7. 如果GDP=1000美元,消费=600美元,税收=100美元,政府购买=200美元,储蓄和投资是多少?
   a. 储蓄=200美元,投资=200美元。
   b. 储蓄=300美元,投资=300美元。
   c. 储蓄=100美元,投资=200美元。
   d. 储蓄=200美元,投资=100美元。
   e. 储蓄=0美元,投资=0美元。
8. 如果公众少消费1000亿美元,政府多购买1000亿美元(其他条件不变),以下哪一种表述是正确的?
   a. 储蓄增加,经济增长会更快。
   b. 储蓄减少,经济增长会放慢。
   c. 储蓄不变。
   d. 没有充分的信息确定储蓄会发生什么变动。
9. 在以下哪一个金融市场上,证券可能支付最高的利息?
   a. 得克萨斯州发行的市政债券。
   b. 绩优债券投资组合的共同基金。
   c. 绩优公司发行的债券。
   d. 刚成立的公司发行的债券。
10. 投资是指
    a. 股票和债券的购买。
    b. 资本设备和建筑物的购买。
    c. 我们把储蓄存入银行。
    d. 物品和劳务的购买。
11. 如果美国人变得更加节俭,那么我们将预期
    a. 可贷资金供给向右移动,真实利率上升。

b. 可贷资金供给向右移动,真实利率下降。
c. 可贷资金需求向右移动,真实利率上升。
d. 可贷资金需求向右移动,真实利率下降。

12. 以下哪一组政府政策最有利于经济增长?
a. 降低储蓄收益的税收,减免投资赋税,并减少赤字。
b. 降低储蓄收益的税收,减免投资赋税,并增加赤字。
c. 提高储蓄收益的税收,减免投资赋税,并减少赤字。
d. 提高储蓄收益的税收,减免投资赋税,并增加赤字。

13. 引起政府增加其借款的预算赤字增加使
a. 可贷资金需求向右移动。
b. 可贷资金需求向左移动。
c. 可贷资金供给向左移动。
d. 可贷资金供给向右移动。

14. 预算赤字增加将使
a. 真实利率上升,用于投资的可贷资金需求量减少。
b. 真实利率上升,用于投资的可贷资金需求量增加。
c. 真实利率下降,用于投资的可贷资金需求量增加。
d. 真实利率下降,用于投资的可贷资金需求量减少。

15. 如果可贷资金的供给非常缺乏弹性(陡峭),那么哪一种政策可能使储蓄和投资增加最多?
a. 投资赋税减免。
b. 预算赤字减少。
c. 预算赤字增加。
d. 以上各项都不是。

16. 预算赤字增加是指
a. 公共储蓄减少。
b. 公共储蓄增加。
c. 私人储蓄减少。
d. 私人储蓄增加。
e. 以上各项都不是。

17. 如果预算赤字增加减少了国民储蓄和投资,我们就证明了以下哪一项的可能性?
a. 股本筹资。
b. 共同基金效应。
c. 中介。
d. 挤出。

18. 如果美国人变得不太关心未来,并在每一种真实利率水平下减少储蓄,那么
a. 真实利率下降,而投资减少。
b. 真实利率下降,而投资增加。
c. 真实利率上升,而投资减少。
d. 真实利率上升,而投资增加。

19. 如果政府既增加投资赋税减免又减少储蓄收益的税收,那么
a. 真实利率应该上升。
b. 真实利率应该下降。
c. 真实利率应该不变。
d. 对真实利率的影响是不确定的。

20. 预算盈余增加使
a. 可贷资金需求向右移动,并提高了真实利率。
b. 可贷资金需求向左移动,并降低了真实利率。
c. 可贷资金供给向左移动,并提高了真实利率。
d. 可贷资金供给向右移动,并降低了真实利率。

26.4 进阶思考题

你正在看总统竞选辩论。当一位总统候选人被问及对经济增长的态度时，他向前走了几步，说道："我们需要使这个国家的经济进一步增长，我们需要用税收激励来刺激储蓄和投资，并且我们需要减少预算赤字，以使政府不再吸收我们国家的储蓄。"

1. 如果政府支出保持不变，这位总统候选人的陈述隐含着什么不一致性？

____

____

2. 如果这位总统候选人真心希望减少税收并减少预算赤字，则他关于政府支出的计划隐含着什么？

____

____

3. 如果决策者想促进经济增长，而且决策者必须在刺激储蓄的税收激励和刺激投资的税收激励之间做出选择，那么他们在做出决策之前需要了解可贷资金市场供求的什么情况？解释之。

____

____

26.5 答案

26.5.1 术语与定义

5	金融体系	7	私人储蓄
12	金融市场	20	公共储蓄
4	金融中介	14	预算盈余
10	银行	2	预算赤字
1	交换媒介	8	政府债务
18	债券	17	投资
13	股票	19	可贷资金市场
11	共同基金	6	可贷资金需求
3	封闭经济	9	可贷资金供给
15	国民储蓄(储蓄)	16	挤出

26.5.2 应用题

1. a. 长期的，因为更可能的情况是，在到期之前你也许需要以压低的价格出售长期债券。

   b. 会，信用风险增加了，借款人将要求更高的收益率。

   c. 皮包公司。与市政债券不同，公司债券所有者得到的利息要纳税。

   d. 股票所有者要求较高的收益率，因股票的风险较大。

e. 把钱投入共同基金更安全,因为它是多元化的(不要把你的鸡蛋放在一个篮子里)。

2. a. (60 000 亿美元 - 10 000 亿美元 - 40 000 亿美元) + (10 000 亿美元 - 12 000 亿美元) = 8 000 亿美元。

b. 60 000 亿美元 - 10 000 亿美元 - 40 000 亿美元 = 10 000 亿美元。

c. 10 000 亿美元 - 12 000 亿美元 = -2 000 亿美元。

d. 这不利于经济增长,因为公共储蓄是负的,所以,可用于投资的储蓄少了。

3. a. 均衡的真实利率 = 4%,均衡的 S 和 I = 10 000 亿美元(参看图 26-4)。

b. 在 2% 的利率时,可贷资金的需求量大于供给量 9 000 亿美元。这种对贷款(借款)的超额需求将使利率上升到 4%。

c. 均衡的真实利率 = 5%,均衡的 S 和 I = 8 000 亿美元(参看图 26-5)。

d. 均衡的真实利率 = 5%,均衡的 S 和 I = 12 000 亿美元(参看图 26-6)。

e. 投资税减免,因为它使投资于资本的可贷资金需求向右移动,提高了资本投资水平,并刺激了经济增长。

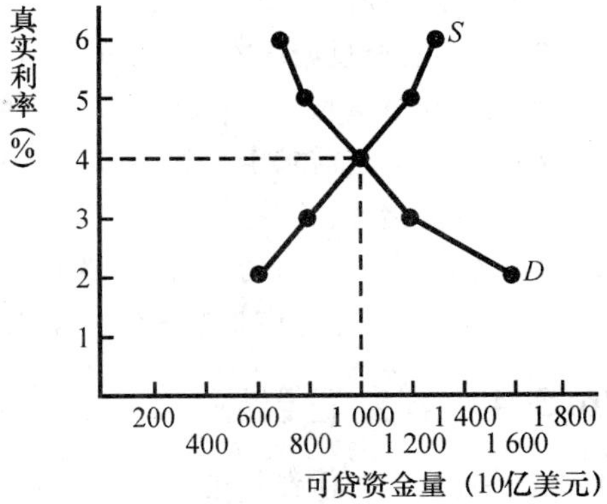

图 26-4

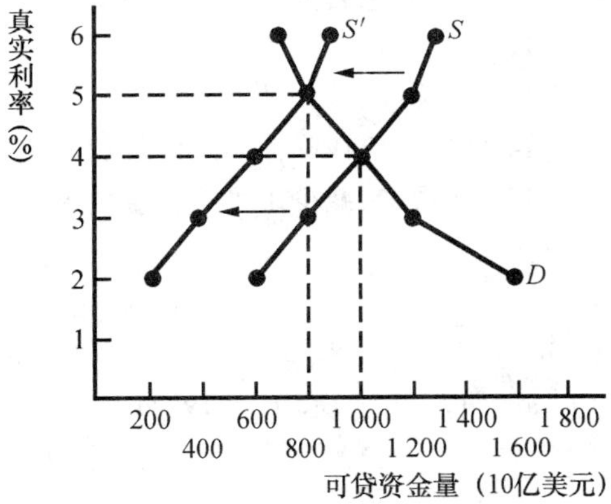

图 26-5

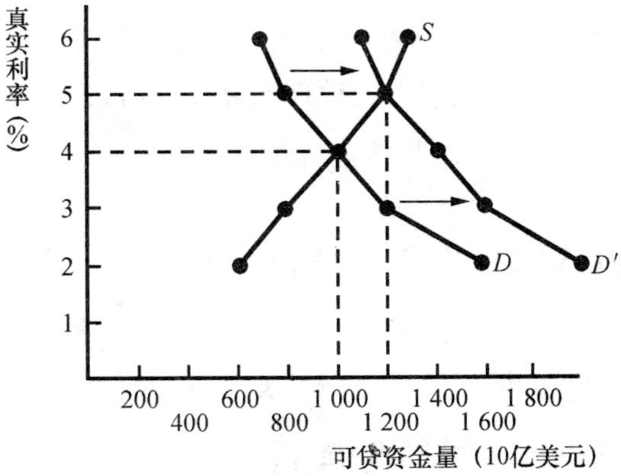

图 26-6

26.5.3 简答题

1. 因为共同基金是多元化的。当共同基金中的一种股票业绩不好时,很可能的情况是,另一种股票的业绩好。

2. 公司债券。因为这种债券风险大,还因为通过金融市场的"直接"借贷的分摊成本低于通过金融中介的"间接"借贷的分摊成本。

3. 债务筹资是借钱,例如,当一个企业出售债券时。股本筹资是增加合伙人,例如,当一个企业出售股票时。

4. 储蓄是指消费支出和政府购买后剩下来的 GDP。投资是指设备和建筑物的购买。在日常谈话中,储蓄是指我们收入中剩下的(尽管有人还为消费而借款),投资是指股票和债券的购买。

5. 因为储蓄是消费支出和政府购买之后剩下的 GDP，而且，这是可以用于购买设备和建筑物的产量的限制。
6. 私人储蓄 $= Y - T - C$，公共储蓄 $= T - G$。
7. 公共储蓄将减少，并引起国民储蓄和投资等量减少，经济增长放慢。
8. 可贷资金的供给向右移动，真实利率将下降，而且，用于购买资本的可贷资金需求量增加。经济增长会加快。
9. 可贷资金供给向右移动，真实利率将下降，而且，用于购买资本的可贷资金需求将增加，经济增长会加快。
10. 可贷资金需求定义为私人用于购买资本设备和建筑物而借款的需求。赤字增加吸收了储蓄，并减少了可贷资金供给。
11. 在一个金融市场上，储蓄者直接借款给借款人。通过金融中介机构，储蓄者借款给中介，中介再借款给最终借款人。

26.5.4 判断正误题

1. 错误；出售债券是进行债务筹资。
2. 错误；股东是所有者。
3. 正确。
4. 正确。
5. 正确。
6. 错误；当存在政府预算赤字时，公共储蓄是负的。
7. 正确。
8. 正确。
9. 错误；消费贷款并不增加国民储蓄。
10. 正确。
11. 错误；想要的贷款大于想要的借款。
12. 正确。
13. 正确。
14. 错误；应该降低利息和红利的税收。
15. 错误；它减少了可贷资金供给。

26.5.5 单项选择题

1. c	2. b	3. d	4. a	5. c	6. b	7. a	8. c	9. d	10. b
11. b	12. a	13. c	14. a	15. b	16. a	17. d	18. c	19. d	20. d

26.5.6 进阶思考题

1. 刺激储蓄和投资的税收激励要求减税。这会增加赤字，而赤字会减少国民储蓄和投资。
2. 这位总统候选人计划减少政府支出。
3. 决策者想知道供求曲线的弹性（类似斜率）。如果可贷资金需求缺乏弹性，那么可贷资金供给变动对储蓄和投资的影响就小，因此，在每一利率水平下用于增加储蓄的税收激励对增长的作用就微乎其微。如果可贷资金供给缺乏弹性，那么可贷资金需求变动对储蓄和投资的影响就小，因此，在每一利率水平用于增加投资的税收激励对增长的作用就微乎其微。

第 27 章
基本金融工具

目　的

在本章中你将

- 了解现值与未来值之间的关系
- 考虑复利增长的影响
- 知道风险厌恶者是如何减少他们面对的风险的
- 分析资产价格是如何决定的

效　果

在实现这些目的之后，你应该能

- 给定利率为 8% 时，在现在得到 100 美元和从现在起两年后得到 120 美元之间做出选择
- 解释为什么收入增长率略有不同的两个人在若干年之后其收入差别会很大
- 解释多元化的好处
- 说明为什么随机选择股票可能会和用复杂的股票选择方法具有同样的选择结果

27.1 本章概述

27.1.1 内容与目的

第 27 章是关于长期中产量水平与增长的四章中的第三章。在第 25 章中,我们知道了资本和劳动是产量和增长最重要的决定因素。在第 26 章中,我们论述了储蓄和资本品投资如何影响产量的生产。在第 27 章中,我们将了解人们和企业在选择投资的资本项目时使用的一些工具。由于资本和劳动都是产量的主要决定因素,所以第 28 章将论述劳动市场。

第 27 章的目的是向你介绍一些人们在参与金融市场时所用的工具。我们将了解人们如何比较不同时点的不同货币量,如何管理风险,以及如何把这些概念结合起来以帮助决定诸如股票这类金融资产的价值。

27.1.2 本章复习

导 言

金融市场协调储蓄与投资。金融决策涉及两个要素——时间与风险。例如,人们和企业必须根据对未来收入的预期做出今天储蓄和投资的决策,但未来收益是不确定的。**金融学**领域研究人们如何做出在一定时期内配置资源和应对风险的决策。我们将了解人们如何比较不同时点上的不同货币量,如何管理风险,以及如何把这些概念结合起来以帮助决定诸如股票这类金融资产的价值。

1. 现值:衡量货币的时间价值

任何未来一定量货币的**现值**是在现行利率下为了产生这一未来货币量所需要的现在货币量。**未来值**是在现行利率为既定时现在的货币量将带来的未来货币量。假设 r = 以小数形式表示的利率;n = 到期的年数;PV = 现值;而 FV = 未来值。再假设每年支付利息,而且利息又存入账户中以赚得更多利息——一个称为**复利**的过程。那么,

$$PV(1+r)^n = FV \tag{1}$$

$$FV/(1+r)^n = PV \tag{2}$$

例如,假设一个人把 100 美元存入一个为期 3 年、利率 7% 的银行账户。利用公式(1),$r=0.07$,$PV=100$ 美元,$n=3$,我们发现 3 年后账户上将有大约 122.5 美元。这就是说,未来值是 122.5 美元。

换一种方法,假设为你提供一笔从现在起 3 年后给你带来 122.5 美元的银行存款。在利率为 7% 时,你今天需要为这个账户支付多少?利用公式(2),$r=0.07$,$FV=122.5$ 美元,$n=3$,我们发现,从现在起 3 年后 122.5 美元的现值是 100 美元。确定未来货币量现值的过程称为贴现。

现值与未来值之间的关系说明了以下几点:

- 对现在得到一定货币量的偏好大于未来得到同样的货币量。利率越高,这个结论就越明显。
- 为了在现期某一货币量与以后某个时期的更大货币量之间做出选择,就要计算出更大未来货币量的现值,并将之与今天的货币量进行比较。
- 如果未来收益的现值大于成本,企业就进行投资项目。利率越高,进行项目的可能性

越小，因为该项目的现值变小了。因此，随着利率上升，投资减少。

增长率微小的差别在许多年以后会引起一国收入的巨大差别。这个结论对个人收入或存入银行的钱也是正确的。复利增长的概念表明了为什么是这样。每一年的增长依据的是前一年累积的增长，或者在复利的情况下，赚到的利息是根据包含以前赚到的利息计算的。70规则说明了复利增长的影响。70规则说明，如果某个变量每年以 $x\%$ 的比率增长，它的值将在将近 $70/x$ 年中翻一番。如果你的收入每年增长1%，那么在70年后大约翻一番。但是，如果你的收入每年增长4%，那么它将在大约17.5年后翻一番。

2. 风险管理

大多数人是**风险厌恶**的，这是指他们比较相当的损失和收益，更加厌恶损失。这是因为人们的效用函数表现出财富的边际效用递减。因此，失去1 000美元赌注的效用损失要大于赢得1 000美元赌注的效用所得。人们会通过购买保险来减少风险，或使其风险多元化，并接受其资产的低收益。

- 人们可以通过购买保险来减少他们所面临的风险。保险可以使经济更有效地分散风险，因为100个人承担一座房子着火的整体风险的1/100比每个人单独承担一座房子着火的全部风险要容易得多。保险市场上存在两个问题。逆向选择的发生是因为高风险的人比低风险的人更愿意购买保险。道德风险的发生是因为人们购买保险之后，谨慎的激励就少了。一些低风险的人不购买保险是因为这些问题会使得保险的价格对低风险的人来说太高。医疗保险设计得不好，因为它包括了日常支出、小额的随机支出，并且与就业状况联系在一起。这三个特性是源于提供医疗保险的雇主可以获得税收减免，从而导致医疗上的过度支出。
- 人们可以通过多元化减少他们所面临的风险。**多元化**是通过用大量无关的小风险代替一种风险来实现风险的减少。这可以概括为一句话，“不要把你所有的鸡蛋放在一个篮子里”。通过保险使风险多元化是因为100个人承担一座房子着火的整体风险的1/100比每个人单独承担一座房子着火的全部风险要容易得多。用收益的标准差（变动程度）来衡量的股票投资组合的风险则可以通过投资组合的多元化——购买少量的许多股票而不购买大量的一种股票——来减少。多元化可以消除**企业特有风险**——与某个公司相关的不确定性。它不能消除**市场风险**——与整个经济相关的不确定性，会影响到在股票市场上交易的所有公司。
- 人们可以通过接受自己投资的一个较低收益率来减少他们所面临的风险。人们在投资组合中面临风险与收益之间的权衡取舍。为了赚到更多收益，人们必须接受更多风险。为了减少风险，人们必须接受低收益。一个人风险与收益的最优组合取决于人们的风险厌恶程度，风险厌恶程度又取决于人们的偏好。

3. 资产评估

一股股票的价格由供求决定。人们通常想购买被低估的股票——股票的价值大于它的价格。如果价格高于价值，股票就被认为高估了。如果价格和价值相等，股票就被公正地估价。股票的价格是可以知道的，但股票的价值是不确定的，因为它是未来红利流量和最终销售价格的现值。红利与最终销售价格则取决于公司未来的赢利状况。**基本面分析**是为决定一家公司的价值而对其会计报表和未来前景进行的详细分析。你可以自己进行基本面分析，也可以依靠华尔街的分析师，或者购买管理者进行基本面分析的共同基金。

根据**有效市场假说**，资产价格反映了有关一种资产价值的所有公开的、可获得的信息。

这种理论提出，专业货币管理者为了决定股票的价值而关注消息。股票的价格是由供求决定的，因此在任何一个时点上，出售的股份等于购买的股份，这意味着认为股票高估和低估的人数是相同的。因此，平均分析认为它一直得到了公正的评价。根据这种理论，股票市场是**信息有效**的，这意味着股市价格反映了所有以理性方式获得的信息。如果这是正确的，股票价格就应该遵从**随机行走**，即要根据所获得的信息预测它的发展趋势是不可能的，因为所有可以获得的信息都已经体现在价格中了。因此，不会出现买某种股票比其他任何一种都好的情况，而且，你所能做的最好的事就是买一组多元化的投资组合。

指数基金为支持有效市场假说提供了证据。指数基金是购买某种股票指数中的所有股票的共同基金。积极管理的基金通过研究，努力只购买最好的股票。积极管理的基金业绩并没有超过指数基金，因为它们更频繁地交易引起交易费用，加上它们对所谓的专家评价收取的费用。

一些人提出，市场是无理性的。这就是说，股票价格往往以根据消息的理性分析难以解释的方式变动，从而看起来是由心理倾向驱动的。但是，如果这是正确的，交易者就应该能利用这个事实购买优于平均水平的股票，但打败市场几乎是不可能的。既然股票的价值依据它的红利和最终销售价格，假如过后其他人愿意以更高价格购买这只股票，那么以高出它基本价值的价格（投机泡沫）来购买它也不是不合理的。

4. 结论

现值的概念告诉我们，今天的 1 美元大于以后某一时期的 1 美元，而且，它使我们可以比较不同时点上的货币量。风险管理告诉我们风险厌恶者可以减少他们所面临的风险的方法。资产评估反映了企业未来的赢利。对股票价格是不是一个公司真正价值的理性估算存在着争论。

27.1.3 有益的提示

（1）复利增长与复利相同。复利是你从过去赚到的利息中赚到了利息。假设是按年计算复利，当你以 10% 的利率在银行存入 100 美元时，在年底你得到了 110 美元。如果你把这笔钱存入银行两年，你就有了复利，即你在两年后得到 121 美元——本金 100 美元，第一年得到 10 美元的利息，第二年又得到 10 美元利息，加第一年利息 10 美元的 1 美元利息。在下一年，就不是 100 美元或 110 美元赚到的利息，而是 121 美元赚到的利息，等等。

同样，在许多年之后，增长快的经济把其增长的百分比运用于相当大的基数（经济规模），其总量与增长慢的经济的差距加速扩大。例如，运用 70 规则，一个按 1% 增长的经济，其规模应该在大约 70 年后（70/1）翻一番。一个按 4% 增长的经济，其规模每 17.5 年（70/4）翻一番。70 年之后，增长 4% 的经济是其原来规模的 16 倍（2^4），而增长 1% 的经济只是其原来规模的 2 倍。如果两个经济开始时规模相同，那么增长 4% 的经济 70 年后是增长 1% 的经济的 8 倍就是因为复利增长。

（2）风险厌恶者从保险中获益是因为，由于其财富的边际效用递减，一大笔支出引起的效用减少大于许多小笔保险金支付引起的效用减少。例如，假定一个镇上有 50 个人，每年有一座房子被烧掉，因此，在任何一年中，每个人都有 1/50 失去自己整座房子的机会。人们可以每年支付给保险公司自己房子价值的 1/50，从而，他们支付的保险金在 50 年之后等于他们房子的价值。此外，他们可以不买保险，但他们将每 50 年一次地由于火灾而重盖他们的房子。虽然这两种支出的预期值是相同的,但风险厌恶者选择购买保险,因为一次性为整个房子支付的效用减少大于50次付房子的1/50引起的效用减少。

(3)随着投资组合中股票数量的增加,股票投资组合的收益变动减小。当投资组合只由一种股票构成时,投资组合的变动与一种股票的变动相同。当投资组合包括两种股票时,可能的情况是,当一种股票支付的收益低于平均水平时,另一种股票支付的收益高于平均水平,而且两种股票往往会抵消。结果,投资组合的变动小于这种组合中的每一种股票的变动。当投资组合中股票数量增加时,这种效应在继续着。但是,到投资组合中有20—30种股票时,风险才会大大减少。要注意的是,为了通过多元化实现风险减少,股票的风险必须是无关的。因此,随机选择股票应该比选择同一个行业或在同一地区的企业的股票风险更小。

(4)股票价格取决于供求。一种股票的需求取决于支付的红利流量以及最终销售价格的现值。因此,预期的红利增加、最终销售价格上升或者现行利率下降,都会增加股票需求并使股票价格上升。一种股票的需求还取决于与股票相关的风险因素。因为人们是风险厌恶者,总风险提高将减少所有股票的需求,并使所有股票的价格下降。奇怪的是,企业特有风险(与某个公司相关的某种股票收益的标准差大小)并不影响股票的需求,因为这种风险可以通过多元化予以消除。

27.1.4 术语与定义

为每个关键术语选择一个定义。

关键术语	**定义**
______金融学	1. 以合理的方式反映所有可以获得的信息。
______现值	2. 按现行利率计算为获得一个既定的未来货币量而在今天所需要的货币量。
______未来值	3. 为了确定公司的价值而对其会计报表和未来前景进行的研究。
______复利	4. 研究人们如何做出有关某一时期资源配置和应对风险决策的学科。
______风险厌恶	5. 其变动不可预期的变量的路径。
______多元化	6. 只影响一个公司的风险。
______企业特有风险	7. 用以前得到的利息赚取利息的账户上货币量的累积。
______市场风险	8. 一种理论。根据这种理论,资产价格反映了有关这种资产价值的所有公开的、可获得的信息。
______基本面分析	9. 在现行利率既定时,今天的货币量在未来所能带来的货币量。
______有效市场假说	10. 通过用大量不相关的小风险来代替一种风险而实现风险降低。
______信息有效	11. 同时影响所有公司的风险。
______随机行走	12. 显示出对不确定性的厌恶。

27.2 问题与简答题

27.2.1 应用题

1. 白水游轮公司今天能以 100 000 美元购买轮船。在以后三年的每年年底,游轮可以赚到 40 000 美元。

   a. 如果利率是 12%,白水游轮公司预期得到的每笔未来收益的现值是多少?

   b. 如果利率是 12%,白水游轮公司应该投资于游轮吗?解释之。

   c. 如果利率是 7%,白水游轮公司应该投资于游轮吗?解释之。

   d. 比较 b 和 c 的答案。这说明了投资与利率之间关系的什么一般性原则?

2. 用70 规则回答以下问题。假设高增长国家的人均真实 GDP 每年按 2% 的比率增长,而低增长国家的人均真实 GDP 每年按 1% 的比率增长。

   a. 高增长国的人均真实 GDP 翻一番需要多少年?

   b. 如果高增长国 1930 年的人均真实 GDP 是 2 000 美元,在 2000 年它将是多少美元?

   c. 低增长国家的人均真实 GDP 翻一番需要多少年?

   d. 如果低增长国家 1930 年的人均真实 GDP 是 2 000 美元,在 2000 年它将是多少美元?

   e. 用以上你计算的数字帮助解释复利增长的概念。

   f. 如果高增长国家在 2000 年停止增长,低增长国家赶上高增长国家的生活水平还需要多少年呢?

3. 确定以下每一项保险市场所遇到问题的类型(逆向选择或道德风险),并解释之。

a. Susan 按不吸烟者的保费率购买了医疗保险。在得到保险之后,她又开始吸烟。

b. Bryce 发现,他的肝脏状况会使他短寿。他想买人寿保险,以帮助支付他的孩子的大学费用。

c. Fred 得到一份新工作,并且必须往来于芝加哥。由于担心在拥挤的路上发生车祸,他增加了他的汽车保险承保范围。

d. 在 Lisa 得到她房子的火灾保险之后,她没有关上火炉的门,火炉着火了。

4. Rachel 是一个挑剔的食客。当她选择餐馆时,她总选择在自助餐馆吃饭。在一个自助餐馆,她不必点菜单上的菜,因此,她就没有点到她不喜欢的东西的风险。Rachel 知道,自助餐馆的食物是极为普通的,而且由于她避开了高档餐馆,她就没有机会去吃一些能让她非常享受的特殊食物。但另一方面,她从来不会吃到她不愿意吃的东西。

a. Rachel 从真正好的食物中得到的效用和吃她不喜欢的食物中失去的效用同样多吗?解释之。

b. 根据 Rachel 对风险的偏好,你对她的效用函数能说出什么呢?解释之。

c. 自助餐馆的可获得性如何有助于 Rachel 减少她的风险?解释之。

27.2.2 简答题

1. 假设利率是 6%。你喜欢得到今天的 100 美元,还是一年后的 110 美元?为什么?

2. 假设你在你银行的储蓄账户上存入了 100 美元。如果你的账户赚到 8% 的利率,并且它是每年计算复利的,一年后你的账户上有多少钱?两年后呢?在第二年你多赚到了多少利息?为什么?

3. 你刚刚赢得了一笔在以后3年中每年年底给你100 000美元的彩票。或者，彩票发放单位想在今天向你一次性支付较少量的钱。如果利率是9%，你接受一次性支付的数额最少应该是多少？解释之。

4. 根据70规则，如果你的收入每年增加5%，那么你的收入翻一番需要多长时间？如果你在23岁时开始工作，年收入4万美元，而且每年收入增长5%，那么在65岁退休时你将赚到多少钱？

5. 对于风险厌恶的人，他的效用函数必定有什么性质？解释之。

6. 假设人们的汽车每10年出一次车祸，而且汽车报废。人们会以每年汽车价值1/10的保险费购买保险。风险厌恶者会为他的汽车购买车祸保险吗？为什么？

7. 保险市场往往会被哪两类问题所困扰？解释之。这又会给低风险的人带来什么问题呢？

8. 当人们购买股票时，他们面临哪两种风险？哪一种风险可以通过多元化降低，而哪一种风险不行？解释之。

9. 股票和政府债券哪一种风险更大？为什么？人们如何能用这种信息来调整他们面临的风险量？如果人们用这种方法降低风险，那么他们的收益会发生什么变动？解释之。

10. 人们可以减少自己投资于有价证券时面临的风险的三种方法是什么？

11. 医疗保险的哪三个特征使它不同于其他类型的保险，并且导致了在医疗上的过度支出？

12. 什么是基本面分析？进行基本面分析的三种方法是什么？

27.3 自我测试题

27.3.1 判断正误题

_______1. 如果现行利率是 10%，那么理性人在今天获得 1 000 美元和一年后获得 1 000 美元之间应该是无差别的。

_______2. 你将在 10 年后获得 100 000 美元遗产，如果现行的利率是 6%，你的遗产的现值是 55 839.48 美元。

_______3. 70 规则表明，平均而言，人们的收入每 70 年翻一番。

_______4. 如果利息是按年复利计算，在赚到 10% 利率的账户上存入 100 美元，3 年后应该有 30 美元的利息。

_______5. 根据70 规则，如果你的收入每年增长 7%，10 年后收入将翻一番。

_______6. 未来货币量的现值是在现行利率时为了产生未来这一货币量在今天需要的货币量。

_______7. 如果人们是风险厌恶者，他们从赢得 1 000 美元赌注中得到的效用和从失去 1 000 美元赌注中失去的效用相同。

_______8. 如果某个人的效用函数表现出财富的边际效用递减，那么这个人是一个风险厌恶者。

_______9. 当那些比普通人更容易生病的人购买医疗保险时，保险市场就证明了逆向选择问题。

_______10. 人们可以通过使自己的投资组合多元化来减少称为市场风险的风险。

_______11. 投资组合从单一股票增加到 10 种股票的多元化与投资组合从 10 种股票增加到 20 种股票的多元化所减少的投资组合的风险相同。

_______12. 当一个人把他的储蓄较多地用于购买股票，较少地用于购买政府债券时，他赚到的收益率高了，但他必须接受增加的风险。

_______13. 有效市场假说表明，由于市场是有效的，因此进行基本面分析以购买低估的股票，然后赚得比平均市场收益多是容易的。

_______14. 如果有效市场假说是正确的，股票价格就应该遵循随机行走。因此，购买指数基金或者在股票网页上随意勾画以购买多元化的投资组合也许是你能做的最好的事。

_______15. 股票的价值等于未来红利支付流量和最终出售价格的现值。

27.3.2 单项选择题

1. 在现行利率时，为了在未来产生某个货币量而在今天所需要的货币量称为
   a. 复利值。
   b. 未来值。
   c. 现值。
   d. 公平值。
   e. 开始值。

2. 如果一个储户把 100 美元存入每年计算复利、利率为 4% 的银行账户上，那么在 5 年之后账上会有多少钱？
   a. 104.00 美元。
   b. 120.00 美元。

c. 121.67 美元。

d. 123.98 美元。

e. 400.00 美元。

3. 通用电气公司有机会在今天购买一个在以后 4 年中为它带来 5 000 万美元收入的新工厂。如果现行利率是 6%，要通用电气公司愿意进行这个项目，这个项目最多花多少钱？

a. 34 583 902 美元。

b. 39 604 682 美元。

c. 43 456 838 美元。

d. 50 000 000 美元。

e. 53 406 002 美元。

4. 现行利率上升

a. 减少了投资未来收益的现值，并减少了投资。

b. 减少了投资未来收益的现值，并增加了投资。

c. 增加了投资未来收益的现值，并减少了投资。

d. 增加了投资未来收益的现值，并增加了投资。

5. 如果开始时两个国家有同样的人均真实 GDP，并且一个国家以 2% 增长，而另一个国家以 4% 增长，那么

a. 一个国家的人均真实 GDP 总比另一个国家高 2%。

b. 由于复利增长，增长为 4% 的国家的生活水平与增长慢的国家的差别开始加速扩大。

c. 两国的生活水平将趋于一致。

d. 下一年增长 4% 的国家的人均 GDP 将是增长 2% 的国家的 2 倍。

6. 运用70 规则，如果你的收入每年增长 10%，那么你的收入翻一番的时间是将近

a. 700 年。

b. 70 年。

c. 10 年。

d. 7 年。

e. 没有足够的信息回答这个问题。

7. 运用70 规则，如果你的父母在你出生时为你存了 10 000 美元，这笔存款每年赚到 3% 的利息，在你 70 岁退休时，账户上将有多少钱？

a. 300 美元。

b. 3 000 美元。

c. 20 000 美元。

d. 70 000 美元。

e. 80 000 美元。

8. 如果人们是风险厌恶者，那么

a. 他们不喜欢坏事，而喜欢相当的好事。

b. 他们的效用函数表现出财富边际效用递减的特征。

c. 他们失去 50 美元赌注所失去的效用大于他们从赢得 50 美元赌注中得到的效用。

d. 以上各项都正确。

e. 以上各项都不正确。

9. 以下哪一项无助于减少人们所面临的风险？

a. 购买保险。

b. 把其投资组合多元化。

c. 在其投资组合之内提高收益率。

d. 以上所有各项都有助于减少风险。

10. 以下哪一项是道德风险的例子？

a. Joe 在购买了火灾保险之后，开始在床上吸烟。

b. Doug 感到以后会贫穷，因此他购买了医疗保险。

c. Susan 的父母由于蛀牙而掉光了牙，因此，Susan 购买了牙科保险。

d. 以上各项都表现出了道德风险。

e. 以上各项都没有表现出道德风险。

11. 企业特有风险是

a. 与整个经济相关的不确定性。

b. 与某个公司相关的不确定性。

c. 与道德风险相关的风险。

d. 与逆向选择相关的风险。

12. 投资组合的多元化可以
    a. 减少市场风险。
    b. 减少企业特有风险。
    c. 消除所有风险。
    d. 提高投资组合收益的标准差。
13. 与投资组合全由股票构成相比,50%政府债券和50%股票构成的投资组合将有
    a. 更高的收益和更高的风险。
    b. 更高的收益和更低的风险。
    c. 更低的收益和更低的风险。
    d. 更低的收益和更高的风险。
14. 为了确定公司的价值而对公司的会计报表和未来前景进行的研究称为
    a. 多元化。
    b. 风险管理。
    c. 信息分析。
    d. 基本面分析。
15. 如果有效市场假说是正确的,那么
    a. 股票通常会被高估。
    b. 股票市场是信息有效的,因此,股票价格将遵循随机行走。
    c. 基本面分析对增加一种股票的收益来说是一种有价值的工具。
    d. 指数基金是不良投资。
    e. 以上各项都是正确的。
16. 以下哪一项减少的投资组合风险最大?
    a. 在投资组合中,把股票数量从1增加到10。
    b. 把股票数量从10增加到20。
    c. 把股票数量从20增加到30。
    d. 以上各项都提供了等量的风险减少。
17. 以下哪一项会引起股票价格上升?
    a. 市场风险减少。
    b. 预期的红利增加。
    c. 利率下降。
    d. 以上各项都是。
    e. 以上各项都不是。
18. 在以下什么情况下股票市场上会发生投机性泡沫?
    a. 股票被公正地估价。
    b. 只有当人们无理性时。
    c. 由于理性人认为他们以后能以更高的价格把股票卖给某人,因此他们会购买高估的股票。
    d. 在极其悲观期间,因为有如此多的股票被低估。
19. 发生下列哪种情况,股票价格就会遵循随机行走?
    a. 当人们选择股票时非理性地行事。
    b. 市场以理性方式反映了所有可以获得的信息。
    c. 股票被低估。
    d. 股票被高估。
20. 一个积极管理的共同基金的业绩难以超过指数基金是因为
    a. 指数基金通常可以进行更好的基本面分析。
    b. 股票市场往往是无效率的。
    c. 积极管理的基金更经常地交易,并对它们的所谓专家评价收取费用。
    d. 指数基金可以购买低估的股票。
    e. 以上各项都是。

27.4 进阶思考题

你是唯一的一所私立大学商学院的学生,学费极其昂贵。在你即将毕业时,你的父母来你的宿舍看你。当他们进入房间时,他们看到你在公告版上的股票页上随意勾画。你告诉他们,你从同意毕业后去工作的公司得到一笔巨大的签约费,你现在正挑选你计划投资的股票。

你的父母很担心，而且，他们想收回你昂贵教育所用的钱。你的父亲说："选择股票有更好的方法。我可以给你我的私人股票分析师的电话号码，或者你至少可以买知名的、管理良好的共同基金。"

1. 你父亲根据的是什么股票评价方法？它的目的是什么？

____

____

2. 向你的父母解释有效市场假说。如果有效市场假说是正确的，你父亲挑选股票的方法能达到他的目的吗？

____

____

3. 如果有效市场假说是正确的，你随意勾画做法的唯一目的是什么呢？解释之。

____

____

4. 如果有效市场假说是正确的，哪一种方法在长期中能带来更多收益：你随意勾画的做法，还是积极管理的共同基金呢？为什么？

____

____

27.5 答案

27.5.1 术语与定义

__4__ 金融学

__2__ 现值

__9__ 未来值

__7__ 复利

__12__ 风险厌恶

__10__ 多元化

__6__ 企业特有风险

__11__ 市场风险

__3__ 基本面分析

__8__ 有效市场假说

__1__ 信息有效

__5__ 随机行走

27.5.2 应用题

1. a. 40 000 美元/1.12 = 35 714.29 美元。

   40 000 美元/$(1.12)^2$ = 31 887.76 美元。

   40 000 美元/$(1.12)^3$ = 28 471.21 美元。

   b. 不应该，成本是 100 000 美元，但收益的现值只是 96 073.26 美元。

   c. 应该。虽然成本仍然是 100 000 美元，但收益的现值是（40 000 美元/1.07）+（40 000 美元/1.07^2）+（40 000 美元/1.07^3）= 104 972.65 美元。

   d. 投资与利率负相关——低利率刺激投资。

2. a. 70/2 = 35 年。

   b. 8 000 美元。

   c. 70/1 = 70 年。

d. 4 000 美元。

e. 在第一个 35 年中，高增长国的人均 GDP 增加 2 000 美元。以同样百分比增长，在下一个 35 年中，它的 GDP 增加 4 000 美元，因为现在把同样的增长率用于更大的基数。

f. 再一个 70 年。

3. a. 道德风险，因为在她得到保险之后，她对健康就不太在意了。

b. 逆向选择，因为在他知道他死亡的概率大于平均水平之后，他更愿意买人寿保险。

c. 逆向选择，因为在他知道他车祸的概率大于平均水平之后，他更愿意买汽车保险。

d. 道德风险，因为在她得到保险后，她不注意防止火灾了。

4. a. 不对。她不喜欢坏食物的程度甚于她喜欢好食物。

b. Rachel 是风险厌恶者，因为她表现出财富的边际效用递减（她不喜欢花钱，即对她而言把 30 美元用于她不喜欢的食物的效用损失大于她把 30 美元用于她喜欢的食物上而获得的效用）。

c. 她可以在自助餐馆把她的风险多元化——她在餐馆"没有把鸡蛋放在一个篮子"里。这减少了她食物的标准差，因为她的食物总是充足的，而绝没有太差或太好。自助餐馆像一个食物的共同基金。

27.5.3 简答题

1. 你应该偏爱一年后的 110 美元，因为一年后 110 美元的现值是 110 美元/1.06 = 103.77 美元，这大于 100 美元。

2. 一年以后：100 美元 × (1.08) = 108 美元。两年以后：100 美元 × $(1.08)^2$ = 100 美元 × (1.1664) = 116.64 美元。在第二年账户上多赚了 0.64 美元是因为账户用第一年的利息赚到了利息：0.08 × (8 美元) = 0.64 美元。

3. 你应该接受的至少是未来支付流的现值：100 000 美元/1.09 + 100 000 美元/$(1.09)^2$ + 100 000 美元/$(1.09)^3$ = 91 743.12 美元 + 84 168.00 美元 + 77 218.35 美元 = 253 129.47 美元。

4. 70/5 = 14 年。在 42 年中你的收入翻三番，或者 40 000 美元 × $(2)^3$ = 320 000 美元。

5. 财富的边际效用递减。因此，从得到的 1 美元中增加的效用小于失去 1 美元减少的效用。

6. 会。由于财富的边际效用递减，一次性支付来更换汽车引起的效用减少大于支付汽车价值 1/10 的保险费用引起的效用减少。

7. 逆向选择：高风险的人比低风险的人更可能申请保险。道德风险：在人们购买保险之后，他们谨慎的激励就小了。结果，保险的价格对于低风险的人往往高到他不买的程度。

8. 企业特有风险——与某个公司相关的不确定性，以及市场风险——与整个经济相关的不确定性会影响股票市场上所有的公司。企业特有风险可以用多元化来消除，因为当一个企业状况不好时，另一个无关的企业状况良好可以减少收益的变动性。市场风险不能减少，因为当整个经济状况不好时，市场投资组合状况也不好。

9. 股票，因为政府债券收益的标准差是零，而股票收益的标准差大得多。人们可以改变他们投资于股票与没有风险的政府债券的比例。低风险资产引起低收益，因此，把更多有价证券组合投入政府债券就降低了投资组合的收益。

10. 买保险,投资组合多元化,以及接受低收益的投资组合。
11. 医疗保险包括了日常支出、小额随机支出,并且与就业状况联系在一起。
12. 通过分析其财务报表及未来前景来决定一个公司的价值。你可以自己做,或者依靠华尔街分析师,或者买积极管理的共同基金。

27.5.4 判断正误题

1. 错误;一年后 1 000 美元的现值是 1 000 美元/1.10 = 909.09 美元。
2. 正确。
3. 错误;如果人们的收入按 $x\%$ 增长,他们在 $70/x$ 年后收入翻一番。
4. 错误;第一年 10 美元,第二年 11 美元,第三年 12.10 美元,总计 33.10 美元。
5. 正确。
6. 正确。
7. 错误;失去 1 000 美元失去的效用大。
8. 正确。
9. 正确。
10. 错误;多元化降低了企业特有风险。
11. 错误;从单一股票到 10 种股票的投资组合多元化减少的投资组合风险程度大。
12. 正确。
13. 错误;如果市场是有效的,那么股票总是被公正地估价。
14. 正确。
15. 正确。

27.5.5 单项选择题

1. c	2. c	3. b	4. a	5. b	6. d	7. e	8. d	9. c	10. a
11. b	12. b	13. c	14. d	15. b	16. a	17. d	18. c	19. b	20. c

27.5.6 进阶思考题

1. 基本面分析是为了决定企业的价值而对企业的会计报表和未来前景进行的详细分析。目的是选择被低估的股票——股票的价格低于价值。
2. 有效市场假说认为,股票市场是信息有效的,即它反映了关于所交易股票所有可获得的信息。这就是说,市场参与者关注影响一种股票价值的新闻。由于在任何既定时间,一种股票买者的数量等于卖者的数量,有同样数量的人认为股票被低估或高估,因此,股票一直被公正地估价,而且,其价格遵循随机行走。如果这是正确的,始终购买被低估的股票就是不可能的。
3. 一个人能做的唯一一件事是把他们的投资组合多元化,以减少企业特有风险。
4. 如果你随意勾画能消除大部分企业特有风险(你的投资组合开始像指数基金一样类似于整个市场),而且,如果你购买并持有股票(你不用经常交易),那么很可能的情况是,随意勾画将使你收益更大。这是因为共同基金的积极管理者往往会更频繁地交易,这引起交易费用,而且,它们收取费用作为它们所谓专家评价的报酬,但它们并不能降低市场风险。

第28章
失　　业

目　的

在本章中你将

- 了解用来衡量失业量的数据
- 考察寻找工作的过程是如何引起失业的
- 考察最低工资法会怎样引起失业
- 说明企业和工会之间的谈判是如何引起失业的
- 解释当企业选择支付效率工资时是如何引起失业的

效　果

在实现这些目的之后,你应该能

- 用就业者、失业者和非劳动的人数的数据计算失业率和劳动力参工率
- 解释为什么一些寻找工作性失业是不可避免的
- 用图形说明最低工资对高工资部门和低工资部门的影响
- 列出工会引起失业的原因,或者换个说法,为什么在某些情况下工会会提高效率
- 描述企业选择支付工资高于竞争工资的四个原因

28.1 本章概述

28.1.1 内容与目的

第 28 章是关于长期中产量水平与增长的四章中的最后一章。在第 25 章中,我们知道了资本和劳动是产量和增长的主要决定因素。在第 26 章中,我们论述了储蓄和资本品的投资如何影响产量的生产。在第 27 章中,我们知道了人们和企业在选择投资的资本项目时使用的一些工具。在第 28 章中,我们要说明我们劳动资源的充分利用如何提高生产水平和我们的生活水平。

第 28 章的目的是向你介绍劳动市场。我们将说明经济学家如何利用失业统计数字衡量劳动市场的状况。我们还将论述许多失业的根源,以及政府可以用来减少某些类型失业的政策。

28.1.2 本章复习

导　言

如果一个国家使自己的工人得到充分就业,它所实现的 GDP 水平就高于有许多工人闲置时的状况。在本章中,我们主要关注**自然失业率**,即经济正常时存在的失业量。“自然”并不是指不变的或经济政策可以不管的,它是指其本身无法消除的失业。本章论述失业统计数字的衡量与解释,以及失业的原因和解决办法。

1. 失业的确认

美国劳工统计局(BLS)用当前人口调查把所有受调查的成年人(16 岁及 16 岁以上)分为就业者、失业者和非劳动力。

- 就业者:作为得到报酬的员工而工作的人,在自己或家族的企业里工作的人(全职或兼职),或是有工作但因暂时离开而无法工作的人。
- 失业者:能够工作且在最近四周内正在寻找工作但是还无工作的人,或是暂时被解雇的人。
- 非劳动力:不属于以上两个范畴的人(学生、家务劳动者和退休者)。

BLS 然后计算:

- 劳动力 = 就业者数量 + 失业者数量。
- 失业率 =(失业者数量/劳动力)×100%。
- 劳动力参工率 =(劳动力/成年人口)×100%。

劳动力包括所有有工作能力的人。**失业率**是失业者在劳动力中所占的百分比。**劳动力参工率**是劳动力在成年人口中所占的百分比。人口中男性、女性、黑人、白人、青少年、成年人之间的失业率和劳动力参工率差别很大。20 岁及 20 岁以上的女性的劳动力参工率低于男性,但女性一旦成为劳动力,她们的失业率与男性相似。黑人和青少年的失业率高于白人和成年人。女性的劳动力参工率在上升,而男性的劳动力参工率在下降。

失业率围绕其波动的正常失业率是自然失业率。与自然失业率背离的失业称为**周期性失业**。在 2007 年,美国的自然失业率估计是 4.8%。本章关注自然失业率的特征和原因。

由于人们频繁地进入和退出劳动力队伍，因此失业难以衡量和解释。例如，有1/3以上的失业者是近期进入劳动力队伍的，而且有将近一半失业者以离开劳动力队伍结束失业过程。此外，失业可能由于以下原因而使衡量不准确：

- 由于一些人只是为了能得到政府补助或实际上得到“暗中”支付而假装在找工作，因此这些失业者仍被算在劳动力之内。这种行为使失业统计数字偏高。
- 一些人寻找工作不成功，并放弃了寻找工作，因此他们未被算在劳动力之内。这些工人被称为**丧失信心的工人**。这种行为使失业统计数字偏低。

由于这些问题和其他问题，BLS计算其他劳动力未充分被利用的衡量指标，称为U-1—U-6。这些统计数字力图衡量长期失业、临时工作、丧失信心的工人、兼职工人以及边际参与工人对劳动市场的影响。

了解失业持续的时间会有助于我们制定正确的失业政策。证据表明，大多数失业是短期的，但在任何一个既定时间的大多数失业是长期的。这意味着，许多人的失业是短期的，但少数人的失业是很长时期的。经济学家认为，短期失业的社会问题比长期失业少得多。

在大多数市场上，价格调节使供求平衡。在理想的劳动市场上，工资应该调整到没有失业存在。但是，即使当经济运行良好时，失业率也绝不会下降到零。下一节分析劳动市场不是理想市场的四个原因。我们讨论的失业的第一个来源是寻找工作。**摩擦性失业**是工人寻找一份最适合自己嗜好和能力的工作需要时间而引起的失业。以下三种失业来源属于结构性失业的范畴。**结构性失业**是在某些劳动市场上可获得的工作岗位数量不足以使每个想找工作的人都得到工作而引起的失业。结构性失业的产生是因为工资高于均衡工资。工资过高的三个可能原因是最低工资法、工会和效率工资。摩擦性失业可以解释较短的失业，而结构性失业可以解释较长的失业。

2. 寻找工作

寻找工作是使工人与工作岗位相匹配的过程。正因为工人的技能和嗜好不同，他们工作的性质也不相同。而且，工作信息的扩散也很缓慢。因此，工作候选人和工作岗位的匹配需要时间。摩擦性失业是由这种寻找时间引起的。

在一个动态经济中，摩擦性失业是不可避免的。随着物品需求发生变动，一些行业和地区经历了增长，而另一些行业和地区出现收缩。这种行业或地区间的需求构成变动称为部门转移。当工人在收缩部门失去工作并在增长部门找工作时，部门转移就引起了暂时的摩擦性失业。

可以通过互联网提供更好的工作机会信息来减少摩擦性失业。政府也可以通过从事缩短工作寻找时间的活动来减少摩擦性失业。两种这类的计划是：(1) 政府管理的就业机构帮助工人与工作岗位相匹配；(2) 工人培训计划重新培训收缩部门解雇的工人。批评者认为，政府并不适于做这些事，在匹配与重新培训的事情上，市场做得更有效。

失业保险是在某一时期向被解雇工人支付他们原来的薪水的一部分。失业保险增加了摩擦性失业，因为失业工人更可能：(1) 降低用于找工作的努力程度；(2) 拒绝没有吸引力的工作；(3) 不太担心工作保障。这并不意味着失业保险不好。失业保险为工人提供了失去工作的部分保障，而且通过允许工人用更长时间寻找最匹配的工作提高了工作市场的效率。

3. 最低工资法

当工作职位数量小于工人数量时，结构性失业就产生了。最低工资法是结构性失业的一个原因。我们记得最低工资法迫使工资高于均衡工资，这就引起劳动供给量大于劳动需求量，从而存在劳动过剩或失业。由于大多数工人的均衡工资大于最低工资，最低工资往往只会引起青少年这类最无技能又最无经验的工人失业。领取最低工资的工人大都是很年轻且没有工作经验的兼职者，他们往往供职于餐饮业，小费增补了他们的工资。

虽然总失业中只有一小部分是由最低工资引起的，但对最低工资的分析指出了一般规律：如果工资高于均衡水平，就会导致失业。以下两节提出了工资高于均衡水平的另外两个原因。这就是说，以下两节提供了结构性失业的另外两个原因。

要注意的是，在摩擦性失业时，即使工资处于竞争的均衡水平，工人也仍然在寻找适当的工作。与此相比，结构性失业的存在是因为工资高于竞争的均衡工资，工人在等待工作岗位的开放。

4. 工会和集体谈判

工会是一个就工资、津贴和工作条件与雇主进行**集体谈判**的工人协会。工会是一种卡特尔，因为它是一个运用市场势力的有组织的卖者集团。如果工会和企业没有达成协议，工会可以**罢工**——把其劳动服务从企业撤出。由于罢工的威胁，工会工人的收入比非工会工人高 10%—20%。受教育少的工人从工会会员身份中得到的金钱好处大于受教育多的工人。

工会以局外人（非会员）的损失为代价而使局内人（会员）受益。当工会使工资提高到均衡工资以上时，结果就是失业。局内人赚到高工资，而局外人要么失业，要么必须到无工会的企业工作。这就增加了无工会部门的劳动供给，并进一步降低了非工会工人的工资。

大多数卡特尔都是违法的，但工会不受反托拉斯法的限制。实际上，像 1935 年的《瓦格纳法案》这类立法促进了工会的建立。此外，州政府的工作权利法使就业要求具备会员身份为非法也限制了工会成员的增加。

对于工会对经济好还是坏的看法并不一致。批评者认为，工会是把劳动价格提高到竞争均衡之上的卡特尔。这是无效率的（引起失业）和不平等的（局内人以局外人的损失为代价获益）。工会的支持者认为企业有市场势力并能压低工资，因此，工会只是企业的一股抗衡力量。在一个企业雇用该地区大部分工人的公司城，这很可能是正确的。支持者还认为，工会是有效率的，因为企业不必要就薪水和福利与个别工人谈判。这就是说，工会可以减少交易费用。

5. 效率工资理论

效率工资理论提出，企业可能会有目的地使工资高于竞争均衡的水平，因为这样做对企业是有效率的。效率工资类似于最低工资法和工会，因为在所有的这三种情况下失业都是因工资高于均衡工资而引起。但是，效率工资在企业自愿支付的意义上有所不同。以下我们论述企业发现支付高于竞争均衡的工资有效率的四个原因：

- 工人的健康会由于支付高工资而改善。工资高的工人吃得更好，并且生产率更高。这更适用于发展中国家的企业，也许与美国的企业没有什么关系。
- 工人的流动率会由于支付高工资而减少，因为工人发现要找到另一份高工资的工作是困难的。企业也会发现减少工人的流动率是有利可图的，因为存在与雇用和培训新工人相关的成本，而且也因为新工人缺乏经验。
- 工人的素质会由于支付高工资而提高。企业无法完全了解求职者的素质。通过支付高于竞争均衡的工资，企业的空缺岗位能吸引到高素质求职者的概率更高。

- 工人的努力程度会由于支付高工资而提高。当一个工人的努力程度不易被监测时，工人会逃避自己的责任。如果被抓住并被解雇，赚到竞争均衡工资的工人可以很容易地找到另一份有同样工资的工作。高工资使工人更热心于保住自己的工作并努力工作。

28.1.3 有益的提示

1. 即使在竞争的均衡工资时，寻找工作也需要时间。最低工资法、工会和效率工资都会通过使工资高于竞争的均衡工资而引起劳动供给过剩（失业）。但是，即使在竞争的均衡工资时，摩擦性失业也存在，因为无论工资如何，使工人与企业相匹配必定需要时间。由于这个原因，通常认为由于工资高于均衡工资而引起的结构性失业是在固有的摩擦性失业之上增加的失业。

2. 自然失业率是长期存在的，并不是不变的。最低工资法、工会、效率工资的变动，以及由于信息革命引起的寻找工作过程的变动，都会影响自然失业率。因此，自然失业率将随政府政策、制度和行为的变动而变动。但是，由于政策、制度和行为的变动缓慢，因此，自然失业率的变动也缓慢。

28.1.4 术语与定义

为每个关键术语选择一个定义。

关键术语	定 义
______劳动	1. 由于求职不成功而放弃找工作的工人。
______失业率	2. 与自然失业率背离的失业。
______劳动力参工率	3. 为了提高工人的生产率而自愿支付的高于竞争均衡工资的工资。
______自然失业率	4. 行业或地区之间需求构成的变动。
______周期性失业	5. 工人依照自己的嗜好与技能找到合适工作的过程。
______丧失信心的工人	6. 由于工人寻找最适于自己嗜好与技能的工作需要时间而引起的失业。
______摩擦性失业	7. 失业率围绕其波动的正常失业率。
______结构性失业	8. 劳动力占成年人口的百分比。
______寻找工作	9. 使就业要求有会员身份为非法的立法。
______部门转移	10. 有组织地从企业中撤出劳工。
______失业保险	11. 就工资、津贴与工作条件与雇主进行谈判的工人组织。
______工会	12. 在工会工作中就业的人。
______集体谈判	13. 支付给被解雇工人原来薪水一部分的政府计划。
______罢工	14. 工人总数，即失业者与就业者之和。
______局内人	15. 由于一些劳动市场上可获得的工作岗位数量不能使每个想工作的人得到一份工作而引起的失业。
______局外人	16. 失业者在劳动力中所占的百分比。
______工作权利法	17. 工会和企业就劳动合同达成协议的过程。
______效率工资	18. 没有在工会工作中就业的人。

28.2 问题与简答题

28.2.1 应用题

1. 用以下就业国的信息回答问题。人口单位是百万。

	2007 年	2008 年
人口	223.6	226.5
成年人	168.2	169.5
失业者	7.4	8.1
就业者	105.2	104.2

a. 2007 年和 2008 年的劳动力是多少？

b. 2007 年和 2008 年的劳动力参工率是多少？

c. 2007 年和 2008 年的失业率是多少？

d. 从 2007 年到 2008 年，成年人口增加了，而劳动力减少了。解释为什么会出现这种情况。

e. 如果就业国的自然失业率是 6.6%，2007 年和 2008 年的周期性失业是多少？就业国这两年中都经历了衰退吗？

2. 假设劳动市场被分割为两个不同的市场：低技能工人市场和高技能工人市场。再假设低技能工人市场的竞争均衡工资是每小时 3 美元，而高技能工人市场的竞争均衡工资是每小时 15 美元。

a. 如果最低工资定为每小时 5 美元，哪一个市场的失业量较大？用图 28-1 说明。

b. 最低工资对高技能工人市场有影响吗？为什么？

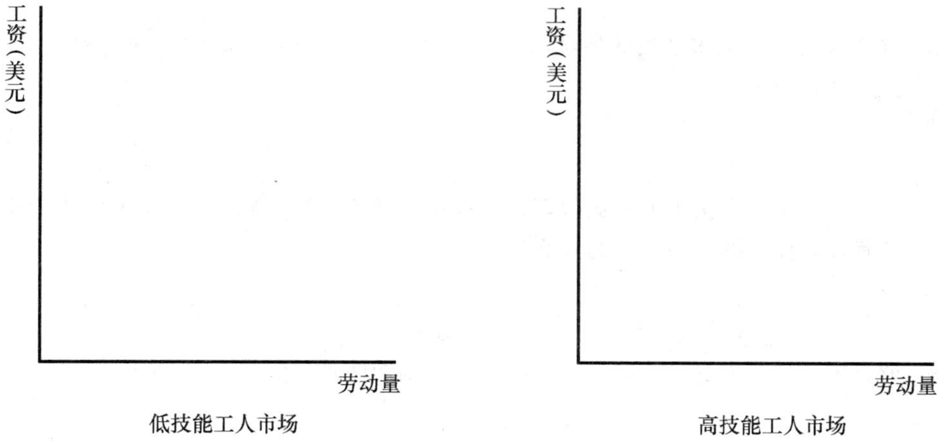

图 28-1

c. 你的结论与劳动市场统计数字一致吗？解释之。

d. 假设高技能工人市场组成了工会，而且新的协议工资是每小时 18 美元。这对低技能工人市场有影响吗？解释之。

3. 回答下列关于失业构成的问题。

a. 失业的主要原因是什么？

b. 哪一种类型的失业是企业引起的？

c. 为什么企业会支付高于竞争均衡水平的工资？

d. 哪一种类型的效率工资在美国不可能适用？为什么？

e. 其他原因造成的失业与摩擦性失业有什么不同吗？

28.2.2 简答题

1. 说出失业率不是衡量失去工作的状况的完美指标的两个原因。

2. 解释这句话:"大多数失业持续时间是短期的,在任何一个既定时间观察到的大部分失业是长期的。"

3. 工会在哪个地方更可能提高效率而不是降低效率:是只有一个大雇主的边远小镇,还是有许多雇主的大城市?为什么?

4. 请说出工会增大会员与非会员之间工资差别的两种方法。

5. 何种失业衡量指数试图在失业统计中包括丧失信心的工人的影响?解释之。官方失业率是高了,还是低了?解释之。

6. 最低工资在会计师市场上引起的失业多吗?为什么?

7. 即使工资处于竞争的均衡水平,哪一种类型的失业仍会出现?为什么?

8. 失业保险如何增加了摩擦性失业呢?

9. 政府如何帮助减少摩擦性失业呢?

10. 以下哪一种人最可能成为长期失业者:是当汽车普及时失去工作的马鞭制造者,还是当镇上新咖啡馆开业时被解雇的侍者?为什么?

28.3 自我测试题

28.3.1 判断正误题

_______1. 自然失业率是即使在长期中它本身也不能消除的失业量。

_______2. 如果失业率下降,我们就可以肯定,更多的工人有了工作。

_______3. 在二战后的美国,女性的劳动力参工率上升,而男性的劳动力参工率下降。

________4. 男性、女性、黑人、白人、青少年、成年人等不同群体的失业率几乎都是相同的。

________5. 最低工资对熟练工人市场的影响可能大于非熟练工人市场。

________6. 工会的存在往往会提高局内人的工资，并降低局外人的工资。

________7. 工会是一个劳动卡特尔。

________8. 在某些情况下，工会可能会提高效率，因为工会降低了劳动者与管理者之间谈判的费用。

________9. 效率工资与最低工资相似，因为立法要求企业支付。

________10. 支付效率工资往往会增加工人的流动率，因为如果工人“跳槽”，他们可以一直得到高工资。

________11. 企业会自愿地支付高于使工人供求平衡的水平的工资，因为高工资提高了求职者的平均素质。

________12. 如果工资总是处于竞争的均衡水平，就绝对没有失业。

________13. 由于“丧失信心的工人”的存在，官方失业率会高估真正的失业。

________14. 失业保险的存在会降低失业率，因为失业补助的领取者不属于劳动。

________15. 无论什么原因，只要工资高于竞争的均衡水平，结果就是失业增加。

28.3.2 单项选择题

1. 经济中正常存在的失业量称为
   a. 效率工资失业。
   b. 摩擦性失业。
   c. 周期性失业。
   d. 自然失业率。
   e. 以上各项都不是。

2. 根据美国劳工统计局的规定，选择留在家中并照料家人的丈夫是
   a. 失业者。
   b. 就业者。
   c. 非劳动力。
   d. 丧失信心的工人。

用下表回答第3—5题。单位是百万。

总人口	195.4
成年人口	139.7
失业者数量	5.7
就业者数量	92.3

3. 劳动力是
   a. 92.3
   b. 98.0
   c. 134.0
   d. 139.7
   e. 以上各项都不是。

4. 失业率等于
   a. 3.2%
   b. 5.7%
   c. 5.8%
   d. 6.2%
   e. 没有回答这个问题的充分信息。

5. 劳动力参工率等于
   a. 47.1%
   b. 50.2%
   c. 65.9%
   d. 70.2%
   e. 以上各项都不是。

6. 一位有注册会计师证书的会计师在相当长的时间里找不到工作，以至于她不再找工作，她被认为是
   a. 就业者。
   b. 失业者。
   c. 非劳动力。
   d. 非成年人口。

7. 以下哪一项表述是正确的？
   a. 女性的失业率往往与男性相似。

5	寻找工作	10	罢工
4	部门转移	12	局内人
13	失业保险	18	局外人
11	工会	9	工作权利法
17	集体谈判	3	效率工资

28.5.2 应用题

1. a. 2007 年:7.4 + 105.2 = 112.6(百万)　　2008 年:8.1 + 104.2 = 112.3(百万)
   b. 2007 年:(112.6/168.2) × 100% = 66.9%　　2008 年:(112.3/169.5) × 100% = 66.3%
   c. 2007 年:(7.4/112.6) × 100% = 6.6%　　2008 年:(8.1/112.3) × 100% = 7.2%
   d. 提前退休,学生学习时间长了,留在家里照料孩子的父母多了,丧失信心的工人不再找工作。
   e. 2007 年:6.6% − 6.6% = 0　　2008 年:7.2% − 6.6% = 0.6%

   在 2007 年,就业国的失业是"正常的",因此没有衰退。但是在 2008 年,失业高于正常水平(周期性失业为正),因此,就业国处在衰退中。
2. a. 低技能工人市场将有失业,因为存在超额劳动供给(参看图 28-2)。

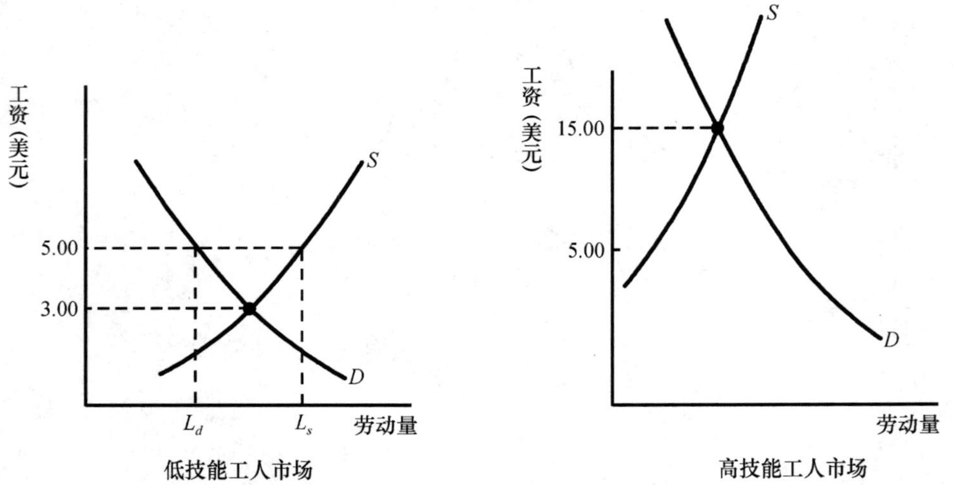

图 28-2

   b. 没有。因为竞争的均衡工资高于工资下限。
   c. 是的。我们通常观察到那些年轻且无经验的低技能工人失业量多。
   d. 有。熟练工人供给过剩会使一些熟练工人流动到非熟练工人市场,这增加了非熟练工人市场的劳动供给,进一步降低了竞争的均衡工资,甚至还会引起这一市场失业增加。
3. a. 寻找工作,最低工资,工会,效率工资。
   b. 效率工资。
   c. 为了提高工人健康状况、减少工人流动率、提高工人的努力程度,以及提高工人的素质。

d. 工人的健康状况，因为美国工人的工资远远高于只能糊口的水平。

e. 即使工资处于竞争的均衡水平，也存在摩擦性失业。

28.5.3 简答题

1. 一些人声称要找工作只是为得到失业补助，或者已经“暗中”得到支付。另一些人是丧失信心的工人，由于求职不成功而不再找工作。
2. 许多人是短期失业者。少数人是长期的失业者。
3. 在一个边远小镇中，如果只有一个有市场势力的公司，它可以把工资压到竞争的均衡水平之下。这可能需要有组织的工会来与之抗衡。
4. 工会使有工会的部门的工资提高到竞争的均衡水平之上。有工会的部门的一些失业者流动到非工会部门，这增加了劳动供给，并降低了非工会部门的工资。
5. U-4。它是总失业人数与丧失信心的工人之和占城市劳动与丧失信心的工人之和的百分比。它略高于官方失业率，因为它包括了一些放弃寻找工作并已不属于劳动的无工作人口。
6. 不多，因为会计师竞争的均衡工资高于最低工资，从而最低工资对会计师没有约束性限制。
7. 摩擦性失业，因为即使工资处于竞争均衡水平，工作匹配也需要时间。此外，不停的部门转移与新进入工作市场者也使一些摩擦性失业不可避免。
8. 失业工人用于找工作的努力小了，放弃无吸引力的工作，并且不太担心工作保障。
9. 通过建立就业服务机构和工人培训计划可以对收缩部门的解雇工人进行再培训。
10. 马鞭制造者。他必须接受再培训，因为马鞭制造业的收缩是持久的；而侍者只是重找工作，也许会到另一条街上去。

28.5.4 判断正误题

1. 正确。
2. 错误；当失业工人离开劳动力队伍时，失业率下降。
3. 正确。
4. 错误；各种人口群体的失业不同。
5. 错误；最低工资对低工资工人的影响大。
6. 正确。
7. 正确。
8. 正确。
9. 错误；效率工资由企业自愿支付。
10. 错误；效率工资降低了工人流动率。
11. 正确。
12. 错误；仍然存在摩擦性失业。
13. 错误；官方失业率会低估真正的失业。
14. 错误；失业保险提高了失业率，因为它增加了摩擦性失业。
15. 正确。

28.5.5 单项选择题

1. d	2. c	3. b	4. c	5. d	6. c	7. a	8. b	9. a	10. c
11. c	12. d	13. a	14. e	15. c	16. b	17. d	18. a	19. d	20. b

第 29 章
货币制度

目　的

在本章中你将

- 考虑什么是货币以及货币在经济中的各种职能
- 了解什么是联邦储备体系
- 考察银行体系如何有助于决定货币供给
- 理解联邦储备体系是用什么工具来改变货币供给的

效　果

在实现这些目的之后，你应该能

- 定义货币并列出货币的三种职能
- 解释美联储在货币创造中的作用
- 解释部分准备金银行体系中的货币乘数
- 列出并解释美联储用于改变货币供给的三种工具

部 1 000 美元通货存入银行 1 中，记录银行 1 资产和负债变动的 T 型账户就如下所示：

银行 1

资产		负债	
准备金	1 000 美元	存款	1 000 美元

银行 1 有 1 000 美元负债，因为它要偿还储户的 1 000 美元存款。它有资产 1 000 美元，因为它在金库中有 1 000 美元现金准备金。由于公众持有的通货减少了 1 000 美元，而公众持有的存款增加了 1 000 美元，因此货币供给并不受影响。如果银行以准备金持有所有存款，银行对货币供给就没有影响。

• 假设有部分准备金银行。由于在任何既定的一天中只有少数人要求提取他们的存款，因此，银行 1 不需要把 1 000 美元存款都作为现金准备金持有。它可以把 1 000 美元中的一部分贷出去，只把剩下的作为准备金。这称为部分准备金银行。作为准备金持有的存款比率称为**准备金率**。美联储用法定准备金规定最低准备金率。假设银行 1 的准备金率为 10%，这就意味着它要把存款的 10% 作为准备金，并把其他存款贷出去。它的 T 型账户变为：

银行 1

资产		负债	
准备金	100 美元	存款	1 000 美元
贷款	900 美元		

银行 1 创造出了货币，因为它仍然持有 1 000 美元存款，但现在一个债务人有 900 美元通货。当银行只把一部分存款作为准备金时，银行创造了货币。

这个故事并不完整。假设 900 美元的债务人支出这笔钱，而得到这 900 美元的人把它存入银行 2。如果银行 2 也是 10% 的准备金率，它的 T 型账户就变成：

银行 2

资产		负债	
准备金	90 美元	存款	900 美元
贷款	810 美元		

银行 2 通过它的贷款活动又创造出了 810 美元。每一次货币存入银行且银行把其中一部分贷出去，银行就创造了更多的货币。

如果这个过程永远持续下去，银行体系由原来的 1 000 美元创造的货币总量就是 1 000 美元 + 900 美元 + 810 美元 + 729 美元 + … = 10 000 美元（在这个例子中，每次贷款都是前一次贷款的 90%）。

银行体系用每美元准备金创造的货币量称为**货币乘数**。货币乘数是准备金率的倒数。如果 R 是准备金率，那么货币乘数就是 $1/R$。在以上描述的例子中，货币乘数是 1/0.10 或者 10。因此，从原来 1 000 美元存款中创造出的 1 000 美元新准备金就可以创造总计 10 000 美元的存款。准备金率越小，同样准备金量时的贷款量越大，从而货币乘数越大。准备金率越大，乘数越小。

部分准备金银行并没有创造新财富，因为当一个银行贷出准备金时，它创造了货币（某人的资产)，但它也创造了等值的债务合同(某人的负债)。

美联储用三种主要工具来改变货币供给：

- 公开市场操作　我们还记得，当美联储向公众购买政府债务时，它用美元为这种购买付款就增加了流通中的美元。作为通货持有的每一新美元增加了一美元的货币供给。存入银行的每美元增加了银行准备金，从而按某个乘数增加了货币供给。当美联储出售政府有价证券时，就减少了流通中的美元并减少了银行的准备金。这就减少了贷款，并进一步减少了货币供给。公开市场操作很容易用于或大或小的货币供给。因此，它是美联储日常的工具。
- 法定准备金　**法定准备金**规定了银行最低准备金率。法定准备金增加降低了货币乘数，并减少了货币供给。法定准备金减少提高了货币乘数，并增加了货币供给。美联储很少改变法定准备金，因为法定准备金变动会干扰银行的业务活动。例如，法定准备金增加立即限制了银行贷款。
- 贴现率　**贴现率**是美联储向银行发放贷款收取的利率。当美联储提高贴现率时，银行会减少向美联储借准备金，货币供给减少。当美联储降低贴现率时，银行会向美联储借更多准备金，货币供给增加。在危机期间，当储户从银行极大量地提取自己的存款时，美联储还作为银行的最后贷款者。

美联储的货币供给控制并不准确，这是因为：

- 美联储无法控制人们选择是把货币量作为存款持有还是作为通货持有。当公众把他们更多的通货作为存款时，银行准备金增加，而且，货币供给增加。
- 美联储无法控制银行贷出的准备金量。法定准备金规定了最低准备金率，但银行可以持有超额准备金——大于这个规定的准备金。如果银行增加了它们的超额准备金，贷款就会减少，而且货币供给减少。

在存在存款保险前的时候，如果储户担心银行用他们的存款发放了不可靠的贷款，并且银行会破产，他们就“挤到”银行去提取他们的存款，这称为“银行挤兑”。在部分准备金时，只有少数储户可以立即收回他们的货币。这种行为由于以下两个原因引起货币供给减少：第一，人们通过提取银行存款增加了自己的通货持有量，这减少了准备金、银行贷款以及货币供给。第二，银行担心储户提取存款而持有超额准备金，这进一步减少了贷款和货币供给。由于有了联邦存款保险公司(FDIC)，这不再是一个问题。此外，美联储每周收集准备金和存款的数据，因此，它可以发现储户和银行行为的变化。

联邦基金利率是银行间相互提供短期贷款时所收取的利率。当美联储想要降低联邦基金利率时，它就会在公开市场操作中买入政府债券，从而提供更多的银行准备金，货币供给随之增加了。当美联储提高联邦基金利率时，货币供给减少了。

29.1.3　有益的提示

(1) 法定货币由于人为的稀缺性而维持其价值。黄金有价值既是因为人们由于其内在价值而想要它，也因为它本来就是稀缺的(炼金术从未能创造出黄金)。但是，法定货币可以廉价且轻而易举地生产。因此，法定货币只能由生产者的自我限制来维持其价值。如果美元是一种高质量的价值储藏手段，那是因为美元难以伪造，以及美联储表现出对美元生产的自我限制。

(2) 只能把非银行公众手中的美元纸币作为“通货”。当经济学家用通货这个词时，是指“非银行公众手中的通货”。当你把通货存入银行时，现在你拥有存款，而你的美元纸币现在

2. 假设整个经济有1 000美元的钞票。

a. 如果人们一点也没有把美元存入银行，而是把这1 000美元全作为通货持有，那么货币供给有多少？解释之。

b. 如果人们把1 000美元钞票全部存入要求百分之百法定准备金的银行，那么货币供给有多少？解释之。

c. 如果人们把1 000美元钞票全部存入要求20%法定准备金的银行，那么货币供给有多少？解释之。

d. 在c中，由银行创造出的货币供给的比例是多少？（提示：已经存在1 000美元钞票。）

e. 如果人们把1 000美元钞票全部存入要求10%法定准备金的银行，那么货币供给会如何变化？

f. 比较你对e和c的答案，并解释为什么它们会不同。

g. 如果人们把1 000美元钞票存入要求10%法定准备金的银行，但银行选择另外持有10%的超额准备金，那么货币供给会变为多少？

h. 比较你对c和g的答案。这两个答案相同吗？为什么？

29.2.2 简答题

1. 什么是物物交换？为什么它限制了交易？

2. 货币的三种职能是什么？

3. 两种基本货币类型是什么？

4. 在美国明确归入货币的两种主要资产是什么？它们与其他资产有什么不同？（即给货币下定义。）

5. 联邦储备体系的两项主要工作是什么？

6. 美联储的三种货币政策工具是什么？

7. 如果美联储希望扩大货币供给，那么它们应该如何调整第6题中描述的三种政策工具中的每一种？

8. 如果美联储购买了你的1 000美元政府债券，并且你把所有的支付作为通货留在家里，那么货币供给增加了多少？

9. 如果美联储购买了你的1 000美元政府债券，你把这1 000美元全部作为活期存款存入银行，而且银行要求10%的法定准备金，那么货币供给增加了多少？

10. 假设法定准备金是20%。如果你在第一银行账户上开了一张支票，并向你的室友购买了1 000美元的政府债券，而且你的室友把这1 000美元存入她在第二银行的账户上，那么货币供给有多大的变动？

11. 假设没有存款保险。假设流言四起，说银行发放了许多不良贷款，且无力偿还储户。你预期储户和银行会做什么？其行为对货币供给有什么影响？

12. 如果美联储希望降低联邦基金利率，它必须在公开市场上如何操作和改变货币供给？

29.3 自我测试题

29.3.1 判断正误题

________ 1. 货币和财富是同一回事。

______2. 法定货币是在意大利使用的货币。
______3. 商品货币有不取决于其作为货币使用的价值。
______4. $M1$ 货币供给包括通货、活期存款、旅行支票以及其他支票存款。
______5. 当你愿意今天晚上带着钱包里的 100 美元去睡觉,而且你完全相信明天你可以花掉这笔钱并得到与你今天花这笔钱得到的同样多的物品时,货币表现出它作为交换媒介的职能。
______6. 货币有三种职能:作为交换媒介、计价单位,以及防止通货膨胀。
______7. 信用卡是 $M2$ 货币供给的一部分,并按持卡人的最大信用额度来评价。
______8. 美联储是美国的中央银行,它由理事会的 7 位理事管理。
______9. 联邦公开市场委员会(FOMC)大约每 6 周开一次会,讨论经济状况并对货币政策的变动投票。
______10. 如果有百分之百准备金银行,那么货币供给不受公众选择以通货或存款持有的货币比例的影响。
______11. 如果美联储购买了 100 000 美元的政府债券,并且法定准备金是 10%,那么货币供给的最大增加量就是 10 000 美元。
______12. 如果美联储想紧缩货币供给,那么它可以做下面的任何一件事:出售政府债券、提高法定准备金以及提高贴现率。
______13. 如果美联储出售了 1 000 美元政府债券,并且法定准备金是 10%,那么存款会减少 10 000 美元。
______14. 法定准备金提高增加了货币乘数,并增加了货币供给。
______15. 如果银行选择持有超额准备金,则贷款减少,货币供给减少。

29.3.2 单项选择题

1. 以下哪一项不是货币的职能?
   a. 计价单位。
   b. 价值储藏手段。
   c. 防止通货膨胀。
   d. 交换媒介。
2. $M1$ 的货币供给包括
   a. 通货、活期存款、旅行支票及其他支票账户。
   b. 通货、活期存款、储蓄存款、货币市场共同基金及小额定期存款。
   c. 通货、政府债券、黄金证明及铸币。
   d. 通货、NOW 账户、储蓄账户及政府债券。
   e. 以上各项都不是。
3. 以下哪一个是法定货币的例子?
   a. 黄金。
   b. 美元纸币。
   c. 铸币。
   d. 战俘营中的香烟。
4. 联邦储备理事会包括
   a. 由国会任命的 7 名理事和由总统任命的 7 名理事。
   b. 由联邦储备银行选出的 7 名理事。
   c. 由国会任命的 12 名理事。
   d. 由总统任命的 7 名理事。
   e. 由总统任命的 5 名理事和联邦储备银行 7 名轮值的行长。
5. 商品货币
   a. 没有内在价值。
   b. 有内在价值。
   c. 只能在美国使用。
   d. 作为支持法定货币的准备金

使用。

6. 为了使美联储摆脱政治压力，
   a. 理事由公众选举。
   b. 理事终身任职。
   c. 理事由议会银行委员会监督。
   d. 理事任期 14 年。
7. 以下哪一种表述是正确的？
   a. FOMC 每年开一次会讨论货币政策。
   b. 美联储在 1871 年因内战而创立。
   c. 当美联储出售政府债券时，货币供给减少。
   d. 货币政策的主要工具是法定准备金。
8. 银行的法定准备金是以下哪一项的一个固定百分比？
   a. 贷款。
   b. 资产。
   c. 存款。
   d. 政府债券。
9. 如果法定准备金是 25%，货币乘数的值是
   a. 0.25
   b. 4
   c. 5
   d. 25
   e. 以上各项都不是。
10. 美联储的以下哪一种政策行为能增加货币供给？
   a. 降低法定准备金。
   b. 出售政府债券。
   c. 提高贴现率。
   d. 以上各项都增加了货币供给。
11. 假设 Joe 把在 A 银行的 1 000 美元活期存款转到 B 银行。如果法定准备金是 10%，那么由于 Joe 的行为，活期存款的潜在变动是多少？
   a. 1 000 美元。
   b. 9 000 美元。
   c. 10 000 美元。
   d. 0 美元。
12. 法定准备金减少引起
   a. 准备金增加。
   b. 准备金减少。
   c. 货币乘数提高。
   d. 货币乘数下降。
   e. 以上各项都不是。
13. 贴现率是
   a. 美联储向准备金支付的利率。
   b. 美联储向银行发放贷款收取的利率。
   c. 银行向公众存款支付的利率。
   d. 当公众向银行借款时支付的利率。
14. 以下哪一种政策组合会一致地起到增加货币供给的作用？
   a. 出售政府债券，降低法定准备金，降低贴现率。
   b. 出售政府债券，提高法定准备金，提高贴现率。
   c. 购买政府债券，提高法定准备金，降低贴现率。
   d. 购买政府债券，降低法定准备金，降低贴现率。
   e. 以上各项都不是。
15. 假设美联储购买了你的 1 000 美元政府债券。如果你把这 1 000 美元全部存入银行，且法定准备金率是 20%，那么美联储的行为会引起货币供给总量多大的潜在变动？
   a. 1 000 美元。
   b. 4 000 美元。
   c. 5 000 美元。
   d. 0 美元。
16. 假设所有银行都维持百分之百准备金率。如果一个人把 1 000 美元通货存入一个银行，那么
   a. 货币供给不受影响。
   b. 货币供给的增加大于 1 000

美元。

c. 货币供给的增加小于 1 000 美元。

d. 货币供给的减少大于 1 000 美元。

e. 货币供给的减少小于 1 000 美元。

17. 如果美联储进行公开市场购买，同时它提高法定准备金，那么

a. 货币供给将增加。

b. 货币供给将减少。

c. 货币供给将保持不变。

d. 我们无法确定货币供给将会发生什么变动。

18. 给出以下 T 型账户。如果法定准备金是 10%，这家银行可以谨慎地发放的贷款最多是多少？

试验银行

资产		负债	
准备金	150 美元	存款	1 000 美元
贷款	850 美元		

a. 0 美元。

b. 50 美元。

c. 150 美元。

d. 1 000 美元。

e. 以上各项都不是。

19. 货币政策的三种主要工具是

a. 政府支出、赋税以及法定准备金。

b. 货币供给、政府购买以及赋税。

c. 铸币、通货以及活期存款。

d. 公开市场操作、法定准备金以及贴现率。

e. 法定货币、商品货币以及存款货币。

20. 假设美联储购买了一个人的政府债券。这个人把自己的销售收入都存入她的开户银行。如果银行把一部分存款作为超额准备金，那么货币供给将

a. 增加的少于货币乘数所表示的。

b. 增加的多于货币乘数所表示的。

c. 减少的少于货币乘数所表示的。

d. 减少的多于货币乘数所表示的。

29.4 进阶思考题

假设你是伯南克（这本学习指南出版时的联邦储备理事会主席）的私人朋友。他到你家吃午饭，并注意到你的长沙发。伯南克先生深为沙发的漂亮所震撼，以至于他马上想为自己的办公室添置这个沙发。伯南克先生以 1 000 美元购买了你的沙发，由于是为自己办公室买的，因此，他用纽约联邦储备银行开出的支票向你支付。

1. 经济中的美元比以前多了吗？为什么？

2. 你认为为什么当美联储想改变货币供给时，它不买卖长沙发、不动产等，而是买卖政府债券？

3. 如果美联储在购买新家具时不想增加货币供给，那么它应该用什么行为来抵消这种购买？

29.5 答案

29.5.1 术语与定义

__5__ 物物交换
__9__ 货币
__14__ 交换媒介
__6__ 计价单位
__3__ 价值储藏手段
__23__ 流动性
__7__ 商品货币
__13__ 法定货币
__2__ 通货
__19__ 活期存款
__8__ 联邦储备体系
__22__ 中央银行
__12__ 货币供给
__18__ 货币政策
__21__ 联邦公开市场委员会
__16__ 准备金
__1__ 部分准备金银行
__10__ 准备金率
__20__ 货币乘数
__15__ 公开市场操作
__17__ 法定准备金
__4__ 贴现率
__11__ 联邦基金利率

29.5.2 应用题

1. a. 公开市场操作。

b.

第一学生银行

资产		负债	
准备金	10 000 美元	存款	10 000 美元

c.

第一学生银行

资产		负债	
准备金	2 000 美元	存款	10 000 美元
贷款	8 000 美元		

d. 10 000 美元 + 8 000 美元 = 18 000 美元。

e. 1/0.2 = 5

f. 10 000 美元 × 5 = 50 000 美元。

g. 减少了,因为可以用来再贷款的再储蓄中每次贷款的量都少了。

h. 减少了,因为可以用来再存款的贷款中每次存款量都少了。

2. a. 1 000 美元,因为有 1 000 美元通货和零存款。

b. 1 000 美元,因为现在有零通货和 1 000 美元存款。

c. 1 000 美元 ×(1/0.2) = 5 000 美元,因为 1 000 美元新准备金可以支撑价值 5 000 美

元的存款。

d. 总的潜在增加量是5 000 美元,但1 000 美元是体系中已有的通货。因此,银行创造出来的增加的货币为4 000 美元。

e. 1 000 美元 ×(1/0.1)=10 000 美元。

f. 当法定准备金下降时,银行可以用等量的新准备金创造出更多货币,因为它们可以把每笔新存款中更大的部分贷出去。

g. 1 000 美元 ×1/(0.1+0.1)=5 000 美元。

h. 是的,它们是相同的。就存款创造而言,银行为什么持有准备金无关紧要,它持有多少准备金才至关重要。

29.5.3 简答题

1. 物物交换是用物品与劳务直接交换物品与劳务。它要求欲望的双向一致性。
2. 交换媒介、计价单位以及价值储藏手段。
3. 商品货币和法定货币。
4. 通货和活期存款。它们是在物品与劳务交易中直接可以支出的或普遍接受的资产。
5. 管制银行并保证银行体系正常运行,以及控制经济中的货币量。
6. 公开市场操作、法定准备金以及贴现率。
7. 购买美国政府债券、降低法定准备金,以及降低贴现率。
8. 1 000 美元。
9. 1 000 美元 ×(1/0.1)=10 000 美元。
10. 货币供给将完全不变。在这种情况下,准备金只是从一个银行转移到另一个银行。
11. 储户提取他们的存款减少了银行的准备金。银行将试图持有超额准备金,以应付存款的提取。这两者都会减少银行贷款和货币供给。
12. 它必须购买债券,这样既向银行体系注入了准备金,同时也增加了货币供给。

29.5.4 判断正误题

1. 错误;货币是一个人财富中可支出的那一部分。
2. 错误;法定货币是没有内在价值的货币。
3. 正确。
4. 正确。
5. 错误;货币表现出它作为价值储藏手段的职能。
6. 错误;价值储藏手段,而不是对付通货膨胀。
7. 错误;信用卡不包括在货币供给中。
8. 正确。
9. 正确。
10. 正确。
11. 错误;货币供给的最大增加量是100 000 美元 ×(1/0.1)=1 000 000 美元。
12. 正确。
13. 正确。
14. 错误;法定准备金的提高降低了货币乘数,这就减少了货币供给。
15. 正确。

29.5.5 单项选择题

1. c	2. a	3. b	4. d	5. b	6. d	7. c	8. c	9. b	10. a
11. d	12. c	13. b	14. d	15. c	16. a	17. d	18. b	19. d	20. a

29.5.6 进阶思考题

1. 是的。当美联储购买任何东西时，它用新创造的美元支付，经济中就有了更多美元。
2. 交易成本和储藏成本是不确定的。此外，"东西"存货的价值是不确定的。政府债券的公开市场要有效得多。
3. 美联储可以出售等值的政府债券来抵消其他购买。

第30章
货币增长与通货膨胀

目　的

在本章中你将

- 了解为什么货币供给的迅速增长引起了通货膨胀的后果
- 知道古典二分法和货币中性的含义
- 说明为什么一些国家会发行了如此之多的货币，以致它们经历了超速通货膨胀之苦
- 考察名义利率如何对通货膨胀率做出反应
- 考虑通货膨胀给社会可能带来的各种成本

效　果

在实现这些目的之后，你应该能

- 用数量方程式说明货币和物价之间的联系
- 解释为什么货币在长期中不影响真实经济变量
- 解释通货膨胀税的概念
- 说明名义利率、真实利率与通货膨胀率之间的关系
- 解释当通货膨胀出乎预料地上升时在一笔贷款合同中谁受益谁受损

30.1 本章概述

30.1.1 内容与目的

第 30 章是论述长期中货币与物价的两章中的第二章。第 29 章解释了什么是货币,以及联邦储备体系如何控制货币量。第 30 章确定货币增长率和通货膨胀率之间的关系。

本章的目的是让你了解通货膨胀的原因与成本。你将发现在长期中货币增长率与通货膨胀之间存在强烈的关系,你还将发现高通货膨胀给经济带来许多成本,但当通货膨胀适度时,却意识不到这些成本的重要性。

30.1.2 本章复习

导　言

通货膨胀是物价总水平的上升;通货紧缩是物价总水平的下降;超速通货膨胀是极高的通货膨胀。不同时间和不同国家的通货膨胀有着极大差别。在本章中,我们要解决两个问题:什么引起通货膨胀,以及通货膨胀为什么是一个问题。对第一个问题的回答是,当政府发行了太多的货币时就引起了通货膨胀。对第二个问题的回答要求更多的思考,并将集中在本章的后半部分中。

1. 古典通货膨胀理论

这一节提出并运用了作为对物价水平和通货膨胀的一种解释的**货币数量论**。

当物价上升时,很少是因为物品更值钱了,而是因为用于购买物品的货币更不值钱了。因此,通货膨胀更多是关于货币价值的,而不是关于物品价值的。物价总水平上升相当于货币价值同比例下降。如果 P 是物价水平(用货币衡量的物品与劳务的价值),那么 $1/P$ 就是用物品和劳务衡量的货币的价值。如果物价翻一番,那么货币的价值就下降到以前价值的一半。

货币的价值由货币的供求决定。如果我们不考虑银行体系,那么美联储就控制货币供给。货币需求反映了人们想以流动性形式持有的财富量。货币需求有许多决定因素,在长期中一种因素是决定性的——物价水平。人们持有货币是因为它是交换媒介。如果物价高了,同样的交易就需要更多的货币,货币需求量就多了。

货币市场均衡需要货币的供求平衡。图 30-1 表示货币供给 MS_1 时货币均衡在 A 点。回想一下,用物品与劳务衡量的货币价值是 $1/P$。当货币价值高时,物价水平就低,货币需求量也低。因此,图中的货币需求曲线向右下方倾斜。由于美联储固定了货币量,因此货币供给曲线是垂线。在长期中,物价总水平要调整到使货币需求量等于货币供给量。

假设美联储使经济中的货币量翻一番,从 MS_1 到 MS_2。在原来的物价水平时,现在就存在超额货币供给。由于人们现在持有的货币比他们想要的多,他们就通过买东西——物品与劳务或债券——来使自己摆脱超额货币供给。即使人们购买债券(贷出货币),债券发行者(债务人)也将得到这些货币并购买物品与劳务。无论哪一种方法,货币注入都增加了对物品与劳务的需求。由于经济生产物品与劳务的能力没有变,对物品与劳务的需求的增加就提高了物价水平。物价水平将持续上升(货币价值将下降)到货币需求量增加到货币供给量的水

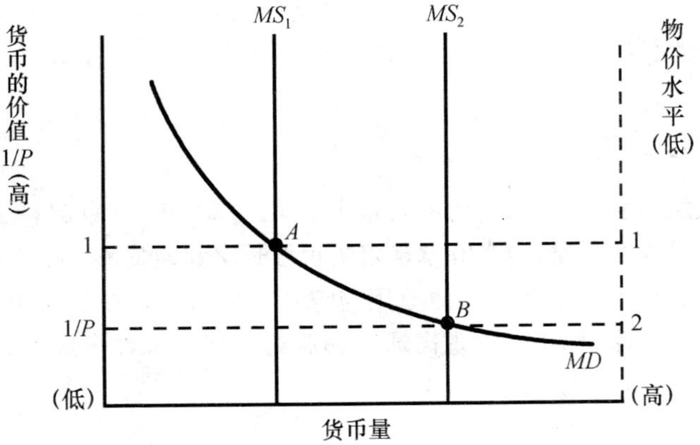

图　30-1

平（B点）。这就是说，物价水平要调整到使货币供给与货币需求相等。因此，货币数量论的结论是：(1) 经济中的货币量决定物价水平（以及货币的价值）；(2) 货币供给增加提高了物价水平，这意味着，货币供给增长引起通货膨胀。

古典二分法认为经济变量可以分为两个类型——**名义变量**（用货币单位衡量的变量）和**真实变量**（用实物单位衡量的变量）。虽然价格是名义变量，但相对价格是真实变量。例如，你每小时收入与糖棒价格的比率是用每小时糖棒衡量的真实变量。货币供给变动影响名义变量，但不影响真实变量。真实产量由生产率和要素供给决定，而不由货币量决定。然而，名义变量的值由货币量决定并与货币量是同比例的。例如，如果货币供给翻一番，价格就翻一番，工资也翻一番，而且，所有美元值都翻一番，但真实产量、真实利率和真实工资仍然不变。这个结论称为**货币中性**。在短期中，货币不可能是中性的，但在长期中，货币可能是中性的。

可以用数量方程式来证明古典二分法和货币中性。首先，我们把货币的周转率定义为货币流通速度。$V=(P\times Y)/M$，式中，V是**货币流通速度**；P是物品的物价；Y是真实产量（$P\times Y$ = 名义 GDP）；M是货币量。如果名义产出是500美元（单价为1美元的500件物品），M是100美元，那么$V=5$。这就是说，为了用100美元满足500美元的买卖，每个美元必须平均支出5次。

重新整理一下，我们得出**数量方程式**：$M\times V=P\times Y$。如果货币量增加，P或Y必须上升，或者V必须下降。我们的通货膨胀理论采取了以下五个步骤：

- 在长期中V是较为稳定的。
- M的变动引起名义产出（$P\times Y$）的同比例变动。
- 真实产量（Y）在长期中由生产率和要素供给决定，而且不受M变动的影响。
- 由于Y是固定的，M增加引起P同比例变动。
- 因此，通货膨胀产生于货币供给的迅速增长。

超速通货膨胀有时定义为每月超过50%的通货膨胀。在这些案例中，数据表明货币增长与通货膨胀之间存在着密切的联系，这支持货币数量论的结论。

如果一些国家知道发行过多货币会引起通货膨胀，那么为什么它们还要这样做呢？政府这样做是为其支出付款。当政府支出时，它们通过税收、借款或发行更多货币得到货币。那些支出高、税收收入不足且借款能力有限的国家会转向发行货币。当一个政府通过发行货币增加收入时，它就实行了**通货膨胀税**。当政府发行货币且物价上升时，人们持有的货币的价值就下降了。通货膨胀税是向那些持有货币的人征收的税。

如果货币是中性的,货币的变动就不会影响真实利率。回想一下真实利率、名义利率和通货膨胀率之间的关系:

$$真实利率 = 名义利率 - 通货膨胀率$$

得出名义利率:

$$名义利率 = 真实利率 + 通货膨胀率$$

真实利率取决于可贷资金的供求。在长期中,货币是中性的,并且只影响名义变量,而不影响真实变量。因此,当美联储提高货币增长率时,通货膨胀率就上升,并且名义利率一对一地上升,但是真实利率保持不变。名义利率对通货膨胀的一对一调整称为**费雪效应**。要注意的是,当第一次发放贷款时名义利率就确定了,因此,费雪效应实际上认为,名义利率是按预期的通货膨胀一对一地调整的。

2. 通货膨胀的成本

人们通常认为通货膨胀是一个严重的经济问题,因为当物价上升时他们的收入不能购买到同样多的物品与劳务。因此,他们认为通货膨胀直接降低了他们的生活水平。但是,这种观点是一种谬误。由于人们通过出卖劳动这类劳务而赚到收入,因此名义收入膨胀与物价水平膨胀是相伴而来的。因此,通货膨胀一般并不直接影响人们的真实购买力。

但是,通货膨胀有许多更为微妙的成本:

- 皮鞋成本　回想一下,通货膨胀是对持有货币的人征收的一种税。为了避免这种税,当通货膨胀率高时,人们持有的货币比通货膨胀率低时少,而对有利息的资产投资更多。结果,人们不得不去银行,且比没有通货膨胀时更频繁地提取货币。这些成本有时形象地称为**皮鞋成本**(由于你常去银行而磨损了鞋)。持有少量现金的实际成本是浪费时间和不方便。在高通货膨胀率时,这种成本不是无足轻重的。
- 菜单成本　有许多与变动价格相关的成本——印制新菜单、价格单和目录的成本,分发它们的邮寄成本,为新价格做广告的成本,以及决定新价格本身的成本。
- 相对价格变动与资源配置不当　由于改变价格是有成本的,企业就尽可能少地改变价格。当存在通货膨胀时,那些在一定时期内物价保持不变的物品的相对价格与平均物价水平相比就下降了。这使资源配置不当,因为是依据相对价格做出经济决策的。一种价格每年只变动一次的物品在年初时人为地变贵,而在年终又人为地变便宜了。
- 通货膨胀引起的税收扭曲　通货膨胀增加了储蓄赚到的收入的税收负担,从而抑制了储蓄和经济增长。通货膨胀影响如下两种类型的储蓄税:

(1) 资本收益是以高于购买价格的价格出售一种资产时所赚到的利润。名义资本收益要受赋税的影响。假设你以 20 美元购买了一股股票并以 50 美元的价格出售,再假设在你拥有这个股票时物价水平翻了一番,那么你只有 10 美元的真实收益(因为你要以 40 美元出售股票才能收支相抵),但是你必须按名义资本收益 30 美元纳税,因为税法没有考虑通货膨胀。

(2) 尽管有一部分名义利率是补偿通货膨胀的,但名义利息仍要纳税。当政府把名义利率的一个固定百分比作为税收时,随着通货膨胀加剧,税后真实收益就越来越少。这是因为名义利率与通货膨胀一对一地上升,而税收随着名义利率上升而增加,但是税前真实收益并不受通货膨胀影响。因此,税后真实收益下降了。

由于对名义资本收益和名义利息收税,通货膨胀就降低了储蓄的税后真实收益,从而通货膨胀就抑制了储蓄和增长。可以通过消除通货膨胀或税制指数化，以便只对真实收益收税来解决这个问题。

• 混乱与不方便　货币作为计价单位意味着美元是我们衡量经济价值的标准。当美联储增加货币供给并引起通货膨胀时，就降低了货币的价值，并使经济衡量尺度缩小。这使得对企业利润的核算更为困难，从而使选择投资更为复杂，这也使日常交易更为混乱。

• 未预期到的通货膨胀的特殊成本——财富的任意再分配　即使通货膨胀是稳定且可预期的，以上描述的通货膨胀成本也存在。但是，如果通货膨胀是未预期到的，由于它任意再分配财富，因此对经济还有另一种成本。例如，贷款条款通常是根据以某个预期的通货膨胀量（参看费雪效应方程式）为基础的名义值来确定的。然而，如果通货膨胀高于预期，债务人就可以用购买力低于预期的美元来偿还贷款，债务人以损害债权人的利益而获益。当通货膨胀小于预期时，情况正好相反。无论通货膨胀有多严重，如果它是完全可以预期的，这种再分配就不会发生。然而，高通货膨胀绝不会是稳定的。因此，低通货膨胀由于更为稳定和可预期而好一些。

30.1.3　有益的提示

1. 货币的价格是 $1/P$。由于我们用货币衡量物品与劳务的价格，因此我们用货币可以交换到的物品与劳务量衡量货币的价格。例如，如果一篮子物品与劳务值 5 美元，那么 P 为 5 美元。1 美元的价格是 $1/P$，或者一篮子物品的 1/5。这就是说，1 美元可以交换 1/5 篮子的物品。如果一篮子物品的价格翻一番，以至于它现在卖 10 美元，那么货币的价格就下降为它原来价值的一半。用数字来表示，由于一篮子物品的价格现在是 10 美元，或者 P 为 10 美元，所以货币的价格就下降到 $1/P$，或者 1/10 篮子物品。总之，当一篮子物品与劳务的价格从 5 美元翻一番变为 10 美元时，货币的价格就下降了一半，从 1/5 篮子物品下降到 1/10 篮子物品。

2. 当论述货币数量论的时候，你不妨设想正在拍卖。在拍卖结束时，我们可以计算卖出东西的数量和卖出东西的平均价格。假设我们重复该拍卖，仅仅是拍卖行使每个买者投入拍卖的货币翻一番——如果你原来有 20 美元，现在就有 40 美元，以此类推。如果所有参与者都与以前的拍卖一样，花了同样百分比的货币（相当于货币流通速度不变），而且，可用于拍卖的东西不变（相当于真实产量不变），那么拍卖中所出售物品的平均价格会发生什么变动呢？拍卖中的价格正好翻一番，这表明价格与货币量是同比例的。

3. 未预期到的通货膨胀与对未来收入征税一样发生作用。我们知道，未预期到的通货膨胀再分配财富。尽管在这个时期中根据名义合同要记住谁受益和谁受损是困难的，但如果你记得未预期到的通货膨胀像对未来收入征税和对未来支付补贴一样发生作用，你就总能马上判断正确。因此，当通货膨胀结果高于贷款合同签订时我们所认为的，得到未来支付的人的状况就变坏，因为他们得到的美元的购买力小于他们达成协议时的。债务人的状况变好，因为他们能使用过去价值高时的货币，又被允许用价值低的货币还债。因此，当通货膨胀高于预期时，财富从债权人那里再分配给债务人。相反，当通货膨胀低于预期时，赢家和输家正好相反。

这个概念可以运用到任何一个持续一段时间的合同。不妨来看一下劳动合同。我们记得当通货膨胀大于我们的预期时，那些在未来得到货币的人受损，而那些在未来支付货币的人获益。因此，当通货膨胀高于预期时，企业以损害工人的利益而获益。当通货膨胀低于预期的时候，赢家和输家正好相反。

30.1.4 术语与定义

为每个关键术语选择一个定义。

关键术语	定 义
______通货膨胀	1. 当通货膨胀引起人们减少货币持有量时的资源浪费。
______通货紧缩	2. 政府用发行货币来增加收入的做法。
______超速通货膨胀	3. 一种理论，认为货币量决定价格，货币增长率决定通货膨胀。
______货币数量论	4. 用实物单位衡量的变量。
______名义变量	5. 与改变价格相关的成本。
______真实变量	6. 未根据通货膨胀校正的利率。
______古典二分法	7. 以高于购买价格出售一种资产而赚到的利润。
______货币中性	8. 名义利率对通货膨胀一对一的调整。
______货币流通速度	9. 物价总水平上升。
______数量方程式	10. 极高的通货膨胀。
______通货膨胀税	11. $M \times V = P \times Y$。
______名义利率	12. 名义变量与真实变量理论上的区分。
______真实利率	13. 根据通货膨胀校正的利率。
______费雪效应	14. 用货币单位衡量的变量。
______皮鞋成本	15. 货币流通的速度。
______菜单成本	16. 物价总水平下降。
______资本收益	17. 货币供给变动影响名义变量，但不影响真实变量的特征。

30.2 问题与简答题

30.2.1 应用题

1. 用数量方程式来回答这个问题。假设货币供给是200美元，真实产量是1000单位，每单位物品价格是1美元。
   a. 货币流通速度是多少？

   ____

   ____

   b. 如果货币流通速度是你在a中解出的固定值，货币数量论所说明的是，如果货币供给增加到400美元，会发生什么情况？

   ____

   ____

   c. 你对b的回答与古典二分法一致吗？解释之。

   ____

d. 假设货币供给从 200 美元增加到 400 美元，翻了一番，真实产量增长得并不多（比如说 2%）。现在价格会发生什么变动？价格的上升大于翻一番，小于翻一番，还是正好翻一番？为什么？

e. 当通货膨胀极高时，人们不愿意持有货币，因为货币会迅速贬值。因此，他们更快地花钱。如果当货币供给翻一番时，人们会更快地花钱，那么价格会发生什么变动？价格的上升会大于翻一番，小于翻一番，还是正好翻一番？

f. 假设在这个问题开始时货币供给为 $M1$。这就是说，$M1$ 货币供给是 200 美元。如果 $M2$ 货币供给是 500 美元（而且所有其他值都与本题开始时一样），那么 $M2$ 的数量方程式会是什么样呢？

2. 下列问题与费雪效应相关。

a. 为了证明你对费雪效应的了解，完成下表。

真实利率	名义利率	通货膨胀率
3%	10%	______
______	6%	2%
5%	______	3%

以下关于费雪效应的问题与上表无关。

b. 假设人们预期通货膨胀将是 3%，再假设合意的真实利率是 4%，那么名义利率是多少？

c. 假设通货膨胀结果是 6%。根据 b 中预期签约的贷款的实际真实利率是多少？

d. 当通货膨胀预期为 3%，但实际上结果为 6% 时，财富是由债权人向债务人再分配，还是由债务人向债权人再分配？

e. 通货膨胀结果只为 1% 时会发生什么变动？

3. 尽管名义利率主要是补偿通货膨胀，但所得税把储蓄赚到的名义利息作为收入。

a. 为了说明这对储蓄的激励是什么，完成下表。

	低通货膨胀国家	高通货膨胀国家
真实利率	5%	5%
通货膨胀率	3%	11%
名义利率	________	________
25% 的税收引起的利率下降	________	________
税后名义利率	________	________
税后真实利率	________	________

b. 在哪一个国家中，对储蓄的激励更大？为什么？

c. 政府为了消除这个问题可以做些什么？

30.2.2 简答题

1. 如果货币供给翻一番，在长期中货币需求量和物价水平必定发生什么变动？

2. 解释古典二分法。

3. 在古典二分法的框架内，哪一种变量受货币变动影响，哪一种变量不受货币变动影响？我们用哪个短语来描述这种影响？

4. 货币在长期中还是在短期中更可能是中性的？为什么？

5. 假设货币供给增加了 10%。解释数量方程式中的每个变量会发生什么变动。

6. 政府可以用来支撑其支出的三个收入来源是什么？哪一种方法引起通货膨胀，谁承担这种筹集收入方式的重担？

7. 在长期中，货币供给增长率提高对真实利率与名义利率各有什么影响？

8. 通货膨胀侵蚀了我们的收入价值,从而降低了我们的生活水平吗？解释之。

9. 当通货膨胀完全可以预期时,通货膨胀的成本是什么？

10. 假设通货膨胀结果低于我们预期的。谁可能受益,是债务人还是债权人？工会工人还是企业？为什么？

11. 下列说法中的不一致之处是什么？“当通货膨胀高但稳定而可预期时,通货膨胀没有再分配财富。”

12. 当通货膨胀提高了名义利率时,通货膨胀(如果正确预期到了)会使债务人状况变坏而债权人状况变好吗？为什么？

30.3 自我测试题

30.3.1 判断正误题

______1. 物价水平上升和货币贬值是同一件事。

______2. 货币数量论说明,货币供给增加同比例地增加了真实产量。

______3. 如果物价水平翻一番,货币需求量也会翻一番,因为人们需要两倍的货币来完成同样的交易。

______4. 在长期中,货币供给增加倾向于影响真实变量,但不影响名义变量。

______5. 如果货币供给是500美元,真实产量是2500单位,而且,每单位真实产量的平均价格为2美元,那么货币流通速度是10。

______6. 费雪效应表明在长期中,如果通货膨胀率从3%上升到7%,那么名义利率应该提高4%,而真实利率将保持不变。

______7. 通货膨胀税是由那些持有货币的人支付的,因为通货膨胀使他们持有的货币量贬值。

______8. 货币中性是指货币供给的变动完全不会引起任何事情变动。

______9. 通货膨胀侵蚀了人们工资的价值,并降低了他们的生活水平。

______10. 通货膨胀降低了那些为了避免与变动价格相关的成本而暂时保持价格不变

的物品的相对价格。

_______11. 通货膨胀的皮鞋成本对医生与失业工人几乎是相同的。

_______12. 通货膨胀会刺激储蓄，因为它增加了储蓄的税后真实收益。

_______13. 那些支出的钱大于它们能通过税收或借款筹集到的钱的政府会发行过多的货币，这就引起通货膨胀。

_______14. 如果通货膨胀结果高于人们预期的，财富就从债务人再分配给债权人。

_______15. 如果名义利率是7%，而通货膨胀率为5%，那么真实利率就是12%。

30.3.2 单项选择题

1. 在长期中，引起通货膨胀的是
   a. 有市场势力并拒绝贷款的银行。
   b. 把税收提得如此之高以致增加了从事经营的成本，从而提高了物价的政府。
   c. 发行了太多货币的政府。
   d. 诸如劳动和石油这类投入的价格的上升。
   e. 以上各项都不是。
2. 当物价以极高的比率上升时，它被称为
   a. 通货膨胀。
   b. 超速通货膨胀。
   c. 通货紧缩。
   d. 低通货膨胀。
   e. 反通货膨胀。
3. 如果物价水平翻一番，那么
   a. 货币需求减少一半。
   b. 货币供给减少一半。
   c. 名义收入不受影响。
   d. 货币的价值下降一半。
   e. 以上各项都不是。
4. 在长期中，货币需求主要取决于
   a. 物价水平。
   b. 信用卡的可获得性。
   c. 银行出口的可获得性。
   d. 利率。
5. 货币数量论得出的结论是货币供给增加引起
   a. 货币流通速度同比例提高。
   b. 物价同比例上升。
   c. 真实产量同比例增加。
   d. 货币流通速度同比例下降。
   e. 物价同比例下降。
6. 真实变量的例子是
   a. 名义利率。
   b. 工资价值与汽水价格的比率。
   c. 玉米的价格。
   d. 美元工资。
   e. 以上各项都不是。
7. 数量方程式表明
   a. 货币×物价水平=货币流通速度×真实产量。
   b. 货币×真实产量=货币流通速度×物价水平。
   c. 货币×货币流通速度=物价水平×真实产量。
   d. 以上各项都不是。
8. 如果货币是中性的，那么
   a. 货币供给增加无所谓。
   b. 货币供给不会改变，因为它与黄金这类商品相联系。
   c. 货币供给变动只影响真实产量这类真实变量。
   d. 货币供给变动只影响物价和货币工资这类名义变量。
   e. 货币供给变动同比例地降低了货币流通速度。因此，它既不影响物价，也不影响真实产量。
9. 如果货币供给增长5%，真实产量增

长2%,那么物价应该上升

a. 5%

b. 小于5%

c. 大于5%

d. 以上各项都不是。

10. 货币流通速度是

a. 货币供给每年流通的速度。

b. 产量每年流通的速度。

c. 企业存货每年流通的速度。

d. 高度不稳定的。

e. 不可能衡量的。

11. 征收通货膨胀税的国家之所以这样做是因为

a. 政府不了解通货膨胀的成因和后果。

b. 政府预算平衡。

c. 政府支出高,而且,政府征收的税收不够,借款又困难。

d. 通货膨胀税和所有税收大体相同。

e. 通货膨胀税在所有税收中是最进步的(由富人交纳)。

12. 通货膨胀税

a. 是一种根据企业物品价格上升幅度由企业交纳1/4的公开税收。

b. 是一种对持有货币的人征收的税。

c. 是一种对那些从有利息储蓄账户获得利息的人征收的税。

d. 通常由预算平衡的政府采用。

e. 以上各项都不是。

13. 假设名义利率是7%,而货币供给每年增长5%。再假设真实产量是固定的,如果政府把货币供给增长率从5%提高到9%,那么费雪效应表明在长期中名义利率应该变为

a. 4%

b. 9%

c. 11%

d. 12%

e. 16%

14. 如果名义利率是6%,而通货膨胀率是3%,那么真实利率是

a. 3%

b. 6%

c. 9%

d. 18%

e. 以上各项都不对。

15. 如果实际通货膨胀结果高于人们预期的,那么

a. 财富从债权人向债务人再分配。

b. 财富从债务人向债权人再分配。

c. 没有发生再分配。

d. 真实利率不受影响。

16. 当通货膨胀稳定且可预期时,以下哪一项通货膨胀成本不会发生?

a. 皮鞋成本。

b. 菜单成本。

c. 由于通货膨胀引起的税收扭曲的成本。

d. 财富的任意再分配。

e. 由于混乱和不方便引起的成本。

17. 假设由于通货膨胀俄罗斯的企业必须每月计算、印刷,并向其客户邮寄新价格表。这是以下哪一项的例子?

a. 皮鞋成本。

b. 菜单成本。

c. 由于通货膨胀引起的税收扭曲的成本。

d. 财富的任意再分配。

e. 由于混乱和不方便引起的成本。

18. 假设由于通货膨胀在巴西人们持有的现金少了,并且要每天到银行提取他们每天所需的现金。这是以下哪一项的例子?

a. 皮鞋成本。

b. 菜单成本。

c. 由于通货膨胀引起税收扭曲的成本。

d. 由于通货膨胀引起相对价格变动,从而使资源配置不当的成本。

e. 由于混乱和不方便引起的成本。

19. 如果真实利率是4%,通货膨胀率是6%,税率是20%,那么税后真实利率是

a. 1%

b. 2%

c. 3%

d. 4%

e. 5%

20. 以下哪一项关于通货膨胀的表述不正确?

a. 未预期到通货膨胀再分配财富。

b. 通货膨胀与名义利率同步上升。

c. 假如存在通货膨胀,对名义利息收入征税会减少储蓄收益,降低经济增长率。

d. 通货膨胀降低了人们的真实购买力,因为它提高了人们所购买东西的成本。

30.4 进阶思考题

假设你向朋友解释"通货膨胀税"的概念。你正确地告诉他:"当政府发行货币来满足其支出,而不是通过收税或借款时,它就引起了通货膨胀。通货膨胀税只是由于这种通货膨胀而使货币贬值。因此,税收负担落在持有货币的人的身上。"你的朋友回答:"这种税有什么坏处呢?富人有许多钱,因此,对我而言通货膨胀税是公正的。也许政府应该发行货币来为所有支出筹资。"

1. 富人持有的货币比穷人多,是正确的吗?

____

____

2. 富人的收入中用货币持有的百分比会高于穷人吗?

____

____

3. 与所得税相比,通货膨胀税加在富人身上的负担大,还是加在穷人身上的负担大?解释之。

____

____

4. 还有其他原因可以说明采用通货膨胀税并不是一种好的政策吗?

____

____

30.5 答案

30.5.1 术语与定义

9 通货膨胀
16 通货紧缩
10 超速通货膨胀
3 货币数量论
14 名义变量
4 真实变量
12 古典二分法
17 货币中性
15 货币流通速度
11 数量方程式
2 通货膨胀税
6 名义利率
13 真实利率
8 费雪效应
1 皮鞋成本
5 菜单成本
7 资本收益

30.5.2 应用题

1. a. (1 000 ×1 美元)/200 美元 = 5
   b. 400 美元 ×5 = 2 美元 ×1 000,价格将翻一番,从 1 美元上升为 2 美元。
   c. 是的。古典二分法把经济变量分为真实变量与名义变量。货币同比例地影响名义变量,但不影响真实变量。在 b 中,价格翻一番,但真实产量仍然不变。
   d. 数量方程式表明,名义产量与货币必定同比例变动。价格将仍然上升,但由于真实产量也大了,价格上升小于翻一番。
   e. 如果 V 不变,货币对名义产量有同比例的影响。如果 V 提高,M 翻一番将引起 P 的上升大于翻一番。
   f. 500 美元 ×2 = 1 美元 ×1 000,M2 的货币流通速度是 2。
2. a.

真实利率	名义利率	通货膨胀率
3%	10%	7%
4%	6%	2%
5%	8%	3%

   b. 3% +4% =7%
   c. 人们应该按 7% 的名义利率签署贷款合同。因此,7% -6% =1%。
   d. 人们预期真实利率为 4%,但真实利率结果是 1%。财富从债权人再分配给债务人。
   e. 最初的贷款合同将是相同的。因此,7% -1% =6%。真实利率是 6% 而不是 4%,因此,财富从债务人再分配给债权人。

3. a.

	低通货膨胀国家	高通货膨胀国家
真实利率	5%	5%
通货膨胀率	3%	11%
名义利率	8%	16%
25% 的税收引起的利率下降	2%	4%
税后名义利率	6%	12%
税后真实利率	3%	1%

b. 在低通货膨胀国家,因为税后真实利率高。

c. 它们可以消除通货膨胀或者只对真实利息收入收税。

30.5.3 简答题

1. 为了维持货币均衡,货币需求量必须翻一番,因为对同样数量的物品的支出将翻一番,这引起价格翻一番,货币的价值下降一半。
2. 宏观经济变量可以分为两类——真实变量(用实物单位衡量)和名义变量(用货币单位衡量)的观点。
3. 名义变量受影响。真实变量不受影响。货币中性。
4. 在长期中,因为人们和市场根据货币供给变动进行调整需要时间。在短期中,很可能犯错误。
5. V 保持不变。Y 保持不变。M 增加 10%,P 上升 10%。
6. 税收、借款和发行货币。发行货币。那些持有货币的人,因为货币贬值了。
7. 对真实利率没有影响。随着货币增长率提高和物价上升,名义利率一对一地上升。
8. 不是。收入是出卖劳动服务的结果,在通货膨胀期间,其价值和其他价格一起上升。
9. 皮鞋成本,菜单成本,由于相对价格变动引起资源配置不当的成本,税收扭曲,混乱和不方便。
10. 债权人和工人。这些人根据合同在未来得到的美元的价值高于他们签约时的。
11. 当通货膨胀高时,它总是不稳定的,并且难以预测。
12. 不是。名义利率根据通货膨胀的上升一对一地调整,因此,真实利率不受影响。债权人和债务人都不会获益。

30.5.4 判断正误题

1. 正确。
2. 错误;它使价格同比例上升。
3. 正确。
4. 错误;货币供给会影响名义变量,但不影响真实变量。
5. 正确。
6. 正确。
7. 正确。
8. 错误;它并没有引起真实变量变动。
9. 错误;收入的膨胀与物价的膨胀是同时发生的。
10. 正确。
11. 错误;医生到银行的机会成本大。
12. 错误;通货膨胀往往会减少储蓄的税后收益。
13. 正确。

14. 错误；财富从债权人再分配给债务人。

15. 错误；真实利率是2%，因为7% - 5% = 2%。

30.5.5 单项选择题

1. c	2. b	3. d	4. a	5. b	6. b	7. c	8. d	9. b	10. a
11. c	12. b	13. c	14. a	15. b	16. d	17. b	18. a	19. b	20. d

30.5.6 进阶思考题

1. 正确，富人拥有的货币也许比穷人多。
2. 不对，广义地看，穷人把收入中更大的百分比以货币形式持有。实际上，穷人根本没有其他金融资产。
3. 通货膨胀税加在穷人身上的负担远远大于富人。富人可以以根据通货膨胀调整的有利息的资产形式持有自己的大部分资产。我们在巴西和阿根廷的高通货膨胀时期都观察到了这一事实。
4. 除了通货膨胀税之外，通货膨胀还给经济带来许多其他成本，如皮鞋成本、菜单成本、税收扭曲和混乱等。

第 *11* 篇 开放经济的宏观经济学

第 31 章
开放经济的宏观经济学：基本概念

目　的

在本章中你将

- 知道净出口如何衡量物品与劳务的国际流动
- 知道资本净流出如何衡量资本的国际流动
- 考虑为什么净出口必须总等于资本净流出
- 说明储蓄、国内投资和资本净流出如何相关
- 知道名义汇率和真实汇率的含义
- 考察作为汇率决定理论的购买力平价理论

效　果

在实现这些目的之后，你应该能

- 定义净出口
- 定义资本净流出
- 解释为什么净出口和资本净流出是同一个硬币的两面
- 解释为什么如果一国储蓄率低，贸易赤字和负的资本净流出会对该国有利
- 说明真实汇率与名义汇率之间的关系
- 说明为什么两国通货之间的名义汇率应该等于其相对价格水平

31.1 本章概述

31.1.1 内容与目的

第31章是论述开放经济的宏观经济学的两章中的第一章。第31章提出了与国际情况下宏观经济学相关的基本概念和名词:净出口、资本净流出、真实汇率与名义汇率,以及购买力平价理论。下一章,即第32章,将建立一个说明这些变量如何同时决定的开放经济的宏观经济模型。

第31章的目的是提出宏观经济学家研究开放经济时使用的基本概念。我们要弄清楚为什么一国的净出口必须等于其资本净流出,还要弄清楚真实汇率与名义汇率的概念,并提出一种被称为购买力平价理论的汇率决定理论。

31.1.2 本章复习

导　言

在本书的前面,我们知道了人们可以从交易中获益,因为他们可以专门生产自己有比较优势的物品,并与其他人的生产进行交易。但是,到现在为止,我们关于宏观经济学的大部分研究都以**封闭经济**为基础(封闭经济没有与其他国家的交往)。现在我们开始研究**开放经济**中的宏观经济学(开放经济是与其他国家交往的经济)。

1. 物品与资本的国际流动

一个开放经济在两个方面与其他国家交往:它在世界物品市场上买卖物品与劳务,在世界金融市场上买卖资本资产。

(1) **物品与劳务的流动:出口、进口与净出口**　**出口**是在国内生产而在国外销售的物品与劳务,而**进口**是在国外生产而在国内销售的物品与劳务。**净出口**是一国的出口值与其进口值的差额。净出口又称为**贸易余额**。如果出口大于进口,则净出口是正的,并且该国称为有**贸易盈余**。如果进口大于出口,则净出口是负的,并且该国称为有**贸易赤字**。如果进口等于出口,则净出口是零,存在**贸易平衡**。

净出口受消费者对国内与国外物品的嗜好、国外与国内物品的相对价格、汇率、国外与国内收入、国际运输成本以及政府对贸易的政策的影响。在下一章中将解释这些因素。

由于以下原因,自1950年以来美国经济的国际贸易量日益增加:(1) 运输的改善,例如大型集装箱船;(2) 改善与国外交往的通信进步;(3) 新技术物品每磅的价值更高并且易于运输;(4) 政府更加支持贸易,证据是政府支持北美自由贸易协定(NAFTA)和关贸总协定(GATT)。

(2) **金融资源的流动:资本净流出**　**资本净流出**(也称为外国净投资)是本国居民购买的外国资产减去外国人购买的本国资产之间的差额。当一位本国居民购买并控制了外国的资本时,这就称为外国直接投资。当一位国内居民购买外国公司股票但并不直接控制该公司时,则称为外国证券投资。

资本净流出受国外与国内资产得到的相对真实利率、相对经济与政治风险,以及影响国外拥有国内资产的政府政策的影响。我们将在下一章中论述这些因素。

(3) **净出口与资本净流出相等** 净出口衡量一国进口与出口的不平衡。资本净流出是一国购买与出售资产的不平衡。这两种不平衡相互抵消。这就是说,资本净流出(NCO)等于净出口(NX):

$$NCO = NX$$

这是一个恒等式,因为每一次国际交易都是一次交换。当福特公司把一辆汽车卖给一位墨西哥居民时,福特公司得到了比索,NX 和 NCO 都增加。由福特公司进行的以后任何一次交易都保持了 NX 和 NCO 的相等。(1) 如果福特持有比索,NCO 增加,因为福特公司现在持有增加的外国资产(比索)。(2) 福特公司用比索去购买其他墨西哥资产(股票等),从而维持了 NX 和 NCO 增加。(3) 如果福特公司用比索去购买等值的墨西哥物品,则这种相反的交易使 NX 和 NCO 回到其原来的值。(4) 福特公司可以用比索换美元。新的比索所有者可以购买墨西哥资产,从而维持 NX 和 NCO 的增加;或者,他们可以购买墨西哥的物品,从而使 NX 和 NCO 减少到原来的水平。简而言之,当一个人出口物品并得到外汇时,既可以持有外汇,也可以用它从进口国买物品,还可以用来从进口国购买资产。在每一种情况下,都维持了 $NX = NCO$。换句话说,如果一个国家出现贸易赤字($NX < 0$),则该国必须通过将本国资产销往国外($NCO < 0$)来弥补贸易赤字。

(4) **开放经济中的储蓄与投资** 储蓄和投资对经济增长是很重要的。储蓄是一国用于消费和政府购买之后剩下的收入。回想一下,国内生产总值(Y)是消费(C)、投资(I)、政府购买(G)和净出口(NX)之和。因此,

$$Y = C + I + G + NX$$

而储蓄是

$$Y - C - G = I + NX$$

或者

$$S = I + NX$$

由于 $NX = NCO$,我们可以写为:

$$S = I + NCO$$

因此,在一个开放经济中,当美国经济中储蓄了 1 美元的时候,可以把它投资于国内资本(I)或者外国资本(NCO),并不一定要只投资于国内资本(I)。当 $S > I, NCO > 0$ 时,表明一国正投资于外国资产;而当 $I > S, NCO < 0$ 时,则表明外国人正在为本国的投资融资。

总之,如果一国有贸易盈余,那么净出口(NX)是正的,国内储蓄就大于国内投资,而且资本净流出(NCO)是正的。如果一国有贸易赤字,那么净出口(NX)是负的,国内储蓄小于国内投资,而且,资本净流出(NCO)是负的,这表明该国正通过将资产卖往国外而为一些投资融资。如果一国贸易平衡,那么净出口(NX)是零,国内储蓄等于国内投资,而且,资本净流出(NCO)是零。

从 1980 年到 1987 年,当美国贸易赤字增加时,相伴随的资本净流出减少(外国人在美国投资更多)主要是由于美国储蓄下降。这并不是一种好的为投资筹资的方法,但有外国人在美国投资总比没人投资好。从 1991 年到 2000 年,当美国贸易赤字增加时,相应的资本净流出减少(外国人在美国更多地投资)主要是由于美国投资的增加。只要投资项目能带来合意的收益,这种类型的贸易赤字引起一国资本流入并不一定是坏事。2000 年以后,政府预算赤字再一次地降低了国家储蓄,减少了资本净流出。

2. 国际交易的价格:真实汇率与名义汇率

名义汇率是人们可以用一种通货交换另一种通货的比率。美元和任何一种外国通货之间的汇率可以用两种方法表示:每美元的外国通货或者每单位外国通货的美元。例如,如果80日元等于1美元,名义汇率就是每美元80日元,或者每日元0.0125(1/80)美元。我们总用每美元的外国通货来表示汇率。当美元购买到更多外国通货时,美元就**升值**了。当美元购买到的外国通货少了时,美元就**贬值**了。由于在世界上存在多种通货,美元的汇率通常表示为某一组通货与美元相比的汇率指数。

真实汇率是人们用一国的物品与劳务可以与另一国物品与劳务交换的比率。当我们直接比较一国物品与劳务的价值和另一国物品与劳动的价值时,要考虑两件事:通货的相对价值(名义汇率)以及交易物品的相对价格。真实汇率可以定义为:

$$\text{真实汇率}=\frac{\text{名义汇率}\times\text{国内价格}}{\text{国外价格}}$$

正如可以把名义汇率表示为每单位国内通货的外国货币单位一样,也可以把真实汇率表示为每单位国内物品的外国物品单位。例如,假设1箱墨西哥啤酒是20比索,而1箱美国啤酒是10美元,名义汇率是每美元4比索。墨西哥啤酒与美国啤酒的真实汇率就是:

$$\begin{aligned}\text{真实汇率}&=\frac{(4\text{ 比索}/1\text{ 美元})\times(10\text{ 美元}/1\text{ 箱美国啤酒})}{(20\text{ 比索}/1\text{ 箱墨西哥啤酒})}\\&=\frac{40\text{ 比索}/1\text{ 箱美国啤酒}}{20\text{ 比索}/1\text{ 箱墨西哥啤酒}}\\&=\frac{40\text{ 比索}}{1\text{ 箱美国啤酒}}\times\frac{1\text{ 箱墨西哥啤酒}}{20\text{ 比索}}\\&=\frac{2\text{ 箱墨西哥啤酒}}{1\text{ 箱美国啤酒}}\end{aligned}$$

真实汇率是各国物品的真实相对成本。

由于宏观经济学家关注整个经济,因此他们也关注物价总水平而不是个别物品的价格。因此,宏观经济学家不是用啤酒的价格而是用每个国家的物价指数来计算真实汇率:

$$\text{真实汇率}=(e\times P)/P^*$$

式中,e是名义汇率;P是国内物价指数;P^*是国外物价指数。

当真实汇率这一衡量指标上升时,美国物品相对于外国物品更为昂贵,净出口减少。当真实汇率这一衡量指标下降时,美国物品相对于外国物品更为便宜,净出口增加。

许多欧洲国家现在共同使用称为欧元的货币。欧元代替了法国法郎、德国马克、意大利里拉等。欧元由欧洲中央银行(ECB)控制。单一货币使欧洲区域内的贸易更加容易、更加便利,而且还有助于减轻欧洲的民族主义情感。

3. 第一种汇率决定理论:购买力平价

为什么一种汇率有一个特定值的最简单的解释称为**购买力平价理论**。这种理论认为任何一种通货的一单位应该在所有国家都能买到同样多的物品。这种理论的逻辑根据了一价定律。一价定律认为,一种物品在所有地方都应该按同样的价格出售,因为如果同一种物品有不同的价格,人们就会在便宜的地方购买物品并在昂贵的地方把它卖掉。这种行为将一直迫使价格低的地方价格上升而价格高的地方价格下降,直至价格相等时为止。这个过程称为套利。因此,1美元在墨西哥和美国应该能买到同样数量的啤酒。如果不是这样，就有获得利润的机会，而且，商人会在便宜的地方买而在贵的地方卖。

如果购买力平价理论是正确的，两国通货之间的名义汇率就取决于这两个国家的物价水平。例如，如果墨西哥啤酒是每箱20比索，而美国啤酒是每箱10美元，那么汇率就应该是每10美元20比索，或者每美元2比索，从而1美元在这两个国家能买到同样多的啤酒。要注意的是，每美元2比索的名义汇率只是两国物价的比率。

为了把这个概念表示为公式，假设 P 是美国的物价水平，P^* 是外国的物价水平，e 是用每美元外国通货表示的汇率。在美国1美元可以买 $1/P$ 单位，在外国1美元可以买 e/P^* 单位。购买力平价理论表明，在每个国家1美元都应该买到同样多的东西：

$$1/P = e/P^*$$

解出 e，

$$e = P^*/P$$

因此，如果购买力平价理论成立，名义汇率就是国外物价水平与国内物价水平的比率。

回想一下，一国的物价水平取决于一国中央银行发行了多少货币。如果一国中央银行创造了更多货币，它的通货能买到的物品和劳务就少了，能买到的其他通货的单位也少了。这就是说，这种通货贬值了。

在长期中购买力平价理论最为可能成立。但是，即使在长期中，购买力平价理论也并不完全准确，这是因为：(1) 一些物品是不容易贸易的（如劳务）；(2) 即使可贸易的物品也不总是完全替代品。

31.1.3 有益的提示

(1) 负的资本净流出扩大了国内投资。可以用国民储蓄来支持国内投资和资本净流出：

$$S = I + NCO$$

以美国为例，如果 NCO 是负的，那么，这就意味着外国人在美国的投资大于美国人在国外的投资。这就使得尽管美国人本身的储蓄很少，但仍可保持充分的国内投资。例如，假设储蓄是7 000亿美元，资本净流出是 -2 000亿美元，则国内投资是 I = 7 000亿美元 + 2 000亿美元，即9 000亿美元。

(2) 总是用外国单位对本国单位来表示名义汇率与真实汇率。用相对于国内单位的外国单位来表示汇率有助于避免混乱，因为这种汇率上升与国内单位的价值上升是相关的。例如，假设用200日元/1美元来表示日元和美元之间的名义汇率。如果汇率上升到210日元/1美元，那么美元的价值就上升了。

(3) 当得出名义汇率或真实汇率时，总要确定衡量单位。当计算汇率（特别是真实汇率）时，学生犯的一个常见错误是没有确定整个问题中的衡量单位，并在得出数字解之后问题结束时加上衡量单位。这就留下了很多错误和混乱的可能性空间。在墨西哥和美国啤酒真实汇率的例子中，需要注意的是，数字后全部要加上单位，这不仅仅是为了你自己的方便。即使你做了许多次这样的事，为避免犯错误也必须这样做。

(4) 购买力平价理论对高价值和低运输成本的物品应该是成立的。一价定律适用于最可能进行套利的物品。因此，我们可以预期到所有国家钻石的美元价格都是相同的，因为钻石价格的微小背离会创造出巨大的利润机会。但是，伦敦和纽约之间擦皮鞋价格的巨大背离不可能创造出利润机会和物品或劳务的流动。尽管许多物品与劳务现在在各国间是无法贸易的，但是轻的、高技术的、高价值的商品的生产与贸易的增长仍将提高购买力平价这一理论的适用性。

31.1.4 术语与定义

为每个关键术语选择一个定义。

关键术语	定义
______封闭经济	1. 出口大于进口的量。
______开放经济	2. 在国内生产而在国外销售的物品与劳务。
______出口	3. 人们用一国物品与劳务交换另一国物品与劳务的比率。
______进口	4. 通过在便宜的地方购买并在昂贵的地方出售来利用同一种商品的两种价格。
______净出口	5. 人们可以用一种通货交换另一种通货的比率。
______贸易盈余	6. 用其他通货衡量的一种通货的价值下降。
______贸易赤字	7. 与其他经济没有交往的经济。
______贸易平衡	8. 出口值与进口值的差额或贸易余额。
______资本净流出	9. 一种理论，认为一单位一国通货应该在所有国家能买到等量的物品。
______名义汇率	10. 用其他通货衡量的一种通货的价值上升。
______升值	11. 与其他经济有交往的经济。
______贬值	12. 进口大于出口的量。
______真实汇率	13. 在国外生产而在国内销售的物品与劳务。
______购买力平价理论	14. 国内居民购买的外国资产与外国人购买的国内资产的差额。
______套利	15. 出口等于进口的情形。

31.2 问题与简答题

31.2.1 应用题

1. 下列每一笔交易如何影响美国的 *NCO*？这些交易影响直接投资还是证券投资？

   a. 福特公司购买马自达公司的股票。

   ____

   ____

   b. 福特公司向日本制造商购买钢材，用来生产它的汽车。

   ____

   ____

   c. 马自达公司扩大在田纳西州的工厂。

   ____

   ____

d. 日本的共同基金购买福特公司的股票。

e. 陶氏化学公司在德国建了一个工厂。

2. 假设英国居民用英镑购买了美国制造商生产的一台电脑。

a. 如果美国制造商持有英镑，在这种情况下 *NX* 等于 *NCO* 吗？解释之。

b. 假设美国制造商用这些英镑资助在英国建立一个工厂，在这种情况下 *NX* 等于 *NCO* 吗？解释之。这是哪一种国外投资？

c. 假设美国制造商用这些英镑购买英国公司的股票，在这种情况下 *NX* 等于 *NCO* 吗？解释之。这是哪一种国外投资？

d. 假设美国制造商用这些英镑购买英国制造的电脑芯片，在这种情况下 *NX* 等于 *NCO* 吗？解释之。

3. 假设名义汇率是每美元 100 日元。再假设美国玉米每蒲式耳的价格是 5 美元，日本玉米每蒲式耳的价格是 750 日元。

a. 根据玉米价格计算日本和美国之间的真实汇率是多少？

b. 1 美元在美国和日本有购买力平价吗？解释之。

c. 存在套利的机会吗？你在哪里买，又会在哪里卖呢？

d. 如果名义汇率仍然不变，美国和日本的玉米价格会发生什么变动？解释之。

e. 假设你在 d 中提出的价格变动了。真实汇率会发生什么变动？

4. 假设一条 Lee 牛仔裤在美国的价格是 40 美元，而在墨西哥是 400 比索。

a. 如果购买力平价成立，比索与美元的名义汇率是多少？

b. 假设墨西哥中央银行受到政治压力使其货币供给翻了一番，这使物价水平也翻了一番。如果购买力平价成立，比索与美元的新汇率是多少？比索升值了还是贬值了？

c. 假设美联储现在使美国货币供给翻了一番，这使美国的物价水平也翻了一番。如果购买力平价成立，比索与美元的汇率值是多少？美元升值了还是贬值了？

d. 比较你对 a 和 c 的答案。汇率发生了什么变动？为什么？

31.2.2 简答题

1. 请找出最近 40 年间美国经济贸易量日益增长的四个原因。

2. 定义“资本净流出”。而当外国人在美国投资时，美国的 *NCO* 值会发生什么变动？

3. 可用于投资的国民储蓄的两个互相排斥的地方在哪里？

4. 如果国民储蓄保持不变，而 *NCO* 减少，那么国内投资会发生什么变动？为什么？

5. 假设美元相对于世界通货升值。Pier One 进口公司(一家销售“有异国情调”的外国物品的国内连锁企业)是高兴，还是沮丧呢？

6. 根据真实汇率，使美国在国际上更具竞争力的三种可改变的变量是哪些？

7. 假设福特 Escort 汽车在美国卖 10 000 美元，而在加拿大卖 12 000 加元。如果购买力平价理论成立，加元与美元的汇率是多少？1 加元可以买多少美元？

8. 假设各国之间的贸易增加。这提高还是降低了汇率决定的购买力平价理论的预测准确性？

____

____

9. 假设美国货币供给平均每年增长5%，而墨西哥平均每年增长35%。如果购买力平价成立，随着时间推移，比索和美元的汇率会发生什么变动？为什么？

____

____

10. 为什么购买力平价理论并不完全准确呢？

____

____

31.3 自我测试题

31.3.1 判断正误题

______1. 净出口定义为进口减去出口。

______2. 当丰田公司购买了希尔顿饭店这家美国公司的股票时，美国的资本净流出减少了。

______3. 对任何一个国家而言，净出口总等于资本净流出，因为每一次国际交易都涉及某种物品与资产的等值交换。

______4. 对于既定量的美国国民储蓄，美国资本净流出增加就减少了美国国内投资。

______5. 高价值的先进技术物品不太可能在国际上交易，因为运输成本吸收了过多潜在的利润。

______6. 出口大于进口的国家可以说有贸易赤字。

______7. 如果日元对美元的汇率上升，那么美元就升值了。

______8. 如果一箱百事可乐在美国是8美元，而在日本是720日元，那么根据汇率的购买力平价理论，日元与美元的汇率应该是每美元5 760日元。

______9. 如果购买力平价理论成立，真实汇率总是等于1。

______10. 如果英国货币供给的增加快于墨西哥，英镑的价值就应该相对于比索的价值而上升。

______11. 假设英镑对美元的名义汇率是2。如果巨无霸在美国的价格是2美元，而在英国是6英镑，那么真实汇率就是每个美国巨无霸为2/3个英国巨无霸。

______12. 为了增加国内投资，一国应该增加自己的储蓄，或者减少自己的外国净投资。

______13. 套利是通过在便宜的地方买东西并在昂贵的地方出售的利用同种物品价格差的过程。

______14. 套利会引起同一种物品的价格相互背离。

______15. 如果以美国为基地的一家公司喜欢坚挺的美元（有高交换价值的美元），那么这家公司的出口很可能大于进口。

31.3.2 单项选择题

1. 一个与其他经济有交往的经济称为
   a. 贸易平衡的经济。
   b. 出口经济。
   c. 进口经济。
   d. 封闭经济。
   e. 开放经济。
2. 以下每一项都是美国经济继续进行更大量国际贸易的原因,除了
   a. 有更大的集装箱运输船与飞机。
   b. 每磅高技术物品的价值更高,从而更可能进行交易。
   c. NAFTA 规定增加北美各国之间的贸易。
   d. 存在改善各国之间通信技术的技术进步。
   e. 以上所有各项都是美国贸易增加的原因。
3. 以下哪一项关于有贸易赤字的国家的说法是正确的?
   a. 资本净流出必须是负的。
   b. 净出口是负的。
   c. 净出口是正的。
   d. 出口大于进口。
   e. 以上各项都不是。
4. 以下哪一项直接增加了美国的资本净流出?
   a. 通用电气公司向英国的空中客车公司出售了一台飞机发动机。
   b. 微软在瑞典建了一个新配给设施。
   c. 本田公司在俄亥俄州建了一个新工厂。
   d. 丰田公司购买 AT&T 的股票。
5. 以下哪一项是国外直接投资的例子?
   a. 麦当劳在莫斯科建了一个餐馆。
   b. 哥伦比亚电影公司向俄罗斯电影院出售了一部电影的播映权。
   c. 通用汽车公司购买了沃尔沃公司的股票。
   d. 通用汽车公司从日本购买钢材。
6. 如果日本出口大于其进口,那么
   a. 日本的净出口是负的。
   b. 日本的资本净流出一定是负的。
   c. 日本的资本净流出一定是正的。
   d. 日本有贸易赤字。
7. 如果美国储蓄了10 000 亿美元,而且美国的资本净流出是 -2 000 亿美元,那么美国的国内投资是
   a. -2 000 亿美元。
   b. 2 000 亿美元。
   c. 8 000 亿美元。
   d. 10 000 亿美元。
   e. 12 000 亿美元。
8. 如果汇率从每美元 3 巴西里尔变为每美元 4 里尔,那么
   a. 美元贬值。
   b. 美元升值。
   c. 美元升值或贬值取决于巴西和美国相对价格发生的变动。
   d. 以上各项都不对。
9. 假设俄罗斯和美国之间的真实汇率用美国每瓶伏特加酒的俄罗斯伏特加酒来定义。以下哪一项将提高真实汇率(这就是说,每瓶美国伏特加酒的俄罗斯伏特加酒增加了)?
   a. 俄罗斯伏特加酒的卢布价格下降。
   b. 美国伏特加酒的美元价格上升。
   c. 美元可以换到的卢布数量增加。
   d. 以上各项都会提高真实汇率。
   e. 以上没有一项会提高真实汇率。
10. 美元国际价值最准确的衡量是
    a. 日元与美元的汇率。
    b. 巴西里尔与美元的汇率。
    c. 比索与美元的汇率。
    d. 英镑与美元的汇率。

e. 考虑到许多汇率的汇率指数。

11. 如果英镑和美元之间的名义汇率是1美元兑0.5英镑，那么你用多少美元可以换到1英镑？
    a. 2美元。
    b. 1.5美元。
    c. 1美元。
    d. 0.5美元。
    e. 以上各项都不是。
12. 假设日元和美元之间的名义汇率是1美元兑100日元。再假设1磅汉堡包在美国值2美元，在日本值250日元。日本和美国之间的真实汇率是多少？
    a. 0.5磅日本汉堡包对1磅美国汉堡包。
    b. 0.8磅日本汉堡包对1磅美国汉堡包。
    c. 1.25磅日本汉堡包对1磅美国汉堡包。
    d. 2.5磅日本汉堡包对1磅美国汉堡包。
    e. 以上各项都不是。
13. 以下哪类人或企业会为美元贬值而高兴？
    a. 在欧洲旅行的美国旅游者。
    b. 俄罗斯伏特加酒的美国进口商。
    c. 向美国出口红酒的法国出口商。
    d. 进口美国钢铁的意大利进口商。
    e. 向美国出口石油的沙特阿拉伯王子。
14. 假设一杯咖啡在德国是1.5欧元，在美国是0.5美元。如果购买力平价成立，欧元和美元之间的名义汇率是多少？
    a. 1美元兑1/3欧元。
    b. 1美元兑3欧元。
    c. 1美元兑1.5欧元。
    d. 1美元兑0.75欧元。
15. 如果用来计算购买力平价，以下哪一种物品可能是最不准确的？
    a. 黄金。
    b. 汽车。
    c. 钻石。
    d. 牙科服务。
16. 假设墨西哥的货币供给增长得比美国货币供给快。我们可以预料到
    a. 比索会相对于美元贬值。
    b. 比索会相对于美元升值。
    c. 由于购买力平价，比索应该保持对美元的汇率不变。
    d. 以上各项都不是。
17. 当人们通过在便宜的地方买并在昂贵的地方卖来利用同一种物品的价格差时，这称为
    a. 购买力平价。
    b. 资本净流出。
    c. 套利。
    d. 净出口。
    e. 通货升值。
18. 假设美国居民购买了英国的一辆捷豹汽车，而英国出口商用所得到的美元购买了通用电气公司的股票。从美国的角度看，以下哪一种说法是正确的？
    a. 净出口减少，资本净流出减少。
    b. 净出口增加，资本净流出增加。
    c. 净出口减少，资本净流出增加。
    d. 净出口增加，资本净流出减少。
    e. 以上各项都不是。
19. 以下哪一种关于国民储蓄、投资和资本净流出之间关系的说法**不**正确？
    a. 储蓄是投资和资本净流出之和。
    b. 在既定的储蓄量时，资本净流出增加必定减少国内投资。
    c. 在既定的储蓄量时，资本净流出减少必定减少国内投资。
    d. 与资本净流出等量增加的储蓄增加使国内投资不变。

20. 假设最近 20 年间英国的通货膨胀率是 10%，日本是 7%，而美国是 3%。如果购买力平价理论成立，以下哪一种说法是正确的？在这个时期中
a. 与英镑和日元相比，美元的价值应该下降。
b. 日元的价值与英镑相比应该上升，与美元相比应该下降。
c. 日元的价值与英镑相比应该下降，与美元相比应该上升。
d. 与日元和美元相比，英镑的价值应该上升。
e. 以上各项都不是。

31.4 进阶思考题

你正在与父母收听国内新闻广播。新闻主持人解释道，在 10 年后美元汇率正落到其最低值。现场报道转向一家重型设备制造商卡特彼勒的发言人。这位发言人报道其挖土机设备的销量一直很高，因此，其股票的价值也很高。你父母对报道中美元低价值的肯定观点感到震惊。由于美元的价值低，他们刚刚取消了去欧洲度假。

1. 为什么卡特彼勒和你父母对美元价值有不同的看法？

____

____

2. 卡特彼勒在其制造过程中进口许多部件和原材料并在国外销售其制成品。既然他们对美元低价值感到高兴，那么关于卡特彼勒进口与出口正确的说法是什么？

____

____

3. 有人认为，坚挺的美元“对美国是好的”，因为美国人可以用他们的一些 GDP 换到更大量的外国 GDP。认为坚挺的美元对每一个美国人都是好的，这一说法正确吗？为什么？

____

____

31.5 答案

31.5.1 术语与定义

__7__ 封闭经济
__11__ 开放经济
__2__ 出口
__13__ 进口
__8__ 净出口
__1__ 贸易盈余
__12__ 贸易赤字
__15__ 贸易平衡
__14__ 资本净流出
__5__ 名义汇率
__10__ 升值
__6__ 贬值
__3__ 真实汇率
__9__ 购买力平价理论
__4__ 套利

31.5.2 应用题

1. a. *NCO* 增加。外国证券投资。

   b. 美国 *NX* 减少,而日本制造商持有美元,因此,*NCO* 减少。外国证券投资。

   c. *NCO* 减少。外国直接投资。

   d. *NCO* 减少。外国证券投资。

   e. *NCO* 增加。外国直接投资。

2. a. 对,*NX* 的增加为销售量,*NCO* 等量增加,并等于公司外国通货的持有量。

   b. 对,*NX* 的增加为销售量,*NCO* 等量增加,并等于公司购买的外国资本量。外国直接投资。

   c. 对,*NX* 的增加为销售量,*NCO* 等量增加,并等于公司购买的外国资本量。外国证券投资。

   d. 对,*NX* 和 *NCO* 都不变,因为出口与进口等量增加,这就使 *NX* 不变。不涉及 *NCO*。

3. a. $\frac{(100\text{ 日元}/3\text{ 美元})\times(5\text{ 美元}/\text{美国蒲式耳})}{750\text{ 日元}/\text{日本蒲式耳}}=0.67$ 日本蒲式耳/1 美国蒲式耳。

   b. 不对,1 美元购买 1/5 蒲式耳即 0.2 蒲式耳美国玉米。1 美元购买 100 日元,100 日元购买 100/750 即 0.13 蒲式耳日本玉米(或者,1 蒲式耳玉米在美国值 5 美元,而在日本值 7.5 美元)。

   c. 对,在美国买玉米并在日本出售。

   d. 美国由于需求增加价格应该上升,日本由于供给增加价格应该下降。

   e. 真实汇率将上升到等于 1 时为止(1 日本蒲式耳对 1 美国蒲式耳)。

4. a. 400 比索/40 美元 = 10 比索/1 美元。

   b. 800 比索/40 美元 = 20 比索/1 美元,贬值。

   c. 800 比索/80 美元 = 10 比索/1 美元,贬值。

   d. 不变。当价格对称地上升时,如果购买力平价理论成立,就不影响名义汇率。

31.5.3 简答题

1. 运输改善,通信进步,价值更高的先进技术物品,有利的政府政策。
2. 国内居民购买的外国资产减外国人购买的国内资产。*NCO* 减少或变为负数。
3. 国内的(I)或国外的(NCO),因为 $S=I+NCO$。
4. 国内投资增长,因为用于国外的国民储蓄少了,而且(或者)用于国内的外国储蓄多了。
5. 很高兴,因为坚挺的美元意味着他们可以便宜地购买进口品,并以低价格提供给他们的顾客。
6. 如果美国的价格下降,那么外国通货兑美元的汇率就下降,或者外国物价水平上升。也就是说,美国的物品对外国人来说变得便宜了。
7. 1.2 加元兑 1 美元。1 美元/1.2 加元 = 0.83 美元,即 83 美分。
8. 提高了准确性,因为可贸易的物品量越大,购买力平价越准确。
9. 它应该上升,这是因为在长期中高货币增长率会引起高物价上升率。美国的低通货膨胀提高了其通货的相对价值。

10. 一些物品不易于交易，以及可交易物品并不总是完全替代品。

31.5.4 判断正误题

1. 错误；净出口是出口减进口。
2. 正确。
3. 正确。
4. 正确。
5. 错误；它们更可能贸易，因为运输成本在物品总成本中所占的比例很少。
6. 错误；如果出口大于进口，该国有贸易盈余。
7. 正确。
8. 错误；汇率应该是 90 日元/1 美元。
9. 正确。
10. 错误；英镑的价值相对于比索应该下降。
11. 正确。
12. 正确。
13. 正确。
14. 错误；套利引起价格趋同。
15. 错误；喜欢坚挺美元的公司进口大于出口。

31.5.5 单项选择题

1. e	2. c	3. b	4. b	5. a	6. c	7. e	8. b	9. d	10. e
11. a	12. b	13. d	14. b	15. d	16. a	17. c	18. a	19. c	20. b

31.5.6 进阶思考题

1. 卡特彼勒向外国人出售的设备多，美元价值低使卡特彼勒的物品对外国人更便宜。你的父母正准备购买外国物品与劳务，美元价值低则美元成本变高了。
2. 卡特彼勒在国外出售的物品量必定大于它购买的量。这就是说，它是净出口者。
3. 不对。坚挺的美元对那些美国净进口者有利，而伤害了那些美国净出口者。

第32章 开放经济的宏观经济理论

目 的

在本章中你将

- 建立一个解释开放经济中贸易余额与汇率的模型
- 用这一模型分析政府预算赤字的影响
- 用这一模型分析贸易政策的宏观经济影响
- 用这一模型分析政治不稳定与资本外逃问题

效 果

在实现这些目的之后，你应该能

- 解释外汇市场上供给和需求的斜率
- 说明为什么预算赤字会引起贸易赤字
- 证明进口配额对净出口没有影响
- 说明为什么资本外逃引起通货贬值

32.1 本章概述

32.1.1 内容与目的

第 32 章是关于开放经济的宏观经济学两章中的第二章。第 31 章解释了与开放经济相关的基本概念和名词。第 32 章把这些概念结合为一种开放经济理论。

第 32 章的目的是确定开放经济中许多经济变量的相互依赖性。特别是,第 32 章证明了可贷资金市场上价格和数量与外汇市场上价格和数量之间的关系。运用这些市场,我们可以分析各种政府政策对一个经济的汇率和贸易余额的影响。

32.1.2 本章复习

导 言

本章构建了一个开放经济模型,这个模型使我们可以分析政府政策对净出口、资本净流出以及汇率的影响。这个模型在两个方面基于我们前面的长期分析:(1) 我们假设产量由技术和要素供给决定,因此,产量是固定的或既定的;(2) 物价由货币量决定,因此,物价是固定的或既定的。本章中构建的模型由两个市场组成——可贷资金市场与外汇市场。这两个市场同时决定了利率与汇率(而且还决定了整个投资和贸易余额水平)。

1. 可贷资金市场与外汇市场的供给与需求

在这一节,我们论述两个市场——可贷资金市场与外汇市场。

开放经济中的可贷资金市场只是国内可贷资金市场的扩大。可贷资金是国内产生的可用于资本积累的资源流量。我们假设,存在一个储户可以贷款和投资者可以借款的金融市场。但是,在一个开放经济中,$S = I + NCO$。因此,与以前一样,可贷资金的供给来自国民储蓄(S)。可贷资金的供给(贷款的欲望)与真实利率正相关。但是,可贷资金的需求现在有两个来源——国内投资(I)和资本净流出(NCO)。无论国内还是国外的资本资产需求,都与真实利率负相关。这就是说,真实利率高降低了国内居民借款购买美国资本资产的欲望,而且,国内真实利率高也减少了美国居民购买国外资产的欲望(以及增加了外国人购买美国资产的欲望),因此,NCO 减少了。如果 NCO 是正的,这就增加了对资金的需求。如果 NCO 是负的,就要从资金需求中减去。图 32-1(a)表示可贷资金的供求,在均衡时人们储蓄的量与人们想对国内外资产投资的量平衡。

我们模型中的第二个市场是外汇市场。回想一下,资本净流出 = 净出口,或者 $NCO = NX$。这是因为,如果 NX 是正的,美国人就必定用从净出口中赚到的美元去增加他们国外资产的持有量,这使 NCO 是等量的正数。在外汇市场上,NCO 代表为购买国外净资产而供给的美元量。NX 代表为购买美国净出口所需要的美元量。美元需求与真实汇率负相关是因为,真实汇率上升意味着美国物品较为昂贵,而且,对外国和国内购买者缺乏吸引力,这引起 NX 下降。外汇市场上美元的供给是垂直的,因为 NCO(美元供给的来源)不取决于真实汇率,而取决于真实利率。NCO 之所以不取决于真实汇率,是因为尽管美元坚挺使美国人可以购买更多外国股票从而增加国外投资的吸引力,但当赚取的利润转换回较少美元时这个好处便被抵消了(由于美元坚挺)。我们假设,在论述外汇市场时真实利率是既定的。图 32-1(c)表示外

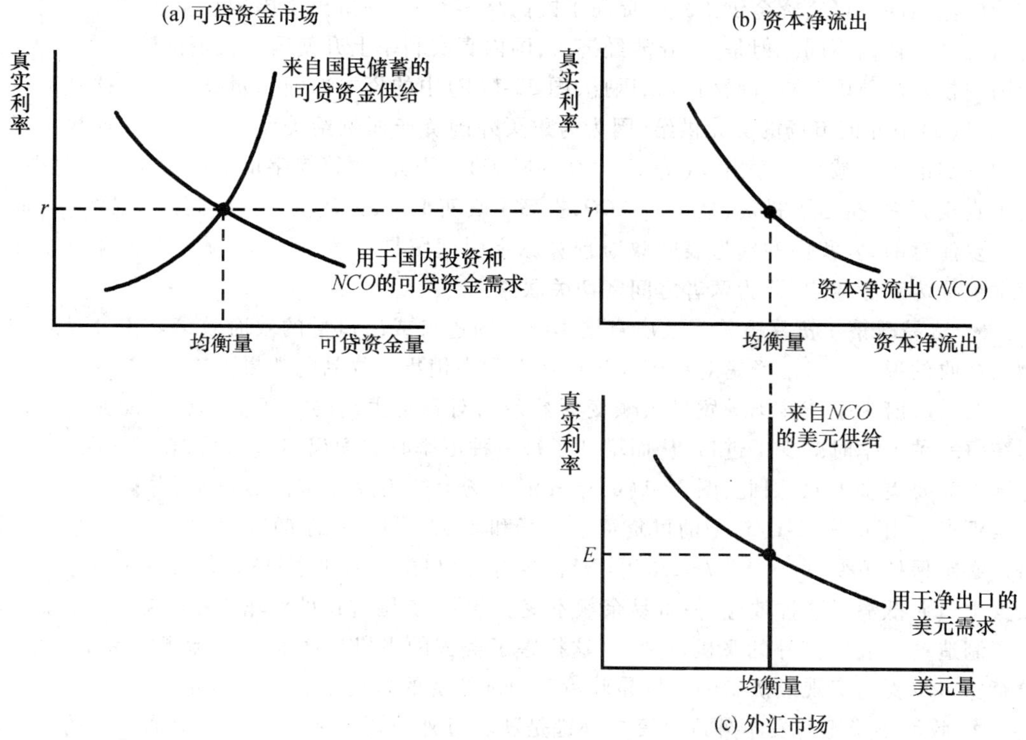

图 32-1

汇市场的美元供求，这个市场上美元的供求决定了汇率。在均衡时，用于购买净出口的美元需求量与用于购买外国净资产的美元供给量相平衡。

2. 开放经济中的均衡

可贷资金市场和外汇市场通过资本净流出（*NCO*）相联系。在可贷资金市场上，*NCO* 与私人投资一样是需求的一部分。在外汇市场上，*NCO* 是供给的来源。资本净流出量与真实利率负相关，因为当美国真实利率高时，美国的资产更有吸引力，美国的 *NCO* 低。图 32-1（b）表示了这一点。

不要孤立地来看图 32-1 中的每一幅图，我们可以把它们作为一个整体，并说明这两个市场如何同时决定真实利率、真实汇率、*NCO*、*NX*（贸易余额）、储蓄和国内投资的均衡值。

图 32-1（a）中可贷资金的供求决定了真实利率。图 32-1（a）中的真实利率决定了图 32-1（b）中 *NCO* 的量。*NCO* 的量是图 32-1（c）中外汇市场上的美元供给。在外汇市场中，这条供给曲线与美元的需求曲线（由 *NX* 决定）共同决定了图 32-1（c）中的真实汇率。我们既可以将 *NCO* 的增加看做是可贷资金需求的增加，也可以将其看做是可贷资金供给的减少。同样的，我们既可以将 *NX* 的减少（进口的增加）看做是外汇市场上对美元需求的下降，也可以将其看做是外汇市场上美元供给的增加。

3. 政策和事件如何影响开放经济

我们可以用这个模型来说明各种政府政策和其他事件如何影响模型中各种变量的均衡值。

- 政府预算赤字　政府预算赤字增加减少了国民储蓄，从而使图 32-1（a）中的可贷资金供给向左移动。可贷资金供给减少提高了国内真实利率,并挤出了国内投资。这与封闭经济的情况没有什么不同。但是,在开放经济中,国内真实利率上升使国外投资的吸引力减少(以及国内投资对外国人更有吸引力),因此,图 32-1(b)中的资本净流出量减少了。这就减少了图 32-1(c)中外汇市场的美元供给,因为为购买外国资产而供给美元的人少了。这提高了美元的真实汇率并减少了净出口(等于 *NCO* 的减少)。因此,预算赤字增加减少了国民储蓄,提高了真实利率,挤出了投资,减少了 *NCO*,提高了真实汇率,并使贸易余额倾向于赤字。

要注意的是,我们的模型表明政府预算赤字引起贸易赤字。因此,预算赤字和贸易赤字通常被称为**孪生赤字**,因为两者之间密切关联。

- 贸易政策　**贸易政策**是政府直接影响一国进口或出口量的政府政策。关税是对进口物品征收的税。进口配额是对在国外生产而在国内销售的物品的数量限制。

假设政府为了使美国的贸易余额变为盈余而对日本生产的汽车实行进口配额。进口限制在每一种汇率时减少了进口,从而增加了每一种汇率时的净出口。随后,在每一种汇率时,外国人需要更多美元,因此,图 32-1(c)中外汇市场上的美元需求向右移动,并提高了美元的真实汇率。由于图 32-1(a)中的可贷资金市场和图 32-1(b)中的 *NCO* 都没有变动,最后的净出口必定保持不变,因为 $S - I = NCO = NX$。这样,进口配额减少了进口,但美元汇率上升通过减少出口而抵消了这种效应,使贸易余额不变。结果,美国进口的汽车少了(这有利于美国的汽车制造商),卖给国外的飞机也少了(这损害了美国的飞机生产商),但除了汇率上升之外,没有什么重要的宏观经济影响。贸易政策对微观经济的影响比对宏观经济大。

- 政治不稳定与资本外逃　**资本外逃**是随着对外国资产需求的突然增加而来的对国内资产需求的突然减少。它可能由于国内政治不稳定而发生。

假设美国政治上变得不稳定。投资者可能会决定出售美国资产并购买外国资产。这种行为增加了资本净流出,并使图 32-1(a)中每一种真实利率时可以用于外国投资的可贷资金需求向右移动。它同时使图 32-1(b)中的 *NCO* 曲线向右移动。资本净流出的增加使图 32-1(c)中外汇市场上的美元供给增加了,真实汇率下降了。因此,资本外逃提高了国内真实利率,增加了资本净流出和净出口,并使外汇市场上美元的价值下降。要注意的是,利率上升使国内投资减少了,这就使资本积累和增长放慢。这对资本流入国的影响正好相反。

32.1.3　有益的提示

(1) 国民储蓄的变动无论是私人储蓄变动还是公共储蓄变动,都引起同样的结果。在教科书中证明了政府预算赤字增加对一个开放经济的影响。它说明预算赤字引起国民储蓄中公共储蓄部分减少,并使可贷资金供给向左移动。要注意的是,国民储蓄中私人储蓄部分的减少也使可贷资金的供给向左移动。因此,也可以把教科书中给出的例子用于私人储蓄变动时的情况。(储蓄变动的原因将引起消费者与政府购买的物品量的差别,但这对国际分析并不会改变什么。)

(2) 为了找出 *NX*(净出口)的变动,记住 $NX = NCO$(资本净流出)。当我们用模型找出政府政策或某个经济事件对开放经济中经济变量的影响时,没有一种方法能直接从任何一个图形上找出净出口(贸易余额)。但是,图 32-1(b)中 *NCO* 的量总是直接可衡量的。由于 $NCO = NX$,只要 *NCO* 增加,就存在等量的 *NX* 的增加(这是贸易余额的改善)。只要 *NCO* 减少,就存在等量的 *NX* 的减少。

(3) 资本外逃减少了国内投资。教科书和本章复习中关于资本外逃的讨论说明,资本外逃增加了资本净流出和外汇市场上国内通货的供给，这降低了国内通货的汇率值。既然这些活动增加了净出口（改善了贸易余额），那么为什么把资本外逃看做一个经济的坏事而不是好事呢？看一下我们教科书中的图 32-7(a)。在可贷资金需求之内，资本净流出的增加吸收的国民储蓄量大于真实利率上升引起的国民储蓄微不足道的增加。因此，国内投资的减少量与净出口增加接近。结果，有资本外逃的国家的长期增长前景由于国内投资减少而变坏。

(4) 回顾一下教科书中所用的那些例子。要理解教科书中说明的三个政策问题需要高度集中。一旦你掌握了这些问题，你就会感到理解其他人的证明是非常轻松的。下一步只要回顾同样的问题就可以了。这就是说，要理解预算赤字减少、贸易限制降低的影响，以及资本流入的影响。因此，你可以检查一下，下面的第一个应用题就包括了相反变动的原因的例子。

32.1.4 术语与定义

为每个关键术语选择一个定义。

关键术语	定 义
________孪生赤字	1. 对能在国内销售的国外生产的物品的数量限制。
________贸易政策	2. 政府直接影响一国进口或出口量的政策。
________关税	3. 与对外国资产需求的突然增加相伴而来的对国内资产需求的突然减少。
________进口配额	4. 政府预算赤字和贸易赤字。
________资本外逃	5. 对进口物品征收的税收。

32.2 问题与简答题

32.2.1 应用题

1. 除了变动的原因相反之外，这个问题包括了本章的例子。用图 32-1 描述的模型回答以下问题。

   a. 假设政府减少了其预算赤字。用图 32-1 中曲线的移动来说明模型中的一系列事件，并讨论相关宏观经济变量的变动。

   b. 假设政府降低对进口日本汽车的配额限制。用图 32-1 中曲线的移动来说明模型中的一系列事件，并讨论相关宏观经济变量的变动。

   c. 假设由于美国的政治被认为比世界其他国家更为稳定，因此资本突然流入美国。用图 32-1 中的曲线移动来说明模型中的一系列事件，并讨论相关宏观经济变量的变动。

2. a. 假设在每种真实利率水平时私人储蓄增加了。在我们的开放经济模型中,重要的宏观经济变量会发生什么变动?

b. 你对上题的答案与政府减少其赤字时你的答案有什么差别吗?为什么?

c. 假设政府通过了在每一种真实利率时增加国内投资的投资赋税减免。这个变动如何影响模型中重要的经济变量?

d. 比较你对a(在每种真实利率时储蓄增加)的答案和对c(在每种真实利率时国内投资增加)的答案。有什么差别吗?

3. 假设美国人对日本汽车的偏好增加了。(从日本的角度用开放经济模型回答这个问题。)

a. 在外汇市场上,对日元的需求会发生什么变动?

b. 在外汇市场上,日元的价值会发生什么变动?

c. 日本的净出口会发生什么变动?为什么?

d. 如果日本人卖的汽车更多了,日本其他物品的进口与出口情况应该怎样变动?

e. 记住你对a到c的回答。你认为日本出现对世界其他国家的整个贸易盈余是由于制造的汽车更好,还是由于其国内储蓄和*NCO*?解释之。

4. 假设感到加拿大政治不稳定,这将引起资本逃往美国。

a. 说明从加拿大的角度看,外汇市场上发生了什么变动。

b. 说明从美国的角度看,外汇市场上发生了什么变动。

c. 你对以上 a 和 b 的回答相互一致吗？为什么？

d. 如果与美国经济相比，加拿大经济是小的，这个事件对每个国家的贸易余额有什么影响？

e. 未来哪个国家增长更快？为什么？

32.2.2 简答题

1. 解释一个开放经济中可贷资金需求的斜率。

2. 当我们计算可贷资金需求时，是将资本净流出加到国内投资中，还是从国内投资中减去资本净流出？

3. 解释外汇市场上美元供给的来源。

4. 解释外汇市场上美元需求的原因。

5. 为什么某些公司和工会尽管知道关税和进口配额不改变贸易余额，但仍然支持这些限制？

6. 假设美国物品和劳务的质量下降了，结果外国人选择购买的美国物品少了。这会影响美国的贸易余额吗？为什么？

7. 如果资本从一国外逃，这个国家通货的价值会发生什么变动？解释之。

8. 美国居民储蓄增加对美国贸易余额和美元汇率有什么影响？解释之。

9. 为什么预算赤字和贸易赤字被称为“孪生赤字”？

____

____

10. 贸易限制（如关税和进口配额）改变了 *NX* 吗？

____

____

32.3 自我测试题

32.3.1 判断正误题

______1. 资本净流出是外国人购买的本国资产减国内居民购买的外国资产。

______2. 一国的资本净流出（*NCO*）总等于其净出口（*NX*）。

______3. 在其他条件不变的情况下，一国真实利率上升减少了资本净流出。

______4. 美国资本净流出的增加使外汇市场上的美元供给增加了，并使美元真实汇率下降。

______5. 如果工会劝说美国人“买美国货”，这就将改善（向盈余变动）美国的贸易余额。

______6. 如果一国的资本净流出（*NCO*）是正的，这就增加了对可贷资金的需求。

______7. 政府预算赤字增加使可贷资金供给向右移动。

______8. 政府预算赤字增加会引起美元的真实汇率贬值。

______9. “孪生赤字”这个词指一国的贸易赤字和政府预算赤字。

______10. 如果美国提高对进口糖的关税，这就会减少进口，并改善贸易余额。

______11. 如果美国提高对进口糖的关税，国内糖的生产者将受益，但美元将升值，而且，国内出口物品的生产者将受损。

______12. 政府预算赤字增加减少了净出口。

______13. 经历着资本外逃的国家将经历资本净流出和净出口的减少。

______14. 如果美国人增加储蓄，外汇市场上美元就将升值。

______15. 墨西哥净出口（*NX*）增加将增加外汇市场上对比索的需求，比索将升值。

32.3.2 单项选择题

1. 以下哪一项关于可贷资金市场的表述不正确？
   a. 一国的资本净流出增加提高了真实利率。
   b. 一国的资本净流出增加使可贷资金的供给向左移动。
   c. 国内投资增加使可贷资金的需求向右移动。
   d. 一国资本净流出减少使可贷资金的需求向左移动。
2. 政府预算赤字增加
   a. 提高了真实利率并挤出了投资。
   b. 降低了真实利率并挤出了投资。
   c. 对真实利率没有影响，也不会挤出投资，因为外国人购买有赤字国家的资产。
   d. 以上各项都不是。
3. 以下哪一项关于可贷资金市场的表

述是正确的？

a. 私人储蓄增加使可贷资金的供给向左移动。

b. 政府预算赤字的减少提高了真实利率。

c. 政府预算赤字的增加使可贷资金的供给向右移动。

d. 政府预算赤字的增加使可贷资金的供给向左移动。

4. 在其他条件不变的情况下，美国较高的真实利率

a. 增加了美国的资本净流出，因为美国居民和外国人喜欢在美国投资。

b. 减少了美国的资本净流出，因为美国居民和外国人喜欢在美国投资。

c. 减少了美国的资本净流出，因为美国居民和外国人喜欢在国外投资。

d. 以上各项都不是。

5. 欧洲人对美国生产的福特汽车的偏好提高引起美元

a. 贬值，以及美国净出口增加。

b. 贬值，以及美国净出口减少。

c. 升值，以及美国净出口增加。

d. 升值，以及美国净出口减少。

e. 升值，但美国净出口的总值保持不变。

6. 美国政府预算赤字的增加

a. 增加了美国净出口，且减少了美国的资本净流出。

b. 减少了美国净出口，且增加了美国的资本净流出。

c. 减少了美国净出口，而美国资本净流出仍然相同。

d. 增加了美国净出口，而美国资本净流出仍然相同。

7. "孪生赤字"这个词是指

a. 一国的贸易赤字和其政府预算赤字。

b. 一国的贸易赤字和其资本净流出赤字。

c. 一国的储蓄赤字和其投资赤字的相等。

d. 如果一国有贸易赤字，其贸易伙伴必定也有贸易赤字这一事实。

8. 以下哪一项关于外汇市场的表述是正确的？

a. 美国净出口增加增加了美元供给，以及美元贬值。

b. 美国净出口增加减少了美元供给，以及美元贬值。

c. 美国净出口增加减少了美元需求，以及美元升值。

d. 美国净出口增加增加了美元需求，以及美元升值。

9. 以下哪一项关于外汇市场的表述是正确的？

a. 美国资本净流出增加增加了美元供给，以及美元升值。

b. 美国资本净流出增加增加了美元供给，以及美元贬值。

c. 美国资本净流出增加增加了美元需求，以及美元升值。

d. 美国资本净流出增加增加了美元需求，以及美元贬值。

10. 如果美国对中国生产的服装进口实行配额，以下哪一项关于美国外汇市场的表述是正确的？

a. 美元供给增加，以及美元贬值。

b. 美元供给减少，以及美元升值。

c. 美元需求增加，以及美元升值。

d. 美元需求减少，以及美元贬值。

11. 如果美国对中国生产的服装的进口实行配额，那么以下哪一项关于美国净出口的表述是正确的？

a. 净出口将增加。

b. 净出口将减少。

c. 净出口将保持不变。

d. 以上各项都不是。

12. 假设由于政治不稳定，墨西哥人突然选择了投资于美国资产而不是墨西哥资产。以下哪一项关于美国外国净投资的表述是正确的？
   a. 美国外国净投资增加。
   b. 美国外国净投资减少。
   c. 美国外国净投资不变，因为只有美国公民才能改变美国的外国净投资。
   d. 以上各项都不是。

13. 假设由于政治不稳定，墨西哥人突然选择了购买美国资产而不购买墨西哥资产。以下哪一种关于美元价值和美国净出口的表述是正确的？
   a. 美元升值，美国的净出口减少。
   b. 美元贬值，美国的净出口减少。
   c. 美元升值，美国的净出口增加。
   d. 美元贬值，美国的净出口增加。

14. 美国私人储蓄增加
   a. 增加了美国的净出口，并减少了美国的资本净流出。
   b. 减少了美国的净出口，并减少了美国的资本净流出。
   c. 减少了美国的净出口，而美国的资本净流出不变。
   d. 增加了美国的净出口，而美国的资本净流出不变。

15. 以下哪一项关于贸易政策的表述是正确的？
   a. 限制性进口配额增加了一国的净出口。
   b. 限制性进口配额减少了一国的净出口。
   c. 一国的贸易政策对其贸易余额的大小没有影响。
   d. 以上各项都不是。

16. 以下哪一个群体不能从美国对日本汽车的进口配额中获益？
   a. 福特汽车公司的股东。
   b. 出口粮食的美国农民。
   c. 美国汽车工人联合会会员。
   d. 购买日本电器的美国消费者。

17. 贸易政策的例子是
   a. 政府预算赤字增加，因为它减少了一国的净出口。
   b. 资本外逃，因为它增加了一国的净出口。
   c. 糖的关税。
   d. 所有这些都是贸易政策的例子。

18. 出口补贴对以下哪一项有抵消作用？
   a. 关税。
   b. 资本外逃。
   c. 政府预算赤字。
   d. 私人储蓄增加。

19. 以下哪一个群体受美国政府预算赤字的伤害最大？
   a. 希望购买外国生产的汽车的美国居民。
   b. 可贷资金的债权人。
   c. 希望购买美国资产的外国人。
   d. 希望把喷气式飞机卖给沙特阿拉伯的波音飞机制造厂。

20. 资本外逃
   a. 减少了一国的净出口，增加了其长期增长路径。
   b. 减少了一国的净出口，降低了其长期增长路径。
   c. 增加了一国的净出口，降低了其长期增长路径。
   d. 增加了一国的净出口，增加了其长期增长路径。

32.4 进阶思考题

中国的香港地区实行的是资本主义经济制度。英国从中国租借香港地区已达 100 年之久。在 1997 年,香港回归了中国,一个社会主义共和国。

1. 你认为这一事件会对香港的资本净流出有什么影响?为什么?

____

____

2. 如果香港居民选择把一些商业活动转移到加拿大,那么你认为这对加拿大的利率和汇率有何影响呢?为什么?

____

____

3. 是加拿大的进口行业,还是出口行业,更加喜欢香港在加拿大的投资呢?为什么?

____

____

4. 香港回归中国对加拿大的增长率有何种影响?

____

____

32.5 答案

32.5.1 术语与定义

__4__ 孪生赤字　　　__1__ 进口配额

__2__ 贸易政策　　　__3__ 资本外逃

__5__ 关税

32.5.2 应用题

1. a. 图 32-1(a),可贷资金供给向右移动,真实利率下降。*NCO* 增加,外汇市场上美元供给增加,并引起真实汇率下降。储蓄和国内投资增加,贸易余额向盈余方向变动。
   b. 图 32-1(c),随着进口增加,在每一种汇率时 *NX* 减少,这引起外汇市场上的美元需求向左移动。真实汇率下降使 *NX* 增加到其原来的水平。贸易余额没有变,但贸易量多了(更多的进口与更多的出口)。
   c. 随着美国居民和外国人购买的美国资产减少,*NCO* 减少。在图 32-1(a)中,可贷资金需求向左移动。图 32-1(b),*NCO* 向左移动是因为在每种利率水平时 *NCO* 减少,这引起外汇市场上美元供给向左移动,汇率上升。结果,真实利率下降,*NCO* 和 *NX* 减少,美元升值,国内投资增加。
2. a. 图 32-1(a),可贷资金供给向右移动,真实利率下降。*NCO* 增加,这增加了外汇市场上的美元供给,并引起真实汇率下降。储蓄和国内投资增加,贸易余额向盈余方向变动。

b. 不对,因为国民储蓄的增加是无关紧要的。无论哪一个因素都使可贷资金供给向右移动。

c. 可贷资金需求增加,真实利率上升,*NCO* 和 *NX* 减少,外汇市场上美元供给减少,这提高了美元的价值。国内储蓄和投资增加了。

d. 国内储蓄和投资都增加,但储蓄增加使贸易余额向盈余方向变动,而投资需求增加使贸易余额向赤字方向变动。

3. a. 向右移动。

b. 真实汇率上升,因此,日元升值。

c. *NCO* 不变,因此,*NX* 的总量没变。

d. 如果 *NX* 不变,它们必须更多地进口和出口其他东西。

e. *NX* 作为一个总量由 *NCO* 决定,因此,日本的整个贸易盈余水平取决于其储蓄行为。但是,其出口的构成可能要依据物品的相对质量。

4. a. 加元的供给向右移动,而且加元的价值下降。

b. 美元的供给向左移动,而且美元的价值上升。

c. 是的。加元价值相对于美元下降,美元的价值相对于加元上升。

d. 加元价值下降会由于加拿大 *NX* 减少的百分比大于美国 *NX* 下降的百分比而使加拿大的 *NX* 得到改善。

e. 加拿大增加了在美国的 *NCO*,而美国减少了它在加拿大的 *NCO*,因此,美国会增长得更快。

32.5.3 简答题

1. 它向右下方倾斜,因为高真实利率降低了为在国内购买资本而借款的欲望,而且,它也抑制了美国居民购买外国资产,并鼓励外国居民购买美国资产。
2. 如果 *NCO* 是正的,它就增加了可贷资金的需求。如果 *NCO* 是负的,它就减少了可贷资金的需求。
3. 它来自美国居民用于 *NCO* 的美元。
4. 它来自购买美国 *NX* 的外国人的美元需求。
5. 由于贸易限制可以改善一些面临进口竞争的国内公司的销售,但大大损害了其他生产出口物品的国内公司。
6. 不对,它减少了外汇市场的美元需求,并降低了美元价值,以保持 *NX* 不变。
7. 它增加了外汇市场上这种通货的供给,并降低了汇率。
8. 它降低了美国的真实利率,增加了 *NCO* 和 *NX*,增加了外汇市场上的美元供给,并降低了美元的汇率。
9. 由于预算赤字在提高国内真实利率时会引起贸易赤字,这减少了 *NCO* 和 *NX*。
10. 由于 $NX = NCO$,贸易限制不会改变 *NX* 的总价值。贸易限制的提高等量地减少了进口和出口。

32.5.4 判断正误题

1. 错误；*NCO* 是国内居民购买的外国资产减外国人购买的国内资产。
2. 正确。
3. 正确。
4. 正确。
5. 错误；净出口不变，因为 *NCO* 不变。
6. 正确。
7. 错误；政府预算赤字增加使可贷资金的供给向左移动。
8. 错误；政府预算赤字增加提高了真实汇率。
9. 正确。
10. 错误；净出口不变，因为 *NCO* 不变。
11. 正确。
12. 正确。
13. 错误；经历着资本外逃的国家将经历其 *NCO* 和净出口的增加。
14. 错误；美元将贬值。
15. 正确。

32.5.5 单项选择题

1. b	2. a	3. d	4. b	5. e	6. c	7. a	8. d	9. b	10. c
11. c	12. b	13. a	14. d	15. c	16. b	17. c	18. a	19. d	20. c

32.5.6 进阶思考题

1. 这将增加香港的 *NCO*，因为外国人不购买香港的资产，而香港的居民购买外国资产——资本外逃。投资者担心中国会对香港许多行业实行国有化。
2. 这将减少加拿大的 *NCO*。这使可贷资金的需求向左移动，并降低真实利率。减少 *NCO* 就减少了外汇市场上的加元供给，提高了汇率，并使 *NX* 向赤字方向变动。
3. 加元价值上升将使加拿大生产者在国外的竞争力削弱，但将使进口品便宜。
4. 加拿大的 *NCO* 减少（由于中国香港的 *NCO* 增加）增加了加拿大的资本存量，这使加拿大增长。

第 12 篇　短期经济波动

第33章
总需求与总供给

目　的

在本章中你将

- 了解有关短期波动的三个关键事实
- 考虑短期中的经济与长期中的经济有什么不同
- 用总需求与总供给模型解释经济波动
- 说明总需求或总供给的移动如何引起经济繁荣和衰退

效　果

在实现这些目的之后,你应该能

- 解释为什么“经济周期”这一术语是种误导
- 解释为什么短期内货币不可能是中性的
- 列出总需求曲线向右下方倾斜的三个原因
- 说明石油价格冲击对国民经济的短期效应和长期影响

33.1 本章概述

33.1.1 内容与目的

到现在为止,我们对宏观经济理论的研究集中在长期经济行为上。第33—35章集中在经济中围绕长期趋势的短期波动上。第33章介绍总需求和总供给,并说明这些曲线的移动如何会引起衰退。第34章集中在决策者如何运用货币政策和财政政策工具来影响总需求。第35章论述通货膨胀与失业之间的关系。

第33章的目的是建立一个经济学家用来分析经济短期波动的模型——总需求与总供给模型。我们将了解总需求曲线和总供给曲线移动的一些原因,以及这些移动会如何引起衰退。我们还将介绍决策者为了抵消衰退可以采取的各种行动。

33.1.2 本章复习

导 言

过去50年间,美国的真实GDP每年增长3%左右。但是,在某些年份,GDP却并不是按这个正常比率增长的。当产量和收入下降,失业增长,而且程度并不太严重的时期,我们称之为**衰退**;当衰退严重时,我们称之为**萧条**。本章集中分析经济中围绕长期趋势的短期波动。为了更好地分析,我们运用总需求与总供给模型。

1. 关于经济波动的三个关键事实

- 经济波动是无规律的,而且也是无法预测的:尽管经济波动经常被称为经济周期,但"经济周期"这个术语会引起一些误解,因为它表明经济波动会遵循有规律的、可预测的形式。但在现实中,经济波动往往是无规律的,而且也是无法预测的。
- 大多数宏观经济指标是同时波动的:尽管通常可以用真实GDP监测经济中的短期变动,但实际上用哪一种经济活动衡量指标无关紧要,因为大多数衡量收入、支出或生产的宏观经济变量会发生同方向的变动,虽然变动的量会有所不同。在各个经济周期中,投资是变动特别剧烈的一种支出类型。
- 随着产量减少,失业增加:当真实GDP下降的时候,失业率上升,因为当企业生产的物品与劳务减少的时候,它们就会解雇工人。

2. 解释短期经济波动

古典理论依据的是古典二分法和货币中性。回想一下,古典二分法是把经济变量分为真实变量和名义变量,而货币中性是货币供给变动只影响名义变量、不影响真实变量的特征。大多数经济学家认为,这些古典假设是长期经济的准确描述,但不是短期经济的准确描述。这也就是说,在许多年的一个时期中,货币供给的变动只影响物价,但不影响真实GDP、失业、真实工资等真实变量。但是,在逐年的短期中,货币和物价这类名义变量的变动也会影响真实变量。这就是说,在短期中,名义变量和真实变量并不是独立的。其结果是,在短期中,货币量的改变能暂时地使得真实GDP偏离其长期趋势。

我们用**总供给与总需求模型**来解释经济波动。这个模型可以画成以CPI或GDP平减指数衡量的物价水平为纵轴,以真实GDP为横轴的图形。**总需求曲线**表示在每一种物价水平时，家庭、企业、政府和国外消费者希望购买的物品与劳务量。它向右下方倾斜。**总供给曲线**表示在每一种物价水平时，企业生产并出售的物品与劳务量。它向右上方倾斜（短期中）。物价水平和产量的调整使总需求与总供给平衡。这个模型看起来很像普通的微观经济供求模型。但是，总供给和总需求曲线的倾斜和移动的原因与微观经济模型有所不同。

3. 总需求曲线

图33-1说明了总供给和总需求模型。

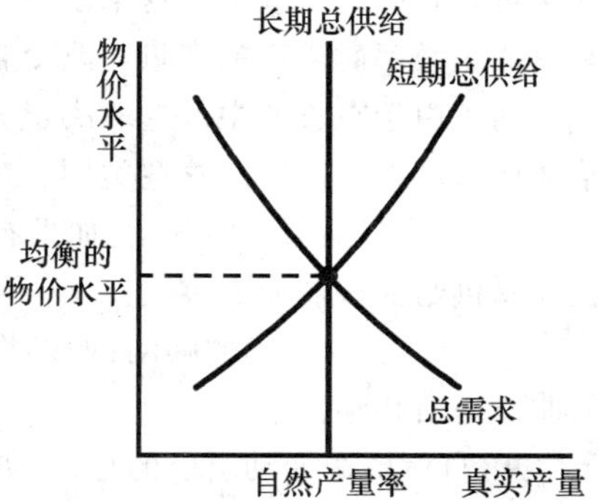

图 33-1

总需求曲线表示在每种物价水平时物品与劳务的需求量。回想一下，GDP = $C+I+G+NX$。为了说明总需求曲线为什么向右下方倾斜，我们要说明物价水平对消费（C）、投资（I）和净出口（NX）的影响。（我们不考虑政府支出（G），因为它是固定的政策变量。）由于以下原因，物价水平下降增加了消费、投资和净出口。

• 物价水平与消费：财富效应。在物价水平低时，消费者钱袋中固定的名义货币的价值增加了。消费者感到更富有，而且支出增加，这就增加了总需求中的消费部分。

• 物价水平与投资：利率效应。在物价水平低时，家庭只需要持有少量货币来购买相同的物品。他们通过购买股票或存入银行把一些钱贷出去，无论哪种做法都降低了利率，并刺激了总需求中的投资部分。（降低的利率也会刺激人们对耐用消费品的支出。）

• 物价水平与净出口：汇率效应。正如以上所描述的，由于物价水平下降引起利率下降，因此一些美国投资者将到国外投资，这就增加了外汇市场的美元供给。这种行为引起美元的真实汇率下降，引起国内物品与外国物品的相对价格下降，并增加了总需求中的净出口部分。

以上所描述的三种效应也会反向发生作用。总需求曲线向右下方倾斜的所有这三种解释都假设货币供给是固定的。

当某些事情引起每种物价水平下的需求量变动时，它会引起总需求曲线的移动。以下事件和政策会引起总需求移动。

• 消费变动引起的移动：如果消费者储蓄得更多，如果股票价格下降从而消费者感到更穷了，或者税收增加，消费者的支出少了，则总需求曲线向左移动。

• 投资变动引起的移动：如果企业对未来变得乐观并决定购买新设备，如果投资赋税减免增加了投资，或者如果美联储增加了货币供给，这降低了利率并增加了投资，则总需求曲线向右移动。

• 政府购买变动引起的移动：如果联邦、州或地方政府增加了购买，则总需求曲线向右移动。

• 净出口变动引起的移动：如果外国发生了衰退，而且向美国购买的东西少了，或者如果外汇市场上美元升值，净出口就减少了，则总需求曲线向左移动。

4. 总供给曲线

总供给曲线表示在每一种物价水平时企业生产并销售的物品与劳务量。在长期中，总供给曲线是垂直的，而在短期中，它向右上方倾斜。我们可以用图33-1来说明这两条供给曲线。

长期总供给曲线是垂直的，因为在长期中物品与劳务的供给取决于资本、劳动和自然资源的供给以及生产技术。在长期中，物品与劳务的供给不取决于物价水平。这是古典二分法和货币中性在图表中的体现。这就是说，如果物价水平上升，而且所有物价同时上升，也不影响产量或任何其他真实变量。

长期总供给曲线表示的生产水平有时称为潜在产量或充分就业的产量。由于产量在短期中可以暂时高于或低于这个水平，因此，更好的名称是自然产量率，因为这是失业处于其自然率或正常率时生产的产量。改变自然产量率的任何一件事都使长期总供给曲线向右或向左移动。由于在长期中产量取决于劳动、资本、自然资源和技术知识，因此我们就把长期总供给曲线移动的原因归入这些类别：

- 劳动变动引起的移动：如果有外国移民或最低工资下降引起的自然失业率下降，那么长期总供给曲线就向右移动。
- 资本变动引起的移动：如果物质资本或人力资本增加，生产率就提高，那么长期总供给曲线向右移动。
- 自然资源变动引起的移动：如果发现了新资源，或者天气形势发生有利变动，那么长期总供给曲线向右移动。
- 技术知识变动引起的移动：如果新发明投入应用，或对外贸易开放，那么长期总供给曲线就向右移动。

可以把长期增长和通货膨胀表示为长期总供给曲线（由以上描述的事件引起的）向右移动，而且，由于货币供给增加，总需求曲线向右移动得更大。因此，随着时间的推移，产量增加，同时物价也会上升。

短期总供给曲线向右上方倾斜，这是因为物价水平变动引起短期内（比如说一年或两年内），产量背离其长期水平。有三种理论解释短期总供给曲线向右上方倾斜，而且，这三种理论都有一个共同的主题：当实际物价水平大于预期的物价水平时，产量增加到高于自然产量率。这三种理论是：

- 粘性工资理论：假设企业和工人根据预期的物价水平一致同意一项名义工资合同。如果物价水平下降到预期的水平之下，企业将支付同样的工资，但物品的价格降低了，这降低了企业的利润，引起企业减少雇用的工人，并减少物品和劳务的供给量。
- 粘性价格理论：由于企业变动价格需要成本，称为菜单成本，因此，一些企业在不可预期的物价下降时并不降低自己的价格。因此，它的价格"如此之高"致使它们的销售量减少，这就引起物品与劳务的供给量减少。
- 错觉理论：当物价水平出乎预料地下降时，供给者只注意到自己某种物品的价格下降了。因此，他错误地认为他们物品的相对价格下降了，这就引起他们减少物品与劳务的供给量。

以上所描述的三种效应也会反向起作用。

要注意以上解释的两个特点：(1) 在每一种情况下，供给量的变动是因为实际价格背离了预期的价格；(2) 这种效应是暂时的，因为人们将随着时间的推移调整自己的预期。我们可以用数学方法表示总供给：

$$\text{供给量} = \text{自然产量率} + \alpha(\text{实际物价水平} - \text{预期物价水平})$$

式中，α 是一个决定产量对未预期到的物价水平变动反应有多大的数字。

使长期总供给曲线移动的事件也会同方向地使短期总供给曲线移动。但是，短期总供给曲线可以在长期总供给曲线保持不变时移动。在短期中，物品与劳务的供给量取决于感觉、工资和价格，而所有这些都根据预期的物价水平来确定。例如，如果人们和企业预期物价高，他们就确定了提高的工资,这在每种物价水平时降低了生产的获利性,并减少了物品与劳务的供给量。因此,短期总供给曲线向左移动。较低的预期物价水平使短期总供给曲线向右移动。一般来说,引起生产成本增加的事情(工资或石油价格上升)使短期总供给曲线向左移动,而生产成本减少引起短期总供给曲线向右移动。

5. 经济波动的两个原因

图 33-1 表示长期均衡的总供给与总需求模型。这就是说,产量水平在总需求与长期总供给相交的长期自然率那一点,而且,正如短期总供给曲线相交于同一点上所表示的,感觉、工资和价格完全调整到实际物价水平。

衰退的基本原因有两个:总需求曲线向左移动以及总供给曲线向左移动。

(1) **总需求移动** 我们采取一个分四步的方法:(a) 确定经济事件影响哪条曲线。(b) 确定曲线移动的方向。(c) 确定新的短期均衡。(d) 确定从短期均衡到长期均衡的过渡。

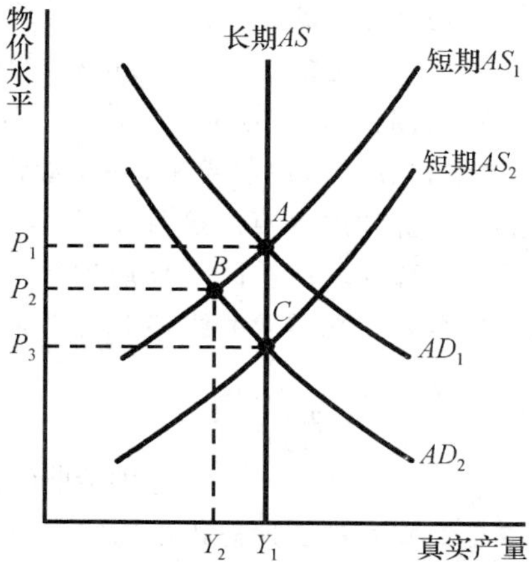

图 33-2

假设家庭由于对未来悲观或不安而削减支出。在每一种物价水平上,消费者支出减少会使图 33-2 中的总需求曲线向左移动。在短期中,经济移动到 *B* 点,这是由于物价水平出乎预料地下降。当价格下降低于预期水平时,粘性工资、粘性价格与关于相对价格的错觉会使得企业纷纷削减生产。我们可以看到,经济在衰退时为(P_2, Y_2),因为产量低于其自然率。随着时间的不断推移,衰退将自行补救或自行校正。由于实际物价低于以前的预期,随着时间的不断推移,物价预期将下降,工资和物价会下降到相当于 P_3 的水平。特别是,粘性工资理论表明一旦工人和企业预期物价将下降,它们会协议降低工资。这使得生产增加,短期总供给曲线向右移动,并使经济达到 *C* 点。决策者可以通过增加政府支出或增加货币供给来增加总需求,从而消除衰退,如果正确地做了,政府就使经济回到 *A* 点。总之,在短期中,总需求曲线移动引起产量波动。在长期中,总需求曲线移动只引起物价变动。决策者可以潜在地减轻经济波动的严重性。

图 33-2 可用来证明在短期中货币会发挥作用,但在长期中货币仍是中性的。最初的均衡点是 *A* 点,如果美联储减少了货币供给,经济均衡点移向 *B* 点,并经历衰退。因为产出下降了,我们说货币发挥了作用。在长期中,价格预期和工资下降,经济移向 *C* 点。产量回到自然产量率,价格下降。因此,在长期中货币是中性的。

美国两次最大的总需求冲击是大萧条时期的向左移动和二战期间的向右移动。在 2001 年的衰退期间,总需求曲线由于三个原因会向左移动:(1) 股票市场网络泡沫的破灭,减少了消费和投资支出;(2) 2001 年 9 月 11 日,恐怖主义袭击引起不确定性,并减少了支出;(3) 由于公司假账丑闻引起的股市进一步下降,从而又减少了总需求。决策者通过减少税收、增加货币供给和降低利率做出相应的反应。

(2) **总供给移动** 这里,同样用上面所描绘的四步法。假设石油输出国组织提高了石油价格,这增加了许多企业的生产成本。因为这降低了获利性,在每一种物价水平时企业生产得少了。而且,在图 33-3 中短期总供给曲线向左移动。在短期中物价上升沿着总需求曲线减少了需求量,经济达到 B 点。由于产量减少(停滞)和物价水平上升(通货膨胀),经济经历了**滞胀**。物价水平上升会暂时地引起工人索要更高的工资,进一步地使短期总供给曲线向左移动,并暂时导致工资—物价螺旋式上升。但是,在长期中,Y_2 处的失业会对工人工资造成下降的压力,从而提高了获利性,总供给曲线回到原来的位置,而且,经济回到 A 点。此外,决策者可以增加总需求,并使经济回到 C 点,并同时避免经济到达 B 点。这时,决策者可以通过允许成本增加使物价持久地上升而抵消总供给曲线向左移动。产量回到长期均衡水平,但物价上升了。总之,短期总供给减少引起滞胀。如果决策者使总需求曲线移动以增加产量,那么会引起更高的通货膨胀。

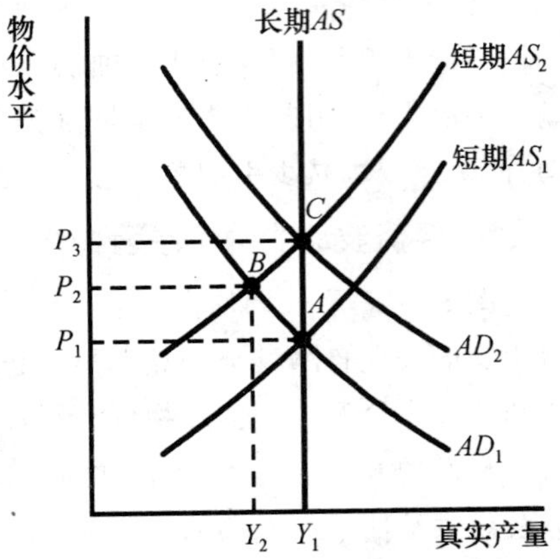

图 33-3

33.1.3 有益的提示

(1) 不存在沿着长期总供给曲线的真实变量的变动。当所有物价变动相同时,真实变量没有变。垂直的长期总供给曲线仅仅证明了这一古典结论。挑出长期总供给曲线的任意一点。现在物价水平和工资这类名义值翻一番。虽然物价水平翻了一番,但包括真实工资 W/P 在内的相对价格仍然不变。任何一个人的生产激励没有变,从而产出也没有变。这就得出如果经济只是暂时地生产一个产量水平而不是长期的自然率,那么至少有一些工资或物价没有调整到长期均衡的物价水平。这至少引起一些相对价格发生变动,并刺激或抑制了生产。实际上,这是沿着短期总供给曲线所发生的变动。

(2) 产量可以波动到高于或低于自然产量率的水平。教科书中经济波动的例子往往集中在衰退上。这就是说,这些例子是用来说明低于自然水平时的产量。但是,要注意的是,产量也可以由于失业低于自然失业率而暂时高于自然产量率。这种经济状态称为繁荣。当存在有利的总需求冲击时——例如,货币供给增加,国内投资增加,或者政府购买增加——就会出现繁荣。如果存在有利的总供给冲击——例如,石油价格下降或者工会工资要求减弱——也会出现繁荣。为了帮助你理解,在以下的习题中要说明这些情况。

(3) 你可以向左向右或向上向下移动短期总供给曲线。假设工人的工资增加,我们可以说明工资上升将增加生产成本,减少每一种物价水平时的获利性,并减少每一种物价水平时的产量。这就是说,这将使短期总供给曲线向左移动。但是,我们可以说明工资增加将增加生产成本,要求企业为了继续保持同样产量水平而收取更高的价格。这就是说,它使图形上的短期总供给曲线向上移动。在第一种情况下,我们减少了每种物价时的供给量。在第二种情况下,我们提高了每种供给量时的价格。这两种情况所引起的移动是相同的。

33.1.4 术语与定义

为每个关键术语选择一个定义。

关键术语	定 义
______衰退	1. 与改变价格相关的成本。
______萧条	2. 短期经济波动。
______经济周期	3. 针对短期总供给减少的、增加总需求的政策。
______总供给与总需求模型	4. 不严重的收入减少和失业增加的时期。
______总需求曲线	5. 表明在每种物价水平时,家庭、企业和政府想购买的物品与劳务量的曲线。
______总供给曲线	6. 在长期中失业处于其自然率或正常率时经济中生产的物品与劳务的产量。
______自然产量率	7. 产量减少和物价上升的时期。
______菜单成本	8. 极严重的收入减少和失业增加的时期。
______滞胀	9. 表明在每种物价水平时企业愿意生产的物品和劳务量的曲线。
______抵消性政策	10. 大多数经济学家用来解释经济中围绕长期趋势的短期波动的模型。

33.2 问题与简答题

必要时在草稿纸上画出总需求与总供给模型的图形,以帮助你回答以下问题和习题。

33.2.1 应用题

1. 针对以下四种情况,通过回答以下三个问题中的每一个找出每种总供给与总需求模型冲击的影响:短期中物价与产量发生了什么变动?如果允许经济自身调整到长期均衡,长期中产量和物价发生了什么变动?如果决策者的干预使产量回到自然率,而不让经济自我调整,这些干预使总需求向哪一个方向变动?

   a. 总需求向左移动。

   ____

   ____

   b. 总需求向右移动。

   ____

   ____

   c. 短期总供给向左移动。

   ____

   ____

   d. 短期总供给向右移动。

   ____

   ____

2. 以下事件对哪一项有初始影响：总需求、短期总供给、长期总供给，或者短期与长期总供给？曲线向右还是向左移动？

a. 政府修复年久的道路和桥梁。

b. 石油输出国组织提高石油价格。

c. 政府增加失业补助，这提高了自然失业率。

d. 美国人感到自己的工作更有保障，并变得更为乐观。

e. 发生了把电脑运用到钢铁业中的技术进步。

f. 政府提高最低工资。

g. 由于物价预期下降，新大学毕业生的工资要求下降了。

h. 美联储减少货币供给。

i. 干旱摧毁了中西部的大部分农作物。

3. 假设经济处于长期均衡，再假设美联储突然增加货币供给。

a. 通过解释哪一条曲线以哪一种方式移动说明这个事件对总需求与总供给模型的最初影响。

b. 短期中物价水平和真实产量会发生什么样的变动？

c. 如果允许经济对货币供给增加做出调整，那么长期中物价水平和真实产量与其原来的水平相比又会发生什么样的变动？经济学家们将货币供给对经济的长期影响称为什么？

d. 货币供给增加可以使产量永远高于自然率吗？为什么？

4. 假设经济处于长期均衡。再假设工人和企业突然预期未来物价上升，并一致同意提高工资。

a. 通过解释哪一条曲线以哪一种方式移动说明这个事件在总需求与总供给模型中的最初影响。

b. 短期中物价水平和真实产量发生了什么变动？

c. 对这种产量和物价变动的结合，我们称它为什么？

d. 如果决策者想使产量回到自然产量率，那么他们应该做些什么？

e. 如果决策者能使产量回到自然产量率，那么这种政策对物价有什么影响？

f. 如果决策者根本什么也不做，随着经济自我校正或调整回到自然产量率，那么工资率会发生什么变动？

g. 仅仅是物价预期和工资上升能引起物价水平长期上升吗？为什么？

5. 假设经济处于图 33-2 中的 *B* 点。这就是说，总需求减少，而经济处于衰退中。根据三种理论上的总供给曲线中的每一种，说明经济自身调节到 *C* 点必要的调整过程。

a. 粘性工资理论

b. 粘性价格理论

c. 错觉理论

d. 你认为以上描述的调整类型是在衰退中进行得快，还是在产量高于长期自然率时快？为什么？

33.2.2 简答题

1. 说出关于经济波动的三个关键事实。

2. 总需求曲线向右下方倾斜的三个原因是什么？解释这些原因。

3. 用粘性工资理论解释短期总供给曲线的斜率。

4. 在短期中，总需求的移动能改变产出吗？为什么？

5. 在长期中，总需求的移动能改变产出吗？为什么？

6. 如果经济正处于衰退中，那么为什么决策者会选择以调整总需求来消除衰退，而不是让经济自我补救或是自我校正？

7. 在经济周期中，总需求的哪一部分变动最大？

8. 为什么在短期中货币供给的减少不会是中性的？

9. 假设石油输出国组织瓦解，而且，石油价格大幅度下降。起初，在总供给与总需求模型中，哪一条曲线移动？向哪个方向移动？物价水平和真实产量会发生什么变动？

10. 什么会引起短期总供给曲线和长期总供给曲线同时移动？什么只是引起短期总供给曲线移动而保持长期总供给曲线不变？

33.3 自我测试题

33.3.1 判断正误题

_______1. 在过去50年间，美国的真实GDP每年增长5%左右。

_______2. 投资是经济周期中特别易于变动的支出部分。

_______3. 物价预期上升使长期总供给曲线向左移动。

_______4. 如果古典二分法和货币中性在长期中成立，那么长期总供给曲线就应该是一条垂线。

_______5. 经济学家把产量的波动作为“经济周期”，因为产量的变动是有规律且可预测的。

_______6. 总需求曲线向右下方倾斜的一个原因是财富效应：物价水平下降增加了货币持有量的价值并增加了消费支出。

_______7. 如果美联储增加货币供给，总需求曲线就向左移动。

_______8. 错觉理论解释了总供给曲线为什么向右下方倾斜。

_______9. 引起工资上升的物价预期上升使短期总供给曲线向左移动。

_______10. 如果经济处于衰退中，随着工资和物价预期上升，经济将自行调整到长期均衡。

_______11. 在短期中，如果政府为了平衡其预算而削减支出，这就可能引起衰退。

_______12. 总需求增加的短期效应是产量增加和物价水平上升。

_______13. 石油价格上升会引起滞胀。

_______14. 在长期中，政府支出增加会增加产量，并使物价上升。

_______15. 如果决策者选择使经济走出衰退，那么它们就应该用减少总需求的政策工具。

33.3.2 单项选择题

1. 以下哪一种关于经济波动的表述是正确的？
   a. 当产量高于自然产量率时存在衰退。
   b. 萧条是温和的衰退。
   c. 经济波动之所以称为“经济周期”是因为产量的变动是有规律且可预测的。
   d. 可以用各种支出、收入和产量的衡量指标来衡量经济波动，因为大多数宏观经济量往往同时波动。
   e. 以上各项都不对。

2. 根据利率效应，总需求向右下方倾斜是因为
   a. 低物价增加了货币持有量的价值和消费支出。
   b. 低物价减少了货币持有量的价值和消费支出。
   c. 低物价减少了货币持有量，增加了贷款，利率下降，而且，投资支出增加。
   d. 低物价增加了货币持有量，减少了贷款，利率上升，而且，投资支出减少。

3. 以下哪一项不会引起长期总供给曲

线移动？

a. 可获得的劳动增加。

b. 可获得的资本增加。

c. 可获得的技术增加。

d. 物价预期上升。

e. 以上各项都使长期总供给曲线移动。

4. 以下哪一项不是总需求曲线向右下方倾斜的原因？

a. 财富效应。

b. 利率效应。

c. 古典二分法或货币中性效应。

d. 汇率效应。

e. 以上各项都是总需求曲线向右下方倾斜的原因。

5. 在总需求与总供给模型中，消费者乐观情绪增长的最初影响是

a. 短期总供给向右移动。

b. 短期总供给向左移动。

c. 总需求向右移动。

d. 总需求向左移动。

e. 长期总供给向左移动。

6. 以下哪一种关于长期总供给曲线的表述是正确的？长期总供给曲线

a. 当自然失业率下降时向左移动。

b. 是垂直的，因为所有物价与工资相等的变动并不影响产量。

c. 向右上方倾斜，因为价格预期和工资在长期中是固定的。

d. 当政府提高最低工资时向右移动。

7. 根据财富效应，总需求曲线向右下方倾斜是因为

a. 低物价提高了货币持有量的价值，并增加了消费者支出。

b. 低物价降低了货币持有量的价值，并减少了消费者支出。

c. 低物价减少了货币持有量，增加了贷款，利率下降，而且，投资支出增加。

d. 低物价增加了货币持有量，减少了贷款，利率上升，而且，投资支出减少。

8. 自然产量率是什么情况下生产的真实 GDP 量。

a. 没有失业时。

b. 经济处于自然投资率时。

c. 经济处于自然总需求率时。

d. 经济处于自然失业率时。

9. 假设物价水平下降，由于名义工资合同固定，企业变得无利可图，并且开始削减产量。这是以下哪一种理论的证明？

a. 短期总供给曲线的粘性工资理论。

b. 短期总供给曲线的粘性价格理论。

c. 短期总供给曲线的错觉理论。

d. 短期总供给曲线的古典二分法理论。

10. 假设物价水平下降，但供给者只注意到自己的某种物品价格下降。由于认为自己物品的相对价格下降，他们开始削减产量。这是以下哪一种理论的证明？

a. 短期总供给曲线的粘性工资理论。

b. 短期总供给曲线的粘性价格理论。

c. 短期总供给曲线的错觉理论。

d. 短期总供给曲线的古典二分法理论。

11. 假设经济起初处于长期均衡。再假设由于冷战结束，军事支出减少。根据总需求与总供给模型，短期中物价与产量会发生什么变动？

a. 物价上升，产量增加。

b. 物价上升，产量减少。

c. 物价下降，产量减少。

d. 物价下降，产量增加。

12. 假设经济起初处于长期均衡。再假设由于冷战结束，军费支出减少。根据总需求与总供给模型，长期中物价和产量会发生什么变动？
  a. 物价上升，产量仍然是其初始值不变。
  b. 物价下降，产量仍然是其初始值不变。
  c. 产量增加，物价仍然是其初始值不变。
  d. 产量减少，物价仍然是其初始值不变。
  e. 产量和物价水平都是其初始值不变。
13. 假设经济起初处于长期均衡。再假设发生了摧毁大部分小麦的干旱。根据总需求与总供给模型，短期中物价和产量会发生什么变动？
  a. 物价上升，产量增加。
  b. 物价上升，产量减少。
  c. 物价下降，产量减少。
  d. 物价下降，产量增加。
14. 假设经济起初处于长期均衡。再假设发生了摧毁大部分小麦的干旱。如果决策者让经济自行调整到其长期均衡水平，根据总需求与总供给模型，长期中物价和产量会发生什么变动？
  a. 物价上升，产量仍然是其初始值不变。
  b. 物价下降，产量仍然是其初始值不变。
  c. 产量增加，物价仍然是其初始值不变。
  d. 产量减少，物价仍然是其初始值不变。
  e. 产量和物价都仍然是其初始值不变。
15. 当经济经历以下哪一种情况时就发生了滞胀？
  a. 物价下降和产量减少。
  b. 物价下降和产量增加。
  c. 物价上升和产量增加。
  d. 物价上升和产量减少。
16. 以下哪一个事件会使短期总供给曲线向右移动？
  a. 政府军备支出增加。
  b. 物价预期上升。
  c. 石油价格下降。
  d. 货币供给减少。
  e. 以上各项都不是。

用图 33-4 回答第 17 和 18 题。

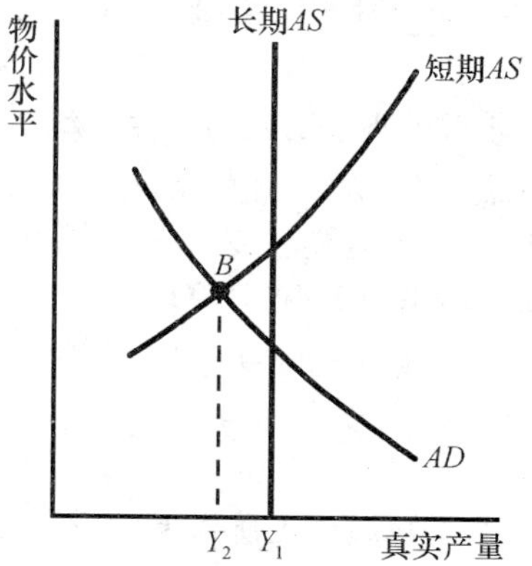

图 33-4

17. 假设经济在图 33-4 中 B 点这样的衰退中运行。如果决策者希望产量变动到其长期自然率，那么他们应该努力
  a. 使总需求向右移动。
  b. 使总需求向左移动。
  c. 使短期总供给向右移动。
  d. 使短期总供给向左移动。
18. 假设经济在图 33-4 中 B 点这样的衰退中运行。如果决策者让经济自行调整到长期自然率，那么
  a. 人们将提高自己的物价预期，并且短期总供给将向左移动。
  b. 人们将降低自己的物价预期，并且短期总供给将向右移动。
  c. 人们将提高自己的物价预期，并

且总需求将向左移动。

d. 人们将降低自己的物价预期，并且总需求将向右移动。

19. 根据总供给与总需求模型，在长期中，货币供给增加将引起

a. 物价上升，产量增加。

b. 物价下降，产量减少。

c. 物价上升，产量保持不变。

d. 物价下降，产量保持不变。

20. 如果决策者做了以下哪一件事，就可以说他们“抵消”了不利的供给冲击？

a. 通过增加总需求对不利供给冲击做出反应，这会进一步提高价格。

b. 通过减少总需求对不利供给冲击做出反应，这会降低物价。

c. 通过减少短期总供给对不利供给冲击做出反应。

d. 不对不利的供给冲击做出反应，允许经济自行调整。

33.4 进阶思考题

你正看电视上的新闻事件。新闻主持人报道，今年工会的工资要求高得多，因为工人预期通货膨胀率上升。你的室友说：“通货膨胀是一个自我实现的预言。如果工人认为物价会继续走高，那么他们就要求高工资。这会增加生产成本，而且，企业也提高了价格。预期更高的物价只会引起更高的物价。”

1. 这种看法在短期内是否正确呢？解释之。

____

____

2. 如果决策者无所作为，并允许经济自行调整到自然产量率，那么在长期中预期的高物价会引起高物价吗？解释之。

____

____

3. 如果决策者抵消不利的供给冲击，那么高物价的预期在长期中会引起高物价吗？解释之。

____

____

33.5 答案

33.5.1 术语与定义

__4__ 衰退

__8__ 萧条

__2__ 经济周期

__10__ 总供给与总需求模型

__5__ 总需求曲线

__9__ 总供给曲线

__6__ 自然产量率

__1__ 菜单成本

__7__ 滞胀

__3__ 抵消性政策

33.5.2 应用题

1. a. 物价下降,产量减少。物价下降,产量回到自然率。总需求向右移动。
   b. 物价上升,产量增加。物价上升,产量回到自然率。总需求向左移动。
   c. 物价上升,产量减少。物价水平回到初始值。产量回到自然率。总需求向右移动。
   d. 物价下降,产量增加。物价水平回到初始值。产量回到自然率。总需求向左移动。
2. a. 总需求,右方。
   b. 短期总供给,左方。
   c. 短期和长期总供给,左方。
   d. 总需求,右方。
   e. 短期和长期总供给,右方。
   f. 短期和长期总供给,左方。
   g. 短期总供给,右方。
   h. 总需求,左方。
   i. 短期和长期总供给,左方。
3. a. 总需求向右移动。
   b. 物价水平上升,真实产量增加。
   c. 物价水平上升,真实产量仍然不变。货币中性。
   d. 不对。随着时间推移,人们和企业通过提高自己的价格和工资而调整到新的更高支出量。
4. a. 短期总供给向左移动。
   b. 物价上升,产量减少。
   c. 滞胀。
   d. 总需求向右移动。
   e. 物价将上升更高,并保持这一水平。
   f. 低产量水平时的高失业迫使工资下降到其原来的值;这使短期总供给回到其原来的位置。
   g. 不对。生产成本增加需要政府用继续提高物价的政策来“抵消”。
5. a. 在 B 点,物价下降,但名义工资基于高工资预期而固定在一个较高水平。企业获利性减少,因此选择缩减生产。由于工人和企业认识到物价水平下降(知道预期为 P_3),新的合同将降低名义工资。劳动成本下降使得企业在每一种物价水平时增加生产,这使短期总供给向右移动。
   b. 在 B 点,一些企业由于菜单成本并没有降低自己的价格。它们的物品相对来说较为昂贵,销售量减少。当它们认识到低物价水平是持久的时(学会预期 P_3),它们降低自己的价格,在每一种物价水平时产量增加,这使短期总供给向右移动。
   c. 在 B 点,一些企业错误地认为只有它们的物品价格下降了,而且,它们削减生产。由于它们认识到所有的物价都下降了(学会预期 P_3),它们在每一种物价时将增加生产,这使短期总供给向右移动。
   d. 走出衰退更为缓慢,因为这要求价格下降,而价格通常有向下的粘性。当产量高于正常水平时,调整要求物价与工资上升。

33.5.3 简答题

1. 经济波动是无规律且不可预期的，大多数宏观经济量同时变动。当产量减少时，失业增加。
2. 财富效应：物价下降增加了货币持有量的价值，消费支出增加。利率效应：物价下降减少了所持有的货币量，一些被贷出，利率下降，而且，投资支出增加。汇率效应：物价下降降低了利率，美元贬值，而且，净出口增加。
3. 在短期中，名义工资是固定在固定价格预期基础之上的。如果实际价格出乎预料地下降，而名义工资保持不变，则企业的获利性减少，选择缩减生产。
4. 是的。总需求的变化使得实际价格与预期价格相偏离。由于粘性工资、粘性价格及相对价格的错觉，企业做出反应，减少产出。
5. 不对。在长期中，产量由要素供给和技术决定（长期总供给曲线）。在长期中总需求的变动只会影响价格。
6. 因为他们认为他们可以使经济更快地回到长期的自然产量率，或者在负供给冲击的情况中，因为他们对产出的关心大于对通货膨胀的关心。
7. 投资。
8. 由货币供给减少引起的总需求减少会出乎预料地降低物价水平。在短期中，一些物价与工资水平保持不变，并且一些生产者对相对价格产生的错觉使得产出水平下降。
9. 短期总供给向右移动。物价下降，且产量增加。
10. 可获得的要素（劳动、资本和自然资源）和技术变动使长期和短期总供给移动。与工资要求和石油价格相关的物价预期变动只使短期总供给移动。

33.5.4 判断正误题

1. 错误；美国经济每年增长3%左右。
2. 正确。
3. 错误；物价预期变动使短期总供给曲线移动。
4. 正确。
5. 错误；产量波动是无规律的。
6. 正确。
7. 错误；总需求向右移动。
8. 错误；它解释短期总供给曲线为什么向右上方倾斜。
9. 正确。
10. 错误；在衰退中，随着物价和工资下降，经济调整到长期均衡。
11. 正确。
12. 正确。
13. 正确。
14. 错误；在长期中，它倾向于提高物价，但对产量没有影响。
15. 错误；决策者应该增加总需求。

33.5.5 单项选择题

1. d	2. c	3. d	4. c	5. c	6. b	7. a	8. d	9. a	10. c
11. c	12. b	13. b	14. e	15. d	16. c	17. a	18. b	19. c	20. a

33.5.6 进阶思考题

1. 是的。物价预期上升使短期总供给曲线向左移动，而且，物价上升。
2. 不对。在长期中，失业增加将引起工资和物价预期下降到其以前的水平。
3. 对。如果决策者用增加总需求来抵消不利供给冲击，那么物价水平将长期上升。

第 34 章
货币政策和财政政策对总需求的影响

目　的

在本章中你将

- 了解作为短期利率理论的流动性偏好理论
- 分析货币政策是如何影响利率和总需求的
- 分析财政政策是如何影响利率和总需求的
- 讨论有关决策者是否应该试图稳定经济的争论

效　果

在实现这些目的之后，你应该能

- 说明短期内货币供给的增加会对利率有什么影响
- 说明货币供给增加对总需求有什么影响
- 解释挤出效应
- 讨论财政政策和货币政策的时滞效应

34.1 本章概述

34.1.1 内容与目的

第 34 章是关于经济中围绕其长期趋势的短期波动三章中的第二章。在第 33 章中，我们介绍了总供给与总需求模型。在第 34 章中，我们要说明政府的货币政策和财政政策如何影响总需求。在第 35 章中，我们将说明当我们论述通货膨胀与失业之间的关系时短期和长期目标之间的某些权衡取舍。

第 34 章的目的是论述货币政策和财政政策的短期效应。在第 33 章中，我们发现当总需求或短期总供给移动时，它引起产量波动。结果，决策者有时试图通过用货币政策和财政政策移动总需求来抵消这些移动。第 34 章论述这些政策背后的理论以及稳定政策的一些缺点。

34.1.2 本章复习

导 言

第 25—30 章说明了财政政策和货币政策对储蓄、投资和长期增长的影响。第 33 章说明了总需求和短期总供给的移动引起经济中围绕其长期趋势的短期波动，以及货币政策和财政政策决策者可以如何移动总需求来稳定经济。在本章中，我们论述稳定政策背后的理论以及稳定政策的一些缺点。

1. 货币政策如何影响总需求

总需求曲线表示在每种物价水平时的物品与劳务的需求量。回想一下第 33 章，总需求曲线由于财富效应、利率效应和汇率效应而向右下方倾斜。由于货币是总财富的一小部分，而且，由于国际部门是美国经济的一小部分，因此总需求曲线向右下方倾斜的最重要原因是利率效应。

利率是总需求的关键决定因素。为了说明货币政策如何影响总需求，我们提出被称为**流动性偏好理论**的凯恩斯利率决定理论。该理论说明利率由货币的供求决定。要注意的是，决定的利率既是名义利率，也是真实利率，因为在短期中预期的通货膨胀是不变的，因此，名义利率的变动等于真实利率的变动。

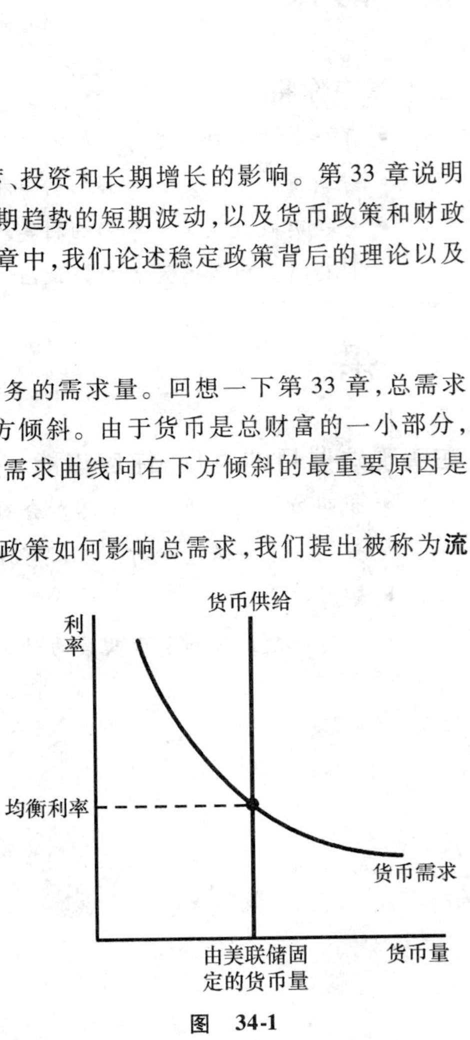

图 34-1

回想一下，货币供给由美联储决定，而且，可以固定在美联储选择的任何水平上。因此，货币供给不受利率影响，是图 34-1 中的一条垂直线。人们有货币需求是因为，货币作为最具流动性的资产，是交换媒介。因此，由于要用货币买东西，即使货币没有收益率也需要货币。利率是持有货币的机会成本。当利率高时，人们更多地以有利息的债券持有财富，并减少他们的货币持有量。因此，货币需求量减少，图 34-1 说明了这一点。均衡的利率由货币供给与货币需求的交点决定。

要注意的是，在长期中利率由可贷资金的供求决定，在短期中利率由货币的供求决定。这并不矛盾。

- 在长期中，产量由要素供给和技术所固定，利率的调整使可贷资金的供求平衡，物价水平的调整使货币的供求平衡。
- 在短期中，物价水平是粘性的，不能调整。在任何一个既定的物价水平时，利率的调整使货币的供求平衡，利率影响总需求，进而影响产量。

每一种理论强调了不同时间框架内利率的行为。

我们可以用流动性偏好理论来增强我们对总需求曲线向右下方倾斜解释的准确性。回想一下前面的章节，货币需求与物价水平正相关，因为在物价高时，人们需要更多的货币去购买等量物品。因此，正如图 34-2(a)所示，高物价水平使货币需求向右移动。在货币供给固定时，货币需求增加提高了利率。高利率减少了投资支出，并引起图 34-2(b)中物品与劳务需求量的减少。

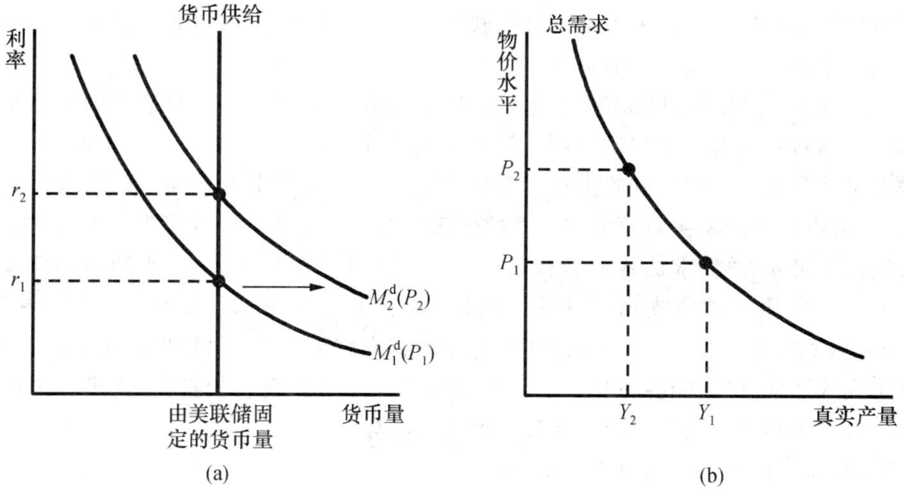

图 34-2

回到本节的观点上，货币政策如何影响总需求？假设美联储购买政府债券使货币供给向右移动，如图 34-3(a)所示。利率下降，减少了投资借款的成本。因此，在每一种物价水平时物品与劳务需求量增加，这使图 34-3(b)中的总需求向右移动。

美联储可以通过把货币供给或利率作为目标来实施货币政策。近年来，由于货币供给难以衡量，并且对于一个既定的货币供给，货币需求的波动会引起利率、总需求和产出的波动，因此美联储把利率作为目标。特别是，美联储把联邦基金利率——银行短期贷款相互收取的利率——作为目标。美联储的目标是货币供给还是利率对我们的分析没有什么影响，因为可以用货币供给或利率来说明每一种货币政策。例如，在上例中用来增加总需求的货币政策扩张就可以用增加目标货币供给或降低目标利率来说明。

2. 财政政策如何影响总需求

财政政策是指政府对政府购买和税收水平的选择。财政政策可以影响长期增长，而它在短期中主要是影响总需求。

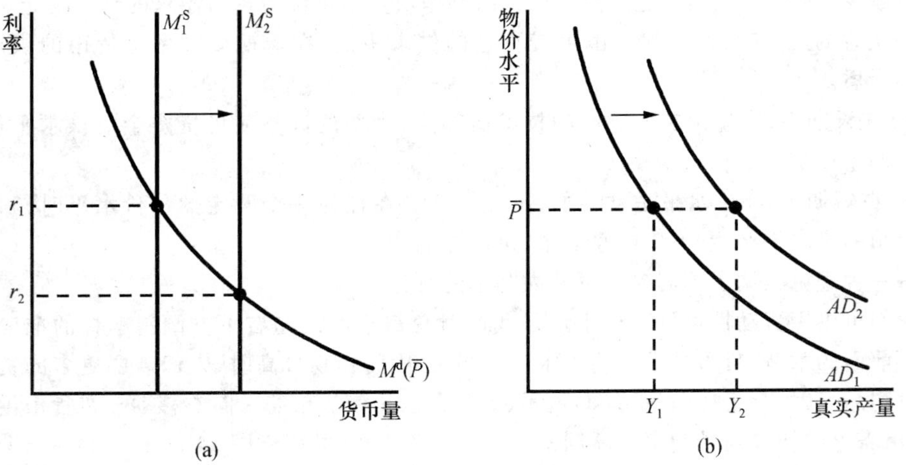

图　34-3

政府增加 200 亿美元购买军用飞机反映在总需求曲线向右移动上。实际向右移动的幅度大于或小于 200 亿美元有两个原因。

- 乘数效应：当政府把 200 亿美元支出于飞机时，以工资和飞机制造商利润为形式的收入增加。得到新收入的人增加他们用于消费品的支出，这就增加了其他企业的人们的收入，这又增加了消费支出，而且，以此类推会有许多轮。由于总需求的增加可以大于政府购买的增加，因此可以说政府购买对总需求有**乘数效应**。有一个计算乘数效应大小的公式。它表明政府每支出 1 美元，总需求曲线向右移动 $1/(1-MPC)$。式中，MPC 代表边际消费倾向——额外收入中家庭用于消费支出的比例。例如，如果 MPC 是 0.75，乘数就是 $1/(1-0.75)=1/0.25=4$，这意味着政府支出 1 美元使总需求曲线向右移动 4 美元。MPC 增加提高了乘数。

除了乘数之外，政府购买增加还会引起企业增加用于新设备的投资，这进一步增加了总需求对政府购买最初增加的反应。这称为投资加速数。

因此，总需求曲线的移动可以大于政府购买的变动。

乘数效应的逻辑也适用于除政府购买以外的支出变动。例如，对消费、投资和净出口的冲击都会对总需求产生乘数效应。

- 挤出效应：**挤出效应**与乘数效应发生作用的方向相反。政府购买增加（正如上例中一样）增加了收入，这使货币需求向右移动。这就提高了利率，减少了投资。因此，政府购买增加提高了利率，并减少或挤出了私人投资。由于挤出效应，总需求向右移动的幅度可能小于政府购买的增加。

总需求曲线最后的移动大于还是小于政府购买的最初变动取决于哪一个效应大：是乘数效应，还是挤出效应。

财政政策的另一半是赋税。税收减少增加了家庭可支配的收入，从而增加了消费。因此，减税使总需求曲线向右移动，而增税使总需求曲线向左移动。总需求曲线移动的大小取决于以上描述的乘数效应和挤出效应的大小。此外，家庭感到减税是长期的，会大大改善家庭财务状况，并大大增加总需求。如果家庭认为税收变化只是短期的，其对总需求的影响就会小得多。

最后，由于两个原因财政政策还会影响总供给。第一，减税能提高工作激励，并引起总供给曲线向右移动。供给学派认为,这种效应是如此之大以至于可以增加税收。绝大多数经济学家认为,正常情况并非如此。第二,政府对道路和桥梁这类资本的购买能增加每种物价水平时的供给量,并使总供给曲线向右移动。在长期内,后一种效应可能更明显。

3. 运用政策来稳定经济

凯恩斯(及其追随者)认为,政府应该积极地运用货币政策和财政政策去稳定总需求,结果会稳定产量和就业。

1946 年的就业法案赋予联邦政府促进充分就业和生产的责任。这个法案有两个含义:(1) 政府不应该成为波动的原因,因此,它应该避免财政政策和货币政策的突然变动;(2) 政府应该对私人经济的变动做出反应,以便更好地稳定它。例如,如果消费者的悲观减少了总需求,那么适当的扩张性货币政策或财政政策可以刺激总需求到原来的水平,从而避免了一次衰退。此外,如果过度乐观增加了总需求,那么紧缩性货币政策或财政政策可以抑制总需求到原来的水平,从而避免通货膨胀的压力。不去积极地稳定经济,就会引起产量和就业不必要的波动。

一些经济学家认为,政府不应该运用货币政策和财政政策来稳定经济中的短期波动。他们认为,在理论上积极的政策可以稳定经济,但他们感到在实际上货币政策和财政政策对经济的影响有相当大的时滞。货币政策的时滞最少是 6 个月,因此,对美联储来说,“微调”经济是相当困难的。财政政策有漫长的政治时滞,因为通过支出和赋税法案要几个月或几年的时间。这些时滞意味着积极的政策会使经济不稳定,因为扩张性政策可能在私人总需求过大时碰巧增加了总需求,而紧缩性政策可能在私人总需求不足时碰巧减少了总需求。

自动稳定器是在衰退时自发地刺激总需求的财政政策变动。因此,决策者不用采取有意的行动。在经济衰退期,当收入和利润减少的时候,税制自动地减少了税收。而且在衰退时,由于失业补助和福利支出增加,政府的支出自动增加了。因此,在衰退时期,税收和政府支出制度增加了总需求。严格的平衡预算规则会消除自动稳定器。原因就在于,在衰退期间政府不得不增加税收或减少支出。

34.1.3 有益的提示

1. 可以用各种方式推导出乘数。你的教科书会告诉你,乘数的值是 $1/(1-MPC)$。但是,它并没告诉你这个数字是如何得出来的。以下你将发现政府支出增加的情况下得出乘数值的许多不同方法中的一种:

$$\Delta \text{需求量} = \Delta \text{对物品的支出}$$

这说明,需求量的变动等于对物品支出的变动。Y 代表需求量,G 代表政府支出。要注意产量等于收入。那么

$$\Delta Y = \Delta G + (MPC \times \Delta Y)$$

这说明需求量的变动等于总支出的变动,这里的总支出包括政府支出变动加收入增加引起的消费支出变动(比如说收入变动的 0.75)。

求解 ΔY,我们可得出

$$\Delta Y - (MPC \times \Delta Y) = \Delta G$$

$$\Delta Y \times (1 - MPC) = \Delta G$$

$$\Delta Y = 1/(1 - MPC) \times \Delta G$$

这说明政府支出增加 1 美元引起总需求增加 $1/(1-MPC)\times 1$ 美元。如果 *MPC* 等于 0.75，那么 $1/(1-0.75)=4$，而且，政府支出增加 1 美元使总需求向右移动 4 美元。

2. *MPC* 增加提高了乘数。如果 *MPC* 是 0.80，这表明人们把收入增加中的 80% 用于消费品，乘数变为 $1/(1-0.80)=5$。这比以上从 *MPC* 为 0.75 中得出的乘数大。对这个结果有一个直观的说明。如果人们把收入增加中更高的百分比用于消费品，那么任何新的政府购买将有更大的乘数效应，而且，总需求曲线进一步向右移动。

3. 乘数在两个方向起作用。如果政府减少购买，乘数效应表明总需求曲线向左移动的量将大于政府购买的最初减少量。当政府减少购买时，人们的工资和利润减少，他们就减少消费支出等。这也会导致总需求数倍收缩。

4. 积极稳定政策有许多说明性名称。积极稳定政策是用相机抉择的货币政策和财政政策以把产量波动减少到最小的方式来稳定总需求，并使产量保持在长期自然率上。因此，积极稳定政策有时称为**相机抉择的政策**，以便与自动稳定器区分开，它也称为**总需求管理**，因为货币政策和财政政策用来调节或管理经济中的总需求。最后，由于决策者试图通过在总需求过高时减少总需求，而在总需求过低时增加总需求来抑制经济周期，稳定政策有时也称为**反经济周期的政策**。

5. 可以用积极稳定政策使产量从高于或低于自然产量率水平向长期的自然率变动。正如上一章中所说的那样，教科书中的大多数稳定政策例子是假设经济处于衰退中的产量低于长期自然率的。但是，积极稳定政策也可以在产量高于长期自然率时期用于减少总需求和产量。当产量大于自然率的时候，我们有时说经济处于繁荣、扩张之中，或者说经济过热。当经济的产量高于自然率的时候，称为经济过热，这是因为若任其发展下去，经济将调整到更高的预期物价与工资水平，而且产量将下降到自然率（短期总供给向左移动）。大多数经济学家认为，美联储需要政治上的独立，以对付过热的经济。这是因为对过热经济的积极政策反应是减少总需求，而这往往会面临政治上的强烈反对。这就是说，“在宴会进行时拿走香槟酒杯”在政治上可能是不受欢迎的。

34.1.4 术语与定义

为每个关键术语选择一个定义。

关键术语	定义
______流动性偏好理论	1. 扩张性财政政策对总需求移动的减弱，它提高了利率并减少了投资支出。
______流动性	2. 银行对短期贷款相互收取的利率。
______联邦基金利率	3. 扩张性财政政策引起的总需求移动的放大，它增加了投资支出。
______财政政策	4. 凯恩斯关于利率在短期中由货币供求决定的理论。
______乘数效应	5. 不要求决策者有意行为的财政政策变动。
______投资加速数	6. 用财政政策和货币政策减少经济中的波动。
______边际消费倾向（*MPC*）	7. 扩张性财政政策引起的总需求移动的放大，它增加了收入，并进一步增加了消费支出。
______挤出效应	8. 一种资产转变为交换媒介的容易程度。
______稳定政策	9. 家庭用于消费支出的额外收入的比例。

_______自动稳定器　　　　10. 政府决策者确定政府支出水平及税收水平。

34.2 问题与简答题

34.2.1 应用题

1. 如果美联储实施积极的稳定政策,针对以下事件,它应该按哪一个方向来变动货币供给?
   a. 乐观主义情绪刺激了企业投资和家庭消费。

   ____

   ____

   b. 为了平衡预算,联邦政府增税并减少支出。

   ____

   ____

   c. 石油输出国组织提高原油价格。

   ____

   ____

   d. 外国人对美国生产的福特汽车的偏好减弱了。

   ____

   ____

   e. 股市下跌。

   ____

   ____

2. 如果美联储实施积极的稳定政策,针对上一题列出的相同事件,它应该按哪一个方向来变动利率?
   a. 乐观主义情绪刺激了企业投资和家庭消费。

   ____

   ____

   b. 为了平衡预算,联邦政府增税并减少支出。

   ____

   ____

   c. 石油输出国组织提高原油价格。

   ____

   ____

   d. 外国人对美国生产的福特汽车的偏好减弱了。

   ____

   ____

   e. 股市下跌。

   ____

   ____

f. 解释美联储关于货币供给的政策与关于利率的政策之间的关系。

3. 如果决策者要用财政政策积极地稳定经济，他们应该按哪个方向变动政府支出和税收？

a. 悲观主义情绪减少了企业投资和家庭消费。

b. 价格预期上升引起工会要求提高工资。

c. 外国人更偏好美国生产的福特汽车。

d. 石油输出国组织提高了原油价格。

4. 假设经济处于衰退中。决策者估计，实现长期自然产量率需要的总需求短缺 1 000 亿美元。这就是说如果总需求向右移动 1 000 亿美元，经济就会处于长期均衡。

a. 假设联邦政府选择用财政政策来稳定经济，如果边际消费倾向（*MPC*）是 0.75，而且没有挤出效应，那么应该增加多少政府支出？

b. 假设联邦政府选择用财政政策来稳定经济，如果边际消费倾向（*MPC*）是 0.80，而且没有挤出效应，那么应该增加多少政府支出？

c. 如果有挤出效应，那么政府需要支出的比你在 a 和 b 中得出的量是多了还是少了？为什么？

d. 如果投资对利率十分敏感，那么挤出效应问题是更大了，还是更小了？为什么？

e. 如果决策者发现，财政政策的时滞是两年，那么他们应该更可能把财政政策作为稳定工具，还是更可能让经济自行调整？为什么？

5. a. 短期货币供给增加对利率有什么作用？解释之。

b. 长期中货币供给增加对利率有什么作用？解释之。

c. 这些结论一致吗？解释之。

34.2.2 简答题

1. 为什么在以利率为纵轴、货币量为横轴的图上画出货币供给曲线时，这条曲线是垂直的？

2. 为什么在以利率为纵轴、货币量为横轴的图上画出货币需求曲线时，这条曲线向右下方倾斜？

3. 为什么物价水平上升减少了真实产量的需求量？（用利率效应来解释总需求曲线的倾斜。）

4. 试解释货币供给增加如何移动总需求曲线。

5. 试解释产生于政府支出的乘数效应的直觉。为什么 *MPC* 大会使乘数效应大？

6. 试解释政府支出增加如何引起挤出效应。

7. 假设政府对公共设施计划支出 100 亿美元，打算以此刺激总需求。如果挤出效应大于乘数效应，总需求曲线向右方的移动大于还是小于 100 亿美元？为什么？

8. 减税是如何影响总供给的？

9. 哪一项会对总需求影响更大，是暂时减税，还是永久减税？为什么？

10. 试解释为什么税收和政府支出可以起到"自动稳定器"的作用。严格的平衡预算规则会使决策者在衰退期间做什么？这将缓解还是加剧衰退？

____

____

34.3 自我测试题

34.3.1 判断正误题

_______1. 利率提高增加了货币需求量，因为它增加了货币的收益率。

_______2. 当在以利率为纵轴、货币量为横轴的图上画出货币需求时，物价水平上升使货币需求向右移动。

_______3. 凯恩斯的流动性偏好理论表明，利率由货币的供求决定。

_______4. 利率效应表明，总需求向右下方倾斜是因为物价水平上升使货币需求向右移动，提高了利率，并减少了投资。

_______5. 货币供给增加使货币供给曲线向右移动，提高了利率，减少了投资，并使总需求曲线向左移动。

_______6. 假设投资者和消费者对未来变得悲观，并削减支出。如果美联储采取积极的稳定政策，回应的政策应该是减少货币供给。

_______7. 在短期中，美联储增加目标货币供给的决策在本质上与降低目标利率的决策相同。

_______8. 由于乘数效应，政府支出增加 400 亿美元将使总需求曲线向右的移动大于 400 亿美元(假设没有挤出效应)。

_______9. 如果 *MPC*(边际消费倾向)是 0.80，那么乘数的值是 8。

_______10. 当政府支出的增加增加了收入，使货币供给向右移动，提高了利率，并减少了私人投资时，挤出效应就发生了。

_______11. 假设政府增加了 100 亿美元支出，如果挤出效应大于乘数效应，那么总需求曲线向右的移动大于 100 亿美元。

_______12. 假设投资者和消费者对未来变得悲观，并削减支出。如果财政决策者采取积极的稳定政策，回应的政策应该是减少政府支出并增加税收。

_______13. 许多经济学家偏爱自动稳定器，因为它影响经济的时滞短于积极的稳定政策。

_______14. 在短期中，利率由可贷资金市场决定，而在长期中利率由货币供求决定。

_______15. 失业补助是自动稳定器的一个例子，因为当收入减少时，失业津贴增加。

34.3.2 单项选择题

1. 凯恩斯的流动性偏好利率理论表明，决定利率的是
   a. 可贷资本的供求。
   b. 货币的供求。
   c. 劳动的供求。
   d. 总供给与总需求。

2. 当用以纵轴代表利率和以横轴代表货币量的图形表示货币需求时，利率

上升
a. 增加了货币需求量。
b. 增加了货币需求。
c. 减少了货币需求量。
d. 减少了货币需求。
e. 以上各项都不是。

3. 当用以纵轴代表利率和以横轴代表货币量的图形表示货币的供求时，物价水平上升
a. 使货币需求向右移动，并提高了利率。
b. 使货币需求向左移动，并提高了利率。
c. 使货币需求向右移动，并降低了利率。
d. 使货币需求向左移动，并降低了利率。
e. 以上各项都不是。

4. 对美国来说，总需求曲线向右下方倾斜最重要的原因是
a. 汇率效应。
b. 财富效应。
c. 财政效应。
d. 利率效应。
e. 以上各项都不是。

5. 在真实产量市场上，货币供给增加最初的效应是
a. 总需求向右移动。
b. 总需求向左移动。
c. 总供给向右移动。
d. 总供给向左移动。

6. 货币供给增加的最初效应是
a. 提高了物价水平。
b. 降低了物价水平。
c. 提高了利率。
d. 降低了利率。

7. 货币供给增加的长期效应是
a. 提高了物价水平。
b. 降低了物价水平。
c. 提高了利率。
d. 降低了利率。

8. 假设投资者和消费者的悲观情绪引起支出减少。如果美联储选择采用积极的稳定政策，它应该
a. 增加政府支出并减税。
b. 减少政府支出并增税。
c. 增加货币供给并降低利率。
d. 减少货币供给并提高利率。

9. 政府支出增加的最初效应是
a. 总供给向右移动。
b. 总供给向左移动。
c. 总需求向右移动。
d. 总需求向左移动。

10. 如果边际消费倾向（*MPC*）是 0.75，那么乘数的值是
a. 0.75
b. 4
c. 5
d. 7.5
e. 以上各项都不是。

11. 边际消费倾向（*MPC*）提高
a. 提高了乘数的值。
b. 降低了乘数的值。
c. 对乘数的值没有影响。
d. 由于 *MPC* 由国会立法决定，这种情况很少发生。

12. 假设投资者和消费者的乐观情绪增加了支出，致使现在的产量水平高于长期自然率。如果决策者选择采用积极的稳定政策，他们应该
a. 减少税收，这使总需求向右移动。
b. 减少税收，这使总需求向左移动。
c. 减少政府支出，这使总需求向右移动。
d. 减少政府支出，这使总需求向左移动。

13. 当政府购买增加提高了收入，使货币需求向右移动，提高了利率并减

少了投资时，我们把这看成是以下哪一项的证明？

a. 乘数效应。

b. 投资加速数。

c. 挤出效应。

d. 供给经济学。

e. 以上各项都不是。

14. 以下哪一项关于税收的表述是正确的？

a. 大多数经济学家认为，在短期中，税收变动最大的影响是对总供给，而不是对总需求。

b. 持久的税收变动对总需求的影响大于暂时的税收变动。

c. 税收增加使总需求曲线向右移动。

d. 税收减少使总需求曲线向左移动。

15. 假设政府购买增加160亿美元。如果乘数效应大于挤出效应，那么

a. 总供给曲线向右的移动大于160亿美元。

b. 总供给曲线向左的移动大于160亿美元。

c. 总需求曲线向右的移动大于160亿美元。

d. 总需求曲线向左的移动大于160亿美元。

16. 当政府购买增加提高了一些人的收入，而且，这些人把他们收入增加的一部分用于增加的消费品支出时，我们看到了以下哪一项的证明？

a. 乘数效应。

b. 投资加速数。

c. 挤出效应。

d. 供给学派经济学。

e. 以上各项都不是。

17. 当政府购买增加引起企业购买额外的工厂和设备时，我们看到了以下哪一项的证明？

a. 乘数效应。

b. 投资加速数。

c. 挤出效应。

d. 供给学派经济学。

e. 以上各项都不是。

18. 以下哪一项是自动稳定器？

a. 军事支出。

b. 用于公立学校的支出。

c. 失业补助。

d. 用于航天飞机的支出。

e. 以上各项都是自动稳定器。

19. 以下哪一项关于稳定政策的表述是正确的？

a. 在短期中，美联储增加目标货币供给的决策在本质上与提高目标利率的决策相同。

b. 国会对美联储的货币政策决策有投票权。

c. 漫长的时滞提高了决策者“微调”经济的能力。

d. 许多经济学家偏爱自动稳定器，因为它们影响经济的时滞比积极稳定政策短。

e. 以上各项全对。

20. 以下哪一种表述最好地说明了货币供给增加如何移动总需求？

a. 货币供给向右移动，利率上升，投资减少，而且，总需求向左移动。

b. 货币供给向右移动，利率下降，投资增加，而且，总需求向右移动。

c. 货币供给向右移动，价格上升，支出减少，而且，总需求向左移动。

d. 货币供给向右移动，价格下降，支出增加，而且，总需求向右移动。

34.4 进阶思考题

你正在看晚间新闻网的新闻广播。公开的报道是关于今天联邦公开市场委员会开会的事情。财经记者报道，美联储为防止未来的通货膨胀而把今天的利率提高 0.25 个百分点。然后报道转向与著名政治家的对话。一位国会议员对美联储这种变动的反应是负面的。她说:"消费物价指数并没有上升，但美联储由于对付通货膨胀的假设而限制经济增长。我的选民想知道，为什么当他们得到贷款时不得不支付更高的利息，我没有一个恰当的回答。我认为这是一种暴行，而且，我认为国会应该有质询美联储决策的权力。"

1. 美联储提高什么利率?

____

____

2. 请说明美联储关于货币供给的政策。

____

____

3. 为什么美联储在 CPI 开始上升之前提高利率?

____

____

4. 许多经济学家认为，美联储需要独立于政治。用这位女议员的话来解释为什么大多数经济学家认为美联储需要独立性呢?

____

____

34.5 答案

34.5.1 术语与定义

__4__ 流动性偏好理论

__8__ 流动性

__2__ 联邦基金利率

__10__ 财政政策

__7__ 乘数效应

__3__ 投资加速数

__9__ 边际消费倾向(MPC)

__1__ 挤出效应

__6__ 稳定政策

__5__ 自动稳定器

34.5.2 应用题

1. a. 减少货币供给。
   b. 增加货币供给。
   c. 增加货币供给。
   d. 增加货币供给。
   e. 增加货币供给。
2. a. 提高利率。

b. 降低利率。

c. 降低利率。

d. 降低利率。

e. 降低利率。

f. 在短期中,由于物价具有粘性或被固定,货币供给增加意味着利率下降,而货币供给减少意味着利率上升。

3. a. 增加支出,减税。

b. 增加支出,减税。

c. 减少支出,增税。

d. 增加支出,减税。

4. a. 乘数 = 1/(1 - 0.75) = 4;100/4 = 250 亿美元。

b. 乘数 = 1/(1 - 0.80) = 5;100/5 = 200 亿美元。

c. 更大,因为随着政府支出增加,投资者支出少了,因此,总需求的增加没有乘数表示的那么大。

d. 更大了。政府支出提高了利率。投资对利率越敏感,投资减少越多,或政府支出挤出的越多。

e. 更可能让经济自行调整,因为如果经济调整在财政政策的影响起作用之前,财政政策就是不利于稳定的。

5. a. 它降低了利率,因为在短期中由于价格具有粘性或被固定,货币需求不变。因此,货币供给增加要求利率下降,以使人们持有增加的货币。

b. 它没有影响,因为在长期中支出增加引起物价同比例上升,产量固定在自然率,货币是中性的,而且,利率由不变的可贷资金供求决定。

c. 不对。价格在短期中很可能是粘性的,而在长期中是有弹性的。

34.5.3 简答题

1. 由于货币量固定在美联储选择的值上,而且,这个量不取决于利率。
2. 利率是货币的机会成本,因为货币赚不到收益率。因此,利率上升引起人们减少现金余额,并以有利息的债券持有更多财富。
3. 物价水平上升使货币需求向右移动,提高了利率,并减少了投资。
4. 货币供给向右移动,利率下降,在每一种物价水平时投资增加,这使总需求曲线向右移动。
5. 当政府购买物品时,它引起卖者收入增加。卖者把新的更高收入中的一个百分比用于物品与劳务,这增加了其他人的收入,以此类推。*MPC* 越高,新收入中每一轮支出的百分比越大。
6. 政府支出增加提高了收入,使货币需求向右移动,提高了利率,并减少了投资。
7. 小于 100 亿美元,因为有挤出效应,它减少了总需求的移动,比抵消的乘数效应更大,这就放大了移动。
8. 它通过提高工作激励而引起总供给增加。
9. 永久的,因为这对家庭财政状况的改善更大,从而他们支出得更多了。
10. 在衰退期间征收的所得税减少了,而且,政府用于福利和失业补助的支出增加了。

这使政府提高其他税,并减少其他支出。加剧衰退。

34.5.4 判断正误题

1. 错误;利率上升减少了货币需求量,因为它增加了持有货币的机会成本。
2. 正确。
3. 正确。
4. 正确。
5. 错误;货币供给增加降低了利率,投资增加,总需求向右移动。
6. 错误;美联储应该增加货币供给。
7. 正确。
8. 正确。
9. 错误;乘数的值是5。
10. 正确。
11. 错误;总需求曲线向右的移动小于100亿美元。
12. 错误;决策者应该增加政府支出并减税。
13. 正确。
14. 错误;在短期中利率由货币供求决定,而在长期中利率由可贷资金市场决定。
15. 正确。

34.5.5 单项选择题

1. b	2. c	3. a	4. d	5. a	6. d	7. a	8. c	9. c	10. b
11. a	12. d	13. c	14. b	15. c	16. a	17. b	18. c	19. d	20. b

34.5.6 进阶思考题

1. 联邦基金利率。
2. 它们减少货币供给(或降低其增长率)。
3. 由于货币政策对经济的作用有时滞。如果美联储等到通货膨胀发生时,其政策效应就太迟了。因此,美联储希望根据它的通货膨胀预期做出反应。
4. 政治家对短期投票的要求必定是有反应的。货币政策应该有长期观点,并在经济过热时(产量高于长期自然率时)做出政治上难以接受的决策。在这种情况下,在未来价格有上涨的压力,所以适当的政策反应是现在紧缩总需求。“在宴会进行时拿走香槟酒杯”是不受欢迎的。

第35章 通货膨胀与失业之间的短期权衡取舍

目　的

在本章中你将

- 知道为什么决策者会面对通货膨胀和失业之间的短期权衡取舍
- 考虑为什么长期内通货膨胀—失业的权衡取舍会消失了
- 说明供给冲击是如何移动通货膨胀—失业的权衡取舍的
- 考虑降低通货膨胀率的短期成本
- 说明决策者的可信度是如何影响降低通货膨胀的成本的

效　果

在实现这些目的之后,你应该能

- 画出短期菲利普斯曲线
- 画出长期菲利普斯曲线
- 说明短期总供给曲线移动和短期菲利普斯曲线移动之间的关系
- 解释牺牲比率
- 解释为什么无代价地降低通货膨胀需要更加理性的经济预期

35.1 本章概述

35.1.1 内容与目的

第 35 章是关于经济中围绕其长期趋势的短期波动的三章中的最后一章。第 33 章介绍了总供给与总需求模型。第 34 章说明了货币政策和财政政策如何影响总需求。第 33 章和第 34 章都论述了物价水平与产量之间的关系。第 35 章将集中于通货膨胀和失业之间类似的关系上。

第 35 章的目的是追踪经济学家思考通货膨胀与失业之间关系的历史。你将知道为什么存在通货膨胀与失业之间的暂时权衡取舍,以及为什么不存在长期的权衡取舍。这个结论是总供给与总需求模型得出的结论的延伸。在总供给与总需求模型中,由总需求变动引起的物价水平的变动暂时地改变了产量,但对产量并没有持久的影响。

35.1.2 本章复习

导 言

由于通货膨胀和失业都是不合意的,因此通货膨胀和失业之和称为痛苦指数。在长期中通货膨胀和失业是独立的,因为失业由劳动市场的特征决定,而通货膨胀由货币增长决定。但是,在短期中通货膨胀和失业是相关的,因为总需求增加暂时提高了通货膨胀和产量,并降低了失业。在本章中,我们追踪理解失业与通货膨胀之间关系的历史。

1. 菲利普斯曲线

在 1958 年,英国经济学家 A. W. 菲利普斯发现了通货膨胀和失业之间的负相关关系。这就是说,高通货膨胀的年份与低失业是相关的。包括美国在内的其他国家也发现了这种负相关关系,称之为**菲利普斯曲线**。菲利普斯曲线看来为决策者提供了一份通货膨胀和失业选择的菜单。为了降低失业率,就只需要选择一个更高的通货膨胀率。

总供给与总需求模型可以解释菲利普斯曲线所描述的关系。菲利普斯曲线表明了短期中由于总需求曲线沿着短期总供给曲线变动而产生的通货膨胀和失业的结合。例如,总需求增加使经济沿着短期总供给曲线变动到更高的物价水平、更高的产量水平以及更低的失业水平。由于前一个时期的物价现在是固定的,现期的更高物价水平就意味着更高的通货膨胀率,现在这种通货膨胀率与低失业率相关。可以用图 35-1 说明这一点。在图 35-1(a)中,总需求增加使经济从 *A* 点变动到 *B* 点,与沿着短期菲利普斯曲线从 *A* 点到 *B* 点的变动是相关的。

2. 菲利普斯曲线的移动:预期的作用

1968 年,美国经济学家弗里德曼和费尔普斯提出,菲利普斯曲线不是决策者可以利用的菜单。这是因为在长期中货币是中性的,并没有实际效应。货币增长仅仅引起物价和收入同比例变动,而且应该对失业没有影响。因此,长期菲利普斯曲线应该是经过自然失业率——经济自然趋向的失业率——的垂线。

垂直的长期菲利普斯曲线对应于垂直的长期总供给曲线。正如图 35-1 说明的,在长期中,货币供给增加使总需求向右移动,并使经济从图 35-1(a)中的 *A* 点移动到 *C* 点。在图

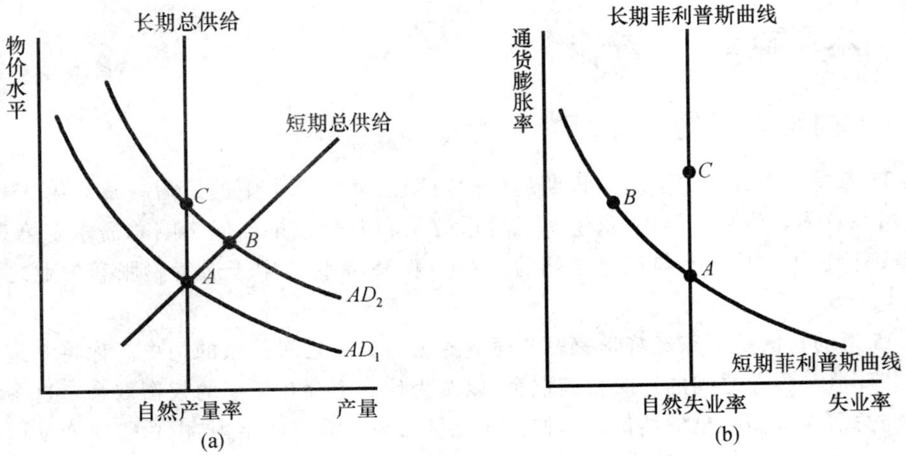

图 35-1

35-1(b)中可以找到相应的菲利普斯曲线,在这个图中货币增长的提高加剧了通货膨胀,但由于长期中货币是中性的,物价与收入同时变动,通货膨胀并不会影响失业。因此,经济从图35-1(b)中的 A 点移动到 C 点,并画出长期菲利普斯曲线。

弗里德曼和费尔普斯用“自然”失业率这个词并不是因为它是合意的或不变的,而是因为它不受货币政策的影响。降低自然失业率的劳动市场的政策变动,例如最低工资法和失业保险变动,使长期菲利普斯曲线向左移动和长期总供给曲线向右变动。

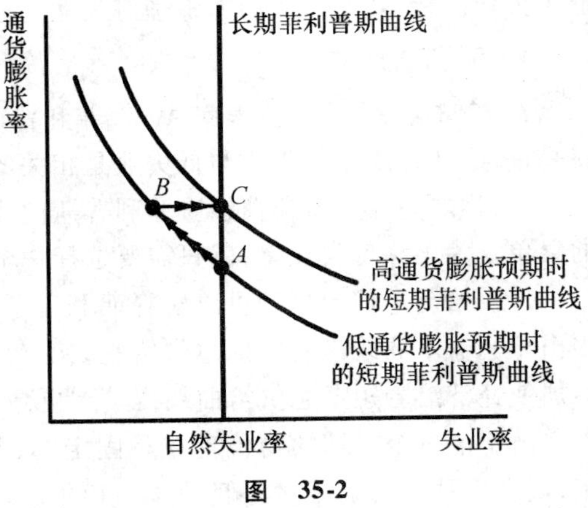

图 35-2

尽管弗里德曼和费尔普斯认为长期菲利普斯曲线是垂直的,但他们还认为在短期中通货膨胀会对失业有相当大的影响。他们的推理类似于围绕短期总供给曲线的推理,因为他们假设在短期中价格预期是固定的。如果在短期中价格预期是固定的,总需求的增加就会引起通货膨胀,暂时地增加产出,并将失业率降低到自然失业率之下。例如,根据短期总供给的价格粘性理论,名义工资确定在固定价格预期基础之上。当实际价格高于预期价格时,企业的获利性更大,就会扩大产出,雇用更多的工人,从而使得失业下降。在图35-2中,这是从 A 点到 B 点的移动。但是,在长期中,人们通过提高自己的通货膨胀预期(要求更高的工资)来调整到更高的通货膨胀率,而且,短期菲利普斯曲线向上移动。经济从 B 点到通货膨胀更高的 C 点,但失业没有变动。因此,决策者面临通货膨胀和失业之间的短期权衡取舍,但如果他们企图利用它,这种关系就消失了,而且,会回到垂直的菲利普斯曲线。此时失业率处于自然失业率水平,但通货膨胀率更高了。

可以用以下公式来总结弗里德曼和费尔普斯的分析:

$$失业率 = 自然失业率 - \alpha(实际通货膨胀率 - 预期通货膨胀率)$$

这说明,对任何一个既定的预期通货膨胀率,如果实际通货膨胀高于预期通货膨胀,那么失业就将下降到低于自然失业率,而幅度取决于参数 α。但是,在长期内人们预期到实际存在的通货膨胀,失业就将等于自然失业率。

弗里德曼和费尔普斯提出了**自然率假说**。这个假说表明无论通货膨胀如何,失业最终要回到其自然率。当时,对此颇有争议,但最终证明是正确的。在 20 世纪 60 年代,扩张性货币政策和财政政策稳定地提高通货膨胀率,而且失业减少。但是,在 70 年代初,人们提高了自己的通货膨胀预期,失业率回到自然失业率——约为 5% 或 6% 。

3. 菲利普斯曲线的移动:供给冲击的作用

短期菲利普斯曲线也可能由于供给冲击而移动。**供给冲击**是直接改变企业的成本和价格、使经济的总供给曲线和菲利普斯曲线移动的事件。1974 年,当石油输出国组织提高石油价格时就发生了供给冲击。这种行为增加了生产成本,并使美国的短期总供给曲线向左移动,这就引起物价上升和产量减少,或者说滞胀。由于通货膨胀上升和失业增加就相当于短期菲利普斯曲线向右(上)方移动,所以决策者现在面临更不利的通货膨胀和失业之间的权衡取舍。这就是说,决策者为降低失业率必须接受更高的通货膨胀率,或者为降低通货膨胀率接受更高的失业率。此外,决策者现在的选择更困难了,因为如果为了对付通货膨胀而减少总需求,他们就将进一步增加失业。如果他们为了减少失业而增加总需求,他们就进一步提高了通货膨胀。

如果供给冲击提高了预期通货膨胀,菲利普斯曲线的移动就是"持久的"。如果供给冲击没有提高预期通货膨胀,这种移动就是暂时的。在 20 世纪 70 年代的美国,美联储用增加总需求来抵消两个不利的总供给冲击。这就引起预期的通货膨胀上升,以及菲利普斯曲线的向右(上)方移动成为"持久的"。到 1980 年,通货膨胀率是 9% ,而失业率是 7% 。

有些人指出,2008 年美联储没有发挥独立性作用,反而为了抵消消极的供给冲击重复 20 世纪 70 年代的错误。

4. 降低通货膨胀的代价

1979 年 10 月,美联储主席保罗·沃尔克选择实行反通货膨胀的政策——降低通货膨胀率。货币供给的减少降低了总需求,减少了生产,并增加了失业。图 35-3 中,从 A 点移动到 B 点说明了这种情况。随着时间的不断推移,预期的通货膨胀下降,短期菲利普斯曲线向下移动,而且,经济也从 B 点移动到 C 点。

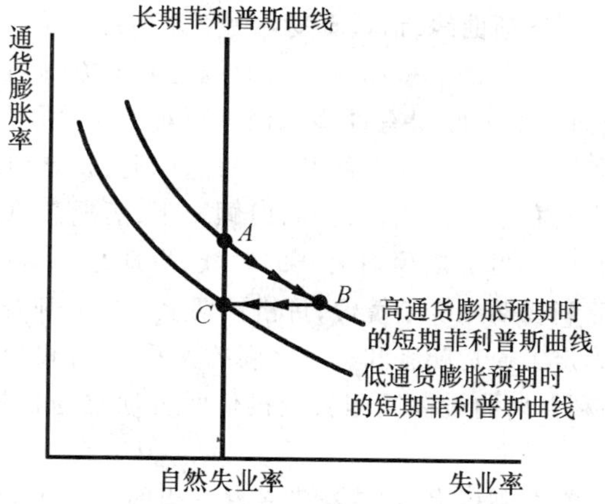

图 35-3

降低通货膨胀的代价是一段时期的失业和产量损失。**牺牲比率**是每降低一个百分点的通货膨胀而失去的每年产量的百分点数。损失的产量大小取决于菲利普斯曲线的斜率,以及人们会多快地降低自己的通货膨胀预期。

一些经济学家估计牺牲比率是5左右，这是相当高的。**理性预期**的支持者提出，反通货膨胀的代价可以大大减少，也许可以为零。理性预期提出，人们在预期未来时会最好地利用所有可获得的信息，包括有关政府政策的信息。因此，所宣布的可信的反通货膨胀政策可以使经济不必经过 B 点而从 A 点移动到 C 点。1979年末，沃尔克宣布了一项反通货膨胀政策，到1984年就使通货膨胀从10%下降到4%，但代价是失业大大增加。然而，需要注意的是，失业的增加小于估算的牺牲比率所预言的。也许是理性预期理论并不准确，或者人们不相信政策宣言。

当过度总需求使失业低于自然率时，在艾伦·格林斯潘任职期间货币政策没有重犯20世纪60年代的错误。在格林斯潘时代，低通货膨胀低失业是有利的供给冲击和审慎货币政策的结果。

伯南克面临下列经济挑战：房地产市场崩溃和金融危机导致总需求减少，石油和商品价格上涨导致总供给减少。所以，经济面临着失业率和通货膨胀率同时上升。伯南克希望保持低通货膨胀预期，以使工人不会要求增加工资及企业不会提价。

35.1.3 有益的提示

(1) 短期和长期菲利普斯曲线几乎是短期和长期总供给曲线的镜像。看看图35-1中表示的供给曲线。注意图35-1(a)中的总供给曲线，把它与图35-1(b)中的菲利普斯曲线相比较。它们看来都是彼此的镜像。长期总供给曲线是垂线，由于在长期中与物价水平上升相应的是所有物价和收入都同比例上升，因此，没有改变生产的激励。由于长期中物价上升并不影响产量，也就不影响失业，而且，图35-1(b)中的长期菲利普斯曲线是垂直的。在价格预期固定的短期中，物价水平上升为企业增加生产提供了激励，这就引起图35-1(a)中的短期总供给曲线向右上方倾斜。当产量增加时，失业会减少，因此，图35-1(b)中的短期菲利普斯曲线向右下方倾斜。总之，由于这两个图都用纵轴衡量物价，而且，由于每个图都用各自的横轴作为负相关的经济活动的实际衡量(产量增加与失业减少相关)，因此，总供给曲线和菲利普斯曲线应该相互“反映”。

(2) 为了理解短期菲利普斯曲线，请认真复习一下短期总供给。为了有信心地导出并移动短期菲利普斯曲线，复习第33章中短期总供给曲线向右上方倾斜的原因。这里需要提醒你的是，短期总供给曲线向右上方倾斜有许多原因——对相对价格的错觉、粘性工资和粘性价格。由于短期总供给曲线和菲利普斯曲线互为镜像，因此，正是引起总供给向右上方倾斜的原因引起菲利普斯曲线向右下方倾斜。此外，回顾一下，短期总供给曲线的三种理论全都依据了固定价格预期的假设。当价格预期上升的时候，短期总供给曲线向左移动。相应的，由于短期总供给曲线和菲利普斯曲线是镜像，价格预期上升使菲利普斯曲线向右移动。

(3) 菲利普斯曲线确定了通货膨胀和失业之间的关系，但并没有确定因果关系。从失业轴到通货膨胀轴来看，菲利普斯曲线表明当失业极低时劳动市场紧张，而且工资和物价开始更快地上升。

(4) 自然失业率的估算差别极大，致使决策者对适当的货币政策和财政政策的看法不一致。当看菲利普斯曲线图或总供给与总需求模型时，仿佛决策者应该总是知道要扩张还是紧缩总需求，或者让总需求自行变动。这是因为我们可以看出经济是高于还是低于我们在图形上所选的长期自然率。但是，实际上衡量自然率是极为困难的，而且，决策者无法确定经济实际上是高于还是低于自然率运行。例如，如果经济在6%的失业时运行，自然失业率是5%，经济就在低于其能力时运行。如果按能力而言自然率是6%，自然率为7%就大于能力。每种情况都表明，即使实际失业率为6%不变，也有不同的稳定政策。

35.1.4 术语与定义

为每个关键术语选择一个定义。

关键术语	定 义
______痛苦指数	1. 通货膨胀率的下降。
______菲利普斯曲线	2. 经济趋近的正常失业率。
______自然失业率	3. 一种理论，认为人们在预期未来时会最好地利用所有可获得的信息，包括有关政府政策的信息。
______自然率假说	4. 通货膨胀和失业之和。
______反通货膨胀	5. 一种理论，认为无论通货膨胀如何，失业总会回到其自然率。
______供给冲击	6. 通货膨胀和失业之间的短期权衡取舍。
______牺牲比率	7. 为了使通货膨胀降低一个百分点而失去的每年产量的百分点数。
______理性预期	8. 直接改变企业的成本和价格，使经济的总供给曲线移动，从而使菲利普斯曲线移动的事件。

35.2 问题与简答题

35.2.1 应用题

1. 描述以下事件对短期和长期菲利普斯曲线的最初影响。这就是说，描述沿着一条既定曲线的变动或者曲线移动的方向。

   a. 预期通货膨胀上升。

   ____

   ____

   b. 进口石油价格上升。

   ____

   ____

   c. 货币供给增加。

   ____

   ____

   d. 政府支出减少。

   ____

   ____

   e. 最低工资下降，这降低了自然率。

   ____

   ____

2. 用图 35-4 中的菲利普斯曲线回答以下问题。

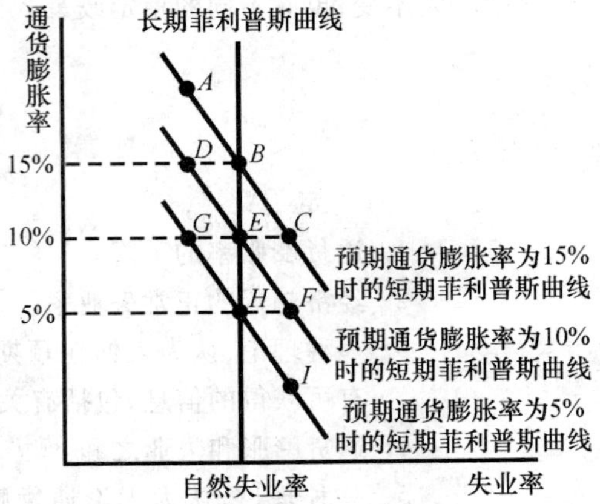

图 35-4

a. 如果人们预期通货膨胀率为 10%，实际上通货膨胀率也是 10%，那么经济处于哪一点上？

b. 根据 a，失业是高于、低于还是等于自然率？

c. 如果人们预期通货膨胀率为 10%，而实际通货膨胀率为 15%，那么经济处于哪一点上？

d. 假设经济在 *D* 点运行。随着时间推移，人们向哪个方向改变自己的通货膨胀预期——向上还是向下？

e. 假设经济在 *D* 点运行。随着人们改变自己的通货膨胀预期，短期菲利普斯曲线将向哪个方向移动——向右还是向左？

f. 假设经济在 *E* 点运行。在短期中，总需求突然减少将使经济向哪一点变动？

g. 假设经济在 *E* 点运行。在长期中，政府支出减少会使经济向哪一点变动？

h. 假设人们预期 5% 的通货膨胀率。如果通货膨胀率实际上升到 10%，那么失业将向哪个方向变动——高于还是低于自然率？

3. 用菲利普斯曲线图回答以下问题。假设经济最初处于长期均衡。

a. 如果美联储提高货币供给增长率,那么短期中失业和通货膨胀会发生什么变动?

b. 如果美联储提高货币供给增长率,那么长期中失业和通货膨胀会发生什么变动?

c. 发行货币可以使失业低于自然率吗?解释之。

d. 中央银行多次企图用扩张性货币政策使失业低于自然率的最终结果是什么?解释之。

4. 假设经济在有高通货膨胀率的自然失业率时运行(图 35-5 中的 *A* 点)。假设美联储为了降低通货膨胀宣布了一项突然的货币紧缩政策。说明经济调整到新的低货币增长率会采取的两种可能的路径。选择最好地描述下列每一种情况下会发生什么变动的路径,并解释你的理由。

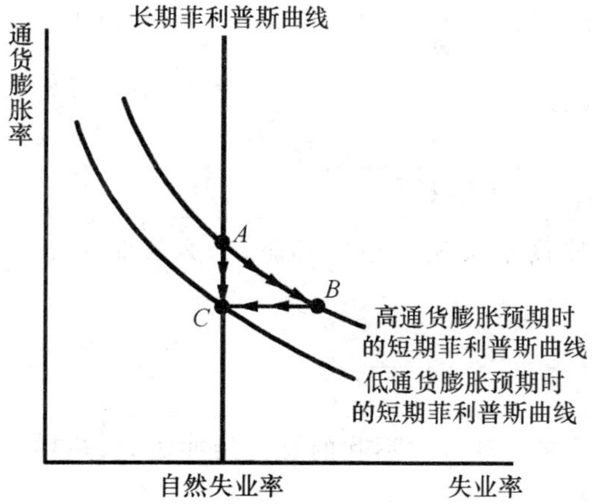

图 35-5

a. 不相信美联储的宣布。

b. 相信美联储的宣布,并迅速调整通货膨胀预期。

c. 相信美联储的宣布,但所有工人都签有无法再谈判的长期工资合同。

d. 以上哪一种情况(a、b 或者 c)最好地说明了,如果过去美联储反复宣布通货膨胀是重点,但实际上没有采取有力的货币紧缩时会出现的变动？为什么？

35.2.2 简答题

1. 如果失业率是 6%,通货膨胀率是 5%,那么所谓的痛苦指数是多少？

2. 用总需求与总供给模型说明为什么短期菲利普斯曲线向右下方倾斜。

3. 用总需求与总供给模型说明为什么长期菲利普斯曲线是垂直的。

4. 短期菲利普斯曲线实际上是决策者永久可以得到的通货膨胀和失业结合的菜单吗？请解释为什么是或不是的原因？

5. 什么是自然率假说？

6. 如果实际通货膨胀高于预期的通货膨胀,那么失业率是高于还是低于自然率？为什么？

7. 当存在进口石油价格上升这类不利的总供给冲击时,短期菲利普斯曲线会向哪个方向移动？为什么？

8. 参考第 7 题,现在经济面临的失业与通货膨胀之间的权衡取舍比不利的供给冲击之前更有利,还是更不利呢？解释之。

9. 根据第 8 题,如果美联储抵消不利的供给冲击,那么其对低通货膨胀和低失业目标的重视揭露了什么？

____

10. 如果牺牲比率是 5,为了使通货膨胀下降 4 个百分点,那么会减少多少产量呢？如果人们有理性预期,牺牲比率会比 5 大还是小呢？为什么？

____

____

35.3 自我测评

35.3.1 判断正误题

_______1. 菲利普斯曲线说明了通货膨胀与失业之间的正相关关系。

_______2. 如果通货膨胀率是 4% ,失业率是 6% ,则痛苦指数是 2% 。

_______3. 在短期中,总需求增加提高了物价,增加了产量,并减少了失业。

_______4. 当失业低于自然率时,劳动市场是异常紧张的,带来工资和物价上升的压力。

_______5. 价格预期提高使菲利普斯曲线向上移动,并使通货膨胀—失业的权衡取舍不利。

_______6. 货币供给增加提高了通货膨胀,并持久地减少了失业。

_______7. 在长期中,失业率不取决于通货膨胀,而且,菲利普斯曲线是一条经过自然失业率的垂线。

_______8. 当实际通货膨胀大于预期通货膨胀时,失业率大于自然失业率。

_______9. 自然率假说提出,在长期中,无论通货膨胀如何,失业都要回到自然失业率。

_______10. 不利的供给冲击,例如,进口石油价格上升,使菲利普斯曲线向上移动,并使通货膨胀—失业的权衡取舍不利。

_______11. 失业补助减少降低了自然失业率,并使长期菲利普斯曲线向右移动。

_______12. 总需求增加暂时减少了失业,但在人们提高了自己的通货膨胀预期以后,失业又回到自然失业率。

_______13. 突然的货币紧缩使经济向上移动到短期菲利普斯曲线,减少了失业,提高了通货膨胀。

_______14. 如果人们有理性预期,美联储宣布的可信的货币紧缩能以较少甚至没有失业增加为代价而降低通货膨胀。

_______15. 如果牺牲比率是 4,通货膨胀率从 9% 下降到 5% ,那么要求产量减少 8% 。

35.3.2 单项选择题

1. 一些评论者建议衡量经济正常状态的痛苦指数是
   a. 产量增长率和通货膨胀率之和。
   b. 失业率和通货膨胀率之和。
   c. 道 · 琼斯工业平均指数与联邦基金利率之和。
   d. 自然失业率和实际失业率之和。
2. 最初的菲利普斯曲线说明了
   a. 通货膨胀和失业之间的权衡取舍。
   b. 通货膨胀和失业之间的正相关关系。

c. 产量和失业之间的权衡取舍。
d. 产量和失业之间的正相关关系。

3. 菲利普斯曲线是总供给与总需求模型的扩展,因为在短期中,总需求增加提高了物价水平,以及
a. 降低了增长。
b. 降低了通货膨胀。
c. 增加了失业。
d. 减少了失业。

4. 沿着短期菲利普斯曲线,
a. 高产量增长率与低失业率相关。
b. 高产量增长率与高失业率相关。
c. 高通货膨胀率与低失业率相关。
d. 高通货膨胀率与高失业率相关。

5. 在长期中,如果人们调整自己的价格预期,以致所有物价和收入都与物价水平的上升同比例变动,那么长期菲利普斯曲线
a. 向右上方倾斜。
b. 向右下方倾斜。
c. 是垂直的。
d. 斜率由人们调整自己的价格预期的快慢决定。

6. 根据菲利普斯曲线,在短期中,如果决策者选择扩张性政策来降低失业率,那么
a. 经济将经历通货膨胀的下降。
b. 经济将经历通货膨胀的上升。
c. 如果价格预期不变,通货膨胀将不受影响。
d. 以上各项都不是。

7. 预期通货膨胀上升,则
a. 短期菲利普斯曲线向上移动,而且,失业—通货膨胀的权衡取舍不利。
b. 短期菲利普斯曲线向下移动,而且,失业—通货膨胀的权衡取舍有利。
c. 短期菲利普斯曲线向上移动,而且,失业—通货膨胀的权衡取舍有利。
d. 短期菲利普斯曲线向下移动,而且,失业—通货膨胀的权衡取舍不利。

8. 以下哪一项使长期菲利普斯曲线向右移动?
a. 国外石油价格上升。
b. 预期通货膨胀上升。
c. 总需求增加。
d. 最低工资提高。

9. 当实际通货膨胀大于预期通货膨胀时
a. 失业大于自然失业率。
b. 失业小于自然失业率。
c. 失业等于自然失业率。
d. 人们降低自己对未来通货膨胀的预期。

10. 外国石油价格下降,则
a. 短期菲利普斯曲线向上移动,而且,失业—通货膨胀的权衡取舍有利。
b. 短期菲利普斯曲线向上移动,而且,失业—通货膨胀的权衡取舍不利。
c. 短期菲利普斯曲线向下移动,而且,失业—通货膨胀的权衡取舍有利。
d. 短期菲利普斯曲线向下移动,而且,失业—通货膨胀的权衡取舍不利。

11. 自然率假说认为
a. 失业总是高于自然失业率。
b. 失业总是低于自然失业率。
c. 失业总是等于自然失业率。
d. 在长期中,无论通货膨胀如何,失业率都将回到自然失业率。

用图 35-6 回答第 12—17 题。

12. 如果经济中人们预期的通货膨胀率是 3% ,而且,实际的通货膨胀率是 3% ,那么经济在哪一点运行?

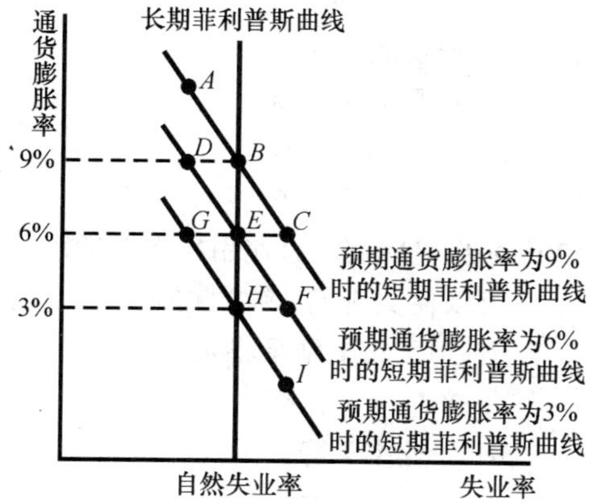

图 35-6

a. *A*
b. *B*
c. *C*
d. *D*
e. *E*
f. *F*
g. *G*
h. *H*
i. *I*

13. 如果经济中人们预期通货膨胀率为6%，但结果通货膨胀率是3%，那么经济在哪一点运行？
a. *A*
b. *B*
c. *C*
d. *D*
e. *E*
f. *F*
g. *G*
h. *H*
i. *I*

14. 假设经济在 *E* 点时处于长期均衡。政府支出突然增加使经济向哪一点的方向变动？
a. *A*
b. *B*
c. *C*
d. *D*
e. *E*
f. *F*
g. *G*
h. *H*
i. *I*

15. 假设经济在 *D* 点运行，当人们修改他们的价格预期时
a. 短期菲利普斯曲线将向与预期通货膨胀率 3% 相关的短期菲利普斯曲线的方向移动。
b. 短期菲利普斯曲线将向与预期通货膨胀率 6% 相关的短期菲利普斯曲线的方向移动。
c. 短期菲利普斯曲线将向与预期通货膨胀率 9% 相关的短期菲利普斯曲线的方向移动。
d. 长期菲利普斯曲线将向左移动。

16. 假设经济在 *E* 点时在长期均衡状态运行。一次未预期到的货币紧缩将使经济向哪一点的方向移动？
a. *A*
b. *B*
c. *C*
d. *D*
e. *E*
f. *F*
g. *G*
h. *H*
i. *I*

17. 假设经济在 *E* 点时在长期均衡状态运行。在长期中，货币紧缩将使经济向哪一点的方向移动？
a. *A*
b. *B*
c. *C*
d. *D*
e. *E*
f. *F*
g. *G*
h. *H*

i. I

18. 如果人们有理性预期,宣布的可信的货币政策收缩能

a. 降低通货膨胀,但会使失业极大地增加。

b. 降低通货膨胀,失业增加很少或没有增加。

c. 提高通货膨胀,但极大地减少失业。

d. 提高通货膨胀,失业只有很少减少,或没有减少。

19. 如果牺牲比率是 5,那么通货膨胀率从 7% 下降到 3% 就要求

a. 产量减少 5%。

b. 产量减少 15%。

c. 产量减少 20%。

d. 产量减少 35%。

20. 如果美联储一直使用扩张性货币政策以使失业保持在自然失业率之下,那么长期结果将是

a. 产量水平提高。

b. 失业率下降。

c. 通货膨胀率上升。

d. 以上各项都对。

35.4 进阶思考题

世界性的干旱减少了食物生产。通货膨胀上升了,失业上升到自然失业率之上,美国人对政府失望。你的室友说:"这种经济困难一定是谁的过错——也许是总统或国会。一年前,通货膨胀和失业都很低。我们需要支持那些了解如何摆脱这种通货膨胀和失业的决策者。"

1. 经济中存在的滞胀是谁的过错?

2. 经济现在面临的通货膨胀与失业的选择比供给冲击前更好还是更糟?短期菲利普斯曲线发生了怎样的变动?

3. 如果决策者对供给冲击的反应是增加总需求,那么经济会沿着新的短期菲利普斯曲线向哪一个方向变动?通货膨胀和失业会发生怎样的变动?

4. 如果决策者对供给冲击的反应是减少总需求,那么经济又会沿着新的短期菲利普斯曲线向哪一个方向变动?通货膨胀和失业会发生什么变动?

5. 有一种既能立即降低通货膨胀又能立即减少失业的政策吗?试解释之。

35.5 答案

35.5.1 术语与定义

4 痛苦指数

6 菲利普斯曲线

2 自然失业率

5 自然率假说

1 反通货膨胀

8 供给冲击

7 牺牲率

3 理性预期

35.5.2 应用题

1. a. 短期菲利普斯曲线向右(上)移动。
   b. 短期菲利普斯曲线向左(下)移动。
   c. 短期菲利普斯曲线向上移动。
   d. 短期菲利普斯曲线向下移动。
   e. 长期和短期菲利普斯曲线都向左(下)移动。
2. a. E
   b. 等于自然率。
   c. D
   d. 向上。
   e. 向右。
   f. F
   g. H
   h. 低于自然率。
3. a. 通货膨胀上升,失业减少。
   b. 通货膨胀上升,失业保持在自然率。
   c. 不对。失业暂时减少,但随着人们预期更高的通货膨胀,失业回到自然率。
   d. 不断地努力使失业低于自然率只会引起通货膨胀。
4. a. 经济从 A 点移动到 B 点,因为人们不会降低他们的价格预期和工资要求,因此,失业随通货膨胀的下降而增加。
   b. 经济从 A 点移动到 C 点,因为人们同比例地减少他们的价格与工资。
   c. 经济从 A 点移动到 B 点,因为人们实际上无法降低他们的某些工资和价格,因此,失业率随通货膨胀下降而增加。
   d. a 状况,因为人们理性地不相信以前不讲真话的决策者。

35.5.3 简答题

1. 11%
2. 总需求增加沿着短期总供给曲线提高了物价并增加了产量,这减少了失业。物价上升而失业减少。
3. 总需求增加提高了物价,但产量仍然在由垂直的长期总供给曲线引起的自然产量率上。

4. 不是。当通货膨胀上升到高于预期通货膨胀时,失业暂时减少。但是,在人们向上修改他们的物价预期并要求更高的工资之后,菲利普斯曲线向上(右)移动。
5. 无论通货膨胀如何,长期中失业回到自然失业率。
6. 低于,因为如果价格高于预期的价格,产量增加,就业人口增加,这减少了失业。
7. 总供给曲线向左移动表示在每种物价时生产减少。因此,菲利普斯曲线向右(上)移动表示每种通货膨胀率时失业更多。
8. 更不利。现在在每种失业水平时,通货膨胀更高了,或者在每种通货膨胀率时,失业更高了。
9. 美联储更关心低失业。
10. 20%。小,这是因为它们更快地降低价格预期,这使菲利普斯曲线向左移动。

35.5.4 判断正误题

1. 错误;菲利普斯曲线说明通货膨胀和失业之间的负相关关系。
2. 错误;痛苦指数是10%。
3. 正确。
4. 正确。
5. 正确。
6. 错误;货币供给增加会暂时减少失业。
7. 正确。
8. 错误;当实际通货膨胀大于预期通货膨胀时,失业低于自然失业率。
9. 正确。
10. 正确。
11. 错误;它使长期供给曲线向左移动。
12. 正确。
13. 错误;突然的货币紧缩使经济的短期菲利普斯曲线向下移动,这增加了失业,并降低了通货膨胀。
14. 正确。
15. 错误;产量必须减少4×4% =16%。

35.5.5 单项选择题

1. b	2. a	3. d	4. c	5. c	6. b	7. a	8. d	9. b	10. c
11. d	12. h	13. f	14. d	15. c	16. f	17. h	18. b	19. c	20. c

35.5.6 进阶思考题

1. 没有一个人有过错。这是自然现象。
2. 更糟,因为短期菲利普斯曲线向上移动。
3. 经济沿着新的短期总供给曲线向上变动。失业将减少,但通货膨胀将提高。
4. 经济沿着新的短期总供给曲线向下变动。通货膨胀将下降,但失业将增加。
5. 没有,经济面临短期权衡取舍。降低通货膨胀的政策增加了失业,而减少失业的政策提高了通货膨胀。

第 *13* 篇　最后的思考

第 36 章
宏观经济政策的五个争论问题

目　的

在本章中你将

- 考虑决策者是否应该试图稳定经济
- 考虑货币政策是应该按规则制定，还是遵循相机抉择
- 考虑中央银行是否应该把零通货膨胀作为目标
- 考虑政府是否应该平衡其预算
- 考虑是否应该为鼓励储蓄而修改税法

效　果

在实现这些目的之后，你应该能

- 请举出一个“逆风行事”的宏观经济政策反应的例子
- 解释“政策的前后不一致性”的含义是什么
- 列出通货膨胀的代价
- 知道减少预算赤字的好处
- 解释为什么消费税鼓励储蓄，但提高了经济的不平等性

36.1 本章概述

36.1.1 内容与目的

第 36 章是本书的最后一章。它要论述宏观经济学中五个未解决的问题,每个问题都是当前政治争论的中心。可以随时学习本章内容,也可以作为与论述相关内容的以前各章相联系的一章来学习。

第 36 章的目的是提供有关宏观经济政策的五个主要争论问题的双方观点。它运用了你在教科书的学习中积累起来的信息与工具。本章有助于你对所论述的问题有一个态度,或者至少会有助于你理解那些持有某种态度的其他人的理由。

36.1.2 本章复习

导　言

本章提出了关于宏观经济政策的五个经典问题。这些问题是当前政治争论的中心。

1. 货币政策与财政政策决策者应该试图稳定经济吗

(1) **赞成:决策者应该试图稳定经济**。家庭和企业的悲观减少了总需求,引起衰退。所引起的产量减少和失业增加是资源的浪费。这种资源的浪费是不必要的,因为政府有权力"逆风行事",通过在这种情况下增加政府支出、减税和增加货币供给来稳定总需求。如果总需求过剩,这些政策可以反向实施。

(2) **反对:决策者不应该试图稳定经济**。货币政策和财政政策影响经济存在时滞。货币政策影响利率,要影响居民和企业投资支出可能要 6 个月或更长时间。财政政策变动需要一个长期的政治过程。由于预期是困难的,并且许多冲击是不可预期的,因此稳定政策必须根据对未来经济状况所作的学理式的推测。错误会使积极政策引起不稳定。政策的第一条规则应该是"不伤害",因此,决策者应该抑制对经济的频繁干预。

2. 货币政策应该按规则制定还是相机抉择

回想一下,联邦公开市场委员会(FOMC)每六周通过选择一个利率目标并调整货币供给来实现这个目标而确定货币政策。现在,FOMC 几乎用完全的相机抉择来确定货币政策。

(1) **赞成:货币政策应该按规则制定**。相机抉择政策有以下两个问题:

- 第一,相机抉择政策并没有限制缺乏能力和滥用权力。当中央银行为了支持某个特定的政治候选人而操纵货币政策时会滥用其权力。它会在大选前增加货币供给以求有利于现任总统,而由此引起的通货膨胀直到选举结束后才会出现。这引起所谓的政治性经济周期。
- 第二,相机抉择政策会由于政策的前后不一致性使通货膨胀高于合意的水平。出现这种情况是因为,决策者会暂时宣布低通货膨胀目标,但一旦人们形成他们的通货膨胀预期后,决策者又利用短期通货膨胀和失业的权衡取舍来提高通货膨胀以减少失业。结果,人们预期的通货膨胀高于决策者所宣布的目标,这就使菲利普斯曲线向上移动到更不利的位置。

中央银行承诺一种政策规则可以避免这些问题。国会可以要求美联储按每年一个固定的百分比，比如3%，来增加货币，这足以抵消真实产量的增长。此外，国会也可以要求更为积极的规则，如果失业高于自然失业率某个百分比，美联储可以增加货币供给。目前一些央行普遍运用的货币政策规则是以通货膨胀为目标的。

（2）**反对：货币政策不应该按规则制定**。需要相机抉择的货币政策，因为货币政策应该灵活得足以对总需求的大量减少或不利的供给冲击这类未预期到的事件做出反应。此外，政治性经济周期不会存在，而且，如果中央银行的宣告是可信的，前后不一致的问题就可以避免。最后，如果货币政策由规则指导，国会应该实施哪种类型的规则并不是清楚的。

3．中央银行应该把零通货膨胀作为目标吗

（1）**赞成：中央银行应该把零通货膨胀作为目标**。通货膨胀给社会带来以下成本：

- 与减少货币持有量相关的皮鞋成本；
- 与频繁地调整价格相关的菜单成本；
- 相对价格的变动性提高；
- 由于税法非指数化引起的税收负担不合意的变动；
- 改变计价单位引起的混乱与不方便；
- 与用美元表示的债务相关的任意财富再分配。

与通货膨胀降为零相关的成本是暂时的，而通货膨胀为零的好处是持久的。如果宣布的零通货膨胀政策是可信的，成本还可以进一步减少。如果国会把物价稳定作为美联储的主要目标，这项政策会更可信。最后，零通货膨胀是通货膨胀唯一不可更改的目标。所有其他目标水平都可以逐渐地向上修正。

（2）**反对：中央银行不应该把零通货膨胀作为目标**。中央银行不应该把零通货膨胀作为目标的理由有许多：

- 零通货膨胀的好处小且不确定，而实现这个目标的成本过高。回想一下，牺牲比率的估算是为使通货膨胀下降1%，一年的产量要减少5%。
- 与通货膨胀下降相关的失业和社会成本要由非熟练和无经验的工人承担，这些人承受这些成本的能力最低。
- 人们通常不喜欢通货膨胀，因为他们错误地认为通货膨胀降低了他们的生活水平，但收入往往随通货膨胀而增加。
- 通过税制指数化和发行通货膨胀指数化债券可以不降低通货膨胀而消除通货膨胀的成本。
- 无成本地降低通货膨胀是不可能的。
- 反通货膨胀给经济留下持久的伤害，因为资本存量少了，而且，失业工人技能下降。
- 少许通货膨胀可能是一件好事，因为当名义工资具有向下粘性时，它使实际工资减少，它也使决策者有能力生成负的真实利率以刺激总需求。

4．政府应该平衡其预算吗

（1）**赞成：政府应该平衡其预算**。政府债务是加在未来一代纳税人身上的负担，他们必须选择支付高税收、减少政府支出，或两者都有。现在的纳税人把现在支出的账单转给未来的纳税人。而且，赤字的宏观经济影响是通过使公共储蓄为负而减少国民储蓄。这提高了利率，减少了资本投资，降低了生产率和真实工资，从而减少了未来的产量和收入。结果，赤字增加了未来税收，减少了未来收入。赤字在战争和衰退时期是正当的，但在和平和繁荣的

1980—1995 年间却增加了。最近的赤字可能是由于 2001 年的衰退和伊拉克战争。

（2）**反对：政府不应该平衡其预算**。政府债务问题被扩大了。每人 1.7 万美元的债务与预期的一生收入 160 万美元相比并不大。此外，由于政府的一些支出用于教育，通过减少教育支出来减少预算赤字不会提高下一代的福利。社会保障福利这类其他政府政策在各代人中进行收入再分配。如果人们希望改变由预算赤字引起的各代人的收入再分配，他们只需要在他一生中储蓄更多（由于他们的赋税减少）并给孩子留下遗产，以使他们可以支付未来的高税收就可以了。最后，政府债务可以永远地增长下去，但只要债务的增长慢于国民的名义收入，它在 GDP 中的百分比就不会提高。在美国，这个百分比是 5% 左右，约等于 2 600 亿美元可持续的赤字。

5. 应该为了鼓励储蓄而修改税法吗

（1）**赞成：应该为了鼓励储蓄而修改税法**。一国的生活水平取决于其生产能力，反过来生产能力又取决于一国储蓄及投资多少。由于人们会对激励做出反应，政府可以通过以下方式鼓励储蓄（或停止阻碍储蓄）：

- 减少对储蓄收益（利息收入）的税收。
- 取消对股票资本收入的双重征税。现在，公司支付公司所得税，然后以红利形式得到利润的股东要支付个人所得税。
- 减少遗产税，以便人们为下一代储蓄和创造遗产。
- 减少福利和医疗补助这类对申请补助者进行经济情况调查的政府补助。现在已经减少了那些非常勤俭的去储蓄的人的这些补助，这就抑制了储蓄。
- 提高个人退休金账户（IRA）这类税收优惠的储蓄账户的可获得性。在这些账户上，储蓄的收入在退休提取前不用纳税。
- 用消费税代替所得税。储蓄起来的收入应该不纳税，使所有储蓄相当于 IRA。

（2）**反对：不应该为了鼓励储蓄而修改税法**。赋税的一个目标是公平地分摊税收负担。以上的所有建议都是通过减少对储蓄的税收来提高储蓄激励。由于高收入者的储蓄高于低收入者，这就会增加穷人的税收负担。此外，储蓄对储蓄收益的变动并不敏感，因此，减少储蓄的税收只是使富人富裕。这是因为储蓄的高收益既有替代效应又有收入效应。储蓄收益的增加将使人们用储蓄替代现期消费而增加储蓄。但是，收入效应表明，储蓄收益的增加将减少为达到任何一个未来消费水平所需要的储蓄量。

赤字减少增加了公共储蓄，从而增加了国民储蓄。这可以通过提高对富人的税收来实现。实际上，储蓄的税收减少会被赤字增加和国民储蓄减少所抵消。

36.1.3 有益的提示

（1）使经济不稳定的政策使经济背离自然产量率。稳定政策是有助于经济向自然产量率变动的货币政策和财政政策的运用。但是，如果政策的时滞长且不可预期，经济就可能在稳定政策发生作用之前调整回自然率（来自总需求或总供给的冲击）。在这种情况下，稳定政策就会使经济背离长期自然率，我们把这种政策当做不稳定政策。

（2）政治性经济周期往往涉及大选之前的货币扩张和大选后的货币紧缩。教科书中是就决策者大选前的行为来讨论政治性经济周期的。这就是说，在大选之前，货币扩张可以增加产量并减少失业，这提高了现任总统再次当选的可能性。但是，由于它会在大选之后引起通货膨胀，这种类型的权力滥用通常引起大选之后为减少通货膨胀压力的货币紧缩。因此，经济会在大选前良好经济状况和大选后不良经济状况之间波动。

（3）如果真实产量增长，零货币增长并不会引起零通货膨胀。回想一下，数量方程式 $M \times V = P \times Y$，表明货币乘货币流通速度等于物价水平乘真实产量。如果货币流通速度是固定的，并且真实产量每年增长 3% 左右，那么为了使物价保持不变，货币供给应增加 3% 左右。因此，要求美联储增加 3% 的货币供给的货币政策规则会引起零通货膨胀。如果产量增长 3%，零货币增长实际上会引起通货紧缩。

36.1.4 术语与定义

为每个关键术语选择一个定义。

关键术语	定义
______“逆风行事”	1. 由于决策者本人与竞争的政治家结盟而引起的经济波动。
______不稳定政策	2. 使产量背离长期自然率的政策。
______相机抉择政策	3. 采用的稳定总需求的政策。
______政治性经济周期	4. 政策宣告和政策行为的不一致。
______政策的前后不一致性	5. 决策者没有指导方针时选择的政策。

36.2 问题与简答题

36.2.1 应用题

1. 假设悲观主义情绪困扰着消费者和企业，引起他们减少支出。
   a. 用总需求与总供给模型在图 36-1 中说明这个事件，并假设经济最初处于长期均衡。

   ____

   ____

   b. 对货币政策和财政政策来说适当的积极政策反应是什么？积极的政策应该使总需求向哪个方向移动？

   ____

   ____

   c. 假设经济可以在两年内自行调整摆脱 a 中所描述的衰退。假设决策者选择用财政政策来稳定经济，但对税收和支出的政治争论持续两年多时间。用总需求与总供给模型在图 36-2 中说明这些事件。

   ____

   ____

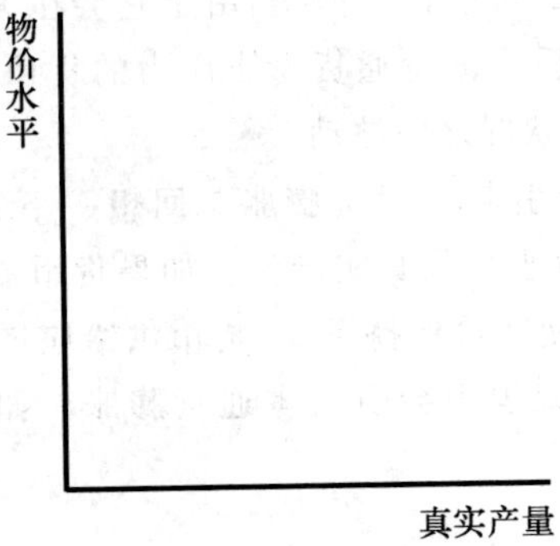

图 36-1

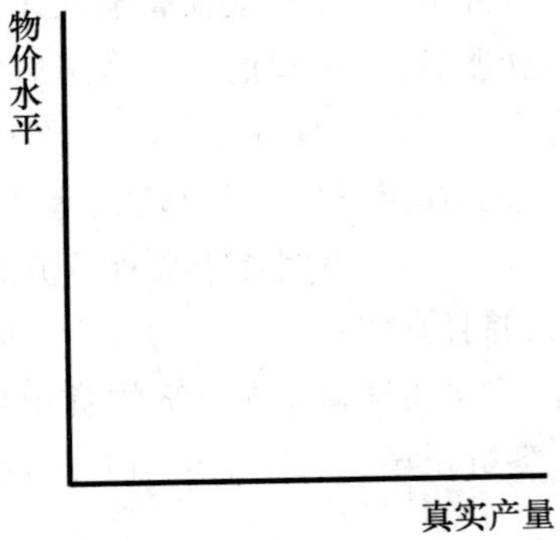

图 36-2

d. 描述你在 c 中所作的图形上表示的一系列事件。

e. 积极财政政策稳定了经济还是使经济不稳定？解释之。

2. 假设美联储多次宣布它想稳定物价，而且目标是零通货膨胀。但是，它一直引起了3%的通货膨胀。
   a. 美联储的这种行为使失业率降到长期内的自然失业率之下了吗？为什么？

   b. 一旦人们形成了3%的通货膨胀预期，而美联储实际上把零通货膨胀作为目标，短期中会出现什么情况呢？

   c. 如果国会通过了要求美联储把零通货膨胀作为目标的法律，这会有所帮助吗？试解释你的答案。

36.2.2 简答题

1. 为什么我们预测应对宏观经济冲击的能力的提高改善了我们对积极稳定政策的运用？

2. 支持货币政策规则的三个原因是什么？

3. 为什么通货膨胀的成本是持久的，但减少通货膨胀的成本是暂时的？

4. 为了降低持续通货膨胀的成本，政府能做些什么？

5. 政府预算赤字以哪两种方式伤害子孙后代？

6. 平衡的政府预算能保证消除各代之间的所有财富再分配吗？解释之。

7. 对于税后储蓄收益增加引起储蓄的增加，哪一种效应一定大于另一种——替代效应还是收入效应？为什么？

8. 为什么为鼓励储蓄而修改税法会增加穷人的税收负担？

36.3 自我测试题

36.3.1 判断正误题

_______1. 货币政策影响经济有一定时滞，但财政政策没有时滞。

_______2. 相机抉择货币政策受政策前后不一致的困扰，因为决策者有采取与其政策宣告不同的政策的激励。

_______3. 政治性经济周期指公司高层也把持政治机构的情况。

_______4. 货币政策规则的反对者认为，规则使美联储难以对异常的危机做出反应。

_______5. 货币政策以零通货膨胀为目标的支持者认为，降低通货膨胀的成本是暂时的，而降低通货膨胀的好处是持久的。

_______6. 货币政策以零通货膨胀为目标的反对者认为，可以通过通货膨胀指数化的税收和债券消除许多通货膨胀的成本。

_______7. 政府预算赤字会引起财富从这一代人再分配给子孙后代。

_______8. 美国只有在战争与衰退时期才产生政府预算赤字。

_______9. 用消费税替代所得税会增加储蓄，但它对富人的好处大于穷人。

_______10. 如果税后利息增加的替代效应大于收入效应，那么利息收入的税收减少将增加储蓄。

36.3.2 单项选择题

1. 假设经济正遭受消费者和企业悲观主义的困扰。以下哪一项是“逆风行事”的积极稳定政策？
   a. 决策者应该减少货币供给。
   b. 决策者应该增加税收。
   c. 决策者应该减少政府支出。
   d. 决策者应该降低利率。
   e. 以上各项都不是。
2. 认为决策者不应该试图稳定经济的经济学家提出除以下哪一项以外的所有观点？
   a. 由于稳定政策影响经济有一定时滞，所以动机良好的政策可能引起不稳定。
   b. 由于预测对经济的冲击是困难的，所以动机良好的政策可能会引起不稳定。
   c. 稳定政策在短期或长期中对经济都没有影响。
   d. 决策者的第一条规则应该是“不伤害”。
3. 决策者为影响大选结果而控制经济所引起的经济波动称为
   a. 政治性经济周期。
   b. 政策的前后不一致性。
   c. 相机抉择效应。
   d. 替代效应。
   e. 收入效应。
4. 政策宣告和政策行为的不一致称为
   a. 政治性经济周期。
   b. 政策的前后不一致性。
   c. 相机抉择效应。
   d. 替代效应。
   e. 收入效应。
5. 认为货币政策应该按规则制定的经济学家提出除以下哪一项以外的所有观点？
   a. 政策规则限制了决策者无能。
   b. 政策规则限制了决策者滥用权力。
   c. 政策规则比相机抉择更为灵活。
   d. 政策规则消除了前后不一致问题。
6. 以下哪一项是进一步使经济不稳定的相机抉择政策的例子？
   a. 投资者变得悲观，美联储的反应是降低利率。
   b. 消费者变得悲观，财政政策决策者的反应是降低税收。
   c. 投资者变得过分乐观，美联储的反应是减少货币供给。
   d. 消费者变得悲观，财政政策决策者的反应是减少政府支出。
7. 支持货币政策零通货膨胀目标的经济学家提出除以下哪一项以外的所有观点？
   a. 即使通货膨胀水平低也会给经济带来皮鞋成本和菜单成本这类持久的成本。
   b. 通货膨胀减少了人们的收入，而零通货膨胀消除了这个问题。
   c. 把通货膨胀减少到零的成本是暂时的，而好处是持久的。
   d. 如果零通货膨胀政策是可信的，那么把通货膨胀降为零的成本就几乎可以消除。
8. 政府预算赤字会
   a. 从子孙后代向这一代再分配财富。
   b. 从这一代向子孙后代再分配财富。
   c. 没有再分配效应。
   d. 以上各项都不是。
9. 以下哪一项关于政府预算赤字的说

法不正确？

a. 预算赤字把现在支出的负担加在未来纳税人身上。

b. 预算赤字减少了国民储蓄。

c. 预算赤字应该得到遏制，因为它只是在各代纳税人之间转移财富的一种方法。

d. 预算赤字减少了资本投资和未来的生产力，从而减少了未来的收入。

10. 以下哪一项是通货膨胀的成本？

a. 与减少货币持有量相关的皮鞋成本。

b. 与频繁调整价格相关的菜单成本。

c. 计价单位变动引起的混乱与不方便。

d. 以上各项都是。

11. 认为政府不需要平衡其预算的经济学家提出除以下哪一项以外的所有观点？

a. 与一个人一生的收入相比，人均国民债务实际上非常少。

b. 如果现在一代更多地储蓄并给下一代留遗产，那么预算赤字的影响可以在某种程度上抵消。

c. 只要预算赤字的增长不如国民名义收入增长快，它就不会成为一种日益增加的负担。

d. 预算赤字提高了未来的增长，因为它把财富从这一代转向以后多代。

12. 以下哪一项税法变动会鼓励更多储蓄，但也增加了低收入者的税收负担？

a. 降低储蓄收益税。

b. 取消对股票资本收入的双重征税。

c. 降低遗产税。

d. 用消费税代替所得税。

e. 以上各项都对。

13. 如果以下哪种情况发生，提高储蓄税后收益的减税将增加经济中的储蓄量。

a. 储蓄税后收益的替代效应大于收入效应。

b. 储蓄税后收益的收入效应大于替代效应。

c. 储蓄税后收益的收入效应等于替代效应。

d. 政策是前后不一致的。

14. 鼓励储蓄的税收改革会

a. 使税收负担从低收入者转向高收入者。

b. 使税收负担从高收入者转向低收入者。

c. 降低产量增长率。

d. 减少赤字。

15. 如果相机抉择的货币政策前后不一致，那么

a. 长期菲利普斯曲线向右移动。

b. 长期菲利普斯曲线向左移动。

c. 短期菲利普斯曲线向上移动。

d. 短期菲利普斯曲线向下移动。

36.4 进阶思考题

反对政府预算赤字的人认为，预算赤字通过允许这一代人享受政府支出的好处而子孙后代必须为之付费而在各代人中再分配财富。

1. 在以下哪一种情况下，你认为各代间存在更大的财富转移？为什么？

a. 政府通过为穷人购买苹果和橘子而增加对社会计划的支出，但拒绝增税，而增加预算赤字。

b. 政府增加用于桥梁、道路和建筑物的支出，但拒绝增税，而增加预算赤字。

____

____

2. 上一个例子为我们提供了可以用来判断什么时候政府预算赤字对每一代人都是公平的，以及什么时候并不公平的方法吗？解释之。

____

____

3. 为什么在实际中推行这种方法是困难的？

____

____

36.5 答案

36.5.1 术语与定义

3 “逆风行事”

2 不稳定政策

5 相机抉择政策

1 政治性经济周期

4 政策的前后不一致性

36.5.2 应用题

1. a. 参看图 36-3。
   b. 增加货币供给，增加政府支出，减税。使总需求曲线向右移动。
   c. 参看图 36-4。
   d. 随着短期总供给曲线向下移动，经济调整到短期 AS_2 与 AD_2 相交之处。然后，扩张性总需求政策使总需求移动到 AD_3，而且，经济变动到短期 AS_2 与 AD_3 相交之处。
   e. 不稳定，因为经济已调整回到长期自然率，所以，总需求增加引起产量上升到高于自然产量率。

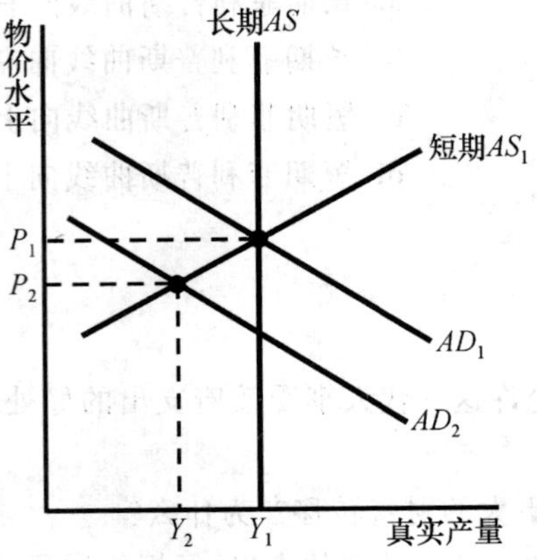

图 36-3

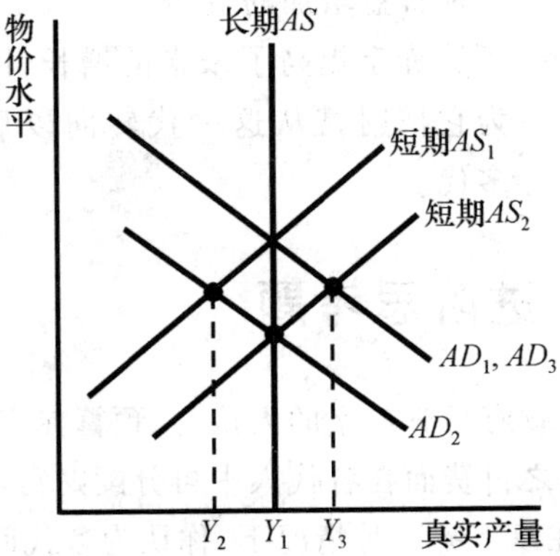

图 36-4

2. a. 不对。在长期中，人们将把通货膨胀预期提高到3%，而且，工资和物价将同比例上升。
   b. 我们会向下移动短期菲利普斯曲线，通货膨胀下降，而失业将增加到高于自然失业率。
   c. 正确。美联储宣布零通货膨胀目标更为可信，而且，变动到零通货膨胀将使失业增加得不多。

36.5.3 简答题

1. 需要预测未来数月或数年的宏观经济冲击，因为实施积极的稳定政策有时滞。
2. 规则限制了无能、权力滥用和前后不一致。
3. 通货膨胀会给经济带来皮鞋成本和菜单成本这类持久的成本。把通货膨胀降到零只是暂时增加失业，但它将消除持久的通货膨胀成本。
4. 指数化税制，并发行通货膨胀指数化的债券。
5. 它增加了未来的税收，并减少了未来的收入，因为它减少了资本存量。
6. 不对。用增加工薪税来支付社会保障福利的增加把收入从工作着的人那里转移给退休人员，但预算赤字不受影响。
7. 替代效应应该大于收入效应。随着人们用储蓄替代现期消费，税后利息增加引起人们储蓄更多。但是，税后利息增加的收入效应使人们减少为达到目标储蓄量所需要的储蓄量。
8. 高收入者的储蓄大于低收入者，因此，减税对富人是不成比例的。此外，为了保持税收收入，消费税必须提高，这引起对穷人额外的负担。

36.5.4 判断正误题

1. 错误；由于政治过程，财政政策有漫长的决策时滞。
2. 正确。
3. 错误；当决策者为提高现任总统再次当选的机会而控制经济时，就产生了政治性经济周期。
4. 正确。
5. 正确。
6. 正确。
7. 错误；政府预算赤字将财富从子孙后代再分配给当代人。
8. 错误；1980—1995 年，美国在和平与繁荣时期也有预算赤字。
9. 正确。
10. 正确。

36.5.5 单项选择题

1. d　2. c　3. a　4. b　5. c　6. d　7. b　8. a　9. c　10. d
11. d　12. e　13. a　14. b　15. c

36.5.6 进阶思考题

1. a 情况，因为政府购买了后代不能享用的消费品，而在 b 情况下，政府购买了耐久且后代可以享用的资本品。
2. 如果支出用于资本品，那么政府有预算赤字并迫使后代为现期支出付费是合理的。
3. 几乎每个利益集团都会支持军事、教育等支出，似乎它们对子孙后代都有正面的影响。